# Unternehmerwirtschaft zwischen Markt und Lenkung

# Unternehmerwirtschaft zwischen Markt und Lenkung

## Organisationsformen, politischer Einfluß und ökonomisches Verhalten 1930–1960

Herausgegeben von
Thomas Großbölting und
Rüdiger Schmidt

R. Oldenbourg Verlag München 2002

Gedruckt mit Unterstützung der Gerda Henkel Stiftung, Düsseldorf

Die Deutsche Bibliothek - CIP Einheitsaufnahme

Unternehmerwirtschaft zwischen Markt und Lenkung : Organisationsformen, politischer Einfluß und ökonomisches Verhalten 1930-1960 / hrsg. von Thomas Großbölting und Rüdiger Schmidt. – München : Oldenbourg, 2002
ISBN 3-486-56586-9


Rosenheimer Straße 145, D-81671 München
Internet: http://www.oldenbourg-verlag.de



Umschlaggestaltung: Dieter Vollendorf

Umschlagabbildung: „Leipzig 1958. Während der Spartakiade der Armeen". Entnommen der Fotoausstellung „DDR-Bilder" des Berliner Landesbeauftragten für die Stasi-Unterlagen. Fotograph: Hans-Joachim Helwig-Wilson.

Gedruckt auf säurefreiem, alterungsbeständigem Papier (chlorfrei gebleicht).

Gesamtherstellung: WB-Druck, Rieden am Forggensee

ISBN 3-486-56586-9

# Vorwort

Schon seit einiger Zeit richten exponierte Vertreter der Wirtschaft mit guten Gründen ihren Appell an die Wissenschaft, den Herausforderungen der Gegenwart und dabei insbesondere auch den Anliegen der Wirtschaft mit größerer Aufgeschlossenheit zu begegnen. Wissenschaft und Wirtschaft stehen einander nicht als Inseln ohne Fährverkehr gegenüber, und es gibt darum gute Gründe, solchen Herausforderungen gegenüber sensibel zu sein.
Offenheit der Wissenschaft impliziert aber gleichermaßen, daß sich die Möglichkeiten ihrer Förderung jenseits der etablierten Wege der Wissenschaftsförderung erweitern.

Der Versuch, darum auch bei der Finanzierung der Drucklegung dieses Bandes unkonventionelle Wege zu beschreiten, stieß auf keine Resonanz: Die von den Herausgebern wegen finanzieller Unterstützung angeschriebenen über sechzig Vertretungsorganisationen der Wirtschaft, von Verbänden, Banken und Unternehmen bekundeten zwar durchweg großes Interesse an den hier thematisierten Aspekten von „Unternehmerwirtschaft zwischen Staat und Lenkung", zeigten sich aber für eine Förderung nicht aufgeschlossen.

Um so herzlicher danken die Herausgeber der Gerda Henkel Stiftung (Düsseldorf) für die rasche und unbürokratische Hilfe, mit der sie das Erscheinen dieses Bandes schließlich ermöglicht hat. Unser Dank richtet sich ebenfalls an die Autorinnen und Autoren dieses Bandes, die durch ihre engagierte Mitarbeit das „Unternehmen" getragen haben.

Münster, im Mai 2002 Thomas Großbölting/Rüdiger Schmidt

# Inhaltsverzeichnis

## III. Rekonstruktion und Neubeginn: Unternehmer in der Bundesrepublik

*Thomas Großbölting/Rüdiger Schmidt*

# Unternehmerwirtschaft in Deutschland zwischen 1930 und 1960 – Stand und Perspektiven der Forschung

Die Unternehmensgeschichte erfreut sich seit der ersten Hälfte der 1990er Jahre einer ungeahnten Popularität: In der publizistischen Öffentlichkeit ist die Frage nach der Rolle von Banken und Unternehmen im Nationalsozialismus und deren Einsatz von Zwangsarbeitern mit gespannter Aufmerksamkeit verfolgt worden. In der Geschichtswissenschaft wird ebenso intensiv die Frage der Selbständigkeit im Horizont bürgerlicher Lebenswelten diskutiert.[1] Parallel zu diesem neu erwachten Interesse an der Unternehmensgeschichte hat eine Auseinandersetzung um Gegenstand und Methode der zwischen Geschichts- und Wirtschaftswissenschaft beheimateten Disziplin eingesetzt. Debattiert wird um das Selbstverständnis der Grenzgängerin.

Viel zu lange, so monieren Vertreter einer primär wirtschaftswissenschaftlich orientierten Unternehmensgeschichtsforschung, sei die spezifisch ökonomische Methode zugunsten historischer, vor allem politikgeschichtlicher Fragestellungen und Herangehensweisen zurückgestellt worden. Statt dessen werden dezidiert „ökonomische, nicht geisteswissenschaftlich orientierte Untersuchungen" gefordert.[2] Diese Vorgehensweise impliziert eine klare zeitliche Abfolge von Untersuchungsschritten: Erst nachdem die „innere ökonomische Logik unternehmerischen Handelns" entschlüsselt worden sei, könne man die Stellung der untersuchten Firmen in Gesellschaft und Politik analysieren, empfiehlt beispielsweise Toni Pierenkemper. „Die Hauptaufgabe der modernen Unternehmensgeschichte besteht nämlich darin, mit den Methoden der Ökonomik den inneren Handlungszusammenhang des Unternehmers im Unternehmen selbst zu untersuchen, den Unternehmer als Unternehmer endlich ernst zu nehmen und nicht in erster, sondern erst in zweiter Linie sein Handeln in anderen gesell-

[1] Das breite Interesse am Gegenstand wird u.a. durch eine Vielzahl von Beiträgen in der Tagespresse dokumentiert. Vgl. hier nur *Jürgen Jeske*, Der Aufstieg der Unternehmensgeschichte, in: Frankfurter Allgemeine Zeitung Nr. 132 vom 9. Juni 2001, S. 13. Vgl. zur öffentlichen Wahrnehmung auch *Toni Pierenkemper*, Unternehmensgeschichte. Eine Einführung in ihre Methoden und Ergebnisse, Stuttgart 2000, S. 74 ff.

[2] *Toni Pierenkemper*, Was kann eine moderne Unternehmensgeschichtsschreibung leisten? Und was sollte sie tunlichst vermeiden?, in: Zeitschrift für Unternehmensgeschichte 1 (1999), S. 15–31, S. 28 f; konträr dazu *Manfred Pohl*, Zwischen Weihrauch und Wissenschaft? Zum Standort der modernen Unternehmensgeschichte. Eine Replik auf Toni Pierenkemper, in: Zeitschrift für Unternehmensgeschichte 44 (1999), S. 150–163; dazu erneut *Toni Pierenkemper*, Sechs Thesen zum gegenwärtigen Stand der deutschen Unternehmensgeschichtsschreibung. Eine Entgegnung auf Manfred Pohl, in: Zeitschrift für Unternehmensgeschichte 45 (2000), S. 158–166.

schaftlichen Subsystemen zu untersuchen."[3] Gelinge es nicht, auf diese Weise das „spezifische Erkenntnisproblem der Unternehmensgeschichtsschreibung" zu explizieren, dann könne man die Untersuchung des Handelns von Unternehmern getrost den (Allgemein)Historikern überlassen.

Es spricht einiges für solch eine klare Profilierung der Unternehmensgeschichtsforschung. Und doch läßt die so formulierte Beschreibung dieses „Königswegs" ebenso zweifeln wie die Proklamation anderer Patentrezepte.[4] Dezidiert hat sich vor allem Manfred Pohl in seiner Replik auf den Beitrag Pierenkempers für eine „Unternehmensgeschichte in der Erweiterung" ausgesprochen, ohne dabei jedoch eine schlüssige Perspektive anzudeuten, in der sich die theoretisch-methodische Profilierung des Faches bewegen könnte: Die Konzentration auf „die innere ökonomische Logik unternehmerischen Handelns" dürfe, so die Entgegnung, jedenfalls nicht dazu führen, andere Problemhorizonte auszuschließen. Die „Verschränktheit" von Ökonomie, Kultur, Politik und Gesellschaft drohe aus dem Blickfeld der Unternehmensgeschichte zu verschwinden, folge sie denn den Maximen Pierenkempers.[5]

Die Beiträge dieses Bandes versuchen auf unterschiedliche Weise, die skizzierten Perspektiven der Unternehmensgeschichte zusammenzuführen zu einer Sozial-, Kultur- und Politikgeschichte der Unternehmerwirtschaft.[6] Dies bedeutet zunächst, den unbestreitbaren Kern der Unternehmertätigkeit nicht aus dem Auge zu verlieren: Das System Unternehmen ist darauf orientiert, Gewinn zu erwirtschaften. Die Kontextabhängigkeit unternehmerischen Handelns und Wirtschaftens wird aber nicht zum Beiwerk gestempelt, sondern ist konstitutiv für die Analyse.[7] Unternehmensleiter und andere in Unternehmen engagierte Gruppen wie auch das Unternehmen als System müssen ihre Funktionserfordernisse in die Zeit entfalten. So bestimmt in der Unternehmerbiographie akkumuliertes Wissen maßgeblich den Handlungsraum, welche Möglichkeiten berechenbar sind beziehungsweise welche Optionen nicht denkbar sind.[8] Selbst- und Fremderwartungen modellieren das individuelle Unternehmerhandeln, die

[3] Dazu und zum folgenden Zitat *Pierenkemper*, Unternehmensgeschichtsschreibung (wie Anm. 2), S. 21.

[4] So zum Beispiel die Vorstellung Lothar Galls die biographische Herangehensweise betreffend. Vgl. *Lothar Gall*, A man for all seasons, Hermann Josef Abs im Dritten Reich, in: Wolfram Pyta/Ludwig Richter (Hg.), Gestaltungskraft des Politischen. Festschrift für Eberhard Kolb, Berlin 1998, S. 483–525.

[5] *Pohl*, Weihrauch (wie Anm. 2), S. 153 f.

[6] Vgl. mit Blick auf die gesamte Wirtschaftsgeschichte *Clemens Wischermann*, Vom Gedächtnis und den Institutionen. Ein Plädoyer für die Einheit von Kultur und Wirtschaft, in: *Eckart Schremmer* (Hg.): Wirtschafts- und Sozialgeschichte. Gegenstand und Methode, Stuttgart 1998, S. 33.

[7] Vgl. auch die in diese Richtung gehende Einschätzung von *Paul Erker*, Aufbruch zu neuen Paradigmen. Unternehmensgeschichte zwischen sozialgeschichtlicher und betriebswirtschaftlicher Erweiterung, in: Archiv für Sozialgeschichte 37 (1997), S. 321–365, hier S. 364: „Durch die Anknüpfung von Unternehmensgeschichte an wirtschafts-, technik- und sozialgeschichtliche wie wirtschaftsgeschichtliche Ansätze verliert diese auch immer mehr den Charakter einer Teildisziplin und wird zu einer Perspektive des gesellschaftsgeschichtlich verankerten Erkenntnisinteresses."

[8] Vgl. *Ulrich Pfister/Werner Plumpe*, Einleitung: Plädoyer für eine theoriegestützte Geschichte von Unternehmen und Unternehmern, in: Westfälische Forschungen 50 (2000), S. 1–21, hier S. 10 f.

Positionierung der Produkte am Markt ebenso wie die Formen branchenspezifischer Selbstdarstellung oder firmeninterner Kommunikation. Die Institutionenordnung und die Formen politischer Kommunikation ermöglichten und begrenzten Interessenvertretung. Der einzelne Unternehmer ist demnach, wie jeder andere Teil eines Gesellschaftssegments, auch über seine Profession, sein Geschlecht, seine Konfession oder andere Faktoren zu definieren. Ebenso wenig kann das System Unternehmen auf die „relative Selbstläufigkeit wirtschaftlicher Prozesse" beschränkt werden, wenn es denn als „soziales Handlungsfeld" nach innen und außen faßbar bleiben soll.[9] Die Konturen eines Betriebs sind wesentlich auch kulturell definiert. Man denke nur an die zentrale Stellung, die den volkseigenen Großbetrieben mit ihren zahlreichen sozialpolitischen, kulturellen und politischen Weiterungen auf der „sozialen Landkarte der DDR" (M. Kohli) zukam.

Die Defizite einer nicht vorrangig am wirtschaftlichen Prozeß orientierten Unternehmensgeschichtsschreibung treten nach Meinung der Befürworter einer strikt ökonomischen Forschungspraxis am Beispiel der Unternehmensgeschichte im Nationalsozialismus besonders deutlich hervor. Insbesondere in diesem Sektor sei die „ökonomisch rationale, operational definierte und quantifizierende Analyse" vorschnell „zugunsten einer sinngebenden Deutung unternehmerischen Handelns" aufgegeben worden.[10] Wende man sich aber einer solchen "sinngebenden Deutung unternehmerischen Handelns zu", so der springende Punkt dieser Argumentation, so stelle „sich leider [sic!] das Problem konkurrierender Sinndeutung".[11] Irritiert fragt sich der Leser, welches Verständnis nicht nur in der Sache, sondern welches prinzipielle Wissenschaftsverständnis denn so zum Ausdruck gebracht werden soll. Welchen Zweck verfolgt Geschichtswissenschaft, was soll sie gemäß eines solchen Verständnisses überhaupt noch zu leisten im Stande sein, wenn die konkurrierende Sinndeutung als eines ihrer konstituierenden Merkmale an dieser Stelle von Pierenkemper umstandslos geradezu zum Problem erklärt wird? Zwar schränkt dieser gleichsam mit einer captatio benevolentiae sogleich ein, dabei handele es sich um „kein Plädoyer dafür, im Rahmen der Unternehmensgeschichte auf wertende Aussagen gänzlich [sic!] zu verzichten", denn „Wertfreiheit" sei „auch gar nicht möglich".[12] Doch wer die wertende Aussage so unter Vorbehalt stellt, darf den einschränkenden Definitionsrahmen nicht schuldig bleiben. Nicht „gänzlich" auf wertende Aussagen zu verzichten, bedeutet in der Logik Pierenkempers demzufolge,

[9] Vgl. *Hans Mommsen/Manfred Grieger*, Das Volkswagenwerk und seine Arbeiter im Dritten Reich, Düsseldorf 1996, S. 29. Zum Anspruch, die „soziale Welt" der Betriebe zu erforschen vgl. *Thomas Welskopp*, Der Betrieb als soziales Handlungsfeld. Neuere Forschungsansätze in der Industrie- und Arbeitergeschichte, in: Geschichte und Gesellschaft 22 (1996), S. 118–142; *Werner Plumpe*, Statt einer Einleitung: Stichworte zur Unternehmensgeschichtsschreibung, in: *ders.; Christian Kleinschmidt* (Hg.), Unternehmen zwischen Markt und Macht. Aspekte deutscher Unternehmens- und Industriegeschichte im 20. Jahrhundert, Essen 1992, S. 9–13.

[10] *Pierenkemper*, Unternehmensgeschichte (wie Anm. 2), S. 28.

[11] Ebd.

[12] Ebd.

das Spektrum konkurrierender Deutungsleistungen unter Abspaltung anderer sozialer Demensionen und Perspektiven strikt auf Phänomene einer ökonomischen Empirie zu reduzieren. Jede Kontexterweiterung führe die Unternehmensgeschichte nur in den „luftleeren Raum“, ja mehr noch: sie provoziere „unreflektiertes Vorgehen“.[13]

Richtete man sich aber nach diesen Empfehlungen, so blieben zentrale Fragen unbeantwortet: Wie haben Wirtschaftspolitik und Aufrüstung, Krieg und „Arisierung“ die mittelständische Unternehmerwirtschaft tangiert? Was bedeutete, blickt man auf die Geschichte der beiden Nachfolgestaaten des Deutschen Reiches, ein auch gegen Interventionen der Westalliierten gezieltes Festhalten an institutioneller Vertretung des Mittelstandes in der frühen Bundesrepublik wie auch eine staatliche Mittelstandspolitik, die ihr Ideal der Gesellschaftsentwicklung zu befördern suchte?[14] Und welche Folgen zog die Verstaatlichung der ostdeutschen Wirtschaft nach sich, in der sich Prozesse der ökonomischen Transformation mit beträchtlichen sozialen Konsequenzen verbanden?

[13] Ebd. Sieht man an dieser Stelle nur einmal davon ab, daß die von Pierenkemper favorisierte methodische Vorgehensweise den wissenschaftlichen Erkenntnisprozeß per se von jeglichen heuristischen Impulsen abschneidet, so stellt sich doch sogleich die Frage, von welchen normativen Vorannahmen ein solchermaßen definierter Zugang zur Unternehmensgeschichte denn geleitet ist. Handelt es sich, sprichwörtlich genommen, nicht um „Methode“, wenn wertende Deutungen und normative Setzungen – gleichsam im Säurebad des ökonomischen „Königswegs“ gereinigt – auf ihre „neutrale“ Substanz regrediert werden? Ein „brisantes Thema“, soweit wird jedermann Pierenkemper zustimmen, bleibe in dieser Hinsicht „der Umgang der Unternehmensgeschichte“ mit dem „Dritten Reich“. Doch sein methodischer Impuls läßt in bezug auf diese Fragestellung – einmal inhaltlich operationalisiert – einige Fragen zu: Im Hinblick auf die Untersuchung von Hans Pohl über die Untersuchung der Firma Daimler-Benz hebt Pierenkemper hervor, daß schwerwiegende Auslassungen in dieser Monographie nicht nur „negatives Interesse“ an diesem Unternehmen geweckt hätten, sondern gerade deswegen „das Thema ... von anderen Autoren darüber hinaus kritisch vertieft“ worden sei, so daß sich Daimler-Benz veranlaßt gesehen habe, eine zusätzliche Studie zur Zwangsarbeiterproblematik anzuregen. Niemand wird bestreiten, daß das Unternehmen aufgrund der Beschäftigung von Fremdarbeitern während des Zweiten Weltkriegs die von Pierenkemper so genannten „Image – Schäden“ erlitten hatte, wenngleich die unglücklich getroffene Wortwahl erneut auf jene „Art Schadensabwicklung“ (Habermas) hindeutet, die im Umgang mit der Geschichte des „Dritten Reichs“ vor eineinhalb Jahrzehnten schon einmal mit Vehemenz beklagt worden ist. Doch damit hat sich Pierenkempers Anliegen längst nicht erschöpft: „Die schlimmsten Image-Schäden“, so nimmt man irritiert zur Kenntnis, seien dem Automobilproduzenten schließlich „durch die Diskussion [sic!] der Fremdarbeiterproblematik zugefügt worden“. Gleichsam strafverschärfend habe also nicht (nur ?) das historische Ereignis als solches das Unternehmen in Mißkredit gebracht, sondern die von Historikern initiierte Erinnerung an diese Vorgänge und die Diskussion über diese Vergangenheit hätten den „Image-Schaden“ komparativ gesteigert. Mit ungeahnter Chuzpe reklamiert Pierenkemper so eine vermeintliche Autorenhaftung, indem die reflexive Vergegenwärtigung des Ereignisses zum wesentlichen Schadensstifter ernannt wird. Man könnte auch sagen: Hier wird der Bote für die schlechte Botschaft verantwortlich gemacht. Vor diesem Hintergrund wird man die vorangegangenen methodischen Bemerkungen des Kölner Wirtschaftshistorikers jedenfalls nicht nur im Kontext einer rational geführten Methodenauseinandersetzung lesen, sondern in mancherlei Hinsicht auch als eine Quelle des Unbehagens zur Kenntnis nehmen. Zitate ebd., S. 29.

[14] Vgl. *Ursula Beyenburg-Weidenfeld*, Wettbewerbstheorie, Wirtschaftspolitik und Mittelstandsförderung 1948–1963. Die Mittelstandspolitik im Spannungsfeld zwischen wettbewerbstheoretischem Anspruch und wirtschaftspolitischem Pragmatismus, Bonn 1992; *Christoph Boyer*, Zwischen Zwangswirtschaft und Gewerbefreiheit. Handwerk in Bayern 1945–1949, München 1992.

Wie sind, so läßt sich im Anschluß an Überlegungen Hans Mommsens auf der Ebene einzelner Unternehmen und Unternehmer fragen, zum Beispiel die Aktivitäten Ferdinand Porsches in der Zeit der nationalsozialistischen Diktatur zu werten, dem zugestanden werden kann, wohl vorrangig an der Produktion von Automobilen interessiert gewesen zu sein, sich aber dafür der Möglichkeiten bediente, die ihm das NS-Regime umfassend bot?[15] Wie interpretiert man all die vielen kleinen Arrangements und Widersetzlichkeiten, die nicht zu den politischen Großaktionen zählen, wohl aber in einer Sozialgeschichte politischer Herrschaft als die mächtigen Unterströme der Politik auszumachen sind?

Das zentrale Anliegen des vorliegenden Bandes ist ein auf Betriebe, Branchen, Sozialgruppen und Institutionen in Deutschland ausgerichteter synchroner und diachroner Vergleich.[16] Im Fokus der Jahrzehnte von 1930 bis 1960 kommen mit dem Nationalsozialismus, der SED-Diktatur und der (Bonner) Bundesrepublik drei politische Systeme in den Blick, die nicht nur prägend für das deutsche 20. Jahrhundert waren, sondern die auch die Handlungsspielräume und Konturen der Unternehmerwirtschaft auf je spezifische Weise entscheidend bestimmten.

Im Mittelpunkt des empirischen Interesses stehen dabei keineswegs die Großkonzerne und industriellen Leitbranchen, die bereits des öfteren Beachtung erfahren haben.[17] Mit dem Handwerk, dem gewerblich-industriellen Mittelstand und den Vertretungsorganen dieser Berufs- und Sozialgruppen stehen demgegenüber kleine und mittlere Unternehmen im Mittelpunkt, zu denen es – wie jüngst Hartmut Berghoff feststellte – „eigentlich gar keinen Forschungsstand [gibt]," bei denen sich vielmehr „eine gähnenden Lücke" auftue.[18] Dabei ist die Bedeutung dieses Unternehmenssegments kaum zu überschätzen: Von der Politik werden sie bis heute als Innovationsmotoren (zumindest verbal) hofiert. Statistisch, und zwar mit Blick auf die volkswirtschaftlichen Eckdaten, aber auch

[15] Eine Diskussion dieser Fragestellung bei *Hans Mommsen*, Konnten Unternehmer im Nationalsozialismus apolitisch bleiben?, in: *Lothar Gall/Manfred Pohl* (Hg.), Unternehmen im Nationalsozialismus, München 1998, S. 69–72.

[16] Zum Diktatur- und Systemvergleich vgl. *Günther Heydemann/Christopher Beckmann*, Zwei Diktaturen in Deutschland. Möglichkeiten und Grenzen des historischen Diktaturenvergleichs, in: Deutschland-Archiv 1–2 (1997), S. 12–40; *Günther Heydemann/Eckard Jesse* (Hg.), Diktaturvergleich als Herausforderung. Theorie und Praxis, Berlin 1998; *Ludger Kühnhardt/Gerd Leutenecker/Martin Rupps/Frank Waltmann* (Hg.), Die doppelte deutsche Diktaturerfahrung. Drittes Reich und DDR – ein historisch-politikwissenschaftlicher Vergleich, Frankfurt a.M. 1994. Einen auf die Sozialpolitik konzentrierten „intranationalen Vergleich" unternehmen die Autorinnen und Autoren im Band von *Hans Günter Hockerts* (Hg.), Drei Wege deutscher Sozialstaatlichkeit. NS-Diktatur, Bundesrepublik und DDR im Vergleich, München 1998.

[17] Vgl. als Forschungsüberblick *Henry A. Turner*, Unternehmen unter dem Hakenkreuz, in: *Gall/Pohl*, Unternehmen (wie Anm. 12), S. 14–23, hier S. 16.

[18] Vgl. zu der Einschätzung Berghoffs den Tagungsbericht von *Christian Hillen*, „Unterschätzt und fast vergessen? ..." – Köln 09/2001, in: h-soz-u-kult vom 10.10.2001. Vgl. auch *Paul Erker*, Aufbruch (wie Anm.7), S. 325 f. sowie *Hartmut Berghoff*, Historisches Relikt oder Zukunftsmodell? Kleine und mittelgroße Unternehmen in der Wirtschafts- und Sozialgeschichte der Bundesrepublik Deutschland, in: *Dieter Ziegler* (Hg.), Großbürger und Unternehmer. Die deutsche Wirtschaftselite im 20. Jahrhundert, Göttingen 2000, S. 249–282.

unter Berücksichtigung der Zahl der in diesem volkswirtschaftlichen Sektor Beschäftigten, waren sie selbst in der auf eine Staatswirtschaft zusteuernde frühe DDR eine nicht zu übersehende Größe. In der Volkswirtschaft der Weimarer Republik wie auch des nationalsozialistischen Deutschlands erwirtschafteten sie – ganz ähnlich wie gegenwärtig – einen Großteil des Bruttossozialprodukts.[19]

Unhintergehbar für eine Unternehmensgeschichte – das ist eine Klammer der in diesem Band versammelten Beiträge – bleiben vor allem die jeweiligen politischen Rahmenbedingungen. Im 20. Jahrhundert und mit Blick auf das Deutsche Reich und seine Nachfolgestaaten waren die verschiedenen Formen des Marktes und seine Deformationen als die zentrale Umwelt des Unternehmens dezidiert politisch geformt.[20] Die Selbständigen definieren sich über ein hohes Maß an formaler Autonomie sowohl in ihrem Betrieb als auch nach außen, also auf dem Markt.[21] Dieser fungiert als „eine Form der Verhaltenssteuerung durch positive und negative Sanktionen, durch Belohnung und Bestrafung in Form von Gewinn und Verlust, finanziellem Erfolg und Mißerfolg, durch Verdienstchancen oder der Gefahr der Unversorgtheit".[22] Im Grundsatz gilt dieses Prinzip des ökonomisch formal neutralen Tauschs für alle „*Erwerbs*betrieb[e]", in denen – so Max Weber – „ein kontinuierlich zusammenhängendes, dauerndes Unternehmer*handeln* stattfindet".[23] Dies eint den selbständigen Gewerbetreibenden mit wenigen oder gar keinen Angestellten, den von mithelfenden Familienangehörigen unterstützten Handwerker, den industriell produzierenden Eigentümerunternehmer und den angestellten Managerunternehmer.

Wie aber die auf „Marktrationalität und Risiko" beruhende Vergesellschaftung von Eigentümern gesamtwirtschaftlich und gesamtgesellschaftlich positioniert ist, hängt von Faktoren ab, die politisch vorgegeben sind:[24]

- Zunächst determinieren die Konzepte von Planung und Koordination der Wirtschaftsprozesse, wie sie von den politischen Systemen aus verfolgt werden, die Handlungsmöglichkeiten des Unternehmers.
- Daran entscheidet sich unter anderem, inwieweit der einzelne Unternehmer über Produktionsmittel und Eigentum verfügen und in welchem Rahmen er die Ergebnisse seiner Arbeit am Markt positionieren kann.

[19] In der Bundesrepublik des Jahres 2000 erwirtschafteten Mittelständler (Unternehmen mit weniger als 500 Beschäftigten und höchstens 100 Millionen Mark Jahresumsatz) 57 Prozent der Bruttowertschöpfung und beschäftigten 70 Prozent aller Arbeitnehmer. Vgl. die Informationen des Instituts für Mittelstandsforschung Bonn unter www.ifm-bonn.org.

[20] Vgl. auch *Toni Pierenkemper*, Unternehmensgeschichte (wie Anm. 2), S. 264–280.

[21] Vgl. Rainer Geißler, Die Sozialstruktur Deutschlands. Zur gesellschaftlichen Entwicklung mit einer Zwischenbilanz zur Vereinigung, Bonn ²1996, S. 112–115.

[22] *Klaus Heinemann*, Elemente einer Soziologie des Marktes, in: Kölner Zeitschrift für Soziologie und Sozialpsychologie 28 (1976), S. 55.

[23] *Max Weber*, Wirtschaft und Gesellschaft. Grundriss der verstehenden Soziologie, Tübingen ⁵1976, S. 64. (Kursive Hervorhebung im Original gesperrt).

[24] *Klaus Kraemer*, Der Markt der Gesellschaft. Zu einer soziologischen Theorie der Marktvergesellschaftung, Frankfurt a.M. 1997, S.16.

- Hinzu tritt, daß die Möglichkeiten zur Organisation und Artikulation unternehmerischer Interessen stets abhängig waren von der politischen Verfaßtheit des Staates, von dem Maß an Partizipation, die dieser erlaubte.

Die Analyse dieser Faktoren hilft dabei zu entscheiden, inwieweit die ordnungspolitischen Rahmenbedingungen in den verschiedenen politischen Systemen autonomes Handeln von Unternehmern und Unternehmen sowie ihren Interessenvertretungen ermöglichten.

## Vergleichende Perspektiven: Unternehmerwirtschaft im Nationalsozialismus, in der SBZ/DDR und in der Bundesrepublik

Die Wirtschaftssysteme in allen drei politische Systemen standen dabei in unterschiedlichem Maß in Wechselwirkung zu den vorhergehenden oder parallel existierenden Wirtschaftsformen: Die Übergänge waren fließend, Brüche waren politisch induziert oder Entscheidungen durch Abgrenzung legitimiert.

So war die Friedensphase des Nationalsozialismus durch ein hohes Maß an marktwirtschaftlicher Normalität und durch eine Erholung von den Konjunktureinbrüchen der großen Depression geprägt. In geschäftlicher Hinsicht waren die dreißiger Jahre eine „überwiegend positive Zeit".[25] Erst mit Vorbereitung des Krieges begann die NS-Wirtschaftspolitik damit, die Verfügungsgewalt über das Privateigentum stark einzuschränken. Insbesondere in Rüstungsbetrieben war das Privateigentum faktisch vollkommen ausgehöhlt[26], während weniger kriegsrelevante Produktionssparten unberührt blieben. Waren die Selbständigen im Nationalsozialismus mit umfangreichen Eingriffen des Staates in die von ihnen zuvor immer verteidigte Unternehmerautonomie konfrontiert worden, so wurde ihnen, wie jüngst anhand einer Analyse von Unternehmenspolitik und -strategien der Großindustrie nachgewiesen wurde, zugleich erfolgreich suggeriert, über die eigenen Investitionsmittel sowie die übergeordneten Lenkungsinstrumente zu verfügen.[27] Ein ausdifferenziertes System von Arbeitsgemeinschaften und Wirtschafts„ringen" diente nicht zuletzt dazu, einen breiten Kreis von Industriellen in den Prozeß der Etablierung planwirtschaftlicher Elemente zu integrieren. Zugleich fungierte latente und von seiten des NS-Regimes aufrecht erhaltene Drohung des „,Umkippens' der NS-Wirtschaftsordnung in eine Staatswirtschaft" als permanente Erpressung. Dies führte dazu, daß sich die Ak-

[25] *Turner*, Unternehmer (wie Anm. 14), S. 18.

[26] Vgl. *Jürgen Schneider*, Von der nationalsozialistischen Kriegswirtschaftsordnung zur sozialistischen Zentralplanung in der SBZ/DDR, in: *Jürgen Schneider/Wolfgang Harbrecht (Hg.)*, Wirtschaftsordnung und Wirtschaftspolitik in Deutschland (1933–1993), Stuttgart 1996, S. 1–90, hier S. 43.

[27] Vgl. dazu und zum folgenden *Paul Erker*, Industrie-Eliten in der NS-Zeit. Anpassungsbereitschaft und Eigeninteresse von Unternehmern in der Rüstungs- und Kriegswirtschaft 1936–1945, S. 73–75.

teure den Deformationen der sich radikalisierenden Kriegswirtschaft immer wieder anpaßten und sich dem Primat der Politik beugten, sei es zögerlich, sei es bereitwillig. Die schon vor dem Krieg entstehenden Exporthindernisse, die staatlich betriebene Rohstoffbewirtschaftung, die faktisch bestehende Kalkulationskontrolle durch Festschreibung der Preise und Kontrolle der Löhne sowie massive Eingriffe in die Belegschaften der Betriebe beseitigten die unternehmerische Entscheidungsfreiheit zunehmend. Kompensiert wurde dies im Fall der kriegswichtigen Betriebe durch prall gefüllte Auftragsbücher und Gewinnmargen, die das Arrangement mit den Zumutungen des Regimes erleichterten.[28] Für die Mehrzahl der kleineren Gewerbetreibenden, die in der Konsumgüterindustrie tätig waren, verringerte sich aber die Gewinnchancen zum Teil erheblich. Die aus taktischen Gründen zunächst hofierte und bereits wenige Jahre nach der 'Machtergreifung' wieder aus dem Blickfeld der NS-Führung schwindende Gruppe der Kleingewerbetreibenden konnte nur in den seltensten Fällen aus den Umbrüchen der Kriegswirtschaft profitieren.[29] Insgesamt betrachtet war die direkte Verfügungsgewalt der schon zeitgenössisch als „gelenkte Unternehmer" bezeichneten Selbständigen zwar stark eingeschränkt.[30] Da die NS-Politik das Eigentum aber nicht abgeschafft, wohl aber auf ein absolutes Minimum beschränkt hatte, war ihnen trotzdem ein gewisses Maß an Autonomie verblieben – „viel im Vergleich zu einem kommunistischen Planwirtschaftssystem, wenig gegenüber den Möglichkeiten der Großwirtschaft in der Weimarer Republik."[31]

Das Beibehalten der im Krieg praktizierten Bewirtschaftungsmaßnahmen bzw. deren Wiederaufnahme nach einer verwaltungslosen Phase unmittelbar während der militärischen Auseinandersetzungen hatte ebenso wie die Unsicherheit über das weitere politische Schicksal der besetzten Zonen den prinzipiellen Bruch zwischen NS-Wirtschaftsordnung und SED-Staatswirtschaft zunächst nicht zum Tragen kommen lassen.

[28] Vgl. exemplarisch die aus Regionalstudien und unter Konzentration auf mittlere und kleine Industrieunternehmungen gewonnenen Ergebnisse bei *Fritz Blaich*, Die bayerische Industrie 1933–1939. Elemente von Gleichschaltung, Konformismus und Selbstbehauptung, in: *Martin Broszat/Elke Fröhlich* (Hg.), Bayern in der NS-Zeit Bd. II, München/Wien 1979, S. 237–280; *Wolfgang Burth*, Nationalsozialistische Wirtschaftslenkung und württembergische Wirtschaft, in: *Cornelia Rauh-Kühne/Michael Ruck*, Regionale Eliten zwischen Diktatur und Demokratie. Baden und Württemberg 1930–1952, München 1993, S. 195–220.

[29] Vgl. *Heinrich August Winkler*, Stabilisierung durch Schrumpfung. Der gewerbliche Mittelstand in der Bundesrepublik, in: *Werner Conze/M. Rainer Lepsius* (Hg.), Sozialgeschichte der Bundesrepublik Deutschland. Beiträge zum Kontinuitätsproblem, Stuttgart 1983, S. 187–209, hier S. 198.

[30] Vgl. *Josef Winschuh*, Der gelenkte Unternehmer, in: Der praktische Betriebswirt 18 (1938), S.547–551, hier S. 547; *Karl Seeliger*, Der Unternehmer in der gelenkten Wirtschaft, Leipzig/Berlin 1941.

[31] *Erker*, Industrie-Eliten (wie Anm. 24), S. 73 ff. Das bei Erker angeführte Zitat stammt von *Gerhard Mollin*, Montankonzerne und ‚Drittes Reich'. Der Gegensatz zwischen Monopolindustrie und Befehlswirtschaft in der deutschen Rüstung und Expansion 1936–1944, Göttingen 1988, 277. Vgl. auch die einschlägigen Artikel in *Klaus-Dietmar Henke* (Hg.), Erfahrungsbildung deutscher Industrieeliten zwischen Rüstungswirtschaft und „Wirtschaftswunder", München 1994.

Zu den Veränderungen der ökonomischen Struktur durch Industrialisierung und Kriegszerstörungen traten aber rasch politisch motivierte Eingriffe. Schon bald zog der Staat die Wirtschaftslenkung an sich.[32] Den „heißen" und „kalten" Enteignungen von Betrieben der Privatwirtschaft, die die private Verfügungsgewalt durch das staatliche Eigentum ersetzte, folgte eine mit den Instrumentarien der Planwirtschaft (Rohstoff- oder Materialzuteilung) und des Steuer- und Wirtschaftsstrafrecht systematisch betriebene „Diskriminierung der Privatwirtschaft".[33] Den verbliebenen privaten Industriebetrieben erwuchs in der volkseigenen Industrie und in den Sowjetischen Aktiengesellschaften (SAG) ein übermächtiger Konkurrent, waren diese doch im Zuteilungs- und Planverfahren privilegiert. Die Möglichkeiten des Groß- und Einzelhandels sowie der Gastronomie- und Beherbergungsbetriebe wurden durch diverse Formen staatlicher und konsumgenossenschaftlicher Gewerbeanstrengungen eingeschränkt. Sind die einzelnen politischen Entwicklungen und Maßnahmen, wie sie im Machtdreieck von SMA, Einheitspartei und Verwaltungsstellen ausgehandelt und auf Länder- und Zonenebene vollzogen wurden, noch nicht detailliert analysiert worden, so besteht doch über die grundsätzliche Zielsetzung der Politik gegenüber dem „kapitalistischen Sektor" der Wirtschaft kein Zweifel: Das ordnungspolitische Vorgehen war auf eine möglichst effiziente Einbeziehung der Privatwirtschaft respektive ihre „Liquidierung" gerichtet.[34] Die zu beobachtenden Schwenks in der Mittelstandspolitik sind letztlich als Varianten auf dem Weg zu diesem Ziel zu betrachten. So zielte auch die Rechtskonstruktion der halbstaatlichen Betriebe letztlich darauf, das Privatunternehmen in den staatlichen Sektor hineinzukaufen und auf diese Weise die Autonomie des Selbständigen zu unterbinden. Inwieweit mit dieser ökonomischen Entdifferenzierung auch eine Veränderung von wirtschaftlichen Leitbildern und Praktiken einherging, ist in der Forschung noch weitgehend offen.[35]

[32] Vgl. *Hannelore Hamel*, Ordnungspolitische Gestaltung der Wirtschaftssysteme, in: dies. (Hg.), BRD – DDR. Die Wirtschaftssysteme. Sozialistische Marktwirtschaft und sozialistische Planwirtschaft im Systemvergleich, München 1977, S. 50–92, hier S. 60.

[33] Zu einzelnen Instrumenten und Maßnahmen vgl. *Hansjörg Buck*, Formen, Instrumente und Methoden zur Verdrängung, Einbeziehung und Liquidierung der Privatwirtschaft in der SBZ/DDR, in: Materialien der Enquete-Kommission „Aufarbeitung von Geschichte und Folgen der SED-Diktatur in Deutschland" (12. Wahlperiode des Deutschen Bundestages), hg. vom Deutschen Bundestag, Baden-Baden 1995, Bd. II.2., S. 1070–1213.

[34] Anders Barthel, der die planwirtschaftlichen Elemente der unmittelbaren Nachkriegszeit erklärt als „Fortsetzung der Bewirtschaftung unter dem Gesichtspunkt der Autarkie und nach dem Prinzip des Primates der Politik bei der Lösung von Aufgaben, die durch Sachzwänge determiniert waren." *Horst Barthel*, Sachzwänge und Freiräume der SBZ-Wirtschaftsentwicklung, in: *Elke Scherstjanoi* (Hg.) „Provisorium für längstens ein Jahr", Berlin 1993, S. 212–217, hier S. 217.

[35] Erste Überlegungen bei *Harm G. Schröter*, Perspektiven der Forschung: Amerikanisierung und Sowjetisierung als Interpretationsmuster der Integration in beiden Teilen Deutschlands, in: *Eckart Schremmer* (Hg.), Wirtschaftliche und soziale Integration in historischer Sicht, Stuttgart 1996, S. 259–289.

Genau so wenig wie die Entwicklung der DDR-Wirtschaft als rein ostdeutsches Phänomen zu beschreiben ist, genau so wenig trifft diese Annahme für die Entwicklung in den Westzonen und der späteren Bundesrepublik zu: Beide Systeme standen nicht nur im Einflußbereich der sie stützenden militärischen und auch wirtschaftlichen Blocksysteme. Die innere Entwicklung der beiden deutschen Teilstaaten vollzog sich auch in Abgrenzung zur jeweiligen Konkurrenzgesellschaft.[36] Unter anderem läßt sich dies an ordnungspolitischen Grundentscheidungen zeigen, wie sie bereits vor der Staatsgründung in den Westzonen getroffen wurden: Die Diskussion um eine Beibehaltung planwirtschaftlicher Elemente, wie sie vor allem im Rezessionsjahr 1949 noch intensiv geführt wurde, brach nicht zuletzt aus Gründen der Systemkonkurrenz jäh ab. In der Bundesrepublik trat an die Stelle der NS-Lenkungswirtschaft und in Abgrenzung zur realsozialistischen Zentrallenkungswirtschaft eine am Markt orientierte einzelwirtschaftliche Planung aller Unternehmen und Haushalte. Abgesehen von sozial besonders sensiblen Bereichen wie der Energie- oder der Wohnungswirtschaft sollten Angebot und Nachfrage grundsätzlich durch freie Preise koordiniert werden. Neue Unternehmungen entstanden auf Grund privater Initiativen in jenen Bereichen, die hohen Absatz und damit hohe Gewinne versprachen: Fehleinschätzungen der Marktentwicklung bedeuteten Verluste zu Lasten der Privateigentümer, bei Schließung der Unternehmen auch zu Lasten der Beschäftigten.

Zunächst wurden insbesondere die kleinen und mittleren Unternehmer von den politischen Parteien verbal hofiert, aber die mittelstandsfreundliche Programmatik stand in „krassem Widerspruch“ zur politischen Praxis.[37] Mit dem ökonomischen Aufschwung der fünfziger Jahre wurden die unternehmerischen Initiativen in erster Linie durch die günstige Ertragslage, die hohe Konsumneigung und die Zurückhaltung der Gewerkschaften bei den Lohnforderungen gefördert. Darüber hinaus hatten sich auch für den Staat, dessen Augenmerk in den Rezessionsjahren zum Ende der vierziger und Anfang der fünfziger Jahre vor allem den krisengeschüttelten Sparten der Großindustrie gegolten hatte, die Verteilungsspielräume geöffnet. Durch großzügige Finanzierungshilfen wie steuerliche Vergünstigungen, Abschreibungserleichterungen und dergleichen förderte der Staat kleine und mittlere Unternehmern.[38]

Trotz eines insgesamt mittelstandsfreundlichen Klimas erfuhr auch die westdeutsche Unternehmerschaft einen massiven Wandel: Die „klassische Selbständigkeit“ hat gesamtwirtschaftlich in der Bundesrepublik durchgängig und insbesondere in den Jahren 1950 bis 1980 von 16 auf neun Prozent abgenommen.

[36] Vgl. *Christoph Kleßmann*, Verflechtung und Abgrenzung. Aspekte der geteilten und zusammengehörigen deutschen Nachkriegsgeschichte, in: Aus Politik und Zeitgeschichte B 29/30 (1993), S. 30–41.

[37] Vgl. *Abdolreza Scheybani*, Handwerk und Kleinhandel in der Bundesrepublik Deutschland. Sozialökonomischer Wandel und Mittelstandspolitik 1949–1961, München 1996, S. 518.

[38] Vgl. dazu *Ursula Beyenburg-Weidenfeld*, Wettbewerbstheorie, Wirtschaftspolitik und Mittelstandsförderung 1948–1963. Die Mittelstandspolitik im Spannungsfeld zwischen wettbewerbstheoretischem Anspruch und wirtschaftspolitischem Pragmatismus, Bonn 1992.

In den fünfziger Jahren wurde beispielsweise im Handwerk und Kleinhandel der Wettbewerb insbesondere in den unteren Betriebsklassen intensiver und die Zahl der Betriebe schrumpfte signifikant.[39] Zugleich entwickelten sich aber insbesondere im tertiären Bereich der Dienstleistungsunternehmungen neue Formen der mittelständischen Vergesellschaftung.[40]

Die Wandlungen der westdeutschen Unternehmerschaft waren vor allem dem Marktdruck geschuldet, nicht aber der politischen Lenkung der wirtschaftlichen Entwicklung. Ungeachtet der gelegentlich aufflackernden Diskussionen um die Sozialbindung des Eigentums war grundsätzlich die marktwirtschaftlich-kapitalistische Ausrichtung der Volkswirtschaft unumstritten. Das politische System der Bundesrepublik bot dem Mittelstand zudem die Möglichkeit, Transformationsprozesse mitzugestalten, Einflußsphären zu erhalten oder gar auszubauen und von dieser Position aus die Rahmenbedingungen unternehmerischen Handelns zu verbessern.[41]

## Forschungsstand und Perspektiven

Viele der genannten Facetten sind bereits ein Thema der bisherigen Unternehmensgeschichte gewesen. Nach unserer Überzeugung eröffnen sich aber im diachronen und synchronen Vergleich von mittelständisch selbständigen Unternehmen neue Perspektiven auf das Themenfeld, die in vieler Hinsicht anschlußfähig sind an aktuelle Diskussionsstränge in der Forschung und in der publizistischen Öffentlichkeit.

### *Der „gelenkte" Unternehmer? Unternehmerwirtschaft im Nationalsozialismus*

Dabei gehört die NS-Zeit zu der am intensivsten erforschten Epoche in der Unternehmensgeschichtsschreibung des 20. Jahrhunderts. Auf diesem Gebiet hat die Unternehmensgeschichte sich in mehrfacher Hinsicht weiterentwickelt: von der Konzentration auf die außenpolitischen Friedensjahre des NS-Regimes hin zur Analyse der Kriegswirtschaft, von der Vorstellung eines Primats der Politik hin zu einer „weit komplexeren Beziehungsgeschichte"; von einer eher struk-

[39] Vgl. *Scheybani*, Handwerk (wie Anm. 37), S. 177–180.

[40] Vgl. *Klaus Tenfelde*, Stadt und Bürgertum im 20. Jahrhundert, in: *ders./Hans-Ulrich Wehler* (Hg.), Wege zur Geschichte des Bürgertums. Vierzehn Beiträge, Göttingen 1994, S. 317–353, hier S. 322 f.

[41] Mittlerweile klassisch *Volker Berghahn*, Unternehmer und Politik in der Bundesrepublik Deutschland, Frankfurt a.M. 1985; *Rainer Schulze*, Unternehmerische Interessenvertretung in Westdeutschland nach dem Ende des Zweiten Weltkrieges, in: Tel Aviver Jahrbuch für deutsche Geschichte 19 (1990), S. 283–311.

turgeschichtlich angelegten Wirtschaftsverbändeforschung hin zu einer erfahrungs- und verhaltensgeschichtlich orientierten Untersuchung von Interessenlagen jenseits der Institutionen.[42] Nach wie vor findet die Konzentration auf die Spitzenvertreter und -institute der Industrie ihre Berechtigung darin, daß gerade Großunternehmen im Rampenlicht des NS-Regimes standen und insbesondere die Banken die wirtschaftliche Entwicklung entscheidend mitbestimmt haben.[43] Hinzugetreten sind aber in letzter Zeit Untersuchungen, die den Bereich des gewerblich-industriellen Mittelstandes analysieren.[44]

Die Entwicklung der Unternehmensgeschichtsschreibung zum Nationalsozialismus ist auf das Engste verwoben mit der jeweiligen forschungs- und zeitpolitischen Gesamtlage: So war die Frage nach dem Unternehmertum im Nationalsozialismus bis zum Anfang der achtziger Jahre in einem hohen Grade ideologisiert und vorrangig auf die Frage konzentriert, ob sich insbesondere die Großunternehmen für Hitlers Machtantritt zu verantworten hätten. Die von der DDR-Geschichtswissenschaft lancierte Position fand während des Kalten Krieges auch in Westdeutschland viele Anhänger: Das NS-Regime galt als Agent und Werkzeug der „kapitalistischen Ausbeuterklasse", infolgedessen diese für die Existenz solcher Regime sowie die Verbrechen, die diese begingen, unmittelbar für verantwortlich gehalten wurden.[45] Es war wohl nicht zuletzt dieser inquisitorische Grundton der auch in Westdeutschland geführten Debatte, der dazu führte, daß viele Unternehmen ihre Archive verschlossen hielten. Erst seit den neunziger Jahren ist eine neue Offenheit gegenüber den Forschungsinteressen von Historikern zu beobachten, die nicht zuletzt auf den Generationenwechsel im Management der Großindustrien wie auch auf das zunehmende öffentliche Interesse an diesen Fragen zurückzuführen ist. Versucht man die zeitweise sehr aufgeregte Debatte zu bilanzieren, so zeigt sich, daß die Verantwortung der dabei in den Blick genommene Großindustrie weniger in der direkten Finanzierung der NSDAP liegt. Vielmehr haben Vertreter der Großindustrie ein antidemokratisches, auf Überwindung des politischen Systems von Weimar gerichtetes Klima befördert und damit zum Scheitern der ersten deutschen Republik sowie zum Aufstieg des Nationalsozialismus beigetragen.[46]

[42] *Erker*, Aufbruch (wie Anm.7), S. 356.

[43] Zum Stand der Bankenforschung vgl. *Harold James*, Die Rolle der Banken im Nationalsozialismus, in: *Gall/Pohl*, Unternehmen (wie Anm. 12), S. 25–37.

[44] Vgl. *Astrid Gehrig*, Nationalsozialistische Rüstungspolitik und unternehmerischer Entscheidungsspielraum. Vergleichende Fallstudien zur württembergischen Maschinenbauindustrie, München 1996; *Petra Bräutigam*, Mittelständische Unternehmer im Nationalsozialismus. Wirtschaftliche Entwicklung und soziale Verhaltensweisen in der Schuh- und Lederindustrie Badens und Württembergs, München 1997.

[45] Als Beispiel für diese Interpretation *Wolfgang Ruge*, Monopolbourgeoisie, faschistische Massenbasis und NS-Programmatik in Deutschland vor 1933, in: *Dietrich Eichholtz/Klaus Gossweiler* (Hg.), Faschismusforschung – Positionen, Probleme, Polemik, Berlin 1980, S. 125–155; Zur Charakteristik dieser Debatte vgl. *Gerald D. Feldman*, Unternehmensgeschichte des Dritten Reichs und Verantwortung der Historiker. Raubgold und Versicherungen, Arisierung und Zwangsarbeit, Bonn 1999, S. 7.

[46] Vgl. *Thomas Trumpp*, Zur Finanzierung der NSDAP durch die deutsche Großindustrie. Versuch einer Bilanz, in: *Karl-Dietrich Bracher/Manfred Funke/Hans-Adolf Jacobsen* (Hg.), Nationalsozialisti-

Unternehmerverhalten war dementsprechend lange Zeit gleichgesetzt mit dem der Protagonisten in Großindustrie und Verbände, die wiederum auf die Funktion als Steigbügelhalter der NS-Bewegung reduziert wurden. In Absetzung davon monierte Wilhelm Treue noch 1984 auf einer Tagung anläßlich des 40. Jahrestages des 20. Juli 1944, daß der „Widerstand" gegen den Nationalsozialismus von der deutschen Geschichtsschreibung einseitig und „praktisch unter Vernachlässigung, ja, Auslassung des privatkapitalistischen Unternehmertums in allen Bereichen der Wirtschaft" untersucht worden sei.[47] Die Hoffnung, daß verstärkte Forschungsanstrengungen das Geschichtsbild in dem Sinne korrigieren könnten, daß mehr Unternehmer als bisher angenommen am Widerstand beteiligt gewesen seien oder sich widersetzlich verhalten hätten, hat sich aber nicht erfüllt, im Gegenteil: Weiterhin bleibt die Frage offen, „warum es ausgerechnet in einem Milieu, in dem dem Anspruch nach eigentlich Tugenden wie Freiheit, Initiative und unternehmerischer Mut hochgehalten wurden, fast keinen Widerstand [gab], während Organisationen wie die Armee, die ans Dienen gewöhnt waren, in denen Gehorchen ein Karriereprinzip bildete, Widerstandskämpfer hervorbrachten?"[48]

Dieses Interesse an den Verhaltensdispositionen der Führungskräfte ist zweifellos befördert worden durch den aktuell wohl am intensivsten diskutierten Gesichtspunkt deutscher Beteiligung an den Verbrechen des nationalsozialistischen Regimes: den Einsatz von Zwangsarbeitern.[49] Dominierte dabei zunächst der Blick auf die Großindustrie und die volkswirtschaftlichen Gesamtauswirkungen[50], so weitet sich nun der Zugriff auf zahlreiche öffentliche und private Funktionsbereiche. Dabei wurden und werden zunehmend auch kleinere und mittlere Unternehmen sowie deren Inhaber berücksichtigt.[51]

Zwar gibt es für die NS-Zeit eine ganze Reihe von Unternehmensstudien, Arbeiten zum Verhalten der Wirtschaftselite und individualbiographische Studien waren indes lange Zeit Mangelware.[52] Erst in jüngster Zeit wird diese Fragestellung erneut stärker berücksichtigt. Nicht die Institutionen, sondern die kulturellen Faktoren und die individuelle Dispositionen wirtschaftlichen Handelns rükken dabei in den Vordergrund. Die Biographie wird „im Spannungsfeld von

sche Diktatur 1933–1945. Eine Bilanz, Bonn 1986, S. 132–154, hier S. 152 f.

[47] *Wilhelm Treue*, Widerstand von Unternehmern und Nationalökonomien, in: *Jürgen Schmädeke/Peter Steinbach* (Hg.), Widerstand gegen den Nationalsozialismus. Die deutsche Gesellschaft und der Widerstand gegen Hitler, München ²1986, S. 917–937

[48] *Lothar Gall/Manfred Pohl*, Einleitung, in: dies. (Hg.), Unternehmen (wie Anm. 12), S. 7–13, hier S. 12.

[49] Stellvertretend für eine Vielzahl von Publikationen sei hier verwiesen auf *Mark Spoerer*, Zwangsarbeit im Dritten Reich, München 2001.

[50] Vgl. die grundlegenden Studien von *Ulrich Herbert*, Fremdarbeiter. Politik und Praxis des ‚Ausländereinsatzes' in der Kriegswirtschaft des Dritten Reiches, Bonn 1985; *Hans Mommsen/Manfred Grieger*, Das Volkswagenwerk und seine Arbeiter im Dritten Reich, Düsseldorf 1996.

[51] Vgl. dazu die Literaturdatenbank auf der Homepage www.projekt-zwangsarbeit.de, die von Mitarbeitern von Prof. Dr. Jochen-Christoph Kaiser (Marburg) gepflegt wird.

[52] Vgl. die Einschätzung von *Gehrig*, Rüstungspolitik (wie Anm. 41), S. 12.

wirtschaftlichen Rahmenbedingungen und individuellen Strategien“[53] verortet. Vielerorts versuchte man, durch die begrenzte Kooperation mit dem NS-Regime das Überleben und die Unabhängigkeit des Betriebes und die kapitalistische Gesamtordnung zu bewahren.[54] Ideologische Linientreue, so zeigt die Analyse, war nicht notwendig, um zum Funktionieren des NS-Regimes beizutragen. Es genügte, das fortzusetzen, was man immer schon getan hatte.

In Form individualisierender, auf unterschiedliche Unternehmerpersönlichkeiten und ihre lokalen und regionalen Wirtschaftzusammenhänge bezogenen Studien gehen Astrid Gehrig und Petra Bräutigam diesen und weiteren Fragen im vorliegenden Band nach. Gehrig kann in ihrem Beitrag Unternehmerbiographie und mittelständische Firmengeschichte über die politischen Epochengrenzen der deutschen Geschichte hinaus verfolgen. Sie skizziert Ausbildung und Sozialisation von mittelständischen Unternehmern seit der Jahrhundertwende, zeigt ihr Agieren seit der Übernahme des Unternehmens in der Krisenphase der Weimarer Republik, verweist auf Verstrickungen und Widersetzlichkeit im Nationalsozialismus und skizziert das Ausscheiden dieser Unternehmergeneration in der Bundesrepublik. Dabei kann sie nicht nur die Spielräume der Unternehmenspolitik im Nationalsozialismus aufzeigen, sondern verweist auch auf die bislang kaum beachtete Frage nach den internationalen Verflechtungen auch der mittelständischen Betriebe, die die Funktionalisierung der Betriebe im Sinne der Kriegswirtschaft in einem neuen Licht erschienen ließ.

Über die Frage nach Widersetzlichkeit in ökonomischen Zusammenhängen hinaus fragt Bräutigam vor allem nach dem Verhalten einzelner Unternehmer gegenüber jüdischen Mitarbeitern, Geschäftspartnern und Konkurrenten. Dabei kann sie zeigen, daß ein „Arisierungs“druck keinesfalls nur durch die Vorgaben der Partei entstand. Insbesondere durch den (befürchteten oder tatsächlichen) Unmut von Käufern sahen sich insbesondere die Hersteller von Endprodukten genötigt, Kontakte zu jüdischen Firmen aufzugeben und jüdische Mitarbeiter zu entlassen. Regional anders gelagerte Wirtschaftskreise und Branchen, die innerhalb der Industrie weiterverkauften, praktizierten einen weniger rigorosen Umgang mit nicht-arischen Geschäftspartnern und Mitarbeitern.

Beide Beiträge verweisen darauf, daß zwar kaum ein Unternehmen sich grundsätzlich gegen eine Integration in die Kriegswirtschaft wehrte, zu verlokkend waren die Chancen auf hohe Gewinnmargen, zu geschickt wurden die unternehmenspolitischen Interessen instrumentalisiert. Dennoch gab es im Einzelbetrieb und im Rahmen der vorgegebenen Koordinaten der NS-Wirtschaftspolitik Spielraum für eine eigenständige Unternehmerpolitik, der individuell ausgefüllt werden konnte. Dabei tritt neben die Frage nach der ideologischen Disposition der Unternehmerschaft auch die Analyse ihres ökonomi-

[53] *Bernhard Lorentz*, Industrieelite und Wirtschaftspolitik 1928–1950. Heinrich Dräger und das Drägerwerk, Paderborn 2001, S. 25, beispielgebend nicht nur für die Unternehmensgeschichtsschreibung zum Nationalsozialismus *Hartmut Berghoff/Cornelia Rauh-Kühne* (Hg.), Fritz K. Ein deutsches Leben im zwanzigsten Jahrhundert, Stuttgart/München 2000.

[54] Vgl. *Erker*, Industrie-Eliten (wie Anm. 27).

schen und betriebswirtschaftlichen gesellschaftlichen Interesses, welches – so zeigen die Detailstudien – oftmals Hand in Hand ging mit den kriegswirtschaftlichen Intentionen der Machthaber. Spätestens aber mit der sich abzeichnenden Niederlage entstanden aber massive Zielkonflikte: Wo Staat und Militär auf die maximale Ausnutzung der noch vorhandenen Ressourcen setzten, mühten sich die Unternehmer, Sach- und Humankapital über das Kriegsende hinaus zu retten, um sich so für den Neuanfang entsprechend günstig zu positionieren.[55]

In der aktuellen Forschungslandschaft eher wenig beachtet ist hingegen das Handwerk, das der formalen Definition von Unternehmerwirtschaft nach ebenfalls unter die Rubrik der Selbständigen zu rechnen ist. Während Studien dieses Gewerbezweigs zum 19. und frühen 20. Jahrhundert oftmals im Schatten der Prophezeiung von Marx und Engels verblieben, daß Handwerk werde zwischen Proletariat und Kapitalisten zermahlen werden,[56] so konzentrierte sich die Forschung zum Handwerk im Nationalsozialismus auf das Verhältnis von „sozialer Funktion" und „sozialer Basis" des Nationalsozialismus.[57] Die Handwerker erschienen als zentraler Bestandteil der kleinbürgerlichen Basis der Nationalsozialisten, die der Bewegung zunächst zum Machtantritt verhalfen, um dann aber von der NS-Wirtschafts- und Sozialpolitik umfassend enttäuscht worden zu sein.[58] Adelheid von Saldern erweitert diese Perspektive und zielt in ihrem Beitrag darauf ab, die Wechselwirkungen von NS-Politik und Handwerk über den Machtantritt hinaus zu analysieren. In einem kulturhistorischen Zugriff fragt sie anhand der Begriffe „Leistung" und „Qualität", ob und inwieweit in diesen Kategorien zentrale Elemente der NS-Politik und Ideologie kongruent waren zu Werten und Mentalitäten des Handwerks. Dabei skizziert sie ein Handwerk in der Transformation, welches sich einerseits bestimmte Elemente der eigenen Tradition bewahrte, andererseits bereitwillig aus dem nationalsozialistischen Ideologiekonglomerat schöpfte, um eigene Überzeugungen und Ressentiments zu stärken.

[55] Vgl. *Erker*, Industrie-Eliten (wie Anm. 24), S. 73 f.

[56] *Karl Marx/Friedrich Engels*, Manifest der Kommunistischen Partei, in: dies, Werke, Bd. 4, Berlin 1959, S. 469.

[57] Ein Forschungsüberblick findet sich in der Studie von *Bernd Holtwick*, Der zerstrittene Berufsstand. Handwerker und ihre Organisationen in Ostwestfalen-Lippe (1929–1953), Paderborn 2001, S. 15–22.

[58] Darin stimmten die Kontrahenten einer breit geführten Kontroverse überein. Vgl. *Adelheid von Saldern*, Mittelstand im „Dritten Reich", Frankfurt a.M. 1979; *Heinrich August Winkler*, Der entbehrliche Stand. Zur Mittelstandspolitik im „Dritten Reich", in: Archiv für Sozialgeschichte 17 (1977), S. 1–40. Zur Kontroverse vgl. *Heinrich August Winkler*, Ein neuer Mythos vom alten Mittelstand, in: Geschichte und Gesellschaft 12 (1986), S. 548–557 und die entsprechenden Repliken.

## *Empirischer Nutzen und ideologischer Überfluß: Die Bilanz der Betriebsgeschichtsschreibung in der DDR*

Mit veränderten begrifflichen Konnotationen, einer gewandelten Perspektive auf den Untersuchungsgegenstand und einem normativen politischen Vorzeichenwechsel war schließlich auch von der DDR–Geschichtswissenschaft in den fünfziger Jahren das unternehmensgeschichtliche Forschungsfeld wieder besetzt worden.[59] Dabei war die Distanz zu der im Entstehen begriffenen Sozialgeschichte der Bundesrepublik von Anfang an evident:[60] Die Unternehmer- und Unternehmensgeschichte firmierte in der DDR als Betriebsgeschichte, womit zum einen der Unternehmensbesitzer als sozialer Akteur aus der traditionell geläufigen Begriffskoexistenz von Eigentum und Eigentümer herausgelöst worden war, zum anderen der Betrieb grundsätzlich jenes semantische Äquivalent für bis dahin andere geläufige Bezeichnungen – etwa Fabrik, Werk oder Unternehmen – bildete.[61]

Lediglich der Konzern, dessen Geschichte jenseits des betrieblichen „Normalfalls" offenkundig mit spezifischen ökonomischen wie politischen Bedeutungszuschreibungen behaftet war, konnte sich à la longue jener Begriffsnivellierung entziehen, die seit den fünfziger Jahren die Gegenwart der DDR auch legitimierend begleiten sollte:[62] Betriebsgeschichte, das war die Geschichte der ehemals unter privater Verfügungsgewalt stehenden Unternehmen unter neuem Namen – die Geschichte der „volkseigenen Betriebe".

Darüber hinaus wurde mit dem Betrieb überhaupt ein gesamtgesellschaftlicher Bezugsrahmen konstituiert, in dem nach Möglichkeit eine Vielzahl von Institutionen nominell und strukturell an betrieblichen Organisationsmustern ausgerichtet wurden; so etwa, wenn soziale Einrichtungen für Heranwachsende im Vorschulalter als „Kinderkombinat" firmierten oder wenn der tägliche Rhyth-

[59] Als ideologisch leitender Gesichtspunkt fungierte hierbei der Appell Maxim Gorkis aus den dreißiger Jahren, die „Geschichte der Fabriken und Werke" zu schreiben.

[60] Vgl. zur Konstituierungsphase der DDR–Geschichtswissenschaft in den fünfziger Jahren mit zahlreichen Literaturhinweisen hier nur *Walter Schmidt*, Forschungsstand und Forschungsprobleme der Geschichte der DDR–Geschichtswissenschaft, in: Beiträge zur Geschichte der Arbeiterbewegung 29 (1987), S. 724 ff. sowie zur Auseinandersetzung mit der bundesdeutschen Unternehmensgeschichte in der DDR etwa *Jürgen Kuczynski*, Westdeutsche Unternehmensgeschichte über den Wiederaufbau der Firmen in Westdeutschland nach dem zweiten Weltkrieg, in: Jahrbuch für Wirtschaftsgeschichte 1963, Teil II, S. 143–200.

[61] Allerdings hatte Jürgen Kuczynski im Zuge der Auswertung der Ergebnisse der zweiten Parteikonferenz vom Juli 1952 damit begonnen, noch ganz im älteren Sprachgebrauch „die Geschichte der Fabriken und Werke zu initiieren". Nach *Margrit Grabas*, „Zwangslagen und Handlungsspielräume". Die Wirtschaftsgeschichtsschreibung der DDR im System des real existierenden Sozialismus, in: Vierteljahrschrift für Sozial- und Wirtschaftsgeschichte 78 (1991), S. 507. Max Weber hat zu Recht bemerkt, daß bereits in der Terminologie der älteren Nationalökonomie die Begriffe „Betrieb" und „Unternehmung" zumeist nicht trennscharf voneinander geschieden worden sind. Vgl. *Max Weber*, Wirtschaft und Gesellschaft. Grundriss der verstehenden Soziologie, Tübingen [5]1976, S. 63.

[62] Vgl. zur Unterscheidung hierzu schon früh die Denkschrift von *Bruno Leuschner*, Monopole, Konzerne, Syndikate und andere Unternehmervereinigungen sammeln ihre Kräfte v. 25.2.1946, in: SAPMO, NY 4113/ 948: Nachlaß Fritz Selbmann.

mus von Produktionsarbeit und anschließender Freizeit terminologisch definierend auf die Abfolge der Lebensalter übertragen wurde und entsprechend dieser Lesart ältere Menschen den Rest ihres Lebens im „Feierabendheim" verbrachten.[63]

Seit dem Ende der fünfziger Jahre wurden in der DDR nicht zuletzt als Äquivalent für die fehlende Landesgeschichte die lokal-, regional- und heimatgeschichtlichen Untersuchungen intensiviert, wobei der primär erkenntnisleitende Impuls der Erforschung der Betriebsgeschichte und der Traditionen der örtlichen Arbeiterbewegung galt.[64] „Unter Betriebsgeschichte", so erläuterte der Nestor dieser Forschungsrichtung Hans Radandt den Teilnehmern der Arbeitskonferenz „zur Geschichte der sozialistischen Produktionsbetriebe" im Jahr 1960 die parteioffizielle Direktive, „verstehen wir einmal das Gesamtgebiet der marxistisch–leninistischen Darstellungen zur Entwicklung von Betrieben. Zum anderen ist Betriebsgeschichte eine populärwissenschaftliche oder wissenschaftlich verallgemeinernde Darstellung der Geschichte der Entwicklung eines Betriebes in ihren Zusammenhängen auf marxistisch–leninistischer Grundlage".[65] In ideologisch stabilisierender Absicht war darüber hinaus dieser Teildisziplin der DDR–Geschichtswissenschaft die maßgeblich identitätsstiftende Funktion übertragen worden, „die Liebe zur sozialistischen Heimat" und „die Achtung vor den Kämpfen der revolutionären Arbeiterbewegung und des Volkes" nachhaltig zu pflegen.[66]

Die historische Erforschung der örtlichen Arbeiterbewegung hatte in diesem Zusammenhang bereits im Jahr 1956 eine institutionelle Verankerung im Ost-Berliner Institut für Marxismus–Leninismus erfahren, den organisatorischen Kern für die Erarbeitung der Betriebsgeschichten bildete seit den sechziger Jahren das Institut für Wirtschaftsgeschichte der Akademie der Wissenschaften in der DDR.[67] Der eigentlich maßgebliche Impuls zur Aufwertung der Betriebsgeschichte im Rahmen des historischen Fächerkanons mit dem Ziel, der „ver-

[63] Daß das Zentrum der Arbeitswelt für die Menschen in der DDR in mancherlei Hinsicht auch den Mittelpunkt der Lebenswelt bilden sollte, thematisiert *Joerg Roesler*, Die Produktionsbrigaden in der Industrie der DDR, in: Hartmut Kaelble (Hg.), Sozialgeschichte der DDR, Stuttgart 1994, S. 144–170.

[64] Vgl. *Horst Handke*, Sozialgeschichte – Stand und Entwicklung in der DDR, in: *Jürgen Kocka*, Sozialgeschichte im internationalen Überblick. Ergebnisse und Tendenzen der Forschung, Darmstadt 1989, S. 105. Siehe auch *Karlheinz Blaschke*, Die Landesgeschichte in der DDR – Ein Rückblick, in: Blätter für deutsche Landesgeschichte 126 (1990), S. 243–261 und *Peter Sonnet*, Heimat und Sozialismus. Zur Regionalgeschichtsschreibung in der DDR, in: Historische Zeitschrift 235 (1982), S. 121–135.

[65] *Hans Radandt*, Bemerkungen zum gedruckt vorliegenden Referat, in: Jahrbuch für Wirtschaftsgeschichte 1961, Teil II, S. 43. Vgl. auch *Carl-Ludwig Holtfrerich*, Zur Position und Entwicklung der Wirtschaftsgeschichte in der DDR seit 1960, in: Jahrbuch für Wirtschaftsgeschichte 8 (1982), S. 145–153.

[66] *Willibald Gutsche*, Heimatverbundenheit und Heimatgeschichte in unserer Gesellschaft, in: Einheit 35 (1980), S. 815 sowie *Eberhard Wächter*, Einige Bemerkungen zur besonderen Stellung der Betriebsgeschichtsschreibung innerhalb der Heimatgeschichtsschreibung und ihrer Tradition in Deutschland, in: Jahrbuch für Wirtschaftsgeschichte 1960, Teil II, S. 201–220.

[67] Vgl. *Hans Radandt*, Probleme der Betriebsgeschichte in der DDR, in: Jahrbuch für Wirtschaftsgeschichte 1986, Teil III, S. 207 ff.

fälschte[n] Erinnerung an die kapitalistische Vergangenheit" entgegen zu treten und die „Entwicklung eines sozialistischen Bewußtseins" zu fördern, sollte jedoch von den Arbeitern der Betriebe selbst erbracht werden.[68] Nicht zuletzt hatte man auf diese Weise auch den ideologischen Anschluß an die Forderungen der Bitterfelder Konferenz gesucht, auf der mit dem Aufruf „Greif zur Feder Kumpel, die sozialistische Nationalkultur braucht Dich" an die Arbeiterschaft appelliert worden war, sich grundsätzlich intensiver lesend und schreibend kulturell zu engagieren.[69]

Tatsächlich schienen die Impulse der frühen sechziger Jahre, den Stellenwert der akademisch institutionalisierten Geschichtswissenschaft im Hinblick auf die Erforschung von Betriebsgeschichten zugunsten einer beratenden und unterstützenden Funktion für die „schreibenden Arbeiter" zurückzudrängen, im großen und ganzen nur begrenzt erfolgreich gewesen zu sein. Zwar hatte Hans Radandt bereits im Jahr 1960 in einem Überblick über den „Stand der Geschichte der Fabriken und Werke in der Deutschen Demokratischen Republik" konstatiert, daß etwa 70 Prozent der seit 1945 erstellten Betriebsgeschichten von Teilen der jeweiligen Belegschaft verfaßt worden seien.[70] Doch bot zum einen die fehlende Motivation der Autoren zuweilen Anlaß zur Kritik, denn diese schrieben zumeist auf Initiative der Parteileitung; zum anderen waren aus der Perspektive der Einheitspartei die ideologischen Mängel dieser zum Teil in der Tradition der „Chronik" angefertigten Arbeiten unübersehbar, so daß die „parteiliche" Überprüfung durch Wissenschaftler, Schriftsteller, Journalisten oder Mitglieder der lokalen SED-Leitung nach wie vor als unentbehrlich galt.[71]

Dessen ungeachtet waren im Grunde schon jene frühen Arbeiten, deren Titel beispielweise „Unsere Tat schafft neues Leben" oder „Wie war es gestern – wie ist es heute" lauteten, plakativen ideologischen Vorgaben gefolgt, in denen eine Teilung der Geschichte vorgenommen worden war, die den negativen Vergangenheitshorizont der Zeit vor 1945 von der positiv bewerteten Gegenwartserfahrung der Jahre seit 1945/49 trennscharf schied.[72] Eine stärkere Hinwendung

[68] *Rudolf Schröder*, Aus dem Tagebuch der Konsultationsstelle für Betriebsgeschichte Leipzig, in: Jahrbuch für Wirtschaftsgeschichte 1962, Teil II, S. 161–170, Teil III, S. 131–143, hier S. 161. Vgl. auch *Werner Lucas*, Aufgabe und Bedeutung der Geschichte der sozialistischen Produktionsbetriebe, in: ebd., 1961, Teil II, S. 21–41.

[69] Vgl. auch *Kurt Schädlich*, Betriebsgeschichte und schreibender Arbeiter, in: Jahrbuch für Wirtschaftsgeschichte 1961, Teil II, S. 157–159.

[70] *Hans Radandt*, Der Stand der Geschichte der Fabriken und Werke in der Deutschen Demokratischen Republik, in: Jahrbuch für Wirtschaftsgeschichte 1960, Teil II, S. 154. Siehe zur Dominanz der betriebsgeschichtlichen Untersuchungen in den sechziger Jahren auch *Grabas*, Zwangslagen und Handlungsspielräume (wie Anm. 61), S. 513.

[71] So wurden die Forschungsergebnisse vom stellvertretenden Abteilungsleiter des Instituts für Marxismus-Leninismus auch noch Mitte der siebziger Jahre durchweg als zu „faktologisch" kritisiert. *H.-J. Krusch*, Für einen weiteren Aufschwung der Arbeit der Geschichtskommissionen der SED, in: Beiträge zur Geschichte der Arbeiterbewegung 16 (1974), S. 759.

[72] Aus der Literaturzusammenstellung von *Hans Radandt*, Bibliographie selbständiger Schriften zur Geschichte der Fabriken und Werke, die nach 1945 im Gebiet der Deutschen Demokratischen Republik erschienen sind, in: Jahrbuch für Wirtschaftsgeschichte 1961, Teil I, S. 363 ff.

zur Zeitgeschichte wurde darum im Hinblick auf betriebsgeschichtliche Untersuchungen erst etwa seit Mitte der siebziger Jahre vollzogen, als die Selbstvergewisserung über den „epochalen Neubeginn“ seit 1949 zunehmend darauf angelegt war, der erinnerndenVergegenwärtigung der eigenen Geschichte zu dienen.[73] Hatte die wirtschaftsgeschichtliche Forschung in der DDR zwischenzeitlich insgesamt auch ein breiteres Spektrum an Themen und Forschungsfeldern besetzt,[74] so dominierten in der Disziplin nach wie vor die Betriebsgeschichte oder auf der Makroebene die „Analyse des staatsmonopolistischen Kapitalismus“.[75] Grundsätzlich wird man darum Margrit Grabas zustimmen müssen, daß sich nicht nur „das Engagement für praxisnahe ökonomische Themenbereiche ... nicht durchsetzen konnte“, sondern daß „die Gefahr einer mit Entideologisierung einhergehenden Hinwendung zu [anderen] Problemkomplexen ... für die Machtelite zu offensichtlich [war], als daß sie der während der Reformjahre beobachteten Vernachlässigung der vordergründig ideologischen Zielen dienenden Analyse der Produktionsverhältnisse weiter hätte stattgeben können“.[76] Demzufolge entsprach es ungeachtet mancher methodischer und theoretischer Flexibilisierungen im Einzelnen einer gewissen Logik und inneren Konsequenz, daß auch noch in den achtziger Jahren mühelos jene dogmatischen Tiefstände erreicht wurden, die man etwa zehn Jahre zuvor tendenziell bereits überwunden glaubte.[77]

Jenseits einer dichten Verflechtung von darstellendem Positivismus und leerformelhaften ideologischen Rechtfertigungsbedürfnissen mangelte es der Betriebsgeschichtsschreibung darum im Grunde an differenzierenden Momenten, die über das Kriterium machtlogischer Elemente hinauswiesen und den historischen Prozeß nicht allein auf seine Anpassungsbereitschaft an feststehende normative Vorgaben reduzierten. Hinzu kam, daß es der Betriebsgeschichte – von Ausnahmen abgesehen – zumeist auch an vergleichenden Perspektiven mangelte, mit der etwa Werke unterschiedlicher Produktionsbereiche in einer Stadt oder Unternehmen gleicher Fertigungsrichtung in einer Region in den Blick genommen worden wären.[78] Entscheidend war jedoch: Unternehmerwirtschaft, Selbständigkeit, subjektive Motivationen und, soweit dies in der DDR in engem Rahmen möglich war, marktorientiertes Handeln wurden von der Be-

[73] Vgl. *Hans Radandt*, Gute betriebsgeschichtliche Bücher – Beispiele für noch Bessere!, in: Jahrbuch für Wirtschaftsgeschichte 1974, Teil III, S. 278. Bis zur Mitte der siebziger Jahre waren in der DDR rund 1.000 betriebsgeschichtliche Publikationen erschienen. Vgl. ebd., S. 277.

[74] Erinnert sei hier nur an Motteks Bestrebungen, die Geschichte der Produktivkräfte wirksam in der Teildisziplin zu verankern. Zum Paradigma der Produktivkräfte vgl. etwa die Einleitung in der Gesamtdarstellung von *Hans Mottek*, Wirtschaftsgeschichte Deutschlands. Ein Grundriß, Bd. 1: Von den Anfängen bis zur Zeit der Französischen Revolution, Berlin [6]1983, S. 11–24.

[75] Vgl. *Grabas*, Zwangslagen (wie Anm. 61), S. 511 f.

[76] Ebd., S. 512.

[77] Das Glanzstück hierzu von *Hans Radandt*, Gedanken zur Disziplin Betriebsgeschichte anhand der Entwicklung in der DDR, in: Jahrbuch für Wirtschaftsgeschichte 1981, Teil I, S. 173–180, hier vor allem S. 174 f.

[78] Vgl. auch *Arnd Kluge*, Betriebsgeschichte in der DDR – ein Rückblick, in: Zeitschrift für Unternehmensgeschichte 38 (1993), S. 59.

triebsgeschichtsschreibung unmittelbar ablehnend bewertet. Seiner individuellen Gestalt beraubt existierte der Unternehmer in der DDR–Historiographie demzufolge lediglich in der reduzierten Form zweier Typisierungen; nämlich zum einen als Exponent einer überwundenen Gesellschaftsformation, zum anderen als Vertreter eines Wirtschaftsbürgertums, das über keine autonomen Potentiale mehr verfügte und – von der Einheitspartei kontrolliert – die „Etappen ... der Umwälzung" allenfalls unprivilegiert begleiten bzw. unterstützen konnte.[79] Die Studien sind Legion, in denen die bürgerlichen Erwerbs- und Besitzklassen als redundanter Überrest des historischen Prozesses bewertet und unter Kriterien ihrer Tauglichkeit im Hinblick auf die „Einbeziehung ... in den Sozialismus" oder ihrer Rolle im Rahmen „der revolutionären Umwälzung" eingeschätzt wurden.[80]

Ließ sich das industrielle Unternehmertum auf der marxistischen Basis polarisierender Differenzlogik noch vergleichsweise mühelos einordnen, so tat sich die DDR – Geschichtswissenschaft mit den Handwerkern, Gewerbetreibenden und kleinen Ladenbesitzern schwerer. Ebenso wie schon die zeitgenössische Annahme, daß die auf Selbständigkeit bezogene Identität der Handwerker über kurz oder lang an den dichotom interpretierten Schnittstellen des sozialen Systems zerbrechen würde, den widerspruchsvollen Zusammenhang von Annäherung *und* Distanz begründete, mit der die Einheitspartei den Selbständigen begegnete, schien auch die DDR–Forschung die „sozialen Zwischenklassen" zu marginalisieren.[81] Allerdings wird man dieses Urteil im wesentlichen auf die Zeitgeschichte nach 1945/49 beschränken müssen;[82] einschlägige Untersuchungen für den Zeitraum der Frühen Neuzeit und des 19. Jahrhunderts wurden indessen, auch in räumlicher Differenzierung, in umfangreicherer Zahl erarbeitet.[83]

[79] *Wolfgang Mühlfriedel*, Die Industrie in der antifaschistisch–demokratischen Umwälzung. Ein Bericht über Stand und Probleme der Forschungen zur Industriegeschichte, in: Jahrbuch für Wirtschaftsgeschichte 1981, Teil I, S. 151–171, hier S. 156 f.

[80] Vgl. hier nur *Franz Konieczny*, Die Politik der Partei zur Einbeziehung der Mittelschichten und privatkapitalistischen Unternehmer in den Sozialismus, Berlin 1959; *Horst Eisermann*, Die städtischen Mittelschichten in der revolutionären Umwälzung von 1945 bis 1949/50, die Entwicklung ihrer Struktur und ihre Stellung in der Gesellschaft, insbesondere zur Arbeiterklasse, dargestellt am Beispiel des ehemaligen Landes Sachsen–Anhalt, Dissertation A, Leipzig 1973.

[81] Vgl. auch *Rüdiger Schmidt*, Vom „autoritären Korporatismus" zur Planökonomie: Der gewerbliche Mittelstand in der Sowjetischen Besatzungszone Deutschlands, in: *Dierk Hoffmann/Hermann Wentker* (Hg.), Das letzte Jahr der SBZ. Politische Weichenstellungen und Kontinuitäten im Prozeß der Gründung der DDR, München 2000, S. 241 ff.

[82] Vgl. für diesen Zeitraum vor allem *Monika Tatzkow*, Die Entwicklung der Industrie- und Handelskamer der Deutschen Demokratischen Republik und ihre Rolle bei der Enbeziehung bürgerlicher Schichten in den Aufbau der Grundlagen des Sozialismus (1953–1958), Berlin 1985 und Monika Kaiser, 1972 – Knockout für den Mittelstand. Zum Wirken von SED, CDU, LDPD und NDPD für die Verstaatlichung der Klein- und Mittelbetriebe, Berlin 1990.

[83] Vgl. zu den insgesamt wohl produktiveren und zahlreicheren Studien über die Geschichte des Handwerks für den Zeitraum der Frühen Neuzeit und des 19. Jahrhunderts den Literaturüberblick von *Wilfried Reininghaus*, Zur Handwerksgeschichte in der DDR. Bemerkungen zu Forschungen zwischen 1970 und 1989, in: Blätter für deutsche Landesgeschichte 126 (1990), S. 243–261.

Nach der Vereinigung der beiden deutschen Staaten fanden sich für das längst ausgezehrte Paradigma der Betriebsgeschichte kaum noch Befürworter. Auf der einen Seite hätte sich selbst eine aus ihrer ideologischen Umklammerung gelöste Betriebsgeschichte zunächst nicht in den geläufigen Kanon der Sozial- und Wirtschaftsgeschichte gefügt. Auf der anderen Seite hatte sich die auf die Sowjetische Besatzungszone und die DDR bezogene zeithistorische Forschung inhaltlich zunächst primär Themen und Fragestellungen zugewandt, die sich in methodischer Absicht unter anderem erneut mit der Totalitarismustheorie beschäftigten und periodisch die relativ kurze Phase der unmittelbaren Nachkriegszeit bis etwa zur Mitte der fünfziger Jahre favorisierten. Vor allem standen jedoch – ganz ähnlich wie seinerzeit in der sich etablierenden Zeitgeschichtsforschung der frühen Bundesrepublik zu Themen des „Dritten Reichs" – die Erforschung politisch-herrschaftlicher Phänomene im Mittelpunkt des Forschungsinteresses.[84] Analog zu einem neu erwachten Interesse an Phänomenen der Herrschaftsausübung, ihrer Rolle, ihres Funktionswandels und machttheoretischen Begründung tendierte die Historiographie nicht zuletzt wieder intensiver zur Analyse politischer Organisationen: Eine Wiederentdeckung der Parteien läßt sich in diesem Zusammenhang ebenso diagnostizieren wie für die staatliche Seite etwa Fragen der „Kaderpolitik und Kaderentwicklung" in den Blickpunkt des Interesses geraten sind.[85] Darüber hinaus wurden Fragen nach den politischen Voraussetzungen und Gründungsbedingungen der DDR mit Kontexten verschränkt, in denen die ökonomische Ausgangslage der sowjetisch besetzten Zone vor dem Hintergrund von Kriegsfolgelasten und Reparationszahlungen thematisiert wurde.[86] Im Grunde hatte sich die zeithistorische DDR-Forschung damit weitgehend methodischen Perspektiven einer Problemdefinition angenähert, in der die im engeren Sinne sozial- und wirtschaftshistorischen Fragestellungen primär unter dem Gesichtspunkt ihres Spannungsverhältnisses zur politischen Herrschaft bewertet wurden.

Zwar war im Rekurs intensiver Forschungen über den Besitz- und Elitenwechsel im ländlichen Raum rasch auch der Blick für Transformationsprozesse in der Agrargesellschaft geschärft worden.[87] Vor dem Hintergrund einer seit der

[84] Dabei war es übrigens nicht ohne Evidenz, daß auch Fachvertreter, die seinerzeit engagiert für die Eigenständigkeit der Sozialgeschichte im historischen Fächerkanon gekämpft hatten, nunmehr zu einer Anerkennung der Autonomie des Politischen neigten. Vgl. hier nur *Jürgen Kocka*, Überraschung und Erklärung. Was die Umbrüche von 1989/90 für die Gesellschaftsgeschichte bedeuten könnten, in: *Manfred Hettling/Claudia Huerkamp/Paul Nolte/Hans-Walter Schmuhl* (Hg.), Was ist Gesellschaftsgeschichte? Positionen, Themen, Analysen. Festschrift für Hans-Ulrich Wehler zum 60. Geburtstag, München 1991, S. 11–21.

[85] *Christoph Boyer*, „Die Kader entscheiden alles ...". Kaderpolitik und Kaderentwicklung in der zentralen Staatsverwaltung der SBZ und der frühen DDR (1945–1952), Dresden 1996.

[86] Vgl. hier nur *Christoph Buchheim* (Hg.), Wirtschaftliche Folgelasten des Krieges in der SBZ/DDR, Baden–Baden 1995 oder *Rainer Karlsch*, Allein bezahlt? Die Reparationsleistungen der SBZ/DDR 1945–1953, Berlin 1993.

[87] Vgl. *Jens Murken*, Bodenreform – Kampagne und politische Kultur in Mecklenburg–Vorpommern, in: *Ulrich Kluge/Winfried Halder/Katja Schlenker* (Hg.), Zwischen Bodenreform und Kollektivierung. Vor- und Frühgeschichte der „Sozialistischen Landwirtschaft" in der SBZ/DDR vom Kriegsen-

Mitte der achtziger Jahre mit Nachdruck betriebenen Hinwendung zur Geschichte des neuzeitlichen Bürgertums mag es jedoch um so mehr überraschen, daß der gewerblich–industrielle Mittelstand in der SBZ/DDR erst vergleichsweise spät die Aufmerksamkeit der Forschung auf sich gezogen hat.

Dabei konzentrierte sich dieser Zweig sozial- und wirtschaftshistorisch orientierter Zeitgeschichte seit der Mitte der neunziger Jahre weniger auf die Untersuchung einzelner Unternehmen; vielmehr bildete das gesamte Spektrum der Selbständigkeit – vom Ladenbesitzer, Gewerbetreibenden und Handwerker bis zum industriellen Unternehmer – den Mittelpunkt eines Interesses, das sich grundlegend auf die Untersuchung einer mehr und mehr marginalisierten Erwerbs- und Besitzklasse richtete.[88] Entgegen einer auf das Einzelunternehmen focussierten kleinteiligen Perspektive bildete hierbei vor allem der politische Rahmen der Länder, der regionale Wirtschaftsraum oder die Kommune den Ausgangspunkt für Fragestellungen und Problemdefinitionen, in denen nach Möglichkeit der soziale, wirtschaftliche und politische Handlungsspielraum der Selbständigen unter den Bedingungen einer sich etablierenden Diktatur in den Blick genommen wurde.[89] Zwar wurden die Rahmenbedingungen und Optionenspielräume bürgerlicher Vergesellschaftung durch die während der Jahre 1946 bis 1948 betriebenen Enteignungspolitik der Einheitspartei nachhaltig begrenzt und in Frage gestellt;[90] darüber hinaus wurde im Gegensatz zu den verkürzenden Interpretationslinien der DDR–Geschichtswissenschaft die Heterogenität bürgerlicher Existenzbedingungen und Verhaltensweisen sowie Überzeugungen und Zielprojektionen wieder neu entdeckt. Wenn auch weiterführende Untersuchungen ausstehen, ließ sich so doch jüngst beispielhaft für die Nachkriegszeit in Sachsen-Anhalt der Zusammenhang von wirtschafts- und bildungsbürgerlicher Vergesellschaftung nachzeichnen.[91]

de bis in die fünfziger Jahre, Stuttgart 2001, S. 51–71; *Arnd Bauerkämper* (Hg.), „Junkerland in Bauernhand"? Durchführung, Auswirkungen und Stellenwert der Bodenreform in der Sowjetischen Besatzungszone, Stuttgart 1996; *ders.*, Von der Bodenreform zur Kollektivierung. Zum Wandel der ländlichen Gesellschaft in der Sowjetischen Besatzungszone Deutschlands und DDR 1945–1952, in: *Hartmut Kaelble/Jürgen Kocka/Hartmut Zwahr* (Hg.), Sozialgeschichte der DDR, Stuttgart 1994, S. 119–143; *ders.*, Zwangsmodernisierung und Krisenzyklen. Die Bodenreform und Kollektivierung in Brandenburg 1945–1960/61, in: Geschichte und Gesellschaft 25 (1999), S. 556–588.

[88] Vgl. *Thomas Großbölting*, SED–Diktatur und Gesellschaft: Bürgertum, Bürgerlichkeit und Entbürgerlichung in Magdeburg und Halle, Halle 2001 und *Armin Owzar*, Sozialistische Bündnispolitik und gewerblich–industrieller Mittelstand. Thüringen 1945–1953, München 2001.

[89] Das Interesse richtet sich in den Untersuchungen von Großbölting und Owzar primär auf die Länder Sachsen–Anhalt und Thüringen. Vgl. zu einer in Vorbereitung befindlichen Studie über Leipzig auch die Programmskizze von *Frank Schulz*, Elitenwandel in der Leipziger Wirtschaftsregion 1945–1948. Von den Leipziger „sächsischen Industriefamilien" zu Kadern aus dem Leipziger Arbeitermilieu, in: Comparativ. Leipziger Beiträge zur Universalgeschichte und vergleichenden Gesellschaftsforschung 5 (1995), S. 112–126.

[90] Vgl. dazu jetzt über Brandenburg *Torsten Hartisch*, Die Enteignung von „Nazi- und Kriegsverbrechern" im Land Brandenburg. Eine verwaltungsgeschichtliche Studie zu den SMAD–Befehlen Nr. 124 vom 30. Oktober 1945 bzw. Nr. 64 vom 17. April 1948, Frankfurt a.M. 1998.

[91] Vgl. *Thomas Großbölting*, Bürger im (werdenden) Arbeiter- und Bauernstaat, in: *Heiner Timmermann* (Hg.), Die DDR – Analysen eines aufgegebenen Staates, Berlin 2001, S. 165–178; *ders.*, Dikta-

Dessen ungeachtet hat sich die einschlägige Forschung über die jedenfalls für die Geschichte der DDR spezifische Epochengrenze von 1961 noch nicht hinaus bewegt.[92]

In dem vorliegenden Band untersucht Thomas Großbölting in seinem Beitrag über den Formwandel der Industrie- und Handelskammern „vom institutionellen Rückgrat des Mittelstands zum Transmissionsriemen der SED-Wirtschaftspolitik", mit welchen Zielen, mit welchen Mitteln und auf welche Weise die IHKs in der Sowjetischen Besatzungszone und der frühen DDR ihrer Funktion als koordinierendes Instrument unternehmerischen Wirkens allmählich entkleidet und in ein Vollzugsorgan der Einheitspartei umgewandelt wurden. Die Handlungsspielräume der Selbständigkeit werden hier an der Schnittstelle zwischen Markt und Plan zugleich in einem analogen Zusammenhang von institutionengebundener Vergesellschaftung und den kollektiven Selbsterfahrungen von Wirtschaftssubjekten beschrieben. Schrittweise wurde die Geltung traditionaler institutioneller und sozialer Normen außer Kraft gesetzt. Die Industrie- und Handelskammern in der SBZ/DDR wurden so von einer handlungs- und interessenkoordinierende Funktionen wahrnehmenden Instanz *der* privaten Wirtschaft in ein gelenktes staatliches Organ *gegen* die selbstbestimmt geleiteten Initiativen der Selbständigen verwandelt.

Sieht man von der Okkupation der Institutionen einmal ab, so verfügte die Sozialistische Einheitspartei darüber hinaus über ein breites Spektrum alternativer Möglichkeiten, die der sogenannten Industriereform nicht zum Opfer gefallenen kleinen Unternehmer zu drangsalieren, ihre ökonomischen Handlungsspielräume zu begrenzen oder deren Selbständigkeit mittels des Entzugs der Gewerbegenehmigung überhaupt zu beenden. Der Beitrag von Armin Owzar analysiert am Beispiel des thüringischen Handwerks in der SBZ/DDR, wie die Selbständigen unter wechselnden politischen Bedingungen durch Maßnahmen behördlicher Repression ebenso wie durch staatliche Angebote für die Ziele der sozialistischen Wirtschaft instrumentalisiert wurden. Dabei „bediente [sich] die Sozialistische Einheitspartei Deutschlands ... seit 1948/49 indirekter Maßnahmen, vor allem einer Betriebsgrößenbegrenzung sowie steuer- und tarifpolitischer Hebel"; schließlich fungierten auch die „integrierenden" Maßnahmen einer von den Selbständigen widersprüchlich erfahrenen sozialistischen Bündnispolitik als strategisches Mittel der Steuerung und Beeinflussung. Auf der anderen Seite förderte man beispielsweise mit der Errichtung von kommunalen Wirtschaftsunternehmen einen mit dem privaten Handwerk konkurrierenden Sektor, um den ökonomischen Druck auf die im Privatbesitz verbliebenen kleinen Unternehmen zu verstärken.

tur und Gesellschaft. Bürgertum, Bürgerlichkeit und Entbürgerlichung in der NS- und SED-Diktatur, in: Geschichte in Wissenschaft und Unterricht 52/11 (2001), S. 660–670.

[92] Vgl. zum bislang wenig beachteten Aspekt der betrieblichen Führungseliten allerdings den Beitrag von *Peter Hübner*, Industrielle Manager in der SBZ/DDR. Sozial- und mentalitätengeschichtliche Aspekte, in: Geschichte und Gesellschaft 24 (1998), S. 55–80.

Wurden auf diese Weise jene institutionellen und marktgebundenen Mechanismen, über die sich Selbständigenwirtschaft organisierte, außer Kraft gesetzt, so untersucht der Beitrag von Rüdiger Schmidt die Durchführung und den Verlauf der Enteignung anhand von Beispielen aus Sachsen–Anhalt. Die Ausschaltung der Unternehmerverbände sowie der Industrie- und Handelskammern korrespondierte in den Jahren 1946–1948 mit einer Sequesterpolitik der SED, die mit dem unmittelbaren Zugriff auf das Betriebsvermögen der Selbständigen deren ökonomische Basis zu liquidieren suchte. Dabei folgte die Sozialistische Einheitspartei spezifischen Vorgaben und Entscheidungskriterien, die in der Konsequenz weniger auf die Enteignung von Handwerksbetrieben und kleinen Gewerbebetrieben zielte, sondern die Inbesitznahme der mittleren und größeren Unternehmen für den sogenannten volkseigenen Sektor vorsah. Auf diese Weise sollten vor allem jene Betriebe in die staatliche Verwaltung überführt werden, die in ökonomischer Hinsicht für die Realisierung des Zweijahresplans von besonderer Bedeutung waren.

### *Historiographie zwischen den Disziplinen: Unternehmen und Unternehmer in der Bundesrepublik*

Läßt sich der „Funktionsmechanismus“ der DDR–Betriebsgeschichte seit ihren Anfängen unschwer als enger Zusammenhang zwischen *historischer* und *politischer* Praxis beschreiben, so hatte die Unternehmensgeschichtsschreibung in der Bundesrepublik prinzipiell zunächst nicht mit vergleichbarer Intensität auf diesen Forschungsgegenstand reagiert.

Tatsächlich hatte die Unternehmer- und Unternehmenshistoriographie nur das Interesse eines überschaubaren Kreises von Historikern auf sich gezogen. Die „lange Entwicklung“ dieses Forschungszweiges „von den Jubiläums- und Propagandaschriften bis zur wissenschaftlich einwandfreien und wertvollen historischen Darstellung“, hatte Wilhelm Treue schon in einer der ersten Nachkriegsausgaben der Historischen Zeitschrift beklagt, war nicht zuletzt häufig von „Rückfälle[n] in den alten Typ der Festschrifte[n] und Halbheiten“ geprägt, die aufs Ganze gesehen wohl den Weg zu einer methodisch disziplinierten Betrachtung des Untersuchungsgegenstandes eher erschwert hatten.[93] Anregungen und Anstöße zur Erforschung der Geschichte von Unternehmen hatte es bis dahin von seiten der Geschichts- und von der Wirtschaftswissenschaft gegeben, ohne daß es allerdings zu einer interdisziplinären Zusammenarbeit oder wenigstens zu einer Debatte über unterschiedliche Möglichkeiten der Annäherung an diesen Untersuchungsgegenstand gekommen wäre. Fehlende institutionelle Ressourcen, der Vorrang der Politikgeschichte an den historischen Fakultäten wie auch erhebliche Disparitäten im methodischen Zugriff wirkten jedoch zum

[93] *Wilhelm Treue*, Firmengeschichte, in: Historische Zeitschrift 172 (1951), S. 535 und *ders.*, Die Bedeutung der Firmengeschichte für die Wirtschafts- und allgemeine Geschichte, in: Vierteljahrsschrift für Sozial- und Wirtschaftsgeschichte 41 (1954), S. 42–65.

einen auf das Selbstverständnis der Unternehmer- und Unternehmensforschung zurück und trugen zum anderen maßgeblich zu einer Außenwahrnehmung bei, die diesen Sektor im Zusammenhang der Forschung als einen ebenso fragmentierten wie fragilen Gegenstandsbereich erscheinen ließen.[94] Im Vergleich zu einer relativ weit aufgefächerten Unternehmensforschung in den Vereinigten Staaten oder intensiveren Bemühungen, wie sie etwa seit 1950 auch in der Schweiz auf diesen Forschungszweig der Geschichtswissenschaft gerichtet wurden, existierte die Unternehmensgeschichte in der Bundesrepublik für lange Zeit nur im Schatten einer nach wie vor vom politikhistorischen Paradigma geprägten Forschungsfeld.[95]

Daß sich demgegenüber die Historiographie über *Unternehmen in der Bundesrepublik* von Anfang an in einer veränderten polaren Spannung bewegte, war jedoch nicht zuletzt der natürlichen Verspätung geschuldet, mit der in angemessenerem zeitlichen Abstand zur Staatsgründung von 1949 auf diese Fragestellung reagiert wurde. So konnte Ralf Dahrendorf auch 1962 noch konstatieren, daß „die unbekannteste Führungsgruppe der deutschen Gesellschaft der Bundesrepublik“ diejenige sei, „die ihr zugleich mindestens äußerlich das Gepräge“ gebe; nämlich „die wirtschaftliche Oberschicht, die als Schöpfer und Nutznießer des Wirtschaftswunders die neue Gesellschaft vor allem“ kennzeichne.[96] Hinzu kam, daß es in den späten fünfziger und den folgenden sechziger Jahren nicht die Historiker waren, die mit ersten maßgeblichen Studien über Unternehmen in der Bundesrepublik die Aufmerksamkeit auf diesen Forschungsgegenstand gelenkt hatten. Es handelte sich statt dessen primär um sozialwissenschaftliche Studien, mit der sich Fachvertreter von Nachbardisziplinen der Geschichtswissenschaft der neuen Herausforderung stellten.[97] Dabei bewegten sich diese Untersuchungen häufig in jenem zeitgenössisch prominenten methodischen Kontext, der den Empirismus sozialwissenschaftlichen Wissens in einen eher sozialtechnologischen Verwendungszusammenhang stellte. Im Rahmen eines überwiegend unternehmensdezentrierten Interesses richteten

[94] Vgl. zur institutionellen Entwicklung der Unternehmensgeschichte seit 1945 hier nur *Hans Jaeger*, Unternehmensgeschichte in Deutschland seit 1945. Schwerpunkte – Tendenzen – Ergebnisse, in: Geschichte und Gesellschaft 18 (1992), S. 107–111.

[95] Vgl. auch den Forschungsüberblick von *Harm G. Schröter*, Die Institutionalisierung der Unternehmensgeschichte im deutschen Sprachraum, in: Zeitschrift für Unternehmensgeschichte 45 (2000), S. 34 ff.

[96] *Ralf Dahrendorf*, Eine neue deutsche Oberschicht?, in: Die neue Gesellschaft (1962), S. 25.

[97] Vgl. *Rupert Breitling*, Die Verbände in der Bundesrepublik. Ihre Arten und ihre politische Wirkungsweise, Meisenheim am Glan 1955; *Gerard Braunthal*, The Federation of German industry in politics, Ithaca (NY) 1965; *Karl Otto Hondrich*, Die Ideologien von Interessenverbänden. Eine strukturell – funktionale Analyse öffentlicher Äußerungen des Bundesverbandes der Deutschen Industrie, der Bundesvereinigung der Deutschen Arbeitgeberverbände und des Deutschen Gewerkschaftsbundes, Berlin 1963; *Heinz Hartmann*, Der deutsche Unternehmer. Autorität und Organisation, Frankfurt a. M. 1968; *Edwin H. Buchholz*, Die Wirtschaftsverbände in der Wirtschaftsgesellschaft. Eine Analyse ihres Ordnungs- und Selbsthilfesystems als Beitrag zu einer Theorie der Wirtschaftsverbände, Tübingen 1969; *Helmut Adels*, Wie entscheiden die Verbände. Die Organisation der Entscheidungsprozesse in Wirtschaftsfachverbänden, Köln 1969.

diese Untersuchungen ihre Perspektive zudem vorwiegend auf die unternehmerischen Vertretungsorganisationen und deren Verbandspolitik in den ersten eineinhalb Jahrzehnten der Bundesrepublik.[98]

Sofern es hingegen die politische Sozialgeschichte der Bundesrepublik und deren Vorgeschichte in generalisierender Absicht betraf, rückte hier die Geschichte von Unternehmern, Unternehmen und ihrer Interessenorganisationen erst Ende der sechziger bzw. in den siebziger Jahren verstärkt in den Blick eines tendenziell auch politisierten zeithistorischen Interesses, welches mit der Frage nach der Kontinuität bzw. Diskontinuität von wirtschaftlichen Machteliten auch die grundsätzliche Weichenstellung von „Neubeginn oder Restauration" nach 1945 thematisierte.[99] Wurde der jungen Bundesrepublik von der einen Seite attestiert, „etwas völlig Neues ... auf dem Hintergrund einer liberalen Staats- und Wirtschaftsordnung" geschaffen zu haben, so konstatierte die Gegenseite lediglich die „Restauration eines spätkapitalistischen Systems."[100] Trotz unterschiedlicher Schlußfolgerungen wurde auf beiden Seiten der Debatte die Rolle von Staat und Wirtschaft und ihrer sozialen Trägerschichten privilegiert thematisiert.[101] Galten die Unternehmer den einen als Exponenten eines überlebten politischen Systems, so analogisierten die anderen deren Überzeugungen und habituellen Gepflogenheiten mit „eine[r] im westlichen Sinne bürgerliche[n] Lebensform, gleich weit entfernt vom hierarchischen Untertanengeist der Wilhelminischen Ära und von der formlosen Gärung der Weimarer Zeit".[102]

Es war jedenfalls nicht ohne Evidenz, daß Jürgen Kocka schon gegen Ende der siebziger Jahre jenen seinerzeit empirisch noch kaum erhärteten Fluchtpunkt der modernen Bürgertumsforschung heuristisch antizipierte, welche *den* Unternehmer primär als exponierten Träger und Teilhaber eines aufgeklärt liberalen bürgerlichen Gemeinwesens bewertete und demgegenüber die teilweise polemisch gesetzten Zuschreibungen, mit welcher „die Theorie – und die Kritik – der kapitalistisch-bürgerlichen Gesellschaft" über die Rolle von Privatunternehmen und Unternehmern urteilte, tendenziell zurückwies.[103] Mehr noch, im

[98] Vgl. für die siebziger Jahre auch *Wilhelm Stahl*, Der Elitekreislauf in der Unternehmerschaft. Eine empirische Untersuchung für den deutschsprachigen Raum, Frankfurt a. M. 1973; *Karl Josef Uthmann/Hermann v. Wolf-Metternich*, Der Bundesverband der Deutschen Industrie, Düsseldorf 1974. Aus marxistischer Perspektive *Walter Simon*, Macht und Herrschaft der Unternehmerverbände. BDI, BDA und DIHT im ökonomischen und politischen System der BRD, Köln 1976.

[99] *Jürgen Kocka*, 1945: Neubeginn oder Restauration?, in: *Carola Stern/Heinrich August Winkler* (Hg.), Wendepunkte deutscher Geschichte 1848–1945, Frankfurt a.M. 1979, S. 141.

[100] *Richard Löwenthal/Hans-Peter Schwarz* (Hg.), Die zweite Republik. 25 Jahre Bundesrepublik Deutschland – eine Bilanz, Stuttgart 1974, S. 10; Ernst-Ulrich Huster (Hg.), Determinanten der westdeutschen Restauration 1945–1949, Frankfurt a.M., S. 120. Einflußreich für die Restaurationsthese waren seinerzeit auch die Untersuchungen von *Rolf Badstübner*, Restauration in Westdeutschland 1945–1949, Berlin 1965 sowie von *Rolf Badstübner/Thomas Siegfried*, Restauration und Spaltung. Entstehung und Entwicklung der BRD 1945–1955, Köln 1975.

[101] Zusammenfassend hierzu auch *Gerold Ambrosius*, Staat und Wirtschaft im 20. Jahrhundert, München 1990, S. 104–106.

[102] *Löwenthal/Schwarz*, Republik (wie Anm. 100), S. 10.

[103] *Kocka*, Neubeginn (wie Anm. 99), S. 157.

Grunde waren aus dieser Perspektive im Anschluß an die Epochenzäsur von 1945/49 die spezifisch leistungsorientiert und bürgerlich–liberal geprägten Wertvorstellungen der selbständig wirtschaftenden Eigentümer erst in vollem Umfang zu ihrer Entfaltung gelangt: „Die tiefgreifende Schwächung, ja Zerstörung der so lange wirksamen feudalen und militärischen Traditionen spiegelte sich im Erscheinungsbild und im Verhalten der neuen Oberschichten. Die Zurückdrängung traditioneller Führungsgruppen – mit Ausnahme der leitenden Beamten – bedeutete einen Bodengewinn für Manager, Unternehmer und Financiers. Mehr als je zuvor zählte jetzt individueller, vor allem wirtschaftlicher Erfolg, um Status und Einfluß zu gewinnen. Der so häufige Vorwurf des Materialismus trifft einen Teil dieses Sachverhalts; man muß aber zugleich sehen, daß dies auch eine Befreiung von alten Zwängen darstellte, einen Durchbruch an Bürgerlichkeit, der wahrscheinlich in einer anderen Wirtschaftsordnung nicht möglich gewesen wäre".[104] Rund zwanzig Jahre später und um vielfältige Kenntnisse um die Geschichte des neuzeitlichen Bürgertums bereichert scheint diese These in mancherlei Hinsicht durch einige Ergebnisse der modernen Forschung verifiziert worden zu sein, wenn etwa Hans-Ulrich Wehler in einer „Bilanz des Bielefelder Sonderforschungsbereichs" – und zwar nicht ohne einen gewissen emphatischen Überschuß – diagnostiziert, es gehöre geradezu „zu den rätselhaften Entwicklungen nach dem zweiten totalen Krieg des ‚kurzen 20. Jahrhunderts', daß nicht nur das deutsche Bürgertum wie Phönix aus der Asche in der Bundesrepublik wieder auftauchte und sich zu neuem Einfluß aufschwang. Vielmehr übte das zeitgemäß revidierte Projekt der ‚Bürgerlichen Gesellschaft', ohne daß immer explizit von ihm die Rede war, ebenfalls eine neue Attraktionskraft aus".[105]

Indessen hatte jedenfalls im unternehmerischen Sektor nach 1945 kein nennenswerter Elitenwechsel stattgefunden; in der Regel hatten auch diejenigen Unternehmer, etwa aus der Rüstungsindustrie oder dem Bankwesen, die zunächst aus ihren Positionen entlassen worden waren, nach dem Abschluß des Entnazifizierungsverfahrens, auf ihre ursprüngliche Stellung zurückgefunden.[106] Und in mancherlei Hinsicht – so scheint es – hat die jüngere Historiographie darum jene von der einschlägigen Bürgertumsforschung vermittelte Paradoxie noch nicht lösen können, mit der sich die augenfällig übersteigerte Ausweisung der politisch-rechtlich geprägten normativen Potentiale bürgerlicher Vergesellschaftung in Widerspruch zur ontologischen Substanz von etwa prosopograhisch gestützen Forschungsergebnissen verhalten. Kurz: Wie sind die zahlrei-

[104] Ebd.
[105] *Hans-Ulrich Wehler*, Die Zielutopie der „Bürgerlichen Gesellschaft" und die „Zivilgesellschaft" heute, in: *Peter Lundgreen* (Hg.), Sozial- und Kulturgeschichte des Bürgertums. Eine Bilanz des Bielefelder Sonderforschungsbereichs (1986–1997), Göttingen 2000, S. 90.
[106] Vgl. *Dieter Ziegler*, Das wirtschaftliche Großbürgertum, in: *Lundgreen* (wie Anm. 106), S. 134 sowie vor allem jetzt auch *Hervé Joly*, Kontinuität und Diskontinuität der industriellen Elite nach 1945, in: *Dieter Ziegler* (Hg.), Großbürger und Unternehmer. Die deutsche Wirtschaftselite im 20. Jahrhundert, Göttingen 2000, S. 54–72; *ders.*, Großunternehmer in Deutschland. Soziologie einer industriellen Elite 1933–1989, Leipzig 1998.

chen Grundannahmen einer republikanischen Erneuerung nach 1945/49, die argumentativ an die Setzung liberaler politisch–staatlicher und rechtlicher Rahmenbedingungen anknüpfen,[107] mit jener Perspektive vermittelt, welche die (tendenziell illiberalen) biographischen Kontinuitäten deutlicher hervortreten läßt? Bürgerlichkeit – das erschloß sich für viele Unternehmer nach 1945 jedenfalls kaum in der Selbstthematisierung eines vernunftgeschichtlichen Entwurfs, sondern verband in nüchterner Betrachtung (und unter alliierter Kontrolle) weit eher die Sicherung der individuellen wirtschaftlichen Existenz funktional mit den Erfordernissen der Zeit.

Im Grunde hat die historische Forschung mit der jüngst wieder in den Blick genommenen Frage der Elitenkontinuität im 20. Jahrhundert nicht zuletzt *auch* im Hinblick auf die Bundesrepublik eine Problematik aktualisiert,[108] die in der seinerzeit maßgeblichen Untersuchung von Wolfgang Zapf über die „Wandlungen der deutschen Elite" zuerst vor nunmehr bereits dreißig Jahren thematisiert worden war und seither tendenziell eher ein sozialwissenschaftliches Interesse auf sich gezogen hatte.[109] Darüber hinaus richtet sich – das gilt jedenfalls für die Mittel- und Großbetriebe – die Aufmerksamkeit schon seit einiger Zeit vermehrt auf die biographischen Erfahrungen der unternehmerisch Tätigen,[110] wäh-

[107] Das kennzeichnet beispielsweise die Position von Wehler: „Denn im Nu [sic!] konsolidierte sich [nach dem Zweiten Weltkrieg] das obere Wirtschaftsbürgertum ... Entschiedener als je zuvor in der neuzeitlichen deutschen Geschichte wurden die Ideale jener Utopie einer ‚Bürgerlichen Gesellschaft' in der Verfassung, im Rechtswesen, im Bildungswesen, im Wirtschaftsleben verwirklicht". *Hans-Ulrich Wehler*, Deutsches Bürgertum nach 1945: Exitus oder Phönix aus der Asche?, in: Geschichte und Gesellschaft 27 (2001), S. 618 f.
Waren es aber tatsächlich die (wirtschafts)bürgerlich geprägten sozialen Trägerschichten, die die konstitutionelle wie die institutionellen normativen Setzungen der jungen Bundesrepublik von innen heraus vitalisierten; oder handelte es sich nicht vielmehr um eine seit dem „Wirtschaftswunder" bzw. den sechziger Jahren erst allmählich ausprägende Allianzbeziehung von wohlfahrtsstaatlicher Prosperität und Verfassungsloyalität, die schließlich à la longue zur verbreiteten Akzeptanz des politischen Systems der Bundesrepublik geführt hat?

[108] Vgl. *Dieter Ziegler*, Die wirtschaftsbürgerliche Elite im 20. Jahrhundert: Eine Bilanz, in: *ders.*, Großbürger und Unternehmer (wie Anm. 107), S. 7–29; *Michael Hartmann*, Kontinuität oder Wandel? Die deutsche Wirtschaftselite zwischen 1970 und 1995, in: ebd., S. 73–92; *Cornelia Rauh-Kühne/Michael Ruck*, Regionale Eliten (wie Anm. 28).

[109] Vgl. *Wolfgang Zapf*, Wandlungen der deutschen Elite. Ein Zirkulationsmodell deutscher Führungsgruppen (1919–1961), München 1965; *ders.*, Die deutschen Manager. Sozialprofil und Karriereweg, in: *ders.*, Beiträge zur Analys der deutschen Oberschicht, München 1965, S. 136–149; *Urs Jaeggi*, Die gesellschaftliche Elite. Eine Studie zum Problem der sozialen Macht, Bern 1967; *Wilhelm Stahl*, Der Elitekreislauf in der Unternehmerschaft. Eine empirische Untersuchung für den deutschsprachigen Raum, Frankfurt a. M. 1973; *Volker Berghahn*, Die Wirtschaftseliten in der Politik der Bundesrepublik, in: *Ursula Hoffmann-Lange/Hans–Georg Wehling* (Hg.), Eliten in der Bundesrepublik Deutschland, Stuttgart 1990, S. 124-141; *Ursula Hoffmann-Lange*, Eliten, Macht und Konflikt in der Bundesrepublik, Opladen 1992; *Michael Hartmann*, Topmanager – Die Rekrutierung einer Elite, Frankfurt 1996; *ders.*, Deutsche Topmanager: Klassenspezifischer Habitus als Karrierebasis, in: Soziale Welt 46 (1995), S. 440–486; *Wilhelm P. Bürklin/Hilke Rebenstorf* (Hg.), Eliten in Deutschland. Rekrutierung und Integration, Opladen 1997.

[110] Vgl. hier nur *Paul Erker/Toni Pierenkemper* (Hg.), Deutsche Unternehmer zwischen Kriegswirtschaft und Wiederaufbau. Studien zur Erfahrungsbildung von Industrie–Eliten, München 1999; *Alexander v. Plato*, Wirtschaftskapitäne, in: *Axel Schildt/Arnold Sywottek* (Hg.), Modernisierung im Wie-

rend eine analoge methodische Perspektive im Hinblick auf die klein- und handwerklichen Betriebe noch keine Nachahmer gefunden hat.[111]

Zwar hat die Geschichte des Handwerks und des Kleinhandels in der Bundesrepublik bei weitem nicht jene Aufmerksamkeit gefunden, die der Analyse der kleingewerblich Selbständigen des 19. Jahrhunderts und der ersten Hälfte des 20. Jahrhunderts zuteil geworden ist. Doch sind nach einer Phase der Vakanz nicht nur erneut die interessenpolitisch ausgerichteten Motive und Ausprägungen handwerklich korporativer Zusammenschlüsse und Organisationen auf das Interesse der jüngeren Forschung gestoßen;[112] darüber hinaus ist erstmals der umfassende Versuch unternommen worden, „Handwerk und Kleinhandel in der Bundesrepublik Deutschland“ im Spannungsfeld von politischem Einfluß, institutionellen Rahmenbedingungen und sozialökonomischem Strukturwandel zu analysieren.[113]

Im vorliegenden Band untersucht Bernd Holtwick am Beispiel ostwestfälischer Handwerker zwischen 1945 und 1960, wie sich in der Phase der Rationierung und Lenkung in der unmittelbaren Nachkriegszeit das ökonomische und standesspezifische Bewußtsein der Kleingewerbetreibenden prägte. Profitierte eine nicht geringe Zahl der kleinen Selbständigen in diesen Jahren in mancherlei Hinsicht noch vom „Nutzen des Mangels“, so stellte ein folgenreicher Strukturwandel in den fünfziger Jahren diese vor neue Herausforderungen. Denn im Zuge des allmählichen Übergangs von der Lenkungs- zur Marktwirtschaft und des so erzwungenen Wandels des Selbstbildes der Handwerktreibenden im Rahmen der Expansion von Kleinbetrieben zu Handwerksunternehmen stellte sich nicht zuletzt die Frage, „wie sich das Verhältnis von Kleinunternehmern und Demokratie in der frühen Bundesrepublik gestaltete“.

Zeichnet dieser Aufsatz über eine Region in der britischen Zone darüber hinaus die Ablösung der Rationenlenkung durch marktwirtschaftliche Mechanismen aus der Perspektive der Handwerker nach, so untersucht Jürgen Weise die Rolle des Vertretungsorgans „Industrie- und Handelskammern zwischen Anpassung und Selbstbehauptung“. Diese standen in Westdeutschland im Spannungsfeld unterschiedlicher besatzungs- und parteipolitischer sowie unternehmerischer und gewerkschaftlicher Interessen, wobei – im Gegensatz zur Situation in der SBZ/DDR – nicht die Existenz der Kammern an sich, sondern deren Ausrichtung bzw. Vertretungskompetenzen umstritten war.

deraufbau. Die westdeutsche Gesellschaft der 50er Jahre, Bonn 1993, S. 377–391; *Volker R. Berghahn*, Otto A. Friedrich. Ein politischer Unternehmer (1902–1975), Frankfurt a. M. 1993.

[111] Aller Voraussicht nach ist dieser Umstand jedoch auch auf Quellenprobleme zurückzuführen, da die Geschäftspapiere von Kleinbetrieben sowie die persönlichen Nachlässe ihrer Eigentümer in der Regel nicht in die Archive gelangen.

[112] Vgl. hier nur *Dierk Georges*, 1910/11–1993. Handwerk und Interessenpolitik. Von der Zunft zur modernen Verbandsorganisation, Frankfurt a. M. 1993; *Rainer Fuchs*, Die bayerischen Industrie- und Handelskammern im Wiederaufbau 1945–1948 zwischen amerikanischem Demokratisierungswillen und eigener Selbstverwaltungstradition, München 1988.

[113] Vgl. die beeindruckende Untersuchung von *Scheybani*, Handwerk (wie Anm. 37) sowie auch die Regionalstudie von *Boyer*, Zwangswirtschaft (wie Anm. 14).

Der gesellschaftspolitische Einfluß von Industriellen und der unternehmerischen Spitzenverbände war demgegenüber bis zur Mitte der fünfziger Jahre rasch angewachsen. Unter diesem Gesichtspunkt untersucht der Aufsatz von Volker Berghahn nicht nur „die Frage nach dem politischen Einfluß und der Macht der Unternehmer in dieser Zeit", sondern thematisiert auch über die Epochengrenze hinaus die „Kontinuitäten und Diskontinuitäten in ... [den] Einstellungen [der Unternehmer] zu den großen Herausforderungen der Nachkriegszeit".

*Adelheid von Saldern*

# Leistungsdruck im Handwerk während der NS-Zeit

## Einleitung

„Schuster, bleib' bei Deinen Leisten", so lautet ein bekanntes Sprichwort. Es handelt sich um ein Postulat, das indirekt eine Warnung zum Ausdruck bringt, sich doch an berufliche Normen zu halten. Ein Schuster sollte Schuster bleiben, seinen Beruf ernst nehmen, aber sich nicht auf Dinge einlassen, von denen er nichts versteht, was immer damit konkret gemeint sein mochte. Dieses der „moralischen Ökonomie" entstammende Sprichwort blieb, obwohl es klassische Zunftverhältnisse zum Ausdruck brachte, auch im 20. Jahrhundert bekannt.[1] Sprach es Handwerker überhaupt noch an oder handelte es sich bloß um ein inhaltsleeres Relikt vergangener Zeiten?

Im folgenden wird diesen Fragen für die NS-Zeit nachgegangen. Angeregt durch das genannte Sprichwort wird der Handwerksberuf unter besonderer Berücksichtigung des Leistungsaspekts untersucht. Angenommen wird, daß Leistung ein Schlüsselbegriff darstellt, der die damaligen Erwartungen von Staat und Gesellschaft an das Handwerk und *vice versa* ausdrückt. Ferner wird davon ausgegangen, daß der NS-Zeit eine besondere, im folgenden näher zu bestimmende Bedeutung für die Geschichte des Handwerk gerade unter dem Leistungsaspekt zukommt. So war, wie gezeigt werden soll, der Leistungsbegriff im „Dritten Reich" mehrdeutig und bot leere oder nur halbgefüllte Projektionsflächen in Form von vagen und unscharfen Formulierungen, die von den Rezipienten und Rezipientinnen unterschiedlich ausgelegt werden konnten. Wie ausgeführt werden soll, machte gerade die Mehrdeutigkeit den Leistungsbegriff für die NS-Regimeträger, aber auch für das Handwerk attraktiv. Insbesondere soll ein Augenmerk darauf gerichtet werden, wie die soziale Konstruktion von Leistung sowohl im „Normen-" als auch im „Maßnahmenstaat" aussah, mit an-

[1] In der Wissenschaft ist der Begriff der „moralischen Ökonomie" vor allem für die Zeit des Übergangs von der vorindustriellen zur industriellen Gesellschaft verwendet worden. Dabei geht es im Kern um die Analyse der Verweigerung und Widerständigkeit großer Teile vorindustriell geprägter plebejischer Schichten, die sich nicht ohne weiteres in das englische kapitalistische Industriesystem, das mit rigiden neuen Zeit- und Verhaltensanforderungen gekoppelt war, integrieren ließen. *Edward P. Thompson*, The Making of the English Working Class, Harmondsworth 1963. Der folgende Aufsatz führt Gedankengänge weiter, die ansatzweise bereits entwickelt wurden in *Adelheid von Saldern*, The ‚Old Mittelstand' 1890–1939. How ‚Backward' Were the Artisans?, in: Central European History 25 (1992), S. 27–51, hier S. 44. Für Hinweise und Kritik danke ich Rainer S. Elkar, Bernd Holtwick, Ines Katenhusen und Frederick McKitrick.

deren Worten, wie betriebsbezogene Modernisierungsbestrebungen und marktwirtschaftliche Grundsätze mit Rassismus und Diktatur verwoben wurden.[2]

In zehn Abschnitten unterteilt, werden in den folgenden Ausführungen die diversen Begriffsinhalte von Leistung und ihre Kontexte skizziert. Erstens wird die sogenannte Wirtschaftsleistung des Handwerks als Teil der Gesamtökonomie thematisiert. Zweitens wird herausgearbeitet, was Handwerksleistung im Rahmen „disziplinierter Wirtschaft" während des „Dritten Reiches" bedeutete. Das Handwerk sollte, wie drittens gezeigt werden wird, modernisiert werden und Leistung als Ausdruck von erfolgter Modernisierung gelten. Besonderer Wert wurde in der NS-Zeit, wie im vierten und fünften Abschnitt beschrieben wird, auf die soziale Konstruktion eines leistungsstarken und männlich geprägten Handwerks mit entsprechenden kulturellen Praxen gelegt. Daß das Handwerk Leistung als Qualitätsarbeit in einem „lauteren Wettbewerb" definierte und in diesem Kontext sogenannte Leistungsschwache ausgeschlossen werden sollten, wird im sechsten und siebten Abschnitt dargestellt. Gleichzeitig wurde damit begonnen, wie im achten Abschnitt offenkundig wird, Leistungssteigerungen durch eine straffere Ausbildung zu erzielen. Daß Leistung vorgeblich nur mit „arischen" Handwerkern zu erreichen sei, führte – so im neunten Abschnitt – zur rassistischen Aufladung des Leistungsbegriffs. Schließlich wird im zehnten Abschnitt noch einmal der Frage nach der „moralischen Ökonomie" als etwaigem Leitbild für Handwerk und Gesellschaft in jener Phase nachgegangen und dabei auf Forschungslücken hingewiesen. Ein Ausblick auf die Zeit nach 1945 dient dazu, die Besonderheiten der NS-Zeiten genauer zu konturieren, wobei Fragen nach Kontinuität und Neuanfang im Mittelpunkt stehen.

Was unter Handwerk zu verstehen ist, änderte sich im Laufe der Jahrzehnte, so daß es nur folgerichtig ist, wenn in die Handwerksordnung von 1953 schließlich ein flexibler Handwerksbegriff Eingang fand. Der Gewerbebetrieb müsse, so heißt es darin, „handwerksmäßig betrieben" werden und ein Gewerbe umfassen, das auf einer (veränderbaren) Liste aufgeführt ist. In den folgenden Ausführungen wird dieser vagen Begriffsbestimmung zufolge auch gelegentlich vom Kleingewerbe und vom alten Mittelstand gesprochen, selbst dann, wenn als Kerngruppe das Handwerk gemeint ist. Die Begriffe Kleingewerbe oder alter Mittelstand umfassen auch den Einzel- oder Kleinhandel und andere Dienstleistungsgeschäfte. Der Begriff Kleinbürger nimmt primär Bezug auf einen Habitus, der überdurchschnittlich häufig im alten und neuen Mittelstand zu finden ist.

[2] *Ernst Fraenkel*, Der Doppelstaat, Frankfurt a.M. 1974.

## I. „Wirtschaftsleistung" unter schwierigen Bedingungen

Der Begriff „Wirtschaftsleistung" ist ein zeitgenössischer und wurde in der NS-Diktatur, wie im folgenden gezeigt werden soll, in verschiedenen Zusammenhängen gebraucht. Erinnert sei an den enormen Leistungsdruck, der im Zuge der Autarkie- und Kriegsernährungspolitik während der NS-Zeit auf alle Betriebe ausgeübt wurde. Auch das Handwerk war vom Leistungsdruck und von der Leistungsideologie nicht ausgenommen.[3] Der erhöhte Druck auf diese Wirtschaftsgruppe erfolgte zum einen durch Gesetze und Verordnungen, zum anderen durch die Berufsstandsorganisationen und zum dritten durch den Marktmechanismus, soweit dieser noch trotz der seit 1935/1936 bestehenden, aber durchlässigen Lohn- und Preisstoppverordnungen funktionierte.

Selbst eine hochindustrialisierte Wirtschaft kann nicht allein auf der Großindustrie beruhen, sondern sie ist für bestimmte, (noch) nicht für die industriell gefertigte Massenproduktion geeignete Branchen sowie auf Dienstleistungen durch Handwerk und Einzelhandel angewiesen. Anfang Juni 1939 betrug der Jahresumsatz des Handwerks mit 1,5 Millionen Betrieben im Altreich noch rund 20 Milliarden RM – ungefähr genau so viel wie 1928/29.[4] Die volkswirtschaftliche Notwendigkeit von leistungsfähigen Kleinbetrieben selbst beziehungsweise gerade im Kriege verbot es den Nationalsozialisten, Kleingewerbe und Kleinhandel ganz fallen zu lassen, obwohl diese – wirtschaftlich gesehen – von ungleich niederrangiger Bedeutung als die Großindustrie waren.[5] Auch wurde die Relevanz des Handwerks und des Kleinhandels als Verteilungsstellen für Konsumwaren erkannt.[6] Speer schätzte die Handwerker nicht zuletzt wegen ihrer Bereitschaft zur Selbstausbeutung und ihrer Flexibilität. Zahlreichen Handwerksbranchen ist es gelungen, über die sogenannten Landeslieferungsgenossenschaften Kriegsaufträge in erheblichem Umfang zu erhalten. Seit dem

[3] So auch *Rainer S. Elkar/Werner Mayer*, Handwerk eine Karriere. 100 Jahre Handwerksgeschichte an Rhein und Ruhr, Düsseldorf 2000, S. 42ff., vor allem S. 117.

[4] Jahrbuch des deutschen Handwerks (1938/39), S. 236. Davon beliefen sich nur 10 Prozent auf den Handelsumsatz; *Emil Grünberg*, Der Mittelstand in der kapitalistischen Gesellschaft. Eine ökonomische und soziologische Untersuchung, Leipzig 1932, S. 80. Damals machte dies 14 bis 16 Prozent des volkswirtschaftlichen Gesamtumsatzes aus. Vgl. ebd.

[5] *Christoph Boyer*, Zwischen Zwangswirtschaft und Gewerbefreiheit. Handwerk in Bayern 1945–1949, München 1992, S. 46. Rund 35 Prozent der verbliebenen Handwerksbetriebe arbeiteten für die Rüstung. Ebd., S. 47. Holtwicks Regionaluntersuchung zeichnet ein genaues Bild von den Gewinnern und Verlieren. Auf der Verliererseite standen Kleinstbetriebe, insbesondere auf dem Land. *Bernd Holtwick*, Im Kampf um das Handwerk. Handwerker und ihre Organisationen in Ostwestfalen-Lippe von 1929 bis 1953, Paderborn 2000 (hier: Manuskript, S. 233ff.); *Ludolf Herbst*, Der Totale Krieg und die Ordnung der Wirtschaft, Stuttgart 1982, S. 223 f.

[6] Hierzu neuerdings *Frederick McKitrick*, Modernization and Social Identity. German Artisans and Capitalism in the Mid-Twentieth Century, in: Passato E Presenti, Januar 2000 (hier: Manuskript, S. 19f.). McKitrick betont außerdem die Leistungsfähigkeit des Handwerks, die von der Wirtschaftsführung ab 1942 gefördert wurde und zu einer handwerksunterstützenden Haltung geführt habe. Ebd. (Manuskript, S. 18 ff.).

Jahre 1944 sollte das Handwerk der Rüstungsindustrie auf der Basis von neuen Musterrahmenverträgen zuarbeiten. Als Zulieferungsbetriebe wurden gerade die leistungsfähigen Teile des Handwerks stärker in die Industriewirtschaft integriert und Mechanismen der Kooperation zwischen Industrie und Handwerk eingeübt. Man kann dies als einen historischen Einschnitt werten, war doch im Handwerk seit der Industrialisierung die Auffassung verbreitet, daß es die Industrie sei, die den goldenen Boden des Handwerks zerstöre.[7] Nun sollte die Konkurrenz zwischen Industrie und Handwerk durch Zusammenarbeit verringert werden. Was lag in einem solchen Falle näher, als den leistungsfähigen oder leistungsfähig erscheinenden Betrieben eine Überlebenschance innerhalb eines auf die Großindustrie zugeschnittenen Wirtschaftssystems zu geben, und zwar selbstredend nicht auf Kosten der Großindustrie, sondern auf Kosten der nichtleistungsfähigen Kleinstbetriebe?

Es handelte sich mehr oder weniger um ein Nullsummenspiel, um eine Umverteilung der Umsätze *innerhalb* des Handwerks und des Kleinhandels. Diese Sichtweise, die sich schon in den siebziger Jahren in der Literatur vereinzelt niedergeschlagen hatte, konnte sich mittlerweile durchsetzen.[8] Daß es zu Problemen bei der Beschaffung von produktionsnotwendigen Rohstoffen und Arbeitskräften gerade im Kleingewerbe und im Kleinhandel gekommen ist, widerspricht der obigen Aussage keineswegs. Im Gestrüpp von Polykratie und Interessenwirtschaft der Großbetriebe tat sich das Handwerk selbstredend schwer, seine Belange zu vertreten. Das Handwerk hatte lediglich dann eine Durchsetzungschance, wenn seine Interessen sich mit denen der Großindustrie oder eines Teils des Staats- beziehungsweise des Parteiapparates zumindest partiell deckten, wenigstens niemandem erkennbar schadeten, wie dies beim Großen Befähigungsnachweis der Fall war.[9]

## II. Handwerksleistung im Rahmen „disziplinierter Wirtschaft"

Ungeachtet der Berufsstandsorganisationen und ungeachtet der fortbestehenden Marktmechanismen war es der NS-Staat, der die Weichen für die Wirtschaft stellte. Wie aber wurde damals begründet, daß der Staatsdirigismus nicht der Leistungsfähigkeit der Wirtschaft schade? Die Schlüsselbegriffe hierfür hießen

[7] Zu diesem historischen Einschnitt jetzt auch *Frederick L. McKitrick*. An Unexpected Path to Modernization: The Case of German Artisans during the Second World War, in: Contemporary European History 5 (1996), H. 3, S. 401–426.

[8] Dazu siehe vor allem *Boyer*, Zwischen Zwangswirtschaft (wie Anm. 5), S. 27–53, und *Holtwick*, Im Kampf (wie Anm. 5), S. 8ff.

[9] Mit dem Großen Befähigungsnachweis ist das Gesetz von 1935 gemeint, wonach nur jene, die erfolgreich eine Meisterprüfung abgelegt haben, einen Betrieb eröffnen durften. 1934 wurden Zwangsinnungen eingeführt. Der Kleine Befähigungsnachweis, eingeführt 1908, beschränkte die Lehrlingsausbildung auf jene Handwerker, die den Meistertitel erworben hatten.

Disziplin und Verantwortung. Der Leistungsgemeinschaft entspreche, so hieß es, die Leistungsverantwortung des Einzelnen gegenüber dem Staat.[10] Nur die Schaffung einer „disziplinierten Wirtschaft" garantiere Leistung. Das hörte sich in der damaligen Diktion zum Beispiel so an: „Die Disziplin, die in der Wirtschaft herrscht, ist bei der heutigen engen Verbindung, die zwischen Wirtschaftsleistung und politischem Einsatz besteht, auch unmittelbar politische Disziplin und Kraft, nicht minder wichtig, wenn auch anders gestaltet und psychologisch anders begründet als die soldatische Zucht." Wer solche Worte richtig zu lesen verstand, erkannte, daß erhöhte Leistungen im Rahmen einer Diktatur zu erbringen waren. Dabei wurden die Berufsstandsorganisationen als Institutionen gesehen, denen ein „gewaltiger Disziplinwert" zuerkannt wurde.[11] Mit anderen Worten: Die Berufsstandsorganisationen avancierten zu Institutionen, die die leistungsorientierten Staatsvorstellungen bis ins kleinste Dorf umsetzen sollten. Deswegen war es auch folgerichtig, wenn ihnen Mittel an die Hand gegeben wurden, die ihnen diese Aufgabe erleichterten. Dazu gehörten zum einen beträchtliche Funktionshäufungen und zum anderen Handlungsspielräume bei der Umsetzung der Direktiven, zum dritten bedurfte es der Stabilisierung und ideologischen Stärkung der Organisationen. Ferner erhielten die Handwerksorganisationen die soziale Gerichtsbarkeit und die Berufsehrengerichtsbarkeit, die es ihnen ermöglichten, bei unlauterem Wettbewerb die Löschung von Betrieben aus der Handwerksrolle zu veranlassen.[12] Wie auch in anderen gesellschaftlichen Bereichen beruhte Herrschaft im Handwerk demnach auf zahlreichen Akteuren, die ihre begrenzten Handlungsspielräume auf ihre Weise ausnützten. Dadurch entstand ein komplexes Geflecht von gleichzeitig Beherrschten und Herrschenden. Die soziale Praxis von Herrschaft kommt auf diese Weise gut zum Vorschein. Bedenkenswert ist auch, daß die Mitglieder der beherrschten und gleichzeitig Herrschaft ausübenden Handwerksorganisationen nicht von außen, sondern aus dem Handwerkermilieu kamen und ihre soziale Einbindung – so kann angenommen werden – auch als Amtsträger mehr oder weniger bestehen blieb.

Die Disziplinierung des Handwerks erfolgte auf Grund der Handwerkergesetze von 1934 und 1935. Im allgemeinen wird in der Literatur nicht der Einschnitt betont, den die Gesetze tatsächlich bedeutet haben. Statt dessen wird hervorgehoben, daß diese (nur) als eine Fortsetzung der Politik der Präsidialkabinette zu sehen seien, womit indirekt gesagt werden soll, daß die Gesetze wenig mit der NS-Herrschaft zu tun gehabt hätten.[13] Das so entworfene Bild lenkt vom Wesentlichen ab: Nicht was in den immer mit Vielerlei gefüllten Schubladen von Ministerien liegt, ist für eine Realanalyse primär entscheidend, sondern wer die

[10] Jahrbuch des deutschen Handwerks (1935), S. 66.

[11] Beide Zitate stammen aus der Zeitschrift *Der Vierjahresplan*, auszugsweise abgedruckt in: Deutsches Handwerk 7 (1938), Nr. 42, S. 609.

[12] Deutsches Handwerk 7 (1938), Nr. 49, S. 702.

[13] Die damals vorgenommenen Einschränkungen der Gewerbefreiheit betrafen vor allem Einheitspreisgeschäfte.

Pläne unter welchen Umständen mit welchen Zielsetzungen aus den Schubladen herausholt und Gesetz werden läßt: Dies sollte in erster Linie untersucht werden.[14] Gewiß, entsprechende Forderungen der Handwerker lagen schon lange auf dem Tisch, doch in der Weimarer Demokratie hatten diese eben keine Chance gehabt, durchgesetzt zu werden. Lediglich die Verpflichtung, daß sich jeder Betriebsinhaber in die sogenannte Handwerksrolle einschreiben müsse, wurde 1929 durchgesetzt. Mehr konnte erst dann erreicht werden, als die Präsidialregierungen politisch bestimmend wurden, weil diese auf das Parlament und auf die Gewerkschaften wenig Rücksicht zu nehmen brauchten. Doch in den Augen der Handwerksvertreter verfolgten die Präsidialkabinette die Interessen des gewerblichen Mittelstands längst nicht in ausreichendem Maße. So wurde die Mehrheit der Handwerker angesichts der auch sie tangierenden Großen Wirtschaftskrise zu entschiedenen Gegnern der Weimarer Demokratie. Wäre es nicht unter solchen Umständen realitätsgerechter, den bedeutsamen Einschnitt der Handwerkergesetze von 1934 und 1935 herauszustellen?[15] Eine solche Einschätzung hätte zudem den Vorteil, daß diese mit der zeitgenössischen subjektiven Bewertung, die ja in den neueren Forschungsrichtungen stärker als früher zur Geltung kommt, konform ginge. Die damaligen Handwerksvertreter erblickten nämlich eindeutig in den Handwerksgesetzen der NS-Zeit die große Wende, die „Magna Charta" des Handwerks, die „Erfüllung der vom Handwerk seit vielen Jahrzehnten immer wieder erhobenen Forderung auf gesetzliche Untermauerung des alten handwerklichen Leistungsprinzips."[16]

Ein anderes Argument, das in diesem Zusammenhang in der Literatur immer wieder zur Sprache kommt, ist der Hinweis, daß diese Gesetze das Handwerk nicht davor bewahrt hätten, im NS-Herrschaftssystem seine Bedeutung zu verlieren.[17] Damit wird erneut suggeriert, daß man diese Gesetze eigentlich als marginal ansehen könne. Doch auch hier wird eine falsche Fährte gelegt. Es geht nämlich nicht darum, ob der Mittelstand mehr oder weniger vom NS-System profitiert hat, sondern darum, daß von *dem* alten Mittelstand oder *dem* Handwerk gar nicht gesprochen werden kann, da es *innerhalb* des Handwerks Verlierer und Gewinner gegeben hat.[18] Weil dem so ist, läßt sich für die Gewin-

[14] Auszugehen ist davon, daß in den Schubladen der Ministerien stets verschiedenartige Entwürfe lagen.

[15] Vgl *Adelheid von Saldern*, Mittelstand im Dritten Reich. Bauern – Handwerker – Einzelhändler. Frankfurt a.M./New York 1979, S. 19ff., 37; *Boyer*, Zwischen Zwangswirtschaft (wie Anm. 5), S. 36f. Andere Historiker spielen zwar noch immer die Bedeutung der Neuerungen herunter, erkennen aber mittlerweile doch an, daß es sich dabei, wie Lenger diesen Sachverhalt ausdrückt, um „die wesentlichen Forderungen der Weimarer Handwerkerbewegung" gehandelt habe. *Friedrich Lenger*, Sozialgeschichte der deutschen Handwerker seit 1800, Frankfurt a.M. 1988, S. 196f.

[16] Der deutsche Volkswirt (9.9.1938), S. 10.

[17] *Heinrich August Winkler*, Der entbehrliche Stand. Zur Mittelstandspolitik im „Dritten Reich", in: Archiv für Sozialgeschichte XVII (1977), S. 1–40, hier S. 116f.; *Abdolreza Scheybani*, Handwerk und Kleinhandel in der Bundesrepublik Deutschland, München 1996, S. 20.

[18] Diese Kernthese meines Buches über den Mittelstand im Dritten Reich wurde im großen und ganzen durch neueren Forschungen bestätigt. Vgl. zum Beispiel *Lenger*, Sozialgeschichte (wie Anm. 15), S. 198; *Elkar/Mayer*, Handwerk (wie Anm. 3), S. 118, S. 122.

nergruppe innerhalb des Handwerks das berufsbezogene materielle und ideelle Interesse am NS-Regime erklären. Doch auch das NS-Regime hatte seinerseits ein ökonomisches Interesse an einem leistungsfähigen Handwerk. Dieses erfüllte durchaus, wie ausgeführt, ökonomische Aufgaben, von den sozio-politischen, kulturellen und ideologischen Funktionen ganz zu schweigen.

Zu erinnern ist in diesem Zusammenhang auch, daß das Handwerk schon vor 1933 überproportional die NSDAP gewählt hatte[19], und auch für die Zeit nach 1933 als Stütze des Systems angesehen werden muß. Selbstredend heißt dies nicht, daß es zu keinen Interessenkonflikten zwischen dem Handwerk und dem NS-Regime gekommen ist. Zwar wurden dann die großen Pläne, die auf eine Berufsstandsordnung der Gesellschaft hinausliefen, nicht realisiert, und es gab auch auf wirtschaftlichem Gebiet zahlreiche Gründe – angefangen von den staatlich verordneten Preisstopps auf einem als zu niedrig erachteten Niveau bis hin zu den einschneidenden Engpässen in der Versorgung mit Rohstoffen und Arbeitskräften – für Klagen und Kritik, doch erwuchs daraus im allgemeinen kein Potential für einen wie immer gearteten Widerstand.

## III. Leistung als Ausdruck von Modernisierung

Das leistungsfähige Handwerk galt in der NS-Zeit als modern und damit als erhaltenswert.[20] Der legitimatorische Rückgriff auf alte Traditionen des Handwerks wurde geschickt mit der Aussage vom modernen Handwerk gekoppelt. Die damaligen Akteure hatten mit einer solchen Synthese anscheinend widersprüchlicher Komponenten keine Schwierigkeiten.

Anders steht es in den analytisch-kritischen Rückblicken. Über Modernisierung im NS-Staat ist viel geschrieben und gestritten worden, wobei allerdings Verweise auf Handwerk und Kleinhandel in der Regel fehlen. Bei dieser Auseinandersetzung geht es stets um die Kernfrage, ob der Begriff der Modernisierung ausschließlich normativ durch die Aufklärungsideale bestimmt werden dürfe oder ob dieser kritisch historisiert werden könne und solle. Die kritische Historisierung würde die Möglichkeit eröffnen, die Neuerungen, um die es jeweils geht, hinsichtlich ihrer Intentionen, Inhalte, Rezeptionen und Wirkungen genauer zu analysieren. Wer glaubt, den Begriff Modernisierung von den normativ-positiven Konnotationen lösen zu können, ohne die Fundamentalkritik gegenüber der NS-Zeit auch nur um ein Lot zu schmälern, kann zerstörerische Potentiale, so auch den Holocaust, als inhärente Bestandteile der Moderne er-

[19] Die Überrepräsentanz der kleinbürgerlichen Hitler-Wähler wurde in den neueren Wahlforschungen in ihrer gesamtgesellschaftlichen Bedeutung allerdings etwas relativiert, indem herausgearbeitet wurde, daß die Anhänger und Anhängerinnen des Nationalsozialismus aus allen Schichten stammten. Dazu siehe einführend *Jürgen Falter*, Hitlers Wähler, München 1991.

[20] Zit. nach *Holtwick*, Im Kampf (wie Anm. 5), S. 211.

kennen.[21] So kann er oder sie auch der Frage, ob in bestimmten Bereichen des Kleingewerbes und des Kleinhandels Modernisierungsmaßnahmen ergriffen wurden, offener gegenüberstehen und sich Fragen stellen, wie die folgende: Sind nicht gerade Kombinationen von Modernisierungsmaßnahmen einerseits und Rassismus andererseits inhärente Bestandteile der NS-Realität? Stützen sie nicht in exemplarischer Weise die Annahme, daß anti-aufklärerische und anti-emanzipatorische Inhalte mit Modernisierung – Modernisierung hier vorrangig im Sinne gesellschaftsstruktureller Neuerungen auf Teilgebieten verstanden – verbunden sein können, zumindest potentiell den Modernisierungsprozessen inkorporiert sind?

Seit den siebziger Jahren zieht sich hinsichtlich der Beurteilung der NS-Zeit ein- und derselbe Argumentationsfaden durch die Literatur: Wenn Modernisierung konstatiert wird, dann heißt es, daß sich im Nationalsozialismus „lediglich die Bemühungen aus der Zeit der Weimarer Republik und dem Kaiserreich" fortgesetzt hätten.[22] Ein Beispiel: Die Einführung von Buchführung und Kalkulation – Indikatoren für ökonomische Modernisierung per se – gehörte zur staatlichen und berufsständischen Handwerkspolitik der NS-Zeit. Im Zuge der erhöhten Leistungsanforderungen wurde 1938 die Buchführungspflicht im Handwerk obligatorisch gemacht und Schulungskurse eingerichtet.[23] Sicherlich, eine moderne Buchführung hätte sich eines Tages ohnehin im Kontext einer sich selbst modernisierenden Gesellschaft durchgesetzt, aber wann sich auf welche Weise eine solche Modernisierungskomponente realisiert und mit welchen ökonomischen und herrschaftsbezogenen Zielsetzungen sich diese verbindet, ist keineswegs beliebig oder gleichgültig, sondern bedarf einer besonders aufmerksamen historiographischen Analyse. Hierdurch sollte jedoch nicht der Modernisierungscharakter selbst in Abrede gestellt, dafür um so schärfer der herrschaftsbezogene Zusammenhang herausgearbeitet werden. Gewöhnlich wird diese Art von Modernisierung, wenn überhaupt, dann noch immer *einseitig* aus strukturell-prozessualer Sicht gesehen: als langfristig wirkende, ungeplante und eigendynamische Entwicklungen, so, als ob es keine Akteure und keine konkreten gesellschaftlichen und herrschaftlichen Kontexte sowie keine auf die Entwicklungsverläufe einwirkenden Regulationspraxen gegeben hätte, die einer Neuerung zum Durchbruch verhalfen oder ihr einen unverwechselbaren Stempel aufdrückten.[24]

[21] Allgemein *Zygmunt Baumann*, Moderne und Ambivalenz. Das Ende der Eindeutigkeit, Hamburg 1992 (dt. Übersetzung); *ders.*, Dialektik der Ordnung. Die Moderne und der Holocaust, Hamburg 1992 (dt. Übersetzung); *Detlef J.K. Peukert*, Max Webers Diagnose der Moderne, Göttingen 1989.

[22] So neuerdings auch *Holtwick*, Im Kampf (wie Anm. 5), S. 214f.

[23] Vgl. *von Saldern*, Mittelstand (wie Anm. 15), S. 40; *Boyer*, Zwischen Zwangswirtschaft (wie Anm. 5), S. 38.

[24] Vgl. zum Beispiel *Matthias Frese/Michael Prinz*, Sozialer Wandel und politische Zäsuren seit der Zwischenkriegszeit. Methodische Probleme und Ergebnisse, in: *dies.* (Hg.), Politische Zäsuren und gesellschaftlicher Wandel im 20. Jahrhundert. Regionale und vergleichende Perspektiven, Paderborn 1996, S. 1–35, bes. S. 9. Dabei wird nicht immer in gleicher Weise verfahren: Kein Wissenschaftler oder Wissenschaftlerin käme zum Beispiel auf den Gedanken, zu sagen, daß das Handwerksgesetz von 1953 lediglich die Fortsetzung der Handwerksordnung der NS-Zeit gewesen sei – und das zu

## IV. Leistungsstarkes Handwerk als soziale Konstruktion

Voraussetzung für eine Leistungssteigerung im Handwerk war nicht nur die Stärkung der Berufsstandsorganisation, sondern auch die Sicherung des Handwerks als Berufsgruppe. Zahlreiche Beispiele verweisen auf eine solche Strategie, die auch von Partei und Staat unterstützt wurde. Dazu gehörte die Konstruktion einer spezifischen Handwerkerkultur, die nicht zuletzt durch *Invention of Tradition* geprägt wurde.[25] Eine bewußt vorgenommene und öffentlichkeitswirksame Einbindung des Handwerks in die geschichtliche Tradition diente der Legitimation dieser Schichten und deren ökonomischer Existenzberechtigung in der modernen Industriegesellschaft. Die Zirkulation der diversen Kapitalsorten (Bourdieu), das heißt die wechselseitige Transformierung von symbolischem, ökonomischem und sozialem Kapital, läßt sich gerade im Handwerk aufzeigen und bestätigt die gesellschaftliche Relevanz solcher Art von Transferierungen.[26]

Die Erfindung von Traditionen vollzog sich auf kulturell-symbolischer Ebene. Mit dem Begriff der reinen Propaganda ist dem Bedeutungsgehalt solcher Traditionskonstruktionen nicht beizukommen. Erst durch die Rezeptionen der ethnologisch-sozialanthropologischen Ansätze wird ein den Fragen adäquates Analyse-Instrumentarium bereitgestellt. Sinn und Zweck solcher Traditionskonstruktionen im Kontext ritualisierter Feiern ist, so Victor Turner, die Schaffung einer „communitas“.[27] Diese unterscheidet sich von jener, welche man sonst beim Zusammenleben von Menschen findet. Bei der rituell sich bildenden „communitas“ erfolgt eine Bündelung von Symbolen, Riten und Deutungen, die ansonsten in recht unterschiedlichen Kontexten eingebunden sind. So entsteht ein Komplex semantischer Systeme von zentralen, mehrstimmigen Symbolen und Mythen, die unter den Menschen eine große innere Verbundenheit herstellen können.

Solche Überlegungen führen dazu, der NS-Handwerkspolitik auf dem Gebiet der Symbolproduktion Aufmerksamkeit zu schenken. Einige Beispiele seien genannt: Im Jahre 1935 wurde ein allgemeines „deutsches Handwerksabzeichen“ eingeführt. Das neu erfundene Abzeichen, auf dem ein Hammer mit gekreuztem Eichenblatt und Eichel, umgeben mit einem Ring, abgebildet war, symbolisierte die Verbindung von Handwerkszeug mit vorgeblich germani-

recht. Wenn auch die Akteure zum Teil die gleichen waren, so hatten sich doch die Kontexte stark verändert, weswegen das Gleiche in der analytischen Retrospektive ungleich wird.

[25] *Eric Hobsbawm/Terence Ranger* (Hg.), The Invention of Tradition, Cambridge 1983.

[26] *Pierre Bourdieu*, Die feinen Unterschiede. Kritik der gesellschaftlichen Urteilskraft, Frankfurt a. M. [6]1993. Vgl. für die früheren Jahrhunderte den von Bourdieu inspirierten Aufsatz von *Rainer S. Elkar*, Schola migrations, in: *Klaus Roth* (Hg.), Handwerk in Mittel- und Südosteuropa, München 1987, S. 87–108; *ders.*, Handwerk als Lebensform – über das Verhältnis von handwerklicher Existenzsicherung und ritualisiertem Lebenslauf, in: *Paul Hugger* (Hg.), Handwerk zwischen Idealbild und Wirklichkeit, Bern 1991, S. 97–112, bes. S. 106ff.

[27] Dazu siehe zum Beispiel *Victor Turner*, Das Ritual. Struktur und Antistruktur, Frankfurt a.M. 1989.

schen Symbolen.[28] In den Abzeichen wurden alte Zunftsymbole aufgenommen. Das neueröffnete *Haus des deutschen Handwerks* in Berlin diente als kulturelles Zentrum des Handwerks. Hier wurden alle Arten von Zunft- und Innungssymbolen gesammelt und ausgestellt.[29] In der hierauf bezogenen Bildberichterstattung wurde dazu aufgefordert, das Handwerk in seiner Vielfalt – damals zählte man 200 alte und neue Handwerksberufe – zu entdecken. Das Handwerk war nicht nur auf Handwerkerausstellungen, sondern auch auf Ausstellungen allgemeiner Art präsent, beispielsweise auf der Ausstellung *Gesundes Leben – frohes Schaffen*. Das Bäckerhandwerk versuchte auf diese Weise Vollkornbrot, Schwarzbrot und Kommissbrot zu popularisieren[30] – alles Nahrungsmittel, die die Abhängigkeit des NS-Staates von der Weizeneinfuhr vermindern und auf den Kriegszustand vorbereiten sollten, die aber auch, zumindest teilweise, Impulse aus der Lebensreformbewegung aufnahmen, um dadurch das Überleben des Handwerks in schwierigen Zeiten sichern zu helfen.[31]

Zahlreich sind die Versuche der Handwerksvertreter, Eigeninteressen mit gesellschaftlichen und nationalsozialistischen Interessen in Einklang zu bringen. Lokale und regionale Traditionen wurden neu belebt und Handwerksbräuche populistisch in Szene gesetzt. Viele, größtenteils vom Handwerk getragene lokale Feiern und Inszenierungen von Traditionen zeugen davon.[32] In Festveranstaltungen präsentierte das Handwerk seine beruflichen Leistungen der Öffentlichkeit, wobei der gesellschaftspolitische Bezug zum Nationalsozialismus nicht fehlte. „Die scheinbar unpolitische Veranstaltung", so wird in einer der wenigen Studien über ein dörfliches Handwerkerfest resümiert, entpuppte sich „bei genauerer Betrachtung als ein klares Bekenntnis zum Nationalsozialismus (...). Über den Herbst des Jahres 1933 festigte der Handwerkertag im Mittelstand den zuversichtlichen Glauben an die wirtschaftliche Kompetenz des Nationalsozialismus und dessen Wertschätzung handwerklicher Produktion. Der nationalsozialistischen Herrschaft erwuchs über das Jahr 1933 hinaus im dörflichen Handeln eine entscheidende Legitimationsgrundlage."[33] Hier konnten die Akteure sich auf handwerklich geprägte Sozialmilieus stützen, ähnlich wie in den Klein- und Mittelstädten, in denen die Schützenvereine und Stammtische eine besonders große Rolle spielten.

[28] *Holtwick*, S. 202.
[29] Deutsches Handwerk 8 (1939), Nr. 2, S. 24.
[30] Deutsches Handwerk. Wochenschrift für Handwerkspolitik, Handwerkswirtschaft und Handwerkskultur, hg. vom Reichsstand des deutschen Handwerks 7 (1938), S. 620.
[31] Einen Verstoß gegen die Prinzipien für gesunde Ernährung begingen die Nationalsozialisten allerdings durch ihre Propagierung eines stärkeren Zuckerverbrauchs, um dadurch den Fettmangel zu kompensieren. Diesen Hinweis verdanke ich Joachim Drews (Hannover), der seine Dissertation über die Soja-Bohne im NS-Deutschland schreibt.
[32] Dazu schon *von Saldern*, Mittelstand (wie Anm. 15), S. 213ff.; siehe zum Beispiel auch *Holtwick* (wie Anm. 5) S. 201ff.). Zu den vielfach von Seiten des Handwerks gestalteten lokalen Feste siehe *Werner Freitag*, Ein „Handwerkerfest" 1933. Dörfliche Horizonte und NS-Politik, in: 79. Jahresbericht des Historischen Vereins für die Grafschaft Ravensberg (1991), S. 257–279; *Katrin Minner*, Erinnerung und Modernität. Westfälische Ortsjubiläen im Dritten Reich, Münster 1999.
[33] *Freitag* (wie Anm. 32), S. 270, 278f.

In die soziale Konstruktion des Handwerks fand ferner das Bild einer harmonischen Betriebsgemeinschaft Eingang. Man kenne keine Schranken mehr zwischen Meister und Gesellen, so ließ beispielsweise die badische Handwerkskammer auf ihrer ersten Vollversammlung am 29. November 1933 in harmonisierender Manier verlauten.[34] Die zwangsweise Ausschaltung der Gewerkschaften 1933 und die gleichgeschaltete Presse erleichterte diese soziale Konstruktion wesentlich, weil etwaige Konflikte und Interessendifferenzen zwischen Betriebsführern einerseits und Gesellen sowie Lehrlingen andererseits nicht mehr öffentlich gemacht werden konnten. Erinnerungskonstrukte an alte ständische Traditionen waren mit den NS-Gemeinschaftsideologien in diesem Bereich besonders gut kompatibel.

Schließlich wurde in der NS-Zeit die soziale Konstruktion des Handwerks durch den Rückbezug auf dessen so bewertete glorreiche Geschichte zu festigen versucht. Der Blick fiel auf eine tausendjährige Geschichte. Vergangenheit und Zukunft wurden miteinander verbunden, etwa so: „Es führt kein Weg zurück, auch im Handwerk gibt es nur Wege nach vorn, in die Zukunft hinein. Und auch diese Zukunft soll einmal Geschichte werden – glorreiche Geschichte, wie wir inbrünstig hoffen. Aber schon heute können wir eines tun, wozu wir schlechthin verpflichtet sind: wir können Geschichte mit dem Blick in die Zukunft pflegen. Das heißt, daß wir sie hineinstellen und einordnen in unsere heutige Schau".[35] Hiervon wurde eine symbolische Überhöhung des Handwerks abgeleitet und ein sogenannter Handwerksgeist beschworen: So meinte zum Beispiel der Syndikus der Handwerkskammer Berlin: „Das deutsche Handwerk hat sich in seinen Kämpfen und in der Not den Glauben erhalten, daß es am sausenden Webstuhl der Zeit sitze und an der Gottheit lebendigem Leibe mitwirke."[36] Diese schwülstigen Worthülsen wären wohl nicht geschrieben worden, falls sie nicht als funktional gegolten hätten, um die kulturelle Besonderheit des Handwerks ins rechte Licht zu rücken.

## V. Männliche Prägung des handwerklichen Berufs

Handwerk und Handwerksleistungen waren in der Regel männlich geprägt, wie ja auch die ganze Handwerkskultur. Die Schustersfrau geriet vorrangig als „mithelfende Familienangehörige", also lediglich als statistische Kollektivgröße

[34] Das Deutsche Handwerksblatt. Mitteilungen des deutschen Handwerks- und Gewerbetages 28 (1934), H. 1, S. 8.

[35] So *Wilhelm Wernet*, Handwerksgeschichte, in: *Carl Haußer* (Hg.), Das Handwerk in Staat und Wirtschaft, Berlin 1936, S. 179.

[36] *Paul Jeschke*, Handwerk, Volk und Staat, in: Ebd., S. 39.

minderen Ranges ohne jeglichen Subjektcharakter ins Visier.[37] Die Auffassung, daß Frauen in der NS-Zeit nur oder hauptsächlich – mit wenigen konzidierten Ausnahmen, wie etwa den KZ-Aufseherinnen – als Opfer des Regimes anzusehen seien, ist mittlerweile obsolet geworden.[38] Doch bis zu welchem Grade und auf welche Weise und aus welchen Motiven Frauen mit dem Regime verbunden waren, bedarf einer jeweils auf die soziale Gruppe bezogenen Analyse. Ein Beispiel: Als „mithelfende Familienangehörige" verkauften die Handwerkerfrauen in der Regel die im Haus hergestellten Waren und wurden so mit dem alltäglichen Antisemitismus großer Teile der nicht-jüdischen deutschen Bevölkerung auf die eine oder andere Weise konfrontiert. Wie verhielten sie sich, wie nutzten sie ihre kleinen Handlungsräume? Gerade weil viele Handwerkssparten im lebensweltlichen Zusammenhang der Menschen eine große Rolle spielten, wäre ihre Erforschung unter Aspekten, die die Herrschaftsgeschichte mit der Geschlechtergeschichte verbinden, aufschlußreich.

Das gilt auch für die soziale Konstruktion des Nachwuchses. So war der Status von Lehrlingen und Gesellen männlich geprägt, und zwar unabhängig von der Tatsache, daß es auch Frauenhandwerke gab und so auch weibliche Lehrlinge und Gesellinnen. Die Dominanz des Männlichen wirkte sich sogar auf die Anfertigung von Statistiken aus. So wies die Bielefelder Meisterprüfungsstatistik noch in den frühen fünfziger Jahre lediglich die männlichen Meisterprüflinge aus.[39] Auch das hochgehaltene Berufsethos des Handwerks blieb in der Hauptsache männlich konstruiert, und diese Konstruktion vertrug sich gut mit den Leitbildern der Nationalsozialisten.[40] Ein Handwerker, der sich in der Öffentlichkeit präsentierte, sah in seinem Beruf eine Art von innerer Berufung, die im Kern Männern vorbehalten war und sich womöglich über Generationen hinweg fortsetzen sollte. Zur Respektabilität einer Handwerkerfamilie gehörte es, daß der Sohn auch wieder einen Handwerksberuf oder zu mindest einen als gleichwertig angesehenen Beruf ergriff.[41] Generationelle Kontinuität zwischen Vater und Sohn galt und gilt auch heute noch als ein „kulturelles Kapital", das in ökonomisches transferiert werden konnte und kann, und zwar durch gezielt eingesetzte Werbung, die besagt, daß sich der Betrieb schon seit vielen Jahrzehnten in Familienbesitz befinde.

[37] Vgl. dazu für die Bundesrepublik *Abdolreza Scheybani*, Vom Mittelstand zur Mittelschicht? Handwerk und Kleinhandel in der Gesellschaft der frühen Bundesrepublik, in: Archiv für Sozialgeschichte 35 (1995), S. 131–196, hier S. 146.

[38] Auf die zahlreiche Literatur zu diesem Thema kann hier nicht weiter eingegangen werden. Ein Zwischenresümee ist zu finden in: *Adelheid von Saldern*, Victims or Perpetrators? Controversies About the Role of Women in the Nazi State, in: *David Crew* (Hg.), Nazism and German Society, London 1994, S. 141–166; neuerdings: *Kirsten Heinsohn/Barbara Vogel/Ulrike Weckel* (Hg.), Zwischen Karriere und Verfolgung: Handlungsräume von Frauen im nationalsozialistischen Deutschland, Frankfurt a.M./New York 1997.

[39] *Scheybani*, Vom Mittelstand (wie Anm. 37), S. 178.

[40] Vgl., wenn auch für die frühere Zeit, *Keith McClelland*, Some Thoughts on Masculinity and the ‚Representative Artisan' in Britain, 1850–1880, in: Gender & History, 1 (1989) S. 164–177.

[41] Zu den zum Teil hohen Selbstrekrutierungsquoten über vierzig Prozent vgl. *Scheybani*, Vom Mittelstand (wie Anm. 37), S. 178ff.

Das männlich geprägte Handwerksethos schloß die Ehefrau der Meister durchaus mit ein, aber eben vorrangig nur als „mithelfende Familienangehörige“, wie dies von den Statistikern zutreffend ausgedrückt wurde und wird.[42] Das Handwerk galt – neben der Bauernwirtschaft – als Verwirklichung eines funktionalen und harmonischen Zusammenwirkens von Berufsarbeit und Familienarbeit sowie von Produktion und Distribution. Mann und Frau agierten in einem zwar hierarchisch strukturierten Beziehungssystem, wußten aber auch um ihre wechselseitige Abhängigkeit voneinander. Das zeigte sich insbesondere im Krieg, als Ehefrauen von Handwerksmeistern zusammen mit Altmeistern oder sonstigen Familienangehörigen die Betriebe weiterführten, nachdem ihre Männer zum Militär eingezogen worden waren.[43]

Wie die Kriegssituation von der Handwerksöffentlichkeit sowie von den Frauen gedeutet werden sollte, legte die Nationalsozialistin Dr. Margarete Bieling dar. Sie dankte in der Zeitschrift *Deutsches Handwerk* den Handwerkerfrauen ausdrücklich dafür, daß sie bislang nicht „nur ihren Mann“ gestanden hätten, sondern daß sie gleichzeitig auch noch Frauen und Wahrerinnen deutschen Wesens und deutscher Kultur geblieben seien – ganz im Unterschied zu den Sowjetfrauen und dem, wie es hieß, dadurch bedingten Elend.[44] In dieser Aussage wurden ökonomische Notwendigkeiten und konventionelle, in der NS-Gesellschaft reaktualisierte sowie rassistisch fundierte Geschlechterbilder aufeinander bezogen, wobei von der Sowjetunion ein eindeutiges Negativbild gezeichnet wurde, in dem das Chaos dominiere. Die propagandistisch herausgestellte Hilfsbereitschaft der Handwerksorganisationen gegenüber den männerlos gewordenen und von den Ehefrauen geführten Betrieben galt sicherlich weniger den Meistersfrauen als Individuen, vielmehr der sozialen Konstruktion des Handwerks als einer rassistisch ausgerichteten Solidargemeinschaft, in der auch Meistersfrauen ihren, wenn auch eingegrenzten, Platz einnehmen sollten.

## VI. Leistung als Qualitätsarbeit bei „lauterem Wettbewerb“

Immer wieder wurde in der NS-Zeit hervorgehoben, daß die große Macht der Berufsstandsorganisationen gegenüber ihren Mitgliedern nicht dazu genutzt werden sollte, den Wettbewerb auszuschalten. Selbst die Rechtsprechung wurde als „Schutz des Wettbewerbs im Handwerk“ ausgegeben und nicht etwa als Einschränkung oder Regulierung desselben.[45] Auffallend häufig war von einem „echten Leistungswettbewerb“ die Rede. Damit war wohl gemeint, daß der Lei-

[42] Dies forderte *Arnold Zelle*, Aufklärungs- und Propagandaarbeit des Handwerks, in: *Haußer* (wie Anm. 35), S. 73.
[43] Deutsches Handwerk 10 (1941), Nr. 30, S. 385.
[44] *Margarete Bieling*, In der Bewährung, in: Deutsches Handwerk 11 (1942), Nr. 51/52, S. 422.
[45] Der deutsche Volkswirt (20.9.1936), S. 355.

stungswettbewerb auf einer bestimmten Grundlage erfolgen müsse und daß erst die richtigen Startbedingungen zu schaffen seien, bevor dieser als echt gelten könne. All dies sei, wie es hieß, eine wesentliche Aufgabe der Staats- und Wirtschaftsführung.[46] Die Wechselseitigkeit der Verpflichtung zwischen Staat und Betriebsführer wurde in diesem Zusammenhang immer wieder betont. So schrieb die Obermeisterin der Damenschneiderinnung aus Bad Reichenhall an die Kreisleitung: „Ich bin davon überzeugt, daß die wechselseitigen Beziehungen zwischen Nationalsozialismus und Handwerk nach Abstreifung des letzten Restes von zünftlerischem Geist uns zum Dienst und Einsatz an Nation und Volk immer mehr verpflichten, daß aber andererseits auch (...) das Lebensrecht des Handwerks anerkannt wird und somit über den Weg der Leistung und Gemeinschaft ihm die Zuerkennung seiner Ehre zuteil wird."[47] Die Handwerksorganisationen wollten eine eigene Form von Wettbewerb durchsetzen, nämlich einen „anständigen und lauteren Wettbewerb". Was wurde darunter verstanden? Voraussetzung hierfür sei, so wurde als erstes betont, die Hebung der wirtschaftlichen Leistung. Darin liege die einzige Quelle des wahren Fortschritts. Dann wurde Leistung mit Qualität in eins gesetzt: „Wenn man weiß, daß die Daseinsmöglichkeiten des Handwerks in der modernen Volkswirtschaft letzten Endes auf seiner Fähigkeit beruht, *gute* Arbeit anzubieten, so versteht man, warum immer wieder der Schutz der guten Handwerksarbeit vor der schlechten verlangt und geradezu zum Inhalt einer aktiven Handwerkspolitik gemacht wird." Und dann noch deutlicher: Der NS-Staat müsse „den Schutz der guten Leistung vor der minderwertigen" garantieren.[48]

In der sozialen Konstruktion von Leistung zeigt sich, daß Handwerk und Qualitätsarbeit zu einer Synthese zusammengeschweißt wurden und daß mit dem Begriff der „sozialen Ehre"[49] die Glaubwürdigkeit einer solchen Synthese untermauert werden sollte. Den gleichen qualitätssichernden Effekt sollte die Distanzierung gegenüber den „Pfuschern" in den eigenen Reihen haben. Zu den bedeutenden Produzenten einer solchen sozialen Konstruktion gehörten die Berufsstandsorganisationen mit ihren Berufszeitschriften, Tagungen und ihrer sonstigen Öffentlichkeitsarbeit. Nicht zufällig wurde mit dem Gütezeichen des Handwerks, das Qualität versprach, Reklame gemacht, beispielsweise durch das Aufstellen von großen Werbeplakaten.[50]

Offensichtlich gelang es tatsächlich, daß auch die Konsumenten und Konsumentinnen positiv auf die Gleichsetzungen von Handwerk und Qualitätsarbeit reagierten. Sie waren schon seit der Reformbewegung des Deutschen Werkbun-

[46] So Goebbels, zit. in: Deutsche Allgemeine Handwerkszeitung (26.2.1943), Titelblattseite.

[47] Schreiben vom 27.5.1937, in: Bayerisches Hauptstaatsarchiv München (künftig Bay HStA), NSDAP 368.

[48] Das Deutsche Handwerksblatt 27 (1933), H. 6, S. 107.

[49] Schon Max Weber machte auf dieses Phänomen aufmerksam.

[50] Eine Abbildung der Werbung der Schneiderinnung befindet sich in: Deutsches Handwerk 6 (17.12.1937), H. 50, S. 751. Zur Werbung allgemein: siehe *Hartmut Berghoff*, Von der „Reklame" zur Verbrauchslenkung. Werbung im nationalsozialistischen Deutschland, in: *ders*. (Hg.), Konsumpolitik. Die Regulierung des privaten Verbrauchs im 20. Jahrhundert, Göttingen 1999, S. 77–113.

des um die Jahrhundertwende auf das Authentische des (Kunst-)Handwerks eingestimmt worden, auch wenn sich der Werkbund in den zwanziger Jahren durchaus gegenüber der Industrieproduktion geöffnet hatte. Freilich war auch im Handwerk die Maschinisierung vorangeschritten, und damit veränderte sich die Produktionsweise. Das Werken mit der Hand wurde weniger. Nach Beendigung der Inflation 1924 trat der Elektromotor im Handwerk – so ein zeitgenössischer Bericht – „einen wahren Siegeszug" an. Betrug die Zahl der Motorenbetriebe 1925 etwa 200.000, so hat diese sich in den folgenden zehn Jahren ungefähr verdoppelt.[51] Die Maschinenverwendung mache, so hieß es weiter, auch in den dreißiger Jahren „beachtenswerte Fortschritte", gerade bei den Bäkkern.[52] Leider gibt es offenbar keine genauen Zahlen über die Maschinenanschaffungen im Handwerk während der gesamten NS-Zeit, doch ist anzunehmen, daß auch in der zweiten Hälfte der dreißiger Jahre die Anzahl der Maschinen stieg. Anhaltspunkte dafür, wie der Maschinisierungsgrad im Handwerk genau einzuschätzen ist, ließe sich am besten in einem Ländervergleich gewinnen.[53]

Die Vorstellungen von Leistung und Qualität mußten sich solchen Veränderungen in den Produktionsmethoden anpassen. Im großen und ganzen gelang dies auch. Die Handwerksware genoß nach wie vor den Ruf als eine zuverlässig gute Ware, und sie galt bei den Konsumenten und Konsumentinnen in der Regel als Gewähr für einen soliden Einkauf, mit dem er oder sie sich sehen lassen konnte. Oftmals wurde mit der Handwerksware die Vorstellung von Gediegenheit verbunden. Damit warb insbesondere die Möbelbranche, obwohl viele Möbel längst in Fabriken gefertigt wurden.

## VII. Leistungsgemeinschaft durch Ausschluß von Leistungsschwachen

Das Handwerk, so hieß es, sollte zu einer „Leistungsgemeinschaft zusammengeschlossen" werden: „mit einem Handwerk, das noch Pfuscher und Halbkönner in seinen Reihen duldet, können die drängenden Aufgaben des Vierjahresplanes nun einmal nicht gelöst werden", so klar formulierte die Zeitschrift *Deutsches Handwerk* den Zusammenhang von Aufrüstung und Leistung.[54] Der vom Staat erzeugte Druck auf das Handwerk verfehlte umso weniger seine

[51] *V. C. Habicht*, Kultur und Handwerk, in: *Haußer*, Das Handwerk (wie Anm. 35), S. 227.

[52] Deutsches Handwerk 6 (1937), Nr. 7.

[53] Dazu siehe einführend: *Hartmut Kaelble*, Der historische Vergleich. Eine Einführung zum 19. und 20. Jahrhundert, Frankfurt a.M. 1999. McKitrick gelangt ebenfalls zur Auffassung, daß es sich bei den gesetzlichen Maßnahmen um eine Modernisierung von oben gehandelt habe. *McKitrick*, Modernization (wie Anm. 6), S. 17.

[54] Deutsches Handwerk 8 (1939), Nr. 2, S. 30.

Wirkung, je mehr dieser mit Betriebsschließungen verbunden wurde. Die Handwerkskammern gewannen gerade in dieser Beziehung größere Befugnisse gegenüber ihren Mitgliedern. Sie waren zwar einerseits Vollzugsorgane des Staates, andererseits verfügten sie über einen beträchtlichen Ermessensspielraum.[55]

1935 wurde die Überbesetzung des Handwerks mit rund 20 Prozent angegeben.[56] Zwischen 1936 und 1939 wurden rund 200.000 Betriebe geschlossen, das waren etwa neun Prozent.[57] Bei der Schließung von Kleinstbetrieben ging es um die Verfolgung zweier Ziele, und zwar erstens um die Arbeitskräftelenkung im Zuge von Aufrüstung und Kriegswirtschaft sowie zweitens um eine Verminderung der Konkurrenz für die als leistungsfähig eingestuften Teile der Handwerkswirtschaft.[58] Die Kleinstbetriebe, die meist nur vom Betriebsinhaber oder von der Inhaberin geführt wurden, gehörten ohnehin in der Regel nicht zum etablierten Handwerk einer Stadt, hatten also eine schwache soziale Position inne. Nachweislich wurde die Schließungswelle im Jahre 1935 von den Handwerkerorganisationen selbst vorangetrieben und durchgeführt.[59]

Die Handwerkskammer Hannover forderte beispielsweise die Innungen auf, „ihre Mitgliederlisten einmal durchzugehen und die sogenannten ‚Einmannbetriebe' herauszusuchen" und den Inhabern nahezulegen, ihren Betrieb ruhen zu lassen.[60] Noch 1936 waren 62,8 Prozent aller Handwerksbetriebe solche Einmannbetriebe.[61] Nicht nur Schließungen, sondern auch Neueröffnungen von Betrieben wurden reguliert.

Vier Fälle sollen Einblick in die soziale Herrschaftspraxis gewähren: Ins Visier der Handwerkskammer kam der Maler Ernst Massier wegen „verschiedener Beschwerden bei der Kammer sowie bei der Kreishandwerkerschaft Gifhorn." Er habe seine Lieferschulden nicht bezahlt. Daraufhin wurde ihm mitgeteilt, daß sein Betrieb aus der Handwerksrolle gelöscht werde. Der Maler legte Beschwerde ein; diese wurde indessen nicht mehr berücksichtigt, weil sie zu spät erfolgt sei. Da er keinen Meistertitel hatte, hätte er nur den Ausnahmeparagraphen, den das Handwerksgesetz bot, für sich in Anspruch nehmen können. Das genau wollte die Handwerksorganisation verhindern, da eine „Bereinigung des

[55] Über die führende Handwerkerschicht gibt es bislang noch keine Kollektivbiographie. Wichtig wäre, Näheres über die Leistungsorientiertheit dieser Gruppe in Erfahrung zu bringen. Hinsichtlich der Handlungsspielräume auf mittlerer Herrschaftsebene ist auch auf die Kreisbauernschaften zu verweisen, deren Doppelfunktionen Münkel herausgearbeitet hat. *Daniela Münkel*, Nationalsozialistische Agrarpolitik und Bauernalltag, Frankfurt a.M./New York 1996.

[56] Der deutsche Volkswirt (25.1.1935), S. 735.

[57] Jahrbuch des deutschen Handwerks (1938/39), S. 236.

[58] Erst im Krieg (1941) kam es zur zweiten großen Schließungsaktion. Dabei ging es auch um die Stillegung von nicht kriegs- und ernährungswirtschaftlich notwendigen Betrieben, zum Beispiel von Juwelieren.

[59] *von Saldern*, Mittelstand (wie Anm. 15), S. 140ff.

[60] Schreiben vom 10.2.1937 an die Innungen und Kreishandwerkschaften, in: Niedersächsisches Hauptstaatsarchiv (künftig zitiert als NHStA), Hann. 174 Springe V/119.

[61] *V. C. Habicht*, Kultur und Handwerk, in: *Haußer*, Handwerk (wie Anm. 35), S. 236.

handwerklichen Berufsstandes" erreicht werden solle und der Maler ja als Facharbeiter woanders unterkommen könne.[62]

Der Stellmacher W. Battmer aus Holtensen im Kreise Springe erhielt keine Erlaubnis zur Eröffnung seines Betriebes. Im August 1938 informierte ihn die Handwerkskammer Hannover über den zuständigen Bürgermeister, daß der Regierungspräsident seinen Antrag auf Gewerbeerlaubnis abgelehnt habe. Offenbar richtete sich Battmer aber nicht nach dem Bescheid, woraufhin ein Kollege, der Stellmachermeister Fritz Meier aus Eldagsen, Battmer bei der Kreishandwerkerschaft denunzierte. Diese schrieb an den Landrat und beantragte, Battmer auf Grund eines entsprechenden Paragraphen der Gewerbeordnung in Strafe zu nehmen.[63]

Daß die Handwerkskammern versuchten, den Wettbewerb in Grenzen zu halten, zeigt auch das Beispiel des Schuhmachers Heinrich Kruse, der 1940 in Lauenau ein Schuhmachergeschäft eröffnen wollte. Die Handwerkskammer riet ab, „da die bereits vorhandenen Betriebe vollkommen ausreichen, um den anfallenden Bedarf zu decken."[64]

Aus diesen Beispielen wird der Ermessensspielraum der Handwerkskammer deutlich. Daß auch Denunziationen eine Rolle spielten, zeigt der Fall W. Battmer. Anzunehmen ist, daß es sich bei allen drei Personen um Außenseiter gehandelt hat, die keine Beziehungen zu den Handwerksorganisationen oder zur Partei geltend machen konnten. Damit war es der Handwerkskammer ein Leichtes, hart durchzugreifen. Ihr zweckrationales Handeln richtete sich nach der Gesetzeslage und ihrer eigenen Bedarfseinschätzung.

Daß Entscheidungen der Handwerkskammer auch aus politischen Motiven erfolgten, daß demnach – in der Terminologie Fraenkels – der „Normenstaat", der durch das Regelwerk bürgerlicher Ordnung in Form des Privatrechts bestimmt wurde, durch den vom Politischen geprägten „Maßnahmenstaat" infiltriert wurde, zeigt das Beispiel des Friseurgeschäfts Wiebe aus Burgdorf.[65] Die zuständige Handwerkskammer riet in diesem Fall zu einem harten Durchgreifen, weil Wiebe „nach einer Mitteilung der Kreisleitung Burgdorf vom 1.10.1936 als politisch unzuverlässig angesehen werden muß. Wiebe wurde anläßlich des Röhm-Putsches wegen Gehorsamsverweigerung aus der Schutzstaffel ausgeschlossen. Auch hat er in seiner Eigenschaft als SS-Mann die Ablegung des Eides auf den Führer abgelehnt."[66] Vermutlich war Wiebe kein Widerständler, immerhin war er Mitglied der SS. Doch legte er während des sogenannten Röhm-Putsches und

[62] Schreiben der Handwerkskammer zu Harburg an den Regierungspräsidenten in Lüneburg, eingegangen 14. 5.1937, in: NHStA, Hann. 80, Lbg. III/III 20.

[63] NHStA, Hann. 174, Springe V 119.

[64] Schreiben der Handwerkskammer zu Hannover an den Landrat in Springe vom 24.7.1940 in: NHStA, Hann. 174, Springe V/119.

[65] Eine ähnliche Beurteilung bei *Boyer*, Zwischen Zwangswirtschaft (wie Anm. 5), S. 11. Gesamtgesellschaftlich gesehen kam es zu einer Überformung des „Normenstaates" durch den „Maßnahmenstaat".

[66] Schreiben der Handwerkskammer zu Harburg an den Regierungspräsidenten in Lüneburg, eingegangen 13.10.1937, in: NHStA, Hann. 80, Lbg. III/III 20.

auch noch später angeblich ein nicht-konformes Verhalten an den Tag, das ihn als politisch unzuverlässig erscheinen ließ. Vielleicht war er ein tüchtiger und leistungsorientierter Friseur, der in einer freien Marktwirtschaft durchaus reüssiert hätte? Vielleicht war er aber auch unfähig, ein eigenes Geschäft zu führen? Wir wissen es nicht. Doch selbst, wenn letzteres zutrifft, kann es als sicher gelten, daß hier, wie auch in anderen Fällen, politische Gründe für die Entscheidung ausschlaggebend oder zumindest mitbestimmend waren.

Ungeachtet der noch fehlenden Detailstudien können auf der jetzigen Quellenbasis schon einige Verallgemeinerungen erfolgen. Kennzeichnend für die NS-Zeit war, daß die Entscheidungen in bezug auf Betriebsschließungen teils auf marktwirtschaftlichen und teils auf politischen bzw. rassistischen Kriterien beruhten. In jenen Fällen, in denen nach wirtschaftlichen Gesichtspunkten entschieden wurde, fand eine spezifische Form von Zwangsmodernisierung des Handwerks statt: Durch die Eliminierung der zu kleinen und der zu leistungsschwachen Betriebe sollte das Handwerk als Wirtschaftsgruppe saturiert werden.[67] Was in freien Wirtschaftssystemen im Idealfall allein die marktbedingte Konkurrenz bewirkt, intensivierte und beschleunigte sich in der NS-Zeit durch Eingriffe von Seiten des Staates und der Handwerksorganisationen.[68] Eine solche Aussage gilt allerdings nur für die nach betrieblichen Leistungskriterien erfolgten Entscheidungen, nicht aber für jene gegenüber Handwerkern, die als politisch unzuverlässig galten, und auch nicht gegenüber den jüdischen Betriebsinhabern. Auch bei intensivem Quellenstudium wird allerdings eine fein säuberliche Trennung der einzelnen Entscheidungskriterien nicht möglich sein. Denn gerade das Neben- und Ineinander von unterschiedlichen Kriterien war für das Handeln der Berufsstandsorganisationen im NS-System charakteristisch und gab der Macht der Handwerkskammern eine besondere Note.

Und noch ein anderer Entscheidungsfaktor sollte sorgsam analysiert werden: die Bedarfsprüfung. Diese konnte gar nicht auf objektiven Faktoren beruhen, weil es an entsprechenden Voruntersuchungen fehlte. Die Einschätzung, wie viele Friseure beispielsweise in einem Ort oder einem Stadtteil als angemessen zu gelten hätten, orientierte sich vermutlich an der Ist-Lage, berücksichtigte die Auffassungen der lokalen Branchensprecher, die Verhältnisse in anderen Orten oder die Mutmaßungen, die die jeweilige Kammer ihrerseits anstellte. Anzunehmen ist, daß es sich dabei um ein eher statisches Urteilen handelte, bei dem die dynamischen Entwicklungsmomente freier Marktwirtschaften nicht zählten. Für diese Annahme sprechen auch die aus der Vorkriegszeit überlieferten Ansätze, eine systematisch angelegte Bedarfsplanung im Altreich durchzuführen. Zu diesem Zweck begann die Handwerksorganisation mit der Standortkarto-

[67] Vgl. dazu schon *von Saldern*, Mittelstand (wie Anm. 15), S. 140ff., 234ff.; neuerdings *Boyer*, Zwischen Zwangswirtschaft (wie Anm. 5), S. 45; ähnlich *Herbst*, Der Totale Krieg (wie Anm. 5), S. 157ff.; *Holtwick*, Im Kampf (wie Anm. 5), allg. S. 230, 348f.; anders *Winkler*, Der entbehrliche Stand (wie Anm. 17), S. 139.

[68] Anders gelagert waren selbstredend die politischen Fälle und die „Arisierungen". Dazu siehe weiter unten. In Frankreich war es ebenfalls der vom Planungsdenken geprägte Staat, der nach dem Zweiten Weltkrieg die Modernisierung der Wirtschaft erzwungen hat.

graphierung. Die in Angriff genommene Erstellung dieser Karten sollte im Zuge der avisierten Raumplanung dazu beitragen, „Struktur und Lebensmöglichkeiten der einzelnen Handwerkszweige gründlicher als bisher zu erkennen und jeden Berufsangehörigen mit den Zielen einer *planvollen* Wirtschaftsordnung vertraut zu machen."[69] Nicht Marktorientierung war demnach das Fernziel, sondern eine die Überbesetzung des Handwerks abbauende Planwirtschaft, auf deren Grundlage sich ein leistungsstarkes Handwerk entfalten sollte.[70]

## VIII. Leistungssteigerung durch straffere Ausbildung

Das Ausbildungssystem wurde verändert.[71] Für alle Berufe sollten Ausbildungs- und Prüfungsanforderungen schriftlich fixiert werden, wodurch die Professionalisierung der Handwerksberufe vorangetrieben wurde. Seit Erlaß vom 29. November 1937 gab es einheitlich in Deutschland drei Gruppen von Anstalten: die Berufsschulen, die Berufsfachschulen und die Fachschulen. Diese Vereinheitlichung räumte mit den gewachsenen Bezeichnungen, die in den einzelnen Regionen Unterschiedliches meinten, auf und schuf mehr Übersichtlichkeit.[72] Die Prüfungen im Handwerk oblagen weiterhin den Prüfungsausschüssen der Handwerkskammern. Im Jahre 1936 wurde bestimmt, daß einheitliche Rahmenvorschriften für die Abhaltung von Meisterprüfungen erlassen werden sollten. Und tatsächlich wurden bis 1937 schon für 73 Handwerkszweige solche fachlichen Vorschriften ausgearbeitet, genehmigt und eingeführt. Die Prüfungsanforderungen wurden dabei merklich erhöht.[73] Ungeachtet des Krieges kam es noch im Jahre 1942 zur Gründung sogenannter deutscher Meisterschulen des Handwerks, integriert in den obligatorischen Ausbildungsgang. Die Handwerksorganisationen zeigten sich zufrieden.[74] Vielleicht kann man dieses sym-

[69] Deutsches Handwerk 7 (1938), Nr. 43, S. 620.

[70] Damit wird ein kontrovers diskutiertes Thema in der Geschichtswissenschaft angesprochen. Kern der Auseinandersetzung ist die Frage, ob und inwieweit sich systematisch vorangetriebene Planungs- und Rationalisierungstendenzen in der NS-Wirtschaftspolitik erkennen lassen. Diese Position vertreten am weitestgehenden *Götz Aly/Susanne Heim*, Vordenker der Vernichtung. Auschwitz und die deutschen Pläne für eine neue europäische Ordnung, Hamburg 1991; vgl. in bezug auf die Handwerksplanung auch *Boyer*, Zwischen Zwangswirtschaft (wie Anm. 5), S. 41f. Dazu siehe auch *Jörg Gutberger*, Volk, Raum und Sozialstruktur. Sozialstruktur- und Sozialraumforschung im „Dritten Reich", Münster 1996. Für Dörfer wurden ebenfalls bereits vor dem Krieg Planungskonzepte entwikkelt und ansatzweise erprobt. Dazu siehe den Beitrag von *Wolfram Pyta* in: Intentionen, Wirklichkeiten. 42. Historikertag in Frankfurt am Main 1998, München 1999, S. 180.

[71] Zum folgenden siehe *Theo Wolsing*, Untersuchungen zur Berufsausbildung im Dritten Reich, Kastellaun 1977, bes. S. 572, 740f., 745, 755.

[72] Näheres: Das Deutsche Handwerksblatt 6 (1937), Nr. 48, S. 723.

[73] *Boyer*, Zwischen Zwangswirtschaft (wie Anm. 5), S. 37.

[74] Besprechung im Reichsinstitut für Berufsausbildung in Handwerk und Gewerbe vom 24.7.1942, in: Bundesarchiv (künftig zit: BArch), R 12 I/279.

bolträchtige Entgegenkommen des Staates als Anerkennung dafür sehen, daß die Handwerksorganisationen auch ihrerseits stets darauf geachtet haben, daß die nationalsozialistische Weltauffassung als fester Bestandteil der gesamten Handwerksausbildung etabliert wurden.[75]

In Fragen der Berufserziehung mußten die Handwerksorganisationen nachgeben, und zwar zum einen gegenüber den Forderungen der Industriebetriebe, die einen Teil der Lehrlingsausbildung übernehmen wollten und zum anderen gegenüber dem Organisationsmoloch Deutsche Arbeitsfront (DAF), der in Ausbildungsfragen Kompetenzen anstrebte und dabei Konflikte nicht scheute.[76] Das Ausbildungsmonopol des Handwerks wurde tatsächlich zugunsten der Industrie aufgebrochen und die Anzahl der industriebetrieblichen Lehrwerkstätten beträchtlich erhöht. Das war zwar unter machtpolitischen Gesichtspunkten für das Handwerk eine bittere Pille, stabilisierte aber mittelfristig seine Position im Bereich der Lehrlingsausbildung, weil die Interessen von Industrie und Handwerk in Ausbildungsfragen im Rahmen des sogenannten dualen Systems kompatibel waren. Auch stellte das Handwerk durch eine geschickte Öffentlichkeitsarbeit immer wieder klar, daß es weiterhin der Hauptträger der Lehrlingsausbildung sei und daher eine große soziale und kulturelle Verantwortung trage. Tatsächlich wurden immerhin noch fast drei Viertel aller Industrie- und Handwerkslehrlinge vom Handwerk ausgebildet.[77] Durch die Bereitschaft des Handwerks zur Straffung der Ausbildung blieb das Berufsethos als wesentlicher Teil handwerklicher Identitätsbildung erhalten und wurde das hohe Ansehen der Handwerksausbildung und des Handwerksberufs in der Industriegesellschaft dauerhaft gestützt.

## IX. „Arische“ Leistungsträger im Handwerk

Der Leistungsbegriff wurde in der NS-Zeit so weit ausgedehnt, daß damit der Ausschluß „nicht-arischer“ Betriebe vermeintlich begründbar war. Leistung und Rasse sollten eine Synthese bilden.

Der moderne Antisemitismus stieß in Handwerkerkreisen bereits seit den 1880er Jahren zunehmend auf Unterstützung. Diese fühlten sich als Verlierer und Außenseiter der Modernisierungs- und Demokratisierungsprozesse, auch oder erst recht in den wirtschaftlich und politisch stürmischen zwanziger Jahren.[78] Als im Jahre 1938 die ökonomische und soziale Existenzvernichtung der Juden und Jüdinnen eine neue Stufe erreichte, legitimierte die Handwerksorga-

[75] Vgl. auch *Elkar/Mayer*, Handwerk (wie Anm. 3), S. 117.

[76] Dazu siehe *Arthur Schweitzer*, Die Nazifizierung des Mittelstandes, Stuttgart 1970, bes. S. 165ff.

[77] Der deutsche Volkswirt (30.7.1937), Nr. 44, S. 2148.

[78] *Shulamit Volkov*, Jüdisches Leben und Antisemitismus im 19. und 20. Jahrhundert, München 1990, S. 52f.

nisation die diesbezüglichen Eingriffe des Staates, indem sie den „Kampf des alten Handwerks gegen das Judentum" betonte, wobei sie argumentativ bis in die Zeit des Mittelalters zurückgriff und eine Kontinuitätslinie bis in die damalige Gegenwart herstellte.[79] Die Verordnung vom 12. November 1938 wurde dementsprechend als Verwirklichung des Kampfzieles der alten Handwerkerzünfte ausgegeben.[80] Wenn der Historiker Bernd Holtwick auf Grund seiner empirischen Studien zu dem Schluß kommt, daß die NS-Judenpolitik von den Handwerkern an der Basis eher passiv hingenommen worden sei, so darf eine solche Einschätzung nicht darüber hinwegtäuschen, daß sich die Herrschaftsträger in der Regel mit der Haltung des Geschehenlassens fürs Erste durchaus zufrieden gaben.[81] Denn unter solchen Umständen konnte die verbrecherische NS-Politik gegen Juden und Jüdinnen und anderen unliebsamen Personen mit Hilfe der Handwerkerorganisationen in aller Ruhe anscheinend ordnungsgemäß und gründlich durchgeführt werden.[82] Oder sinngemäß nach Fraenkel: So als ob es sich um normenstaatliche und nicht um maßnahmenstaatliche Vorgänge handelte.

Zwar war der Anteil der jüdischen Betriebe in der Handwerkswirtschaft insgesamt gering und lag unter einem Prozent, doch konzentrierten sich die jüdischen Betriebe auf Städte und auf bestimmte Branchen. Anfang 1939 gab es in Berlin noch rund 2.600 Handwerksbetriebe in jüdischem Besitz, im Altreich waren es im März 1938 noch 9.538.[83] Zwischen 1935 und 1938 ging die Anzahl der jüdischen Betriebe bereits um 4.178 zurück.[84] Ab 1. Januar 1939 trat die fünfte Verordnung vom 12. November 1938 zur Ausschaltung der Juden aus dem deutschen Wirtschaftsleben in Kraft, wonach Juden auch keine Kleinbetriebe mehr führen durften. Es waren „arische" Handwerker, die unter Umständen von der „Arisierung" profitierten.[85] Die Übernahme solcher Betriebe bedurfte allerdings der behördlichen Genehmigung, wobei die Handwerkskammern Stellungnahmen abgaben.[86] Die Kammern orientierten sich an ihrem Hauptziel, das darauf ausgerichtet war, „die Weiterführung überflüssiger oder volkswirtschaftlich unerwünschter Betriebe (...) zu verhindern und nur die persönlich, beruflich und wirtschaftlich einwandfreien und leistungsfähigen

[79] Deutsches Handwerk 7 (1938), Nr. 46, S. 660.

[80] Entsprechend lautete der Untertitel zur Überschrift „Judenfreies Handwerk", in: Deutsches Handwerk 7 (1938), Nr. 46, Titelblatt.

[81] *Holtwick*, Im Kampf (wie Anm. 5), S. 239.

[82] Auch dürfen die Drangsalierungen in den vorhergegangenen Jahren nicht vergessen werden. So veröffentlichte die nationalsozialistische Handwerks-, Handels- und Gewerbeorganisation (Hago) 1935 ein Verzeichnis aller nichtarischen Gewerbebetriebe, in diesem Fall aus Essen. *Elkar/Mayer*, Handwerk (wie Anm. 3), S. 44.

[83] Berichte des Stadtpräsidenten vom 5.1.1939, in: BARCH, R 41/155; Deutsches Handwerk 8 (1939), Nr. 16, S. 215.

[84] Ebd.

[85] Ebd. Vgl. auch *Avraham Barkai*, Vom Boykott zur „Entjudung". Der wirtschaftliche Existenzkampf der Juden im Dritten Reich, 1933–1945, Frankfurt a.M. 1987, S. 139f.

[86] *Frank Bajohr*, „Arisierung" in Hamburg. Die Verdrängung der jüdischen Unternehmer 1933–1945, Hamburg 1997, S. 242ff.

Personen als Nachfolger in nicht-arischen Betrieben zuzulassen."[87] Selbst wenn also im Zuge der „Arisierungswelle" nicht immer Geschäftsübernahmen durch „Volksgenossen" möglich waren, so profitierten Betriebe bestimmter Branchen unter Umständen indirekt davon, und zwar durch die Ausschaltung der unliebsamen Konkurrenz.[88]

Im Jahre 1940 wurde für die Ansiedlung von Handwerksmeistern, die politisch als einwandfrei galten und auch sonst diverse, vor allem rassistisch geprägte Vorschriften erfüllten, in den eroberten Ostgebieten in der Zeitschrift *Deutsches Handwerk* geworben, zwecks „Übereignung früher polnischer oder jüdischer Betriebe".[89] Nach fünf Monaten gab es „bereits über 8.000 Bewerbungen".[90] Aus Schwaben wurde „starkes Interesse" an der Übernahme polnischer Betriebe gemeldet.[91] Die Bewerber mußten sich und ihre Familien auf rassische und erbgesundheitliche Eignung untersuchen lassen. Im Reichsgau Wartheland wurde 1940 mit dem Aufbau einer Handwerkskammer und Innungsorganisation begonnen. Soweit polnische Handwerksbetriebe fortexistierten, mußten diese zwar Beiträge für die Innungen zahlen, durften aber nicht auf den Innungsversammlungen erscheinen. Sie konnten nur Anordnungen in Empfang nehmen. Die polnische Handwerksorganisation wurde restlos zerschlagen.[92]

Damit wurde das Ziel, zu einer hochwertigen wirtschaftlichen Leistung des Handwerks zu gelangen, mit der Vorstellung verbunden, daß dies nur durch eine rassisch hochwertige „Volksgruppe" erfolgen könne. „Denn höher als sein wirtschaftliches Gewicht", so hieß es, sei „der Rang des Handwerks als Volksgruppe von vielseitiger und unerschöpflicher Kraft."[93] So wurde das Handwerk zu einem wertvollen Faktor der rassistischen NS-Bevölkerungspolitik erklärt.

## X. Moralische Handwerksökonomie und amoralisches Gesamtsystem

Die bisherigen Ausführungen legen den Schluß nahe, daß Prinzipien der „moralischen Ökonomie" im Handwerk während der NS-Zeit durchaus noch zu konstatieren waren. Im Selbstverständnis des Handwerks waren entsprechende For-

[87] Deutsches Handwerk 7 (1938), Nr. 43, S. 620.

[88] Ähnlich auch *Elkar/Mayer*, Handwerk (wie Anm. 3), S. 42ff. Wegen der niedrigen Gesamtzahl jüdischer Handwerksbetriebe können sich die betrieblichen Vorteile, wie sie durch die Konkurrenzausschaltung gegeben waren, nur in jenen Handwerksbranchen ausgewirkt haben, in denen sich jüdische Betriebe quantitativ gesehen konzentrierten. Auch ist der Einzelhandel in diesem Zusammenhang mit in den Blick zu nehmen.

[89] Deutsches Handwerk 9 (1940), Nr. 13, S. 150.

[90] Deutsches Handwerk 9 (1940), Nr. 51/52, S. 693.

[91] Handwerkskammer Augsburg, in: Bay HStA, M Wi 3093; vgl. auch die Angaben bei *McKitrick*, An Unexpected Path (wie Anm. 7), S. 414.

[92] Deutsches Handwerk 9 (1940), Nr. 50, S. 668.

[93] *Wernet*, Handwerksgeschichte (wie Anm. 35), S. 179.

derungen an Staat und Gesellschaft notwendiger Bestandteil eines eigenständigen, auf sozialmoralischen Prinzipien basierenden Berufsethos. Hierdurch glaubten Handwerksvertreter, auf Dauer die gesellschaftliche Legitimation gegenüber der viel mächtigeren Industrie aufrecht erhalten zu können. Doch der NS-Staat setzte alles daran, mit solcher Art von Legitimationsstrategien zu brechen. Deshalb forderten Handwerksvertreter vergeblich einen „gerechten Preis". Auch wollten sie bei öffentlichen Ausschreibungen erreichen, daß die Preise für den Anbieter „auskömmlich" seien. Indessen konnten sie sich mit dieser Art von Forderungen gegenüber dem hierfür zuständigen Reichskommissar für die Preisüberwachung Carl Goerdeler nicht durchsetzen.[94] Doch gab es auch einen gemeinsamen Nenner zwischen Handwerk und NS-Regierung, und zwar in Form einer Qualitätssicherung durch verbesserte Ausbildung, einem strengeren Prüfungswesen sowie der mittelfristigen Ausschaltung der wenig leistungsfähigen und wenig qualitätsorientierten Handwerker, um dadurch der Überbesetzung im Handwerk zu begegnen. Die Qualitätssicherung bildete die Nahtstelle, die das Konzept der „moralischen Handwerksökonomie" mit dem gesteigerten Leistungsdruck während der NS-Zeit verband.

Zu fragen ist freilich, was sozialmoralische Grundsätze der Handwerkswirtschaft in einem amoralischen Gesamtsystem bedeuteten? Was hieß damals Qualitätssicherung innerhalb einer rassistisch orientierten Diktatur? Was konnte die im Handwerk hochgehaltene Tugend der Selbstbegrenzung und Wohlanständigkeit in diesem Kontext beinhalten? Schützten die Prinzipien der „moralischen Ökonomie" etwa vor amoralischem Verhalten von Handwerkern? Genauere Antworten auf diese Fragen müssen erst gefunden werden, aber soviel scheint festzustehen: einen Schutz gegen amoralisches Wirtschaftsverhalten, etwa gegen jüdische Konkurrenten, oder eine strukturelle Nähe zur kulturellen Resistenz oder gar zum politischen Widerstand war dadurch nicht gegeben. Anzunehmen ist eher, daß die überhöhte Berufsstandsvorstellung des Handwerks und die NS-Leitidee einer rassistisch konturierten Volksgemeinschaft gut miteinander kompatibel waren. Darüber hinaus ist anzunehmen, daß die rassistisch geprägte Idee der Volksgemeinschaft vermutlich auch im Handwerk der jungen Bundesrepublik als sogenanntes "negatives Erbe" (Jean Amery) nachwirkte, etwa im Hinblick auf die Ausbildungs- und Berufschancen für Ausländer in etablierten Handwerksberufen.

Über die Handwerker an der Basis wissen wir allerdings wenig – weder für die NS-Zeit noch für die junge Bundesrepublik. Obwohl sich neuere kulturgeschichtliche Ansätze in der bundesrepublikanischen Geschichtsforschung schon seit den achtziger Jahren abzeichneten, gibt es bisher noch kaum Untersuchungen, in denen diese Fragen thematisiert worden sind.[95] Empirische Arbeiten über die Kleinbürgerkultur, speziell über die im Handwerk üblichen Lebensformen

[94] Holtwick, Im Kampf (wie Anm. 5), S. 206f.

[95] Eine Ausnahme ist für das 19. Jahrhundert die Studie von *Heinz-Gerhard Haupt/Geoffrey Crossick*, Die Kleinbürger. Eine europäische Sozialgeschichte des 19. Jahrhunderts, München 1998. Hier wird versucht, die Lebenswelt und den Denkhorizont der Kleinbürger nachzuzeichnen.

und Sinnhorizonte fehlen, und so kann auch kein abschließendes Urteil über die etwaige verhaltensformende Relevanz der Prinzipien einer „moralischen Ökonomie" abgegeben werden. Inwieweit die Vertreter der Handwerksorganisationen, deren Auffassungen am häufigsten in den überlieferten Quellen zu finden sind, tatsächlich für ihre Mitglieder sprachen, muß offen bleiben. Trotz Alltagsgeschichtsschreibung und ausgedehnter Oral-History-Forschung seit den achtziger Jahren befragte kaum jemand beispielsweise alte Schumacher-, Bäcker- und Schlachtermeister nach ihren berufsspezifischen Erfahrungen in der NS-Zeit, nach ihren Denkmustern über Industrie und Kapitalismus, ihrer Sichtweise über das Verhältnis von Staat und Wirtschaft, über die Bedeutung ihres Berufsstolzes, über ihr Verständnis von Tradition und Innovation, über ihre Überlegungen zu Generation und Geschlecht oder über ihre Bindungen zu Region und Nation.[96]

Auch müßten wir mehr wissen, wie die übrigen Gesellschaftsgruppen über das Handwerk dachten und zum Handwerk standen. Zwei polare Einstellungstypen seien genannt: Auf der einen Seite gehörten für Intellektuelle Handwerker nicht selten zum Typ des Spießers.[97] Der Spießer – von der Spießerin war und ist seltener die Rede – sei eine Größe, so meinte schon Theodor Geiger 1931 mit seinem soziologischen Blick auf die Gesellschaft, „mit der wir überall zu rechnen haben."[98] Ein Spießer sei ein Mensch, so formulierte er, „der sich in der Enge des gegebenen Rahmens wohl fühlt, sich in einem festgefügten Gehäuse konventioneller Lebensformen, Anschauungen und Wertmaßstäbe sicher weiß und selbstgerecht darin beharrt."[99] Auch wenn Geiger sich nicht direkt auf eine bestimmte Bevölkerungsgruppe bezog[100], so ist über die hauptsächliche soziale Verankerung dieses Typs in den unteren Mittelschichten, wozu nicht nur Handwerker und Einzelhändler, sondern auch kleine Angestellte und Beamte zählen, doch nicht hinwegzusehen.[101] Auf der anderen Seite erfreute sich das Handwerk in der Bevölkerung großer Wertschätzung, und ihm kam bei den sozialen Konstruktionen der Gesellschaften eine – gemessen an der geringen wirtschaftlichen Bedeutung – überdimensionierte Bedeutung zu. In beträchtlichem Ausmaße übten handwerkliches Arbeiten und Leben als soziale und mediale

[96] Eine Ausnahme bildet die Dokumentation von *Frieder Stöckle*, Altes Handwerk im 20. Jahrhundert – dörfliche Arbeits- und Lebenswelten in Nord-Württemberg, 2 Bde., Stuttgart 1993. Weibliche Lebenswelten und NS-Perspektiven fehlen allerdings auch hier. Siehe auch die aufgezeigten Perspektiven bei *Haupt/Crossick* in ihrem Ausblick auf das 20. Jahrhundert, S. 285ff. *Haupt/Crossick*, Die Kleinbürger (wie Anm. 95).

[97] Der Gartenzwerg im schmuck hergerichteten Vorgarten oder die Vorliebe für modern inszenierte Volksmusik zur besten Sendezeit im Fernsehen erwecken bei vielen Intellektuellen Unbehagen. In bezug auf kritische Reflexionen über die Kleinbürger siehe *Max Horkheimer* (Hg.), Über Autorität und Familie, Paris 1936; *Annette Leppert-Fögen*, Die deklassierte Klasse. Studien zur Geschichte und Ideologie des Kleinbürgertums, Frankfurt a.M. 1974.

[98] *Theodor Geiger*, Zur Kritik der Verbürgerlichung, in: Die Arbeit 8 (1931), S. 534–553, hier S. 549.

[99] Ebd.

[100] *Berthold Franke*, Die Kleinbürger. Begriff, Ideologie, Politik, Frankfurt a.M. 1988.

[101] *Leppert-Fögen*, Die deklassierte Klasse (wie Anm. 97).

Konstruktionen eine Modellfunktion in und für die hochindustrialisierte Gesellschaft im allgemeinen und die NS-Gesellschaft im besonderen aus, wobei die Vermittlung vielfach über Schulbücher oder Schriften über Kindererziehung sowie über die sogenannte Erbauungsliteratur erfolgte. Nicht zufällig fungierte die enge sozialräumliche Verbindung von Werkstattarbeit und Familienalltag, wie sie in der Tat im Handwerk vielfach zu finden war, noch lange als positiv konnotierter Prototyp eines ganzheitlichen Lebenszusammenhanges, in dem auch die Arbeit in sozialmoralische Normen und Werte eingebunden erschien, wozu auch die Autorität des Ehemannes und Vaters in der Familie gehörte.[102] „Handwerkliche Bilderbücher" und Kulturfilme über diverse Handwerkszweige wurden in der NS-Zeit als Medium gezielter Propaganda zugunsten des Handwerks konzipiert. Der gesellschaftlichen Vorbildfunktion des Handwerks sollte darüber hinaus die Zusammenarbeit mit den Redaktionen von Kulturzeitschriften dienen. Dabei hatten auch Hausfrauen ihren Part zu spielen. Sie durften die sogenannte Handwerksästhetik popularisieren, und deshalb galten sie als wichtige Ansprechpartnerinnen der Handwerksorganisationen bei allen Fragen häuslicher Einrichtung. Ihnen fiel zum Beispiel die Aufgabe zu, für eine „gediegene Heimgestaltung" im Sinne handwerklicher Produktkultur zu sorgen.[103] Handwerkliche Produkte sollten als autochthon, natürlich und unverfälscht wahrgenommen werden. Die Handwerksästhetik verlieh – neben dem Qualitätsaspekt – der sozialen Konstruktion sozialmoralischer Handwerksökonomie eine zusätzliche, die Sinne und die Vorstellungskraft der Menschen ansprechende Dimension.

## XI. Ausblick auf die Zeit nach 1945

Ungeachtet aller Brüche gab es in diversen Teilbereichen Kontinuitäten auch über das Jahr 1945 hinaus. Dazu gehörte die Vorstellung von einer spezifisch handwerkseigenen Produkt- und Ausbildungsqualität, wobei die politischen und rassistischen Komponenten des nationalsozialistischen Leistungsbegriffs schnell aufgegeben wurden.[104] Die unter Druck erfolgte Orientierung auf wirt-

[102] Hier ist auf die frühen Forschungen des Frankfurter Instituts für Sozialforschung zu verweisen. *Horkheimer* (Hg.), Über Autorität (wie Anm. 97), Paris 1936. Doch konkrete Forschungen über das Geschlechterverhältnis in Handwerkerfamilien des 20. Jahrhunderts gibt es nicht. Aufschlußreich könnten in diesem Zusammenhang Studien über innere und äußere Spannungen zwischen der Modernisierung einerseits und der Aufrechterhaltung traditioneller Werte in den Geschlechterbeziehungen andererseits sein; ebenso könnten Forschungen über die diversen Aufgabenfelder der Handwerkerfrau – als Mitarbeiterin, Mutter, Hausfrau – Einsichten über Alltagsabläufe geben. Schließlich fehlen Untersuchungen über die sozialen Netzwerke von Handwerkerfrauen.

[103] Jahrbuch des deutschen Handwerks (1938/39), S. 192.

[104] Wie sich das Handwerk gegenüber gesellschaftspolitischen Fragen verhielt, bedarf auch noch einer genaueren Untersuchung.

schaftliche Leistung in der NS-Zeit erleichterte dem Handwerk den Übergang von der nationalsozialistischen zur bundesrepublikanischen Gesellschaft, verstand sich doch letztere auch als eine Leistungsgesellschaft, wenn auch mit ganz anderen Zielsetzungen und in anderen Kontexten. Holtwick geht ebenfalls davon aus, daß das Engagement der Kammern zugunsten größerer Leistungsfähigkeit des Handwerks, die nach 1945 zum Repertoire der offiziellen Handwerkspolitik gehörte, schon in der NS-Zeit eingeübt worden sei.[105] Trotz des Drucks während der NS-Zeit, die Handwerksleistung zu erhöhen, hat es noch in den fünfziger Jahren „eine starke Minderheit" von Handwerkern und Einzelhändlern gegeben, „die den kapitalistisch-marktwirtschaftlichen Prinzipien äußerst kritisch gegenüber[stand]. Solche Orientierungen an moral-ökonomischen Standards äußerten sich unter anderem in ablehnenden Stellungnahmen gegenüber dem Wettbewerb, der freien Preisbildung, der Gewinnmaximierung sowie der technischen Innovation. Preisabsprachen galten als legitim und wurden vielerorts praktiziert."[106] Entsprechend dem eingangs genannten Sprichwort „Schuster, bleib' bei Deinen Leisten" bestand das primäre Ziel für diese Gruppe von Handwerkern und Einzelhändlern nach wie vor in einer auskömmlichen Lebenshaltung und nicht in der betrieblichen Expansion. Für die Handwerksorganisationen blieb also noch nach 1945 auf diesem Gebiet viel zu tun übrig.[107]

Die von den Handwerksorganisationen geprägte Konstruktion des Leistungsbegriffs reichte sicherlich in ihren Anfängen bis ins Kaiserreich zurück, doch fand sie ihre öffentlichkeitswirksamste Ausformung erst in der NS-Zeit, insbesondere während der Ära Speer, und zwar deshalb, weil das NS-Regime solche Bestrebungen aus ökonomischen und ideologischen Gründen massiv unterstützte; oder, anders ausgedrückt, weil die NS-Staatsideologie mit den Interessen der Handwerkerorganisationen kompatibel war, allerdings erst nachdem das Handwerk auf ständestaatliche Forderungen verzichtet hatte. Nach dem Kriege erwies sich die dadurch erreichte innere Festigung der Handwerksorganisation im Vergleich zum Handwerk und Kleingewerbe in anderen Ländern als ein strategischer Vorteil. Das Handwerk ging aus der NS-Zeit als Berufsgruppe gestärkt hervor.[108] Die Verabschiedung des Handwerksgesetzes von 1953, das zwar keine Zwangsinnungen mehr vorsah, aber den Großen Befähigungsnachweis und die obligatorische Zugehörigkeit zur Handwerkskammer erneut festlegte, zeugt davon. Da die handwerklichen Berufsstandsorganisationen keine staatlichen Behörden, sondern öffentlich-rechtliche Institutionen waren, gelang es ihnen – wie auch den Industrie- und Handelskammern – relativ leicht, unbeschadet das Jahr 1945 zu überstehen. Lediglich jene Führungspersonen, die als zu sehr belastet

[105] *Holtwick*, Im Kampf (wie Anm. 5), S. 350.

[106] *Scheybani*, Handwerk (wie Anm. 17), S. 510.

[107] Ebd., S. 513. Zur Kontinuität der Handwerkskammern siehe für die britische Zone *Detlef Perner*, Die Reorganisation der Handwerkskammern in der britischen Zone nach 1945, in: *Dietmar Petzina/Walter Euchner* (Hg.), Wirtschaftspolitik im britischen Besatzungsgebiet 1945–1949, Düsseldorf 1984, S. 255–277, hier: S. 257.

[108] Diese Einschätzung vertritt neuerdings auch *McKitrick*, Modernization (wie Anm. 6), Manuskript, S. 13.

galten, mußten ausgetauscht werden. Die personelle Kontinuität war gleichwohl unübersehbar. Kein geringerer als Hans Meusch, der schon den Gesetzentwurf für ein Reichshandwerksgesetz im Nationalsozialismus ausgearbeitet hatte, brachte zusammen mit dem Handwerksexperten Karl Hartmann auch nach dem Krieg die neue Handwerksordnung auf den Weg.[109] Offensichtlich konnten die Handwerksvertreter der Öffentlichkeit, einschließlich der sozialdemokratischen, glaubhaft machen, daß sich der Große Befähigungsnachweis – ungeachtet seiner Einführung durch die NS-Diktatur und ungeachtet der vor allem von den amerikanischen Besatzungsbehörden favorisierten gewerbefreiheitlichen Grundsätze – bewährt hatte. In ihren offiziellen Verlautbarungen legten die Handwerksvertreter großen Wert darauf, nicht auf die NS-Zeit rückzuverweisen.[110] So wurde nicht mehr, wie einst, auf die „Magna Charta" von 1934 Bezug genommen, sondern nebulös allgemein auf die Geschichte des Handwerks verwiesen, die angeblich gezeigt habe, daß Pflichtmitgliedschaft unabdingbar sei.[111] Die Verflechtung mit der NS-Geschichte sollte demnach heruntergespielt und gleichwohl der Eindruck vermittelt werden, daß sich die NS-Handwerksgesetze weiterhin bewähren würden.[112] Dieser Spagat gelang, weil die Kammern offensichtlich in der Öffentlichkeit bereits in der NS-Zeit das Renommee erworben hatten, auf wirtschaftlichem Gebiet trotz der kontinuierlichen Befürwortung des Großen Befähigungsnachweises nicht sozialprotektionistisch, sondern leistungsorientiert eingestellt zu sein. Der Große Befähigungsnachweis, so wurde aus Handwerkskreisen vor und nach 1945 gleichermaßen postuliert, sei keine Schutzmaßnahme für das Handwerk, sondern fördere „den volkswirtschaftlich hohen Leistungsstand des Handwerks und den Leistungswettbewerb der Könner unter gleichen Voraussetzungen."[113] Wieder wurde also mit dem Hinweis auf Qualität und Leistungsfähigkeit des Handwerks, die es beide zu sichern gelte, die entscheidenden Weichen für eine Handwerkspolitik gestellt, in dessen Zentrum der Große Befähigungsnachweis stand.[114] Das Bundesverfassungsgericht bestätigte im Jahre 1961 schließlich, daß der Große Befähigungsnachweis im gesamtstaatlichen Interesse liege und verfassungskonform sei.[115] Schließlich sei

[109] Vgl. *Detlef Perner*, Mitbestimmung im Handwerk? Die politische und soziale Funktion der Handwerkskammern im Geflecht der Unternehmensorganisationen, Köln 1983, S. 442ff.

[110] Der Große Befähigungsnachweis konnte sich ja nur in der rassistischen NS-Diktatur bewährt haben, weil es ihn vor dieser Zeit gar nicht gab. Diesen Zusammenhang verschwiegen zu haben, gehört zu den für das kollektive Gedächtnis dieser Berufsgruppe charakteristischen Leerstellen.

[111] In: *Perner*, Die Reorganisation (wie Anm. 107), S. 264. Vgl. auch *Wilhelm Wernet*, Handwerk im Wettbewerb, Münster 1967. Allerdings war dies auch nicht ganz unrichtig, weil es schon seit 1908 die Möglichkeit der Innungen gab, Zwangsinnungen für eine Branche am Orte einzuführen, und zwar auf Grund eines Mehrheitsbeschlusses der potentiellen Mitglieder (System der fakultativen Zwangsinnungen).

[112] Vgl. *Wernet*, Handwerk (wie Anm. 111), S. 28. Wernet betont, daß der „heutige Handwerker" seine Haltung nicht aus der Vergangenheit bezöge.

[113] So *Karl Hartmann/Franz Philipp*, Handwerksrecht, Handwerksordnung: Gesetz zur Ordnung des Handwerks (Handwerksordnung) vom 17. September 1953; Kommentar, Darmstadt 1954, S. 99.

[114] Dazu siehe *Wernet*, Handwerk (wie Anm. 111).

[115] Die Handwerksordnung enthalte „wirtschaftlich und psychologisch bedeutsame Elemente sozialer

noch darauf hingewiesen, daß die Inszenierung der Handwerkstradition in der Bundesrepublik ebenfalls auf jener der NS-Zeit – in quasi entnazifizierter Form – aufgebaut werden konnte, wobei auch solche nunmehr unerwünschten Kontinuitätslinien zur NS-Zeit verdrängt wurden.[116]

Allein ländervergleichende Studien könnten zeigen, wo die sozialen Gewinne, aber auch die sozialen Verluste einer solchen handwerksfreundlichen Gesetzgebung gelegen haben und noch immer liegen.[117] Auf Grund der allgemeinen Vernachlässigung des Themas und der Mühen des Vergleichs sind allerdings bislang kaum Studien dieser Art erarbeitet worden. Eine der wenigen Ausnahmen ist Bernd Holtwicks amerikanisch-französisch-deutscher Vergleich.[118] Die deutsche Handwerkerbewegung hatte, so das Ergebnis des Aufsatzes, ungefähr fünfzig Jahre Vorsprung – vor ähnlichen Bestrebungen in den zwei anderen Ländern, in denen erst in der Zwischenkriegszeit den Handwerkern und Einzelhändlern mehr Aufmerksamkeit geschenkt wurde.[119]

Fest steht jedenfalls, daß die Handwerksorganisationen in Deutschland wesentlich dazu beigetragen haben, daß in der bundesrepublikanischen Gesellschaft noch immer das Prinzip der Beruflichkeit hochgehalten wird – mehr als beispielsweise in den USA. Damit ist gemeint, daß die Identität von Menschen – lange Zeit vorrangig von Männern – in starkem Maße berufsbezogen war und ist und sich auch die Fremdeinschätzung primär am Beruf orientiert. Mittlerweile sind die Berufswünsche vieler Menschen zwar längst vom Handwerk abgekoppelt, und zahlreichen Menschen gelingt es in unserer Gesellschaft nicht einmal mehr, einen Beruf „fürs Leben“ zu ergreifen, vielmehr müssen sie sich mit wechselnden Jobs zufrieden geben. Historisch gesehen war es aber gerade das Handwerk, das für sich und als Vorbild für andere Menschen in Handel und Produktion das Ethos der leistungsorientierten und identitätsstiftenden Beruflichkeit auch im 20. Jahrhundert hochgehalten hat, wodurch die Integration des Handwerks in die Industriegesellschaft erleichtert wurde.[120] Die NS-Zeit war eine der Phasen, in der das Handwerk das Prinzip seiner Beruflichkeit im rassistischen Kontext reaktualisierte. Trotz des rassistischen Erbes ist es dem Handwerk nach 1945 gelungen, sich als Berufsstand in die neue Gesellschafts-

Stabilität, deren Stärkung ein legitimes Ziel staatlicher Gesetzgebung ist.“ Zit. nach *Elkar/Mayer*, Handwerk (wie Anm. 3), S. 123.

116 Dazu siehe auch Frederick L. *McKitrick*, Flexible and Efficient: The Institutional Solution of German Artisans, in: European Yearbook of Business History (1998), S. 19–35.

117 Im Hinblick auf die *sozialen Kosten* ist auf die lange währende Benachteiligung von Frauen, die Deprivation der Ungelernten sowie die geringe soziale Mobilität der Handwerker zu verweisen. Diesen Hinweis verdanke ich Martin Baethge. Auch ist an die nur geringfügige Mitbestimmungsmöglichkeiten der Gewerkschaften in der Kammerorganisation zu denken. Vgl. auch *Elkar/Mayer*, Handwerk (wie Anm. 3), S. 123.

118 Bernd *Holtwick*, „Handwerk“, „artisanat“, „small business“. Zur Formierung des selbständigen Kleinbürgertums im internationalen Vergleich, in: Jahrbuch für Wirtschaftsgeschichte (1999) 1, S. 163–181.

119 In den USA zur Zeit des New Deal, in Frankreich seit der Mitte der zwanziger Jahre.

120 In diesem Zusammenhang ist noch auf die in Deutschland weitreichende Professionalisierung vieler anderer Berufe, die nichts mit dem Handwerk zu tun haben, hinzuweisen.

ordnung und in die liberalisierte Industriewirtschaft einzupassen. Der Schuster aus dem eingangs genannten Sprichwort konnte zwar allenfalls als Reparateur, nicht aber als Produzent überleben, gleichgültig, ob er bei seinem Leisten blieb oder nicht, wohl aber trug selbst er und seine „mithelfenden Familienangehörigen" zur überaus erfolgreichen Konstruktion des handwerklichen Berufsstandes als einer gesellschaftlich notwendigen und leistungsbereiten Erwerbsgruppe bei.

*Astrid Gehrig*

# Zwischen Betriebsinteresse und Lenkungswirtschaft: Drei mittelständische Unternehmer im „Dritten Reich"

Zwar hat die Unternehmensgeschichte in jüngster Zeit durch die Diskussion um die Entschädigungsforderungen ehemaliger Zwangsarbeiter einen Aufschwung erlebt, die Vielzahl der mittelständischen Unternehmen und ihrer leitenden Persönlichkeiten jedoch haben noch kaum das Interesse der Forschung auf sich gezogen.[1] Das Verhalten mittelständischer Unternehmer während des Nationalsozialismus konnte erst für wenige Branchen oder Firmen aufgearbeitet werden.[2] Über das Wirken dieser wirtschaftlichen Funktionselite im „Dritten Reich" in den Verbänden, im Betrieb und in der Politik wissen wir noch wesentlich weniger als über die regionalen politischen Eliten.[3] Denn in der Forschung wurde diese quantitativ nicht unbedeutende Gruppe der Unternehmer bislang im wesentlichen übersehen. Die Geschichtsschreibung konzentrierte sich zum einen auf die Großindustrie und zum anderen auf den „alten" Mittelstand von Handwerkern, Einzelhändlern und Bauern.[4] Diese Gruppen weisen jedoch extreme

[1] Die folgenden Ausführungen beruhen auf den Ergebnissen meiner Dissertation, die 1996 in München unter dem Titel „Nationalsozialistische Rüstungspolitik und unternehmerischer Entscheidungsspielraum. Vergleichende Fallstudien zur württembergischen Maschinenbauindustrie" erschienen ist. Für die kritische Durchsicht des Manuskriptes und für manch wertvollen Hinweis danke ich Cornelia Rauh-Kühne.

[2] Vgl. *Hartmut Berghoff/Cornelia Rauh-Kühne*, Fritz K. Ein deutsches Leben im zwanzigsten Jahrhundert, Stuttgart/München 2000; *Gehrig*, Rüstungspolitik; *Petra Bräutigam*, Mittelständische Unternehmer im Nationalsozialismus. Wirtschaftliche Entwicklung und soziales Verhalten in der Schuh- und Lederindustrie Badens uns Württembergs, München 1997; Studien zum südwestdeutschen Raum enthält der Band: *Cornelia Rauh-Kühne/Michael Ruck* (Hg.), Regionale Eliten zwischen Diktatur und Demokratie. Baden und Württemberg 1930-1952, München 1993, insbesondere S. 171–282.

[3] *Christine Arbogast*, Herrschaftsinstanzen der württembergischen NSDAP. Funktion, Sozialprofil und Lebenswege einer regionalen NS-Elite 1920-1960, München 1998; *Claudia Roth*, Parteikreis und Kreisleiter der NSDAP unter besonderer Berücksichtigung Bayerns, München 1997; *Barbara Fait*, Die Kreisleiter der NSDAP – nach 1945, in: *Martin Broszat/Klaus-Dietmar Henke/Hans Woller* (Hg.), Von Stalingrad zur Währungsreform. Zur Sozialgeschichte des Umbruchs in Deutschland, München [3]1990, S. 213-299.

[4] Einen guten Überblick über den Forschungsstand, der allerdings die Literatur zu mittelständischen Unternehmen vollkommen vernachlässigt, geben *Lothar Gall/Manfred Pohl* (Hg.), Unternehmen im Nationalsozialismus, München 1998; vgl. auch *Paul Erker*, Industrie-Eliten in der NS-Zeit. Anpassungsbereitschaft und Eigeninteresse von Unternehmern in der Rüstungs- und Kriegswirtschaft 1936–1945, Passau 1993; *Henry A. Turner*, Big Business und der Aufstieg Hitlers, Berlin 1985; *Heinrich August Winkler*, Mittelstandsbewegung oder Volkspartei? Zur sozialen Basis der NSDAP, in:

Unterschiede auf, und nur wenig Gemeinsames verbindet sie mit dem industriellen Mittelstand. Noch heute aber gehört diesem aber die Mehrheit der deutschen Unternehmerschaft an und im deutschen Südwesten war und ist er besonders stark vertreten.[5]

Die vorliegenden Ausführungen konzentrieren sich auf drei württembergische Vertreter der mittelständischen Wirtschaft, die während der gesamten Dauer der NS-Herrschaft an der Spitze ihrer Betriebe standen: Dr. Rolf Boehringer, Geschäftsführer und Mitinhaber der gleichnamigen Werkzeugmaschinenfabrik Gebr. Boehringer GmbH in Göppingen, Max Knorr, zunächst Betriebsdirektor, später Technischer Vorstand und Kleinaktionär der Fortuna-Werke AG in Stuttgart-Bad Cannstatt sowie Dr. Otto Fahr, ab 1931 Mitglied der Geschäftsführung und seit 1935 stiller Gesellschafter der Firma Werner & Pfleiderer in Stuttgart-Feuerbach.[6]

Die Biographie dieser drei Unternehmer und die Rekonstruktion ihrer Verhaltensweisen im Rahmen von Aufrüstung und Kriegswirtschaft stehen im Mittelpunkt dieses Beitrags. Wie reagierten sie in ihrem beruflichen Alltag auf Zumutungen und Angebote des Regimes? Welche Faktoren bestimmten ihr unternehmerisches Verhalten in der NS-Zeit? Wie veränderte es sich unter dem Einfluß nationalsozialistischer Funktionszuweisungen, wie im Wechselspiel von produktionspolitischen Handlungsspielräumen und rüstungspolitischen Zwängen?

Es geht aber auch um die Grenzen totalitärer Herrschaft und um die Formen von gesellschaftlicher Resistenz und Opposition im Betrieb und in den Organisationen der NS-Lenkungswirtschaft. Berührungspunkte mit dem NS-Regime und daraus sich entwickelnde Konsens- bzw. Konfliktbereiche gab es genug: Die Nationalsozialisten versuchten mit ihrer Wirtschafts- und Sozialpolitik, ihren Herrschaftsanspruch bis in die Betriebe hineinzutragen. Dies bedeutete für die Industriellen eine erhebliche Einschränkung ihrer unternehmerischen Freiheit.[7] Denn auch das 1934 verabschiedete Arbeitsordnungsgesetz (AOG), das

*Wolfgang Schieder* (Hg.), Faschismus als soziale Bewegung, Hamburg 1976; *ders.*, Der entbehrliche Stand. Zur Mittelstandspolitik im „Dritten Reich", in: Archiv für Sozialgeschichte 17 (1977), S. 1–40; *Adelheid von Saldern*, Mittelstand im „Dritten Reich". Handwerker – Einzelhändler – Bauern, Frankfurt a.M./New York 1979.

[5] *Klaus Megerle*, Württemberg im Industrialisierungsprozeß Deutschlands. Ein Beitrag zur regionalen Differenzierung der Industrialisierung, Stuttgart 1982.

[6] Keiner der drei Männer leitete den jeweiligen Betrieb allein – Boehringer stand sein etwa gleichaltriger Cousin zur Seite, der jedoch seit 1938/39 bis Kriegsende als Soldat an der Front war, Max Knorr leitete die Fortuna-Werke gemeinsam mit einem Vorstandskollegen, und Otto Fahr war einer von fünf, später drei Direktoren, allerdings seit 1940 deren Vorsitzender, seit 1934 waren sie jedoch zum „Betriebsführer" ernannt worden und damit während der NS-Zeit die maßgebende Person im Betrieb.

[7] Zu Wirtschaftspolitik und -system mit weiterer Literatur: *Ludolf Herbst*, Das nationalsozialistische Deutschland. 1933–1945, Frankfurt 1996; grundlegend zur Sozialpolitik mit der neueren Literatur: *Matthias Frese*, Betriebspolitik im „Dritten Reich". Deutsche Arbeitsfront, Unternehmer und Staatsbürokratie in der westdeutschen Großindustrie 1933–1939, Paderborn 1991; zu Konflikten von Unternehmern mit dem Regime vgl. *Fritz Blaich*, Die bayerische Industrie 1933–1939. Elemente von Gleichschaltung, Konformismus und Selbstbehauptung, in: *Martin Broszat/Elke Fröhlich* (Hg.), Bay-

zwar ebenso wie das Verbot der Gewerkschaften 1933 die Stellung der Unternehmer als „Betriebsführer" gegenüber den Arbeitnehmern gestärkt hatte, vermochte Betriebe und Betriebsleitungen auf Dauer doch nicht vor dem Zugriff des Regimes und der Einflußnahme auf interne Angelegenheiten zu schützen. Hier stellt sich die Frage nach der Affinität unternehmensinterner Betriebspolitik zur nationalsozialistischen Betriebsführer- und Betriebsgemeinschafts-Ideologie.

Darüber hinaus waren die unternehmerischen Handlungsspielräume durch die staatlichen Lenkungsversuche bei der Rohstoffversorgung, bei den Investitionen und der Arbeitskräfteverteilung erheblich eingeschränkt. Denn lange vor Kriegsbeginn waren die Unternehmen Teil eines Systems der gelenkten Marktwirtschaft mit starken planwirtschaftlichen Elementen geworden. Die Lenkungsfunktion des Marktes war durch Rationierungen, Kontingentierungen sowie das allmähliche Einfrieren von Preisen, Löhnen und Zinssätzen außer Kraft gesetzt. Entstanden war eine staatlich gelenkte und verwaltete Wirtschaft, welche im Bereich der Produktion, der Arbeitskräfte und der Investitionen tief in die unternehmensinternen Belange eingriff. Konflikte konnten hier nicht ausbleiben.

Im Krieg brachte die sich bald krisenhaft zuspitzende Entwicklung der Kriegswirtschaft vielfältige neue Herausforderungen für die Unternehmer. Zunehmend wurden sie mit immer neuen Eingriffen in das Betriebsleben konfrontiert, die mehr und mehr politisch motiviert waren. Am Beispiel der drei genannten Maschinenbaubetriebe soll das im folgenden gezeigt werden. Es gilt zu prüfen, welche Unternehmensziele die drei Unternehmer in der NS-Zeit verfolgten und ob sich diese Ziele veränderten. Das Kompetenz- und Koordinationschaos innerhalb der nationalsozialistischen Lenkungs- und Befehlswirtschaft[8] konfrontierte die Unternehmer mit einem ganz neuen Problem: nie wußten sie ganz genau, woran sie wirtschaftspolitisch waren. Die Kurzlebigkeit und offenkundige Willkür wirtschaftspolitischer Entscheidungen verbreitete große Unsicherheit.

Dies änderte sich – zumindest auf den ersten Blick – 1942, als Albert Speer das Rüstungsministerium übernahm; fortan durchzog ein nach wie vor komplexes Netz von zentralen und dezentralisierten, von gleichzeitig vertikalen und horizontalen Organisations- und Befehlsstrukturen die Industrielandschaft des Deutschen Reiches und brachte damit eine neue Qualität in die Beziehungen von Industrie und NS-Regime, aber auch in die Beziehungen der Unternehmen

ern in der NS-Zeit, Bd. II: Herrschaft und Gesellschaft im Konflikt, Teil A, München 1979, S. 237–280; *Wolfgang Burth/Stephan Link/Birgit Rettich u.a.*, Nationalsozialistische Wirtschaftslenkung und württembergische Wirtschaft, in: *Rauh-Kühne/Ruck*, Eliten, S. 195–219; *Cornelia Rauh-Kühne*, Mittelständische Unternehmer in Konflikt mit Partei und Staat, in: Formen des Widerstandes im Südwesten 1933–1945. Scheitern und Nachwirken, hg. von der Landeszentrale für politische Bildung Baden-Württemberg/Haus der Geschichte Baden-Württemberg, Ulm 1994, S. 105–113.

[8] Vgl. den Forschungsbericht von *Michael Schneider*, Nationalsozialistische Durchdringung von Staat, Wirtschaft und Gesellschaft. Zur Sozialgeschichte des „Dritten Reiches", in: Archiv für Sozialgeschichte 31 (1991), S. 526–535.

untereinander. Auf den zweiten Blick aber wird deutlich, daß die Polykratie im Lenkungsapparat der Kriegswirtschaft auch nach 1942 fortbestand.[9]

Durch ihre Ämter im NS-Wirtschaftslenkungsapparat bekleideten die drei Unternehmer regionale Schlüsselpositionen, die mit für das Funktionieren des Regimes sorgten. So hatten Max Knorr und Otto Fahr regionale Leitungsfunktionen inne: ersterer als Bezirksbeauftragter des Hauptausschusses Maschinen, letzterer als Rüstungsobmann. Alle drei hier betrachteten Unternehmer übernahmen zudem auch überregionale, fachspezifische Leitungsfunktionen: Rolf Boehringer war Leiter der Arbeitsausschüsse Drehbänke und Hobelmaschinen sowie des Arbeitsringes Flüssigkeitsdruckgetriebe; Max Knorr leitete den Arbeitsausschuß Schleifmaschinen, und Otto Fahr führte den Arbeitsausschuß Maschinen für die Nahrungs- und Genußmittelindustrie. Jenseits ihrer politischen Haltung zum Nationalsozialismus waren sie durch diese Mitwirkung in den Lenkungsorganen des Speerschen Rüstungsministeriums mitverantwortlich für die deutsche Rüstungs- und Kriegspolitik.

Die politische Bedeutung der Industrie und ihrer Vertreter erschließt sich, wie Hans-Erich Volkmann schon vor zwei Jahrzehnten verdeutlichte, nicht erst aus dem bereitwilligen Erfüllen der kriegsbedingten Erfordernisse, sondern aus dem „in der NS-Zeit praktizierten Prinzip sogenannter industrieller Selbstverwaltung und Selbstverantwortung", deren Organe eine „Zwitterstellung" als „Sprachrohr der Industrie" einerseits und „Transmissionsstelle staatlichen Willens" andererseits eingenommen haben. Der deutschen Großindustrie, so Volkmann weiter, sei in zunehmenden Maße wirtschaftspolitische Verantwortung zugefallen, da sich staatliche wie militärische Stellen „von der Eigeninitiative und Eigenverantwortung der Großindustrie eine effektivere Kriegswirtschaft versprachen als von administrativer Kontrolle". Auf der Grundlage der sehr weitgehenden Interessenidentität sei es dem NS-Regime möglich gewesen, „den Unternehmer in seinen unternehmerischen Funktionen zu erhalten" und doch „ganz in den Dienst des Staates zu stellen".[10]

In dieser neuen Rüstungsorganisation sei den Industriellen ein „erheblicher Handlungsspielraum" zugestanden worden, gleichwohl besteht über „das Maß der entfalteten wirtschaftspolitischen Initiativen in dem sogenannten Ausschußsystem in der Historiographie noch weitgehend Unklarheit".[11] Diese Lücke ist vorerst nur durch Einzelfallanalysen zu schließen, wie dies exemplarisch anhand des Arbeitsausschußleiters Rolf Boehringer versucht werden soll. Zu klären wird sein, welche Handlungsspielräume sich ihm als Funktionsträger in diesem politisch gesteuerten NS-Wirtschaftssystem boten, und in welchem Umfang, auf welche Weise, zu welchem Zweck und mit welchem Erfolg er diese nutzen konnte.

[9] Dazu *Erker*, Industrie-Eliten (wie Anm. 4), S. 16–18.

[10] *Hans-Erich Volkmann*, Zum Verhältnis von Großwirtschaft und NS-Regime im Zweiten Weltkrieg, in: *Waclaw Dlugoborski* (Hg.), Zweiter Weltkrieg und sozialer Wandel. Achsenmächte und besetzte Länder, S. 87–116, hier S. 88, 110 und 112.

[11] Ebd., S. 93.

Um die Fragen nach dem Verhalten dieser drei Unternehmer im „Dritten Reich" angemessen beantworten zu können, ist es notwendig, nicht nur die Entwicklung der Betriebe während der NS-Zeit zu betrachten, sondern sich auch ihre Geschichte von der Gründung bis zum Machtantritt der Nationalsozialisten zu vergegenwärtigen. Denn in der Regel entstanden Entscheidungen und Reaktionen der drei Unternehmer aus der entsprechenden ökonomischen Situation ihrer Betriebe heraus oder sind nur aus der historischen Entwicklung der Firmen zu verstehen. Unternehmenspolitisches Handeln wird in diesem Aufsatz als primär von betriebsbezogenen Interessen beeinflußt gesehen. Deshalb wird es im ersten Abschnitt um die Jahre vor der Machtübernahme der NSDAP gehen, bevor in den drei folgenden das unternehmenspolitische Agieren in der NS-Zeit im Mittelpunkt stehen wird.[12]

## I. Drei mittelständische Unternehmer: Biographie und Firmenkontext

Die drei Unternehmer stammten entweder aus Unternehmerfamilien wie Rolf Boehringer und Otto Fahr oder hatten – wie im Falle Knorrs – einen Vater, der als leitender Angestellter in derselben Firma tätig war.[13] Während der 1901 geborene Boehringer direkt die Leitung des Betriebes von seinem Vater übernahm, der dem Jahrgang 1894 entstammende Knorr jahrelang gemeinsam mit seinem Vater bei den Fortuna-Werken in leitender Position tätig war, hatte einzig der 1892 geborene Otto Fahr zur Firma Werner & Pfleiderer keine familiären oder verwandtschaftlichen Beziehungen. Seine fachliche Qualifikation dürfte wohl für den Wechsel zu Werner & Pfleiderer im Jahr 1921 ausschlaggebend gewesen sein. Alle drei verfügten als studierte Ingenieure über eine vergleich-

[12] Die Untersuchung stützt sich zum überwiegenden Teil auf ungedruckte Quellen wie Firmen- und Spruchkammerakten. Die Firmenarchive Boehringer, Fortuna und Werner & Pfleiderer sind im Wirtschaftsarchiv Baden-Württemberg in Hohenheim (WABW) zugänglich (B 10 = Bestand Boehringer, B 11 = Bestand Werner & Pfleiderer). Die Spruchkammerakten werden im Staatsarchiv Ludwigsburg (StAL) verwahrt.

[13] Soweit nicht anders angegeben, sind biographische und firmengeschichtliche Daten den folgenden Unterlagen entnommen: Otto Fahr: StAL, EL 902/20 Bü 37/17/7952 sowie WABW, B 11, Bü 306 und 307; Rolf Boehringer: StAL, EL 902/8 Bü 16/1/15066 sowie WABW, B 10, Bü 324 und 305; Max Knorr: StAL, EL 902/20 Bü 37/05/4073 sowie Fortuna 1903–1953. Beitrag zur Geschichte eines schwäbischen Fabrikunternehmens, zusammengestellt und bearbeitet von Dr. Max Löffler, Stuttgart 1953, S. 105ff.; Firma Werner & Pfleiderer: 75 Jahre WP (1879–1954). Zur Feier des 75jährigen Bestehens der Firma Werner & Pfleiderer (...), zusammengestellt von Otto Werner, Stuttgart 1954 sowie Gutachten zur Vorlage bei der Spruchkammer über die wirtschaftlichen Verhältnisse des Herrn Dr. Richard Werner, Stuttgart, erstellt von Wilhelm Rieger am 11.2.1948. StAL, EL 902/20 Bü 37/1512677. Im folgenden wird dieses Gutachten als Rieger-Gutachten I bezeichnet; Firma Boehringer: WABW, B 10, Bü 305 und 351; Firma Fortuna: Fortuna 1903–1953, WABW, Bestand Fortuna, Karton: Berichte TL, Leistungsbericht der Firma Fortuna 1940/41, Archiv des Fortuna-Betriebsrates.

bare Bildungsqualifikation. Boehringer und Fahr besaßen Abitur, hatten studiert und waren promoviert; Knorr hatte zwar nicht die Hochschulreife erworben, konnte nach einer abgeschlossenen Lehre aber ebenfalls studieren. Zwei Unternehmer gehörten der im Jahrzehnt vor der Jahrhundertwende Geborenen an, die in den Ersten Weltkrieg ziehen mußten. Dem Jüngsten, Boehringer, war dies erspart geblieben, doch hatte auch er als Jugendlicher die Auswirkungen des Krieges erlebt.

Alle drei Unternehmer stiegen in den Jahren der Weltwirtschaftskrise in die oberste Führungsetage ihrer Unternehmen auf. 1930, als Rolf Boehringer seinen Vater als Geschäftsführer ablöste und gemeinsam mit seinem etwa gleichaltrigen Cousin die Unternehmensleitung übernahm, war er gerade 29 Jahre alt. In der vierten Generation stand er damit einem Unternehmen vor, das sich von einem Handwerksbetrieb zu einer bedeutenden, weltweit operierenden Firma entwickelt hatte. Auch nachdem die Firma 1922 in eine Gesellschaft mit beschränkter Haftung (GmbH) umgewandelt worden war, blieb der Besitz und die Leitung in Familienhand. Das Produktionsprogramm der Werkzeugmaschinen und Eisengießerei Gebr. Boehringer, die 1844 als mechanische Reparaturwerkstatt für Spinnerei- und Webereimaschinen in Göppingen gegründet worden war und sich 1927 mit drei anderen Drehbankfabriken zu den Vereinigten Drehbankfabriken (VDF) zusammengeschlossen hatten, umfaßte seit den 1860er Jahren ausschließlich Werkzeugmaschinen (Drehbänke, Hobelmaschinen, Revolverdrehbänke und Automaten). Wie die gesamte Maschinenindustrie war auch die Firma Boehringer stark exportorientiert, um 1900 belief sich der Exportanteil auf über 50 Prozent der Gesamtproduktion.

Das Jahr 1926, als es zu einer auf Deutschland beschränkten tiefgreifenden Krise als Folge der Währungsstabiliserung von 1923 kam, markiert in der Firmengeschichte einen Wendepunkt. Sinkende Produktionszahlen und ein dramatischer Arbeitsstellenabbau gingen einher mit der Aufnahme von Verhandlungen mit drei von der Krise ebenso betroffenen Konkurrenten, die 1927 zur Gründung der Interessengemeinschaft der Vereinigten Drehbankfabriken (VDF) führten. Im Jahrfünft vor der Weltwirtschaftskrise nahm die Konzentration in der deutschen Industrie generell zu, war im Maschinenbau allerdings bei weitem nicht so ausgeprägt wie etwa in der Chemie- oder Stahlindustrie. Die Konzentration bzw. die überbetriebliche Kooperation boten den organisatorischen Rahmen für umfangreiche Rationalisierungsmaßnahmen, wodurch die deutsche Industrie versuchte, erlittene Positionsverluste aus der Kriegs- und Nachkriegszeit auszugleichen.[14] Im Falle der VDF kam es zu einem umfassenden Kartell: man setzte Preise fest, grenzte die Märkte regional ab, und anstelle ihrer unterschiedlichen Drehbänke bauten die vier VDF-Firmen nach dem Baukastenprinzip eine sogenannte „VDF-Einheitsdrehbank", wobei sie Produktion, Werbung und Verkauf unter sich aufteilten. Die Spezialisierung der VDF-Mitglieder

[14] Dazu mit Einzelbeispielen *Ludolf Herbst*, Der Krieg und die Unternehmensstrategie deutscher Industrie-Konzerne in der Zwischenkriegszeit, in: *Martin Broszat/Klaus Schwabe* (Hg.), Die deutschen Eliten und der Weg in den Zweiten Weltkrieg, München 1989, S. 72–134, S. 72ff.

wurde so durch Formen überbetrieblicher Zusammenarbeit abgesichert. Entsprechend ihrer geographischen Lage betreute die Firma Boehringer für die VDF ganz Süddeutschland. Der Anstieg der Belegschaft auf über 900 Mitarbeiter und Jahresumsätze von über fünf Mio. RM 1928 und 1929 belegen den unmittelbaren Erfolg dieses Schrittes. Die Krisenjahre 1930 bis 1933 unterbrachen diesen Aufwärtstrend nachhaltig: 1932 halbierte sich der Umsatz im Vergleich zum Vorjahr und schrumpfte auf knapp über zwei Mio. RM, 1933 fiel er sogar unter die Zwei-Millionen-Marke. Ein steigender Außenhandelsanteil – 1928 erzielte die Firma 78 Prozent ihres Umsatzes durch Export, 1931/32 beinahe 90 Prozent – am insgesamt schrumpfenden Absatz schwächte die Wirkungen der Weltwirtschaftskrise zwar ab, konnte die Produktionseinbußen im Inland aber nicht wettmachen. Gleichwohl verschaffte der Export der Firma Boehringer eine gewisse Krisenfestigkeit oder sicherte ihr zumindest das Überleben. Die Belegschaft schrumpfte dabei von über 1.100 Mitarbeitern 1930 auf durchschnittlich 468 im Jahr 1933.

Ein ähnliches Bild ergibt sich bei Werner & Pfleiderer. Dieser Betrieb war 1879 in Bad Cannstatt zur Herstellung von Knetmaschinen gegründet worden und von Anfang an mit einem Verkaufsbüro in London ausgestattet. In der Folgezeit beschritt die Unternehmensleitung konsequent den Weg einer horizontalen Erweiterung des Produktionsprogramms durch Maschinen und Anlagen, die an die bisherigen Produkte anschlossen. Ausgehend von ihrer umsatzstarken Universal-Knetmaschine, die sich aufgrund der Vielfalt ihrer Anwendungsmöglichkeiten mit jeweils konstruktiven Abwandlungen in verschiedenen Zweigen der Lebensmittelindustrie (Bäckereien, Teigwaren- und Keksindustrie) und in der chemischen Industrie einsetzen ließ, kamen andere Maschinen hinzu: Teigwaren-Pressen, Teigwaren-Pressen mit Druckluftakkumulatoren, Trockenöfen, hydraulische Pressen und Pumpen. Begünstigt durch die allgemeine Hochkonjunkturphase um die Jahrhundertwende hatte sich die Zahl der Beschäftigten zwischen dem Jahr 1890, in dem 50 Arbeitskräfte angestellt waren, und 1905 mit einer Belegschaftsstärke von 200 Personen mehr als versechsfacht.

Schwer wog hingegen der kriegsbedingte Verlust sowohl der 1896 gegründeten Zweigfabrik in den Vereinigten Staaten als auch der Beteiligung an der aus dem einstigen Londoner Verkaufsbüro hervorgegangene Firma Werner, Pfleiderer & Perkins (seit 1919 firmierte dieses Unternehmen unter Joseph Baker Sons and Perkins Ltd.[15]). Bis auf sein 1890 gegründetes Zweigwerk in Wien verlor Werner & Pfleiderer nach dem Ersten Weltkrieg sämtliche ausländische Zweigbetriebe und Verkaufsorganisationen und damit die Kunden in England, Frankreich und in den USA. Durch eine Kartellabsprache 1921 zwischen Werner & Pfleiderer einerseits und den seit 1919 kooperierenden ausländischen Partnerfirmen Baker Perkins Ltd. und A. Savy Jeanjean & Cie. wurden die Absatzbedingungen für die Produkte der drei aus derselben Branche stammenden Unternehmen vornehmlich durch eine regionale Marktaufteilung reguliert. Die

[15] Im folgenden Baker Perkins Ltd. genannt.

Rückkehr des deutschen Unternehmens auf die Auslandsmärkte, die durch die Liquidierung seiner ausländischen Werke und seiner Verkaufsorganisationen außerordentlich erschwert worden war, konnte durch diese Absprache wesentlich beschleunigt werden. Otto Fahrs Wechsel zu Werner & Pfleiderer 1921 hatte unmittelbar mit dieser marktregelnden Absprache und den sich daraus ergebenden neuen Aufgaben zu tun. 1925/26, infolge der allgemeinen ökonomischen Stabilitätskrise und aufgrund von erheblichen Liquiditätsschwierigkeiten, erfolgte der rettende finanzielle Einstieg der englischen Firma Baker Perkins Ltd. bei Werner & Pfleiderer; das deutsche Unternehmen wurde in eine Kommanditgesellschaft umgewandelt. Damit war, zwei Jahre vor Beginn der Weltwirtschaftskrise, das Unternehmen auf eine solide finanzielle Basis gestellt und expandierte: zwei branchennahe Firmen wurden aufgekauft, das Geschäftsjahr 1929 verzeichnete einen Rekordumsatz von über 16,8 Mio. RM. Ab 1930 sanken die Umsätze krisenbedingt von Jahr zu Jahr, bis der tiefste Stand 1933 mit nur noch 4,8 Mio. RM erreicht war. Die Mitarbeiterzahl ging von über 1500 (1929) auf 615 (1933) zurück. Auf die ökonomische Krise reagierte die Unternehmensleitung mit verschiedenen Mitteln. Man setzte zum einen auf das bewährte Mittel der Innovation und brachte neue Maschinen auf den Markt; zum anderen wurde versucht, die Betriebskosten zu senken, indem die beiden Betriebsstandorte Bad Cannstatt und Feuerbach endgültig in Feuerbach zusammengelegt (1931), Mitarbeiter entlassen und Gehälter gekürzt wurden. In weitaus geringerem Maße als dem Göppinger Unternehmen Boehringer gelang es bei Werner & Pfleiderer, durch verstärkten Export die Produktionseinbußen im Inland auszugleichen. Doch auch bei diesem Unternehmen machte der katastrophale Einbruch Anfang der 30er Jahre darüber hinaus ein entsprechendes personelles Krisenmanagement notwendig. 1931 wurde die Unternehmensführung neu organisiert, indem ein geschäftsführendes Direktorium eingesetzt wurde, dem die persönlich haftenden Gesellschafter, die Gebrüder Werner, nicht mehr, dafür aber als neues Mitglied Otto Fahr angehörten. Die Leitung des Unternehmens lag nun ausschließlich in den Händen von ausgewiesenen Fachleuten, in der Mehrzahl Ingenieure. Fahrs Aufstieg in die Etage der Geschäftsführung vollzog sich also im Schatten der Weltwirtschaftskrise und der daraus resultierenden Betriebskrise bei Werner & Pfleiderer.

Die in Stuttgart-Bad Cannstatt ansässige Firma Fortuna ist das jüngste der drei Unternehmen. 1898 gegründet, umfaßte ihr Fertigungsprogramm zunächst Kaltsägen, Lederschärf- und Ettiketiermaschinen, bevor 1906 infolge zweier Erfindungen des Firmengründers Albert Hirth die Produktion von Schleifspindeln und des Hirth-Minimeters hinzukamen. Damit hatte das Unternehmen seine entscheidende Neuausrichtung erfahren: die Schleif- und Feinmeßtechnik. In der Folge wurden Schleifmaschinen zu seinem eigentlichen Fertigungsschwerpunkt: die erste Universal-Rundschleifmaschine wurde 1916, mitten im Krieg, auf den Markt gebracht, die erste in Europa gebaute hydraulische Außenrundschleifmaschine verließ 1925 die Fabrikhalle. 1929 lag der Schleifmaschinenumsatz bei über 1,3 Mio. RM und machte damit fast ein Drittel des Gesamtumsatzes (3,4 Mio. RM) aus. Max Knorr, 1927 als Betriebsleiter mit Prokura zu den Fortuna-Werken gekommen, war in der Folgezeit verantwortlich für die konsequente Ausrichtung des Unternehmens auf die Fertigung des neuen Hauptproduktes, die Schleifmaschinen. Stärker als die beiden anderen Unternehmen wurden die Fortuna-Werke während des Ersten Weltkrieges mit branchenfremder Rüstungsproduktion belegt, konnten aber trotzdem mit der 1916 begonnen Produktion von Schleifmaschinen den Grundstein für ihren späteren Produktionsschwerpunkt legen und somit die Umstellung auf die Friedensproduktion leichter bewerkstelligen. Auch für dieses Unternehmen bedeutete der verlorene Krieg den Verlust ihres 1907 im englischen Leicester gegründeten Auslandsbetriebes, sämtlicher in England erworbener Patentrechte sowie die Aufkündigung der vertraglichen Zusammenarbeit mit einem in New York ansässigen Unternehmen. Der Zugriff auf den englischen und US-amerikanischen Markt war damit verloren gegangen. Wie reagierte die Leitung dieses Unternehmens auf die Weltwirtschaftskrise? Zum einen präsentierte sie neue Produkte, rüstete auch die mittleren und kleinen Rundschleifmaschinen mit dem hydraulischen System aus. Dennoch konnte nicht verhindert werden, daß 1932 der Gesamtumsatz mit nur noch knapp über 1,6 Mio. RM auf einen Tiefpunkt sank. Die Exportquote, die 1932 mit 75 Prozent ihren Höchststand erreichte, konnte den katastrophalen Einbruch etwas abfedern. Der Rückgang der Beschäftigtenzahl zeigt, wie tief der Einbruch gewesen war: Arbeiteten 1929 noch 486 Menschen bei den Fortuna-Werken, so waren es 1932 nur noch 298. Zum anderen betrieb sie – wie bereits die beiden anderen Maschinenbau-Unternehmen – Krisenmanagement auch in personeller Hinsicht, indem Betriebsdirektor Max Knorr 1931 als drittes Mitglied in den Vorstand der Fortuna-Werke AG berufen wurde. Bis 1938 mußte er sich die Verantwortung für den technischen Bereich mit einem Vorstandsmitglied teilen. Nach dessen Ausscheiden war Max Knorr der einzige technische Vorstand. Während für die Firmen Boehringer und Werner & Pfleiderer das Jahr 1933 noch keine wesentliche Besserung der Geschäftslage brachte, stiegen bei den Fortuna-Werken Umsatz und Beschäftigtenzahl wieder leicht an.

1929, dem letzten „normalen“ Geschäftsjahr vor den Krisenjahren, präsentierten sich die drei Unternehmen also mit vollen Auftragsbüchern und auf Expansionskurs: Werner & Pfleiderer erwirtschaftete mit einer Belegschaft von mehr als 1500 Personen einen Jahresumsatz von über 16,8 Mio. RM; die Firma Boehringer setzte mit über 900 Mitarbeitern 5,1 Mio. RM um, und Fortuna mit knapp 500 Mitarbeitern 3,4 Mio. RM. Die Krisenjahre infolge der Weltwirtschaftskrise bedeuteten für alle drei Betriebe katastrophale Einbrüche. Die Firmengründungen waren jeweils im 19. Jahrhundert erfolgt, die Firmen Boehringer und Werner & Pfleiderer zählen mit zu den ältesten Industriebetrieben Württembergs. Ihr Produktionsprofil und ihre festen Abnehmerkreise hatten diese Traditionsunternehmen lange vor dem Machtantritt der Nationalsozialisten ausgebildet bzw. akquiriert.

Für die drei Unternehmer gilt: Als sie 1930 (Boehringer) oder 1931 (Knorr und Fahr) in die oberste Führungsetage ihrer Unternehmen aufstiegen, waren sie zwischen 29 (Boehringer) und 39 (Fahr) Jahre alt. Sie gehörten also zur mittleren Generation der Dreißig- bis Vierzigjährigen, die prädisponiert waren, Führungspositionen in der Industrie zu bekleiden. Zudem übernahmen sie die betriebswirtschaftliche Verantwortung zu einer denkbar ungünstigen Zeit. In die ersten Jahre ihrer Tätigkeit fallen die mit Abstand kritischsten Geschäftsjahre ihrer Betriebe. Es war ihre Aufgabe, die Unternehmen durch diese schwierige Zeit zu bringen und wieder auf Erfolgskurs zu führen. Das bedeutete zwangsläufig, sich auf die Wirtschaftspolitik des NS-Staates einstellen zu müssen.

## II. Unternehmenspolitisches Agieren in der NS-Kriegs- und Rüstungswirtschaft

Bei vielen Unternehmen eröffnete bzw. verstärkte die NS-Rüstungs- und Kriegspolitik in ungeahntem Ausmaß die Möglichkeit, die Produktion zu steigern, neue Technologien zu entwickeln und Gewinne zu realisieren. Hatte der deutsche Maschinenbau nach dem Ersten Weltkrieg noch unter Überkapazitäten gelitten und hohe Exportquoten erzielt, setzte nach 1933 eine konstant hohe Binnennachfrage ein, bedingt u.a. durch die Aufrüstung. Der Zugang zu den Auslandsmärkten wurde allerdings zunehmend politisch reglementiert.

Der Aufschwung, welcher ab 1933 in der Maschinenbauindustrie einsetzte und das Ergebnis einer staatlichen Rüstungspolitik war, prägte die Entwicklungen in den drei Unternehmen. Exemplarisch soll dies anhand der Firma Boehringer verdeutlicht werden. Ab dem Jahr 1934 kletterten die Umsatzzahlen des Betriebes kontinuierlich nach oben (1933: 1,8 Mio.; 1934: über 4 Mio.; 1935: über 7 Mio.), der Höchststand wurde 1944 mit einem Umsatz von über 26 Mio. RM erreicht. Parallel verlief die Entwicklung der Unternehmensgewinne: Hier erreichte die Abwärtsentwicklung 1932 ihren Tiefstand (das Geschäftsjahr schloß mit Verlust ab). Doch schon 1933 gelang es, einen kleinen Gewinn von 33.000 RM zu erwirtschaften, und ab 1934 ging es steil bergauf. 1936 wurde mit 1,6 Mio. RM erstmals die Millionengrenze überschritten, 1941 mit knapp 3,8 Mio. RM der höchste Stand erreicht.[16]

Im für die Firma während der Krisenjahre lebensnotwendig gewordenen Exportgeschäft setzte dagegen ein starker Rückgang ein, der lediglich in den Jahren 1935 bis 1939 etwas verlangsamt werden konnte. 1933 sank der Exportanteil an der Gesamtproduktion von über 90 Prozent im Vorjahr auf 61 Prozent, um im folgenden Jahr auf fünf Prozent zu fallen. 1939 war immerhin wieder ein

[16] Alle Zahlen nach: Wirtschaftsgutachten, erstellt von Wilhelm Rieger, 20.3.1948. StAL, EL 902/8 Bü 16/1/13881. Im folgenden als Rieger-Gutachten II bezeichnet.

Anteil von 24 Prozent erreicht. Ab 1939 verstärkte sich für das Unternehmen die Bedeutung des Binnenabsatzes wieder und erreichte 1942 bis 1944 Werte von über 90 Prozent des Gesamtversandes.[17]

Diese Entwicklung war keine Ausnahme, denn trotz einer jährlichen Steigerung des Auftragseingangs aus dem Ausland um das Fünf- bis Sechsfache zwischen 1933 und 1938 sank der Anteil des Exportgeschäftes am Gesamtauftragseingang im Werkzeugmaschinenbau sukzessive von rund 43 Prozent 1933 auf rund 16 Prozent 1938, weil die Binnennachfrage im selben Zeitraum um das Zwanzigfache zunahm.[18] Obwohl die Firma Boehringer an der staatlichen Rüstungskonjunktur kräftig teilhatte, war die traditionell stark exportorientierte Unternehmensleitung nicht bereit, auf ihr Auslandsgeschäft zu verzichten.[19] Unverblümt artikulierte Rolf Boehringer 1936 das Interesse seines Betriebes gegen die – anders ausgerichtete – NS-Wirtschaftspolitik. Er betrachtete die Rüstungskonjunktur lediglich als einen zeitlich begrenzten Aufschwung, auf den allein kein Unternehmer setzen konnte: „Wir wissen auch ganz genau, daß die augenblickliche Hochkonjunktur im Inland nicht ewig weitergehen wird und daß sie durch einen gesunden Export allmählich abgelöst werden muß."[20]

In den Jahren 1935 bis 1938 hatte sich bei Boehringer der Inlandsanteil am Gesamtmaschinenversand sukzessive von 84 auf den immer noch sehr hohen Wert von 68,9 Prozent verringert. Der Export hatte im Gegenzug wieder mehr an Bedeutung gewonnen, wobei sich Italien in diesem Zeitraum zum wichtigsten europäischen Auslandsmarkt entwickelte.[21] Gerade in dieser Phase drohte 1936 der Verlust des für Boehringer und die Firmen des VDF wichtigen italienischen Exportmarktes durch staatliche Bestrebungen Italiens, eine eigene Werkzeugmaschinenindustrie aufzubauen. Dem wollte Boehringer durch Lizenzvergabe an eine italienische Firma zuvorkommen. Drei Jahre lang, bis 1939, protestierte er gegen das von der Wirtschaftsgruppe Maschinenbau ausgesprochene Verbot, die Lizenzfertigung von Boehringer-Drehbänken einem italienischen Unternehmen zu übertragen. Dieses Verbot war damit begründet worden, daß Italien politisch unzuverlässig und das Projekt volkswirtschaftlich unzweckmäßig sei. Bei der Firma Boehringer hingegen verwies man auf die „durch viele und langjährige Bemühungen im Export nach Italien" erzielten Erfolge und war nicht bereit, die „Vorteile, die wir durch über fünfzigjährige Bearbeitung der italienischen Kundschaft erworben haben", aufzugeben.[22] Erst als Rolf Boehringer 1939 erfuhr, daß generell die in Italien in Lizenz gebauten Maschinen nicht mehr nur für den italienischen Markt bestimmt waren, sondern auch exportiert werden sollten, sah er in den zuvor so vehement geforderten ita-

[17] WABW, B 10, Bü 329.

[18] *Fritz Kappel*, Die Exportbedeutung der Werkzeugmaschine, in: Der Vierjahresplan, 3. (1939), 20. Folge, S. 192.

[19] Zum folgenden: WABW, B 10, Bü 72.

[20] Rolf Boehringer an die Wirtschaftsgruppe Maschinenbau, 14.8.1936. WABW, B 10, Bü 72.

[21] WABW, B 10, Bü 329.

[22] Kommerzienrat Boehringer (Rolf Boehringers Vater) an Wirtschaftsgruppe Maschinenbau, 22.7.1936. Ebd.

lienischen Lizenzfertigungen nunmehr eine potentielle – und unliebsame – Konkurrenz zu den in Göppingen gebauten „Original"-Maschinen. Aus rein ökonomischen Gründen war er nun bereit, auf eine Lizenzvergabe nach Italien zu verzichten. Ausschlaggebend für Rolf Boehringers Haltung war sowohl 1936 als auch 1939 allein das Firmeninteresse.

Ähnliches läßt sich bei den Fortuna-Werken beobachten. Die Geschäftsleitung war trotz Auseinandersetzungen mit Kunden aus dem Inland, welche von Fortuna unter dem drohenden Hinweis auf Rüstungsinteressen die Bevorzugung ihrer Aufträge verlangten, nicht bereit, sich aus dem Exportgeschäft zurückzuziehen.[23] Zwar konnte sich die Unternehmensführung Mitte der dreißiger Jahre auf die offizielle Wirtschaftspolitik des NS-Regimes berufen, das angesichts negativer Handelsbilanzen und einer bedrohlichen Devisenkrise die Unternehmen verstärkt zum Export aufrief, sie verfolgte aber zugleich eigene Interessen. Als Firma, die „ von allen deutschen Schleifmaschinenfabriken weitaus den größten Export" hatte und „auf den Weltmärkten als (...) Hersteller der besten deutschen Schleifmaschinen anerkannt" war, hätte ein Rückzug aus dem Auslandsgeschäft den Verlust bedeutender Marktanteile bedeutet.[24]

Dazu war man bei Fortuna trotz glänzender Absatzmöglichkeiten im risikoärmeren Inlandsgeschäft offensichtlich nicht bereit. Vielmehr gelang es 1936 und 1937, den Exportumsatz absolut zu steigern: 1936 erzielte das Unternehmen bei einem Gesamtumsatz von über 6,1 Mio. RM 1,8 Mio. durch Export, 1937 war das Ausfuhrgeschäft mit 2,4 Mio. am Gesamtumsatz von 6,7 Mio. RM beteiligt. Hierbei profitierte die Firma zweifellos von der sich seit Ende 1936 vergrößernden Weltnachfrage nach Investitionsgütern, so daß sich nach Jahren beinahe stagnierender Auslandsnachfrage die Exportmöglichkeiten für Deutschland als einem der bedeutendsten Lieferanten von Maschinen und Anlagen stark verbesserten.[25] Um so größer war die Empörung bei den leitenden Fortuna-Herren über die immer wieder gemachte Erfahrung, daß exportwillige Firmen wie die ihre bei Inlandsaufträgen gegenüber Konkurrenten, die ganz auf die Binnennachfrage setzten und wenig oder gar nichts exportierten, vornehmlich wegen der längeren Lieferzeiten den kürzeren zogen. Diese als ungerechtfertigt empfundene Praxis bei der Vergabe von privaten Inlandsaufträgen brachte die exportwillige Fortuna-Unternehmensleitung gegen die NS-Wirtschaftspolitik auf. Man versuchte, mit Beschwerdebriefen und persönlichen Unterredungen im Reichswirtschaftsministerium auf die Situation aufmerksam zu machen und für Abhilfe zu sorgen.

Die widersprüchliche nationalsozialistische Lenkungswirtschaft führte in der Praxis zu einem Dilemma: Wie sollte bei steigender Binnennachfrage und langen Lieferfristen das Exportgeschäft nicht nur auf dem bestehenden Niveau gehalten, sondern möglichst noch ausgebaut werden, ohne dadurch wichtige In-

[23] Zum folgenden: WABW, Bestand Fortuna, Karton: Berichte TL.
[24] Bericht vom 1.10. 1936. WABW, Bestand Fortuna, Karton: Berichte TL.
[25] Vgl. *Dietmar Petzina*, Autarkiepolitik im Dritten Reich. Der nationalsozialistische Vierjahresplan, Stuttgart 1968, S. 110.

landskunden zu verlieren? Daß bei Privataufträgen immer noch der Grundsatz gelten sollte, daß derjenige den Auftrag bekam, welcher zu den besten, schnellsten und billigsten Konditionen liefern konnte, und zwar unabhängig davon, wie stark man sich um die NS-Volkswirtschaft verdient machte, wollten die Fortuna-Herren so nicht akzeptieren. So habe die Firma Krupp-Gruson aus Magdeburg „wegen einer durch die Hereinnahme von Exportaufträgen unvermeidbaren Lieferverzögerung von 6 Wochen" die Geschäftsbeziehung zu den Fortuna-Werken abgebrochen, die Daimler-Benz AG wolle aus denselben Gründen von Bestellungen bei Fortuna ebenfalls absehen, die Mannheimer Hommel-Werke hätten Fortuna „Landesverrat" vorgeworfen, weil diese angeblich Aufträge aus Italien vorgezogen hätte, und die Mitteldeutschen Motorenwerke (Auto-Union) hätten gar die „vernünftige Einstellung eines anderen Lieferanten" gelobt, der erklärt habe, „er habe Verständnis dafür, daß die Aufträge der Mitteldeutschen Motorenwerke wichtiger seien als Exportaufträge".[26]

Das Ansinnen der Fortuna-Herren lief also auf weniger Konkurrenz, auf weniger Markt hinaus. Man reklamierte für sich eine Art Staatsschutz, weil man sich in den Dienst der nationalsozialistischen Volkswirtschaft stellte. Es half der Fortuna-Unternehmensleitung wenig, sich in Streitfällen darauf zurückzuziehen, im Einklang mit der bestehenden Politik zu handeln, denn die Gegenseite reklamierte dies ebenso für sich. Den Widerspruch zwischen der Privilegierung rüstungswichtiger Industrien und den wirtschaftspolitischen Zielen von Reichswirtschaftsminister Schacht[27] hatten die betroffenen Unternehmen auszuhalten.

Allen wirtschaftspolitischen Unwägbarkeiten zum Trotz scheint die unausgesprochene Unternehmensstrategie der beiden Werkzeugmaschinenhersteller Fortuna und Boehringer gelautet zu haben: Sich an der staatlich forcierten Rüstungskonjunktur beteiligen, aber dennoch für eine Rückkehr in den Welthandel gerüstet zu sein. Zu letzterem gehörte das Exportgeschäft. Insbesondere Rolf Boehringer war sich der Unbeständigkeit der Rüstungskonjunktur und des hohen Risikos einer einseitigen Bedienung der Inlandskunden bewußt. Denn er wisse „ganz genau, wie notwendig die ausländischen Absatzmärkte für die Aufrechterhaltung unserer Produktion sind".[28] Aus dieser Haltung resultierte die Strategie, Stammproduktion und Rüstungsgeschäft möglichst miteinander in Einklang zu bringen und auch während des Krieges über die traditionellen Erzeugnisse als Grundlage der Fertigung zu verfügen.

[26] Bericht vom 1.10.1936. WABW, Bestand Fortuna, Karton: Berichte TL.

[27] Vgl. *Petzina* (wie Anm. 28), Autarkiepolitik, S. 109f.

[28] Rolf Boehringer an Wirtschaftsgruppe Maschinenbau, 14.8.1936. WABW, B 10, Bü 72. Zum Problem einer zu einseitigen Ausrichtung auf die Rüstung selbst bei Großunternehmen wie Daimler-Benz: *Neil Gregor*, Stern und Hakenkreuz. Daimler-Benz im Dritten Reich. Aus dem Englischen von Waltraud Götting und Karl Heinz Siber, Berlin 1997, S. 93f.

## *1. Produktionsprofil der drei Unternehmen*

Wie erfolgreich die traditionellen Unternehmensziele unter den Bedingungen des Nationalsozialismus angesteuert werden konnten, hing nicht in erster Linie von der politischen Einstellung der Firmenleitung, sondern vom Produktionsprofil des jeweiligen Unternehmens ab. Die beiden Werkzeugmaschinenhersteller Boehringer und Fortuna waren hier erfolgreicher als die Firma Werner & Pfleiderer, die in den letzten Kriegsjahren auch unternehmensfremde Produkte, nämlich reines Kriegsgerät, herstellte. Doch selbst Werner & Pfleiderer blieb überwiegend im vertrauten Produktionsbereich. Auch deshalb zog die Umstellung von der Friedens- auf die Kriegswirtschaft für keines der Unternehmen eine vollständige produkttechnische Programmänderung mit sich.

Das Produktionsprogramm der Firma Boehringer, das seit 1926 auf den Bau von Drehbänken, Revolverdrehbänken, schweren Automaten und Hobelmaschinen beschränkt war, veränderte sich im Laufe der zwölfjährigen NS-Herrschaft nur geringfügig. Bis in die ersten Kriegsjahre hinein profitierte das Unternehmen von der Verwendungsbreite seines Universalwerkzeugmaschinenangebotes, das nicht nur von der gesamten Maschinenbauindustrie nachgefragt, sondern auch in der Automobil- und Elektroindustrie, in Lokomotiv-Reparaturwerkstätten, in Bergbau- und Stahlwerken sowie bei Werften Verwendung fand.[29]

Dies änderte sich 1942: Von der unter Albert Speer durchgeführten Typenbereinigung im Maschinenbau war auch die Firma Boehringer betroffen, die ab 1943 auf die Herstellung von zwei VDF-Drehbankmodellen einstellen mußte und in Zukunft nur noch ein Modell fertigen sollte. Jedoch verzichtete das Unternehmen nicht auf die Maschinentypen als solche, sondern lediglich auf deren Fertigung in den eigenen Werkstätten. Ab 1943 übernahmen zwei sächsische Werkzeugmaschinenhersteller die Produktion der beiden VDF-Drehbänke. Für den Vertrieb war ausschließlich die Boehringer-Tochter Bekoma zuständig.[30] Damit konnten die Folgen der Typenreduktion für die Firma Boehringer und die drei anderen VDF-Firmen erheblich abgemildert werden. Die direkte Produktionslenkung traf auch hier vor allem die große Zahl der kleinen Firmen.

In die Rüstungsproduktion einbezogen zu sein, erforderte zwar kleinere Umstellungen in der Produktpalette, aber der Nutzen überwog, wie ein Schreiben der Firma vom Dezember 1944 dokumentiert. Dennoch: Der Wandel von der Friedens- zur Kriegswirtschaft bedeutete für das Unternehmen praktisch keine fertigungs- und produkttechnische Programmänderung. Die traditionellen Erzeugnisse bildeten auch im Krieg die ausschlaggebende Grundlage der Fertigung. Die Getriebeproduktion zeigt beispielhaft, wie bei der Firma Boehringer Stammproduktion und Rüstungsgeschäft über weite Strecken in Einklang gebracht werden konnten. Die Boehringer-Getriebe, ursprünglich Mitte der 20er

[29] Rieger-Gutachten II. StAL, EL 902/8 Bü 16/1/13881. Zum Mangel der Automobilindustrie an (Universal)Werkzeugmaschinen ausführlich: *Gregor* (wie Anm. 31), Stern, S. 104.
[30] WABW, B 10, Bü 23.

Jahre zum Antrieb von Werkzeugmaschinen entwickelt, wurden während des Krieges zur Turmsteuerung von Panzern gebraucht und konnten später wieder im zivilen Bereich eingesetzt werden. An der Rüstungskonjunktur teilzuhaben, bedeutete für die Firma also nicht, auf staatlichen Druck in unternehmensfremde Produktionsbereiche investieren zu müssen.

Dieser Befund gilt ebenso für den anderen Werkzeugmaschinenhersteller, die Fortuna-Werke. Ebenso intensiv in die Rüstungsproduktion einbezogen wie das Göppinger Unternehmen, konnte auch dieser Betrieb sein traditionelles Produktionsprofil während des Nationalsozialismus weitgehend behaupten. Aufträge und Umsätze schossen schnell nach dem Antritt des NS-Regimes in die Höhe: 1932 erwirtschaftete das Unternehmen gerade noch 1,6 Mio. RM, 1933 waren es bereits wieder 2,1 Mio, 1934 3,6 Mio. RM; der Höchststand wurde im Geschäftsjahr 1943/44 mit 9,2 Mio. RM erreicht.[31] Lieferzeiten von bis zu drei Jahren waren ab 1937 vor allem bei den Fortuna-Schleifmaschinen keine Seltenheit.[32] Die Entscheidung, das Fortuna-Fertigungsprogramm auf zwei Hauptgruppen – auf die zur Schleiftechnik gehörenden Erzeugnisse (Schleifmaschinen, Schleifspindeln und Meßtechnik) sowie die Lederschärf- und Ettiketiermaschinen – auszurichten, war bereits in den zwanziger Jahren getroffen worden, wobei die Firmenleitung spätestens seit 1927/28 ihr Hauptaugenmerk auf die hydraulisch angetriebenen Schleifmaschinen richtete, die das umsatzstärkste Erzeugnis werden sollten. Rüstungsrelevant waren insbesondere die zur Schleiftechnik gehörenden Maschinen sowie die Meßtechnik, während der Bau der eher zivilen Produkte (Lederbearbeitungs- und Etikettiermaschinen) als nicht kriegswichtig verboten wurde. Diese Fertigungseinbuße konnte aber offensichtlich verschmerzt werden, denn zur gleichen Zeit wurden Schleifmaschinen, Schleifspindeln und Meßgeräte „in bis dahin unerreichten Stückzahlen" gebaut.[33] Auch für Fortuna war es möglich, sich am Rüstungsgeschäft zu beteiligen, zugleich aber für das Friedensgeschäft gerüstet zu bleiben.

Für das dritte Unternehmen, Werner & Pfleiderer, gilt dieser Befund hingegen nur begrenzt. Wenngleich auch diese Firma von dem ökonomischen Kurs des neuen Systems profitierte – steigende Umsatz-, Gewinn- und Belegschaftszahlen zeigen dies –, paßte sich die Unternehmensleitung in ihrer Produktionspolitik den vom NS-Regime bestimmten kriegswirtschaftlichen Rahmenbedingungen stärker an als die beiden Werkzeugmaschinenhersteller. In der Umsatzentwicklung, die sich von 5,7 Mio. RM im Jahr 1934 bis zum Höchststand von 17,8 Mio. 1941 mehr als verdreifachte[34], dominierten bald die Produktbereiche „Chemie" und „Hydraulik", mit denen das Unternehmen bereits 1935 mit knapp über drei Mio. RM beinahe die Hälfte des Gesamtumsatzes er-

[31] Bericht vom 1.10.1936 und Zahlenmaterial für die Sitzung des Engeren Beirats der Fachgruppe Werkzeugmaschinen, 9.11.1938. WABW Bestand Fortuna, Karton TL; Betriebsrat an Spruchkammer II, Stuttgart, 12.1.1948. Archiv des Fortuna-Betriebesrates, Ordner: Fragebogen.

[32] WABW, Bestand Fortuna, Karton: Berichte TL.

[33] Fortuna 1903–1953, S. 125.

[34] Geschäftsberichte. WABW, B 11, Bü 91, und Rieger-Gutachten I. StAL, EL 902/20 Bü 37/1512677.

zielte. 1937 überschritt der Unternehmensgewinn erstmals die Millionen-Grenze, in den folgenden Jahren bis 1943 wurden jeweils Gewinne über eine Mio. erzielt, wobei das Jahr 1940 mit über 1,9 Mio. RM. den Höchststand markierte.[35] Der 1929 erzielte Umsatz wurde nur im Jahr 1941 übertroffen.

Deutlicher als bei den Firmen Boehringer und Fortuna läßt sich bei Werner & Pfleiderer erkennen, welche Sogwirkung für Unternehmen von der 1936 forcierten Autarkiewirtschaft ausging. Nicht nur war damit die chemische Grundstoffindustrie in den Mittelpunkt des Interesses der NS-Wirtschaftspolitik gerückt, sondern ebenso die Unternehmen, welche die chemische Industrie mit Maschinen belieferten. Von 1935/36 bis 1943 war bei Werner & Pfleiderer der Geschäftsbereich „Chemie" umsatzstärkster Produktbereich; die zweitstärkste Position konnte der Bereich „Kleinbäckerei" bis 1939 halten, ab 1940 abgelöst durch die Abteilung „Hydraulik". Die Plätze vier bis sieben belegten mit wechselnder Positionierung die übrigen Produktbereiche Trockenofen, Biskuit, Großbäckerei und Teigwaren. Gerade die Abteilung Chemie/Hydraulik hatte in den Jahren der Weltwirtschaftskrise mit die größten Einbußen hinnehmen müssen, gerade diesem Produktbereich eröffnete sich wenig später ein neuer Markt im Zuge des Ausbaus der chemischen Industrie und der Ersatzstoffgewinnung. Neukonstruktionen für die Verarbeitung von Gummi, für die Herstellung von Zellwolle und im Bereich der Hydraulik trugen maßgeblich zum guten Ergebnis dieser Abteilung seit Mitte der dreißiger Jahre bei. Die klassischen Produkte des Unternehmens, Maschinen für den Bäckereibedarf und der Ofenbau, verloren seit 1933 sukzessive an Bedeutung, in den Kriegsjahren verstärkte sich dieser Trend. Das bedeutete aber nicht, daß die Unternehmensleitung ganz auf die Karte „Kriegswirtschaft" setzte. Noch 1939 brachte Werner & Pfleiderer im Bereich „Kleinbäckerei" Neukonstruktionen sowie technische Verbesserungen an bereits eingeführten Maschinen auf den Markt.[36] Exportiert wurde ebenfalls, 1939 gingen rund 14 Prozent des Gesamtumsatzes ins Ausland, in den Kriegsjahren zwischen 8,5 (1940) und 13,6 (1942).[37] Ab 1942 gingen auch in den beiden bislang umsatzstärksten Bereichen Chemie und Hydraulik die Umsätze zurück.[38]

Wie bei den beiden anderen Maschinenbau-Unternehmen Boehringer und Fortuna verlagerte man bei Werner & Pfleiderer den Absatz der Produkte zunehmend vom zivilen auf den militärischen Markt. Erste Lieferungen von Feldbacköfen und Feldknetmaschinen an die Wehrmacht sind für 1936 dokumen-

[35] Von Firmenseite wurden dafür nach Kriegsende verschiedene Gründe genannt: u.a. eine allgemeine Kostendegression (Verminderung der Verkaufskosten von 13,6 Prozent des Gesamtumsatzes 1939 auf 8,5 Prozent 1940 sowie eine Verminderung der Verwaltungs- und Konstruktionskosten von 1938 noch 8 Prozent des Gesamtumsatzes auf knapp 6 Prozent in den Jahren 1940 und 1941) sowie die volle Auswirkung der abgeschlossenen Reorganisation – Übersiedlung von Werkstätten und Verwaltung nach Feuerbach –, die ab 1940 zusätzlich kostendämpfend zu Buche geschlagen habe. StAL, EL 902/20 Bü 37/15/2677.

[36] Rieger-Gutachten I. StAL, EL 902/20 Bü 37/1512677 und WABW, B 11, Bü 86.

[37] StAL, EL 902/20 Bü 37/1512677.

[38] StAL, EL 902/20 Bü 37/1512677.

tiert, spätestens ab 1940 war das Oberkommando der Wehrmacht einer der Hauptabnehmer dieser „direkten" Lieferungen von Werner & Pfleiderer.

Deutlich wird zugleich: Die Firma erzielte in den Jahren der NS-Herrschaft – selbst 1944, wenngleich knapp – mit seinen traditionellen Erzeugnissen den Hauptteil seines Gesamtumsatzes. Damit blieb Werner & Pfleiderer überwiegend im vertrauten Produktbereich.

So läßt sich der kriegswirtschaftliche Anpassungszwang für die Unternehmensleitung von Werner & Pfleiderer in den Vorkriegsjahren vor allem daran ablesen, daß die Umsatzstruktur deutliche Verschiebungen zugunsten der im Rahmen der nationalsozialistischen Autarkie- und Aufrüstungspolitik wichtigen Geschäftsbereiche Chemie und Hydraulik aufwies; dieses bedeutete nicht, daß das Unternehmen in unternehmensfremde Bereiche investierte. Umsätze wurden selbst im Krieg mit allen sieben Produktbereichen erwirtschaftet. Mit Kriegsbeginn allerdings verschlechterte sich die Position des Unternehmens im Rüstungsprozeß entscheidend. In der Folgezeit nahmen Anpassungszwang und rüstungspolitische Eingriffe, denen Werner & Pfleiderer ausgesetzt war, deutlich zu. Zum einen galt das Unternehmen seit September 1939 als Unternehmen mit „Feindkapitalanteil" – die englische Firma Baker Perkins Ltd. hielt seit 1927 die Stamm- und die Vorzugskommanditeinlage bei Werner & Pfleiderer – und damit dem Zugriff des NS-Staates weitaus mehr ausgeliefert als die beiden in deutschem Besitz sich befindenden Firmen Boehringer und Fortuna. Zwar war zwischen der deutschen und der englischen Firma vertraglich geregelt, daß im Kriegsfalle die sofortige Liquidierung der gegenseitigen Beteiligung erfolgen solle, was 1939 auch geschah; übrig blieb aber die Beteiligung von Baker Perkins Ltd. an dem deutschen Unternehmen in Form der Vorzugskommanditeinlage. Nach NS-Lesart handelte es sich damit um ein Unternehmen, das „unmittelbar oder mittelbar unter maßgebendem feindlichen Einfluß"[39] stand. Obwohl es gemäß der im Januar 1940 vom Ministerrat für die Reichsverteidigung erlassenen Verordnung über die Behandlung feindlichen Vermögens möglich gewesen wäre, wurde die britische Kapitalbeteiligung vom Deutschen Reich weder liquidiert noch konfisziert, auch wurde kein Verwalter eingesetzt. „Betriebsführer" Otto Fahr mußte dem neuernannten Reichskommissar für die Behandlung feindlichen Vermögens „lediglich" vierteljährlich über die Unternehmensentwicklung berichten. Grundlegende unternehmenspolitische Entscheidungen wie der Verkauf oder die Stillegung des Betriebes oder von Unternehmensteilen bedurften der Zustimmung des Reichskommissars. Durch diese Auflage war ein umfassender Zugriff des NS-Regimes auf den Betrieb gewährleistet.

Ein zweiter Malus ergab sich für Werner & Pfleiderer daraus, daß dieser Betrieb traditionell auf Einzelanfertigung spezialisiert war und über eine breitgefächerte Produktpalette verfügte; damit war man vom Einsatz hochqualifizierter Arbeiter abhängig. Dies brachte dem Betrieb in Friedenszeiten den Vorteil, fle-

[39] Verordnung über die Behandlung feindlichen Vermögens vom 15. Januar 1940. RGBL I, 1940, S. 191–195.

xibler auf Kundenwünsche reagieren und die gesamte Industrie beliefern zu können. Ab 1942 jedoch bedeutete diese Ausrichtung des Unternehmens eine weitere Verschlechterung seiner Position innerhalb des Rüstungsprozesses. Denn die unter Albert Speer eingeleiteten durchgreifenden Rationalisierungsmaßnahmen in den Unternehmen wie Typenreduktion und Serienproduktion zwangen Werner & Pfleiderer zu wesentlich größeren Umstellungen als die beiden Werkzeugmaschinenhersteller. Wiederholt wies Otto Fahr in den Geschäftsberichten darauf hin, daß das vielseitige Fertigungsprogramm und die traditionell vorherrschende Einzelanfertigung der Maschinen eine rationelle Serienfertigung oder gar Massenproduktion bei Werner & Pfleiderer so gut wie ausschlössen. Diese personalintensive und von Fachkräften stark abhängige Fertigung war in den Kriegsjahren angesichts der steigenden Zahl an- und ungelernter ausländischer Kräfte nicht mehr durchzuhalten.[40] Damit übte die veränderte Personalsituation bei Werner & Pfleiderer einen stärkeren Druck zur Einschränkung der Produktvielfalt aus als bei den beiden anderen Firmen. Diese hatten bereits in den zwanziger Jahren ihr Fertigungsprogramm auf einige wenige Werkzeugmaschinen beschränkt, um diese in Serienfertigung herzustellen. Waren Boehringer und Fortuna deshalb kaum zur Umstellung genötigt, als das Scheitern der Blitzkriegsstrategie 1942 die Umstellung der Rüstungsproduktion auf standardisierte Serien und Typenreduktion nach sich zog, sah sich die Unternehmensleitung von Werner & Pfleiderer von der Politik der Typenreduzierung im Krieg sehr viel stärker betroffen. Der wachsende Ausfall von Facharbeitern zwang den Betrieb, zumindest im Stammwerk, die Einzelanfertigung so gut wie ganz aufzugeben.[41] Zusätzlich drohte das Ende 1943 greifende Produktionsverbot für einige Maschinen und Öfen für die Lebensmittelindustrie Werner & Pfleiderer in der Substanz zu treffen. Doch ließen sich die Folgen dieser Bestimmungen abmildern, da bereits 1941 damit begonnen worden war, Teile der „zivilen" Produktion in die besetzten Westgebiete zu verlagern. Produzierte das Stammwerk in Feuerbach also vorrangig für die Rüstung, bezogen die Abteilungen, welche die Lebensmittel- und die chemische Industrie belieferten, ihre Maschinen vorwiegend aus „Verlagerungslieferungen", das heißt man hatte die Produktion an andere Firmen vergeben.[42]

Daß Werner & Pfleiderer stärker als die beiden anderen Maschinenbau-Unternehmen gezwungen war, branchenfremde Fertigung wie die Herstellung von Flugzeug-, U-Boot- und Raketenteilen zu übernehmen, hatte seine Gründe vermutlich ebenfalls in der sich gegenüber Konkurrenten seit Kriegsbeginn eindeutig verschlechternden Positionierung im Rüstungsprozeß. Es war der Unternehmensleitung um Otto Fahr offensichtlich nicht zur Gänze gelungen, den Betrieb mit seinem traditionellen Fertigungsprogramm als unverzichtbar für die Rüstungswirtschaft darzustellen. Mit der übernommenen Rüstungsendfertigung stieg zwar der Umsatz um knapp 2 Mio. RM von 14,5 Mio. 1942 auf über 16

[40] Berichte Otto Fahrs an Direktion, 26.1.1943 und 10.3.1944. WABW, B 11, Bü 86.
[41] Vgl. die Geschäftsberichte für die Jahre 1942 und 1943. Ebd.
[42] Berichte Otto Fahrs an Direktion, 26.1.1943, 10.3.1944. Ebd.

Mio. RM 1943 an, rentabel war dieses Geschäft aber nicht. Der Gewinnsatz ging von zwölf Prozent 1942 auf rund neun Prozent 1943 zurück, 1944 – dem Geschäftsjahr mit dem höchsten Anteil an Rüstungsaufträgen – sank er gar auf 3,5 Prozent.[43] Auch aus diesem Grund war man bei Werner & Pfleiderer sehr daran interessiert, die eigentliche Produktionsgrundlage nicht ganz aus der Hand zu geben; durch die Fertigung von Maschinen und Öfen aus den klassischen Geschäftsbereichen durch Drittfirmen in den besetzten Westgebieten konnten die durch Produktionsverbote erlittenen Einbußen und Wettbewerbsnachteile zum Teil aufgefangen werden.

## *2. Ausweitung der eigenen Produktionskapazitäten*

Bei der Firma Boehringer wurde die Produktionssteigerung in den Vorkriegsjahren ohne nennenswerte Erweiterungs- oder Neubauten erreicht. Dies änderte sich 1939. Die Ausweitung der Maschinenproduktion im Rahmen von Rüstungskonjunktur und Kriegswirtschaft und insbesondere der Versuch, die Produktion von Werkzeugmaschinen zentral zu lenken und so dem Bedarf anzupassen, oblag seit November 1938 dem Bevollmächtigten für die Maschinenproduktion (BfM), Karl Lange. So wie in vielen anderen Betrieben auch, forderte der BfM die Göppinger Firma zur Ausweitung ihrer Produktion auf. Diese signalisierte im Februar 1939 ihre Bereitschaft, eine Leistungssteigerung um 50 Prozent bei Drehbänken und Hobelmaschinen zu erbringen, machte aber darauf aufmerksam, daß diese Steigerung mit den vorhandenen räumlichen Kapazitäten nicht zu erreichen sei.[44]

Mit der Zustimmung des BfM wurden Erweiterungsbauten (Anbau eines Gußlagers, Neubau einer Montagehalle, Erweiterung des Verwaltungsgebäudes) in Angriff genommen. Da das Baugelände zur Verfügung stand und die Unternehmensleitung die Finanzierung wohlweislich aus eigenen Mitteln vorzunehmen gedachte, um in keine unerwünschten Abhängigkeiten zu geraten, hätte einem sofortigen Baubeginn nichts im Wege gestanden. Jedoch – und das sollte Rolf Boehringer schnell erfahren – bedeutete die Anweisung des BfM zur Produktionsausweitung in der Praxis nicht viel mehr als eine Unterstützung für die Firma bei den für den jeweiligen Sektor zuständigen Dienststellen. So dauerte es bereits über drei Monate, bis alle zuständigen Stellen ihre Zustimmung zu den drei Bauanträgen gegeben hatten. Rolf Boehringer wandte sich aufgebracht an den BfM und sprach von einem „Kampf mit den verschiedensten württembergischen Behörden, um die Baugenehmigungen zu erhalten".[45] Die endgültige Genehmigung konnte wiederum erst erteilt werden, wenn die antragstellende Firma den Nachweis erbringen konnte, daß ihr die erforderlichen Rohstoffkontingente – vor allem knappes Eisen – zugeteilt worden waren. Anfang Juli 1939

[43] StAL, EL 902/20 Bü 37/1512677.
[44] Für das folgende: WABW, B 10, Bü 67 und 68.
[45] Rolf Boehringer an BfM, 3.7.1939. WABW, B 10, Bü 68.

schickte Rolf Boehringer alle erforderlichen Unterlagen an das Reichsarbeitsministerium in Berlin, das in diesem Fall für die Bewilligung der Kontingente zuständig war. Bis Mitte August war von dort noch keine Reaktion gekommen. Wieder beschwerte sich Rolf Boehringer beim BfM: „Wenn es also nicht gelingt, beim Reichsministerium die umgehende Erledigung der dort vorliegenden Kontingentanträge durchzusetzen, (...) dann ist es der Industrie beim besten Willen nicht übel zu nehmen, wenn ihr dieser Papierkrieg hin und her endlich zu dumm wird, und wir dann ausweiten lassen, wer will, selbst aber unter diesen Umständen (...) keinen Finger mehr krümmen. Es ist wirklich unglaublich, welche Arbeiten, Reisen, Telefongespräche usw. notwendig sind, um heute ein solches Bauvorhaben durchzuführen. Seit März (...) bemühen wir uns um die endgültige Baugenehmigung (...) jetzt ist es Mitte August, und wir haben immer noch gar nichts in Händen."[46]

Die Liste mit ähnlichen Klagen ließe sich lange fortsetzen. Zwar wies Boehringer immer wieder bei den Dienststellen darauf hin, daß die Neubauten auf ausdrücklichen Wunsch des BfM – und damit im Interesse des NS-Regimes – erfolgten, in der Praxis brachte dies jedoch so gut wie gar nichts. Der BfM konnte zwar die die Auflage zur Produktionsausweitung erteilen, diese war aber weder finanziell noch vom Material oder den – ohnehin knappen – Arbeitskräften von ihm selber gedeckt. Für die Zuweisung neuer Arbeitskräfte etwa, die in der letztlich doch bewilligten und 1940 gebauten neuen Montagehalle arbeiten sollten, war nicht der BfM, sondern das Göppinger Arbeitsamt zuständig, und das Rüstungskommando in Ulm wiederum war die zuständige Dienststelle, um die eigenen Facharbeiter gegen Einberufungen oder Dienstverpflichtungen in andere Betriebe zu schützen.

Die zahllosen Schwierigkeiten, denen Rolf Boehringer bei den Neubauten ab Frühjahr 1939 begegneten, dokumentieren zum einen die produktionshemmende Wirkung der staatlich-bürokratischen Wirtschaftslenkung, zum anderen die Abhängigkeit des Unternehmers vor allem bei der Zuteilung von Arbeitskräften und Rohstoffen. Boehringers in zahllosen Beschwerdebriefen dokumentierte Ohnmacht verdeutlicht, in welchem Umfang während des Nationalsozialismus die Verfügungsgewalt der Unternehmer über die Produktionsmittel beschnitten worden und wie eng die unternehmerischen Handlungsspielräume geworden waren. Sich und seine Kollegen sah Rolf Boehringer zu Beginn des Jahres 1940 im Hinblick auf die angeordnete Produktionssteigerung und die damit verbundene Vergrößerung der Fabrikationsräume als Leidtragende des Kompetenzwirrwarrs zwischen den verschiedenen konkurrierenden Instanzen der Kriegswirtschaft und den Ansprüchen der Wehrmacht: „Es scheint uns, daß es auch bei den übrigen Bedarfsforderungen zwischen den obersten Behörden so ist: Der Bevollmächtigte für die Maschinenproduktion verlangt Eisen, Holz und Facharbeiter für die Ausweitung der Werkzeugmaschinenindustrie, der Bevollmächtigte für die Regelung der Bauwirtschaft schickt seine Beauftragten im

[46] Rolf Boehringer an BfM, 25.9.1939. Ebd.

ganzen Reich umher, um das genehmigte Material möglichst wieder zu entziehen, und das Militär verlangt aus den Betrieben selbst die Facharbeiter, steckt sie in Uniform, und das alles wird auf dem Buckel der Industrie und der Industriellen ausgetragen, denen dann noch am Schluß der Vorwurf gemacht wird, sie hätten ungenügend vergrößert (...), und damit ihre Vaterlandspflicht versäumt."[47] Aus diesen Zeilen spricht freilich nicht nur ungebrochenes unternehmerisches Selbstbewußtsein, sondern ebenso Empörung über einen wirtschaftlichen Lenkungsapparat, dessen Instanzen sich gegenseitig blockierten. Seine „Vaterlandspflicht" als Rüstungsindustrieller hat Rolf Boehringer dennoch bereitwillig erfüllt. Was ihn in den Jahren 1939/40 gegen die Organe der Rüstungswirtschaft aufbrachte, war nicht die Indienstnahme seines Betriebes für die Kriegswirtschaft, sondern deren ineffektive Organisationsstrukturen.

Für eine Vergrößerung der eigenen Produktionskapazitäten scheint es für Boehringer im Jahr 1939 gute Gründe gegeben zu haben: Zum einen ließ die wachsende Binnennachfrage den Betrieb an die Grenzen seiner Kapazität stoßen und übte schon für sich genommen einen Anreiz aus, diese zu vergrößern; zum anderen war es die erste nennenswerte Kapazitätsvergrößerung nach Überwindung der Krisenjahre mit dem klar definierten Ziel, die Drehbank- und Hobelmaschinenproduktion zu verdoppeln. In dieser Größenordnung war – und dies kam dem Unternehmensinteresse besonders entgegen – die Produktionssteigerung noch von der Firma Boehringer selber zu finanzieren. Daß man hierbei entsprechend der staatlichen Vorgaben und im Sinne der nationalsozialistischen Kriegs- und Rüstungsziele in zwei zentrale Produktbereiche des Unternehmens investierte, ergänzte sich aus der Perspektive des Betriebes vorteilhaft. Als die Erweiterung endlich bewilligt war, wurde nicht nur in bauliche Maßnahmen investiert, sondern ebenso in Maschinen. Hinzu kamen die von den vier VDF-Firmen durchaus ernst genommenen Bestrebungen des NS-Regimes, ihnen als Marktführer in Sachen Drehbänken durch einen staatlichen Großbetrieb Konkurrenz zu machen, so daß es gute Gründe gab, diesen Plänen durch eine eigene Ausweitung soweit wie möglich die Grundlage zu entziehen.[48]

War man also bereit, eigene Mittel in Bereiche der Stammproduktion zu investieren, unterblieben Investitionen in Bereiche der reinen Rüstungsfertigung. Pläne des OKH aus den Jahren 1941 und 1942, dem Unternehmen „zur praktischen Erprobung und Entwicklung von Geschossmaschinen" eine „Mustergeschossfabrik" anzugliedern und der Unternehmensleitung „äusserst günstige Fi-

[47] Rolf Boehinger an BfM, 20.1.1940. WABW, B 10, Bü 372.

[48] Stellungnahme zu der geplanten Errichtung einer Werkzeugmaschinenfabrik durch die Wilhelm-Gustloff-Stiftung Heymer & Pilz in Mitteldeutschland, 4.4.1939. WABW, B 10, Bü 338. Daß das NS-Regime bereit war, auch gegen den Widerstand der Industrie Staatsbetriebe zu gründen, hatte das Beispiel des 1937 erfolgten Aufbaus des reichseigenen Stahlkonzerns „Reichswerke Hermann Göring" gezeigt. Vgl. *Gerhard Mollin*, Montankonzerne im Dritten Reich. Der Gegensatz zwischen Monopolindustrie und Befehlswirtschaft in der deutschen Rüstung und Expansion 1936–1944, Göttingen 1988, S. 252ff., sowie *Richard J. Overy*, Görings „Multi-national Empire", in: *Alice Teichova/P.L. Cottrell* (Hg.), International Business and Central Europe 1918–1939, Leicester 1983, S. 269–298.

nanzierungsangebote" vorzulegen, wurden von Rolf Boehringer abgelehnt.[49] In den Vorkriegsjahren erlaubten es die brachliegenden Kapazitäten und das auch im Maschinenbau zunächst herrschende Überangebot an Arbeitskräften, die Boehringer-Produktion hauptsächlich auf der Basis der vorhandenen Kapazitäten beträchtlich zu steigern. In den Kriegsjahren schuf die verringerte Exportquote zusätzliche Kapazitäten für die Inlandsproduktion.

Die Vorkriegsjahre standen auch bei den beiden anderen Betrieben im Zeichen einer regen Bautätigkeit, sowohl die Fortuna-Werke als auch Werner & Pfleiderer expandierten in räumlicher Hinsicht ganz beträchtlich. Ausschlaggebend dürfte dafür vor allem die gute und konstante Auftragslage gewesen sein. Bei den in Angriff genommenen Erweiterungsbauten beriefen sich zwar die beiden Werkzeugmaschinenhersteller Boehringer und Fortuna auf eine entsprechende Weisung des Bevollmächtigten für die Maschinenproduktion, doch weder dies noch die „nationale Pflicht" als Unternehmer gaben den Ausschlag. Vielmehr sahen es die Industriellen offensichtlich als lohnend an, in Neubauten und Maschinen zu investieren. Betriebstechnische Überlegungen gaben dabei den Ausschlag. Bei den Fortuna-Werken erforderte beispielsweise die zunehmende Verlagerung des Produktionsschwerpunktes auf den Schleifmaschinenbau, wie er sich seit den späten zwanziger Jahren abzeichnete, eine entsprechende ergänzende räumliche wie technische Ausstattung des Betriebes. Bei Werner & Pfleiderer wiederum machte die in den Krisenjahren der frühen dreißiger Jahre beschlossene betriebliche Zusammenfassung von Produktionsstätten und Verwaltung an einem gemeinsamen Firmenstandort – nämlich in Feuerbach – Neubauten (Fabrikbauten, Bürogebäude, Versuchsbau, Heiz- und Kraftzentrale) notwendig.

## *3. Unteraufträge*

Ein anderer Weg, die eigene Produktion vorübergehend ohne eigenes Risiko und ohne nennenswerte finanzielle Belastung zu erhöhen, wurde von der Firma Boehringer ebenfalls genutzt: Sie vergab Unteraufträge zur Bearbeitung von Einzelteilen oder zur Herstellung ganzer Maschinen (z. B. Sondermaschinen für die Munitionsfertigung) an branchenfremde Betriebe. Dieses Verfahren wurde insbesondere während des Krieges im Werkzeugmaschinenbau in großem Stil praktiziert, als durch Stillegung oder Drosselung nicht kriegswichtiger Produktion in den betroffenen Branchen und Betrieben Kapazitäten frei wurden.[50] Rolf Boehringer begründete die Fertigungsverlagerung seiner Firma mit der Auftragshäufung, die nach Kriegsbeginn vor allem bei den Maschinen für die Munitionsfertigung und die Kurbelwellenbearbeitung einsetzte.[51] Unteraufträge

[49] Erklärung des ehemaligen Geschäftsführers der Firma Bekoma, 10.2.1948. StAL, EL 902/8 Bü 16/1/15066.

[50] *Tilla Siegel/Thomas von Freyberg,* Industrielle Rationalisierung unterm Nationalsozialismus, Frankfurt a.M./New York 1991, S. 170.

[51] Leistungsbericht 1942. WABW, B 10, Bü 305.

vergab seine Firma an Textil-, Druckerei- und Papiermaschinenfabriken, deren Fertigung als nicht kriegswichtig deklariert und verboten worden war.[52] Dieses Verfahren hatte für die Firma Boehringer zwei Vorteile. Zum einen konnte man so eine weitere Ausweitung der eigenen Produktionsanlagen vermeiden. Der ehemalige Geschäftsführer des Tochterunternehmens Bekoma erklärte in Rolf Boehringers Spruchkammerverfahren 1948, daß dieser „jede Ausweitung des Boehringer-Werkes, soweit sie auf kriegsbedingte Konjunktur zurückzuführen sei“, vermeiden wollte.[53] Und Rolf Boehringer selber sowie seine Kollegen von den übrigen drei VDF-Firmen hatten 1939 offen die Ansicht vertreten, „wenn die heute die gesamte Maschinenindustrie der ganzen Welt beherrschende Rüstung durch politisch ruhigere Zeiten ihrem Ende entgegengeht, so wird die Werkzeugmaschinen-Industrie zu einem großen Prozentsatz brachliegen müssen, und es ist daher für die deutsche Werkzeugmaschinen-Industrie mit einem großen Risiko verbunden, (...) noch weiterhin ihre Fabrikation (...) zu vergrößern“.[54] Nach dieser Einschätzung – ähnlich hatte Boehringer 1936 gegenüber der Wirtschaftsgruppe Maschinenbau argumentiert – entsprach es dem längerfristigen Betriebsinteresse, Teile der rüstungsrelevanten Produktion in andere Unternehmen zu verlagern. Denn Rolf Boehringer war sich des hohen Risikos einer einseitigen Kapazitätserweiterung im Rüstungsbereich sehr wohl bewußt. Zum anderen konnte sich die Boehringer-Firmenleitung des Lobes sicher sein, trug sie durch dieses Verfahren doch dazu bei, daß „Hunderte nicht eingearbeiteter Arbeitskräfte für die Rüstungsfertigung mobilisiert wurden“, wie Rolf Boehringer 1942 selbstbewußt erklärte.[55]

Nur bedingt trafen sich also im Bereich Produktionssteigerung die Interessen des NS-Regimes und des Betriebes. Das Eigeninteresse der Firma an Marktanteilen und Gewinn brachte den Unternehmer Boehringer offensichtlich dazu, eventuelle Bedenken, seinen Betrieb an Rüstungsboom und Kriegsaufträgen teilhaben zu lassen, beiseite zu schieben. Aber Boehringer orientierte sich nicht an einer durch die Rüstungskonjunktur verzerrten Nachfragestruktur, sondern an einer Nachfrage unter „normalen“ Bedingungen, das heißt: er plante für Friedensverhältnisse. Der Neubau einer Montagehalle war die einzige Konzession an die wachsende Binnennachfrage. Danach gab es offensichtlich keine marktrationalen Gründe mehr und auch keinen politischen Zwang, auf die unvermindert hohe Binnennachfrage mit einem weiteren Ausbau der betrieblichen Fertigungskapazitäten zu reagieren. Bei Boehringer beschritt man weiterhin konsequent den Weg der Vergabe von Unteraufträgen bzw. Lizenzfertigungen.

Die Eroberung der westlichen Industriestaaten sowie der ost- und südosteuropäischen Länder und die nationalsozialistische Vision einer europäischen

[52] Eidesstattliche Erklärung Rolf Boehringers, 18.11.1945. StAL, EL 902/8 Bü 16/1/15066.

[53] Erklärung des ehemaligen Geschäftsführers der Firma Bekoma, 10.2.1948. Ebd.

[54] Stellungnahme zu der geplanten Errichtung einer Werkzeugmaschinenfabrik durch die Wilhelm-Gustloff-Stiftung Heymer & Pilz in Mitteldeutschland, 4.4.1939. WABW, B 10, Bü 338. Ähnliche Skepsis herrschte zum selben Zeitpunkt auch im Vorstand von Daimler-Benz gegenüber weiteren Investitionen in die Rüstungsproduktion. Vgl. *Gregor* (wie Anm. 31), Stern, S. 107.

[55] Leistungsbericht 1942. WABW, B 10, Bü 305.

„Großraumwirtschaft" eröffneten den Unternehmern neue Möglichkeiten der Expansion. Die Unternehmensleitungen von Boehringer und Werner & Pfleiderer nutzen diese, um die Position ihrer Firmen in einem zukünftigen, von Deutschland dominierten Europa entscheidend zu verbessern. Eine Ausweitung der deutschen Produktionsanlagen über die eigenen Planungen hinaus ließ sich auf diese Weise wiederum vermeiden, und die europäische Konkurrenz konnte durch entsprechende Auflagen gezwungen werden, für den deutschen „Paten" zu produzieren oder ihre Fertigungspalette so zu beschneiden, daß sie anschließend keine ernsthafte Konkurrenz mehr darstellte. Der französische Drehbankhersteller Cazeneuve beispielsweise mußte im Rahmen seiner „Betreuung" durch die Firma Boehringer sein Werkzeugmaschinenprogramm auf eine Drehbanktype reduzieren und ihr sämtliche Verkaufsrechte überlassen.[56]

Ebenso wie die Firma Boehringer ließ auch Werner & Pfleiderer in den besetzten Westgebieten produzieren, während sich die Fortuna-Werke von einem solchen Engagement ferngehalten zu haben scheinen. Im Unterschied zu Boehringer verlagerte Werner & Pfleiderer Aufträge, das heißt bestimmte Maschinen aus ihrem Programm ließ sie durch Drittfirmen in den besetzten Gebieten fertigen. Für das deutsche Unternehmen arbeiteten während des Krieges insgesamt drei französische, acht belgische, zwei niederländische und ein dänischer Betrieb, wobei das nach Belgien vergebene Auftragsvolumen mit über zwei Mio. RM das höchste war – beinahe das Doppelte der Bestellungen, die das Unternehmen im besetzten Frankreich plazieren konnte. Die große Bandbreite der in Einzelanfertigung gebauten Maschinen, deren Herstellung verlagert wurde, habe bei seiner Firma „erheblich größere Anstrengungen und Umsicht" erfordert, als dies bei Unternehmen nötig gewesen sei, die ihre Verlagerung auf „wenige Erzeugnisse der Serienfertigung" beschränkt hätten, resümierte Otto Fahr im Mai 1942.[57]

Deshalb war er bestrebt, die einmal belegte Kapazität der Verlagerungsfirmen, wenn nötig „auch unter Umstellung auf jeweils andere Erzeugnisse", in Zukunft für sein Unternehmen sicherzustellen. Denn die Auftragsverlagerung und die dadurch in Gang gekommene zwischenstaatliche unternehmerische Zusammenarbeit sollten Werner & Pfleiderer auch in kommenden Friedenszeiten nützlich sein. Mit Blick auf die vom nationalsozialistischen Deutschland dominierte „zukünftige europäische Wirtschaftsordnung" könnte, so überlegte Otto Fahr, aus dem momentan praktizierten Verfahren der Auftragsverlagerung eine dauerhafte „eingespielte wirtschaftliche Zusammenarbeit" werden und Werner & Pfleiderer später „eine sehr wertvolle Verbreiterung unserer gesamten Basis bringen". Scheinbar mühelos ließen sich die neuen Möglichkeiten, welche die europäische Großraumwirtschaft bot, in den Rahmen der langfristigen Unternehmensstrategie einbauen.[58] In der Hoffnung auf eine europäische Wirtschafts-

[56] WABW, B 10, Bü 377.
[57] Otto Fahr an seine Direktionskollegen, 20.5.1942. WABW, B 11, Bü 86. Dort auch die folgenden Zitate.
[58] Vgl. *Herbst* (wie Anm. 14), Unternehmensstrategie, S. 72ff.

ordung unter deutscher Dominanz wird man einen der Beweggründe für die Zusammenarbeit mit ausländischen Betrieben sehen dürfen. Trotz beträchtlicher betriebswirtschaftlicher Kosten (höhere Herstellungskosten der in den Verlagerungsfirmen gebauten Maschinen, Preisgabe von internem fertigungstechnischen und betriebsorganisatorischem Wissen an potentielle Konkurrenten) überwog bei Werner & Pfleiderer offensichtlich der betriebswirtschaftliche Nutzen. Dazu trug wesentlich bei, daß es der Firma durch diese Auftragsverlagerungen gelang, die Folgen der für das Stammwerk erlassenen Produktionsverbote abzumildern und mit dem traditionellen Fertigungsprogramm auch weiterhin auf dem Markt präsent zu sein.

Als einziges der drei Unternehmen orientierte sich Werner & Pfleiderer zudem nach Osten. Die Geschäftsverbindung zur „Erste(n) böhmische(n) Spezialfabrik für Farben, Seifen und Schokolade- und Margarine-Industrie", der Prager Maschinenfabrik H. Vitous & Sohn, datiert vom Dezember 1941, als es zu einem Vertragsabschluß zwischen beiden Firmen kam.[59] Die Prager Firma übernahm fortan die Herstellung „gewisser Spezialmaschinen für den zivilen Bedarf". Zu diesem Zeitpunkt schien die Vergabe eines Unterauftrages an die Firma Vitous, ähnlich wie bei den Betrieben in den besetzten Westgebieten, aus betriebswirtschaftlichen Gründen opportun: die Produktionskapazität konnte ohne eigenes Risiko und ohne große Kosten erweitert werden, zumal das Prager Unternehmen über ein ähnliches Produktionsprofil verfügte; außerdem hatte sich Werner & Pfleiderer mit einer Art Konkurrenzklausel abgesichert, die es dem Prager Unternehmen untersagte, „der Fa. W&P auf die Dauer von 5 Jahren nach Lösung der Geschäftsverbindung auf dem Fachgebiet der Maschinen und allen sonstigen Einrichtungen für die Gebäckherstellung, soweit es sich vorläufig um Stahlbandofen, Ausstechmaschinen und Rotex-Teiler handelt", Konkurrenz zu machen.[60]

Diese Absicherung war durchaus üblich, und wurde von Werner & Pfleiderer in der Regel von allen Verlagerungsfirmen eingefordert, um sich keinen unmittelbaren Konkurrenten aufzubauen. Im Sommer 1942 ergab sich jedoch eine gänzlich andere Situation. Im Zuge der NS-Racheaktion nach dem Attentat auf Reinhard Heydrich war der Inhaber des Prager Unternehmens standrechtlich erschossen und für seinen beschlagnahmten Betrieb ein „Treuhänder des Vermögensamtes beim Reichsprotektor in Böhmen und Mähren" bestellt worden. Nach der gängigen Praxis des Vermögensamtes, beschlagnahmtes Vermögen möglichst schnell wieder abzustoßen, mußte bei Werner & Pfleiderer befürchtet werden, daß ihr Prager Verlagerungsbetrieb – inklusive aller von Werner & Pfleiderer bereits geleisteter Zahlungen sowie der zur Verfügung gestellten Konstruktionszeichnungen, Schnitte und Modelle – verkauft und damit als Unterlieferant ganz ausfallen würde. Das Interesse des deutschen Unternehmens an der Firma Vitous war so groß, daß Werner & Pfleiderer im Sommer 1943 den hochverschuldeten Prager Betrieb zu einem nach Kriegsende als „stark über-

[59] Zum folgenden: StAL, EL 902/20 Bü 1512677, Bü 37/17/7952.
[60] Rieger-Gutachten I. StAL, EL 902/20 Bü 37/1512677.

höht" bezeichneten Preis kaufte.[61] Langfristige Überlegungen haben wohl den Ausschlag gegeben. Auch die Firma Vitous sollte nach einem für Deutschland siegreichen Krieg weitergeführt werden, um sie „zusammen mit den befreundeten englischen, amerikanischen, französischen und belgischen Firmen in die Deckung des internationalen Bedarfs an W&P-Maschinen, Öfen usw. einzugliedern".[62] Insbesondere habe man bei Werner & Pfleiderer die Möglichkeit gesehen, von Prag aus den südosteuropäischen Markt besser erreichen zu können, zumal man mit der diesbezüglichen Arbeit des Zweigwerkes in Wien nicht zufrieden war. Wegen beträchtlicher Investitionen in die neue Zweigniederlassung (Werkzeugmaschinen, Betriebsräume, Werkskantine) bilanzierte dieses sowohl 1943 als auch 1944 mit Verlust. Es scheinen die besonderen Umstände vom Juni 1942 gewesen zu sein, die es der Firmenleitung ratsam erscheinen ließen, die Prager Firma zu kaufen.

Den Eindruck, er als Unternehmer habe durch den Kauf eines tschechischen Betriebes die wirtschaftlichen Großraumpläne des NS-Staates aktiv unterstützt, versuchte Fahr in seinem Entnazifizierungsverfahren zu entkräften. Seine Verteidigung wollte die Auftragsverlagerung an die Firma Vitous als eine ganz „auf der traditionellen Linie" der Unternehmenspolitik von Werner & Pfleiderer liegende „Orientierung zu ausländischen Firmen" beurteilt wissen. Da man „von Anfang an auf internationale Zusammenarbeit eingestellt" gewesen sei, sei die Auftragsverlagerung und der spätere Kauf der Firma Vitous der Verteidigung zufolge ein normaler Geschäftsakt gewesen, der zudem die internationale Ausrichtung des deutschen Unternehmens unterstrichen habe.[63] Hier wird eine Gleichrangigkeit der Geschäftspartner suggeriert, die es während der NS-Herrschaft so nicht gab. Doch zeigt die Entlastungsstrategie des Verteidigers noch etwas anderes. Die neuen Möglichkeiten, welche die europäische Großraumwirtschaft unter deutscher Dominanz bot, konnten offensichtlich so problemlos mit traditionellen unternehmerischen Expansionsbestrebungen identifiziert werden, daß noch drei Jahre nach Kriegsende die erfolgreiche Instrumentalisierung der Unternehmensziele für die rüstungswirtschaftlichen Interessen des NS-Regimes nicht erkannt wurde (oder nicht eingeräumt werden wollte). Kriegswirtschaftliche Ziele des nationalsozialistischen Regimes wie die großraumwirtschaftliche Neuordnung Europas und das Einspannen des ausländischen Wirtschaftspotentials für die deutsche Rüstungsproduktion wurden – wie seinerzeit vom NS-Regime gewünscht – als individuelle, vermeintlich unpolitische Geschäftsinteressen ausgegeben.[64]

[61] Übereinstimmendes Urteil der beiden Wirtschaftsgutachten, die im Rahmen der Entnazifizierung der Führungsriege von Werner & Pfleiderer angefertigt wurden. StAL, EL 902/20 Bü 37/7952 und Bü 37/1512677.

[62] Eidesstattliche Erklärung des „Verlagerungs"-Ingenieurs bei Werner & Pfleiderer, 8.1.1948. StAL, El 902/20 Bü 37/17/7952.

[63] Rieger-Gutachten I. StAl, El 902/20 Bü 1512677.

[64] Vgl. *Erker* (wie Anm. 4), Industrie-Eliten, S. 22f.

## *4. Nationalsozialistische „Betriebsführer"*

Die Instrumentalisierung unternehmensspezifischer Ziele für die Ziele des NS-Regimes gilt ebenso für die betriebliche Sozialpolitik, in der Unternehmens- und Regimeinteressen weitgehend konform gingen. Die Schlagworte von „sozialer Rationalisierung" und „betrieblicher Menschenführung" dienten dazu, die Belegschaften zu entsolidarisieren, zu fragmentieren und einer direkten Kontrolle zu unterstellen.[65]

Die drei württembergischen Unternehmer Boehringer, Knorr und Fahr waren seit Inkrafttreten des Gesetzes zur Ordnung der nationalen Arbeit (AOG) am 20. Januar 1934 zugleich „Betriebsführer" ihrer Beschäftigten.[66] Die nun „Gemeinschaft" genannte Arbeitsbeziehung zwischen „Betriebsführer" und seiner „Gefolgschaft" war laut Gesetz auf die „Förderung der Betriebszwecke" verpflichtet (§ 1). Obwohl die alten Interessenvertretungen der Arbeiter und Angestellten ausgeschaltet worden waren, konnte der Unternehmer im Nationalsozialismus dennoch seine Maßnahmen nicht ausschließlich am ökonomischen Prinzip der Leistungssteigerung und Profitmaximierung ausrichten. Im betrieblichen Alltag kam der DAF eine besondere Rolle zu, gelang es ihr doch, sich durch nahezu vollständige Erfassung aller Arbeitnehmer, dank fehlender Konkurrenz und eines betrieblichen Funktionärsapparates fest in den Betrieben zu etablieren.

Zentrale Felder ihrer Betriebsarbeit waren dabei die Berufsausbildung, Maßnahmen zur Arbeitsplatzgestaltung („Schönheit der Arbeit"), zur Unfallverhütung und zum Arbeitsschutz, die Freizeit- und Feierabendgestaltung, der Betriebssport sowie die beiden von der DAF organisierten Wettkämpfe (Reichsberufswettkampf und Leistungskampf der Betriebe). Diese vielfältigen Versuche der DAF, auf die betrieblichen Arbeitsbeziehungen einzuwirken, konnten zu einer Konkurrenz für die eigenständige Sozialpolitik der Unternehmen werden. Dafür sind die vielen Konflikte mit der DAF in der Ausgestaltung des betrieblichen Alltags ein beredtes Zeugnis.[67] Diese Konflikte zeigen, daß die

[65] Ebd., S. 73.

[66] AOG. RGBL I, 1934, S. 45. In der Regel wurde der Alleineigentümer zum „Betriebsführer" bestimmt. Bei juristischen Personen (GmbH oder AG) oder bei Konstellationen, bei denen mehrere Personen Eigentümer waren (OHG), wurde empfohlen, ein Mitglied aus dem Kreis der gesetzlichen Vertreter zum „Betriebsführer" zu bestimmen. Vgl. *Wolfgang Spohn*, Betriebsgemeinschaft und innerbetriebliche Herrschaft, in: *Carola Sachse/Tilla Siegel/Hasso Spode (Hg.)*, Angst, Belohnung, Zucht und Ordnung. Herrschaftsmechanismen im Nationalsozialismus. Mit einer Einleitung von Timothy W. Mason, Opladen 1982, S. 140–208, hier S. 145ff. Die Firma Boehringer war eine GmbH, die Fortuna-Werke eine AG und Werner & Pfleiderer eine KG, so daß zu vermuten ist, daß die Bestellung der „Betriebsführer" nach dieser Empfehlung vollzogen wurde.

[67] Die Bereiche der nationalsozialistischen Lohnpolitik und Lohngestaltung, betrieblichen Familienfürsorge, des Werkwohnungsbaues und der betrieblichen Altersversorgung sind eingehend untersucht worden. Vgl. *Marie-Luise Recker*, Nationalsozialistische Sozialpolitik im Zweiten Weltkrieg, München 1985; *Carola Sachse*, Hausarbeit im Betrieb. Betriebliche Sozialpolitik unter dem Nationalsozialismus, in: *dies. u.a.*, Angst, S. 209–274; *dies.*, Betriebliche Sozialpolitik als Familienpolitik in der Weimarer Republik und im Nationalsozialismus. Mit einer Fallstudie zur Firma Siemens, Berlin/Hamburg 1987; *Tilla Siegel*, Leistung und Lohn in der nationalsozialistischen „Ordnung der Ar-

DAF trotz der im AOG festgeschriebenen Herrschaftsstellung des „Betriebsführers“, welche aus seiner Entscheidungsbefugnis „in allen betrieblichen Angelegenheiten“ (§2,1 AOG) resultierte, nicht generell gewillt war, die Festsetzung der betrieblichen Sozialleistungen allein dem Unternehmer zu überlassen. Für zusätzliche Brisanz in den mit der DAF ausgetragenen Konflikten sorgten die Befugnisse sogenannter Reichstreuhänder der Arbeit. Nach der Abschaffung der Tarifautonomie von Unternehmern und Gewerkschaften wurden diese Reichstreuhänder zuständig für die Festsetzung der Löhne und Gehälter; jede noch so kleine Lohnerhöhung mußte von ihnen genehmigt werden, es sei denn, sie wurde als betriebliche Sozialleistung kaschiert. In Zeiten verstärkten Arbeitskräftemangels – und davon war die Maschinenbaubranche seit 1936 betroffen – und wachsender Neigung der Arbeitskräfte zur Abwanderung in besser bezahlende Betriebe anderer Branchen (Flugzeugindustrie etc.) wurden die betrieblichen Sozialleistungen für die Unternehmensleitungen zunehmend wichtig. Deswegen erhielten die Auseinandersetzungen mit der DAF eine solche Bedeutsamkeit.

Gewiß standen viele während der NS-Zeit ergriffenen sozialen Maßnahmen der drei Betriebe in einem engen Zusammenhang mit dem von der DAF ausgeschriebenen „Leistungskampf der deutschen Betriebe“ und den verschiedenen von ihr vergebenen Auszeichnungen. Mittels detaillierter Forderungskataloge, in dem spätestens seit Kriegsbeginn immer stärker der Aspekt der Leistungssteigerung des Einzelnen und die betrieblichen Maßnahmen hierzu in den Vordergrund rückten, konnte die DAF Betriebsinterna abfragen und zugleich ihren totalitären Anspruch auf die Regelung der innerbetrieblichen Angelegenheiten untermauern.[68] Die Firma Boehringer nahm an dem Wettbewerb bereits im ersten Wettkampfjahr 1937/38 teil, und für die Jahre 1939/40 und 1942 bezeugen ihre „Leistungsberichte“ ebenfalls eine Teilnahme.[69]

Von den Fortuna-Werken und von Werner & Pfleiderer sind nur Berichte aus dem Jahr 1940/41 überliefert.[70] Diese Quellenlage läßt keinen Rückschluß darauf zu, wie oft sich die drei Betriebe tatsächlich am „Leistungskampf der deutschen Betriebe“ beteiligt haben. Nur die Firma Fortuna wurde 1942 als natio-

beit“, Opladen 1989, *dies.*, Rationalisierung statt Klassenkampf. Zur Rolle der Deutschen Arbeitsfront in der nationalsozialistischen Ordnung der Arbeit, in: *Hans Mommsen/Susanne Willems* (Hg.), Herrschaftsalltag im Dritten Reich. Studien und Texte, Düsseldorf 1988, S. 97–224; *Wolfgang Spohn*, Betriebsgemeinschaft und Volksgemeinschaft. Die rechtliche und institutionelle Regelung der Arbeitsbeziehungen im NS-Staat, Berlin 1987.

[68] Grundlegend *Frese* (wie Anm. 7), Betriebspolitik; vgl. auch *Jürgen Reulecke*, Die Fahne mit dem goldenen Zahnrad: Der „Leistungskampf der deutschen Betriebe“ 1937–1939, in: *Detlev Peukert/ders.* (Hg.), Die Reihen fast geschlossen. Beiträge zur Geschichte des Alltags unterm Nationalsozialismus, Wuppertal 1981, S. 245–269. Zu den Auszeichnungen im Krieg vgl. *Mathias Frese*, Vom NS-Musterbetrieb zum Kriegsmusterbetrieb. Zum Verhältnis von Deutscher Arbeitsfront und Großindustrie 1936–1944, in: *Wolfgang Michalka* (Hg.), Der Zweite Weltkrieg. Analysen, Grundzüge, Forschungsbilanz, München/Zürich 1989, S. 382–401.

[69] Leistungsberichte 1937/38 und 1939/40. StAL, EL 902/8 Bü 16/1/15066; Leistungsbericht 1942. WABW, B 10, Bü 305.

[70] Für Fortuna: Archiv des Fortuna-Betriebsrates; für Werner & Pfleiderer: WABW, B 11, Bü 310.

nalsozialistischer Musterbetrieb ausgezeichnet,[71] die beiden anderen Unternehmen mußten sich mit „Leistungsabzeichen“ und „Gaudiplomen“ begnügen.[72] Insbesondere im Bereich der Freizeitgestaltung gelang es der DAF, sich bei den Firmen Boehringer, Fortuna und Werner & Pfleiderer fest als Partner der Unternehmensleitungen zu etablieren. Die Organisation von Freizeit- und Feierabendveranstaltungen überließen sie weitestgehend der NS-Organisation. „Kameradschaftsabende“, Betriebssport, Betriebsausflüge sowie Theater- und Musikveranstaltungen waren feste Bestandteile im Betriebsalltag der drei württembergischen Unternehmen.[73] Alle diese Aktionen dienten dem Ziel, Werksverbundenheit und Loyalität zu erzeugen und zu festigen. Sowohl die DAF als auch die Unternehmer erhofften sich davon Arbeitszufriedenheit und Leistungsbereitschaft der Arbeitnehmer. Die Frage nach der tatsächlichen Integrationskraft solcher Betriebsveranstaltungen muß indes offen bleiben. Zum einen sind Äußerungen von Arbeitnehmern der hier untersuchten Betriebe nicht überliefert; zum anderen ist zu bedenken, daß Betriebsfeiern und Werkausflüge trotz ihres geselligen Charakters offizielle Veranstaltungen waren und – wie M. Rainer Lepsius betont – „institutionellen Charakter“ trugen. Deshalb wäre es verfehlt, die Berichte über eine stets harmonische Gemeinschaft etwa beim „Kameradschaftsabend“ wortgläubig als „Ausdruck besonderer gegenseitiger Verbundenheit oder Interesses an der Gemeinschaft“ zu werten.[74]

Weder bei den Freizeitveranstaltungen noch beim „Leistungskampf“ oder den betrieblichen Sozialleistungen sind bei den hier behandelten Unternehmen Konflikte zwischen Unternehmensleitung und NS-Organisation in den Quellen nachzuweisen. Dies lag sicherlich mit am Interesse, welches Unternehmer im Zeichen knapper Arbeitskräfte und festgelegter Löhne mit Angeboten betrieblicher Sozialleistungen verbanden. Inwieweit die Initiativen der DAF für die Unternehmer etwas qualitativ Neues gewesen sind, ist aber schwer abzuschätzen.

Die Verweise der Unternehmer auf ihre schon vor dem Machtantritt der Nationalsozialisten bestehenden Lehrlingsabteilungen und betrieblichen Sozialleistungen deuten darauf hin, daß die proklamierten Neuerungen der DAF auf Betriebsebene so neu nicht waren. Zu den lange vor 1933 eingeführten sozialpolitischen Maßnahmen zählte etwa die Fortuna-Firmenleitung den 1918/19 eingeführten Neun-Stunden-Arbeitstag und die 1904 gebaute Werkskantine ebenso wie Werksfeiern, Hochzeitsbeihilfen und eine betriebliche Al-

[71] StAL, EL 902/20 Bü 37/05/4073.

[72] Firma Boehringer: Leistungsabzeichen für vorbildliche Berufserziehung (1938), „Gaudiplom für hervorragende Leistungen“ (1939–1942), Anerkennungurkunde für den „erbrachten Leistungseinsatz im bisherigen Kriegsverlauf“ (1943); Firma Fortuna: Leistungsabzeichen für vorbildliche Berufserziehung (1937), Gaudiplom (1938–1940), NS-Musterbetrieb (1942); Firma Werner & Pfleiderer: Leistungsabzeichen für vorbildliche Berufserziehung (1942), Gaudiplom (1941 und 1942).

[73] Vgl. hierzu die Leistungsberichte der drei Firmen sowie Unterlagen in den Entnazifizierungsakten.

[74] *M. Rainer Lepsius*, Strukturen und Wandlungen im Industriebetrieb. Industriesoziologische Forschung in Deutschland, München 1960, S. 26. Vgl. jedoch die Darstellung von Berghoff/Rauh-Kühne zur ausgeprägten Betriebsverbundenheit, die der Nazi-Unternehmer Fritz Kiehn durch seine soziale Betriebspolitik erzielte und die ihm über den Systemumbruch von 1945 hinaus die Loyalität der Belegschaft verschaffte. *Berghoff/Rauh-Kühne* (wie Anm. 2), Fritz K.

tersversorgung.[75] Ebensowenig läßt sich klären, ob gewisse bauliche Maßnahmen wie der Neu- oder Ausbau von Wasch- und Aufenthaltsräumen, sanitären Anlagen und Kantinen nicht ohnehin im Zuge der Werkserweiterung und der fälligen Modernisierungsmaßnahmen durchgeführt worden wären und nun von der DAF als Erfolg reklamiert wurden.

Deutlich wird die Schwierigkeit, im Einzelfall zwischen unternehmensspezifischem Ziel und nationalsozialistischer Zielsetzung zu unterscheiden. Oder anders gewendet: Deutlich wird, wie geschickt es das NS-Regime verstand, wirtschaftliche und soziale Interessen der Unternehmer für seine politischen Ziele zu instrumentalisieren.[76] Das zeigen nicht zuletzt die Reaktionen der Unternehmer nach Kriegsende. Sowohl Boehringer als auch Knorr und Fahr stellten die DAF-Initiativen nach 1945 als genuine Leistungen ihrer Betriebe und nicht der DAF dar. Wenn man eine „vorbildliche Lehrwerkstatt" und einen „mustergültigen Betrieb" gehabt habe, so sei es während der NS-Zeit „selbstverständlich" gewesen, daß sich „die sozialen Einrichtungen mit denen der DAF deckten", gab etwa Rolf Boehringer 1948 zu Protokoll.[77] Dies, so seine Einschätzung, sei aber doch nicht als „Schuld" anzusehen. Einen ähnlichen Standpunkt vertrat Richard Werner, Gesellschafter bei Werner & Pfleiderer. Er ließ 1948 über seinen Rechtsanwalt erklären, daß sich im Bereich der betrieblichen Sozialpolitik die „NSDAP die Erfolge angesehener Unternehmen auf ihr NS-Konto buchte," weswegen es grundsätzlich falsch sei, aus den umfangreichen sozialpolitischen Maßnahmen seiner Firma den Schluß zu ziehen, diese habe die „Anerkennung als Musterbetrieb durch die Partei angestrebt oder gar betrieben".[78] Unternehmens- und Regimeinteressen gingen weitgehend konform, die Instrumentalisierung der betrieblichen Sozialpolitik im Sinne der NS-Gesellschaftspolitik wurde von den verantwortlichen Unternehmern nicht gesehen. So glaubte Rolf Boehringer, daß ihm als Unternehmer trotz vielfältiger Eingriffe des NS-Regimes dennoch Freiräume für eine eigenständige, von den Bestrebungen der DAF und der Partei unabhängige Sozialpolitik geblieben seien. Als Beispiel nannte er die Maßnahmen seiner Firma im Bereich „Siedlungswesen". Daß ihr trotz nachweislich „großer Aufwendungen" das „Leistungsabzeichen für vorbildliche Wohnstätten" nicht verliehen worden sei, führte Rolf Boehringer nach Kriegsende darauf zurück, daß man „diese Bauten aus eigener Initiative und ohne Einschaltung der Partei" erstellt hatte. Zwar hätte er sich über diese Anerkennung gefreut, gab er in seinem Spruchkammerverfahren zu; aber etwas „auf diesem Gebiet zu leisten", sei für ihn wichtiger gewesen, als „ein Plakat mehr am Fabrikgebäude anbringen zu können".[79] Ein propagandistisch nützliches Ergebnis indes, nämlich den Bau verschiedener Häuser und Wohnungen für verdiente Belegschaftsangehörige, hatte die DAF bzw. das NS-Regime dennoch erreicht.

[75] Leistungsbericht der Firma Fortuna 1940/41. Archiv des Fortuna-Betriebsrates.
[76] *Erker* (wie Anm. 4), Industrie-Eliten, S. 75.
[77] StAL, El 902/8 Bü 16/1/15066. Hier auch das folgende Zitat.
[78] StAL, EL 902/20 Bü 37/913445.
[79] Berufungsantrag Boehringers, 18.11.1945. StAL, EL 902/8 Bü 16/1/15066.

Gewiß lag auch den Unternehmern an betrieblichen Sozialleistungen. Sie versprachen leistungsbereitere, fügsame Arbeitskräfte. Rolf Boehringer etwa bestritt nicht, daß die vielfältigen DAF-Initiativen bei ihm auf positive Resonanz gestoßen waren. Das „soziale Programm der NSDAP, propagiert durch Schönheit der Arbeit, Berufserziehung, Zusammenarbeit aller Werktätigen in Betrieb und Büro, Siedlungsbauten etc.“ habe seiner „Einstellung“ zum Beruf entsprochen, und auf diese Ziele habe er „mit Überzeugung hingearbeitet“.[80] Die Indienstnahme der eigenen Person oder des Betriebes durch die NS-Propaganda – etwa durch die DAF-Aktivitäten „Schönheit der Arbeit“ oder den „Leistungskampf der deutschen Betriebe“ – aus politischen oder anderen Gründen zu verweigern, zogen die drei Unternehmer nicht in Erwägung. Für sie scheint es nicht möglich gewesen zu sein, sich hier dem totalitären Anspruch des Regimes zu entziehen – und dies nicht so sehr weil es zu gefährlich gewesen wäre, als vielmehr weil es zu „sozialen Aporien im kleinen Bereich des Alltagslebens“ geführt hätte.[81]

Das von Hans Buchheim beschriebene Dilemma, sich dem Gesamtanspruch des NS-Regimes kaum entziehen zu können, ohne zugleich das normale Sozialempfinden der Beschäftigten zu verletzen, führte im betrieblichen Alltag „viel öfter zu konformistischem Verhalten (...) als die Angst vor Überwachung und Denunziation“ oder die Sympathie für die NSDAP und ihre Ziele.[82] Wer sich als Unternehmer etwa den DAF-Initiativen fernzuhalten versuchte, nachdem diese Organisation sich in immer weiteren Bereichen des Betriebes fest etabliert hatte, galt auch in den Augen seiner Mitarbeiter als Sonderling, der sich anormal verhielt, oder gar als asozialer „Betriebsführer“.[83] Die rassistische bzw. „rassenhygienische“ Fundierung der nationalsozialistischen Sozialpolitik wurde dabei stillschweigend akzeptiert und im Betrieb umgesetzt. Die betriebliche Leistungshierarchie verwies ja nicht nur auf die aufgrund ihrer Arbeitsleistung und ihrer „rassischen“ Eigenschaften besonders zu unterstützenden Belegschaftsangehörigen, sondern am unteren Ende der Skala auch auf die Leistungsunfähigen oder -unwilligen, die man sozialpolitisch aussondern wollte. Aus diesem Grund kamen betriebliche und soziale Verbesserungen, die aufgrund von DAF-Initiativen oder aus sozialem Engagement der Unternehmer durchgeführt wurden, nur diejenigen Beschäftigten zugute, die nach NS-Kriterien als „rassisch

[80] Ebd.

[81] *Hans Buchheim*, Die Lebensbedingungen unter totalitärer Herrschaft, in: *Karl Forster* (Hg.), Möglichkeiten und Grenzen für die Bewältigung historischer und politischer Schuld in Strafprozessen, Würzburg 1962, S. 89–106, S. 97.

[82] Ebd. Buchheim formulierte seine Überlegungen allgemein und nicht in bezug auf Unternehmer. Diesen ausdrücklichen Bezug stellte Cornelia Rauh-Kühne her. Vgl. *Dies.*, Die Unternehmer und die Entnazifizierung der Wirtschaft in Württemberg-Hohenzollern, in: *dies./Ruck* (Hg.), Eliten (wie Anm. 2), S. 305–331, hier S. 329f.

[83] Vgl. die Beispiele bei *Gabriele Bluhm*, „Wirtschaft am Pranger“: Die Berichterstattung des württembergischen „Kampfblatts“ „Flammenzeichen“ über unangepaßtes Verhalten von Gewerbetreibenden, in: *Rauh-Kühne/Ruck* (Hg.) (wie Anm. 2), Eliten, S. 247–262, und bei *Cornelia Rauh-Kühne* (wie Anm. 7), Mittelständische Unternehmer.

wertvoll" galten.[84] Dem während des Krieges starken Anpassungszwang, welcher von der Arbeitskräftepolitik des NS-Regimes ausging, waren auch die drei württembergischen Unternehmen ausgesetzt. Die Belegschaften wuchsen stetig, doch war das verbunden mit einem tiefgreifenden Umbruch der bisherigen Belegschaftsstrukturen. Einberufungswellen und erzwungene Arbeitskräfteverschiebungen in Zweig- und Auslagerungsbetriebe zerrissen die gewachsenen Beziehungen. Die Betriebe mußten lernen, in Zukunft mit schlechter qualifizierten Arbeitskräften auszukommen. Zu diesem Anpassungszwang gehörte auch der steigende Einsatz von Kriegsgefangenen und Zwangsarbeitern, um die wachsenden Ausfälle von Stammarbeitern zu kompensieren. Im Herbst 1939 sah sich das NS-Regime angesichts des bedrohlichen Ausmaßes des Arbeitskräftemangels vor die Alternative gestellt, entweder deutsche Frauen dienstzuverpflichten oder ausländische Kräfte zum „Arbeitseinsatz" ins Reich zu bringen. Trotz der damit verbundenen ideologischen und sicherheitspolitischen Problemen entschied sich die NS-Führung für die zwangsweise Rekrutierung von ausländischen Kräften. Kriegswirtschaftlich schien diese Maßnahme ebenso geboten wie zur Loyalitätssicherung gegenüber der deutschen Bevölkerung. Sie verstieß aber in eklatanter Weise gegen die nationalsozialistische Rassenideologie.[85] Die NS-Ausländerpolitik versuchte diesen Widerspruch zu kompensieren, indem sie die Belegschaften in den Betrieben nunmehr nach „rassischen", das heißt nationalen Zugehörigkeitskriterien staffelte. Ganz oben in der betrieblichen „Rassenhierarchie" stand „der deutsche Arbeiter", gefolgt von Arbeitern „germanischer" Abstammung, etwa Dänen oder Holländern, am untersten Ende der Skala standen die polnischen und sowjetischen Zwangsarbeiter und Kriegsgefangenen. Die Lebens- und Arbeitsbedingungen der einzelnen ausländischen Arbeitergruppen richteten sich nach ihrer Stellung in dieser Hierarchie. Die drei württembergischen Betriebe bildeten hier keine Ausnahme.[86]

Von den drei Unternehmern berief sich rückblickend nur Max Knorr, „Betriebsführer" der Firma Fortuna, auf grundsätzliche Bedenken gegen den Einsatz von Kriegsgefangenen und Zwangsarbeitern. Zum einen machte er persönliche Erfahrungen geltend, hatte er doch selber während des Ersten Weltkrieges zwei Jahre lang als Kriegsgefangener in Frankreich Zwangsarbeit verrichten müssen und so die „Einstellung der KG zur Arbeit in Feindesland" am eigenen Leib erfahren.[87] Zum anderen war er der Meinung, daß in seiner Branche durch

[84] Zur Verknüpfung von Arbeits- und Sozialpolitik mit Rassismus und Vernichtungspolitik: *Ulrich Herbert*, Fremdarbeiter. Politik und Praxis des „Ausländer-Einsatzes" in der Kriegswirtschaft des Dritten Reiches, Bonn ²1986; *ders.* (Hg.), Europa und der „Reichseinsatz". Ausländische Zivilarbeiter, Kriegsgefangene und KZ-Häftlinge in Deutschland 1938–1945, Essen 1991; *Sachse*, Sozialpolitik (wie Anm. 80).

[85] Zur Beschäftigung von ausländischen Zivilarbeitern und Kriegsgefangenen grundlegend und mit weiterführender Literatur: *Herbert* (wie Anm. 99), Fremdarbeiter.

[86] Dies zeigen die spärlichen Hinweise in den Spruchkammerakten. Andere Quellen fehlen. Vgl. StAL, 902/8 Bü 16/1/15066, Bü 37/05/4073 und 37/05/4073.

[87] Max Knorr an Spruchkammer Degerloch, 30.9.1947. StAL, EL 902/20 Bü 37/05/4073. Dort auch die folgenden Zitate.

berufsfremde, meist ungelernte Zwangsarbeiter nur „Hemmungen" entstehen würden. Erst nachdem ihm das Stuttgarter Arbeitsamt „kategorisch" erklärt habe, daß als Ersatz für Einberufene nur Ausländer in Frage kämen, habe auch die Firma Fortuna ausländische Arbeitskräfte eingesetzt. Knorrs anfangs ablehnende Haltung wurde in seinem Spruchkammerverfahren vom ehemaligen Fortuna-Betriebsleiter bestätigt.[88] Mochten zunächst betriebswirtschaftliche und produktionstechnische Bedenken gegen eine „Ergänzung" der Belegschaft durch ungelernte „Fremdarbeiter" sprechen, der immer spürbarer werdende Arbeitskräftemangel ließ bei Max Knorr die betriebspolitischen Bedenken rasch verschwinden.

In der sogenannten Blitzkriegsphase bis zum Sommer 1941 spielten ausländische Arbeitskräfte in den drei Unternehmen noch keine große Rolle. Erst nachdem der deutsche Vormarsch nach Osten 1942 gestoppt worden war und die Lücken in den Belegschaften durch die nun verstärkt einsetzenden Bemühungen um die Rekrutierung von Arbeitskräften in den besetzten westeuropäischen Ländern nicht geschlossen werden konnten, entstand der kriegswirtschaftlich motivierte Druck zum Einsatz sowjetischer Kriegsgefangener und Zwangsarbeiter.

Der Prozeß der Verstrickung der drei Unternehmer mit dieser verbrecherischen Arbeitseinsatzpolitik vollzog sich analog und damit schrittweise. In der ersten Zeit nach Kriegsbeginn waren in den drei Betrieben lediglich einige wenige Männer aus den besetzten west- sowie aus den südosteuropäischen Ländern im Arbeitseinsatz, in den Jahren ab 1941 stiegen die Zahlen der ausländischen Arbeitskräfte und der Kriegsgefangenen sprunghaft an.[89] Offenbar waren die Möglichkeiten zum Einsatz unqualifizierter Kräfte in der Maschinenbauindustrie mit ihrem hohen Anteil hochspezialisierter Kräfte sehr gering.

[88] Protokoll der öffentlichen Sitzung der Spruchkammer Degerloch, 25.2.1948. Ebd.

[89] Bei Werner & Pfleiderer von 34 (1940) auf 247 (1942) bei einer Gesamtbelegschaft von 1.305 (1940) bzw. 1.277 (1942); 1943 erhöhten sich diese Zahlen nochmals leicht auf 297 Kriegsgefangene und zivile Zwangsarbeiter bei einer Belegschaft von 1.268 Arbeitskräften. Ähnlich verlief die Entwicklung bei den beiden anderen Betrieben. Bei der Firma Boehringer verdoppelte sich von 1941 bis 1942 binnen eines Jahres die Zahl der eingesetzten Ausländer: von 170 (Gesamtbelegschaft 1941: 1.653) auf 359, davon 69 französische und 40 russische Kriegsgefangene (Gesamtbelegschaft 1942: 1.626). Im Folgejahr erhöhten sich die Zahlen weiter und erreichten mit 415 „Fremdarbeitern" und 108 Kriegsgefangenen ihren Höchststand (Gesamtbelegschaft: 1.651). Waren bei den Fortuna-Werken 1940 14 Ausländer (Gesamtbelegschaft: 962) in die Produktion eingebunden, stieg auch hier der Anteil der zivilen Zwangsarbeiter und der Kriegsgefangenen ab 1941 sprunghaft an. Binnen einen Jahres von 1941 (Gesamtbelegschaft: 999) bis 1942 (1.109) hatte sich die Zahl der Ausländer von 38 (1941) auf 131 mehr als verdreifacht. 1943 wurden erstmals 68 in der NS-Terminologie „Ostarbeiter" bzw. „Ostarbeiterinnen" genannte russische Zivilarbeitskräfte eingesetzt. Dadurch blieb die Ausländerquote auf dem Vorjahresniveau. 1944 meldeten die Fortuna-Werke – im Unterschied zu den beiden anderen Betrieben – bereits wieder rückläufige Zahlen. Neben zwei kriegsgefangenen Franzosen befanden sich dort „nur" noch 79 „Fremdarbeiter" im Arbeitseinsatz. Dennoch war die Ausländerquote aller drei Betriebe vergleichsweise gering. Leistungsbericht 1939/40. StAL, EL 902/8 Bü 16/1/15066; Leistungsbericht 1942. WABW, B 10, Bü 305 sowie Angaben in Bü 21, 329 und 347. Zahlen zur Gesamtbelegschaft der Fortuna-Werke aus: Fortuna 1903–1953, S. 147. Vergleichszahlen bei *Herbert* (wie Anm 99), Fremdarbeiter.

## III. Verhältnis zur NSDAP

### *1. Parteimitgliedschaft*

Während die drei württembergischen Unternehmer im wirtschaftspolitischen Lenkungsapparat des NS-Regimes aktiv wurden, übernahmen sie nie ein Amt oder eine Funktion innerhalb der NSDAP oder der ihr angegliederten Verbände. Derartige Posten waren für Rolf Boehringer, Max Knorr und Otto Fahr offenbar wenig prestigeträchtig. Sie hätten zudem einen großen Zeitaufwand erfordert, zu denen sich ein Industrieller – aller Volksgemeinschaftsideologie zum Trotz – nicht hingezogen fühlte.[90] Ungeachtet innerer Distanz zur Partei, reichte Rolf Boehringer 1939 sein Aufnahmegesuch bei der Göppinger Kreisleitung ein. Denkbar ist, daß die 1939 in greifbare Nähe gerückte Gefahr, als Nichtparteimitglied im wehrfähigen Alter eingezogen zu werden, für Boehringers Entschluß mitbestimmend war, die bis dahin geübte Distanz zur NSDAP aufzugeben. Er selbst aber begründete seinen Antrag auf Parteimitgliedschaft 1946 vor der Spruchkammer damit, daß er es seiner Firma ermöglichen wollte, „sog. Musterbetrieb" zu werden. Er habe nicht mehr länger ein „Hindernis für die Entwicklung des Betriebes oder dem Betrieb zukommende Ehrungen sein" wollen.[91] Boehringers Aufnahmeantrag deutet darauf hin, daß der Parteibeitritt für ihn vermutlich weniger politisches Glaubensbekenntnis als nüchterne Abwägung seiner geschäftlichen Interessen war.

So dürfte es auch bei den Unternehmern Knorr und Fahr gewesen sein. Max Knorr, „Betriebsführer" der Fortuna-Werke, wurde ebenfalls nach Kriegsbeginn, 1940, Parteimitglied, nachdem die DAF-Gauwaltung an ihn „herangetreten" war, weil bis zu diesem Zeitpunkt, wie er 1948 erklärte, „keine der leitenden Personen unserer Firma Pg. war" und der Betrieb deshalb bereits „unliebsam" aufgefallen sei. Auch Knorr gab zu Protokoll, geglaubt zu haben, „den Eintritt für mein Werk vollziehen zu müssen".[92] Außer Knorr traten zu diesem Zeitpunkt sein Kollege im Vorstand und der Technische Direktor der NSDAP bei.[93] Hingegen hatte sich Otto Fahr schon vor Kriegsbeginn zum Parteieintritt entschlossen. Doch standen auch in diesem Fall offenkundig geschäftliche Interessen im Vordergrund. So bezeugte nach Kriegsende ein Vertreter der Mehrheitsbesitzerin des Unternehmens, der britischen Firma Baker Perkins Ltd., Otto Fahr sei 1937 auf ihr Anraten NSDAP-Mitglied geworden.[94] Offensichtlich versprach sich das britische Unternehmen davon einen wirksameren

[90] Zu diesem Ergebnis kommen auch *Lutz Niethammer*, Die Mitläuferfabrik. Zur Entnazifizierung am Beispiel Bayerns, Berlin/Bonn ²1982 (zuerst 1972 unter dem Titel: Entnazifizierung in Bayern. Säuberung und Rehabilitierung unter amerikanischer Besatzung), S. 557, und *Rauh-Kühne* (wie Anm. 97), Unternehmer und Entnazifizierung, S. 320.
[91] StAL, EL 902/8 Bü 16/1/15066.
[92] StAL, EL 902/20 Bü 37/05/4073.
[93] StAL, EL 902/20 Bü 37/17/6606 und Bü 37/05/4890.
[94] StAL, EL 902/20 Bü 37/17/7952.

Schutz seiner Auslandsbeteiligung, zumal von der sechsköpfigen Führungsriege von Werner & Pfleiderer bis zu diesem Zeitpunkt nur zwei das Parteibuch besaßen.

Eine aktive Teilnahme am parteipolitischen Geschehen könne im Leben eines Unternehmers sowieso nur eine untergeordnete Rolle spielen, äußerte Rolf Boehringer dagegen 1948 vor der Spruchkammer. Kein anderer „Wunsch und Ehrgeiz" habe ihn als Unternehmer erfüllt, so sein Credo, als seiner Aufgabe als Geschäftsführer des väterlichen Betriebes gerecht zu werden und „das meiner Leitung anvertraute Unternehmen auszubauen und gesund zu erhalten".[95] Diese Einstellung schloß Positionen im staatlichen Wirtschaftslenkungsapparat nicht aus. Funktionen als Arbeitsausschußleiter im Speerschen Apparat der „Industriellen Selbstverantwortung" waren für Boehringer offensichtlich geeignet, zugunsten der Unternehmensinteressen zu arbeiten. Dokumentierten Fahr und Knorr mit ihrem Parteieintritt 1937 bzw. 1940 zumindest äußerlich ihre Zustimmung zum NS-Regime, fehlte dieser Loyalitätsbeweis Rolf Boehringer bis Februar 1945. Ob tatsächlich, wie Boehringer später behauptete, Konflikte mit dem Göppinger Kreisleiter seiner Aufnahme im Wege standen, ließ sich nicht klären.[96] Seit 1939 zumindest Parteianwärter und zudem Geschäftsführer eines Unternehmens, das für das NS-Regime unter kriegswirtschaftlichen Gesichtspunkten erhebliche Bedeutung besaß, konnte er es sich leisten, gewisse betriebsbezogene Konflikte mit den örtlichen Parteidienststellen zu riskieren.

## 2. *Mitwirkung am NS-Wirtschaftslenkungsapparat*

Boehringers distanziertes Verhältnis zur Partei hatte für die ökonomische Position seines Betriebes – wie schon ausgeführt – keine negativen Folgen. Ebensowenig hatte es Auswirkungen auf sein Engagement oder seinen Einfluß in den NS-Wirtschaftsorganisationen. 1934/35 wurde Rolf Boehringer, seit 1933 Mitglied im Verein Deutscher Werkzeugmaschinenfabriken (VDW), als Beirat in die neu geschaffene Fachgruppe Werkzeugmaschinen berufen, 1935 übernahm er in dieser die Leitung der Fachuntergruppe Hobel-, Stoß- und Räummaschinen.

Solchermaßen als Fachmann ausgewiesen, wurde ihm im Speerschen System der Ausschüsse und Ringe 1942 die Leitung des gleichnamigen Arbeitsausschusses übertragen; zugleich übernahm er im selben Jahr mit der Leitung des Arbeitsausschusses Drehbänke die Verantwortung für ein weiteres Fachgebiet.[97] Nachdem Boehringer im November 1942 zudem die Leitung des Arbeitsringes Flüssigkeitsdruckgetriebe übertragen worden war,[98] stand er genau den drei

[95] StAL, EL 902/8 Bü 16/1/15066.

[96] Die von Boehringer in seinem Spruchkammerverfahren geltend gemachten Differenzen mit der NSDAP-Kreisleitung in Göppingen wurden von einem leitenden Mitarbeiter bezeugt. StAL, EL 902/8 Bü 15/1/15066.

[97] Spruchkammerakten Boehringer. Ebd.

[98] Schreiben Boehringers an Askania-Werke, 8.12.1942. WABW, B 10, Bü 26.

„Selbstverwaltungsorganen“ vor, denen die Steuerung der Boehringer-Haupterzeugnisse oblag: Hobelmaschinen, Drehbänke und Getriebe.

War es dem NS-Regime im Rahmen der industriellen Selbstverwaltung also gelungen, die Energie Boehringers für die deutsche Rüstungswirtschaft zu mobilisieren, setzten die damit primär verbundenen Aufgaben der Typenbereinigung und Spezialisierung Entwicklungen der überbetrieblichen Rationalisierungspolitik des Maschinenbaus seit den zwanziger Jahren fort.[99]

Vor allem wegen dieser scheinbar bruchlosen Kontinuität stand Rolf Boehringer voll Überzeugung hinter der wirtschaftspolitischen Entscheidung des NS-Regimes, ab 1942 eine Verminderung der Typen und damit die Rationalisierung im gesamten Werkzeugmaschinenbau zu forcieren. Leistungssteigerung durch Zusammenschluß, gemeinsame Konstruktionen und anschließende Aufteilung des Fertigungsprogrammes – dies waren „alte“ Prämissen der Rationalisierungspolitik des Maschinenbaus aus den zwanziger Jahren, und darin sah Rolf Boehringer 1939 die einzige Möglichkeit, den gestiegenen Bedarf an Werkzeugmaschinen befriedigen zu können.[100]

Mit diesen Forderungen befand sich Boehringer in grundsätzlicher Übereinstimmung mit den Zielen, welche die Rationalisierungsbewegung seit den zwanziger Jahren propagiert hatte. Ihre Notwendigkeit begründete er jedoch nicht mehr mit der wiederherzustellenden Wettbewerbsfähigkeit des deutschen Maschinenbaus, sondern mit dem Mangel an Rohstoffen und Arbeitskräften.[101] Insofern waren die Forderungen „alt“, ihr Kontext hatte sich jedoch grundlegend gewandelt. Boehringer konnte diese Haltung umso leichter einnehmen, als er sich mit seinem Unternehmen an der Spitze der nunmehr vom NS-Regime geforderten „Gemeinschaftsarbeits“-Projekte sah. Seinerzeit hatte der Zusammenschluß der vier Drehbankfabriken zu den VDF den Forderungen des Vereins Deutscher Maschinenbau-Anstalten (VDMA) zur Überwindung der nachinflationären Wirtschaftskrise entsprochen, 1942 sah sich Rolf Boehringer mit diesem Entschluß ein zweites Mal im Einklang mit wirtschaftspolitischen Forderungen. Der Zusammenschluß zu den VDF gelte heute zu Recht „als ein Musterbeispiel der Typisierung“, hieß es im Leistungsbericht des Unternehmens aus dem Jahr 1942.[102] So sah sich Rolf Boehringer insbesondere ab 1942 vor der Situation, daß seine Rationalisierungsideen für den Werkzeugmaschinenbau mit den Bedürfnissen des NS-Regimes parallel liefen. Seine Vorschläge nunmehr mittels staatlicher Hilfe in die Tat umsetzen zu können, könnte ein Motiv für die Kollaboration mit dem NS-Regime gewesen sein. Denn erst die besonderen Strukturen der NS-Lenkungswirtschaft machten es möglich, diese seit der Weimarer Republik bestehenden Bestrebungen durch behördliche Anordnungen

[99] Zur Kontinuität des Rationalisierungsgedankens vgl. *Siegel/Freyberg*, Industrielle Rationalisierung (wie Anm. 50), S. 170.

[100] *Rolf Boehringer*, Die Drehzahl-Normung und ihre wirtschaftliche Auswirkung in Drehbanken, Sonderdruck seiner Dissertation, Berlin 1939; vgl. *ders.*, Spezialisierung, Normung und Typung im deutschen Werkzeugmaschinenbau, in: Der Vierjahresplan 3 (1939), 18. Folge, S. 1067–1069.

[101] *Boehringer* (wie Anm. 118), Die Drehzahl-Normung, S. 27.

[102] Leistungsbericht 1942. WABW, B 10, Bü 305.

allgemein durchzusetzen. Die technische Modernisierung wurde – wenn auch als Rüstungstechnologie – vehement gefördert und vorangetrieben. Es scheint, als habe Rolf Boehringer in den steigenden Rüstungsanforderungen vor allem eine technologische und konstruktionspraktische Herausforderung gesehen.

Die Einrichtung von Ausschüssen und Ringen in Speers System der Rüstungsorganisation brachte die unternehmensübergreifende Organisierung der Serien- und Massenfertigung mit sich. Ihre vordringlichste Aufgabe war es, „eine Gleichschaltung der verschiedensten Interessen zu erhalten", und dafür zu sorgen, „daß die Betriebe durch gegenseitigen Austausch möglichst nur noch einen Gegenstand, diesen aber in größeren Serien fertigen".[103] Diesen Entschluß hatten die vier VDF-Firmen bereits 1927 gefaßt, so daß hier, so hofften die vier Firmen, keine größeren Eingriffe des NS-Regimes zu befürchten waren. Dem Unternehmensinteresse unmittelbar dienlich war, daß die Leitung der beiden für die Firma Boehringer relevanten Arbeitsausschüsse, nämlich Drehbänke und Hobelmaschinen, in denen die Konzentration der Entwicklungs- und Produktionskapazitäten der Hersteller auf die Rüstungsanforderungen koordiniert werden sollten, nicht der Konkurrenz überlassen werden mußte, sondern 1942 an Rolf Boehringer ging. Dasselbe gilt für den Bereich der Getriebe.

Im Konkurrenzkampf um die Zuteilung von Entwicklungs- und Produktionsaufträgen und um die Einstufung in die immer wieder neu konzipierten Dringlichkeitsprogramme, beim Kampf um möglichst große Anteile am knappen Rohstoff- und Arbeitskräftekontingent hatte der Unternehmer Rolf Boehringer mit diesen Funktionen einen entscheidenden Vorteil gegenüber seinen Konkurrenten. Denn in dem Maße, in dem der Markt ausgeschaltet war und der Wettbewerb nunmehr „in den Korridoren der Ministerien und in den Vorzimmern der planwirtschaftlich ausgerichteten Bürokratie" stattfand, so die treffende Beschreibung Paul Erkers, hatte derjenige die Nase vorn, der über „gute Beziehungen zu den entscheidenden Partei- oder Ministerienstellen verfügte".[104]

Als ehrenamtlicher Funktionär im NS-Wirtschaftslenkungsapparat fehlte es Boehringer daran nicht. Hier fiel ihm die Aufgabe zu, die Wirtschaftspolitik konkret auszugestalten, hier übernahm er Mitverantwortung für Stillegungen, Produktionsbeschränkungen und Arbeitskräfteumverteilung. Verantwortlich für die Bereiche Drehbänke und Hobelmaschinen, hatte er verschiedene Gelegenheiten, die staatliche Politik der Typenverminderung im Einzelfall so umzusetzen, daß Konkurrenten durch Stillegungsempfehlungen möglichst ausgeschaltet wurden und die Firma Boehringer von den so freigesetzten Arbeitskräften profitieren konnte.[105] In Göppingen, dem Firmenstandort, bzw. in dessen unmittelbarem Umkreis scheiterte dieses Vorhaben alllerdings zweimal. Im ersten Fall,

[103] Rede Speers vom 24.2.1942, zitiert nach: Anatomie des Krieges. Neue Dokumente über die Rolle des deutschen Monopolkapitals bei der Vorbereitung und Durchführung des zweiten Weltkrieges, hrsg. und eingeleitet von *Dietrich Eichholtz* und *Wolfgang Schumann*, Berlin (O) 1969, Dokumente, S. 383.

[104] *Erker* (wie Anm. 4), Industrie-Eliten, S. 30.

[105] Zum folgenden WABW, B 10, Bü 21, 22 und 23.

weil der zuständige Hauptausschuß Maschinen anders entschied. Dieser verbot zwar den Drehbankbau bei der Reichenbacher Firma Schöttle, verfügte jedoch den Einsatz der bisher bei Schöttle im Drehbankbau Beschäftigten für eine Teilfertigung von Boehringer-Maschinen, also ein von oben angeordneter Unterauftrag. Das andere Mal, weil Rolf Boehringer um seinen guten Ruf in seiner Heimatstadt Göppingen fürchten mußte. Nachdem dort bereits das Gerücht kursierte, daß „Boehringer die Firma Reichart & Scheuffelen stillegen lassen wolle, um die dort noch beschäftigten Arbeiter zu sich zu erhalten", zog es Rolf Boehringer vor, auf seine Zuständigkeit als Leiter des Arbeitsausschusses zu verzichten und für die Erledigung der Angelegenheit durch eine „neutrale Persönlichkeit" zu plädieren.[106] Die vor allem im selbständigen Mittelstand vorherrschende Befürchtung, daß in den Stillegungsmaßnahmen das Bestreben der Großen zum Ausdruck käme, die Kleinen zu schlucken und auf diesem Wege unter dem Vorwand der Kriegsnotwendigkeiten eine grundsätzliche Branchenbereinigung durchzuführen, wurde von der Betriebsleitung von Reichart & Scheuffelen geteilt. Während sie diesen Verdacht schon im Sommer 1942 äußerte, kam es reichsweit erst im Frühjahr 1943 zu einem ersten Höhepunkt der Beschwerdeflut. Im Juni desselben Jahres wurde die Stillegungsaktion dann stillschweigend in eine „Auskämmaktion" überführt, ohne daß dadurch jedoch nennenswert Arbeitskräfte freigesetzt worden wären.[107] In Göppingen und seiner unmittelbaren Umgebung wurde für Boehringer die Tatsache, daß er in Personalunion Ausschußleiter und erfolgreicher Unternehmer war, problematisch. Dem offenen Vorwurf, aus firmenpolitischen Interessen die Existenz einer anderen Firma aufs Spiel zu setzen, wollte er sich nicht aussetzen.

An seinem grundsätzlichen Einverständnis mit einer staatlichen Wirtschaftspolitik, die auf Typenverminderung und Spezialisierung setzte, änderte dies freilich nichts, auch dann nicht, als seine eigene Firma betroffen war. Im Zuge der allgemeinen Typenverminderung sollte 1942 auch der Marktführer in Sachen Drehbänke, die VDF, auf zwei Größen ihres Drehbanksortiments verzichten. Wie aus der überlieferten Korrespondenz Rolf Boehringers ersichtlich wird, war es vor allem seinem Verhandlungsgeschick und Einsatz sowie seinem persönlichem Kontakt zu den maßgebenden Stellen in Berlin zu verdanken, daß nach mehreren gescheiterten Verhandlungen doch noch rechtzeitig im Februar 1943 zwei geeignete und zur Zusammenarbeit bereite Firmen gefunden werden konnten, die in Zukunft die beiden Drehbankmodelle in Lizenz herstellen würden, welche aufgrund der Anfang 1942 verfügten Anordnung ab 1. Januar 1943 von den beiden VDF-Stammfirmen Boehringer und Franz Braun AG nicht mehr gebaut werden durften. Beide Lizenzfirmen sollten als reine Unterlieferanten für die VDF tätig werden, das heißt: Verkaufs- und Vertriebsrechte der Lizenzmaschinen lagen ausschließlich bei den VDF.[108] So war es der Firmengruppe

[106] Bericht Boehringers über die Firma Reichart & Scheuffelen vom 8.7.1942. WABW, B 10, Bü 22.

[107] Vgl. *Ludolf Herbst*, Der Totale Krieg und die Ordnung der Wirtschaft. Die Kriegswirtschaft im Spannungsfeld von Politik, Ideologie und Propaganda 1939–1945, Stuttgart 1982, S. 218ff.

[108] Bericht Rolf Boehringers über die „Voraussetzungen, die zum Vertragsschluß zwischen der Fa.

möglich, ihren Kunden auch weiterhin ihr gesamtes Drehbanksortiment anbieten zu können. Die Folgen dieser Typenbereinigung spürten diese führenden Werkzeugmaschinenhersteller wenn überhaupt in stark abgemilderter Form. Zudem war zeitgleich, im Januar 1943, auf einer Sitzung des Arbeitsauschusses Drehbänke in Weimar beschlossen worden, im Verlauf des Jahres 1943 den Bau von Universaldrehbänken zugunsten der forcierten Herstellung von Sondermaschinen drastisch einzuschränken, zugleich war aber vom Leiter der für Werkzeugmaschinen zuständigen Abteilung im Hauptausschuß Maschinen, Heinz Kiekebusch, vorgeschlagen worden, die wenigen 1943 noch zu produzierenden Universaldrehbänke sollten bevorzugt VDF-Maschinen sein. Rolf Boehringer als zuständiger Arbeitsausschußleiter war über diese Pläne im Vorfeld informiert worden. Die VDF-Maschinen sollten also auf „Wunsch" Kiekebuschs gleichsam das „Grundgerippe" der zukünftigen Universaldrehbankproduktion darstellen, und dies ungeachtet des bestehenden Produktionsverbotes für bestimmte VDF-Drehbankmodelle bei den bisherigen Herstellerfirmen.[109] Diesem „Wunsch" sollte offensichtlich durch Lizenzfertigungen entsprochen werden. Aufgrund der für die VDF-Gruppe damit verbundenen Perspektive einer reichsweit beherrschenden Stellung auf dem Drehbanksektor, die ihnen gleichsam staatlicherseits offeriert wurde, kann es deshalb kaum verwundern, daß es der Unternehmer und Ausschußleiter Rolf Boehringer geradezu als seine „Pflicht" empfand, den Ausfall der durch die Typenverminderung bei den Stammfirmen nicht mehr produzierten Modelle durch Lizenzfertigungen aufzufangen.

Hier zeigt sich deutlich, daß die von den „Selbstverwaltungsorganen" der Wirtschaft durchgeführte Typenbereinigung dem führenden Drehbankhersteller zugute kam. Die Suche nach geeigneten Lizenzherstellern konnte Boehringer daher stets problemlos mit den wirtschaftspolitischen Erfordernissen legitimieren. Der Vertragsabschluß mit den beiden Lizenzbetrieben habe sich „vollkommen in den Richtlinien des BfM für die Typnormung, der Zielsetzung des Leiters des Arbeitsausschusses Sondermaschinen, Herrn Dir. Haverbeck, zur Einführung von Bestfertigungsverfahren und den Wünschen von Heinz Kiekebusch vom Reichsministerium für Bewaffnung und Munition nach einheitlichen Konstruktionen" entwickelt, erklärte Boerhinger im März 1943.[110] Ob und inwieweit die von den „Selbstverwaltungsorganen" durchgeführte Typenverminderung generell zugunsten der führenden Hersteller verlief, können nur weitere Branchenstudien zeigen. Das Beispiel Rolf Boehringer und der VDF-Gruppe scheint in diese Richtung zu weisen. Im Interesse seines Unternehmens und der VDF-Gruppe tätig zu werden, die engen Handlungsspielräume für die eigenen Zwecke zu nutzen, wie dies Rolf Boehringer getan hat, stand offensichtlich im Einklang mit den Aufgaben, die ihm mit der Leitung der Arbeitsausschüsse

Gebr. Boehringer und den Firmen Dolze & Slotta bezw. Liebert & Gürteler geführt haben", 13.3.1943. WABW, B 10, Bü 23.

[109] Ebd.

[110] Ebd.

übertragen worden waren. Für Max Knorr und Otto Fahr, die beiden anderen württembergischen Unternehmer-Funktionäre, dürfte dies ebenso zutreffen. Denn beide leiteten die Arbeitsausschüsse, denen die Steuerung der Hauptprodukte ihrer Firmen oblag. Max Knorr übernahm 1942 die Leitung des Arbeitsausschusses Schleifmaschinen innerhalb des Hauptausschusses Maschinen, Otto Fahr führte ab 1934 die Fachgruppe (später Arbeitsausschuß) Maschinen für die Nahrungs- und Genußmittelindustrie,[111] in den Jahren 1941 bis 1942 war er zudem Bezirksbeauftragter des Hauptausschusses Wehrmachtgerät.[112]

Während die staatliche Wirtschaftslenkung im Krieg für die Unternehmen weitere Einschränkungen brachte, erreichte umgekehrt die Einflußnahme von Industriellen auf das von Todt und Speer initiierten System der „industriellen Selbstverantwortung" ihren Höhepunkt. Die oberste Entscheidung lag zwar weiterhin bei der „Politik", bei Hitler, Göring oder Speer, aber die einem Entschluß zugrundeliegenden Vorschläge stammten in der Regel von den Ausschüssen und Ringen, in denen führende Manager saßen. Unter den Bedingungen der Autarkie- und Rüstungswirtschaft, so analysierte Martin Broszat, sei die entscheidende wirtschaftliche Rolle in zunehmendem Maße jenen leitenden Angestellten von Großunternehmen zugefallen, die „ihre Rolle als Industrieführer erfolgreich mit der gleichzeitigen Rolle von wirtschaftspolitischen Funktionären des Regimes zu verbinden wußten".[113] Profitiert haben beide Seiten: dem NS-Regime gelang es durch die „Instrumentalisierung von professionellen Konzernmanagern"[114] weitgehend erfolgreich, den Transfer von Fachwissen der Industrie in die nationalsozialistische Wirtschaftspolitik zu organisieren; ein Funktionärs-Unternehmer wie Rolf Boehringer versuchte, Unternehmensinteressen abzuschirmen und die kriegswirtschaftlich orientierte Produktionspolitik zu seinen Gunsten zu beeinflussen. Das Betriebsinteresse an Umsatz, Gewinn und Marktanteilen scheint den Ausschlag gegeben zu haben, sich persönlich in die Organisation der Kriegswirtschaft einzubringen. Daß hier realistische Handlungsalternativen bestanden hätten, liegt auf der Hand. Sie wurden weder von Boehringer noch von Fahr oder Knorr genutzt. So war beispielsweise Otto Fahrs Berufung zum Rüstungsobmann 1942 erfolgt, ohne daß man zuvor sein Einverständnis eingeholt hatte. Daraufhin wandte sich Fahr u.a. an Albrecht Fischer, einen der führenden württembergischen Köpfe in der Widerstandsbewegung um Goerdeler, und fragte diesen um Rat, ob er diese Ernennung annehmen solle.[115] Ein Nein wäre hier möglich gewesen. Ein anderer Grund, Positionen in

[111] Gliederung des Haupausschusses Fertigungseinrichtungen 1944. WABW, B 10, Bü 20; Spruchkammerakten Fahr. StAL, EL 902/20 Bü 37/17/7952. Im Unterschied zu Boehringer finden sich weder in den Firmenunterlagen noch in den Spruchkammerakten Akten zu diesen Tätigkeiten Knorrs und Fahrs.

[112] Spruch im Entnazifizierungsverfahren Otto Fahrs v. 21.6.1948. StAL, EL 902/20 Bü 37/17/7952.

[113] *Martin Broszat*, Grundzüge der gesellschaftlichen Verfassung des Dritten Reiches, in: *ders./Horst Möller* (Hg.), Das Dritte Reich. Herrschaftsstruktur und Geschichte, München ²1986. S. 38–63, hier S. 50.

[114] *Erker* (wie Anm. 4), Industrie-Eliten, S. 28.

[115] Bescheinigung von Albrecht Fischer, 13.6.1946. StAL, EL 902/20 Bü 37/17/7952. Zur Rolle Fi-

der „Industriellen Selbstverwaltung“ wieder aufzugeben oder gar nicht erst anzunehmen, war „Arbeitsüberlastung“. Damit hatte Rolf Boehringers Vorgänger im Amt des Arbeitsringleiters Flüssigkeitsdruckgetriebe seinen Rückzug begründet; dies wurde akzeptiert und ein neuer Mann für die vakante Position gesucht.[116] Die Funktionsfähigkeit des Regimes freilich wäre vom individuellen Verzicht kaum berührt worden, denn entsprechende Ersatzmänner waren stets problemlos zu finden, wie nicht zuletzt das Beispiel Rolf Boehringer gezeigt hat.

## III. Innere Abkehr vom NS-Regime und Entnazifizierungsschicksal

### *1. Krisenmanagement 1943/44*

Daß es zwischen Industriellen und dem niedergehenden NS-Regime Differenzen gegeben hat, ist nicht weiter verwunderlich. Zunehmend kollidierten die Überlebensziele der Unternehmer mit den Interessen der NS-Führung. Bis Mitte der dreißiger Jahre, so analysiert Paul Erker, habe die „Interessenkomplementarität“ zwischen NS-Regime und Industrie die gleichzeitig auftretenden „industrie- und unternehmensstrukturellen Verwerfungen“ in der Regel überdeckt; spätestens seit 1942, als sich das NS-Regime nach den militärischen Rückschlägen in Rußland auf einen langen Verschleiß- und Materialkrieg einstellen mußte und sich zu einer eindeutigen Ausrichtung der gesamten Gesellschaft und insbesondere der Wirtschaft auf die Erfordernisse des Krieges gezwungen sah, seien diese zuvor verdeckten Diskrepanzen und Widersprüche „scharf zutage“getreten.[117] Die meisten Industriellen kündigten daraufhin den auf dem Kriegswirtschafts- und Rüstungssektor bestehenden „Herrschaftskompromiß“ innerlich auf, ohne sich jedoch offen daraus zurückzuziehen. Unter dem Deckmantel der Produktionsanstrengungen begannen viele Unternehmensleitungen eine neue Phase der Planung und Orientierung mit Blick auf eine Nachkriegszeit ohne Nationalsozialisten.[118] Während die Industrie das Weiterfunktionieren der Rüstungsproduktion gewährleistete – die Rüstungsendfertigung erreichte im Juli 1944 ihren absoluten Höhepunkt während des Zweiten Weltkrieges[119] – drängte sich zugleich die Sorge um die Zukunft und die Wahrung der Betriebs-

schers: *Joachim Scholtyseck*, Robert Bosch und der liberale Widerstand gegen Hitler 1933–1945, München 1999.

[116] Vgl. Schreiben Rolf Boehringers an Askania-Werke, 8.12.1942. WABW, B 10, Bü 26.

[117] *Erker* (wie Anm. 4), Industrie-Eliten, S. 67.

[118] Vgl. ebd.

[119] Vgl. *Rolf Wagenführ*, Die deutsche Industrie im Kriege 1939–1945, hg. vom Deutschen Institut für Wirtschaftsforschung, Berlin 1954, S. 178.

interessen in den Vordergrund. Als sich die deutsche Kriegsniederlage abzuzeichnen begann, bewiesen Rolf Boehringer, Max Knorr und Otto Fahr ein hohes Maß an Umsicht und Vorausschau, um ihre unternehmerische Stellung und die Zukunft ihrer Betriebe zu schützen. Das umfassendste Krisenmanagement betrieb die Stuttgarter Firma Fortuna. Um vor allem das Anlagevermögen vor den alliierten Luftangriffen zu schützen und in Sicherheit zu bringen, hatte die Firmenleitung seit 1943/44 die umsatzstärksten und damit wichtigsten Erzeugnisse verlagert. Anfang September 1944 begann die Unternehmensleitung um Max Knorr mit der vorsorglichen „Rückholung" – sprich Verlagerung ins militärisch sichere Reichsgebiet – ihres an der Westfront stark exponierten Zweigwerkes Losheim. Die kriegswichtige Produktion von Sonderschleifmaschinen und -spindeln wurde in beschlagnahmten Räumen der Seidenstoffspinnerei Markgröningen sowie in einer Donzdorfer Baumwollspinnerei fortgesetzt.[120]

Nach Zerstörungen durch Luftangriffe gab es offensichtlich Bestrebungen der NS-Wirtschaftslenkungsorgane, die Meßgerätefertigung „im Zuge der Typisierung und Zusammenlegung der Fabrikation" ganz einzustellen. Um dies zu verhindern, forcierte man bei Fortuna – letztlich erfolgreich – die Suche nach einem Ausweichstandort.[121] Auf einen Teil der Fertigung zu verzichten – was es sehr schwierig machte, nach dem Krieg die Produktion wieder aufnehmen zu können –, war man angesichts der aussichtslosen militärischen Lage im Frühjahr 1944 nicht bereit. Nach den verheerenden Luftangriffen vom Februar 1944 mußte das Unternehmen auch Abteilungen evakuieren, die nicht direkt in die Produktion eingebunden waren. Das Technische Büro, die Modellschreinerei, den Ein- und Verkauf brachte man ebenfalls in umliegenden Dörfern und Kleinstädten unter.[122]

Für die Firma Werner & Pfleiderer, ebenfalls in Stuttgart ansässig, ist ein solch großangelegtes Krisenmanagement nicht überliefert. Obwohl von den alliierten Luftangriffen auf den Großraum Stuttgart ebenso betroffen wie Fortuna, verlagerte man lediglich die nach dem verheerenden Luftangriff auf Stuttgart vom Februar 1944 vollständig ausgebrannte Modell- und Geräteschreinerei, welche sich noch am alten Firmenstandort Bad Cannstatt befunden hatte, an einen weniger gefährdeten Standort außerhalb Stuttgarts.[123] Für die Unternehmensleitung der Firma Boehringer in Göppingen ergab sich aufgrund ihres weniger gefährdeten Standortes keine Notwendigkeit zu Verlagerungen. Die Produktionsanlagen überstanden den Krieg unbeschadet.

[120] WABW, Bestand Fortuna, Ordner: Rückholung ZL und ZM.
[121] WABW, Bestand Fortuna, Karton. Losheim II, Mappe „Leuze".
[122] Fortuna 1903–1953, S. 126ff.
[123] Otto Fahr an Reichskommissar für die Behandlung feindlichen Vermögens, 12.4.1944. BA/K, R 87/1178.

## 2. Konspirativer „Fahr-Kreis"

Wagten führende Großindustrielle erst angesichts des bevorstehenden Zusammenbruchs und der beginnenden Auflösung des Regimes, sich vom Regime zu lösen, so gilt dies für Leiter kleinerer Unternehmen wie Boehringer, Knorr und Fahr gleichermaßen.[124] Rettung der Vermögenssubstanz ihrer Betriebe vor der Zerstörungswut Hitlers und die Vorbereitung auf eine von NS-Eingriffen freie, konkurrenzwirtschaftliche Friedensproduktion waren auch bei ihnen die leitenden Motive im letzten Kriegsjahr. Unternehmensinteresse und die Ziele der NS-Rüstungswirtschaft drifteten erkennbar auseinander.

Dafür sprechen auch die Ende 1943 und verstärkt 1944 zu beobachtenden Aktivitäten und Maßnahmen des Rüstungsobmannes Otto Fahr, die sich vor allem gegen die Bestrebungen des Wehrkreisbeauftragten richteten. Otto Fahr, Spitzenmanager von Werner & Pfleiderer, war im Spätherbst 1942 zum Rüstungsobmann ernannt worden und war damit Mitglied der unter Albert Speer neu geschaffenen regionalen Rüstungskommission, in der die dem Rüstungsminister nachgeordneten Dienststellen und die „Selbstverwaltungsorgane" der Wirtschaft auf regionaler Ebene zusammengefaßt wurden. Der Rüstungsobmann sollte in der Rüstungskommission die Interessen der Industrie vertreten, außerdem oblag ihm die Zusammenfassung der Bezirksbeauftragten von Ausschüssen und Ringen „im Sinne einer technischen Koordinierung".[125] Mit diesem Amt war Otto Fahr zugleich Leiter der Industrieabteilung der Gauwirtschaftskammer, deren Apparat er sich bei der Durchführung seiner Aufgaben als Rüstungsobmann bedienen konnte.[126] Von verschiedener Seite wurde Otto Fahr nach Kriegsende bescheinigt, das Amt des Rüstungsobmannes im Interesse der Industrie und damit in Konfliktfällen gegen die gegenläufigen Ambitionen von Rüstungskommando, Rüstungskommission und Wehrkreisbeauftragtem ausgeübt zu haben.[127]

Die Arbeit der unter der Ägide Fahrs stehenden Bezirksbeauftragten sei, so führte Max Knorr im November 1945 aus, von den NSDAP-Kreisleitungen zunehmend als „störend" und kontraproduktiv empfunden worden.[128] Wenngleich es nach Kriegsende triftige Gründe für Unternehmer wie für ehemalige Funktionäre in den NS-Wirtschaftslenkungsorganen gab, den eigenen Anteil am Funktionieren der NS-Rüstungswirtschaft herunterzuspielen und für diktatorische Eingriffe allein die Partei verantwortlich zu machen, trifft es doch zu, daß sich die Bedingungen der nationalsozialistischen Kriegswirtschaft seit 1942 zu-

[124] Zur Zusammenarbeit des Reichswirtschaftsministeriums mit führenden Vertretern der Großindustrie zwecks Bestimmung der zukünftigen Wirtschaftsordnung vgl. *Herbst* (wie Anm. 125), Der Totale Krieg, S. 343ff.

[125] Spruchkammerakten Fahr. StAL, EL 902/20 Bü 37/17/7952.

[126] Mitteilungen an die Kammern, Nr. 40, 30. Juni 1947, hg. vom Ministerium für politische Befreiung Württemberg-Baden, S. 7.

[127] Vgl. die verschiedenen eidesstattlichen Erklärungen in Fahrs Entnazifizierungsverfahren. StAL, EL 902/20 Bü 37/17/7952.

[128] Eidesstattliche Erklärung Max Knorrs, 7.11.1945. Ebd.

nehmend radikalisierten und der Einfluß der NSDAP auf die Wirtschaft vor allem im Laufe des Jahres 1944 erheblich zugenommen hat.[129] Für die Zeitgenossen aus der württembergischen Unternehmerschaft zählte dazu insbesondere die verstärkte wirtschaftspolitische Aktivität des Wehrkreisbeauftragten (WKB) und zugleich Vorsitzenden der Rüstungskommission, Friedrich Ortmann, den sie nach Kriegsende als „politischen Vertreter des Gauleiters" und als „parteimäßig gebundene(n) Mann" bezeichneten.[130]

Verschiedene Zeugen bestätigten, daß der WKB insbesondere ab der zweiten Jahreshälfte 1943 – nachdem das NS-Regime zum zweiten Mal den totalen Krieg proklamiert hatte – über die bei den NSDAP-Kreisleitungen angesiedelten Kreiskommissionen versuchte, seinen Einfluß auf die dort getroffenen Entscheidungen zu vergrößern.[131] Um in diesen Gremien ebenfalls präsent zu sein und die Interessen der Betriebe vertreten zu können, setzte Rüstungsobmann Otto Fahr die Teilnahme von Vertrauensleuten seiner Wahl an den Besprechungen der Kreiskommissionen durch. Das so geschaffene Informationsnetz kam nicht nur seiner Arbeit als Rüstungsobmann zugute, die Fahr unterstehenden Bezirksbeauftragten profitierten davon ebenso wie zweifellos viele Unternehmen.

Die Bestellung von Verbindungsmännern des Rüstungsobmannes in den Kreisen scheint eine auf Otto Fahr zurückgehende Einrichtung gewesen zu sein, die in der geltenden NS-Wirtschaftsorganisation nicht vorgesehen war und die es in dieser Form wohl nur im Gau Württemberg-Hohenzollern gab.[132] Rolf Boehringer stand als Verbindungsmann für den Bezirksausschuß Göppingen auf Fahrs Kandidatenliste vom Mai 1943.[133] Für seine Nominierung mögen seine Tätigkeit als Ausschußleiter und sein damit verbundener Bekanntheitsgrad eine Rolle gespielt haben. Inwieweit eine generelle oppositionelle Einstellung gefragt war, muß offen bleiben. Zwar erklärte Fahr in Boehringers Entnazifizierungsverfahren, daß dessen Parteilosigkeit den Ausschlag gegeben habe,[134] daraus aber eine widerständige Gesinnung aller Verbindungsmänner ableiten zu wollen, erscheint nicht gerechtfertigt. Vielmehr scheint es, als hätten sich die

[129] Zur Opposition gegen die technokratische Lenkung der Rüstungsproduktion durch Speer und zu dem Bemühen um eine nationalsozialistisch geprägte Wirtschaftsordnung vgl. *Herbst* (wie Anm. 125), Der Totale Krieg, S. 255ff.

[130] Eidesstattliche Erklärung von dem ehemaligen Verbindungsmann für den Kreis Esslingen, 23.2.1948, sowie eidesstattliche Erklärung Wilhelm Haspels, 30.8.1947. Ebd.

[131] Zur Ausweitung der Kompetenzen der NSDAP-Kreisleitungen auf den Arbeitseinsatz und auf die Stillegung von Betrieben: Anordnung über die Durchführung des totalen Kriegseinsatzes vom 16.8.1944, abgedruckt in: *H. Michaelis/E. Schraenler* (Hg.), Ursachen und Folgen. Vom deutschen Zusammenbruch 1918 und 1945 bis zur staatlichen Neuordnung Deutschlands in der Gegenwart. Eine Urkunden- und Dokumentensammlung zur Zeitgeschichte, Bd. XXI, Berlin 1973ff., S. 546ff. Vgl. auch *Roth* (wie Anm. 3), Parteikreis, S. 266f.

[132] Übereinstimmende Erklärungen von Rudolf Klett, ehemaliger Rüstungsinspekteur, 26.10.1947 und dem ehemaligen Verbindungsmann im Kreis Esslingen, 23.2.1948. Ebd.

[133] Max Knorr an die Industrieabteilung der Gauwirtschaftskammer, 21.5.1943. WABW, Bestand Fortuna, Ordner: BA I–L 1942–1945.

[134] Protokoll der mündlichen Verhandlung, 9.8.1948. StAL, EL 902/20 Bü 16/1/15066.

„V-Leute" parteipolitisch neutral verstanden und wirtschaftlicher wie technischer Sachverstand für ihre Nominierung den Ausschlag gegeben.[135]

Neben den regelmäßig stattfindenden Besprechungen Fahrs mit den unter seiner Leitung zusammengefaßten Bezirksbeauftragten traf er sich auch alle zwei bis drei Monate mit „seinen" Verbindungsmännern. Konspirativen Charakter hatten Treffen des sogenannten „Fahr-Kreises", zu dem sich sowohl der Bezirksbeauftragte Max Knorr als auch der Verbindungsmann Rolf Boehringer zählten,[136] so daß viel für die Annahme spricht, daß sich Vertreter der württembergischen Bezirksbeauftragten und der Verbindungsmänner in einem neuen Zirkel, eben diesem „Fahr-Kreis" zusammenfanden. Bei diesen konspirativen Treffen verständigte man sich über das Verhalten in der Endphase des Krieges. Die Bewahrung der betrieblichen Substanz stand dabei ganz oben auf der Prioritätenliste. Es galt, die „württembergische Wirtschaft auch für die Zukunft (...) gesund zu erhalten."[137] Je aussichtsloser der Krieg wurde, desto stärker setzten sich auch Otto Fahr, Max Knorr und Rolf Boehringer für die stillschweigende Sabotage der sinnlosen Kriegsanstrengungen ein. Auf Reichsebene verhinderten seit November 1944 namhafte Teile der Großindustrie in enger Zusammenarbeit mit Reichsministern wie Speer oder Funk, daß Hitlers Politik der verbrannten Erde zur Ausführung kam.[138] Im Gau Württemberg waren es die im „Fahr-Kreis" zusammengeschlossenen Unternehmer, die Ende 1944 beschlossen hatten, nicht nur die Zerstörungswut der obersten NS-Führungsclique zu durchkreuzen (Nichtweitergabe des „Nero"-Befehls), sondern auch den Befehlen, die „Fremdarbeiter" abtransportieren zu lassen oder die Betriebe bis zum Einrücken der Alliierten ohne Führungspersonal zu belassen, nicht nachzukommen. Abgelehnt wurde von den unter dem Bezirksbeauftragten Max Knorr zusammengefaßten württembergischen Maschinenbaufirmen auch der Bau eines sogenannten Volksgewehres, dessen Einsatz man keine kriegsentscheidende Bedeutung mehr zumaß und dessen Herstellung für die Maschinenbaubetriebe eine weitere Belegung ihrer Kapazitäten mit branchenfremder Fertigung bedeutet hätte.[139]

[135] Hier zeigt sich deutlich die Schwierigkeit, anhand der vorhandenen Quellen zu einer klaren Aussage über die Einschätzung Fahrs und seines Kreises zu kommen. Gegenüber Knorr und Boehringer sticht Otto Fahr nicht zufällig als „unbefleckter Held" hervor; dies dürfte jedoch weniger seiner politischen Haltung und Persönlichkeit zuzuschreiben sein als vielmehr der Überlieferungssituation. Um sein Wirken als Rüstungsobmann zu untersuchen, ist man ausschließlich auf Unterlagen angewiesen, die im Rahmen seines Entnazifizierungsverfahrens angefertigt wurden, und deren Zweck es war, ihn zu entlasten. Bei Knorr und Boehringer hingegen stehen in den jeweiligen Firmenarchiven Dokumente aus der NS-Zeit zur Verfügung. Im Falle Fahrs und seines Kreises hat man es ausschließlich mit der Selbstwahrnehmung dieser Männer zu tun.

[136] Spruchkammerakten Knorr und Boehringer. StAL, EL 902/20 Bü 37/05/4073 und EL 902/8 Bü 16/1/15066.

[137] Eidesstattliche Erklärung des ehemaligen Verbindungsmannes Fahrs für die Bezirksausschüsse Ravensburg, Friedrichshafen und Wangen, 28.11.1946. StAL, EL 902/20 Bü 37/17/7952.

[138] *Willi A. Boelcke*, Hitlers Befehle zur Zerstörung oder Lähmung des deutschen Industriepotentials, in: Tradition 13 (1968), S. 301–316.

[139] Vgl. die Spruchkammerakten der drei Unternehmer.

Wenngleich alle den Intentionen des NS-Regimes zuwiderlaufenden Maßnahmen, die von den NS-Wirtschaftsfunktionären Boehringer, Knorr und Fahr ab Ende 1944 ergriffen und größtenteils im „Fahr-Kreis" koordiniert worden waren, nicht losgelöst vom unmittelbaren Eigeninteresse der Unternehmer Boehringer, Knorr und Fahr am Erhalt der Betriebssubstanz betrachtet werden können, schmälert dies doch keineswegs ihren über den persönlichen Wirkungskreis hinausgehenden Einsatz. Angesichts der Unberechenbarkeit des NS-Regimes gerade im letzten Kriegsjahr blieb jede Form der Sabotage der sinnlosen Kriegsanstrengungen mit einem hohen persönlichen Risiko verbunden. Dies gilt in besonderer Weise für Otto Fahr, der sich durch seine Verbindungen zum Widerstandskreis um Carl Goerdeler und zum Hause Robert Bosch, die nach Kriegsende von prominenten württembergischen Vertretern der Widerstandsbewegung um Goerdeler bestätigt wurden, nach dem 20. Juli 1944 in einer wesentlich gefährdeteren Stellung befand als Boehringer oder Knorr.[140]

## *3. Entnazifizierung*

Zunächst schien das Ende der NS-Herrschaft für die drei Vertreter der württembergischen Wirtschaftselite das Ende ihrer Unternehmerkarriere zu bedeuten. Alle drei waren im Herbst 1945 von der amerikanischen Besatzungsbehörde als politisch belastet aus ihren Betrieben entlassen worden. Doch läßt sich auch an ihrem Entnazifizierungsschicksal ablesen, daß es der wirtschaftlichen Funktionselite möglich war, nach Erhalt einer eher symbolischen Strafe ihre berufliche Karriere fast bruchlos fortzusetzen.[141] Boehringers Tätigkeit als Verbindungsmann Fahrs und seine Mitgliedschaft im konspirativen „Fahr-Kreis" wurden ihm im August 1948 in seinem Verfahren vor der Spruchkammer Göppingen gemäß Artikel 13 des „Befreiungsgesetzes"[142] als „aktiver Widerstand" und damit als Entlastungsmoment angerechnet.[143] Bei Otto Fahr sah die Spruchkammer Stuttgart im Juni 1948 den Tatbestand des „aktiven Widerstandes" vor allem durch die Bildung eines konspirativen Kreises sowie seine Verbindung zum Umfeld von Carl Goerdeler als erfüllt an.[144] Diese Klassifizierung von Boehringers und Fahrs Verhalten bot die juristische Handhabe, die beiden „Betriebsführer" kriegswichtiger württembergischer Unternehmen trotz Parteimitgliedschaft und der Funktionen, die sie in den überbetrieblichen Organisationen der NS-Rüstungswirtschaft ausgeübt hatten, als „entlastet" einzustufen und von

[140] StAL, EL 902/8 Bü 37/17/7952. Vgl. *Scholtyseck* (wie Anm. 133), Bosch.

[141] Die Milde im Umgang mit politisch schwer belasteten Unternehmern zeigt eindringlich das von Berghoff/Rauh-Kühne geschilderte Beispiel des ehemaligen Präsidenten der württembergischen Wirtschaftskammer Fritz Kiehn. *Dies.* (wie Anm. 2), Fritz K.. Allgemein zur Entnazifizierung: *Cornelia Rauh-Kühne*, Die Entnazifizierung und die deutsche Gesellschaft, in: Archiv für Sozialgeschichte 35 (1995), S. 35–70.

[142] Zum Gesetz zur Befreiung von Nationalsozialismus und Militarismus vom 5. März 1946 („Befreiungsgesetz") vgl. *Niethammer* (wie Anm. 108), Mitläuferfabrik, S. 260ff.

[143] Spruch vom 9.8.1948. StAL, EL 902/8 Bü 16/1/15066.

[144] Spruch vom 21.6.1948. StAL, EL 902/20 Bü 37/17/7952.

„Sühnemaßnahmen" freizustellen – eine klare Rehabilitierung, zu der sich die Spruchkammern insgesamt nur in Ausnahmefällen entschlossen. Meist zogen sie es vor, ehemaligen Oppositionellen wie Opportunisten das Etikett des „Mitläufers" aufzudrücken.[145]

Max Knorrs Einstufung in die Gruppe der „Entlasteten" scheiterte hingegen daran, daß die Spruchkammer Degerloch keine nachweislichen Nachteile erkennen konnte, die ihm sein widerständiges Verhalten eingebracht haben sollte. Knorr verließ die Verhandlung im Mai 1948 wie ein Heer von Mitangeklagten als „Mitläufer", er hatte als „Sühnemaßnahme" 2.000 RM zu bezahlen und die Kosten des Verfahrens zu tragen. Bei einem Streitwert von RM 75.000 waren die von Knorr zu entrichtenden Verfahrenskosten also um eine Vielfaches höher als die Sühne.[146]

Zweifellos kam den drei Unternehmern zugute, daß die Zeitgenossen – auch die Mitglieder der Spruchkammern – in jenen Jahren noch sehr unter dem Eindruck der chaotischen letzten Kriegswochen standen, so daß die zu beurteilende Person stark an ihrem Verhalten gerade in dieser letzten Phase der nationalsozialistischen Herrschaft gemessen wurde. Vor allem aber hatte die Entnazifizierung 1948, als die Fälle Boehringer, Knorr und Fahr vor den Spruchkammern verhandelt wurden, ihren Charakter bereits grundlegend geändert. Der anfängliche Säuberungselan hatte in der Praxis inzwischen einer Großzügigkeit Platz gemacht, die den Spruchkammern den Beinamen „Mitläuferfabriken" einbrachte. Die Behandlung der Vertreter der Wirtschaftselite macht diesen Wandel besonders augenfällig. Weil das Entnazifizierungsverfahren durch seine ausufernden Bestimmungen insgesamt immer stärker in Mißkredit geriet,[147] konzentrierten sich die Kammern zunehmend auf ihre im „Befreiungsgesetz" verankerte Aufgabe, die Beurteilung des einzelnen „in gerechter Abwägung der individuellen Verantwortlichkeit und der tatsächlichen Gesamthaltung" vorzunehmen.[148] Dies war freilich eine faktisch kaum lösbare Aufgabe. Artikel 13 wurde in der Folgezeit zur juristischen Handhabe für ein bald massenhaft praktiziertes Entlastungsverfahren. Er sah vor, daß im Sinne des Gesetzes als „entlastet" zu gelten habe, „wer trotz formeller Mitgliedschaft (...) nach dem Maße seiner Kräfte aktiv Widerstand gegen die nationalsozialistsiche Gewaltherrschaft geleistet und Nachteile erlitten" hatte.[149] Damit wurde der „Widerstandsbegriff" aufs äußerste ausgedehnt. Von dieser Entwicklung profitierten die drei württembergischen Unternehmer. Ihnen kam außerdem zustatten, daß manche ihrer Entlastungsargumente von anderen Angehörigen der Wirtschaftselite bezeugt wurden, während sie für die Kammern kaum nachprüfbar waren. Weil die Unternehmer konspirative Tätigkeiten für sich beanspruchten, konnten und

[145] Vgl. den von Niethammer bezeichnenderweise für die zweite Auflage seines Buches gewählten Titel.

[146] Spruch vom 14.5.1948. StAL, El 902/20 Bü 37/05/4073.

[147] Vgl. *Rauh-Kühne* (wie Anm. 97), Unternehmer und Entnazifizierung, S. 305–308.

[148] *Erich Schullze* (Hg.), Gesetz zur Befreiung von Nationalsozialismus und Militarismus vom 5. März 1946, München 1946, Art. 2, S. 12f.

[149] Ebd., Art. 13, S. 13.

brauchten sie hierfür keine Dokumente vorweisen. Rehabilitiert durch die Sühnebescheide, die auf „Entlastete" bzw. „Mitläufer" im Sinne des „Befreiungsgesetzes" lauteten, kehrten Boehringer, Fahr und Knorr 1948/49 in ihre alte Positionen in den Betrieben zurück, wo sie bis in die 1960er Jahre an vorderster Stelle in der Geschäftsleitung wirkten.[150]

## IV. Resümee

Alle drei Unternehmer waren zunächst am wirtschaftlichem Überleben und später an der wirtschaftlichen Expansion ihrer Betriebe interessiert. Diese Ziele verfolgten sie beharrlich und der jeweiligen Situation angepaßt. Sie nutzen dabei die ihnen jeweils ökonomisch und politisch zur Verfügung stehenden Handlungsspielräume; im Kontext der zunehmenden politischen Wirtschaftssteuerung und ihrer Orientierung an der Rüstung während der NS-Herrschaft wurden diese Spielräume mehr und mehr politisch determiniert. Nur eine Kooperation im Rahmen des gegebenen Systems konnte jetzt noch ein Offenhalten von Handlungsspielräumen ermöglichen, die den Unternehmensleitungen auch weiterhin das Verfolgen eigener Ziele erlaubte. Wie groß die Handlungsspielräume waren, hing in erster Linie vom Produktionsprofil des jeweiligen Unternehmens ab. Nicht nur waren die Betriebe im Verlauf der zwölfjährigen Herrschaft der Nationalsozialisten mit immer neuen und verstärkt politischen Eingriffen konfrontiert, sie waren auch den kriegswirtschaftlichen Anpassungszwängen unterschiedlich ausgesetzt. Die Werkzeugmaschinenhersteller Boehringer und Fortuna waren mit ihrer Strategie, die traditionelle Produktion zu behaupten, erfolgreicher als die Firma Werner & Pfleiderer. Doch auch dieser gelang es, überwiegend im vertrauten Produktbereich zu bleiben. Die traditionellen Erzeugnisse selbst während des Krieges herzustellen, gehörte zu den zentralen Zielen der drei Unternehmensleitungen. Dazu stellte man sich auf die neuen, vom NS-Regime festgelegten Verhältnisse ein. Dies war mit dem Versuch verbunden, den eigenständigen Kurs der Unternehmenspolitik fortzusetzen. Was sich bewährt hatte, sollte nicht aufs Spiel gesetzt werden. Dazu gehörte auch die Überlegung, für die Zeit nach dem Krieg – mit welchem Ergebnis auch immer –

[150] Max Knorr schied zum Jahresende 1963 aus dem Vorstand der Fortuna-Werke aus und übernahm den Vorsitz im Aufsichtsrat. Archiv des Fortuna-Betriebsrates. „Wir bei Fortuna". Werkszeitschrift, Heft 64 (1969), S. 21f. Otto Fahr schied zum 1.7.1968 aus der Geschäftsleitung aus und übernahm den Vorsitz im Verwaltungsrat von Werner & Pfleiderer. WABW, B 11, Bü 307; zum Jahresende 1969 schied Rolf Boehringer aus der Geschäftsleitung aus und übernahm anschließend das Amt des Aufsichtsratsvorsitzenden seiner Firma. Stadtarchiv Göppingen, Das Boehringer-Werk 19 (1969), Heft 5/6, S. 4f. Zur Erfahrungsgeschichte der gegenüber dem „Dritten Reich" weitgehend durch personelle Kontinuität gekennzeichneten Wirtschaftselite der frühen Bundesrepublik vgl. *Paul Erker/Toni Pierenkemper* (Hg.), Deutsche Unternehmer zwischen Kriegswirtschaft und Wiederaufbau, München 1999.

planen zu müssen. Deshalb waren die Unternehmer bemüht, ihre finanzielle Selbständigkeit zu wahren und möglichst keine Reichsanleihen in Anspruch zu nehmen. Diese Haltung entsprang verbreitetem unternehmerischem Kalkül, wurde allerdings nach 1945 bemüht, um die eigene Distanz zum NS-Regime zu belegen. An der Rüstungskooperation mit dem NS-Regime hielten die drei Unternehmer freilich bis zuletzt fest, wenngleich sich die Kriegs- und Rüstungswirtschaft für sie letztlich als ein ständiges Provisorium darstellte. Der aufwendige Planungs- und Entscheidungsapparat, den das NS-Regime eingerichtet hatte, war offensichtlich nicht in der Lage, die Entwicklungen zu steuern. Zahlreiche Institutionen konkurrierten miteinander, und die Firmen hatten keine Sicherheit, daß sich deren Anweisungen auch durchsetzen ließen. Letztlich blieb es der Energie der Unternehmensleitungen überlassen, sich in dem Wirrwarr an Kompetenzen und Interessen vielfältigster Art zu behaupten. Dazu waren sie genötigt, mit den jeweils einflußreichsten Instanzen des NS-Herrschaftssystems zusammenzuarbeiten und sich als unverzichtbar für die Rüstungswirtschaft darzustellen. Wer letzteres nicht schaffte, verlor den Kampf um die unternehmerische Selbstbehauptung.

Insbesondere Rolf Boehringer – und dies scheint in keinem Widerspruch zu den ihm übertragenen Aufgaben zu stehen – nutzte die Handlungsspielräume innerhalb des von Speer aufgebauten Apparates der „Selbstverantwortung der Industrie" in hohem Maße und stellte seine Bereitschaft zur „Selbstmobilisierung" (Paul Erker) im Sinne rüstungswirtschaftlicher Anstrengung fortdauernd unter Beweis. Inwieweit dies für Max Knorr und Otto Fahr ebenfalls zutrifft, läßt sich aufgrund der mangelhaften Überlieferungssituation nicht mit Gewißheit sagen. Seit 1943/44 wird bei den drei Unternehmern erkennbar, daß Unternehmensinteresse und kriegswirtschaftliche Erfordernisse des NS-Regime auseinanderdrifteten. Dafür sprechen die konspirativen Treffen im „Fahr-Kreis", in denen über das grundsätzliche Verhalten der Industrieelite Württembergs im letzten Kriegsjahr beraten wurde. Dafür spricht auch, daß sich Max Knorr im April 1944 von seiner Funktion als Bezirksbeauftragter des Hauptausschusses Maschinen für Württemberg-Hohenzollern zurückziehen wollte. Knorrs unverblümter Kritik an der schleichenden Aushöhlung seiner Kompetenzen und der zunehmenden Verlagerung von Zuständigkeiten an außerhalb des Apparates stehende Sonderbevollmächtigte zeigt, daß er mit dem eingeschlagenen Kurs der Wirtschaftslenkung nicht mehr einverstanden war. Aufgrund dringender Bitten Karl Langes, ihn in dieser kriegswirtschaftlich besonders schwierigen Situation „nicht im Stich" zu lassen, ließ sich Max Knorr aber wieder in die Pflicht nehmen.[151] Strategische Planungen für die Nachkriegswirtschaft und die Rückkehr zur Friedensproduktion spielten bei den drei Unternehmern die ganze NS- und Kriegszeit hindurch eine Rolle. Bis 1940/41 hielt man sich angesichts des erwarteten siegreichen Endes des Krieges für eine rasche Umstellung auf Friedensproduktion bereit, ebenso traf man im letzten Kriegsjahr unter dem

[151] WABW, Bestand Fortuna, Ordner: Bezirksbeauftragter HA Maschinen 1942–1945.

Deckmantel der verstärkten Produktionsanstrengungen erste Vorkehrungen für die Zeit nach dem – nunmehr verloren geglaubten – Krieg.

In der Regel war das unternehmerische Handeln und Verhalten von Boehringer, Knorr und Fahr von kühlem Kalkül und ökonomischer Zweckrationalität geprägt. Eine spezifisch nationalsozialistische Unternehmensführung ist in keinem Fall nachzuweisen. Kritik und Verweigerung kamen immer nur dann, wenn man den eigenen Betrieb in Gefahr sah, sei es wegen der Abschneidung der ausländischen Absatzmärkte, der produktivitätshemmenden Wirtschaftsbürokratie oder der gefürchteten Konkurrenz durch Staatsbetriebe. Erst im letzten Kriegsjahr, als eine militärische Wende nicht mehr erwartet wurde, organisierte sich der ökonomisch motivierte Dissens im „Fahr-Kreis", kam in den Planungen, Beratungen und Aktionen doch eine erkennbare Distanzierung zum NS-Regime zum Ausdruck. Der Bestand der NS-Herrschaft war durch solch ambivalente Verhaltensformen jedoch niemals bedroht, eher scheint das Gegenteil zuzutreffen: durch ihre kritisch-konstruktive Mitarbeit auf den verschiedenen Ebenen trugen Boehringer, Knorr und Fahr indirekt mit dazu bei, der NS-Herrschaft zu höherer Effizienz und Stabilität sowie einer zwölfjährigen Dauerhaftigkeit zu verhelfen.

An der Verhaltensskala der drei Unternehmer wird jene Verstrickung deutlich, zu denen die Überlebensinteressen jedes Unternehmens diese zwangen, da man die zunehmend politisch determinierte Unternehmensumwelt nicht grundsätzlich ändern konnte. Waren die Unternehmer subjektiv davon überzeugt, lediglich ihre Unternehmensziele – wenn auch situativ angepaßt – verfolgt zu haben, hatte ihre an sich funktionale Handlungsweise im politischen Kontext des NS-Regimes dennoch ganz andere Folgen als unter den demokratischen Verhältnissen der Weimarer Republik. Wie weit sich diese Implikationen des „Funktionierens" interpretieren lassen, hängt nicht zuletzt von der Diskussion realistischer Handlungsalternativen ab. Den wenigsten Industriellen in der NS-Zeit dürfte klar gewesen sein, daß dem NS-Regime ein weitreichender Schachzug gelungen war: indem sich die Unternehmensleitungen „die kriegswirtschaftlichen Ziele als unternehmensinterne Geschäftsinteressen zu eigen machten" und sich zugleich der „Illusion von der Beherrschung der eigenen Investitionsmittel *und* der übergeordneten Lenkungsinstrumente zur Produktionssteigerung und Effektivierung des Rüstungsaustoßes" hingaben, konnte das NS-Regime die Instrumentalisierung unternehmensspezifischer Ziele mit den rüstungswirtschaftlichen Interessen geschickt verdecken.[152] Neben den Anpassungszwängen an die Kriegswirtschaft, welche eine zeitweilig enge Kooperation mit der politischen Wirtschaftssteuerung bedingten, spielte auch beruflicher Ehrgeiz eine wichtige Rolle dabei, trotz betriebsbezogener Kritik und produktionspolitischen Konfliktfeldern im wirtschaftspolitischen Bereich mit dem NS-Regime zusammenzuarbeiten, wobei Zusammenarbeit im Apparat Speers – in diese Richtung scheint das Beispiel Rolf Boehringers zu weisen –

[152] So das Ergebnis *Erkers* (wie Anm. 4), Industrie-Eliten, S. 73 (Zitate) und 75.

vor allem bedeutete, die eigenen Unternehmensinteressen zu verfolgen. Denn für die drei württembergischen Unternehmer Boehringer, Knorr und Fahr, die die Leitung ihrer Betriebe in den Krisenjahren Anfang der dreißiger Jahre übernommen hatten, fielen die Jahre, in denen Jungunternehmer sich ihre Sporen verdienen, mit der Zeit der NS-Herrschaft zusammen.

*Petra Bräutigam*

# Südwestdeutsche Unternehmer der mittelständischen Industrie während des Nationalsozialismus

## I. Einleitung und Fragestellung

„Vor 1933 war ich gänzlich unpolitisch“, so lauteten die Aussagen zahlreicher südwestdeutscher Unternehmer nach 1945.[1] Diejenigen, die sich politisch engagierten, taten dies vorwiegend in der liberalen Deutschen Demokratischen Partei, die in Süddeutschland stets bessere Ergebnisse erzielte als im Reichsdurchschnitt. Häufig betrachteten die Fabrikanten ihre politischen Zirkel jedoch als „unpolitische Honoratiorenklubs“, die sich nur mit lokalen Themen beschäftigten.[2]

Diese Hinweise stehen exemplarisch dafür, daß das Gros der Unternehmer vor 1933 an der aktuellen Politik nur marginal interessiert waren. Tagespolitik war für sie ein denkbar schmutziges Geschäft. Doch 1933 tauchten dann in den Gliederungen der nationalsozialistischen Wirtschaftsorganisationen und den Einrichtungen der industriellen „Selbstverwaltung“ die Namen so bekannter süddeutscher Unternehmer wie Richard Freudenberg oder Max Knorr auf.[3] Sogar im „Freundeskreis Reichsführer-SS“ findet sich der Generaldirektor des Stuttgarter Bosch-Konzerns Hans Walz.[4] Wie ist dieser Wandel zu erklären? Wie verhielten sich südwestdeutsche Unternehmer tatsächlich gegenüber den

[1] Z.B. die Aussage des württembergischen Fabrikanten Richard Schweizer in seinem Entnazifizierungsverfahren im August 1947, in: Wirtschaftsarchiv Baden-Württemberg (künftig zitiert als WABW) Y 120.

[2] Beispiele für in der DDP engagierte Unternehmer in Baden: Richard Freudenberg. Dazu vgl. *Stefan D. Wilderotter*, Richard Freudenberg. Liberaler Politiker und unabhängiger Bundestagsabgeordneter, Heidelberg 1992; in Württemberg: Friedrich Haux. Dazu vgl. *Cornelia Rauh-Kühne*, Mittelständische Unternehmer in Konflikt mit Partei und Staat, in: *Thomas Schnabel* (Hg.), Formen des Widerstandes im Südwesten 1933–1945, Ulm 1994, S. 104–114, S. 110f. Robert Bosch hegte sogar Sympathien für die SPD. Dazu vgl. *Joachim Scholtyseck*, Robert Bosch und der liberale Widerstand gegen Hitler 1933 bis 1945, München 1999, S. 51f. Zitat aus *Hartmut Berghoff/Cornelia Rauh-Kühne*, Fritz K. Ein deutsches Leben im zwanzigsten Jahrhundert, Stuttgart 2000, S. 42.

[3] Dazu *Petra Bräutigam*, Mittelständische Unternehmer im Nationalsozialismus. Wirtschaftliche Entwicklungen und soziale Verhaltensweisen in der Schuh- und Lederindustrie Badens und Württembergs, München 1997, S. 345–147; *Astrid Gehrig*, Nationalsozialistische Rüstungspolitik und unternehmerischer Entscheidungsspielraum. Vergleichende Fallstudien zur württembergischen Maschinenbauindustrie, München 1996, S. 236.

[4] *Scholtyseck*, Bosch (wie Anm. 2), S. 156–161.

Nationalsozialisten? Waren sie am Aufstieg der nationalsozialistischen Bewegung interessiert? Inwieweit waren sie involviert?

Festzustellen ist, daß die meisten Unternehmer im Südwesten Deutschlands wirtschaftlich von der Politik der Nationalsozialisten nachhaltig profitierten. Die forcierte Aufrüstung bescherte ihnen steigenden Umsätze und Gewinne, viele beteiligten sich gewinnbringend an „Arisierungen" und profitierten von der kostengünstigen Beschäftigung von Fremd- und Zwangsarbeitern. Namentlich für die in Südwestdeutschland vorherrschende mittelständische Industrie konstatiert Henry A. Turner eine starke Nähe zum Nationalsozialismus. Unternehmer solcher mittleren Betriebe seien es gewesen, die 1933 „plötzlich als nationalsozialistische Aktivisten in Erscheinung traten"[5]. Barkai gar attestiert dieser Personengruppe eine „skrupellose Bereicherungssucht" bei der Verdrängung ihrer jüdischen Kollegen aus dem deutschen Geschäftsleben.[6]

Neuere Forschungen speziell zur Unternehmerschaft Süddeutschlands zeichnen dagegen ein differenzierteres Bild. Die Studie von Hartmut Berghoff und Cornelia Rauh-Kühne über den Trossinger Fabrikanten Fritz Kiehn präsentiert einen politisch überzeugten Nationalsozialisten, der skrupellos alle Möglichkeiten nutzte, um sich auch persönlich zu bereichern.[7] Joachim Scholtysecks Arbeit über Robert Bosch und den Bosch-Kreis dagegen zeigt ein Unternehmen, das politisch eindeutig Stellung gegen Hitler bezog, wirtschaftlich aber vom Nationalsozialismus profitierte.[8] Weitere neuere Firmenstudien unterstützen diesen ambivalenten Eindruck.[9] Man kann also offensichtlich von der wirtschaftlichen Entwicklung eines Unternehmens und vom wirtschaftlichen Engagement seines Inhabers nicht auf dessen politische Einstellung und persönliches Verhalten während des Nationalsozialismus schließen.

Daher soll in der folgenden Untersuchung die wirtschaftliche Entwicklung der Firmen getrennt von dem persönlichen und politischen Engagement einzelner Unternehmerpersönlichkeiten untersucht werden. Zunächst soll die politische Nähe südwestdeutscher Fabrikanten zu den Nationalsozialisten beleuchtet werden, anschließend die wirtschaftliche Entwicklung der Betriebe während des Nationalsozialismus. Übereinstimmung und Dissens zur nationalsozialistischen Wirtschaftspolitik lassen sich hier zeigen. Eine Verknüpfung der Untersuchungsgegenstände – wirtschaftliche Entwicklung der Firmen und persönliches Verhalten der Unternehmer – kann bei der Frage nach dem Umgang mit jüdischen Mitarbeitern und Konkurrenten erfolgen. Ließen sich die Industriellen

[5] *Henry A. Turner*, Die Großunternehmer und der Aufstieg Hitlers, Berlin 1985, S. 254. 1998 revidierte Turner seine bisherige Position. Er räumte ein, daß man „wenig wisse [...] von der politischen Tätigkeit der mittleren und kleineren Unternehmer". Vgl. *ders.*, Unternehmen unter dem Hakenkreuz, in: *Lothar Gall/Manfred Pohl* (Hg.), Unternehmen im Nationalsozialismus, München 1998, S. 15–23, S. 16.

[6] *Avraham Barkai*, Deutsche Unternehmer und die Judenpolitik im „Dritten Reich", in Geschichte und Gesellschaft 15 (1989), S. 227–247, S. 233.

[7] *Berghoff/Rauh-Kühne*, Fritz K. (wie Anm. 2).

[8] *Scholtyseck*, Bosch (wie Anm. 2).

[9] Z.B. *Bräutigam*, Unternehmer (wie Anm. 3); *Gehrig*, Rüstungspolitik (wie Anm. 3).

ganz von ihren wirtschaftlichen Interessen leiten oder stellten sie humanitäre Aspekte über ihre eigenen Profite?

Am Schluß wird der Frage nach dem Widerstand von Unternehmern gegen den Nationalsozialismus am Beispiel der in Süddeutschland vorherrschenden mittelständischen und sich aus mittelständischen Familienbetrieben entwickelten Großbetrieben nachgegangen.[10]

## II. Zwischen Resistenz und Loyalität: Politisches Engagement südwestdeutscher Unternehmer

Zunächst ist zu konstatieren, daß sich in der sogenannten Kampfzeit süddeutsche Unternehmer von Rang und Namen von der nationalsozialistischen Bewegung eher fern hielten.[11] Nur sehr wenige Industrielle des Mittelstandes finden sich in den Mitgliedsbüchern der NSDAP schon vor 1933.[12] Die auf Autarkie ausgerichtete Wirtschaftspolitik der NSDAP schreckte die vom Weltmarkt abhängige süddeutsche Industrie ab.[13] Das großspurige und pöbelhafte Auftreten der nationalsozialistischen Braunhemden war weder mit der protestantisch-pietistischen Lebensweise der Fabrikanten in weiten Teilen Württembergs noch mit der liberalen Tradition im deutschen Südwesten in Übereinstimmung zu bringen. Diese Skepsis war besonders in den Kreisen der zahlreichen süddeutschen Textilfabrikanten zu finden, teilweise aber auch bei Unternehmern der Rüstungsindustrie.[14]

[10] Die Konzentration auf mittelständische Unternehmen macht auch deshalb Sinn, da mittlerweile zahlreiche Untersuchungen zu Großunternehmen oder auch Banken existieren, die mittelständischen Unternehmen von der Forschung nach wie vor etwas vernachlässigt werden. Zu Großunternehmen vgl. z.B. Aufsatzsammlungen von *Gall/Pohl*, Unternehmen (wie Anm. 5) zu Banken, Reichsbahn, Stinnes oder I.G. Farben; von *Paul Erker/Toni Pierenkemper* (Hg.), Deutsche Unternehmer zwischen Kriegswirtschaft und Wiederaufbau. Studien zur Erfahrungsbildung von Industrie-Eliten, München 1999; *Hans Mommsen* unter Mitarbeit von *Manfred Grieger*, Das Volkswagenwerk und seiner Arbeiter im Dritten Reich, Düsseldorf 1996; *Neil Gregor*, Stern und Hakenkreuz. Daimler-Benz im Dritten Reich, Berlin 1997 oder *Scholtyseck*, Bosch (wie Anm. 2).

[11] Dazu jüngst *Berghoff/Rauh-Kühne*, Fritz K. (wie Anm. 2), S. 47.

[12] Vgl. zahlreiche biographische Studien, z.B. *Rolf-Dieter Müller*, Der Manager der Kriegswirtschaft. Hans Kehrl: Ein Unternehmer in der Politik des „Dritten Reiches", Essen 1999, v.a. S. 23–28; *Cornelia Rauh-Kühne*, Hans Constantin Paulssen: Sozialpartnerschaft aus dem Geiste der Kriegskameradschaft, in: *Erker/Pierenkemper*, Unternehmer (wie Anm. 10), S. 109–192; *Volker R. Berghahn*, Otto A. Friedrich: Politischer Unternehmer aus der Gummiindustrie und das Amerikanische Modell, in: ebd., S. 193–215.

[13] Zahlen dazu in Württembergisches Statistisches Landesamt (Hg.), Württemberg in Wort und Zahl, Stuttgart 1937, S. 92ff.

[14] Für die Textilindustrie vgl. *Wolfgang Burth*, Nationalsozialistische Wirtschaftslenkung und württembergische Wirtschaft, in: *Cornelia Rauh-Kühne/Michael Ruck* (Hg.), Regionale Eliten zwischen Diktatur und Demokratie. Baden und Württemberg 1930–1952, München 1993, S. 195–219, S. 200f.; für die Schuh- und Lederindustrie vgl. Bräutigam, Unternehmer (wie Anm. 3); für die Rüstungsindu-

Nach der sogenannten Machtergreifung der Nationalsozialisten jedoch trat die süddeutsche Wirtschaftselite in großer Zahl in die Partei ein. So waren in der württembergischen Stadt Reutlingen am Ende des Krieges 62 Prozent aller Firmeninhaber Mitglied in der NSDAP.[15] Erst einmal an der Macht schienen die Nationalsozialisten plötzlich auch für vorher unpolitische Unternehmer salonfähig. Allerdings traten Wirtschaftsführer nur selten als Nationalsozialisten offen in Erscheinung.[16] Eine der wenigen Ausnahmen war der Trossinger Fabrikant Fritz Kiehn, der sich bereits seit den frühen 30er Jahren offen zu den Nationalsozialisten bekannte. Die Mehrzahl der anderen südwestdeutschen Unternehmer hingegen sah den Parteieintritt in die NSDAP im Rückblick als Zugeständnis an die neue Zeit.

Während der Großteil der südwestdeutschen Unternehmer des Mittelstandes ab 1933 politisch mehr oder weniger untertauchte, traten doch auch einige wenige als politisch widerständig in Erscheinung. So z.B. der Weinheimer Fabrikant Richard Freudenberg: Als Mitglied der DDP hatte er in den Wahlkämpfen vor 1933 sehr polemisch gegen Hitler Stellung bezogen. Er attestierte ihm 1932 beispielsweise die Eignung einen Zirkus oder ein Kurhaus zu leiten, „für die Staatsführung" komme er jedoch niemals in Frage.[17] Als der Fabrikant dann im Frühjahr 1933 als Mitglied des Gemeinderats die Ernennung Adolf Hitlers zum Weinheimer Ehrenbürger ablehnte, erhielt er in der Folge zahlreiche Ermahnungen und Drohungen, unter anderem vom nationalsozialistischen Ministerpräsidenten Badens, Walter Köhler, und der Staatsanwaltschaft.[18] Besonders empfindlich reagierte die örtliche NS-Führung, als ebenfalls im Frühjahr 1933 im Odenwald ein Flugblatt der SPD kursierte, auf dem Freudenberg folgendermaßen zitiert wurde: „Wenn Hitler Reichskanzler bleibt, würden die Löhne gekürzt und die Firma sei auch gezwungen, eine größere Anzahl von Arbeitern zu entlassen."[19] Obwohl die NSDAP-Kreisleitung Freudenberg harsch aufforderte, sich von solchen Aussagen zu distanzieren, biß sie bei dem renitenten Fabrikanten auf Granit. 1937 sah sich der Weinheimer Unternehmer dann zwei Verfahren der Gestapo ausgesetzt. Er wurde beschuldigt, in der Öffentlichkeit abfällige Witze über die nationalsozialistische Staatsführung erzählt und sich verächtlich über die HJ geäußert zu haben.[20] Diese Verfahren verliefen mehr oder weniger erfolglos im Sande, doch auch in den Folgejahren stand Freudenberg unter Beobachtung. In den Jahren 1942/43 wurde er verdächtigt, über seinen Bruder in

strie vgl. *Gehrig*, Rüstungspolitik (wie Anm. 3).

[15] *Cornelia Rauh-Kühne*, Unternehmer und die Entnazifizierung der Wirtschaft in Württemberg-Hohenzollern, in: *dies./Ruck*, Eliten (wie Anm. 14), S. 305–331, S. 317.

[16] Lokal am Beispiel Reutlingens untersucht von *Rauh-Kühne*, Unternehmer (wie Anm. 15); branchenspezifisch untersucht am Beispiel der Schuh- und Lederindustrie von *Bräutigam*, Unternehmer (wie Anm. 3).

[17] Volksstimme vom 18.3.1933, FFA 1/273 (Entnazifizierungsakten).

[18] Diverse Schreiben, FFA 1/273 (Entnazifizierungsakten); Wilderotter, Freudenberg (wie Anm. 2), S. 29.

[19] NSDAP-Kreisleitung an die Firma Freudenberg vom 27.3.1933, FFA 1/273 (Entnazifizierungsakten) Annex 11.

[20] Diverse Schreiben, FFA 1/273 (Entnazifizierungsakten). Folgendes Zitat ebd.

der Schweiz „Fühlungnahme mit der deutschen Emigration" aufgenommen zu haben. Freudenberg mußte daraufhin mehrmals beim Sicherheitsdienst (SD) und Reichssicherheitshauptamt (RSHA) zum Verhör erscheinen und wurde im Zuge dieser Verfahren von seinen zahlreichen Ämtern in der nationalsozialistischen Wirtschaftsorganisation suspendiert.

Ein württembergischer Unternehmer, der Backnanger Richard Schweizer, fiel den neuen Machthabern ebenfalls bereits 1933 unangenehm auf. Obwohl er vor 1933 politisch überhaupt nicht in Erscheinung trat, 1933 dann Mitglied in der NSDAP wurde, widersetzte er sich doch massiv Einmischungsversuchen des Regimes in seinen Betrieb. Er hatte nicht nur zehn politisch verfolgte Arbeiter eingestellt, die nach ihrer Entlassung aus dem KZ Heuberg in ihren ehemaligen Firmen keine Arbeit mehr bekommen hatten; er erlaubte auch, daß „marxistische Meister" SA-Männern die Arbeit zuteilten und – so lautete der Vorwurf - nicht korrekt behandelten.[21] Die örtliche SA-Führung drohte dem Unternehmer im Frühjahr 1933 ganz unverhohlen mit Verhaftung, wenn er diese „Zustände" nicht abstelle, doch dieser verwahrte sich stets hartnäckig gegen solche Einmischungsversuche. Ein weiterer Backnanger Unternehmer verweigerte 1933/34 Spenden an die örtliche SA und wurde deshalb von SA-Männern tätlich angegriffen.[22]

In der Rückschau gaben zahlreiche Fabrikherren an, sie seien aus wirtschaftlichen Gründen in die Partei eingetreten. Wenn diese Aussage in den Spruchkammerverfahren auch gebetsmühlenhaft auftaucht und als Verteidigung mehr als fraglich ist, so steckt vermutlich doch ein wahrer Kern in ihr. Denn da sich die meisten Unternehmer auch während des „Dritten Reiches" politisch völlig zurückhielten, entsprang der Parteieintritt wohl dem Gedanken, wirtschaftlich profitieren zu können, indem die eigene Firma z. B. vorrangig mit Rüstungsaufträgen bedacht wurde. Opportunismus scheint in den meisten Fällen eher der Antrieb gewesen zu sein als wirkliche politische Überzeugung.

## III. Wirtschaftliche Entwicklung: Von der Friedenswirtschaft zur Kriegsökonomie

Während ein nicht unbedeutender Teil der südwestdeutschen Unternehmer eine gewisse politische Resistenz gegen die Nationalsozialisten aufwies, finden sich an den wirtschaftlich wichtigen Schaltstellen der Macht die Namen sehr bekannter württembergischer Unternehmer.

Das nationalsozialistische System der gelenkten Marktwirtschaft verlangte eine Vielzahl von Lenkungs- und Verwaltungsbehörden, die zunächst relativ

[21] Vgl. diverse Schreiben der SA-Führung aus dem Jahr 1933, WABW Y 120.
[22] Staatsarchiv Ludwigsburg (künftig zitiert als StAL) EL 902/3 Bü 1/6572.

geräuschlos installiert wurden. Nach und nach kamen weitere, miteinander konkurrierende Stellen dazu, so zum Beispiel 1936 die Vierjahrsplanbehörde Görings oder 1942 Speers System der industriellen Selbstverwaltung. All diese Behörden, Ämter und Stellen mußten mit mehr oder weniger hochkarätigen Fachleuten besetzt werden. Was lag näher, als diese aus der Industrie zu rekrutieren? Und zahlreiche Industrielle fanden sich bereit, an der nationalsozialistischen Kriegswirtschaft aktiv mitzuarbeiten. So weist das Organisationsbuch der Reichsgruppe Industrie für das Jahr 1939 beispielweise die württembergischen Unternehmer Dr. Ludwig Keßler, Direktor der Maschinenfabrik Esslingen, als Leiter der Wirtschaftsgruppe Stahl- und Eisenbau oder Otto Fahr, Direktor der Stuttgarter Firma Werner & Pfleiderer, als Leiter der Fachgruppe Maschinen für die Nahrungs- und Genußmittelindustrie aus. Auch badische Unternehmer waren in der Reichsgruppe Industrie engagiert, beispielsweise der Inhaber der Maschinenfabrik Fahr AG in Gottmadingen, Johann Fahr, als Leiter der Fachgruppe Landmaschinenbau oder der Direktor der Schwenninger Uhrenfabrik Kienzle, Hanns Schmoller, als Leiter der Fachgruppe Uhrenindustrie.[23] Im Speerschen System der Ausschüsse und Ringe wirkten ebenfalls zahlreiche südwestdeutsche Unternehmer an verantwortungsvoller Stelle mit.[24] Auch zahlreiche Wehrwirtschaftsführer rekrutierten sich aus den Kreisen der südwestdeutschen Industrieführer. So erhielt der Weinheimer Lederfabrikant Richard Freudenberg im November 1938 dieses Amt, der Trossinger Fabrikant Fritz Kiehn stieg durch seine zahlreichen Ämter gar zum „Führer der Wirtschaft in Württemberg" auf.[25]

Doch auch die südwestdeutschen Unternehmer, die nicht in der nationalsozialistischen Wirtschaftsorganisation engagiert waren, nützten den wirtschaftlichen Spielraum, den das neue Regime bot, meist voll aus. Als das „Gesetz zur Ordnung der nationalen Arbeit" 1934 die Machtstellung der Unternehmer gegenüber der Arbeiterschaft deutlich aufwertete, lag diese Maßnahme ganz auf der Linie der neuen „Betriebsführer".[26] Auch von der Aufrüstungspolitik der Nationalsozialisten profitierten südwestdeutsche Unternehmer teilweise sehr umfang-

[23] Vgl. Gliederung der Reichsgruppe Industrie, hg. von der Geschäftsführung, Leipzig 1939, S. 43, 48 f., 72.

[24] Z.B. Rolf Boehringer als Ausschußleiter Hobel-, Stoß- und Räummaschinen, Max Knorr als Leiter des Arbeitsausschusses Schleifmaschinen oder Richard Freudenberg als Leiter des Ausschusses Lederaustauschstoffe. Vgl. *Gehrig*, Rüstungspolitik (wie Anm. 3), S.203 und 236; *Bräutigam*, Unternehmer (wie Anm. 3), S. 345.

[25] *Bräutigam*, Unternehmer (wie Anm. 3), S. 346; *Berghoff/Rauh-Kühne*, Fritz K. (wie Anm. 2), S. 58–60.
Der Titel des „Wehrwirtschaftsführers" deutet jedoch in zahlreichen Fällen keineswegs auf eine Kollaboration mit den Nationalsozialisten hin. Im Gegenteil, auch erklärte Gegner des Regimes erhielten diesen Titel. Vgl. *Paul Erker*, Industrie-Eliten in der NS-Zeit. Anpassungsbereitschaft und Eigeninteresse von Unternehmern in der Rüstungs- und Kriegswirtschaft 1936–1945, Passau 1994, S. 95.

[26] Vgl. dazu *Tilla Siegel*, Rationalisierung statt Klassenkampf. Zur Rolle der Deutschen Arbeitsfront in der nationalsozialistischen Ordnung der Arbeit, in: *Hans Mommsen* (Hg.), Herrschaftsalltag im Dritten Reich. Studien und Texte, Düsseldorf 1988, S. 97–224 und *dies.*, Leistung und Lohn in der nationalsozialistischen „Ordnung der Arbeit", Opladen 1989.

reich. So stiegen beispielweise die Umsatzzahlen der Stuttgarter Maschinenbaufabrik Werner & Pfleiderer von 1933 bis 1943 von 4,8 auf 16 Mio. RM. In der Göppinger Firma Boehringer, die unter anderem Panzergetriebe herstellte, entwickelte sich der Umsatz im genannten Zeitraum noch günstiger: Er „explodierte“ fast von 1,8 1933 auf 19,6 Mio. RM zehn Jahre später.[27] Der größte süddeutsche Arbeitgeber, die Firma Daimler-Benz, profitierte ebenfalls nachhaltig von den Rüstungsanstrengungen der Nationalsozialisten und konnte starke Umsatzsteigerungen verbuchen: Wurde 1933 ein Umsatz von 100,9 Mio. RM erzielt, so betrug dieser 1943 bereits 942,9 Mio. RM. Der Reingewinn verdreifachte sich im selben Zeitraum nahezu.[28]

Der positive wirtschaftliche Trend bei den Betrieben der Rüstungsindustrie ist für die Konsumindustrie so nicht zu bestätigen.[29] Die forcierten Rüstungsanstrengungen führten hier zu Rohstoffmangel und Kontingentierung von Rohstoffen.[30] Der größte Teil der gerade in Süddeutschland stark verbreiteten Verbrauchsgüterindustrie litt daher schon früh unter den nationalsozialistischen Eingriffen. Importbeschränkungen schnitten die Textilindustrie ebenso von der lebensnotwendigen Baumwolle ab, wie Lederfirmen von überseeischen Rohhäuten. Die Lederindustrie, die zu über 70 Prozent vom Import dieser Rohstoffe abhängig war, konnte 1940 lediglich noch ein Drittel der Rohhautmenge von 1933 importieren, 1943 sogar nur noch ein Sechstel.[31]

Dies bedeutete für deren Umsatzentwicklung, daß diese im Vergleich zu den Betrieben der Rüstungsproduktion bescheiden ausfiel. Der Backnanger Lederfirma Louis Schweizer beispielsweise gelang zwar nach 1933 ein leichter Umsatzanstieg, nach der drastischen Reduzierung der Importe ab 1938 aber brachen die Zahlen ein und hatten 1943 wieder den Ausgangwert von 1933 erreicht.[32]

Doch gab es auch in der Konsumindustrie Nischen für rüstungswillige Unternehmer. So konnten die Textilfirmen z. B. Uniformen herstellen oder Schuhfabriken Soldatenstiefel. Die Verteilung der anfangs noch wenigen, aber lukrativen Rüstungsaufträge war zunächst recht undurchsichtig. So erhielt die kleine Schorndorfer Lederfabrik Breuninger ab Herbst 1933 als eine von sieben Firmen einen sehr großen Auftrag vom Heeresbeschaffungsamt für die Herstellung von Blankleder. Als Grund wurde die Güte des bisher produzierten Blankleders genannt. Breuninger hatte jedoch seit 1918 kein Blankleder mehr hergestellt,

[27] Zahlen bei *Gehrig*, Rüstungspolitik (wie Anm. 3), S. 50 und 62. Für die badische Rüstungsindustrie vgl. *Roland Peter*, NS-Wirtschaft in einer Grenzregion. Die badische Rüstungsindustrie im Zweiten Weltkrieg, in: *Rauh-Kühne/Ruck*, Eliten (wie Anm. 14), S. 171–193.

[28] Zahlen bei *Gregor*, Daimler-Benz (wie Anm. 10), S. 58f. und 124f.

[29] Vgl. *Erker*, Industrieeliten (wie Anm. 25), S. 20f.

[30] Gesetz über den Verkehr mit industriellen Rohstoffen und Halbfabrikaten vom 18. März 1934; RGBl. I (1934), S. 396. In der Textilindustrie bereits im März 1934, in der Lederindustrie im April 1934, vgl. *Burth*, Wirtschaftslenkung (wie Anm. 14), S. 202f.; *Bräutigam*, Unternehmer (wie Anm. 3), S. 82–86.

[31] Zahlen bei *Bräutigam*, Unternehmer (wie Anm. 3), S. 124.

[32] Vgl. StAL EL 902/3 Bü 4/1/5607. Dieser Trend galt ebenso für andere süddeutsche Lederfirmen. Vgl. StAL EL 50/49/7494; StAL EL 50/49/5650; BAK 123 Bü 164 5. Sen. XL 10–11 (1938).

das Unternehmen hatte sich vielmehr in der Zeit der Weimarer Republik auf die Fabrikation von anderen Lederarten spezialisiert. Es drängt sich der Eindruck auf, daß Breuninger nur deshalb so früh umfangreiche Rüstungsaufträge erhielt, weil sich die beiden Inhaber der Firma schon frühzeitig für Nationalsozialisten eingesetzt hatten. Zwar traten sie selbst erst im Frühjahr 1933 der NSDAP bei, doch hatten sie schon 1931 anläßlich eines Streiks ihre eigenen Arbeiter durch SA-Männer ersetzt. Ein großer Teil des örtlichen SA-Sturms arbeitete so bereits vor 1933 bei Breuninger.[33]

Die Auswirkungen der Rüstungsaufträge auf die Umsatzzahlen waren ausgesprochen positiv. So verdoppelte sich der Umsatz der Schorndorfer Firma von 1933 bis 1935, während die Umsätze der übrigen württembergischen Lederindustrie nur sehr zögerlich anstiegen.[34] Im Zuge der forcierten Aufrüstung kamen weitere süddeutsche Firmen der Verbrauchsgüterindustrie in den Genuß von Rüstungsaufträgen. Dies führte jedoch nicht mehr in so großem Maße zu Umsatz- und Gewinnsteigerungen wie am Beispiel Breuninger beschrieben. Denn zwischenzeitlich hatte die Kontingentierung die Einfuhr von Rohstoffen so stark beschränkt, daß die vorhandenen Kapazitäten lediglich von der zivilen zur militärischen Fertigung umverteilt wurden. Während also beispielsweise die Verfügbarkeit von Kleidern und Schuhen für die Bevölkerung im Laufe des „Dritten Reiches" immer mehr zurückging, produzierten die Firmen Uniformen, Soldatenstiefel oder Tornister. Rüstungsaufträge konnten also in der südwestdeutschen Konsumindustrie spätestens mit Kriegsbeginn einen Abwärtstrend lediglich aufhalten, sie bescherten im wesentlichen keine Expansionsmöglichkeiten, wie dies in der Rüstungsindustrie gegeben war.

Wichtig konnten Rüstungsaufträge aber im Verlaufe des Krieges werden, um das Überleben des Betriebes zu sichern. Denn ab 1940 gerieten die Betriebe der Konsumindustrie in das Blickfeld neugegründeter Stillegungskommissionen, die die Aufgabe hatten, die deutsche Wirtschaft auf unrentable Betriebe hin „auszukämmen". War man von Stillegung bedroht, so half in den meisten Fällen nur ein Rüstungsauftrag. Das Argument der „Rüstungswichtigkeit" konnte mit großer Sicherheit eine Schließung verhindern. Waren keine Rüstungsaufträge vorzuweisen, so kämpften südwestdeutsche Unternehmer hemmungslos und mit allen Mitteln für den Erhalt ihrer Betriebe. So schaltete ein Backnanger Unternehmer, dessen Betrieb 1940 geschlossen werden sollte, seine militärischen Vorgesetzten ebenso ein wie Hermann Göring. Als die prominenten Fürsprecher nichts zu bewirken schienen, beschritt er einen Weg, der durchaus üblich war – er denunzierte seine Konkurrenten. Er nannte sie „geistig beschränkt", beschimpfte sie als „Freimaurer" und „Halbjuden".[35]

Geradezu mit Zähnen und Klauen wehrten sich 1944 fünf weitere Backnanger Unternehmer gegen eine Zusammenlegung ihrer Betriebe zu einer sogenannten

[33] Vgl. StAL EL 50/49/5650; StAL EL 50/49/7496; BAK 123 Bü 164, 5. Sen. XL 10–11 (1938).

[34] Vgl. StAL EL 902/3 Bü 4/1/5607; StAL EL 50/49/7494; StAL EL 50/49/5650; BAK 123 Bü 164 5. Sen. XL 10–11 (1938).

[35] Schreiben vom 7.12.1939, Bestand Räuchle.

Betriebsgemeinschaft. Die Inhaber der betroffenen kleineren Lederfirmen griffen im Verbund die Leitung der Reichsstelle für Lederwirtschaft massiv an und verleumdeten persönlich den Leiter der Bezirksgruppe Südwest, bezeichnenderweise ebenfalls ein Lederunternehmer. Trotz Drohungen, man würde ihre Firmen schließen, weigerten sie sich standhaft, ihre Betriebe zusammenzulegen. Nach zahlreichen erfolglosen Verhandlungen gab die Reichsstelle für Lederwirtschaft entnervt auf. Sie klagte, „selten eine Rasse von so unerträglichen Unternehmern auf einem Haufen gesehen zu haben" wie „diese Backnanger Apostel".[36]

Als eine wirklich effektive Methode, seinen Betrieb erfolgreich weiterzuführen, erwies sich – neben Rüstungsaufträgen – eine Produktionsverschiebung. So konnte die während des Krieges als „überflüssig" erachtete Pforzheimer Schmuckindustrie das Überleben zumindest einiger Betriebe sichern, indem man auf die Produktion von Zeitzündern für Granaten umstellte.[37] Firmen der Lederindustrie begannen die Ersatzstoffproduktion, die Basis für die spätere Kunststoffherstellung, auszubauen. Bekanntestes Beispiel hierfür ist die Firma Carl Freudenberg aus dem badischen Weinheim. Ursprünglich als Lederfirma gegründet, begann man bei Freudenberg schon zu Beginn der Dreißiger Jahre mit Versuchen, Ersatzstoffe auf Lederbasis herzustellen. Als nach der Verkündung des Vierjahresplans 1936 das nationalsozialistische Regime sich für die Ersatzstoffertigung zu interessieren begann, gelang es der Weinheimer Firma nach und nach, deren Produktion auszubauen. Während die Umsatzzahlen in der Lederproduktion wie in den anderen Lederfirmen auch deutlich zurückgingen, stieg der Umsatz in der Ersatzstoffherstellung sprunghaft an. Er hatte sich von Kriegsbeginn bis 1943 mehr als vervierfacht.[38]

Firmen, die wie Freudenberg lange vor den Bemühungen der nationalsozialistischen Wirtschaftsbehörden, im Rahmen des Vierjahresplans ab 1936 nach Ersatzstoffen zu forschen, auf die Produktion dieser Stoffe gesetzt hatten, erregten bald die Aufmerksamkeit der verschiedenen Planungsstellen. Im Fall der Weinheimer Firma interessierte sich vor allem die vom Wirtschaftsministerium beauftragte Wirtschaftsgruppe Lederindustrie für deren Versuche. Man forderte Freudenberg auf, „ausführlich Bericht zu erstatten."[39] Doch die Firma verweigerte mit Verweis auf ihr Betriebsgeheimnis einen Blick in ihre Versuchslaboratorien und wies auch nach weiteren Aufforderungen seitens der Wirtschaftsgruppe jegliche Einmischungsversuche brüsk zurück. Obwohl die Wirtschaftsgruppe sich beim Wirtschaftsministerium über die störrische Firma beschwerte, verfügte man offensichtlich über keine adäquaten Sanktionsmöglichkeiten gegen so unkooperative Firmen.

[36] Schreiben der Reichsstelle für Lederwirtschaft vom 18.9.1944, BAK R 13 XIII Bü 302. Ausführlich dazu *Bräutigam*, Unternehmer (wie Anm. 3), S. 189–192.

[37] *Fritz Blaich*, Wirtschaft und Rüstung im „Dritten Reich", Düsseldorf 1987, S. 53f.

[38] Vgl. BAK R 8 VI Bü 68 und R 13 XIII Bü 120; Bücher der Durchschnittserlöse der Firma Freudenberg, im Firmen und Familienarchiv der Firma Carl Freudenberg (FFA).

[39] Dazu Briefwechsel zwischen Freudenberg und der Wirtschaftsgruppe Lederindustrie vom Herbst 1937, BAK 31.07 Bü 17.

## IV. Wirtschaftsorganisation und Kompetenzgerangel

Ein besonderes Problem der nationalsozialistischen Wirtschaftslenkung war, daß die Verantwortlichen für die Wirtschaft zur ständigen Neugründung von Wirtschaftsbehörden neigten, die mit Kompetenzen ausgestattet wurden, die bereits andere Organisationen innehatten. Dieses „weitgehend improvisierte [...] polykratische Regime [...] der staatlichen Wirtschaftslenkung"[40] führte nicht nur zu störenden Reibungsverlusten, sondern auch zu einem unübersehbaren Kompetenzwirrwarr. So existieren neben dem Reichskommissariat für Preisüberwachung, Vierjahresplanbehörden, Devisenkommissaren 1939 in der Reichsgruppe Industrie allein 827 Gruppen, Untergruppen und Abteilungen.[41] Sollte beispielsweise eine Firma geschlossen werden, so waren an der Entscheidung neben der jeweiligen Wirtschaftsgruppe auch die Landeswirtschaftsämter, Parteidienstellen, das Arbeitsamt, der Reichsverteidigungskommissar und die jeweilige Reichsstelle beteiligt.

Besonders undurchdringlich war dieser „Organisationsdschungel" bei der Reichsstelle für Lederwirtschaft und den ihr beigeordneten Stellen. Zumindest mußten sich eine große Zahl von Unternehmen der südwestdeutschen Leder- und Schuhindustrie als Beschuldigte vor dem Reichswirtschaftsgericht wegen Verstößen gegen Anordnungen dieser Stellen rechtfertigen. Diese Tatsache deutet entweder auf eine besondere Inkompetenz in der Planung bei den Verantwortlichen hin oder ist auf ein besonders renitentes Verhalten der Unternehmer dieser Branche zurückzuführen. Für beide Vermutungen spricht einiges: Zum einen gestaltete sich die Verwaltung von Naturstoffen, wie Häute und Leder, als besonders problematisch, zum anderen fielen die süddeutschen Schuh- und Lederunternehmer durch ein besonders distanziertes Verhältnis zu dem Nationalsozialismus auf.[42] Dies lag sicher daran, daß dieser Industriezweig besonders eng mit dem Weltmarkt verknüpft war, hatte seinen Grund aber auch darin, daß Schuh- und Lederunternehmer sich geschäftlich häufig im Ausland aufhielten und engen Kontakt mit jüdischen Geschäftspartnern pflegten.

Die häufigsten Verstöße gegen Anordnungen der Reichsstelle betrafen die undurchsichtige Rohstoffkontingentierung. Die Betriebe mußten 1934 ihre Lagerbestände sowie ihre Verarbeitungsquoten an die Reichsstelle für Lederwirtschaft melden.[43] Auf Grundlage dieser Zahlen wurde der sogenannte „Normalbedarf" errechnet, nach dem die Firmen in den folgenden Jahren Rohstoffe zugeteilt bekamen. War der „Normalbedarf" aufgrund fehlerhafter Angaben falsch angesetzt, so erhielt eine Firma im Laufe der Jahre viel zu viel oder viel zu wenig Rohstoffe zugeteilt. Das Meldewesen, dem die Betriebe unterworfen waren, bot ebenfalls immer wieder Anlaß zur Klage. Die Betriebe mußten mo-

[40] *Hans-Peter Ullmann*, Interessenverbände in Deutschland, Frankfurt a. M., S. 183.

[41] Vgl. *Bräutigam*, Unternehmer (wie Anm. 3), S. 80; *Erker*, Industrieeliten (wie Anm. 25), S. 17f.

[42] Vgl. *Bräutigam*, Unternehmer (wie Anm. 3), S. 389.

[43] DRA Nr. 103 vom 4.5.1934; WABW A 8, Bü 551 M 5e.

natlich ihre Verarbeitungszahlen, ihre Vorräte, Abfälle, Fertigwarenbestände und anderes mehr an verschiedene Stellen berichten. Die Unternehmer schimpften über den „Papierkrieg" und diese „unproduktive Arbeit".[44] Wenn Fehler auftraten – unabhängig davon, wer diese zu verantworten hatte –, wurden die Firmen von der Reichsstelle zur Zahlung einer Geldstrafe verurteilt. Legten die Unternehmer Berufung gegen die Strafe ein, kam ihr Fall zur Verhandlung vor das Reichswirtschaftsgericht. Dabei war den wenigsten Erfolg beschieden, da die Gerichte die Strafen in der Regel bestätigten.

Die Kornwestheimer Schuhfirma Salamander indes setzte sich mit heftigen Angriffen gegen einen Strafbescheid der Reichsstelle zur Wehr. Salamander wurde beschuldigt, nicht aus dem vorgeschriebenen Kunststoff, sondern aus knappem Leder Schuhe in einer zu großen Menge produziert zu haben. Salamander seinerseits unterstellte der Reichsstelle in scharfem Ton Inkompetenz. Sie habe von der „Minderwertigkeit" der vorgeschriebenen Materialien wissen müssen, man habe diese als „anständige Kaufmänner" nicht verwenden können und nehme daher „das Recht der Notwehr" für sich in Anspruch. Zwar mußte die Schuhfirma dennoch eine hohe Strafe zahlen, ihre Gegenwehr hatte aber zumindest den Effekt, daß auch das Reichswirtschaftsgericht Inkompetenzen und Planungsmängel bei der Reichsstelle kritisierte.[45]

Und diese waren unübersehbar: So wurden einem Metzinger Unternehmen zwar die Erlaubnis erteilt, Rohstoffe im Ausland einzukaufen, die dazugehörigen Devisen allerdings wurden verweigert. Die Firma wurde später bestraft, weil sie keine Fertigwaren abliefern konnte.[46] Eine badische Lederfabrik wurde bestraft, weil sie ihr Kontingent überschritten hatte. Die Überschreitung war auf Antrag des Firmeninhabers jedoch zuvor von der Reichsstelle selbst genehmigt worden.[47] Auch schlichte Rechenfehler oder sich widersprechende Vorgaben der verschiedenen Stellen waren ursächlich für Verfahren.[48]

Normalerweise wurden schon kleine Unregelmäßigkeiten vom Reichswirtschaftsgericht unnachgiebig geahndet: Selbst der Verweis darauf, daß die Firma der einzige „Nationalsozialistische Musterbetrieb" der Branche sei, schützte beispielweise die Backnanger Lederwerke nicht vor empfindlichen Strafen wegen Zuwiderhandlungen gegen Anordnungen der Reichsstelle für Lederwirtschaft. In diesem Fall wurde die Firma gar 1942 wegen besonders schwerer, fast schon krimineller Verstöße geschlossen.[49]

Wie sehr politische Verbindungen nutzen konnten, zeigt das Beispiel der Schorndorfer Firma Breuninger. In diesem Fall hielten offensichtlich der Waiblinger Kreisleiter und der Gauwirtschaftsberater von Württemberg-Hohenzollern ihre schützende Hand über die angeklagten Fabrikanten: Das Brüderpaar

[44] BAK R 123 Bü 147 7. Sen. XL 148 (1936).
[45] BAK R 123 Bü 187 3. Sen. XL 324 (1940); BAK R 13 XIII 324.
[46] BAK R 123 Bü 164 5. Sen. XL 10–11 (1938).
[47] BAK R 123 Bü 143 7. Sen. XL 31 (1936).
[48] Akten der Firma Schweizer, WABW Y 120; BAK R 123 Bü141 7. Sen. XL 169 (1935).
[49] Vgl. *Bräutigam*, Unternehmer (wie Anm. 3), S. 179–183.

Breuninger war nämlich 1938 zur Zahlung einer Geldstrafe von 300.000 RM verurteilt worden, weil sie 1934 die Verarbeitungsmengen so fehlerhaft angegeben hatten, daß sie über die Jahre ein viel zu großes Kontingent zugeteilt bekamen. Dem kleinen Funktionsträger der Partei, Paul Breuninger, gelang es, seine politischen Freunde als Fürsprecher zu gewinnen. Und tatsächlich reduzierte das Reichswirtschaftsgericht die Strafe um ein Drittel, nachdem sich die Parteistellen eingeschaltet hatten.[50] Am Rande sei erwähnt, daß die Firmeninhaber in der Folge mit zahlreichen Tricks und Finten versuchten, der Zahlung auch der reduzierten Strafe zu entgehen. Vielleicht hätten sie auch Erfolg gehabt, der Fall – vor allem die starke Herabsetzung der ursprünglichen Strafe – hatte aber in der Umgebung und in der Branche so viel Staub aufgewirbelt, daß sich vor allem die IHK Stuttgart nicht in der Lage sah, zugunsten von Breuninger Stellung zu beziehen.

## V. Zwischen Profit und Humanität: Der Umgang mit jüdischen Geschäftspartnern

Während die meisten südwestdeutschen Unternehmer sich zwar politisch von den Nationalsozialisten fernhielten, sich wirtschaftlich aber zu ihrem Vorteil engagierten, boten sie in Württemberg und Baden beim Umgang mit ihren seit 1933 bedrängten und verfolgten jüdischen Kollegen, Mitarbeitern und Geschäftspartnern ein relativ einheitliches Bild.

Insgesamt ist zu konstatieren, daß die gesamte Bevölkerung dieses Landstriches nach 1933 – zum Leidwesen der Nationalsozialisten – keinen besonderen antisemitischen Eifer an den Tag legte.[51] Dabei mögen religiöse Gründe ebenso eine Rolle gespielt haben wie liberale Traditionen.

In anderen Gegenden Südwestdeutschlands aber waren teilweise sehr starke antisemitische Tendenzen zu vermelden. Besonders galt dies für die Pfalz, die unter dem fanatischen Gauleiter Bürckel zu einer Hochburg der Nationalsoziali-

[50] BAK R 123 Bü 164 5. Sen. XL 10–11. Paul Breuninger war Zellenleiter, Anführer der Deutschen Christen in Schorndorf und ab 1940 Gauehrenrichter der DAF. Vgl. StAL EL Bü 50/49/5650.

[51] Am Beispiel Oberndorf am Ipf beschrieben von *Felix Sutschek*, Widerstand gegen die Judenverfolgung in der Landgemeinde Oberndorf am Ipf, in: *Michael Kißener* (Hg), Widerstand gegen die Judenverfolgung, Konstanz 1996, S. 127–153. Vgl. auch *Jakob Toury*, Jüdische Textilunternehmer in Baden-Württemberg 1683–1938, Tübingen 1984, S. 233; Deutschland-Berichte 2. Jg. (1935) Nr. 8 vom August, S. 922 und 4. Jg. (1937), Nr. 7 vom Juli, S. 937 und S. 943f. Ähnlich für das ländliche Bayern bei *Ian Kershaw*, Antisemitismus und Volksmeinung. Reaktionen auf die Judenverfolgungen, in: *Martin Broszat/Elke Fröhlich* (Hg.), Bayern in der NS-Zeit. Herrschaft und Gesellschaft im Konflikt, Bd. II, München/Wien 1979, S. 281–348 und für das ländliche Württemberg und Baden bei *Monika Richarz*, Die soziale Stellung der jüdischen Händler auf dem Lande am Beispiel Südwestdeutschlands, in: *Werner E. Mosse/Hans Pohl* (Hg.), Jüdische Unternehmer in Deutschland im 19. und 20. Jahrhundert, Stuttgart 1992, S. 271–283, S. 282.

sten geworden war. Schon vor 1933 kam es hier zu antisemitischen Angriffen auf Juden. Jüdische Händler der in der Pfalz vorherrschenden Schuhindustrie mieden daraufhin zum Mißfallen eben dieses Gauleiterns die Gegend und wichen auf andere Regionen wie Tuttlingen oder Kornwestheim aus. Da im süddeutschen Schuhhandel jüdische Händler dominierten, waren die wirtschaftlichen Auswirkungen auf die örtliche Industrie verheerend.[52] Es finden sich auch Beispiele dafür, daß Firmen in einer Art vorauseilendem Gehorsam bereits ab 1933 jüdische Mitarbeiter mit der Begründung entließen, daß „die Haltung jüdischer Angestellter bei der heutigen nationalen Einstellung weitester Volkskreise [dem Betrieb] Schaden zufüge".[53]

Die meisten süddeutschen Unternehmer indes ließen sich nicht von fanatischen Aufrufen der Nationalsozialisten beeinflussen, sie hielten Geschäftskontakte zu jüdischen Kollegen ebenso aufrecht wie die Arbeitsverhältnisse ihrer jüdischen Mitarbeiter. Gerade in einer Branche wie der Lederindustrie, in der zahlreiche Juden tätig waren, ist dieses Phänomen zu beobachten.[54] Viele Unternehmer dieses Industriezweiges setzte sich für bedrängte Juden ein, wie der Backnanger Unternehmer Räuchle, der seinem jüdischen Lederhändler half, ausstehende Zahlungen bei einem zahlungsunwilligen „Alten Kämpfer" einzutreiben.[55] Auch der Weinheimer Industrielle Richard Freudenberg beschäftigte in seinem Lederwerk bis 1938 jüdische Mitarbeiter und bis 1939 jüdische Lederhändler. Gleiches gilt für die Reutlinger Lederfabrik Ammer. Deren Inhaber kann beispielhaft für die Haltung zahlreicher Industrieller in Süddeutschland stehen: Als Leiter der Wirtschaftsgruppe Lederindustrie ökonomisch in das nationalsozialistische System fest eingebunden, verwehrte er sich gegen Einmischungsversuche der braunen Machthaber in innerbetriebliche Angelegenheiten, wie eben die Auswahl seiner Mitarbeiter.[56]

Die Backnanger Lederfabrik Schweizer baute gar ihre Geschäftbeziehungen mit jüdischen Händlern nach 1933 noch aus. Die Inhaber dieser Firma gingen mit ihrer Unterstützung für jüdische Kollegen sogar noch weiter. Während bei Ammer das betriebswirtschaftliche Interesse am Expertenwissen jüdischer Mitarbeiter im Vordergrund stand, überwog bei den Brüdern Schweizer der Schutz des Einzelnen aus moralischen Gründen. Sie überwiesen einem jüdischen Geschäftspartner 1938 10.000 RM, um ihm und seiner Familie die Flucht aus Deutschland zu ermöglichen.[57] Auch als 1938 der Arisierungsdruck der Nationalsozialisten verschärft wurden, hielten einige Lederfabrikanten noch zu ihren jüdischen Partnern. Trotz wiederholter Aufforderungen durch nationalsozialisti-

[52] Deutschland-Berichte 2. Jg. (1935) Nr. 8 vom August, S. 984f. und Nr. 12 vom Dezember, S. 416.
[53] Schreiben vom 14.3.1934, Bestand Räuchle. Der Bestand ist im Privatbesitz der Familie Räuchle.
[54] Ähnlich hoch war der Anteil jüdischer Firmen nur noch in der Textilindustrie. Vgl. dazu *Rolf Walter*, Jüdische Unternehmer in der deutschen Textilindustrie bis 1932, in: *Mosse/Pohl*, Unternehmer (wie Anm. 51), S. 132–152.
[55] Dazu vgl. Schriftwechsel im Bestand Räuchle; FFA 3/02025; FFA 1/273; Stürmer, März 1938, Nr. 12; StAL EL 902/3 Bü 4/1/5607.
[56] Vgl. Gliederung der Reichsgruppe Industrie (wie Anm. 23), S. 123.
[57] StAL EL 902/3 Bü 4/1/5607.

sche Stellen ließ sich die Firma Schweizer weiterhin von einem jüdischen Lederhändler beliefern.[58] Und selbst die politisch zuverlässige Schorndorfer Firma Breuninger, die sich bereits 1933 lebhaft an Rüstungslieferungen beteiligte, beschäftigte bis mindestens Februar 1941 einen jüdischen Vertreter in Prag.[59]

Anders stellte sich beispielsweise die Situation der Juden in der süddeutschen Schuhindustrie dar. Als „jüdisch" gebrandmarkte Firmen wie beispielsweise die große Kornwestheimer Schuhfabrik Salamander sahen sich nach 1933 umfangreichen antisemitischen Boykotten ausgesetzt.[60] Um ihren Weiterbestand besorgt taten diese Betriebe alles, um den vermeintlichen „Makel" loszuwerden. So trennte man sich bei Salamander von seinen jüdischen Aufsichtsratmitgliedern ebenso wie von seinen jüdischen Verkäufern. Die Aktien wurden so zwischen jüdischen und nichtjüdischen Eigentümern aufgeteilt, daß Salamander als „arisches Unternehmen" anerkannt wurde.[61] Die firmeneigene Kantine bestellte 1933 sogar das als „Judenbier" verunglimpfte Stuttgarter Hofbräu ab.[62]

Auch in anderen Branchen der südwestdeutschen Industrie trennte man sich von jüdischen Aufsichtsratsmitgliedern. So entließ die Stuttgarter Hofbräu AG sofort nach der Machtübernahme der Nationalsozialisten ihren jüdischen kaufmännischen Direktor und zwang die jüdischen Aufsichtsratsmitglieder zum Ausscheiden.[63]

Dabei ging der Antrieb, sich von jüdischen Unternehmensvorständen, Aufsichtsräten oder sonstigem Führungspersonal zu trennen, durchaus nicht nur vom Regime aus.[64] Speziell bei Hofbräu übernahm der technische Direktor der Firma die Initiative zur Ausschaltung der firmeninternen jüdischen Konkurrenz. Auch der „Druck der Straße" wirkte sich stark aus. Die Firmen, die der deutschen Käuferschaft als „jüdische" bekannt waren, waren durch offenen Boykotterror deutlich früher dem Verdrängungsdruck ausgesetzt als solche Betriebe, die keinen direkten Kontakt zu den Endverbrauchern hatten. Wo also für den „arischen" Verbraucher ein direkter Zusammenhang erkennbar war zwischen Produkt und Firma – z.B. bei Salamander-Schuhen oder Hofbräu-Bier –, dort wurden die jüdischen Mitarbeiter weit mehr unter Druck gesetzt. Besonders deutlich zeigt sich so ein Verhalten bei dem badischen Unternehmer Richard Freudenberg: Nach dem Erwerb der Schuhfirma Tack im September 1933 hatte dieser „das gesamte ‚nichtarische' Verkaufspersonal" entlassen, war aber in seiner Weinheimer Lederfabrik auch nach Druck der Nationalsozialisten

[58] Schreiben der Kreiswirtschaftsberatung vom 27.4.1938, WABW Y 120.
[59] StAL EL 50/49/5650.
[60] Vgl. Völkischer Beobachter vom 4.4.1933; NS-Kurier vom 2.10.1933; NS-Kurier vom 2.2.1934 und Denunziationen in: BAP 31.01 Bü 13861.
[61] Vgl. Protokolle diverser Aufsichtsratssitzungen aus dem Jahre 1933, AS (Archiv des Betriebsrates der Salamander AG) und WABW Y 110; NS-Kurier vom 22.6.1933; Hanspeter Sturm, Die Geschichte der Salamander AG, Kornwestheim 1958, S. 88.
[62] StAL EL 902/3 Bü 4/14940.
[63] Ebd.
[64] Vgl. dazu *Paul Erker*, Industrieeliten (wie Anm. 25), S. 5; *Mosse/Pohl*, Jüdische Unternehmer (wie Anm. 51).

nicht bereit, sich von jüdischen Mitarbeitern oder Händlern zu trennen.[65] „Tack-Schuhe“ waren in der Öffentlichkeit bekannt, Leder von Freudenberg als Ausgangsprodukt für die lederverarbeitende Industrie wurde, so die Argumentation des Unternehmers, nicht an den Endverbraucher verkauft.

Diese Tendenz des branchentypischen Verhaltens Juden gegenüber zeigt auch der Fall eines jüdischen Lederarbeiters. Er war 1937 bei der Schuhfirma Romika entlassen worden, konnte aber bis 1943 in einer kleinen Backnanger Gerberei beschäftigt werden.[66]

Im Gegensatz zum relativ „anständigen“ Verhalten der meisten südwestdeutschen Unternehmer gegenüber ihren jüdischen Kollegen und Mitarbeitern existierten jedoch auch hier solche Geschäftsleute, denen jedes Mittel recht war, um sich am Besitz von Juden zu bereichern. Die von Barkai beschriebene „widerliche und habgierige Preisdrückerei“[67] gerade mittelständischer Unternehmer scheint sich auch am Beispiel Süddeutschlands so teilweise zu bestätigen. So hatte sich ein Backnanger Unternehmer ab 1933 sieben ehemals „jüdische Firmen“ angeeignet und war bis 1945 vom kleinen Lederfabrikanten zum mehrfachen Millionär aufgestiegen.[68] Dieser Unternehmer nützte hemmungslos die Notlage der jüdischen Firmeninhaber aus, sicherte sich für seine Vorhaben die Unterstützung nationalsozialistischer Stellen und schreckte auch nicht davor zurück, das Aktienpaket eines Juden zu kaufen, der sich mit seiner Frau nach dem Novemberpogrom 1938 das Leben genommen hatte.

Gerade für Württemberg ist ein besonders barbarischer Umgang mit den in Not geratenen jüdischen Firmeninhabern zu beobachten. Dabei tat sich maßgeblich der Stuttgarter Gauwirtschaftsberater Walter Reihle hervor. Er betrieb die Arisierungen „mit technokratischer Skrupellosigkeit und im Vergleich zu anderen Regionen mit besonderer Härte.“[69] So sorgte er beispielsweise dafür, daß die Stuttgarter Textilfabrikanten Elsas ihren Betrieb 1938 etwa nur zu einem Zehntel seines Wertes an einen Reihle genehmen Käufer veräußern mußten. Auch beim Verkauf eines Aktienpaketes der Stuttgarter Hofbräu AG, das sich im Besitz des jüdischen Unternehmers Hugo Jacobi befand, hatte der Gauwirtschaftsberater seine Hände im Spiel. Nicht nur, daß er den „jüdischen Besitz“ dem ihm politisch zuverlässig erscheinenden Backnanger Fabrikanten Carl Kaess zuschanzte, er erlaubte auch, daß der Kaufpreis deutlich unter seinen realen Wert gedrückt worden war und setzte den jüdischen Inhaber auch nach dem Verkauf so stark unter Druck, daß dessen Auswanderung gefährdet war.[70]

Barkais These jedoch, wonach gerade mittelständische Unternehmer sich schon ab 1933 stark an „Arisierungen“ beteiligt hatten, muß bei genauerem Hinsehen relativiert werden. Denn es fällt auf, daß „Arisierungen“ in bestimm-

[65] OMGUS, DB, S. 317; *Bräutigam*, Unternehmer (wie Anm. 3), S. 308.
[66] Vgl. *Bräutigam*, Unternehmer (wie Anm. 3), S. 263.
[67] *Barkai*, Unternehmer (wie Anm. 6), S. 233.
[68] *Bräutigam*, Unternehmer (wie Anm. 3), S. 309–326.
[69] *Berghoff/Rauh-Kühne*, Fritz K (wie Anm. 2), S. 122. Zum Folgenden ebd. S. 122f.
[70] Vgl. *Bräutigam*, Unternehmer (wie Anm. 3), S. 314–322.

ten Branchen in Süddeutschland erst relativ spät stattfanden.[71] Dies galt unter anderem für die Textilindustrie in Baden und Württemberg, wo 60 Prozent der „jüdischen" Betriebe erst ab 1938 „arisiert" wurden[72]. Auch in der Lederindustrie Südwestdeutschlands konnten jüdische Unternehmer lange Zeit unbehelligt arbeiten.[73] In beiden Branchen dominierten aber mittelständische Unternehmen gerade in Südwestdeutschland stark.

Als die jüdischen Fabrikanten dann ab 1938 durch starken Druck des Regimes zunehmend gezwungen wurden, ihre Betriebe zu veräußern, deuten die Akten häufig auf ein durchaus anständiges Geschäftsgebaren der „arischen" Käufer hin. Der Weinheimer Lederfabrikant Max Hirsch berichtet beispielweise in seinem Tagebuch, daß der Käufer seiner Firma, der Inhaber der Firma Carl Freudenberg, „sein aufrichtiges Mitgefühl und tiefes Bedauern" über die Firmenaufgabe der jüdischen Kollegen geäußert habe.[74] Er habe versichert, die Firma, die er nur auf Bitten der jüdischen Besitzer erwarb, „zu zuvorkommenden Bedingungen zu übernehmen." Und genau das trat ein. Freudenbergs Überzeugung: „Unrecht Gut gedeihet nicht" bestimmte die Verkaufsverhandlungen. Er bezahlte 1938 für die Firma Hirsch einen angemessenen Preis, erkannte nach 1945 anstandslos die Rückerstattungsansprüche der ausgewanderten Familie Hirsch an und wurde von Max Hirsch stets als Ehrenmann und anständiger Geschäftspartner beschrieben.[75]

Die „Arisierung" der Lederfabrik Zuffenhausen, die wegen der Besonderheit, daß als Käufer ein Firmenkonsortium auftrat, in Südwestdeutschland Aufsehen erregte, ging von Käuferseite ebenfalls ordentlich vonstatten.[76] Den jüdischen Vorbesitzern war 1937 das Rohwarenkontingent nahezu völlig gekürzt worden, so daß der Betrieb nicht mehr gewinnbringend weiterbetrieben werden konnte. Das „arische" Firmenkonsortium hatte die Firma nur unter der Bedingung erworben, daß das Kontingent wieder erhöht werde. Trete dies nicht ein, so solle der Kauf rückgängig gemacht werden. Diese Klausel im Vertrag stellte sich für die Verkäufer als überaus hinderlich heraus. Wurde doch das Rohwarenkontingent auch bis 1939 nicht erhöht, so daß der Verkauf nicht abgeschlossen werden konnte und den ehemaligen jüdischen Besitzern eine Ausreise aus Deutschland nicht möglich war. Die „arischen" Käufer nahmen nun jedoch – mit Rücksicht auf die prekäre Situation der jüdischen Vorbesitzer – ihr Rücktrittsrecht nicht in Anspruch, sondern erklärten sich mit einem geringen Abschlag beim Kaufpreis einverstanden, so daß sich die zunehmend bedrängten Juden aus Deutschland in Sicherheit bringen konnten. Die neuen Besitzer hatten mit dem Betrieb aber

[71] Vgl. *Barkai*, Unternehmer, S. 233 (Anm. 6) und Aussage Barkais, in: *Gall/Pohl* (Anm. 5), Unternehmen, S. 134.

[72] Vgl. *Toury*, Jüdische Textilunternehmer (wie Anm. 51), S. 243, Tab. 24.

[73] Der badische Lederunternehmer Max Hirsch berichtet, daß man seine Firma bis 1936 „in keiner Weise behelligte". *Arthur Hirsch* (Hg.), Lederwerke Sigmund Hirsch GmbH 1868–1938. Erinnerungen von Max Hirsch, Chevy Chase, Maryland 1991, S. 167.

[74] Vgl. ebd, S. 175. Folgende Zitate ebd.

[75] Ebd.; GLA, RG 260 OMGWB 12/31–3/8 1 of 3.

[76] Zu diesem Vorgang vgl. WABW Y 110 und 120; StAL EL 902/3 4/1/5607.

wenig Glück. Das Kontingent wurde in der Folgezeit nur wenig erhöht und der Betrieb nach vielen Verhandlungen 1943 geschlossen.

Diese Beispiele zeigen einen relativ fairen Umgang mit bedrohten jüdischen Kollegen innerhalb der süddeutschen Lederindustrie. Für sie ist sowieso festzuhalten, daß „Arisierungen" überhaupt erst nach 1936 erfolgten.[77] Das bedeutet aber nicht, daß sich „arische" Lederindustrielle erst ab diesem Zeitpunkt an „Arisierungen" beteiligten, sie wichen vor 1936 nur auf andere Branchen, vor allem die benachbarte Schuhindustrie aus. Aber auch hier erfolgten die meisten Verkäufe „jüdischer" Firmen an „arische" Unternehmer fair. Der Druck auf die jüdischen Unternehmer ging in den meisten Fällen nicht von den zukünftigen Käufern aus, sondern wurde vom nationalsozialistischen Regime forciert.

## VI. Resümee: Politische Attentisten, wirtschaftliche Profiteure

Nach 1945 beriefen sich vor den Entnazifizierungsausschüssen zahlreiche südwestdeutsche Unternehmer darauf, Widerstand gegen Maßnahmen der Nationalsozialisten geleistet zu haben.[78] Belegt wurden diese Aussagen häufig mit dem Hinweis auf wirtschaftliche Nachteile, die eine Firma glaubte erlitten zu haben. Kürzungen der Rohstoffkontingente oder die Schließung des Betriebes verknüpfte mancher Inhaber mit seinem vorgeblichen politischen Dissens mit der nationalsozialistischen Ideologie.[79] Die Akten jedoch zeigen ein anderes Bild: Es kam ausgesprochen selten vor, daß die Rohstoffkontingentierung als Mittel eingesetzt wurde, um politisches Wohlverhalten einzufordern. Auch Firmenschließungen folgten anderen – nämlich wirtschaftlichen – Kriterien und waren kein Mittel des ideologischen Kampfes.[80]

Selbst Gerichtsprozesse, denen Unternehmer wegen persönlichen oder betrieblichen Verfehlungen ausgesetzt waren, deuten in den seltensten Fällen tatsächlich auf Widerstand gegen das Regime hin. In den meisten Fällen ging es bei solchen Verfahren um Verstöße gegen Herstellungs- oder Preisvorschriften oder um Überschreitungen der Kontingente.[81]

[77] Vgl. Zusammenstellung in *Bräutigam*, Unternehmer (wie Anm. 3), S. 334.

[78] Vgl. Entnazifizierungsakten, z.B. von Christian Räuchle (StAL EL 902/3 Bü 1/6572), von Paul Breuninger (StAL EL Bü 50/49/5650), von Carl Kaess (StAL EL 902/3 Bü 4/1/7640) oder von Richard Freudenberg (GLA 465a/58/1/11662).

[79] Vgl. *Petra Bräutigam/Andrea Schuster/Astrid Welck*, Drei württembergische Unternehmer während des Nationalsozialismus: Rolf Boehringer, Ernst Stütz, Richard Schweizer, in: *Rauh-Kühne/Ruck*, Eliten (wie Anm. 14), S. 221–246, S. 240.

[80] Vgl. dazu *Burth u.a.*, Wirtschaftslenkung (wie Anm. 14), S. 206f.; *Bräutigam*, Unternehmer (wie Anm. 3), S. 101–107; *Rauh-Kühne*, Mittelständische Unternehmer (wie Anm. 2), S. 111f.

[81] *Bräutigam*, Unternehmer (wie Anm. 3), S. 207–230; *Harald Mager*, Gewerbetreibende als Angeklagte vor dem Sondergericht Mannheim, in: *Rauh-Kühne/Ruck*, Eliten (Wie Anm. 14), S. 263–282.

Wenn sich also Unternehmer nach dem Krieg auf ihren „Widerstand gegen den Nationalsozialismus" beriefen, so waren es im wesentlichen Auseinandersetzungen, die die betriebliche Selbstbestimmung betrafen. Einen organisierten politischen Widerstand von Unternehmerseite dagegen findet sich auch im liberalen Südwesten nicht.[82] Wobei durchaus einzelne Unternehmer menschliches Mitfühlen über betriebliche Aspekte und letztlich über das eigene Leben gestellt haben. Ein solches Beispiel ist der Backnanger Lederunternehmer Richard Schweizer.[83] Obwohl seit 1933 NSDAP-Mitglied fiel er bereits vor Ausbruch des Krieges als unangepaßter Unternehmer in seiner Heimatstadt auf, weil er sich weigerte, ideologische Vorgaben des NS-Regimes in seinem Betrieb umzusetzen. Als er 1941 als „Sonderkommissar" nach Litauen verpflichtet worden war, rettete er unzählige Litauer vor der Verschleppung als Zwangsarbeiter ins Deutsche Reich und bewahrte Hunderte von Juden vor dem sicheren Tod.

Schweizer hatte als Ledersachverständiger für die zivile Wirtschaftsverwaltung in Litauen die dort zahlreichen Lederfirmen fachlich und personell zu überwachen. Dabei kam ihm die Aufgabe zu, unrentable Betriebe zu schließen, um die dort beschäftigten Litauer „freizusetzen". Sie sollten als Zwangsarbeiter ins Deutsche Reich deportiert werden. Zudem sollten die in der litauischen Lederindustrie sehr zahlreichen jüdischen Fachkräfte durch „arische" ersetzt werden. Denn vor allem die SS beklagte, daß in Litauen „Juden immer noch in Schlüsselpositionen beschäftigt würden".[84]

Doch Schweizer verweigerte seine Mitarbeit an beiden Aufgaben. Anstatt Firmen zu schließen, veranlaßte er den Ausbau und die Modernisierung der technisch veralteten litauischen Lederbetriebe, so daß zusätzliche Einheimische beschäftigt werden konnten. Den litauischen und polnischen Arbeitern stellte er sogenannte Unabkömmlichkeitsbescheinigungen aus, um sie vor den „Sauckel-Aktionen", der Verschleppung als Zwangsarbeiter ins Deutsche Reich, zu bewahren. Auch die jüdischen Arbeiter versorgte Schweizer mit solchen Bescheinigungen und deklarierte sie zu Lederfachkräften. Daß sich unter diesen „Fachkräften" auch sehr alte Menschen und Jugendliche befanden, war von Schweizer durchaus gewollt. Er hatte nämlich entsetzt die massenhaften Erschießungen jüdischer Männer, Frauen und Kindern durch das Einsatzkommando 3 der Einsatzgruppe A unter SS-Standartenführer Karl Jäger mit angesehen. Als im Frühjahr 1944 die berüchtigten „Kinderaktionen", nämlich die Verschleppung und Ermordung aller Kinder im Getto von Kaunas stattfanden, konnten zahlreiche Kinder mit Wissen und Duldung von Richard Schweizer in den Lederbetrieben versteckt werden.[85] Schließlich errichtete der Backnanger Unternehmer noch sogenannte Umtauschstellen, bei denen litauische Bauern

[82] Auch von dem sogenannten „liberalen Widerstand" um den Bosch-Kreis ging kein wirklich wirksamer politischer Widerstand aus. (Dagegen *Scholyseck*, Bosch (wie Anm. 2), v.a. S. 547–550.)

[83] Ausführlich zu Richard Schweizer, *Bräutigam u.a.*, Drei württembergische Unternehmer (wie Anm. 79), S. 237–246.

[84] Vgl. *Raul Hilberg*, Die Vernichtung der europäischen Juden, 3 Bde., Frankfurt a.M. 1990, S. 403.

[85] Dazu jüngst *Reinhard Kaiser/Irene Holzmann* (Hg.), „Dies Kind soll leben". Die Aufzeichnungen der Helene Holzmann 1941–1944, Frankfurt a.M. 2000.

die Häute ihrer geschlachteten Tiere gegen Leder eintauschen konnten. Er besetzte diese „Umtauschstellen“ nicht nur ausschließlich mit jüdischen „Fachkräften“, sondern duldete auch, daß die Juden sich und ihre Angehörigen dort mit Nahrung versorgten, indem sie das Leder gegen Lebensmittel von den Bauern eintauschten. Ende 1943 fiel den Dienstellen des Gebietskommissars und dem SD allerdings auf, daß in den von Schweizer verwalteten Betrieben weder jüdische noch einheimische Fachkräfte „freigesetzt“ worden waren. Der SD stellte Nachforschungen an und leitete ein Verfahren gegen Schweizer ein. Dieses zog sich bis zur Räumung des Baltikums durch die Deutschen hin und ging dann wohl in den Rückzugswirren verloren. Schweizer wurde lediglich aus der NSDAP ausgeschlossen und Ende 1944 zur Wehrmacht eingezogen.

Die süddeutschen Industriellen hielten sich im Allgemeinen politisch von der NS-Bewegung fern. Sie traten vor 1933 nicht auffallend als Nationalsozialisten in Erscheinung und ihr zahlreicher Eintritt in die NSDAP nach 1933 dürfte eher der Hoffnung entsprungen sein, wirtschaftlich davon zu profitieren. In ihrer politischen Einstellung und ihrem politischen Engagement standen südwestdeutsche Unternehmen, zumal die badischen und württembergischen, deutlich in der liberalen Tradition dieser Länder. Denn auch als – meist passive – Mitglieder der NSDAP wehrten sie sich gegen politische Einmischungsversuche des Regimes in ihre Betriebe.

Diese politische Resistenz der südwestdeutschen Unternehmerschaft schloß keineswegs den Versuch aus, wirtschaftlich von der nationalsozialistischen Wirtschaftspolitik zu profitieren. Man bemühte sich ganz selbstverständlich um Wehrmachtsaufträge und das Engagement in der wirtschaftlichen Selbstverwaltung des Regimes war seitens der süddeutschen Unternehmer so intensiv, daß man durchaus von wirtschaftlicher Kollaboration sprechen kann. Zumal die Industriebetriebe durch die nationalsozialistische Wirtschaftspolitik und die forcierte Aufrüstung finanziell durchaus profitierten; die Rüstungsindustrie naturgemäß mehr als die Konsumindustrie, die spätestens mit Beginn des Krieges zahlreichen Eingriffen in die Betriebspolitik ausgesetzt waren. Gegen solche wirtschaftlichen Einmischungsversuche – Kontingentierung, Herstellungsvorschriften oder gar Firmenschließungen – wehrten sich die betroffenen Unternehmer heftig.

Daß sich die süddeutschen Unternehmer dennoch ideologisch keineswegs auf nationalsozialistischem Kurs befanden, zeigt sich beim Umgang mit jüdischen Mitarbeitern und Kollegen. Jüdische Mitarbeiter zu entlassen, Kontakte zu jüdischen Händlern abzubrechen, kam für die meisten Fabrikanten auch auf Druck des Regimes nicht in Frage. Vor allem in der Lederindustrie Württembergs und Badens scheint dies allgemeiner Konsens gewesen zu sein. Verstöße gegen diesen Konsens wurden mit Verachtung bestraft.[86] Dennoch beteiligten sich diese Unternehmer durchaus an „Arisierungen“ bereits ab 1933. Wirtschaftliche Er-

[86] Dies betraf beispielsweise den Backnanger Fabrikanten Carl Kaess. Vgl. Schreiben von Christian Räuchle vom 7.12.1939, Bestand Räuchle; zahlreiche Schreiben an die Militärregierung Württembergs aus den Jahren 1945 bis 1949, Bestand Kaess.

wägungen scheinen hier eine größere Rolle gespielt zu haben als persönliche moralische Vorbehalte. Doch soll das Verhalten von sogenannten arischen Unternehmern gegenüber ihren jüdischen Kollegen beurteilt werden, so reicht es nicht aus, die Frage nach einer Beteiligung an „Arisierungen" in das Zentrum der Analyse zu rücken. Denn zahlreiche Unternehmer beteiligten sich an diesen „Arisierungen", zum Teil auch auf Wunsch ihrer jüdischen Kollegen. Vielmehr gelangt man zu einem Urteil erst bei der genauen Betrachtung der Umstände. Es ist zu fragen: Wer hat die Juden unter Druck gesetzt? Wie waren die Verkaufsbedingungen? Wurde ein Preis bezahlt, der dem Gegenwert des Betriebes entsprach? Dann lassen sich durchaus Unterschiede feststellen. Es gab auch in Südwestdeutschland jene habgierigen Glücksritter, die die Not der Juden skrupellos ausnützten, zum Teil mit ausdrücklicher Unterstützung des Regimes.

Auffallend dagegen ist, daß eine große Zahl von Unternehmern in einer Branche, in der Juden überdurchschnittlich stark vertreten waren – in der Lederindustrie – sich ganz anders verhielten. Hier ist ein kollegialer und fairer Umgang mit den jüdischen Kollegen festzustellen, und sogar finanzielle Hilfen für die bedrängten Kollegen wurden geleistet. „Arisierungen" innerhalb einer Branche sind derzeit wenig untersucht, dennoch läßt sich der Schluß ziehen, daß es gerade der große Anteil von Juden in einer Branche war, aus dem zahlreiche geschäftliche und persönliche Kontakte folgten. Dies dürfte die Nichtjuden zu rücksichtsvollerem Verhalten bewegt haben.

Trotz der politischen Resistenz und ideologischen Widersprüchen zum NS-Regime kam es aber nach 1933 weder zu irgendwelchen kollektiven noch zu laut vernehmbaren individuellen Protesten württembergischer oder badischer Unternehmer. Denn nur, weil sie sich politisch von den Nationalsozialisten fernhielten oder im persönlichen Kreis Stellung gegen sie bezogen, leisteten sie noch keinen Widerstand. Eine solche Definition verwässerte den Widerstandsbegriff.

Denn in den meisten Fällen waren auch süddeutsche Unternehmer darauf fixiert „den Bestand und das Überleben des Betriebes" zu sichern. Dies erklärt die meist unreflektierte Bereitschaft, bei den wirtschaftspolitischen Maßnahmen des Regimes mitzumachen, solange es dem Betrieb diente – dies schloß die Beschäftigung von Zwangsarbeitern ausdrücklich mit ein.[87] Insgesamt also scheinen südwestdeutsche Unternehmer während des Nationalsozialismus eine schwierige Doppelgesichtigkeit zu zeigen: politische Attentisten, wirtschaftliche Profiteure.

[87] Vgl. dazu *Hans Mommsen*, Konnten Unternehmer im Nationalsozialismus apolitisch bleiben?, in: *Gall/Pohl*, Unternehmen (wie Anm. 5), S. 69–72, S. 69, *Scholyseck*, Bosch (wie Anm. 2), S. 355–389.

*Thomas Großbölting*

# Vom institutionellen Rückgrat des Mittelstandes zum Transmissionsriemen der SED-Wirtschaftspolitik: Die Industrie- und Handelskammern in der Sowjetischen Besatzungszone und frühen DDR

Anfang des Jahres 2001 rückten Äußerungen des Bundestagspräsidenten Wolfgang Thierse ein Thema in die Schlagzeilen der Presse, welches laut Prognose vieler Optimisten zehn Jahre nach der Wiedervereinigung nicht mehr auf der Tagesordnung stehen sollte: Der Osten, so resümierte Thierse seine Beobachtungen zur Entwicklung in den fünf neuen Ländern, stehe „auf der Kippe". Insbesondere die wirtschaftlichen Kenndaten deuteten nach Ansicht des SPD-Politikers darauf hin, daß man hinsichtlich der ökonomischen Entwicklung weit hinter der alten Bundesrepublik zurückbleibe. Im Vergleich zum Westen erscheine der Osten dabei nicht mehr als „Land des Übergangs", sondern als „abgehängt" und als auf „Dauer zweitrangig gestellt."[1] Mit seinem „absichtsvoll einseitigen Papier" erntete der stellvertretende SPD-Vorsitzende viel Widerspruch. Der kleinste gemeinsame Nenner der meisten Schlußfolgerungen aber war ungewohnt unisono und klang zudem resignativ: Ohne weitere Geldtransfers der öffentlichen Hand werde der Osten Deutschlands den Anschluß nicht schaffen können.[2]

Auffällig ist, daß im Konzert der wohlfeilen Vorschläge ein Ton nicht mehr angeschlagen wird: Unmittelbar nach dem Fall der Mauer hatten Politik und Publizistik auf einen weiteren Hoffnungsträger gesetzt, der helfen sollte, die marode realsozialistische Staatswirtschaft zu sanieren. „Nur ein starker Mittelstand kann die Wirtschaftsmisere in der DDR beenden" – diese Melange aus Zukunftsbeschwörung und Gegenwartsanalyse steht exemplarisch für einen Strang der Selbstverständigungsdebatte, in dem an Unternehmergeist und Eigeninitiative appelliert wurde und der darauf abzielte, Selbstheilungskräfte in der ostdeutschen Gesellschaft freizusetzen.[3] Zumindest kurzfristig hat dieses

[1] *Wolfgang Thierse*, Fünf Thesen zur Vorbereitung eines Aktionsprogramms für Ostdeutschland, veröffentlicht unter http://www.zeit.de/2001/02/Politik/200102_thiersepapier1.html.

[2] Vgl. den Bericht über Reaktionen auf das Papier Thierses von *Klaus-Peter Schmid*, Kippt die Wirtschaft in den neuen Ländern? in: Die Zeit Nr. 3 vom 11. Januar 2001, S. 19 f. *Detlef Pollack*, Wirtschaftlicher, sozialer und mentaler Wandel in Ostdeutschland. Eine Bilanz nach zehn Jahren, in: Aus Politik und Zeitgeschichte 40 (2000), S. 13–21, hier S. 14.

[3] *Fides Krause-Brewer*, Angst vor den Giganten. Nur ein starker Mittelstand kann die Wirtschaftsmisere in der DDR beenden, in: Die neue Ordnung 44 (1990), S. 205 ff.

nicht gefruchtet: Wo in den alten Bundesländern auch die selbständigen Klein- und Mittelbetriebe als Jobmaschine fungierten, blieb dieser Schub für den Arbeitsmarkt in den fünf östlichen Ländern aus. Trotz eines anfänglichen Gründerbooms konnte der Hoffnungsträger Mittelstand die in der Sowjetischen Besatzungszone (SBZ) und der DDR betriebene Einhegung, Verdrängung und Vernichtung des gewerblich-industriellen Mittelstandes nicht rückgängig machen.

Die heißen und kalten Sequestrierungen und Enteignungen, die unmittelbar nach dem Kriegsende einsetzten und konsequent fortgesetzt wurden, hatten den Anteil der selbständigen Betriebe an der Volkswirtschaft auf ein Minimum reduziert.[4] Überdimensionierte Anteile im industriellen und landwirtschaftlichen Bereich sowie unterentwickelte Dienstleistungsschichten insbesondere im privaten Sektor waren „Kennzeichen einer „rückständigen Produktions- und Schichtstruktur". Der in Westdeutschland seit Anfang der siebziger Jahre zu beobachtende Schub im Dienstleistungssektor fand in der DDR folgerichtig keine Entsprechung. Deren Schichtung entsprach im Jahr der Wiedervereinigung der ökonomischen Struktur der Bundesrepublik in der Mitte der sechziger Jahre. Insbesondere der Anteil der Selbständigen war im Jahr 1989 auf 2,2 Prozent der Erwerbstätigen zusammengeschrumpft (worden). Dieser kleine Rest war darüber hinaus durch politische Vorgaben ökonomisch und sozial zu einem „Kümmerdasein" gezwungen.[5] Die auf Grund der SED-Wirtschaftspolitik angelaufenen Investitionsrückstände waren und sind zu gravierend, als daß die überwiegend mittelständischen ostdeutschen Unternehmen ohne externe Investitionen und staatliche Hilfestellung diese Defizite in der volkswirtschaftlichen, betrieblichen und öffentlichen Infrastruktur beheben könnten.[6]

Diese Diagnose zehn Jahre nach der Wiedervereinigung fordert nicht nur die Tagespolitik heraus. Auch eine Geschichtsschreibung, die sich weniger auf die Nachgeschichte vergangener als vielmehr auf die Vorgeschichte gegenwärtiger Problemkonstellationen konzentriert, kann mit den ihr eigenen Mit-

[4] Vgl. *Hannsjörg F. Buck*, Formen, Instrumente und Methoden zur Verdrängung, Einbeziehung und Liquidierung der Privatwirtschaft in der SBZ/DDR, in: Materialien der Enquete-Kommission „Aufarbeitung von Geschichte und Folgen der SED-Diktatur in Deutschland", Band II.2., S. 1070–1213, hier S. 1139–1141.

[5] *Rainer Geißler*, Nachholende Modernisierung mit Widersprüchen, in: Aus Politik und Zeitgeschichte 40 (2000), S. 22–29, hier S. 23.

[6] Zur Situation des Mittelstandes in der ehemaligen DDR vgl. unter vielen anderen *Thomas Claus*, Existenzgründungen in Ostdeutschland. Ergebnisse einer empirischen Untersuchung in Sachsen-Anhalt, in: Aus Politik und Zeitgeschichte B 15 (1996), S. 3–19; *Thorsten Hinz*, Existenzgründungen in Ostdeutschland: Ein erfolgreicher Weg aus der Arbeitslosigkeit?, in: *Martin Diewald/Karl Ulrich Mayer* (Hg.), Zwischenbilanz der Wiedervereinigung. Strukturwandel und Mobilität im Transformationsprozeß, Opladen 1996; Hoffnungsträger Mittelstand. Entwicklung und Perspektiven in den neuen Bundesländern. Eine Tagung der Friedrich-Ebert-Stiftung am 14. Dezember 1991 in Potsdam, Bonn 1995; *Thorsten Koch*, Wohin treiben die kleinen und mittleren Wirtschaftsakteure Ostdeutschlands? Interessen, Selbstverständnis und Distinktionen des neuen Mittelstandes Ost in der dualistischen Gesellschaft, in: *Michael Thomas* (Hg.), Selbständige – Gründer – Unternehmer. Passagen und Paßformen im Umbruch, Berlin 1997, S. 95–121.

teln dieses Problem beleuchten[7] – nicht, um Lösungen zu offerieren, wohl aber, um für Gegenwartsprobleme zu sensibilisieren und eine Reflexion anzuregen, deren Bahnen nicht ausschließlich den kurzfristigen Interessen der Diskussionspartner und Lobbyisten geschuldet sind.

Bezüglich der Wirtschaftsstruktur in der ehemaligen DDR ist dabei auf einen über vierzig Jahre währenden Prozeß der Entdifferenzierung zurückzublicken: Geleitet von (macht)politischen und ideologischen Beweggründen zielte die SED-Wirtschaftspolitik von Beginn an auf die rasche Errichtung einer Staatswirtschaft. 1972 versetzten die einheitssozialistische Hegemonialpartei und die Blockparteien den Relikten des Mittelstandes den „Knock-Out“, als ein Großteil der noch verbliebenen privaten Unternehmungen verstaatlicht wurde.[8] Die damit geschaffene ökonomische Situation in der DDR Honeckers prägt unser Geschichtsbild bis heute, wenn mit realsozialistischer Wirtschaft meist Großkombinate, Tonnenideologie und staatliche Mißwirtschaft assoziiert werden.[9]

Der Weg aber, bis dieser Zustand erreicht war, findet gemeinhin wenig Berücksichtigung, obwohl damit tiefreichende Veränderungen nicht nur in der Wirtschafts-, sondern auch in der Gesellschaftsstruktur verbunden waren: Die Schaffung einer Staatswirtschaft bedeutete doch zugleich, daß die hoch industrialisierte, nach marktwirtschaftlich-kapitalistisch strukturierte Wirtschaft des Deutschen Reiches komplett nach anderen Regeln gestaltet werden mußte. Die Größe dieses Vorhabens wird schon dann deutlich, wenn man sich nur einige wenige volkswirtschaftliche Kennziffern vor Augen führt: So erwirtschafteten die Privatbetriebe 1947 noch 43,7 Prozent der gesamten industriellen Produktion und bildeten die Hälfte aller Lehrlinge aus. Beide Zahlen sanken in der Folgezeit beträchtlich, aber noch zu Anfang der fünfziger Jahren standen knapp 600.000 Arbeiter, Angestellte und Lehrlinge in Privatbetrieben unter Vertrag. Addiert man zu den Betriebsinhabern und Gewerbetreibenden die zugehörenden

[7] Als Plädoyer für eine problemorientierte Zeitgeschichte vgl. *Hans Günther Hockerts*, Zeitgeschichte: Begriff, Methoden, Themenfelder, in: Historisches Jahrbuch 113 (1993), S. 98–127, hier S. 124. *Lutz Niethammer*, Stufen der historischen Selbsterforschung der Bundesrepublik Deutschland, in: Deutsches Institut für Fernstudien (Hg.), Zugänge zur deutschen Nachkriegsgeschichte. Eine Einführung, Tübingen 1986, S. 23–34, hier S. 29. Vgl. auch die Einschätzung speziell zu den Aufgaben der DDR-Geschichtsschreibung von *Manfred Lötsch*, Intelligenzproblematik in der DDR, in: *Wolfram Fischer-Rosenthal/Peter Alheit* (Hg.), Biographien in Deutschland. Soziologische Rekonstruktionen gelebter Gesellschaftsgeschichte, Opladen 1995, S. 178–188, hier S. 178.

[8] Vgl. *Monika Kaiser*, 1972 – Knockout für den Mittelstand. Zum Wirken von SED, CDU, LDP und NDP für die Verstaatlichung von Klein- und Mittelbetrieben, Berlin 1990.

[9] In der Forschung der neunziger Jahre ist die Ökonomie der DDR schwerpunktmäßig unter zwei Fragestellungen bearbeitet worden: Einerseits stand die wirtschaftliche Eröffnungsbilanz nach dem Ende des Krieges und den Folgen von Reparationen, Demontagen und Entnahmen im Mittelpunkt der Untersuchung; andererseits bildete der Beginn, die Verfestigung und die Auswirkungen der Planwirtschaft als staatlicher Lenkungsmechanismus einen Schwerpunkt der Forschung. Vgl. dazu die Beiträge in *Christoph Buchheim* (Hg.), Wirtschaftliche Folgelasten des Krieges in der SBZ/DDR, Baden-Baden 1995. Dieser Band versammelt einen Großteil der Forscher, die sich auf dem Gebiet der Wirtschaftsgeschichte der SBZ/DDR bewegen und kann damit eine gewisse Repräsentativität beanspruchen.

Familien, so zeigt sich, welch weite Kreise die Umkonstruktion der Wirtschaft nicht nur in der Ökonomie, sondern auch in der Gesellschaft der SBZ/DDR ziehen mußte.[10]

Trotz des großen Anteils der mittelständischen Berufs- und Sozialgruppe ist diese in der Forschung bislang nur wenig beachtet worden. Bereits 1984 wurde aus der Perspektive der DDR-Geschichtswissenschaft beklagt, daß „die Entwicklung der privatkapitalistischen Industrie noch kaum erforscht" sei.[11] An dieser Situation hat sich auch unter pluralistischen Forschungsbedingungen zwei Jahrzehnte später wenig geändert. Während sich die Studien der früheren DDR-Geschichtsforschung als eindimensionale Schilderung von Maßnahmen der Politik und Verwaltung erweisen, sind in der Nach-Wende-Historiographie die selbständigen Berufe von Industrie und Handel noch weitgehend ausgespart.[12] Auf diese Weise ist die gegenwärtige Forschungssituation ein getreues Spiegelbild der gesellschaftlichen Stellung der Privatindustriellen in der ehemaligen DDR: Sowohl in der (politischen) Öffentlichkeit des – so die Selbstetikettierung der Machthaber – werdenden „Arbeiter- und Bauernstaates" als auch im Geflecht der Institutionen und Massenorganisationen wurde der Privatindustrie kein Platz zugestanden.[13]

Wo das vormals weit verzweigte Netz von Gewerbevereinen, Fach- und Unternehmerverbänden, wie es die Interessenpolitik des Kaiserreichs und der Weimarer Republik (mit)geprägt hatte, nicht wieder geknüpft werden konnte, verblieben den privatwirtschaftlichen Erwerbsgruppen allein die Industrie- und Handelskammern (IHK).[14] Wie in den Zeiten der Weimarer Republik sollten

[10] Zu den statistischen Angaben vgl. *Buck*, Formen (wie Anm. 4), S. 1183–1185.

[11] *Wolfgang Mühlfriedel*, Die Industrie in der antifaschistisch-demokratischen Umwälzung. Ein Bericht über Stand und Probleme der Forschungen zur Industriegeschichte, in: Jahrbuch für Wirtschaftsgeschichte 1 (1981), S. 151–171, hier S. 165.

[12] Eine Ausnahme ist *Armin Owzar*, Sozialistische Bündnispolitik und gewerblich-industrieller Mittelstand. Thüringen 1945 bis 1953, Jena 2001; eine kritische, insgesamt ernüchternde Würdigung des Ertrags der DDR-Betriebsgeschichte bei *Arndt Kluge*, Betriebsgeschichte in der DDR – ein Rückblick, in: Zeitschrift für Unternehmensgeschichte 1 (1993), S. 49–62. Darüber hinaus wurde bislang nur grob schematisierend versucht, mittels eines regional beschränkten, deutsch-deutschen Vergleichs die Lage der ostdeutschen Unternehmerschaft im ersten Jahrzehnt nach Kriegsende auszuloten. Vgl. *Kerstin Ohms*, Ost- und westdeutscher Mittelstand im Vergleich, in: *Elke Scherstjanoi* (Hg.), ‚Provisorium für längstens ein Jahr'. Protokoll des Kolloquiums ‚Die Gründung der DDR', Berlin 1993, S. 242–246. Allein eine auf den Wirtschaftsraum Leipzig konzentrierte Studie macht sich laut erster Ergebnisskizze daran, über die institutionelle und ökonomische Ebene hinaus den Werdegang sächsischer Industriefamilien zu verfolgen und so deren politischen, sozialen und mentalen Dispositionen in den Blick zu nehmen. Vgl. *Frank Schulz*, Elitenwandel in der Leipziger Wirtschaftsregion 1945–48. Von den Leipziger „sächsischen Industriefamilien" zu Kadern aus dem Leipziger Arbeitermilieu, in: Comparativ. Leipziger Beiträge zur Universalgeschichte und vergleichenden Gesellschaftsforschung, 5 (1995), S. 112–126.

[13] Gemäß den politischen Vorgaben war auch das staatliche Archivwesen an der Überlieferung der privatwirtschaftlichen Betriebe nur dann interessiert, wenn diese später verstaatlicht wurden. Vgl. zur Überlieferungssituation exemplarisch *Christel Grunert*, Die kapitalistischen Betriebe im Staatsarchiv Magdeburg. Eine Bestandsinformation, in: Archivmitteilungen 39 (1989), S. 42–45.

[14] Vgl. *Hans-Peter Ullmann*, Interessenverbände in Deutschland, Frankfurt a. M. 1988; *Owzar*, Bündnispolitik (wie Anm. 12), S. 234.

diese als Organ der Repräsentation, der Selbstverwaltung und der Interessenvertretung fungieren – und taten dies anfangs auch. Die IHK war Anker- und Orientierungspunkt für ihre Klientel und zugleich die sichtbare Demonstration dafür, daß diese „offene Klasse" (Bourdieu) sich im sozialen und politischen Feld der werdenden DDR zu behaupten suchte. Vergleichbar der Situation in den westlichen Besatzungszonen kam den Kammern auch in der Sowjetischen Besatzungszone insbesondere in der Zusammenbruchgesellschaft eine immense Kompetenzfülle zu, waren sie doch in vielen Regionen die einzig funktionstüchtigen Institutionen der Wirtschaftsorganisation. Aus dieser starken Position heraus betrieben sie weiterhin Klientelpolitik und fungierten auf diese Weise über das Kriegsende hinaus als „institutionelles Rückgrat" mittelständischer Vergesellschaftung. Zunehmend aber konnten sie sich dem politischen Zugriff der SED nicht mehr entziehen, passten sich der ökonomischen Entwicklung an und mutierten dabei schrittweise zum Promotor der politisch intendierten ökonomischen Transformation.

In diesem Zwiespalt zwischen Interessenvertretung für den gewerblich-industriellen Mittelstand und der tendenziell auf die Auflösung desselben zielenden Wirtschaftspolitik der SED wurden die Kammern zum Brennpunkt von Zielkonflikten. Hier brachen sich die einheitssozialistischen Versuche, die Gesellschaft neu zu konstruieren, mit den Eigeninteressen der Kammerklientel. Eine problemorientierte Analyse dieser Vorgänge kann daher weit über eine herkömmliche Institutionengeschichte hinausreichen. Die Frage nach der Verarbeitung der zentral gesteuerten und überindividuellen Prozesse innerhalb der Organisation und ihrer Klientel soll im Vordergrund stehen, um so Lebenswelt der Klientel und die mittels der Kammern betriebene Wirtschaftspolitik analytisch zu bündeln. Die folgenden Abschnitte nehmen deshalb zunächst zentrale Phasen der Kammergeschichte in den Blick und loten aus, welche institutionellen Rahmenbedingungen gesetzt wurden und welche Freiräume für Interessenorganisation und -artikulation verblieben: Die unmittelbare Nachkriegszeit bescherte den Kammern eine Vielzahl von Aktionsfeldern und Wirkungsmöglichkeiten, welche die verbliebenen Mittelstandsfunktionäre im Sinne ihrer Klientel nutzten (Abschnitt I). Trotz der zunehmenden politischen Instrumentalisierung der „neuen IHK" boten sich den angeschlossenen Unternehmensleitern und Unternehmensbesitzern weiterhin zahlreiche Nischen innerhalb der Organisation, die erst durch eine konsequente Personalpolitik geschlossen werden konnten (Abschnitt II). Erst auf lange Sicht schmolzen die Möglichkeiten der Interessenvertretung zusammen. Die IHK wurde mehr und mehr dazu eingesetzt, die Privatwirtschaft in die staatliche Ökonomie zu integrieren. Dabei setzte sie nicht nur auf dem ökonomischen Feld die Vorgaben der Politik um, sondern propagierte von sich aus ein neues Leitbild für die Volkswirtschaft (Abschnitt III).

## I. Tradition und politische Funktionalisierung – Das Kammerwesen in der unmittelbaren Nachkriegszeit

Im Jahr 1953 sahen die deutschen Einheitssozialisten ihre außenpolitischen Bemühungen um die Festigung des Nationalstaats wie auch die innenpolitische Umgestaltung der Gesellschaft nach eigenen machtpolitisch und ideologisch motivierten Vorstellungen so weit fortgeschritten, daß der unmittelbare Übergang zum „Aufbau des Sozialismus" in der DDR erfolgen könne. Für den gewerblich-industriellen Mittelstand bedeutete dies, daß er verstärktem Druck der Staatspartei ausgesetzt war. Unter anderem verfügte die SED die Auflösung der bis zu diesem Zeitpunkt zwar politisch verformten, aber dennoch nicht gleichgeschalteten Industrie- und Handelskammern. Ziel dieser Maßnahme war es laut Einschätzung des späteren Direktors der Bezirksdirektion der hallischen Handelskammer Erich Wenkel, „einen entscheidenden Schlag gegen die privatwirtschaftlichen Betriebe zu führen und sie über kurz oder lang zu liquidieren."[15]

Die Ereignisse im Umfeld des 17. Juni 1953 markierten in diesem Bereich wie insgesamt einen abrupten Bruch in der vermeintlichen Erfolgsgeschichte der frühen DDR: Gleichgültig, ob man die Ereignisse um den 17. Juni 1953 in die Streiktradition der deutschen Arbeiterbewegung einordnet oder als eine breite, alle Segmente der Bevölkerung umfassende Aufstandsbewegung interpretiert – massiv hatte er der Regierung die Protesthaltung weiter Teile der Bevölkerung vor Augen geführt.[16] Wenn auch die eigentlichen Trägergruppen aus der Arbeiterschaft stammten, so ließ die Aufstandsbewegung einen möglichen Umschlag in einen politischen Volksaufstand erkennen.[17] Und insbesondere in den großstädtischen Zentren der Unruhe meldeten die Sicherheitsbehörden ein „dominierendes Auftreten von Handwerkern und Selbständigen" in einem späten Stadium der Aufstandsbewegung.[18]

Eilig mühte sich die SED-Führung in Reaktion darum, wenigstens ein Mindestmaß an Akzeptanz in der Bevölkerung zurückzugewinnen. Unter anderem

[15] Zitiert nach *Irmtraud Dalchow*, Die Industrie- und Handelskammer Halle-Dessau: 150 Jahre Kammergeschichte in Mitteldeutschland, Halle 1995, S. 285; vgl. *Monika Tatzkow*, Privatindustrie ohne Perspektive. Der „Versuch zur Liquidierung der mittleren privaten Warenproduzenten", in: *Jochen Cerný* (Hg.), Brüche – Krisen – Wendepunkte. Neubefragung von DDR-Geschichte, Leipzig 1990, S. 97–99.

[16] Zur Forschungskontroverse um die Frage nach den Trägerschichten der Aufstandsbewegung des 17. Juni vgl. Der 17. Juni – vierzig Jahre danach. Podiumsdiskussion mit Lutz Niethammer, Arnulf Baring, Jochem Cerny, Monika Kaiser, Armin Mitter, Ilse Spittmann, in: *Jürgen Kocka, Martin Sabrow*: Die DDR als Geschichte. Fragen – Hypothesen – Perspektiven, Berlin 1994, S. 40–66; *Torsten Diedrich*, Zwischen Arbeitererhebung und gescheiterter Revolution in der DDR. Retrospektive zum Stand der zeitgeschichtlichen Aufarbeitung des 17. Juni 1953, in: Jahrbuch für historische Kommunismusforschung (1994), S. 288–305.

[17] Vgl. *Christoph Kleßmann*, Die doppelte Staatsgründung. Deutsche Geschichte 1945–1955, Bonn 1991, S. 277.

[18] Vgl. *Diedrich*, Arbeitererhebung (wie Anmerkung 16), S. 297.

korrigierte man den seit 1952 verschärften Kurs der Entprivatisierung und Sozialisierung des gewerblich-industriellen Mittelstandes.[19] Gegenüber standen sich die einheitssozialistische Staatsführung, die auf eine möglichst rasche Marginalisierung und spätere Liquidierung der Privatwirtschaft drängte, und die selbständigen Gewerbetreibenden, die ihre Existenz zu sichern suchten. Die wirtschaftlichen Kenndaten der SBZ und frühen DDR verweisen auf die Breiten- und die Tiefenwirkung dieser ökonomischen und gesellschaftlichen Auseinandersetzung: Selbst ein Jahr nach der Staatsgründung erarbeitete die Privatwirtschaft noch 23,5 Prozent der industriellen Bruttoproduktion und beschäftigte dabei knapp ein Viertel der insgesamt in Lohn und Brot stehenden Arbeiter und Angestellten.[20]

Um den Unmut zu beschwichtigen, ging man auch daran, die gerade erst aufgelösten Industrie- und Handelskammern durch ein neues Vertretungsorgan zu ersetzen. Die Schaffung einer zentralen IHK der DDR inklusive ihr angeschlossener Bezirksdirektionen bedeutete allerdings nicht nur, den Kammern „neuen Stils" eine zentralisierte organisatorische Form zu geben.[21] Auch inhaltlich verkehrte die SED die Aufgabe der Kammern in ihr Gegenteil: Die ehemals als Selbstverwaltungsorgan fungierende IHK wurde nun darauf verpflichtet, die Privatwirtschaft zum Abschluß von Verträgen zu bewegen, die für den einzelnen Betriebsinhaber faktisch den Verlust von Autonomie bedeuteten und diesen in den staatlichen Wirtschaftssektor einbanden.[22] Die veränderte Funktion der Kammern wurde von den ihr angeschlossenen Gewerbetreibenden aufmerksam registriert: Die Industrie- und Handelskammern sind für viele Privatunternehmer, so berichtete der Leiter der Abteilung Politische Fragen der DDR, P. Nasarov, im November 1953 an seinen Vorgesetzten im russischen Außenministerium, „reine staatliche Organe und keine Organe, die sie repräsentieren würden." An deren Stelle verlangte man nun „eine Art Unternehmergewerkschaften, die ihre Interessen gegenüber den Organen der Staatsmacht wahrnehmen würden."[23] Die 1953 aufgekommenen Querelen um die Kammern von Industrie und Han-

[19] Vgl. die Skizze der wirtschaftspolitischen Zielsetzungen in der SED-Führung von *Buck*, Formen (wie Anm. 4), S. 1125.

[20] Vgl. ebd., S. 1138.

[21] So auch der Sprachgebrauch bei Vertretern der Liberaldemokratischen Partei Deutschlands: ADL, LDP Zentralvorstand Berlin Nr. 3378, unpag. Vgl. *Monika Tatzkow*, Die Entwicklung der Industrie- und Handelskammern der Deutschen Demokratischen Republik und ihre Rolle bei der Einbeziehung bürgerlicher Schichten in den Aufbau der Grundlagen des Sozialismus (1953–1958), Diss A. Berlin 1988.

[22] Vgl. *Thomas Großbölting*, Vom privaten Unternehmer zum Angestellten im Staatsbetrieb: Handel und Kleinindustrie zwischen zentralistischer Politik und lokalen Konflikten, in: *Hans-Ulrich Thamer* (Hg.), Die Errichtung der Diktatur, erscheint 2002.

[23] Vgl. *Jan Foitzik*, Berichte des Hohen Kommissars der UdSSR in Deutschland aus den Jahren 1953/1954. Dokumente aus dem Archiv für Außenpolitik der Russischen Föderation. Dokument Nr. 4: Über die Lage der Privatunternehmer, Händler und Handwerker in der DDR in Verbindung mit dem Neuen Kurs, in: Materialien der Enquete-Kommission „Aufarbeitung von Geschichte und Folgen der SED-Diktatur in Deutschland" (12. Wahlperiode des Deutschen Bundestages), hg. vom Deutschen Bundestag, Bd. II.2, S. 1350–1541, hier S. 1480.

del verweisen auf die Bedeutung, die dieser Institution trotz aller schon zu beobachtenden politischen Verformungen in den ersten acht Jahren der SED-Herrschaft von seiten der Gewerbetreibenden zugedacht wurde: Unmittelbar nach Kriegsende hatten Unternehmervertreter wie selbstverständlich an die früheren Fach- und Dachverbände der Industrie- und Gewerbezweige angeknüpft und diese unter dem Dach der IHK gesammelt. Zum Teil waren sie sogar von den Landes- und Provinzialverwaltungen dazu ermuntert worden, ihre früheren Organe zu reorganisieren, erhoffte sich die noch nicht funktionsfähige Bürokratie Unterstützung bei ihren Aufgaben:[24] Die Verbände dienten der „Erfassung und unmittelbaren Betreuung", wirkten „standeserzieherisch" und erfüllten eine „allgemeine anwaltliche Funktion" als „wichtige Zuträger und Informationsstellen für die Kammern und die Verwaltungsbehörden", so führte beispielsweise ein Vertreter der Provinzverwaltung Sachsen aus.[25] Wenn auch die Schaffung von Unternehmerverbänden mit Pflichtmitgliedschaft anfangs geduldet wurde, so blieb der Zusammenschluß zu überregionalen Spitzenverbänden untersagt: Man setze nun auf Dezentralisation, berichtete ein anonym bleibender Verfasser eines Memorandums zu den Anfängen der IHK Halle am 10. September 1945, denn man fürchtete die Degradierung der Verbandsbezirksstellen zu „unverantwortlichen Befehlsempfängern" einer in den Spitzenorganisationen dekretierten Politik.[26]

Diese und ähnliche anfängliche Bestrebungen der Unternehmerorganisation wurden nach Maßgabe der einheitssozialistischen Spitze unterbunden: Wenige Monate nach Kriegsende verboten die deutschen Kommunisten und späteren Einheitssozialisten alle Unternehmerverbände und -vereinigungen. Bis zum Frühjahr 1946 gelang es schließlich, auch die organisatorische Struktur der Unternehmerverbände endgültig zu zerschlagen.[27] Aus dem Reigen der unternehmerischen Repräsentations- und Interessenvertretungsorgane verblieben der Privatwirtschaft somit allein die Industrie- und Handelskammern.[28]

Idealiter waren die „neuen Industrie- und Handelskammern" ganz ihres traditionellen Charakters beraubt, so daß sich diese laut DDR-Historiographie in Inhalt und Funktion „diametral von den in den Westzonen fortexistierenden bürgerlichen Industrie- und Handelskammern" unterschieden.[29] Realiter hingegen nahm sich die Entwicklung anders aus: Im Bereich der Wirtschaftsorganisation und -verwaltung entwickelten die Kammern ein beträchtliches Eigenleben und

[24] So zum Beispiel in der Provinz Sachsen. Vgl. SAPMO, DY 0/IV 2/ 6.02 ZK der SED, Abteilung Wirtschaftspolitik Nr. 49, Bl. 154 f.

[25] LA Magdeburg, Rep K IHK Sachsen-Anhalt 338, Bl. 20 f.

[26] LA Magdeburg, Rep. K IHK Sachsen-Anhalt Nr. 175, S. 90.

[27] Vgl. LA Magdeburg, Rep K Ministerium für Wirtschaft Nr. 6544, Nr. 7366, Nr. 6187.

[28] Vgl. *Rüdiger Schmidt*, Vom „autoritären Korporatismus" zur Planökonomie: Der gewerbliche Mittelstand in der Sowjetischen Besatzungszone Deutschlands, in: *Dierk Hoffmann/Hermann Wentker* (Hg.), Das letzte Jahr der SBZ. Politische Weichenstellungen und Kontinuitäten im Prozeß der Gründung der DDR, München 2000, S. 221–244, hier S. 222 f.

[29] *Karl-Heinz Schöneburg*, Die Errichtung des Arbeiter- und Bauernstaates der DDR 1945–1949, Berlin 1983, S. 91 f.

standen damit dem Führungs- und Herrschaftsanspruch der SED entgegen. Diese Entwicklung begann mit dem fulminanten Start, der den Industrie- und Handelskammern nach Kriegsende beschieden war: Vergleichbar der Situation in den westlichen Besatzungszonen hatten auch im Osten schon wenige Tage nach Einmarsch der Besatzungstruppen zahlreiche Kammern ihre Arbeit wieder aufgenommen.[30]

Den Kammern kam in dieser Situation zustatten, daß ihnen während der NS-Diktatur ein durchaus wechselhaftes Schicksal beschieden war: Zunächst waren die Hoffnungen, die sowohl die Kammerfunktionäre als auch ihre Klientel in die Machtübernahme der Nationalsozialisten gesetzt hatten, schon bald enttäuscht worden. Die Mittelstandspropaganda der Nationalsozialisten erwies sich als rein taktisch motiviert, und die zahlreichen protektionistischen Maßnahmen wurden nicht realisiert. Die Kammern, die zunächst ihre Eigenständigkeit gegenüber dem Kampfbund des gewerblichen Mittelstandes wahren konnten, sahen sich schon in den Friedensjahren des Nationalsozialismus immer stärkeren Herrschaftszumutungen ausgesetzt. So konkurrierten mit der Deutschen Arbeitsfront (DAF), dem Reichsnährstand und der NS-Hago mehrere NS-Organisationen um Mitgliedschaft und Beitragszahlungen der Mittelständler. Und schon 1934 begann die NS-Führung mit der Neuorganisation der Wirtschaft, die die Autonomie der Selbstverwaltungsorgane empfindlich beschnitt: Im November 1934 wurden die Kammern von Industrie und Handel mit denen des Handwerks unter dem Dach der Wirtschaftskammer organisatorisch zusammengefaßt. Die Bildung einer „Arbeitsgemeinschaft der Industrie- und Handelskammern“ innerhalb der Reichswirtschaftskammer bemäntelte den Autonomie- und Kompetenzverlust zwar, wog ihn aber keineswegs auf.[31] Die Errichtung von Gauwirtschaftskammern im April 1942 markierte den Endpunkt dieser Politik, denn damit waren die zum Teil traditionsreichen Industrie- und Handelskammern organisatorisch aufgelöst.

Auf diese Weise war zwar formal die Gleichschaltung der Organisation vollzogen worden, trotzdem aber bewahrten sich die früheren Kammern aber subkutan ein hohes Maß an Kontinuität: Sowohl der Mitarbeiterstab als auch das Aufgabengebiet blieben auch in der neuen Struktur erhalten. Wo nach außen hin die IHK in ihrer Funktion als pressure-group immer mehr beschnitten wurde, entwickelte sich intern ein stärkeres Engagement in und gegenüber den Betrieben.[32] Die Sicherung von Rohstoffen und Arbeitskräften beispielsweise wies den Kammern auf der einen Seite die unpopuläre Rolle als Helferin bei

[30] Zum Neubeginn der Kammern in den Westzonen vgl. den Beitrag von Jürgen Weise in diesem Band.

[31] Erste Verordnung zur Durchführung des Gesetzes zur Vorbereitung des organischen Aufbaus der deutschen Wirtschaft vom 27.11.1934, Reichsgesetzblatt I, 1934, S. 1194–1196; *Harald Winkel*, Geschichte der württembergischen Industrie- und Handelskammer Heilbronn, Reutlingen, Stuttgart/Mittlerer Neckar und Ulm 1933–1980, Stuttgart 1980, S. 45–47; *Peter Hüttenberger*, Interessenvertretung und Lobbyismus im Dritten Reich, in: *Gerhard Hirschfeld/Lothar Kettenacker* (Hg.), Der ‚Führerstaat'. Mythos und Realität. Studien zur Struktur und Politik des Dritten Reiches, Stuttgart 1981, S. 429–455, hier S. 450.

[32] Vgl. z.B. Mitteldeutsches Wirtschaftsblatt Nr. 9 vom 1. Mai 1935, S. 67.

Stillegungsaktion und bei der Personalauskämmung in den Kriegsjahren zu. Auf der anderen Seite aber unterstützten die Kammern nach Kräften ihre Mitgliedsbetriebe in den zahlreichen Konflikten zwischen den Gewerbetreibenden und den übergeordneten Instanzen der Wirtschaftslenkung und konnten sich dabei als Fürsprecher ihrer Klientel profilieren.[33] Die Begutachtung von Anträgen, Bitten um Wirtschaftsbeihilfe oder Entscheidungen zu Betriebsverlagerungen und Gutachten zu Anträgen auf Gemeinschaftshilfe verschafften den Kammermitarbeitern „einen bisher nie vorhandenen Einblick in die Betriebe, ihre Leitung, ihre wirtschaftliche Lage, ihre Belegschaft, ihre Unterbringung und ihren Maschinenbestand."[34] Nicht nur bei der Vergabe öffentlicher Aufträge für Rüstungszwecke, die die Kammer vorzubereiten hatte, sondern auch bei der sogenannten ‚Arisierung' der Wirtschaft nahmen die Kammern eine Schlüsselstellung ein, kam ihnen doch die Aufgabe zu, die ihren jüdischen Besitzern genommenen Gewerbe- und Handelsbetriebe an ‚rassisch genehme' Interessenten zu vermitteln.[35]

Diese Entwicklung führte dazu, daß die ohnehin schon stark ausgeprägten Beziehungen der Kammern zu den Unternehmen und Firmen ihres Zuständigkeitsbezirkes sich noch enger gestalteten. Dies trug dazu bei, „daß die Institution ‚Industrie- und Handelskammer' auch nach der offiziellen Auflösung 1942/43 im Bewußtsein der Unternehmer erhalten blieb und positiv beurteilt wurde."[36] Die organisatorische Gleichschaltung der Kammern hatte nicht zur Durchdringung dieser institutionell gestützten Vergesellschaftung oder zur Auflösung der dort aufgestellten Klassifikationsprinzipien geführt, sondern diese „nur in sich aufgesogen und durch ihre Politisierung verformt".[37]

Nach 1945 boten sich auf Grund dieser Kontinuitäten sowie der lokalen und regionalen Verankerung der Kammern besondere Möglichkeiten für eine eigen-sinnige Interessenpolitik. Da Personal und Aufgabengebiete der IHK trotz der Eingriffe der NS-Kriegswirtschaft nahezu identisch geblieben waren, versammelten die Kammern ein enormes Potential an Kompetenz und Möglichkeiten:[38] Wo die zentrale und regionale Verwaltung noch nicht wieder griff,

[33] So gab es besonders auf das Kriegsende hin in einzelnen Kammern Sachbearbeiter, die ausschließlich damit beschäftigt waren, von den Firmen benötigte Fachkräfte vom Militärdienst zu befreien. Vgl. LA Merseburg, Rep. C 110 IHK Halle, 1094, unpag.

[34] *Harald Winkel*, Geschichte der württembergischen Industrie- und Handelskammern Heilbronn, Reutlingen, Stuttgart/Mittlerer Neckar und Ulm 1933–1980, Stuttgart 1980, S. 122.

[35] Vgl. LA Merseburg, Rep. C 110, 1132; *Irmtraud Dalchow*, Ein dunkles Kapitel deutscher Geschichte im Spiegel der Kammerakten, in: Mitteldeutsche Wirtschaft 1 (1994), S. 65–69.

[36] *Sowade*, Wegbereiter des Wiederaufstiegs (wie Anm. 16), S. 21.

[37] Zur Formulierung *Rudolf Schlögl/Michael Schwartz/Hans-Ulrich Thamer*, Konsens, Konflikt und Repression: Zur Sozialgeschichte des politischen Verhaltens während der NS-Zeit, in: *Rudolf Schlögl/Hans-Ulrich Thamer* (Hg.), Zwischen Loyalität und Resistenz. Soziale Konflikte und politische Resistenz während der NS-Herrschaft in Westfalen, S. 9–30, hier S. 11 f.

[38] Vgl. *Gerda Wülker*, Der Wandel der Aufgaben der Industrie- und Handelskammern in der Bundesrepublik, Hagen 1972, S. 86–88; *Winkel*, Geschichte (wie Anm. 33), S. 147 f. Winkel zitiert den Präsidenten der IHK Reutlingen, Kern, vom 9.4.1947: „Durch die Verordnung über die Errichtung von

konnten die dezentral agierenden und eng mit ihrem jeweiligen Wirtschaftsraum verbundenen Kammern um so eher Fuß fassen. Wo Akten und Unterlagen vernichtet oder nicht mehr zugänglich waren, gelang die Reorganisation der Wirtschaft nur noch mittels der Fachkräfte, die ihre Erinnerung und persönlichen Kontakte aktivierten. In zahlreichen Städten avancierten die Kammern auf diese Weise zu Schaltstellen des ökonomischen Wiederaufbaus und übernahmen rasch lokale und regionale Lenkungs- und Verteilungsaufgaben.[39]

Die Kammern nutzten diese ihre Rolle bei den Aufbaubemühungen durchaus in eigenem Interesse. Die Unterstützung und zum Teil die Organisation des wirtschaftlichen Wiederaufbaus ging Hand in Hand mit der Vertretung privatunternehmerischer Interessen, deckten sich doch beide Aufgabenbereiche im Selbstverständnis der Kammervertreter weitgehend.[40] Zugleich betrieben sie eine weitgehende Klientelpolitik, die zwar opportunistisch planwirtschaftliche Elemente integrierte, letztlich aber auf eine Wiederherstellung einer kapitalistisch-marktwirtschaftlichen Ordnung abzielte. Wie auch in den westlichen Besatzungszonen konnte man sich einen „Wiederaufbau auf einer anderen als einer organisierten privatkapitalistischen Basis" nicht vorstellen.[41] Und auch die Kammerorganisation selbst sollte sich nach Vorstellung breiter Kreise „nach bewährtem Zustand" wieder etablieren.[42]

In den Augen der leitenden KP- und späteren SED-Funktionäre nahm sich diese „Hochzeit" der Kammern verhängnisvoll aus. Dies zeigte eine Charakteristik der Wirtschafts- und Einflußverhältnisse in der Provinz Sachsen vom

Gauwirtschaftskammern wurden die alten Industrie- und Handelskammern zwar offiziell aufgehoben, bestanden aber de facto mit dem bisherigen Personal und dem alten Apparat weiter [...]. Damit war der äußere Aufbau der Gauwirtschaftskammer vollzogen. Ihre innere Entwicklung wurde jedoch weitgehend beeinflußt durch personelle und sachliche Bindung an das alte Kammerwesen und dessen Tradition, was zwar zweifellos nicht in der Absicht der geistigen Väter der Gauwirtschaftskammer lag, bei dem vorhandenen Zusammenhang zwischen Gauwirtschaftskammer und Handelskammer alter Prägung schlechterdings jedoch nicht zu vermeiden war."

[39] Exemplarisch dafür die Reorganisation der lokalen Wirtschaft in Magdeburg und Halle. Vgl. *Thomas Großbölting*, SED-Diktatur und Gesellschaft. Bürgertum, Bürgerlichkeit und Entbürgerlichung in Magdeburg und Halle, Halle 2001, S. 340–358. Die Beobachtung Sowades, daß es sich hierbei um eine „einzigartige Phase" der Kammergeschichte gehandelt habe, trifft modifiziert auch für die ostdeutsche IHK zu. Vgl. *Hanno Sowade*, Wegbereiter des Wiederaufstiegs. Die Industrie- und Handelskammern und die Rekonstruktion der Außenbeziehungen der westdeutschen Wirtschaft 1945–1949/50, München 1992, S. 21.

[40] Vgl. *Sowade*, Wegbereiter des Wiederaufstiegs (wie Anm. 38), S. 24.

[41] *Rainer Schulze*, Unternehmerische Selbstverwaltung und Politik. Die Rolle der Industrie- und Handelskammern in Niedersachsen und Bremen als Vertretungen der Unternehmerinteressen nach dem Ende des Zweiten Weltkriegs, Hildesheim 1988, S. 502.

[42] Zitiert nach *Wolfgang Mühlfriedel*, Die Entwicklung der privatkapitalistischen Industrie im Prozeß der antifaschistisch-demokratischen Umgestaltung, in: Jahrbuch für Wirtschaftsgeschichte 3 (1984), S. 9–38, hier S. 12; für den Kammerbezirk Halle-Dessau vgl. *Dalchow*, Die Industrie- und Handelskammer (wie Anm. 18), S. 274; für die britische Besatzungszone vgl. neben dem Beitrag von Jürgen Weise in diesem Band auch dessen Monographie. *Ders.*, Kammern in Not – Zwischen Anpassung und Selbstbehauptung. Die Stellung der Industrie- und Handelskammern in der Auseinandersetzung um eine neue politische und wirtschaftliche Ordnung 1945–1956 dargestellt am Beispiel rheinischer Kammern und ihren Vereinigungen auf Landes-, Zonen- und Bundesebene, Köln 1989.

Herbst 1945. Insbesondere im dezentral organisierten Kammerwesen dieser Provinz hatten sich nach Beobachtung der Funktionäre die Eigeninteressen der Unternehmer stark geltend gemacht: Unter der amerikanischen Besatzung habe man die Gauwirtschaftskammern in Magdeburg und Halle wieder in je eine selbständige Handels- und Handwerkskammer gegliedert und damit den „Zustand von vor 1933 wiederhergestellt."[43] Diese „Organisation der sogenannten freien Wirtschaft" habe auch inhaltlich wieder an die Zeit der Weimarer Republik angeknüpft. „Die beiden Wirtschaftskammern sind auf dem Prinzip der vollen Selbstverwaltung aufgebaut und vertreten im wesentlichen die Forderung nach völlig freier Initiative der Privatwirtschaft, erkennen die Planung nur insoweit an, als sie auf Grund der schwierigen, teilweise chaotischen wirtschaftlichen Verhältnisse im Augenblick unerlässlich ist und machen nur wenig Hehl daraus, dass sie selbst Gegner der nazistischen Zwangswirtschaft sind, weil sie ihnen zu ‚sozialistisch' gewesen ist." Auch nach dem Besatzungswechsel hatte sich nach Einschätzung des Verfassers der Expertise an diesem Zustand nichts geändert. Im Gegenteil, die Wiedererrichtung der „kapitalistischen" Verhältnisse sei nicht nur in den Kammern, sondern auch im Bereich sonstiger Wirtschaftsverbände noch forciert worden: „Die alten Industrieverbände und Fachgruppen sind zwar formell aufgelöst, bestehen aber teils in loser, teils in fest organisierter Form weiter. Gegenwärtig wird ein Neuaufbau von Wirtschaftsverbänden organisiert, [welcher] Verbände vorsieht für a) Industrie, b) für Gross- und Kleinhandel. Neben diesen Wirtschaftsverbänden werden Fachgruppen organisiert, an deren Spitze Obleute stehen."[44]

Die einsetzende parteiinterne Analyse bestätigte die Ergebnisse der Expertise und arbeitete detailliert auf, welch zentrale Stellung im Prozeß der Wirtschaftsorganisation die Kammern einnahmen – ein Zustand, der in den Augen der Kommunistischen Partei als eine ernsthafte Bedrohung erschien: „Der Aufgabenkreis der Industrie- und Handelskammer und der Handwerkskammer [erweiterte sich] ganz bedeutend. Sie übernahmen die gesamte Steuerung der industriellen und gewerblichen Wirtschaft ohne direkte Mitwirkung der Provinzialverwaltungen. Ihr Aufgabengebiet erstreckt sich heute auf die gesamte Statistik, Planung und Lenkung der gewerblichen Wirtschaft, insbesondere auch auf die Erfassung und Zuteilung der Rohstoffe an Industrie und gewerbliche Wirtschaft."[45] Eine Aussprache mit dem hallischen IHK-Präsidenten Al-

[43] Für dieses Zitat und die folgenden Stiftung Archiv der Parteien und Massenorganisationen der DDR (SAPMO), NY 4182 Nr. 959, Bl. 180 ff.

[44] Ebd., Bl. 5 f.

[45] SAPMO, NY 4182 Nr. 959, Bl. 182. So hatten die Landes- und Bezirkskammern im wesentlichen alle Aufgaben übernommen, die mit der Durchführung des zentralen Befehls Nr. 9 der sowjetischen Militäradministration zur Ingangsetzung der industriellen und gewerblichen Wirtschaft im Zusammenhang standen. Zum SMA-Befehl Nr. 9 vgl. Verordnungsblatt der Provinz Sachsen 1945, Nr. 1, S. 14 f. Der Befehl Nr. 9 des Oberbefehlshabers der SMAD Shukow vom 21. Juli 1945 ordnete an, bis zum 15. August 1945 in folgenden Industriezweigen die Produktion wieder aufzunehmen: synthetische Benzin- und Ölerzeugung, Stickstoffe, Kohle und Brikett, Elektrizitätswerke, Gummiwerke, Autoreparaturwerkstätten, Traktoren, landwirtschaftliche Maschinen, Eisenbahnwaggons und sonstiges rollendes Material, Wasserwege und deren Schiffe und Kähne, Ersatzteile hierfür, ferner Lebensmit-

brecht Pickert habe ergeben, „daß fast die gesamte Durchführung der Arbeit für die Wiederingangsetzung der Industrie- und Handwerksbetriebe in der Hand der IHK bzw. der Gauwirtschaftskammer liegt. Die Provinzialverwaltung wird im wesentlichen nur mehr oder weniger unterrichtet." Besonders bedrohliche Züge erhielt das Wirken der Kammern dadurch, daß selbst „die Militäradministration [...] nach den Mitteilungen des Herrn Präsidenten Pickert im wesentlichen mit der Industrie- und Handelskammer zusammen[arbeitet], die nicht nur das gesamte statistische Material für den Neuaufbau der industriellen und gewerblichen Arbeit geliefert hat, sondern auch die Erfassung und Verteilung der Rohstoffe durchführt [und] die Produktionsprogramme aufstelle". Die Kammern außerhalb der Provinzhauptstadt Halle waren zwar organisatorisch anders zusammengestellt worden, ihre Situation barg aber nach Einschätzung der Kommunisten eine vergleichbare politische Brisanz: „Im Bezirk Magdeburg bestehen die alten nazistischen Wirtschaftskammern weiter, in denen es nur Abteilungen für Industrie, Handel und Handwerk gibt." Zwar seien dort wie auch in Anhalt-Dessau personelle Veränderungen in der Leitung vorgenommen worden. Die Partei aber war über diese nicht informiert worden, geschweige denn, daß sie Einfluß darauf genommen hätte. „Obgleich diese alten nazistischen Wirtschaftskammern keine strukturellen und organisatorischen Änderungen erfahren haben, werde ihre praktische Arbeit nach dem Grundsatz einer freien unabhängigen Wirtschaft durchgeführt."[46] Die Summe dieser Beobachtungen mußte in den Ohren der KPD-Führung ernüchternd und zugleich alarmierend klingen. Zwar seien von den Gewerkschaften „konkrete Forderungen in bezug auf ihre Mitwirkung bei den allgemeinen Aufgaben des Neuaufbaus der industriellen und gewerblichen Wirtschaft und auch bezüglich ihrer Beteiligung an neuzuschaffenden Industrie-, Handels-, und Handwerkskammern gestellt worden", aber: „Aus allen diesen Angaben ergibt sich, dass die Steuerung der gesamten industriellen und gewerblichen Wirtschaft zur Zeit vollkommen in den Händen der Unternehmer liegt, dass von einer Führung der Provinzialverwaltung kaum gesprochen werden kann und eine direkte Mitwirkung der Gewerkschaften in der Industrie- und Handelskammer einerseits und der Handwerkskammer andererseits, aber auch in den in den Bezirken Magdeburg und Anhalt noch bestehenden alten Wirtschaftskammern nicht stattfindet."[47]

Mit der Neugründung der Kammern im Frühjahr 1946 sollte diesem Zustand ein Ende bereitet und die Gewähr dafür geschaffen werden, daß – so erinnerte sich der SED-Spitzenfunktionär Fritz Selbmann – „unsere Politik auch in den Industrie- und Handelskammern durchgeführt wurde." Das Ziel war es, eine neue, der „demokratischen Ordnung" verpflichtete Organisation des gewerb-

telindustrie, Textilindustrie, Schuh- und andere lederverarbeitende Industrie, tägliche Bedarfsgüter und Bauindustrie. Zur Bedeutung des Befehls für das „Ruhrgebiet der Ostzone" vgl. *Manfred Wille*, Die Industrie Sachsen-Anhalts im Spannungsfeld zwischen Neuaufbau, Besatzungsregime und gesellschaftlichen Umbrüchen 1945–1947, in: *Christoph Buchheim* (Hg.), Wirtschaftliche Folgelasten des Krieges in der SBZ/DDR, Baden-Baden 1995, S. 141–168, hier S. 143.

[46] SAPMO, NY 4182 Nr. 959, Bl. 184.

[47] Ebd., Bl. 184 f.

lich-industriellen Mittelstandes zu schaffen, die sich in das neue Wirtschaftssystem einfügte und so den Gegensatz von Kapital und Arbeit im Arbeiter- und Bauernstaat aufhob. Insbesondere die drittelparitätische Besetzung der IHK-Gremien sollte dies gewährleisten:[48] Nicht mehr ausschließlich Vertreter der Unternehmerschaft besetzten demzufolge das Präsidium und den Beirat, sondern Delegierte aus Verwaltung und Gewerkschaft sollten zu gleichen Teilen in die Gremien der Kammern einrücken und dafür Sorge tragen, daß die Kammern als überparteiliches Organ fungierten. Präsidium und Beirat sollten laut Satzung per Wahl bestimmt werden, de facto aber behielten sich die Landes- und Provinzialregierungen nicht nur übergangsweise, sondern bis zur Auflösung der Länder das Recht zur Ernennung der Spitzen vor und übten dieses auch aus: Den Industrie- und Handelskammern in allen fünf Ländern und Provinzen standen SED-Mitglieder vor. Aber dieser Austausch der Spitze allein garantierte noch keine willfährige Politik. Als stumpfe Waffe erwies sich insbesondere der Einbau von Funktionären des Freien Deutschen Gewerkschaftsbundes (FDGB), die bei der praktischen Kammerarbeit kein eigenes Profil gewannen.[49]

Obwohl in der täglichen Kammerarbeit die „Auftragsangelegenheiten" für die Landesbehörden überwogen, sollten auch die „neuen IHKs" dem Wortlaut der Satzung nach als Organe der Selbstverwaltung wirken. Das Statut wies den „neuen Kammern" unter anderem die Aufgabe zu, die Gewerbetreibenden zu „demokratischem Denken und Handeln" zu erziehen.[50] Das Ideal war der „Unternehmer neuen Typs", der sich nahtlos in die realsozialistische Zielvorstellung einer Staatswirtschaft fügen sollte. Da dieser Anspruch aber dem Behauptungs- und Überlebenswillen der Selbständigen zuwiderlief, stieß die SED-Diktatur mit dieser Zielvorstellung permanent an ihre Grenzen.

## II. Eigensinn in der Diktatur – Die Kammern als „Hort der Privatwirtschaft"

Rasch wurde den Verantwortlichen klar, daß die organisatorische Umgestaltung der Kammer allein nicht zum Ziel geführt hatte: Zwar differierte der Stand des Erreichten zwischen den einzelnen Ländern und Provinzen. Doch war selbst im sozialistischen Musterland Sachsen, in dem sogar die Leiter der Kreisgeschäfts-

[48] SAPMO, NY Y 30, Nr. 1098, Erinnerungen, Bl. 65. Zitiert nach *Schmidt*, Vom „autoritären Korporatismus" zur Planökonomie (wie Anmerkung 13), S. 222. Für die Provinz Sachsen vgl. *Großbölting*, SED-Diktatur (wie Anm. 38), S. 340–370; zu Thüringen vgl. *Owzar*, Bündnispolitik (wie Anm. 12), S. 229–243.

[49] Vgl. *Großbölting*, SED-Diktatur (wie Anm. 38).

[50] Exemplarisch die Satzung der Industrie- und Handelskammer für die Provinz Sachsen und der Industrie- und Handelskammer für den Bezirk Merseburg" in LA Magdeburg, Rep K IHK Sachsen-Anhalt Nr. 156, Bl. 4.

stellen als hauptamtliche Kräfte eingestellt und dabei eine entsprechende politisch motivierte Auswahl getroffen worden war, ein Potential für eine eigensinnige Arbeit der Kammern erhalten geblieben. Um so mehr galt dies für andere Länder und Provinzen, wie beispielsweise in Sachsen-Anhalt mit seinem dezentral organisierten Kammersystem oder in Thüringen, dessen Landesverwaltung noch lange von Mitgliedern der bürgerlichen Parteien geprägt war. Entgegen den Intentionen der SED erhielten sich die „alten Kräfte" innerhalb der IHK ihren traditionellen Einfluß. Dafür sorgten Kontinuitäten im Mitarbeiterstab der zweiten und dritten Ebene. Die angeschlossenen Gewerbetreibenden nutzten die überkommenen Strukturen zur Organisation eigener Interessen.[51]

Insbesondere am Beispiel der kleineren Industrie- und Handelskammern, die nicht unmittelbar im Zentrum der Politik lagen, lassen sich solche personellen Kontinuitäten und ihre Auswirkungen demonstrieren. So wird am Beispiel der bis zur Auflösung der Bezirke im Jahr 1953 noch selbständigen IHK Dessau deutlich, wie nachhaltig sich überkommene Strukturen restrukturierten und erhielten: Nicht einmal die Neukonstituierung der Kammer im April 1946 hatte in Dessau zu einem Wechsel des Kammerpräsidenten geführt. Der frühere Generaldirektor eines mittelständischen Betriebs, Herbert Kaatz, war nach Kriegsende zum Treuhänder einer Zuckerraffinerie und gleichzeitig zum Präsidenten der IHK avanciert. Diese Position behielt er auch weiter inne. Vordergründig sprach dafür sein parteipolitisches Engagement, war dieser doch zunächst Mitglied der SPD, dann der SED geworden.[52] Gemäß seinem sozialen und professionellen Profil als Firmendirektor, Regierungsrat a.D., enteigneter Rittergutsbesitzer und ehemaliger stellvertretender Aufsichtsratsvorsitzender der Deutschen Continental-Gas-Gesellschaft stand der bis 1949 amtierende Kaatz allerdings genau für das Gegenteil dessen, was die Hegemonialpartei SED bei der Entwicklung ihrer Kader wünschte. Spätestens in der praktischen Politik der Kammer traten die Differenzen auch offen zutage.

Als Hauptgeschäftsführer stand dem IHK-Präsidenten mit Alfred Hoppe ein Mitarbeiter zur Seite, der als Verlagslektor und freiberuflicher Werbeberater nach dem Krieg vom Oberbürgermeister der Stadt Dessau beauftragt wurde, die Interessen von Industrie, Handel und Handwerk bei der Besatzungsmacht zu vertreten. Im Juli 1945 wurde er dann gemeinsam mit Kaatz dazu bestimmt, eine Wirtschaftskammer zu errichten.[53] Dem Geschäftsführer wurde von verschiedenen Seiten nachgesagt, während seiner Zeit als Beschäftigter bei Junkers auch aktives Mitglied der NSDAP gewesen zu sein.[54] 1948 geriet der mittlerweile in die SED eingetretene zweite Mann der Kammer zusätzlich in die Kritik, da er, so die Vorwürfe, ausgiebige nicht-dienstliche Westreisen unternommen und

[51] Vgl. *Gregory W. Sandford*, From Hitler to Ulbricht. The Communist Reconstruction of East Germany 1945–46, Princeton 1983, S. 174.

[52] Die Angaben zur Parteizugehörigkeit bei *Franz-Josef Kos*, Der Dessauer Schauprozeß von 1950, in: Vierteljahrshefte für Zeitgeschichte 3 (1996), S. 395–429, hier S. 402.

[53] LA Magdeburg, MdI Nr. 804, Bl. 67–72.

[54] LA Magdeburg, IHK zu Dessau Nr. 107, unpag.: Aktenvermerk zum Vorgang Otto Senst jr. Dessau.

auch anderweitig Mittel veruntreut habe. Weder die ihm in der Personalakte bescheinigte „positive Einstellung zum Aufbau der Wirtschaft auf demokratischer Grundlage" noch die „eifrige Mitarbeit als Mitglied der SED-Fraktion im hiesigen Stadtparlament" boten genügend Gewähr für die Linientreue des Funktionärs. Ein gegen ihn vorbereitetes Verfahren wegen Veruntreuung entzog sich der Geschäftsführer durch die Flucht in die Westzonen.[55]

Darüber hinaus unterstanden dem Dessauer IHK-Präsidenten laut einer Personalaufstellung vom Ende 1945 49 Mitarbeiter, von denen neun als Mitglieder der NSDAP oder einer ihrer Organisationen als belastet bezeichnet wurden. Dieser Gruppe standen acht SPD- und ein LDP-Mitglied gegenüber, während die weiteren Mitarbeiter politisch nicht organisiert waren.[56] Während der 22köpfige Beirat der Kammer nach der Neugründung der IHK 18 SED- und sieben LDP-Mitglieder vereinte, hatte sich die ungünstige parteipolitische Zusammensetzung der Belegschaft bis zum Mai 1947 aus Sicht der Einheitssozialisten nur unwesentlich verbessert:[57] Das mittlerweile auf 75 Personen angewachsene Kammerpersonal war bis auf sieben Mitarbeiter zwar im FDGB organisiert, aber mit neun SED-Mitgliedern, denen zwei CDU- und sieben LDP-Mitgliedern gegenüberstanden, war die Präsenz der Arbeiterpartei quantitativ auch weiterhin relativ schwach.[58]

Die Beschäftigten der Dessauer Kammer dachten mehrheitlich – dies demonstrieren die zahlreichen Zielkonflikte zwischen SED und IHK – in den Bahnen der privatwirtschaftlich-kapitalistischen Wirtschaftsordnung und waren letztlich an dessen Rekonstruktion interessiert. Die IHK betrieb eine Lobbypolitik zu Gunsten der ihr angeschlossenen Klientel. So verweigerte man sich beispielsweise systematisch immer dann der Zusammenarbeit mit der mehr und mehr SED-abhängigen Provinzialverwaltung, wenn man sich nicht einen direkten Vorteil für die eigenen Belange davon versprach.

Symptomatisch dafür ist der Konflikt um die politische Ausrichtung der Kreiskammer in Quedlinburg, die organisatorisch der Dessauer Kammer zugeordnet war: Noch im Dezember 1948 mühte sich die Quedlinburger SED darum, die Monopolstellung der Liberaldemokraten innerhalb der örtlichen Kreiskammer zu brechen. Entzündet hatte sich die Auseinandersetzung in dem Moment, als die Nachfolge des Leiters der Abteilung Wirtschaft und Verkehr beim Rat der Stadt zu regeln war. Der bisherige Inhaber dieses Amtes, Spinnraths, war zugleich auch erster Vorsteher der Kreiskammer gewesen. „Wir werden es als SED nicht billigen können, dass der Vorstand fast ausschliesslich aus LDP-Vertretern besteht und das dürften Sie als Hauptgeschäftsführer nicht zulassen. [...] Es wäre wünschenswert, wenn die Kreiskammer Zweigstelle Qued-

[55] Vgl. LA Magdeburg, IHK zu Dessau Nr. 36, unpag.
[56] LA Magdeburg, IHK zu Dessau Nr. 53, unpag.: Verzeichnis der Angestellten der Wirtschaftskammer Dessau (31.12.1945).
[57] LA Magdeburg, IHK zu Dessau Nr. 71, unpag: Parteizugehörigkeit der Beiräte der IHK Dessau, 16.9.1946.
[58] LA Magdeburg, IHK zu Dessau Nr. 53, unpag: [Summarisches] Verzeichnis der Belegschaft, Stand 1. Mai 1947.

linburg einen anderen Kurs einschlagen würde, den wir auch als SED vertreten können."[59] Die Vorwürfe des von der SED gestellten Landrats gegen Kreis- und Bezirkskammer gingen aber rasch über den Vorwurf parteipolitischer Einseitigkeit hinaus und lauteten auf Sabotage des Zweijahresplanes: Verschiedene wirtschaftspolitische Stellungnahmen der IHK wurden von dem Beschwerdeführer als „geradezu typisch" interpretiert und waren ihnen Beweis dafür, „dass die Industrie- und Handelskammer eine Förderung des Zweijahresplanes nicht in den Vordergrund stellt."

Dieses Kräfteverhältnis mußte spätestens zu dem Zeitpunkt zum Konfliktstoff werden, zu dem die SED die Grundsätze ihrer Wirtschaftspolitik auch in die regionalen und lokalen Instanzen zu implementieren gedachte. Die Umformung der Kammern ist nicht nur in diesem Fall, sondern in vielen anderen auch als eine Geschichte der inszenierten Enthüllungen, Skandale und Schauprozesse zu schreiben. Wo andernorts Untersuchungen der Zentralen Kontrollkommission griffen wirkte in Dessau der Schauprozeß gegen Mitarbeiter der Deutschen Continental Gas Gesellschaft (DCGG) im Jahr 1950 als ein Fanal, welches weitere Konsequenzen nach sich zog. Nicht nur die prominenten Politiker Herwegen (CDU) und Brundert (SPD/SED) fielen diesem Tribunal zum Opfer, sondern auch die Kammerspitze wurde in Folge dieses Prozesses aus ihrer Position verdrängt.[60]

Präsident Kaatz war bereits im Oktober 1948 sein starkes Engagement im ‚kapitalistischen' Sektor der Industrie zur Last gelegt worden. Wegen angeblicher Verzögerung der Enteignung und anschließender Verschiebung von Vermögenswerten in den Westen wurde er als einer der Hauptschuldigen angeklagt und in Untersuchungshaft genommen. Hatte die Landesregierung Sachsen-Anhalts die Gründung einer Verwaltungsstelle der Deutschen Continental Gas Gesellschaft (DCGG) im in den westlichen Besatzungszonen gelegenen Hagen geduldet, um auf diese Weise über die Betriebsverbindungen für die Produktion dringend benötigtes Material in die eigene Zone bringen zu können, so wurde später die Transferierung von Aktien dorthin als Wirtschaftsverbrechen angesehen. Nachdem die Generalstaatsanwaltschaft der DDR diesen Prozeß übernommen hatte, wurden in engster Zusammenarbeit mit der von Fritz Lange geleiteten Zentralen Kontrollkommission die Angeklagten letztlich beschuldigt, seit Dezember 1945 fortgesetzt in Sabotageabsicht die wirtschaftlichen Maßnahmen der staatlichen Verwaltung durchkreuzt und so dem wirtschaftlichen Aufbau schwersten Schaden zugefügt zu haben.[61] Kaatz wurde wegen seiner Tätigkeit im Aufsichtsrat zu 12 Jahren Haft verurteilt, womit er selbstredend zugleich seiner Position als Treuhänder der Zuckerraffinerie und der IHK-

[59] Ebd., unpag.: Der Landrat des Landkreises Quedlinburg an den IHK-Hauptgeschäftsführer Hoppe vom 8.12.1948

[60] Vgl. *Kos*, Schauprozeß (wie Anm. 51), S. 395–429; *Willi Brundert*, Es begann im Theater. „Volksjustiz" hinter dem Eisernen Vorhang, Berlin (West)/Hannover 1958.

[61] Vgl. *Kos*, Schauprozeß (wie Anm. 51), S. 405–410.

Präsidentschaft enthoben wurde.[62] Zugleich verloren auch verschiedene Gefolgsleute des Präsidenten ihre Stellung in der IHK. Erst nach diesem spektakulären Schnitt gelang es, eine Mitarbeiterschaft einzusetzen, die den SED-Zielen nicht entgegenarbeitete, und damit die Kette der Auseinandersetzungen zu beenden.

Die Stärke des traditionellen Personals wirkte sich um so verhängnisvoller aus, da die ihnen bei der drittelparitätischen Besetzung zu Seite gestellten neuen Kräfte zunächst wirkungslos blieben. Der kommunistischen Führung mangelte es an entsprechenden Führungskräften, um das gegen die eigenen Vorstellungen opponierende Personal zu ersetzen. Insbesondere die Funktionäre des FDGB, so zeigte sich rasch, fielen als Aktivposten bei der Umgestaltung der Kammern völlig aus. Nicht nur von interessierter Seite wurden die Arbeiterfunktionäre ausgebootet, wenn beispielsweise die Kammerpräsidenten „inoffizielle Zusammenkünfte" organisierten, um brisante Fragen ohne Beteiligung der Gewerkschaftsvertreter „vorzuklären".[63]

Auch für sich stand die „dritte Säule" der Kammerarbeit auf tönernen Füßen, zeigten sich doch die FDGB-Mitarbeiter einerseits überfordert, andererseits desinteressiert.[64] Noch im Jahr 1948 mußte die Zentrale Kontroll-Kommission dazu mahnen, die vom Gewerkschaftsbund entsandten Vizepräsidenten der IHK von anderen Aufgaben freizustellen, damit diese in die Materie einarbeiten und ihren Einfluß innerhalb der Kammern auch ausüben könnten. Damit reagierten die Kontrolleure auf Klagen, daß die Gewerkschaftsvertreter die Kammersitzungen kaum einmal besuchten und wenn doch, diese dann passiv über sich ergehen ließen. Bei der Besetzung von hauptamtlichen Dezernenten-, Referenten und Fachausschußposten solle der FDGB verstärkt eigene Leute plazieren. Auf diese Weise könne der FDGB nicht nur seinen Einfluß innerhalb der Kammer sichern, sondern dies bedeute auch „eine wesentliche Verstärkung des gewerkschaftlichen Apparates auf Kosten der IHK". Zudem schaffe man auf diese Weise „breite Möglichkeiten für die Heranschulung wirtschaftlicher Kader aus der Arbeiterklasse".[65] Diese Vorstellungen waren aber reines Wunschdenken.

[62] Vgl. LA Magdeburg, Rep K IHK Sachsen-Anhalt Nr. 174, Bl. 205; zur Anklageschrift vgl. LA Merseburg, SED-Landesvorstand IV/L 2/4 Nr. 9, Bl. 1–10. Zum Hintergrund des DCCG-Prozesses und der Rolle Kaatz' im später zum Schauprozeß funktionalisierten Gerichtsverfahren vgl. *Brundert*, Theater (wie Anm. 59); auch *Johann Baptist Gradl*, Anfang unter dem Sowjetstern. Die CDU 1945–1948 in der sowjetischen Besatzungszone Deutschlands, Köln 1981, S. 155–166; Hinweise bei *Beatrix W. Bouvier/Horst-Peter Schulz* (Hg.): „...die SPD aber aufgehört hat zu existieren". Sozialdemokraten unter sowjetischer Besatzung, Bonn 1991, S. 209–226.

[63] LA Magdeburg, Rep K IHK Sachsen-Anhalt Nr. 176, Bl. 434: Der Präsident der Deutschen Zentralverwaltung der Industrie in der SBZ nachrichtlich an den Präsidenten der IHK S.-A., Schreiben vom 18.2.1948; ebd., Rep K IHK Sachsen-Anhalt Nr. 176, S. 36.

[64] Vgl. dazu mit zahlreichen Belegen *Großbölting*, SED-Diktatur und Gesellschaft (wie Anm. 38).

[65] Vgl. zur Kammer die Angaben in Abschnitt 2, zum Organisationsgrad im gesamten Sachsen-Anhalt *Werner Dietrich*, Die Entstehung und Entwicklung der Landesorganisation des FDGB Sachsen-Anhalt und ihre Rolle im Prozeß der antifaschistisch-demokratischen Umwälzung (April 1945 bis Oktober 1949), Dissertation A Halle 1987, Anlage 1, Blatt 2.: Mitgliederentwicklung des FDGB Sachsen-Anhalt 1945 bis 1948. Waren in der provinzsächsischen Gewerkschaft im Dezember 1945 49,8

Neben den Mangel an Kompetenz trat die fehlende Attraktivität eines Engagements in der IHK. In der Karriereplanung eines Gewerkschaftsfunktionärs war die Mitarbeit in einer immer noch als Unternehmervereinigung beargwöhnten Institution nicht erstrebenswert. Diese ablehnende Haltung nahm je mehr zu, desto stärker auch von der Verwaltungsseite aus die IHK immer stärker in ihren Möglichkeiten und Kompetenzen eingeschränkt wurden: So waren die Kammern zwar mit dem SMAD-Befehl Nr. 61 vom 14. März 1947 zu Vertretern der Arbeitgeberseite bei Lohn- und Tarifverhandlungen erklärt worden, de facto wurde ihnen aber kein Verhandlungsmandat eingeräumt. Auch nach Aufhebung der Lohn- und Preisbindung und der prinzipiellen Erlaubnis, neue Tarifverträge auszuhandeln, wurde die „Federführung" beim Abschluß der Verträge der Hauptverwaltung Arbeit und Sozialfürsorge innerhalb der Deutschen Wirtschaftskommission (DWK), nicht aber den Kammern übertragen.[66]

Mit diesem und anderen Schritten wurden die IHKen immer stärker geschwächt. Damit verlor sich für die Gewerkschaften auf Landes- und Zonenebene der Anreiz, eine eigene Position in der Kammerpolitik zu erarbeiten und durchzusetzen. Deshalb beschränkte sich der FDGB mehr und mehr ausschließlich auf die Durchsetzung und Kontrolle angeordneter Planziffern, Arbeitsschutzverordnungen oder Produktionskostenbestimmungen.[67]

Statt dessen nutzten die gewerblich-industriellen Mittelständler den institutionellen Raum im Schatten und in der Kammer selbst, um eigene Interessen zu formieren. Eine solche Nische waren die ‚Arbeitsgemeinschaften', in denen sich Gewerbetreibende ähnlich wie in den später eingerichteten Fachabteilungen und -ausschüssen selbstverantwortlich relativ autonom organisieren konnten. Die Arbeitsgemeinschaften waren nach Kriegsende zumeist von den Lokalverwaltungen, zum Teil auch von der Besatzungsmacht oder interessierten Firmen selbst ins Leben gerufen worden.[68] Zunächst waren diese als Notbehelf entstanden, um Kontingentierungen durchführen zu können. Besatzungsmacht und Verwaltungsbehörden versprachen sich von der Zusammenfassung der

Prozent der unselbständigen Beschäftigten organisiert, so stieg deren Anteil bis zum Dezember 1948 auf 74 Prozent. Anders *Werner Müller*, Freier Deutscher Gewerkschaftsbund (FDGB), in: *Martin Broszat/Hermann Weber* (Hg.), SBZ-Handbuch. Staatliche Verwaltungen, Parteien, gesellschaftliche Organisationen und ihre Führungskräfte in der Sowjetischen Besatzungszone Deutschlands 1945–1949, München [2]1990, S. 626–664, S. 639. Er beziffert den Organisationsgrad für 1946 für die Provinz Sachsen bei „knapp 60 Prozent" und geht in einer resümierenden Bemerkung davon aus, daß sich „bis zum Ende des Jahres 1949 [...] das Bild nicht wesentlich verändert" hatte.

[66] Wolfgang Zank, Wirtschaftliche Zentralverwaltungen und Deutsche Wirtschaftskommission (DWK), in: *Broszat/Weber*, SBZ-Handbuch (wie Anm. 64), S. 253–292, S. 275.

[67] Vgl. exemplarisch zu dieser neuen Aufgabe Landesarchiv Magdeburg, FDGB-Landesvorstand Sachsen-Anhalt Nr. 203, unpag.: Rundschreiben 46/1949 des Bundevorstandes an die Landesvorstände vom 16. Dezember 1949: Kontrolle der Einhaltung von Tarifverträgen.

[68] Vgl. LA Magdeburg, Rep K IHK Sachsen-Anhalt Nr. 326, Bl. 84: Liste der Arbeitsgemeinschaften des Grosshandels Bezirk Halle, datiert vom 13.12.1948 (Aktenzeichen Försterling); ebd.,Bl. 90: Arbeitsgemeinschaften des Grosshandels – Bezirk Magedburg, datiert vom 15.12.1948; ebd., Bl. 91: IHK Dessau an IHK S.A., Schreiben vom 3.12.1948 (Liste der Arbeitsgemeinschaften im Kammerbereich).

Fachsparte unter Leitung einer oder mehrerer Firmen einen geringeren Organisationsaufwand.[69] Bis 1948 hatte nahezu jede Gewerbesparte eine zugehörige Arbeitsgemeinschaft errichtet, deren Zielsetzungen von der „gemeinsamen Abrechnung mit den Behörden (Wirtschaftsämter) zur Vereinfachung von Verwaltungsarbeiten" bis zum gemeinsamen Einkauf reichten. Die oft willkürlich hinzugezogenen Firmen nutzten ihrerseits die erlangte Position als „ein geeignetes Mittel zur Ausschaltung des Wettbewerbs".[70] Dabei war, so kritisierte die Kammer Dessau im Rückblick, eine Kontrolle der AG's von außen kaum möglich, da diese losen Vereinigungen sich rechtlich nicht definierten und Haftungsfragen so nicht gestellt werden konnten. Eine politische Überprüfung der zu AG-Leitern ernannten Personen hatte nicht stattgefunden und so ehemaligen Nationalsozialisten erlaubt, wieder zu Einfluß zu gelangen.

Zunächst hingegen hatte man mit diesen Arbeitsgemeinschaften große Ziele verbunden: Die Dessauer IHK erklärte diese zu Kontaktbörsen zwischen Unternehmern, Gewerkschaftsvertretern und der Kammer, die den demokratischen Neuaufbau der Wirtschaft beschleunigten. In ihren Zusammenkünften sollten Initiativen zum Wiederaufbau entwickelt werden und sich letztlich der Gegensatz zwischen Unternehmertum und Arbeitnehmern abschleifen. Insbesondere der FDGB könne diese Plattform als „Ort des Lernens" nutzen, müsse dieser sich doch von der Rolle des Kapitalistengegners lösen und am Aufbau der auch volkseigenen Industrie mitwirken, so erklärte der Dessauer IHK-Geschäftsführer Hoppe anläßlich der Gründung der Arbeitsgemeinschaft Papier im Jahr 1947. Auf der anderen Seite könnten hier auch unter „Umgehung von Zusammenschlüssen reiner Unternehmerverbände" die „Unternehmen selbst mit ihren Sorgen und Nöten zu Wort kommen."[71] Das sich anschließende Referat des Obmannes Erich Franz skizzierte ein Idealbild der Arbeitsgemeinschaften, welches in der Realität nie erreicht wurde: Neben ein funktionierendes Berichtswesen sollte eine gemeinsame Produktionsplanung, die Beschaffung von Arbeitskräften und ein aufeinander abgestimmtes Ausbildungswesen treten.

In der Realität aber waren die Arbeitsgemeinschaften ausschließlich Organisationen zur Verteilung von Waren und Rohmaterialien sowie Kanäle der Informationsgewinnung insbesondere innerhalb der Unternehmerschaft. Ins Zwielicht gerieten diese weniger als übergreifende Interessenvertretungen, sondern aus ökonomischen Kalkül einzelner Firmen gegründeten Zusammenschlüsse nach den Vorgängen im sächsischen Glauchau-Merane: Dort waren als kriminell eingestufte Unternehmerzusammenschlüsse von den Staatsorganen aufgedeckt worden und diese Vorgänge publizistisch-propagandistisch breit gestreut

[69] Vgl. die kammerinterne Notiz vom 19.3.1946 in LA Magdeburg, Rep K IHK Sachsen-Anhalt Nr. 41, Bl. 3.

[70] Vgl. den nach der Kriminalisierung der Arbeitsgemeinschaften abgefaßten Bericht LA Magdeburg, Rep K IHK Sachsen-Anhalt Nr. 326, Bl. 79: Vizepräsident Jäger, IHK zu Dessau an die Hauptgeschäftsführung der IHK S.-A. (Landeskammer), z. Hd. Herrn Rieger, Schreiben vom 13.12.1948.

[71] Dieses Zitat und die folgenden LA Magdeburg, IHK zu Dessau Nr. 10, unpag.: Protokoll der ersten Tagung in der Stadthalle zu Köthen der Arbeitsgemeinschaft Papierverarbeitung mit den Arbeitgruppen Papier, Druck usw., datiert vom 4. November 1947.

worden.[72] Die in diesem Kontext formulierte Entschließung der Landesparteikonferenz der SED hatten, so IHK-Vizepräsident Jäger, „das Interesse der politischen Öffentlichkeit auch auf die Tatsache des Bestehens verschiedener Arbeitsgemeinschaften des Grosshandels in unserem Land gelenkt, die nun als illegale Unternehmerorganisationen angesehen werden."[73] Nach diesen Vorkommnissen distanzierten sich die Kammern rasch von den AG's, was einen weiteren Schritt auf dem Weg zu ihrer Gleichschaltung bedeutete.[74]

Das Exempel Dessau ist in vieler Hinsicht typisch: Hier wie in anderen Kammern gelang es nicht, die benötigten Experten ad hoc gegen auch unter politischen Gesichtspunkten genehme Personen zu besetzen. Statt dessen wurden innerhalb oder im Schatten der Institution Netzwerke geflochten, in denen sich mittelständische Interessen organisierten. Diese konnten nur durch spektakuläre Zugriffe zerstört und ihre Protagonisten in die Illegalität abgedrängt werden. Erst damit verloren die Kammern ihre Funktion als „Hort der Privatwirtschaft".[75]

## III. „Wie kämpft jeder Gewerbetreibende, jeder private Unternehmer für den Sieg der Nationalen Front?" Die Kammer als Propagandistin der Transformation

So stark die Bedeutung der Kammer als einzig verbliebenes Organ der Interessenvertretung auch war, so diente sie doch zugleich der Einheitspartei als Werkzeug ihrer Wirtschaftspolitik. Dabei waren nicht nur ihre Dienste als Hilfsverwaltung nachgefragt, sondern zunehmend wurden die Kammern auch dazu eingesetzt, propagandistisch zu wirken. Die einheitssozialistischen Machthaber beschränkten sich nicht auf die Kontrolle der bestehenden Organisationen

[72] Vgl. die ideologisch eingefärbte Darstellung der Vorgänge bei *Karl-Heinz Schöneburg/Robert Mand/Hans Leichtfuß/Kurt Urban*, Vom Werden unseres Staates. Eine Chronik Bd. 2, Berlin 1968, S. 275.

[73] LA Magdeburg, Rep K IHK Sachsen-Anhalt Nr. 326, S. 79.

[74] Vgl. z.B. LA Magdeburg, IHK zu Desau Nr. 75, unpag.: Niederschrift über die Präsidialsitzung vom 22.12.1948: Anschließend wurde das von Herrn Vizepräsident Jäger an die Landeskammer gerichtete Schreiben vom 13.12.48 verlesen, in dem als Reaktion auf die Vorgänge in Glauchau-Merane und den Inhalt der Entschließung der SED-Landesparteikonferenz der Entwicklungsgang der Arbeitsgemeinschaften des Großhandels in Sachsen-Anhalt aufgezeigt wird, die auf Anregung und Förderung verschiedener Regierungsstellen errichtet worden sind. In dem Bericht wird ferner darauf hingewiesen, daß das Gefährliche dieser Unternehmerzusammenschlüsse von der Kammer rechtzeitig erkannt wurde und den maßgeblichen Stellen bei jeder sich bietenden Gelegenheit unsere Bedenken geäußert worden sind. In der sich daran anknüpfenden kurzen Aussprache wurden die im Schreiben von Herrn Jäger getroffenen Feststellungen bestätigt, daß die Industrie- und Handelskammern für das Bestehen dieser Unternehmerzusammenschlüsse unter keinen Umständen verantwortlich zu machen sind."

[75] Vgl. *Dalchow*, Industrie- und Handelskammer (wie Anm. 17), S. 289.

und Institutionen. Zeitgleich setzten sie auf eine Bündnispolitik, mit der möglichst breite Schichten der Bevölkerung für die Mitarbeit am Aufbau des ‚neuen Deutschlands' gewonnen werden sollten. Das Kommunikationsorgan, um den gewerblich-industriellen Mittelstand zu integrieren, waren die Kammern mit ihrem Netz von Kreis- und zum Teil Ortskammern. Abgesehen von vereinzelten, im Vorfeld der Wahlen 1946 gestarteten Initiativen zur politischen Werbung von Gewerbetreibenden und Unternehmern konzentrierte sich die Werbung um dieses Bevölkerungssegment auf die Kampagnen der Nationalen Front des demokratischen Deutschlands. In Reden und Aufrufen, vor allem aber in den von der Nationalen Front produzierten „Arbeitsmaterialien" und Argumentationshilfen propagierten die Industrie- und Handelskammern mit großem Aufwand ein Wunschbild vom neuen Unternehmer.[76] Die interne Kommunikation innerhalb der Industrie- und Handelskammern zeigt dann, wie die Unternehmerschaft diese Bemühungen rezipierte und auf diese reagierte.

Die Sammlungsbewegung Nationale Front des demokratischen Deutschland setzte in ihrem Agitationsmaterial prinzipiell darauf, einen Konsens zwischen allen Teilen der Bevölkerung zu schaffen. Dazu mußte der im Kampf um die Benennungen semantisch und auch praktisch um sein Sozialkapital gebrachte Unternehmer zunächst partiell rehabilitiert werden, denn – so der Anspruch – „die Front geht von Arbeitern und Werktätigen, Bauern über den Mittelstand über die Geistesarbeiter bis zum deutschen Unternehmer bis zum Kapitalisten."[77] Die bislang in Wahlkämpfen und Zeitungen immer scharf herausgestellten Interessengegensätze von Arbeiterklasse und Kapitalisten konnten aber nicht komplett zurückgenommen werden: „Gibt es noch Gegensätze zwischen der Arbeiterschaft und dem Unternehmertum? Natürlich, niemand kann diese Gegensätze, die sich aus der gesellschaftlichen Entwicklung herauskristallisieren ohne Änderung der Grundwurzeln beseitigen", erklärte ein Redner auf dem Forum der öffentlichen Meinung des Saalkreises, dessen Ausführungen von der Nationalen Front als vorbildlich in den Fundus der Arbeitsmaterialien aufgenommen wurden. „Aber in einer solchen Situation, in der sich Deutschland befindet, kommt es nicht darauf an, das herauszuschälen, was uns trennt, sondern das zu erkennen, was uns bindet, das ist die gemeinsame Liebe zur deutschen Nation." Über die sozialen und politischen Trennlinien hinweg gebe es nur eine „Kategorie von Deutschen", nämlich die der „Schaffenden"[78] – eine Selbstbeschreibung, die die bestehenden Gesellschaftsspaltungen zumindest verbal übertünchen sollte.

Die im Duktus des zunehmend perfektionierten „roten Pietismus" betriebene Propaganda stellte den NF-Funktionären eine Rededisposition bereit, die Ver-

[76] Zur bislang in der Forschung wenig beachteten Nationalen Front vgl. Hans Jürgen *Grasemann*, Das Blocksystem und die Nationale Front im Verfassungsrecht der DDR, Göttingen 1973; Autorenkollektiv unter der Leitung von *Helmut Neef*, Die Nationale Front der DDR. Geschichtlicher Überblick, hg. von der Parteihochschule Karl Marx beim ZK der SED, Berlin (Ost) 1984.

[77] Für dieses Zitat und im folgenden SAPMO DY 6 Nr. 3441 (vorl.), unpag. Niederschrift über das Forum der öffentlichen Meinung des Saalkreises vom 27.8.1949.

[78] Sammelrundschreiben der Industrie- und Handelskammer Sachsen-Anhalt Nr. 8 vom 15.4.1950.

sammlungsrednern die Behandlung folgender rhetorischer Frage verbindlich vorschrieb: „Wie kämpft jeder Gewerbetreibende, jeder private Unternehmer für den Sieg der Nationalen Front des demokratischen Deutschland?“[79] Stand bei anderen Personen- und Sozialgruppen das politische Bekenntnis der Angesprochenen im Vordergrund, so wurde gegenüber den Selbständigen vor allem an deren wirtschaftlichen Aufbauwillen appelliert. Dieser Aufruf verband sich erst im zweiten Schritt mit einer deutschlandpolitischen Argumentation: Die „schnelle Festigung der Deutschen Demokratischen Republik“ trage über die Ausdehnung des Außenhandels zur besseren Rohstoffversorgung der Wirtschaft und damit zur generellen Belebung der Wirtschaft bei.

Daraus folgerte die Redevorlage: „Jeder Unternehmer, jeder Handwerker und Gewerbetreibender handelt in seinem eigenen Interesse, wenn er eintritt für die Durchführung der Gesetze der Deutschen Demokratischen Republik, wenn er in seinem Betrieb für die Nationale Front des demokratischen Deutschland wirbt und jeder offenen oder versteckten Propaganda für die amerikanischen Monopolherren, die Westdeutschlands Wirtschaft ins Grab bringen, energisch entgegentritt.“ Allein der Kurs der DDR garantiere „der privaten Wirtschaft wie allen Angehörigen unseres Volkes die Perspektive des ständig wachsenden Aufbautempos.“ Auf der Grundlage des den Unternehmern zugeschriebenen Standortes im gesellschaftlichen Ganzen stütze die Nationale Front die private Wirtschaft „in der Erfüllung ihrer Funktion und fördert die Mitarbeit an der auf die Durchführung des Wirtschaftsplanes gerichteten Initiative; belehrend, aufklärend, wachsam und kritisch.“[80]

Die von der Nationalen Front ausgehende Propaganda schloß sowohl inhaltlich als auch in ihrem pädagogisierenden Duktus an die von den Parteien und dabei vorrangig von der SED an die Adresse der Gesamtbevölkerung verbreiteten Stereotype an.[81] Die Industrie- und Handelskammer übernahm die Aufgabe, den moralisierenden Appell in die Arbeits- und Lebenspraxis der Unternehmer zu übersetzen und entsprechende Forderungen und Verhaltensmaximen aufzustellen. Als Organ dazu dienten der Kammer Sammelrundschreiben, in denen sie die angeschlossenen Unternehmer schon seit Kriegsende über gesetzliche und organisatorische Neuerungen informierte.[82] Waren die Sammelrundschreiben deshalb für den Unternehmer ein unentbehrliches Informationsmittel, so

[79] SAPMO DY 6 Nr. 3448 (vorl.), unpag.: Rededisposition für die große Versammlungswelle der Nationalen Front des demokratischen Deutschland in der 2. Märzhälfte 1950.

[80] Einlegeblatt „Die Industrie- und Handelskammer ruft zur Nationalen Front des demokratischen Deutschlands“ zum Sammelrundschreiben der Industrie- und Handelskammer Sachsen-Anhalt Nr. 7 vom 1.4.1950.

[81] Vgl. mit ausführlicher ‚Exegese‘ von Parteimaterialien zur SED-Politik *Horst Abraham*, Die Bündnispolitik der Sozialistischen Einheitspartei Deutschlands mit den Handwerkern, Gewerbetreibenden sowie den kleinen und mittleren Unternehmern in der Zeit des Übergangs von der antifaschistisch-demokratischen zur sozialistischen Revolution (Juni 1948 bis Juli 1952), Berlin 1966.

[82] Wurden 1945 nur lose Informationsblätter oder Einzelexemplare verschickt, erschienen ab 1946 regelmäßig Sammelrundschreiben der Industrie- und Handelskammern, die auch nach Auflösung der Landeskammer als Sammelrundschreiben der Industrie- und Handelskammern der Bezirke fortgesetzt wurden.

wurden diese seit Ende 1949/Anfang 1950 zunehmend mit Propagandaufrufen und -texten durchsetzt. Der in den Sammelrundschreiben formulierte propagandistische Appell war generell durchzogen von der Aufforderung an die Privatindustrie, „den Blick über das enge betriebliche Interesse hinaus zu heben". Dementsprechend sollten die Betriebsinhaber „begreifen, daß das wahre Interesse jedes einzelnen Betriebes immer nur auf der Sicherung und der Stärkung der Gesamtwirtschaft beruht."[83]

Mit dieser Basisargumentation wurde der Betriebsinhaber in verschiedensten Zusammenhängen zum Wohlverhalten im Sinne der Gesamtindustrie animiert: „Der Erzbergbau braucht Kräfte!" Unter dem Motto der vorrangigen Förderung der Grundstoffindustrien im Rahmen des Fünfjahrplanes wurden die Mitgliedsfirmen aufgefordert, ihre Belegschaften nach bergbautauglichen Mitarbeitern zu durchforsten, diese zu entlassen und somit dem Bergbau zur Verfügung zu stellen. Die Kammer rückte diese Maßnahmen ganz in die Perspektive der Uneigennützigkeit, wenn sie die bei solchem Vorgehen für den Einzelbetrieb auftretenden Schwierigkeiten verklärte. Eventuelle „vorübergehende Komplikationen sollten „nicht als Opfer gelten", denn „es kann nicht als Opfer bezeichnet werden, was die Zukunft sichert."[84]

In der Werbung für den Berufsnachwuchsplan druckte die Kammer auch Regierungsmaterial wie den „Aufruf der Regierung der Deutschen Demokratischen Republik zur Entfaltung der Masseninitiative bei der Durchführung des Nachwuchsplanes 1951" oder formulierte eigene Stellungnahmen. Mit Verweis auf die gesamtgesellschaftliche Verpflichtung wurde den Betriebsleitern und -inhabern einschneidende Beschränkungen ihrer Autonomie nahegelegt: So sollte persönliche Auswahl der Lehrlinge durch die Betriebe nach Möglichkeit unterbleiben und freie Ausbildungsplätze den Behörden gemeldet werden, die dann ihrerseits Nachwuchs zuweisen sollten.[85] Auch gesetzliche Regelungen wie die „Rundverfügung zur Weiterbeschäftigung von jungen Facharbeitern nach Abschluß ihrer Ausbildungszeit" schränkten die Autonomie der Unternehmer bei der Nachwuchsausbildung und Personalpolitik empfindlich ein.[86]

Selbst die Einbindung in die Planwirtschaft, die dem Unternehmer seine Selbständigkeit im Wirtschaftsleben raubte, feierte Kammerpräsident Chemnitz in seinen Neujahrswünschen für das Jahr 1951 als Maßnahme zur Gesundung der Gesamtwirtschaft. Alle wirtschaftliche Aktivitäten müsse im Zeichen des Aufbauwillens stehen, und das „nicht nur in der Gestalt der Aktivisten-bewegung und der betrieblichen und innerbetrieblichen Wettbewerbe, der freiwilligen Normerhöhung und des sonstigen persönlichen Einsatzes unter den Werktätigen der Produktion", sondern – so nach der langen Liste der hauptsächlich in volks-

[83] Sammelrundschreiben der Industrie- und Handelskammer Sachsen-Anhalt 4 (1951) vom 15.2.1951: „Der Erzbergbau braucht Kräfte!"

[84] Ebd.

[85] Vgl. Sammelrundschreiben der IHK Sachsen-Anhalt Nr. 5 vom 1.3.1950, Nr. 3 vom 1.2.1951, Nr. 16 vom 15.8.1951.

[86] Vgl. Beilage zum Sammelrundschreiben Nr. 14 der Industrie- und Handelskammer Sachsen-Anhalt vom 15. Juli 1951.

eigenen Betrieben forcierten Initiativen, „auch in unserer privaten Wirtschaft". Dort finde der Aufbauwille Ausdruck in der „Zielstrebigkeit, sich in die als Aufgabe gestellte Erfüllung der Wirtschaftspläne einzugliedern, in steigenden Umsätzen auf vielen Gebieten und in der wachsenden Ausnutzung der Kapazität der Betriebe." Unternehmerisches Kalkül zum Zwecke der Effizienz- und Gewinnsteigerung des eigenen Betriebes wurde damit uminterpretiert zum ausschließlichen Streben für das Gemeinwohl.[87] Dabei dürfe, so die in der Propaganda betonte Konsequenz dieser Überlegungen, das „einzelne Unternehmen und sein Wohlergehen [...] nicht mehr im Mittelpunkt des Gedankenkreises des Unternehmers [stehen], sondern die Gesamtwirtschaft und das Wohl des ganzen Volkes sind die beherrschende Perspektive des einzelnen Unternehmens. [...] Die Frage, wie kann ich mit meinem Betrieb dazu beitragen, die Ziele des Fünfjahrplanes zu erreichen, und wie kann ich dazu beitragen, den wirtschaftlich wichtigen Sektor der volkseigenen Industrie zur Erfüllung seiner Planaufgaben zu unterstützen, muß der tragende Gedanken jeden privaten Unternehmers sein." Die Privatinitiative war auf diese Weise den Belangen der volkseigenen Wirtschaft untergeordnet.[88]

Zunehmend verbanden die Sammelrundschreiben politische Prämissen und wirtschaftliche Appelle mit immer konkreteren (und kleinlicheren) Forderungen an die Unternehmer. So wurde selbst die Einhaltung der Vorschriften des Transportplanes zur Frage nationaler Selbsterhaltung hochstilisiert und in hohem Maße politisch und moralisch aufgeladen. Ein Beispiel sind die „10 Gebote des Transportwesens", deren Anweisungen zum Einsparen von Transportzeiten und -kapazitäten im Appell mündeten: „Fühle Dich mitverantwortlich für das Gelingen des Planes und damit für das Erreichen der Nationalen Ziele: Freiheit, Frieden, Demokratie"[89]. Die Verbindung dieser Forderung mit politischen Großzielen überhöhte das praktische Alltagsverhalten zu einer nationalen Aufgabe. Eine ähnliche Tendenz zeigt sich bei den Denkmustern der wiederholt in den IHK-Organen veröffentlichten Aufrufe zur „Wirtschaftsmoral". Ihr Verfasser, der DDR-Finanzminister Hans Loch, faßte darunter vor allem Fragen der Steuerehrlichkeit: Das Problem der Abgaben an den Staat, so die Argumentation, dürfe nicht mehr wie unter früheren Wirtschaftssystemen losgelöst von der Ge-

[87] Sammelrundschreiben der Industrie- und Handelskammer Sachsen-Anhalt Nr. 1 (1951), vom 1.1.1951: Walter Chemnitz, „Zum Neuen Jahre".

[88] Sammelrundschreiben der Industrie- und Handelskammer Sachsen-Anhalt 22 vom 15. November 1950: „Der Fünfjahrplan und die private Wirtschaft".

[89] Beilage zum Sammelrundschreiben der Industrie- und Handelskammer Sachsen-Anhalt 11 vom 1. Juni 1950. Ähnlich Beilage zum Sammelrundschreiben der Industrie- und Handelskammer 9 (1952) vom 1.5.1952: „Denke daran, daß der Transportplan ein Teil des Volkswirtschaftsplanes ist und daß der Verkehrsablauf wesentlich von der Arbeit der verladenden Wirtschaft beeinflußt wird! Handle deshalb so, als ob du selbst für die Erfüllung und Übererfüllung des Transportplanes und damit des Volkswirtschaftsplanes 1952 verantwortlich wärst!" Den Hintergrund dieses Aufrufs bildete die in der Tat drängende Transportkrise, die die Wirtschaftsgeschichtsschreibung als die „größte Belastung überhaupt und gravierender noch als der Kohlenmangel" einschätzt. Vgl. *Wolfgang Zank*, Wirtschaft und Arbeit in Ostdeutschland 1945–1949. Probleme des Wiederaufbaus in der Sowjetischen Besatzungszone, München 1987, S. 23 f.

samtwirtschaft betrachtet werden. „Die dolose oder fahrlässige Nichtleistung ist kein Kavaliersdelikt mehr, sondern hat sich unter der Wucht der politischen und ökonomischen Entwicklung zu einem schweren Eingriff in die Rechte der Gemeinschaft gewandelt. [...] Wer also Steuern hinterzieht oder durch eine laxe Wirtschaftsmoral das Steueraufkommen gefährdet, stellt sich gegen das Volk und sein Wollen, den Wiederaufbau aus eigener Kraft durchzuführen; er sabotiert durch sein volksfeindliches Verhalten den Volkswirtschaftsplan."[90]

In all diesen Facetten der an die selbständigen Unternehmer gerichteten Propaganda manifestierte sich eine zunehmende Politisierung der Wirtschaft. Programmatisch schlug IHK-Präsident Chemnitz den realsozialistischen Zirkel von Staat und Wirtschaft auf einer Tagung von Kreisgeschäftsstellenleitern und Vertretern der Kreiskammer am 23. Januar 1950: „Es ist unmöglich, die Wirtschaft als ein geschlossenes Ganzes anzusehen, das außerhalb der politischen Ereignisses eines Staates liegt. Die Wirtschaft hat stets die Aufgabe gehabt und wird sie stets haben, sich auszurichten in ihrer Arbeit auf die Notwendigkeit des Staates. Nach unserer Auffassung der Demokratie dient der Staat dem Volke. Es ist also unmöglich, daß der Staat irgendwelche Handlungen begeht, die nicht der fortschrittlichen Entwicklung des Volkes überhaupt dienen. Die Wirtschaft eines Staates muß sich also dem Staate unterordnen und ausrichten auf das Leben des Volkes. Damit decken sich die Bestrebungen der Nationalen Front."[91]

Die Position des Unternehmers in diesem Zusammenspiel war klar konturiert: Als politisch denkender Mensch hatte er die vormals gepflegten „egoistischen Betriebsinteressen" dem Gesamtwohl unterzuordnen, zur Erfüllung der verschiedenen Pläne umfassend beizutragen und insbesondere den wichtigsten Teil der Volkswirtschaft, die VEBs, umfassend zu unterstützen. Die Pflicht zur exakten Einhaltung der Gesetze und das reguläre Abführen von Steuern verstanden sich von selbst. Und „selbst wenn in einem oder anderen Falle im Laufe der zukünftigen Entwicklung auf ein Privatunternehmen verzichtet wird," sind sich, so suggerierten die Ausführungen Chemnitz', die Unternehmer bewußt, daß man auf ihre Mitarbeit – zumindest soweit sie „sich nicht hemmend der fortschrittlichen Entwicklung entgegenstellen" – auch in anderen Sektoren nicht verzichten kann, und stellen sich diesen Aufgaben klaglos zur Verfügung.[92]

In diesem Szenario einer auf die Politik orientierten Wirtschaft nahm auch die Industrie- und Handelskammer den Äußerungen Chemnitz' zufolge eine veränderte Stellung ein: Keinesfalls könne sie sich auf die Beratung der Landesverwaltung und die Unterstützung der Privatindustrie beschränken, sondern sie müsse „den deutschen Notstand sehen und seinen Ursprung erkennen", um sich dann zu bemühen, den Ursprung der Not der Gesamtindustrie zu beseitigen, „da

[90] Sammelrundschreiben der Industrie- und Handelskammer Sachsen-Anhalt Nr. 9 vom 1.5.1950: Abdruck von Auszügen eines Artikels aus dem „Sächsischen Tageblatt" vom 28.2.1950, Verfasser Hans Loch. Das Thema wird wieder aufgenommen in Sammelrundschreiben der Industrie- und Handelskammer Nr. 8 vom 15.4.1951: „Zur Beachtung!"
[91] LA Magdeburg, Rep K IHK Sachsen-Anhalt Nr. 325, Bl. 208.
[92] Ebd.

nur dann auch der Notstand der Privatwirtschaft beseitigt werden kann."[92] Was im wirtschaftsorganisatorischen Bereich de facto durchgesetzt, in der Propaganda stereotyp beschrieben wurde, läßt sich mit Lepsius als mehr und mehr forcierte Entdifferenzierung beschreiben.[93] Der nicht mehr im Eigeninteresse des Betriebes handelnde Unternehmer verschrieb sich der Propagandaskizze zufolge jenseits von ökonomischen Kriterien der Kostendeckung oder der Gewinnerzielung ganz dem Gemeinwohl, der Ausbildung der Jugend und der Stützung des volkseigenen Sektors der Industrie. Diesem propagierten Idealbild kontrastierte das Unternehmerhandeln in nahezu jedem Punkt, war dieses doch vorrangig von den Interessen des Einzelbetriebs bestimmt. Auch dem Referenten Chemnitz war klar, daß nicht die Einheit Deutschlands, sondern die „bekannten Einwände [...],die den Interzonenhandel, die steuerliche Belastung der Unternehmen, die außerordentlichen Schwierigkeiten der Materialversorgung, die angebliche Zurücksetzung der Privatindustrie gegenüber den volkseigenen Betrieben" die Selbständigen bewegten. Hinzu kam die Angst vor der latenten Möglichkeit einer Sequestrierung oder Enteignung.

Daß die Empfehlung des IHK-Präsidenten an die Propagandisten, Schwierigkeiten und die vorhandenen Möglichkeiten gegenüberzustellen und zu diskutieren, mehr ein frommer Wunsch denn ein Rezept zur politischen Agitation der Unternehmer war, schien auch Chemnitz bewußt zu sein. Mehrmals verwies er auf die „ablehnende Haltung in Kreisen der Privatindustrie und des Privathandels", der man sich in der politischen Arbeit gegenüber sähe. Die Organisationszahlen der Nationalen Front stützen die Mutmaßung von einer nur bescheidenen Akzeptanz der Propagandabemühungen in dem zeitgenössisch als „Mittelschicht" benannten Bevölkerungssegment: Waren vor der Umbildung der Volkskongreßbewegung zur Nationalen Front in Sachsen-Anhalt unter 1.439 gewonnenen Kreisausschußmitgliedern 4,9 Prozent Handwerker und 4,4 Prozent private Unternehmer, so stieg deren Zahl infolge der forcierten Mitgliederwerbung bei den Handwerkern auf 7,8 Prozent (absolut 170), bei den Unternehmern auf 7,7 Prozent (167) bei einer Gesamtsteigerung der Zahl der Kreisausschußmitglieder auf 2.181. Im August 1950 zeigte sich, daß trotz gezielter Ansprache sich die NF-Foren keinesfalls als besonders attraktiv für private Unternehmer oder Handwerker erwiesen hatten: Wo es nun gelungen war, insgesamt 3.516 Kreisausschußmitglieder zu gewinnen, war die absolute Zahl der Handwerker unverändert geblieben und ihr relativer Anteil damit auf 4,8 Prozent gesunken, während die Zahl der Privatunternehmer auf 139 und damit 4 Prozent der Gesamtzahl gesunken war.[94]

[92] Ebd., Bl. 209 f.

[93] Vgl. *Rainer M. Lepsius*, Die Institutionenordnung als Rahmenbedingung der Sozialgeschichte der DDR, in: *Hartmut Kaelble/Jürgen Kocka/Harmut Zimmermann* (Hg.), Sozialgeschichte der DDR, Stuttgart 1994, S. 17–30, hier S. 18 f.

[94] Vgl. *Horst Eisermann*, Die städtischen Mittelschichten in der revolutionären Umwälzung von 1945 bis 1949/50, die Entwicklung ihrer Struktur und ihre Stellung in der Gesellschaft, insbesondere zur Arbeiterklasse, dargestellt am Beispiel des ehemaligen Landes Sachsen-Anhalt, Dissertation A, Leipzig 1973, S. 407.

Der DDR-Historiker Eisermann wertete insbesondere die Beteiligung der „städtischen Mittelschichten an der Vorbereitung und Durchführung der Volkswahlen vom 15. Oktober 1950" als Nachweis dafür, „daß es den demokratischen Kräften unter Führung der Arbeiterklasse und ihrer Partei gelungen war, die Reaktionäre politisch zu schlagen und zeitweilig verwirrte Menschen auch aus den städtischen Mittelschichten enger mit der Arbeiter- und Bauernmacht zusammenzuschließen."[95] Die Veröffentlichung von Wahlaufrufen in den Publikationen von HWK und IHK oder auch die „Verbesserung der Sichtwerbung in den Schaufenstern des privaten Einzelhandels und des Handwerks" sind aber eher als routinegemäß vorgebrachte Loyalitätsbekundungen denn als Ausdruck innerer Überzeugung zu werten.[96] Nicht nur die Nationale Front hatte wenig Erfolg bei der Mobilisierung der von ihr anvisierten Bevölkerungsteile, sondern auch die Industrie- und Handelskammern verloren mit der steigenden Funktionalisierung für die politische Propaganda an Identifikations- und Integrationswert für die ihnen angeschlossenen Betriebsinhaber.

## IV. Resümee und Ausblick

Im Organisations- und Institutionengeflecht der DDR war für den selbständigen Mittelstand kein Platz mehr. Seine wirtschaftliche Perspektive bestand klar in der Einordnung in den staatlichen Sektor der Ökonomie. In diesem Sinne büßten die Kammern mit ihrer Neugründung als Industrie- und Handelskammer der DDR im Jahr 1953 ihren Charakter als Selbstverwaltungsorgane ein. Ihre Aufgabe bestand ab diesem Zeitpunkt ausschließlich und explizit darin, die Unternehmer „in die sozialistische Wirtschaft zu integrieren".[97] Die Umbenennung in Handels- und Gewerbekammern, wie sie 1983 vorgenommen wurde und mit der die Industrie in der Bezeichnung der Institution nicht mehr auftauchte, trug der veränderten ökonomischen Struktur Rechnung: Die ehemals als institutionelles Rückgrat des Mittelstandes fungierende Institution diente nur noch als Betreuungsinstanz für die wenigen verbliebenen privaten Einzelhändler und Gaststättenbetreiber. Der gewerblich industrielle Mittelstand war sowohl quantitativ als auch qualitativ marginalisiert. Das Potential der meist kleinen und mittleren Betriebe fehlte volkswirtschaftlich in mehrfacher Hinsicht: zum einen als Unternehmensform, die flexibel auf Engpässe und Bedarfe von Verbrauchern und Großindustrie reagieren konnte, zum anderen als Innovationsmotor im Bereich

[95] Ebd., S. 446.

[96] Vgl. ebd., S. 447 f.

[97] Vgl. *Monika Tatzkow*, Die Entwicklung der Industrie- und Handelskammer der Deutschen Demokratischen Republik und ihre Rolle bei der Einbeziehung bürgerlicher Schichten in den Aufbau der Grundlagen des Sozialismus (1953 bis 1958), Berlin 1985.

von Produkten, Verfahren und Dienstleistungen. Dieser Prozeß zeitige nicht nur auf wirtschaftlichem Gebiet Folgen, auch in sozialer und politischer Hinsicht verband sich damit ein Entdifferenzierungsprozeß: Wo der Kulturbund in seinen verschiedenen Untersektionen dem Bildungsbürgertum durchaus noch eine Organisationsnische einräumte, blieb der gewerblich-industrielle Mittelstand in allen Massenorganisationen und spätestens seit der Ausrichtung der Blockparteien auch im politischen und gesellschaftlichen System außen vor. Letztlich wurde nicht nur die Tradierung von Fachwissen und Kapital im gewerblich-industriellen Sektor völlig abgeschnitten, sondern nach und nach verschwanden die Selbständigen auch aus der gesellschaftlichen Wertehierarchie. Natürlich unterlagen die selbständigen Berufe auch in anderen Gesellschaften einer eklatanten Formveränderung, die als „strukturelles Krisensyndrom bürgerlicher Existenz" zu werten ist.[98] Waren diese Phänomene aber Ausdruck einer Marktkrise, so wirkte die politisch gewollte Zerstörung der Privatwirtschaft und das damit einhergehende Wegbrechen beruflicher Leitbilder und Werte unvergleichlich tiefer, war doch der wirtschaftsbürgerliche Traditionsstrang damit abgeschnitten.[99] Die damit verbundene Abkopplung von ökonomischen und wirtschaftsbürgerlichen Prinzipien und Traditionen trug in letzter Konsequenz zur wirtschaftlichen Unterentwicklung und Entdynamisierung der DDR bei. Die Zerstörung der Privatwirtschaft ging einher mit der „intellektuellen De-Mobilisierung" im Bereich der Staatswirtschaft und führte zum „Verzicht auf die Produktion neuer Ideen zugunsten utopieentleerter Status-quo-Orientierungen".[100] Letztlich unterminierte diese Entwicklung den Legitimitätsanspruch der Partei, die nicht nur dem Wunsch nach Partizipation und Demokratie, sondern auch nach gesteigertem Lebensstandard nicht nachkommen konnte.

Die Folgen dieses Prozesses wirken bis heute nach: Wo der westdeutsche Mittelstand sich bruchlos mit veränderten Formen und Anforderungen der Wirtschaft vertraut machen konnte, diese sogar mitgestaltete, war in der ehemaligen DDR diese Möglichkeit nicht gegeben. Deshalb muß derjenige, der heute in den östlichen Bundesländern nach dem neuen Mittelstand ruft, im Blick haben, daß es sich bei den Selbständigen um Pioniere in einem erst seit kurzer Zeit wieder entdeckten Gebiet handelt.

[98] Vgl. zur (alten) Bundesrepublik *Abdoreza Scheybani*, Handwerk und Kleinhandel in der Bundesrepublik Deutschland. Sozialökonomischer Wandel und Mittelstandspolitik 1949–1961, München 1996.

[99] Trotz aller zurecht konstatierten Analogien zwischen NS- und DDR-Wirtschaftssystem scheint in der Beseitigung des Eigentums eine entscheidende und weitreichende Differenz zu sein. Vgl. *Frank Waltmann*, Ökonomische Grundstrukturen des Nationalsozialismus und der DDR, in: *ders./Ludger Kühnhardt/Gert Leutenecker/Martin Rupps* (Hg.), Die doppelte deutsche Diktaturerfahrung. Drittes Reich und DDR – ein historisch-politikwissenschaftlicher Vergleich, Frankfurt a.M. 1994, S. 125–144.

[100] *Rainer Weinert*, Wirtschaftsführung unter dem Primat der Parteipolitik, in: *Theo Pirker/Rainer M. Lepsius/Rainer Weinert/Hans-Hermann Hertle* (Hg.), Der Plan als Befehl und Fiktion. Wirtschaftsführung in der DDR, Opladen 1995, S. 285–309, hier S. 309.

*Armin Owzar*

# Ein Arrangement auf Widerruf: Die SED und die Privathandwerkerschaft in der SBZ/DDR

So könnte man die Geschichte der Handwerkerschaft in der SBZ/DDR erzählen:[1] Nachdem im Verlauf der Industriereform ein Fünftel aller ostdeutschen Handwerksbetriebe enteignet und die Selbstvertretungsorgane des Handwerks aufgelöst oder gleichgeschaltet worden waren, bediente die Sozialistische Einheitspartei Deutschlands (SED) sich seit 1948/49 indirekter Maßnahmen, vor allem einer Betriebsgrößenbegrenzung sowie steuer- und tarifpolitischer Hebel, um einen Teil der verbliebenen Privathandwerker um ihren Mehrwert zu bringen oder in den Ruin zu treiben. Den anderen Teil versuchte sie durch Einschüchterungen und materielle Anreize zum Eintritt in eine der Einkaufs- und Liefergenossenschaften zu bewegen, die 1949 gleichgeschaltet und seit 1952 zusehends in Produktionskollektive umgewandelt werden sollten. Ende der fünfziger Jahre forcierte die Partei eine erste Kollektivierungswelle, die zwar aufgrund gravierender Versorgungsprobleme im Frühsommer 1960 abgebrochen wurde, in deren Folge nichtsdestotrotz über 200.000 Handwerker einer der Produktionsgenossenschaften des Handwerks (PGH) als Mitglieder oder Kandidaten beitraten. Im Frühjahr 1972 wurden dann im Rahmen der Vergesellschaftungsaktion 1.700 der insgesamt 4.480 PGH in Volkseigene Betriebe überführt. Ungeachtet der vier Jahre später eingeleiteten Kurskorrekturen setzte sich der Niedergang des Privathandwerks bis zum Wendejahr 1989 fort.

Aus dieser Perspektive und in diesem Duktus haben westdeutsche Autoren die Geschichte des Handwerks, der Handwerkerschaft, der Handwerkspolitik in der SBZ/DDR immer wieder geschrieben. Der Bogen reicht von den frühen fünfziger bis in die Mitte der neunziger Jahre.[2] Detailliert wurden die Formen, Instru-

[1] So problematisch Handwerksdefinitionen in der Regel auch sein mögen (siehe *Beate Bickel/Andreas Kuntz*, Handwerksforschung, in: *Rolf W. Brednich* (Hg.), Grundriß der Volkskunde. Einführung in die Forschungsfelder der Europäischen Ethnologie, Berlin $^{2}$1994, S. 161–188, hier 179f.), für die DDR gab es seit 1949 eindeutige Bestimmungen, etwa über die Größe des Betriebes: so durfte ein Handwerksmeister in der Regel nicht mehr als zehn Personen beschäftigen; vgl. *Peter Knoblich*, Die Ordnung des Handwerks in beiden deutschen Staaten, Diss. Phil. Würzburg 1976, S. 5f.

[2] Siehe etwa *Bartho Plönies/Otto Schönwalder*, Die Sowjetisierung des mitteldeutschen Handwerks. Ein Bericht über die Lage des Handwerks in der sowjetischen Zone, Bonn $^{2}$1953 und *Hannsjörg F. Buck*, Formen, Instrumente und Methoden zur Verdrängung, Einbeziehung und Liquidierung der Privatwirtschaft in der SBZ/DDR, in: Deutscher Bundestag (Hg.), Materialien der Enquete-Kommission „Aufarbeitung von Geschichte und Folgen der SED-Diktatur in Deutschland‘ (12. Wahl-

mente und Methoden erläutert, mit deren Hilfe die SED das Privathandwerk liquidierte oder in die sozialistische Planwirtschaft integrierte. ‚Falsch' waren sie nicht, diese von den Deutschlandforschern zusammengetragenen Fakten. Sie bilden noch heute ein unverzichtbares Reservoir für den Historiker, der die Entwicklung des gewerblich-industriellen Mittelstandes Ostdeutschlands zu analysieren versucht.[3] Problematisch aber sind die damit evozierten Vorstellungen über das Verhältnis zwischen Staat und Gesellschaft in der SBZ/DDR. Das hängt mit der Funktion zusammen, die diesem Forschungsfeld im Kontext der Systemkonkurrenz zukam. Denn letztlich ging es darum, eine Ideologie, eine Partei und deren Politik, einen ganzen Staat zu delegitimieren. Die Bedrohung erschien so reell, so übermächtig, daß die Auswirkungen sozialistischer Transformationspolitik in der Regel überschätzt wurden. Der Leser mußte den Eindruck gewinnen, daß die SED binnen weniger Jahre die auf Parteitagen gefaßten Beschlüsse zur Gesellschaftspolitik konsequent umzusetzen vermocht habe. Suggeriert wurde die Omnipotenz einer Staatspartei, deren Allmacht, die Entwicklung einer modernen Gesellschaft zu planen und zu steuern.

Dabei hätten die Fakten ebensogut eine andere Deutung erlaubt. Schließlich sollte es der SED bis zuletzt nicht gelingen, das Privathandwerk auszutrocknen und in Kollektive zu überführen. Ein Beispiel: Am 9. Juli 1952, im Verlauf seiner historischen Rede über den in der DDR aufzubauenden Sozialismus widmete sich Walter Ulbricht auch den Privathandwerkern, von denen zu diesem Zeitpunkt etwa 60 Prozent genossenschaftlich organisiert waren – freilich nur in traditionellen Einkaufs- und Liefergenossenschaften, nicht aber in Produktionskollektiven. Selbstverständlich, erklärte Ulbricht, hätten die Handwerker „das Recht, sich, wenn sie wollen, in Produktionsgenossenschaften zusammenzuschließen und durch Organisierung gemeinschaftlicher Werkstätten und durch Mechanisierung ihre Produktion wie ihre Arbeits- und Lebensbedingungen zu verbessern".[4] Formulierungen wie diese waren auch für Außenstehende nicht schwer zu dechiffrieren. Ulbricht hatte den Handwerksfunktionären eindeutig den Weg gewiesen, den diese beim Aufbau des Sozialismus einzuschlagen hatten. Der dezidierte Hinweis auf eine freie Entscheidungsfindung der Beteiligten war rein taktischer Natur. Spätestens seit der gegen den Willen der Mitglieder vollzogenen Reorganisation der Handwerksgenossenschaften ver-

periode des Deutschen Bundestages), Bd. II/2: Machtstrukturen und Entscheidungsmechanismen im SED-Staat und die Frage der Verantwortung, Baden-Baden/Frankfurt am Main 1995, S. 1070–1213.

[3] Siehe insbesondere die von *Karl C. Thalheim* und *Maria Haendcke(-Hoppe)* unter wechselnden Titeln veröffentlichten Beiträge über das Handwerk in der DDR, die als Beilage zu den Jahresberichten der Handwerkskammer Berlin 1963–1988 erschienen sind; siehe auch *Maria Haendcke-Hoppe*, Das private Handwerk in der DDR, in: Deutschland-Archiv 20 (1987), S. 843–851 und *Karl C. Thalheim/Maria Haendcke-Hoppe*, Das Handwerk in der DDR. Handwerkspolitik und Entwicklung des Handwerks 1977/78, Berlin 1979.

[4] *Walter Ulbricht*, Die gegenwärtige Lage und die neuen Aufgaben der Sozialistischen Einheitspartei Deutschlands, in: Protokoll der Verhandlungen der II. Parteikonferenz der Sozialistischen Einheitspartei Deutschlands. 9. bis 12. Juli 1952 in der Werner-Seelenbinder-Halle zu Berlin, Ost-Berlin 1952, S. 20–122, hier S. 98.

traute wohl kaum noch einer solchen Versicherungen. Die sechs Jahre später erfolgende Zwangskollektivierung sollte die Handwerker in ihrem Mißtrauen ein weiteres Mal bestätigen. Vorerst aber hielt sich die SED mit repressiven Maßnahmen zurück. Bis ins Jahr 1958 hinein zeigte der informelle Parteibeschluß dementsprechend nicht die erwünschten Wirkungen. Zwar sank die Gesamtzahl der privaten Handwerksbetriebe zwischen 1950 und 1957 von 303.821 auf 209.000. Dennoch war auch jetzt nur ein Bruchteil der ostdeutschen Gesamthandwerkerschaft in einer PGH organisiert: insgesamt 8.125 Handwerker in 295 Genossenschaften.[5] So groß war die Abneigung der Handwerkerschaft gegen die Vergenossenschaftlichung, so groß aber auch die internen Probleme der PGH,[6] daß der seit 1958 forcierte Kollektivierungsprozeß schon zwei Jahre später abgebrochen werden mußte. Und auch in den folgenden Jahrzehnten sollte es den Produktionsgenossenschaften nicht gelingen, die privaten Betriebe zu verdrängen. Zwar konnte der staatlich-genossenschaftliche Sektor seinen Anteil am Gesamtumsatz des Handwerks bis 1980 kontinuierlich steigern (der in den siebziger Jahren zu beobachtende scheinbare Aufschwung des Privatsektors verdankte sich in erster Linie der Verstaatlichung zahlreicher PGH, die fortan nicht mehr dem Handwerk zugerechnet wurden). Seit 1980 aber vermochten die privaten Betriebe ihren Anteil am Umsatz des Gesamthandwerks nicht zur wahren, sondern sogar leicht auszubauen (von 58,9 auf 59,7 Prozent im Jahre 1989).[7]

Dieser für den sozialistischen Block außergewöhnlichen ökonomischen Entwicklung des Handwerks korrespondierte eine soziale Sonderstellung in der Gesellschaft. Spätestens seit Ende der sechziger Jahre standen viele Privathandwerker in dem Ruf, ‚Könige der Republik' zu sein.[8] Schon im Verlauf der fünfziger Jahre hatte sich gezeigt, daß sie sozial insgesamt resistenter und bodenständiger waren als die Bauern und mehr verdienten als die Arbeiter.[9] So lagen denn auch die durchschnittlichen Spareinlagen der Einzelhandwerker weit über denen anderer Schichten.[10] Aber auch innerhalb des Privathandwerks gab es ein deutliches Gefälle: unten rangierten zumeist die Alleinmeister sowie die

[5] Siehe *Karl C. Thalheim/Maria Haendcke-Hoppe*, Das Handwerk in der DDR und Ost-Berlin, West-Berlin 1983, S. 5 und 19. Zu unterscheiden ist zwischen zwei Typen von Produktionskollektiven: der PGH I, in der die Handwerker offiziell Eigentümer ihrer Produktionsmittel blieben, die sie gegen Gebühr der genossenschaftlichen Nutzung zur Verfügung stellten, und der PGH II, in der es nur noch genossenschaftliches Eigentum an Produktionsmitteln gab. Vgl. *Eberhard Lohse/Siegfried Voigtsberger*, Handwerk, Privatindustrie und Aufbau des Sozialismus. Ein Beitrag zur sozialistischen Umgestaltung des Handwerks und der privatkapitalistischen Industrie in der DDR, Ost-Berlin 1959, S. 45–63.

[6] Siehe etwa *Franz Konieczny*, Die Politik der Partei zur Einbeziehung der Mittelschichten und privatkapitalistischen Unternehmer in den Sozialismus, Ost-Berlin 1959, S. 42–61.

[7] Siehe *Karl C. Thalheim/Maria Haendcke-Hoppe*, Das Handwerk in der ehemaligen DDR und in Berlin (Ost), in: Deutschland-Archiv 24 (1991), S. 1186–1192, hier S. 1188.

[8] Siehe etwa *Jürgen Duenbostel*, Der König wird zum Diener, in: Die Zeit 12 (17. März 1995), S. 27.

[9] Siehe *Dietrich Staritz*, Geschichte der DDR 1949–1985 (NHB), Frankfurt am Main 1985, S. 94.

[10] Siehe *Ina Merkel*, Utopie und Bedürfnis. Die Geschichte der Konsumkultur in der DDR, Köln/Weimar/Wien 1999, S. 57.

Inhaber kleinerer Betriebe, während diejenigen Handwerker, die mehr als drei Mitarbeiter beschäftigten oder im produzierenden Handwerk tätig waren, Höchsteinkommen erzielten.[11]

Wie sind solche Diskrepanzen zwischen Plan und Wirklichkeit zu erklären? Welche Rückschlüsse lassen sich daraus ziehen auf die Handwerkspolitik der SED, die dieser zugrundeliegenden Konstruktionen und deren Umsetzung? Und welche Wirkungen hatte diese Politik für die Positionierung der Handwerkerschaft in dem sich etablierenden Arbeiter- und Bauernstaat? Am Beispiel dieser dem Sozialismus und der SED mehrheitlich ablehnend gegenüber eingestellten Sozialgruppe sollen Mechanismen herausgearbeitet werden, deren Übertragbarkeit auch auf andere Sozialgruppen zu prüfen wäre. Insofern zielen die Fragen auf das grundsätzliche Verhältnis von Staat und Gesellschaft in der SBZ/DDR. Exemplarisch ist zu erklären, wie es der SED gelang, eine Diktatur in einer mehrheitlich antisozialistisch eingestellten Gesellschaft zu etablieren und zu stabilisieren.

## I. Konstruktionen des Handwerks

Am Anfang waren weder Marx noch Engels: diesen Eindruck muß derjenige gewinnen, der aktuelle Veröffentlichungen zur DDR-Gesellschaft sichtet.[12] Der Blick vieler Historiker richtet sich seit einigen Jahren vor allem auf die gesellschaftliche Realität, weniger auf den Herrschaftsanspruch der SED und die zugrundeliegende Ideologie. Vergleicht man die Prognosen der beiden marxistischen ‚Klassiker' über die Entwicklung des Handwerks mit der sozioökonomischen Realität in der DDR, dann scheint eine solche Perspektive auch bei der Analyse des gewerblich-industriellen Mittelstandes gerechtfertigt zu sein. Schließlich betrachteten Marx und Engels die Handwerker als absterbende Klasse, aufgerieben zwischen Bourgeoisie und Proletariat.[13] In der ostdeutschen Gesellschaft der Nachkriegszeit hingegen spielte das Privathandwerk eine unentbehrliche Rolle. Das läßt sich an der Zahl der privaten Handwerksbetriebe festmachen. Allein in Thüringen existierten im August 1946 60.609 private Betriebe.[14] In der gesamten SBZ waren es im Jahre 1949 303.821.[15] Von selbst

[11] Siehe *Heinz Vortmann*, Geldeinkommen in der DDR von 1955 bis zu Beginn der achtziger Jahre. Funktionale und personelle Verteilung, Einkommensbildung und Einkommenspolitik, West-Berlin 1985, S. 124f.

[12] In der 1994 erschienenen *Sozialgeschichte der DDR* etwa fällt der Name Marx nur in zwei, der Name Engels in keinem der insgesamt fünfundzwanzig Beiträge. Vgl. *Hartmut Kaelble/Jürgen Kocka/Hartmut Zwahr* (Hg.), Sozialgeschichte der DDR, Stuttgart 1994.

[13] Siehe etwa *Karl Marx/Friedrich Engels*, Manifest der Kommunistischen Partei, in: MEW, Bd. 4, Ost-Berlin 1959, S. 459–493, hier S. 463 und 475.

[14] Siehe *Heinz Baumeister*, Thüringens Handwerk in der Statistik, in: Die Wirtschaft 1 (1946), S. 272f.

löste das Handwerk sich also offensichtlich nicht auf. Die KPD/SED wiederum verzichtete auf flächendeckende Enteignungen. Nicht, daß ihr dazu kein Instrumentarium zur Verfügung gestanden hätte. Bis 1948 konnte sie über die SMAD-Befehle 124/126 prinzipiell jeden Betrieb sequestrieren lassen, der von ehemaligen Parteigenossen geleitet worden war, der für die Rüstungsindustrie produziert oder Zwangsarbeiter beschäftigt hatte.[16] Und nach Abschluß der Industriereform boten die Wirtschaftsstrafverordnung (WStVO) und die Steuergesetzgebung ausreichend rechtliche Handhabe, um nahezu jeden privaten Handwerksbetrieb der Enteignung zu überführen. Statt dessen betonte die SED immer wieder, auch im Interesse des selbständigen Handwerks handeln zu wollen. „Förderung des Handwerks", war eine Parole, derer sich nationaldemokratische wie sozialistische Politiker regelmäßig bedienten.[17]

Diese Diskrepanz zwischen Ideologie und Politik war natürlich sowohl den Funktionären als auch den Wissenschaftlern bewußt. Nichtsdestotrotz versuchten sie, die realsozialistische Gesellschaftspolitik in den Werken der Klassiker des Marxismus-Leninismus zu verankern. Dabei bezogen sie sich vor allem auf Karl Marx' *Kritik des Gothaer Programms*, in der die Frontstellung der Partei gegenüber der gewerblich-industriellen Mittelschicht scharf verurteilt worden war.[18] Die wahltaktisch motivierte Aussage, nicht mehr als eine Marginalie im Gesamtwerk, wurde konsequent zu einem programmatischen Bekenntnis zur Bündnispolitik stilisiert.[19] Freilich kam gerade in diesem notorischen Versuch, die realsozialistische Gesellschaftspolitik über Rekurse auf Marx' Werk abzusichern, zum Ausdruck, welche Bedeutung der Ideologie zugedacht war.

Zuallererst fungierte die Ideologie als Disziplinierungsmittel, sicherte sie doch den Führungsanspruch der Parteispitze, die gleichzeitig das Auslegungsmonopol innehatte. Was im Sinne von Marx war, das definierte die SED-Führung, alle anderen Konzepte, links und rechts davon, konnten als Sozialdemokratismus, Austromarxismus, Titoismus oder Trotzkismus kategorisiert und denunziert werden. Erfolgreiche Anwendung erfuhr diese Taktik vor allem in der unmittelbaren Nachkriegszeit, gegenüber den Genossen vor Ort, die sich für die unverzügliche Errichtung eines Sowjetdeutschland aussprachen, die auch die als

[15] Siehe *Wolfgang Müller*, Art. Handwerk, in: Handbuch Wirtschaftsgeschichte 2, hg. vom Institut für Wirtschaftsgeschichte der Akademie der Wissenschaften der DDR (Herausgeberkollegium Hans Radandt), Ost-Berlin 1981, S. 942–949, hier S. 943.

[16] Zu den rechtlichen Aspekten der Enteignungen siehe auch *Stefan von der Beck*, Die Konfiskationen in der Sowjetischen Besatzungszone von 1945 bis 1949. Ein Beitrag zu Geschichte und Rechtsproblemen der Enteignungen auf besatzungsrechtlicher und besatzungshoheitlicher Grundlage, Frankfurt am Main 1996 und *Hans-Hermann Lochen*, Grundlagen der Enteignungen zwischen 1945 und 1949, in: Deutschland-Archiv 24 (1991), S. 1025–1038, hier S. 1027–1033.

[17] Siehe etwa die Publikationen in der seit 1949 erscheinenden *Nationaldemokratische Schriftenreihe*, in den ebenfalls seit 1949 erscheinenden nationaldemokratischen Heften *Mit nationalem Kurs* und der seit 1951 aufgelegten Reihe *Der nationale Demokrat antwortet*.

[18] Siehe *Karl Marx*, Kritik des Gothaer Programms, in: MEW, Bd. 19, Ost-Berlin 1962, S. 11–32, hier S. 23.

[19] Siehe etwa *Heinz Hümmler*, Bündnispolitik, hg. von der Akademie für Gesellschaftswissenschaften beim ZK der SED, Ost-Berlin 1978, S. 7f.

Kleinkapitalisten klassifizierten Gewerbetreibenden enteignen wollten und damit die Bündnispolitik zu gefährden drohten.[20] Natürlich diente die systemkonforme Exegese der ‚Klassiker' auch der Selbstvergewisserung wie der Identitätsstiftung. Man sollte die metaphysisch anmutende Vorstellung, die Geschichte auf seiner Seite zu haben, nicht unterschätzen in ihrer Bedeutung für die Bewältigung der sozioökonomischen Realität. Ein hermetisch geschlossenes Weltbild, in das sich alles einordnen ließ, klar formulierte Gesetze, die keine Erklärungsnot aufkommen ließen, waren auch für die Auseinandersetzung mit Skeptikern von großem Wert. Darüber hinaus fixierte der Historische Materialismus bei allen Differenzen zwischen Strategie und Telos den Rahmen aller Gesellschaftspolitik. Schon durch die Begrifflichkeit war eine gewisse Deutung der Wirklichkeit vorgegeben. Der Zwang zum Fortschritt, die Illusion, eine Gesellschaft zu planen, zu gestalten, zu steuern und zu kontrollieren manifestierte sich in der Arbeit, der Sprache, der Herrschaft: in Wirtschaftsplänen, in der Choreographie gesellschaftlicher Feste, in der Eingabenpraxis. Die Soziologin Sigrid Meuschel hat dieses Verhältnis zwischen Politik und Gesellschaft als Entdifferenzierungsprozeß beschrieben. Sukzessive seien in der DDR sämtliche gesellschaftlichen Subsysteme ihrer (relativen) Autonomie beraubt worden. Zur Durchsetzung ihrer Ziele habe die Partei „alle politischen, ökonomischen, rechtlichen und sonstigen gesellschaftlichen Ressourcen" monopolisiert. „Außerpolitische und unabhängige Institutionen und Regelungsmechanismen" seien damit abgebaut worden, so daß „bereichspezifische (‚eigensinnige') Rationalitätskriterien des Handelns in verschiedenen Teilbereichen" sich nicht mehr hätten zur Geltung bringen können. Langfristig, so Meuschel, habe dieser Prozeß in eine Modernisierungsfalle geführt: „Die unter der Herrschaft der Partei entdifferenzierte und politisch verfaßte Gesellschaft erwies sich als Hemmschuh für nahezu alle Innovationen, welche die Parteiherrschaft in ihrer Machtvollkommenheit durchzusetzen sich anschickte".[21]

Der langfristig unvermeidbare Kollaps des SED-Regimes läßt sich mit einem solchen Ansatz durchaus plausibel deuten. Freilich gilt es nicht nur zu erklären, warum der realexistierende Sozialismus Ende der achtziger Jahre zusammenbrach, sondern auch, warum sich das System so lange, über vierzig Jahre, zu behaupten vermochte. Dazu ist ein genauerer Blick auf die Strategie und Taktik vonnöten, im Falle der Handwerkerschaft auf die sogenannte Bündnispolitik der SED.[22]

[20] Siehe *Frank Thomas Stößel*, Positionen und Strömungen in der KPD/SED 1945–1954, Köln 1982.

[21] *Sigrid Meuschel*, Überlegungen zu einer Herrschafts- und Gesellschaftsgeschichte der DDR, in: Geschichte und Gesellschaft 19 (1993), S. 5–14, hier S. 5 und 9.

[22] Siehe auch *Armin Owzar*, Sozialistische Bündnispolitik und gewerblich-industrieller Mittelstand. Thüringen 1945 bis 1953, München/Jena 2001.

## II. Aporien sozialistischer Bündnispolitik

Auf nachhaltigen Druck der Sowjets hin hatte sich die KPD-Führung schon im Moskauer Exil zu einem grundsätzlichen Wandel ihrer gesellschaftspolitischen Strategie gegenüber der Handwerkerschaft durchgerungen. Nicht länger wurde seither diese zu den Klassenfeinden gerechnet, sondern galt als natürlicher ‚Bündnispartner' der Arbeiterklasse und deren Partei.[23] Nicht, daß in irgendeinem Punkt das Telos revidiert worden wäre. Die Funktion der als ‚Bündnispolitik' apostrophierten Strategie war auf die ‚historische Mission der Arbeiterklasse' abgestimmt. Das Ziel bestand darin, „gemeinsam mit allen Unterdrückten und Ausgebeuteten die politische Macht zu erobern, die Diktatur des Proletariats als Ausdruck der Staatsmacht zu errichten, um die Grundlagen des Sozialismus zu errichten, in einem längeren historischen Prozeß die entwickelte sozialistische Gesellschaft zu gestalten und so Voraussetzungen zu schaffen, um die Spaltung der Gesellschaft in Klassen zu überwinden und die klassenlose Ordnung des Kommunismus aufzubauen."[24] Und doch markierte die Bündnispolitik eine strategische Wende, die auf die Lebenswelt der ostdeutschen Handwerkerschaft große und unmittelbare Folgen zeitigte. Denn die meisten Betriebsinhaber konnten nicht nur ihre Selbständigkeit über die Industriereform hinaus wahren. Viele zehrten auch von der Illusion, ihren Werten und Traditionen treu bleiben zu können. Und die SED bestärkte sie in diesem Bewußtsein, etwa indem sie die positiv konnotierten Merkmale des alten ehrbaren Handwerks, wenn auch ideologisch verfremdet, propagierte.[25]

Die vielfältigen Motive, die der Bündnispolitik zugrunde lagen, waren allesamt pragmatischer Natur: sie waren versorgungstechnischer, handels-, arbeitsmarkt- und vor allem innenpolitischer Art. Das primäre sozioökonomische Etappenziel bestand in der Enteignung der Konzerne wie der großen Industrieunternehmen und deren Überführung in volkseigene Betriebe. Für diesen Prozeß benötigten die Sozialisten die Unterstützung, zumindest die passive Duldung seitens der Bevölkerungsmehrheit. Die Großunternehmer, die Manager und Großaktionäre, sie bildeten lediglich eine kleine elitäre Gruppe. Keinesfalls aber durfte man eine weitere Front eröffnen gegenüber einer Schicht, die mit etwa 319.000 selbständigen Meistern, 700.000 Familienangehörigen und weiteren Hunderttausenden von Lehrlingen und Gesellen ungefähr 10 Prozent der Gesamtbevölkerung stellte, der aber für den Transformationsprozeß nur eine

[23] Siehe *Peter Erler/Horst Laude/Manfred Wilke*, Zur programmatischen Arbeit der Moskauer KPD-Führung 1941–1945, in: dies. (Hg.), „Nach Hitler kommen wir". Dokumente zur Programmatik der Moskauer KPD-Führung 1944/45 für Nachkriegsdeutschland, Berlin 1994, S. 23–123.

[24] Art. Bündnispolitik, in: Kollektiv von Mitarbeitern des Dietz-Verlages (Hg.), Kleines politisches Wörterbuch, Neuausgabe 1988, Ost-Berlin [7]1988, S. 154f.

[25] Siehe *Rüdiger Schmidt*, Vom „autoritären Korporatismus" zur Planökonomie: Der gewerbliche Mittelstand in der Sowjetischen Besatzungszone Deutschlands, in: *Dierk Hoffmann/Hermann Wentker* (Hg.), Das letzte Jahr der SBZ. Politische Weichenstellungen und Kontinuitäten im Prozeß der Gründung der DDR, München 2000, S. 221–244, hier 241f.

nachgeordnete Bedeutung zukam. Nicht zu Unrecht fürchtete man, daß ein Großteil der Handwerkerschaft, die man mehrheitlich für reaktionär einschätzte,[26] als Multiplikator antisozialistischer Ideologeme hätte fungieren können: im Laden, in der Werkstatt, auf der Baustelle.[27] Gleichzeitig waren die Handwerker unentbehrlich: nicht nur für die Enttrümmerung und den Wiederaufbau, für die Versorgung der Bevölkerung und die Durchführung der allerorts anfallenden Reparaturen, sondern auch für die Ankurbelung des Exports und die Behebung des Lehrstellenmangels. Die an der Peripherie der SED-Zentrale angesiedelten Handwerksfunktionäre wurden nicht müde, darauf hinzuweisen.[28] Denn mochten sie auch seitens vieler Spitzenfunktionäre, allen voran von Walter Ulbricht und Wilhelm Pieck, rhetorische Unterstützung erfahren:[29] in der Materialversorgung stand das Handwerk, namentlich das reparierende, stets an letzter Stelle. Offensichtlich waren die meisten Sozialisten nicht bereit, über die bündnispolitisch verordnete Duldung hinaus das Handwerk aktiv zu fördern.

Diese ostentative Duldung des Privathandwerks sollte im übrigen nicht nur den Meistern und ihren Angehörigen die Furcht vor dem ‚roten Gespenst' nehmen, sondern auch den bürgerlichen Parteien demonstrieren, daß es der KPD/SED ernst war mit ihrer Absage an eine unverzügliche Errichtung Sowjetdeutschlands.[30] Um sowohl die Liberalen als auch die Christdemokraten in den Block zu binden und deren Zustimmung zur Industriereform zu gewinnen, bedurfte es eben nicht nur einer Revision des sozialrevolutionären Programms, sondern auch einer darauf abgestimmten Handwerkspolitik. Dazu zählte etwa das Votum für die Aufrechterhaltung privater Handwerksbetriebe. Gefördert wurde lediglich der Zusammenschluß in herkömmlichen Einkaufs- und Liefergenossenschaften (ELG), Produktivgenossenschaften hingegen stießen auf kategorische Ablehnung. Damit profilierten die Kommunisten sich auch gegenüber radikalen Sozialdemokraten, die einer unverzüglichen Errichtung des Sozialismus das Wort redeten,[31] die für eine flächendeckende Sozialisierung und für eine Kollektivierung der Handwerkswirtschaft eintraten.[32] Die bürgerlichen Wirtschaftspolitiker ebenso wie die gemäßigten Sozialdemokraten mußte es

[26] Siehe etwa den Artikel des kommunistischen Wirtschaftswissenschaftlers *Fritz Behrens*, Die Mittelschichten in der kapitalistischen Gesellschaft, in: Einheit 2 (1947), S. 576.

[27] Siehe *Gustav Lange*, Die Bedeutung des Handwerks, in: SAPMO-BArchB, NY 4182, Nr. 959, Bl. 143–145.

[28] Siehe etwa *Gustav Lange*, Die Bedeutung des Handwerks, in: SAPMO-BArchB, NY 4182, Nr. 959, Bl. 143–145.

[29] Siehe etwa *Wilhelm Hauth*, Mittelstand und Sozialismus, in: Einheit 1 (Dezember 1946), S. 408–413. hier S. 413.

[30] Siehe den Aufruf des Zentralkomitees der KPD vom 11. Juni 1945, abgedruckt in: Ministerium für Auswärtige Angelegenheiten der DDR und vom Ministerium für Auswärtige Angelegenheiten der UdSSR (Hg.), Um ein antifaschistisch-demokratisches Deutschland. Dokumente aus den Jahren 1945–1949, Ost-Berlin 1968, S. 56–64.

[31] So etwa *Hermann Louis Brill*, bis Ende Dezember 1945 Vorsitzender der thüringischen Sozialdemokraten, in seiner programmatischen Rede Neu Beginnen!, in: ThHStAW, BPA SED EF, Nr. II 1-001.

[32] Vgl. etwa *Paul Gärtner*, Die Genossenschaftsbewegung, Ost-Berlin 1947, S. 57.

beruhigen, wenn sich Walter Ulbricht, damals u.a. Vorsitzender der Abteilung Wirtschaft beim Zentralsekretariat der SED, mit seinem Veto gegen die Errichtung von Produktivgenossenschaften innerhalb der Partei durchzusetzen vermochte.[33] Hinzu kamen machtpolitische Erwägungen: zu groß schien die Gefahr, daß sich solche Kollektive zu autonomen Organisationen entwickelten, dem Zugriff der zu diesem Zeitpunkt noch nicht omnipotenten Parteizentrale entzogen.

Nachdem die Blockparteien gleichgeschaltet und die oppositionellen Sozialdemokraten ausgeschaltet worden waren, ergaben sich neue Hindernisse. Das differenzierte Produktionsprofil der Handwerksbetriebe und die unterschiedliche Entwicklung der materiell-technischen Basis blockierten vielfach die Bildung von Kollektiven. Auch fiel der Widerstand der Handwerker sehr viel heftiger aus als erwartet.[34] Außerdem erwiesen sich die immer weniger und immer größer werdenden Industriebetriebe des Staates für die klassischen Tätigkeitsbereiche des Handwerks wie Wartungs- und Reaparaturarbeiten als ungeeignet.[35]

Bis in die achtziger Jahre hinein nötigten Sachzwänge wie diese die Staatspartei, an ihrer bündnispolitischen Strategie gegenüber der Handwerkerschaft festzuhalten. Die SED betrachtete sie allerdings nur als Provisorium, sie blieb einer Ideologie verpflichtet, die sich die Lösung aller ökonomischen Konflikte letztlich von der Überwindung der restkapitalistischen Strukturen und der Errichtung einer sozialistischen Gesellschaft versprach. Und dieser Ideologie konnte die SED sich schon deshalb nicht entledigen, weil sie die Legitimationsbasis ihrer Herrschaft bildete. So kam es zwischenzeitlich immer wieder zu ideologisch motivierten Vorstößen, die eine Kollektivierung des Handwerks zum Ziel hatten. Von einer Verstaatlichung auch der handwerklichen Produktionsmittel versprachen sich viele Sozialisten nicht nur einen Beitrag zur Überwindung des Gegensatzes von Kapital und Arbeit, sondern auch eine Steigerung der Arbeitsproduktivität. Auch durch die Integrierbarkeit der Kollektive in den Wirtschaftsplan glaubte man zur Effektivierung der Produktion erheblich beitragen zu können.

Die SED unternahm mehrere Anläufe, um diese ideologisch bestimmte Gesellschaftspolitik und den Kreis der Bündnispartner einzuschränken, insbeson-

[33] Siehe das von Walter Ulbricht und Max Fechner versandte Rundschreiben Nr. 8/46 des SED-Zentralsekretariates vom 18. Juni 1946 an die SED-Landes- und Provinzialvorstände, in: SAPMO-BArchB, DY 30, Nr. IV 2/6.02/14, Bl. 19. Zur zunächst ablehnenden Einstellung der CDU gegenüber handwerklichen Produktionsgenossenschaften siehe die unveröffentlichte Dissertation von *Erwin Krubke*, Die Stellungnahme der CDU zur Herausbildung der sozialistischen Planwirtschaft in der DDR, dargestellt am Zweijahrplan 1949/1950 und am ersten Fünfjahrplan 1951/1955, 1976, S. 144.

[34] Siehe *Helene Fiedler/Heinz Gambke/Willi Herferth/Heinz Hümmler/Heinz Moritz/Karl Reißig/Rolf Stöckigt*, Gemeinsam zum Sozialismus. Zur Geschichte der Bündnispolitik der SED, Ost-Berlin 1969, S. 275.

[35] Siehe *Gerd Leptin*, Wirtschaft ohne Mittelstand – Das Beispiel DDR, in: Aus dreißig Jahren Osteuropa-Forschung. Gedenkschrift für Georg Kennert (1919–1984), West-Berlin 1984, S. 127–140, hier S. 133.

dere in den Jahren 1952/53, 1958/60 und 1972/75. Dazwischen lagen Phasen, die stärker den bündnispolitischen Prinzipien verpflichtet waren, Phasen, in denen auf eine allzu rigide Anwendung der wirtschaftspolitischen Hebel verzichtet wurde.[36] Die vielfältigen Kurskorrekturen waren allerdings nicht Ausdruck der Überlegenheit der parteipolitischen Steuerungszentrale, sondern bildeten den (freilich vergeblichen) Versuch auf die soziale Autonomie zu reagieren, um so die Kontrolle über die sozioökonomische Entwicklung wiederzuerlangen. Denn je länger und je stärker die SED die Entwicklung des Handwerks zu steuern versuchte, desto unberechenbarer erwiesen sich die Folgen dieser Politik. Redifferenzierungstendenzen zeichneten sich ab als Folgen der stärker bündnispolitisch ausgerichteten Phasen; Versorgungsengpässe folgten den Phasen stärker ideologisch bestimmter Handwerkspolitik.[37] Daher erwiesen sich die sieben Phasen, in die sich die sozialistische Handwerkspolitik einteilen läßt, immer weniger als deckungsgleich mit der gesellschaftlichen Entwicklung des Handwerks.

Die erste Phase hatte ganz im Zeichen der Bündnispolitik gestanden. Von dem Transformationsprozeß zwischen 1945 und 1948, der eine flächendeckende Enteignung der Landgüter und der Großindustrie zum Ergebnis hatte, wurde das ostdeutsche Handwerk nur partiell erfaßt. Von der Industriereform betroffen waren in der Regel nur die Betriebe NS-höchstbelasteter Inhaber sowie industriell produzierende Firmen, auch größere Unternehmen der Bauwirtschaft. Ein Großteil der von den lokalen Sequesterkommissionen bereits beschlagnahmten Handwerksbetriebe kleiner und mittlerer Größe war den Eigentümern zumeist gegen den Willen lokaler KP-Funktionäre zurückgegeben worden.[38] Sonstige Eingriffe in die Verfügungsgewalt unterblieben in der Regel. Auf Ulbrichts Initiative hin wurde nicht nur die Einrichtung autonom sich selbstverwaltender Produktionskollektive blockiert, sondern auch bei der Genossenschaftsbildung für das Prinzip der freien Entscheidungsfindung plädiert.[39] Darüber hinweggesetzt wurde sich nur in denjenigen Regionen, in denen das linke Lager besonders stark war und über ein ausgeprägtes Selbstbewußtsein gegenüber der Berli-

[36] Zum folgenden vgl. auch *Friedrich Lenger*, Sozialgeschichte der deutschen Handwerker seit 1800 (NHB), Frankfurt am Main 1988, S. 206–209. Einen Überblick über die Entwicklung des gesamten gewerblich-industriellen Privatsektors in der SBZ/DDR bieten *Andreas Pickel*, Radical Transitions. Survival and Revival of Entrepreneurship in the GDR, Boulder/San Francisco/Oxford 1992 und *Per Anders Åslund*, Private Enterprise in Eastern Europe. The Non-Agricultural Private Sector in Poland and the GDR, 1945–1983, mit einem Vorwort von *Włodzimierz Brus*, London/Basingstoke 1985.

[37] Zu den Hintergründen der Versorgungsmisere siehe auch *Merkel* (wie Anm. 10), S. 38–88.

[38] Insgesamt wurden im Verlauf der Industriereform 20 Prozent aller ostdeutschen Handwerksbetriebe enteignet (siehe *Rudolf Wassermann*, Art. Enteignungen, in: *Rainer Eppelmann/Horst Möller/Günter Nooke/Dorothee Wilms* (Hg.), Lexikon des DDR-Sozialismus. Das Staats- und Gesellschaftssystem der Deutschen Demokratischen Republik, Paderborn/München/Wien/Zürich 1996, S. 181–184. Siehe auch *Rüdiger Schmidt*, Legalität ohne Legitimation: Zur Enteignung besitzbürgerlicher Schichten in der Sowjetischen Besatzungszone 1945–1948, Manuskript, 1998.

[39] Siehe etwa *Fred Oelßner*, Unsere Stellung zum Eigentum, in: Einheit 1 (1946), S. 15–25, hier S. 20f.

ner Zentrale verfügte.[40] Auch auf institutioneller Ebene duldete die KPD/SED eine beachtliche Systemautonomie des Handwerks, zumindest im Vergleich zur Gleichschaltung der Wirtschaftsverwaltung auf zonaler und regionaler Ebene. So wurden die Innungen zwar 1946 aufgelöst; als in die reorganisierten Handwerkskammern überführte Berufsgruppen aber verfügten sie noch über gewisse Freiräume und Handlungsmöglichkeiten.[41] Auch die im Rahmen der Entnazifizierung vorgenommenen politischen Säuberungen des Kammerpersonals nahmen, verglichen mit dem Personalwechsel innerhalb der Landesverwaltungen, nur geringe Ausmaße an.[42] Gleichzeitig schlug der mit Einführung der Drittelparität festgeschriebene Einfluß des FDGB im Präsidium wie im Vorstand der Kammern kaum zu Buche. In Ländern, die wie Thüringen über ein starkes bürgerliches Lager verfügten, blieben dadurch die gemäßigten Vertreter des Handwerks und der Landesregierung vorerst tonangebend.[43] Daß der Präsident der thüringischen HWK, der im Interesse des Privathandwerks wirkungsvoll agierende Heinz Baumeister, gleichzeitig den Vorsitz der einzigen zonalen Vertretung des Handwerks einnahm, bestätigt diesen Trend, auch wenn diese innerhalb der Abteilung Wirtschaft des SED-Zentralsekretariates angesiedelte Kommission nur über geringe Einflußmöglichkeiten verfügte.

Erst 1948/49 ging die Berliner Zentrale dazu über, die Kammern zu Transmissionsriemen ihrer Politik umzufunktionieren und auf die sozioökonomische Entwicklung des Handwerks Einfluß zu nehmen.[44] So versuchte die SED, bei den größeren Betrieben jede Gelegenheit zur Profitmaximierung zu unterbinden. Gleichzeitig sollte die Mehrheit der kleinen und mittleren Betriebe durch einige Privilegien in den werdenden Arbeiter- und Bauernstaat integriert werden. Demonstrativ bediente die SED deshalb traditionelle Forderungen etablierter Handwerker nach Protektion: sie führte den Großen Befähigungsnachweis ein und verschärfte die Genehmigungspraxis. Außerdem strich sie fast alle diejenigen Betriebe aus der Handwerksrolle, die neben ihren Lehrlingen mehr als 10 Personen beschäftigten – was für die betroffenen Meister weitreichende Benachteiligungen vor allem steuerlicher Art nach sich zog.[45] Gleichzeitig ging sie daran, die relativ autonom strukturierten Genossenschaften gleichzuschalten und die selbständigen Handwerker zu einem Eintritt in eine der konventionellen

[40] Siehe *Plönies/Schönwalder*, Die Sowjetisierung des mitteldeutschen Handwerks (wie Anm. 2), S. 12 und 19–21.

[41] Siehe *Thomas Großbölting*, Integration, Repression und Eigen-Sinn: Sachsen-Anhaltisches Handwerk und seine Organisation in der werdenden DDR, in: Sachsen und Anhalt. Jahrbuch der Historischen Kommission für Sachsen-Anhalt 22 (1999/2000), S. 315–344, hier S. 327.

[42] Vgl. dazu die beiden Regionalstudien von *Damian van Melis*, Entnazifizierung in Mecklenburg-Vorpommern. Herrschaft und Verwaltung 1945–1948, München 1999 und *Helga A. Welsh*, Revolutionärer Wandel auf Befehl? Entnazifizierungs- und Personalpolitik in Thüringen und Sachsen (1945–1948) (Schriftenreihe der VZG 58), München 1989.

[43] Siehe auch *Owzar*, Sozialistische Bündnispolitik (wie Anm. 22), S. 229–252.

[44] Zur Zäsur in der sozialistischen Mittelstandspolitik siehe auch *Schmidt* (wie Anm. 38), Vom „autoritären Korporatismus" zur Planökonomie, S. 221–244.

[45] Festgeschrieben wurden die meisten handwerkspolitischen Bestimmungen in dem 1950 verabschiedeten Gesetz zur Förderung des Handwerks, in: Gbl. der DDR Nr. 91 (19. August 1950).

Genossenschaften zu bewegen. Dazu bediente sie sich nicht nur repressiver Maßnahmen, sondern auch einer Gewinnungstaktik, die mit dem Versprechen auf bessere Rohstoffversorgung an die materiellen Interessen der Handwerker appellierte.

In der Regel war eine solche Doppeltaktik von Erfolg gekrönt. Sobald die SED aber die bündnispolitische Strategie zurückfuhr und ihre handwerkspolitischen Konzepte gewaltsam durchzusetzen versuchte, pflegte sie, ihr Ziel zu verfehlen. So sah die Partei sich gezwungen, ihren seit Sommer 1952 eingeschlagenen mittelstandsfeindlichen Kurs, der sich u.a. in Steuererhöhungen, im Entzug der Lebensmittelkarten und im Ausschluß aus der Kranken- und Sozialversicherung niederschlug, schon nach einem Jahr zu korrigieren. Und auch die sechs Jahre später gestartete zweite Kollektivierungskampagne mußte infolge einer Versorgungskrise noch vor dem Mauerbau abgebrochen werden. Erst gegen Ende der sechziger Jahre zog die Partei die Zügel wieder an: der Kampf gegen „kapitalistischen Tendenzen" gipfelte 1972 in der Vergesellschaftungsaktion, der nicht nur die privaten oder halbstaatlichen Industriebetriebe, sondern auch rund 1.700 zumeist industriell produzierende PGH sowie etwa 500 private Handwerksbetriebe zum Opfer fielen.[46] Den verbliebenen Privathandwerkern setzte die Partei in den folgenden vier Jahren mittels indirekter Eingriffe weiter zu. Eine mittelfristige Folge dieser Strategie war wiederum eine Versorgungskrise, der die SED mit einer erneuten Liberalisierung ihrer Handwerkspolitik zu begegnen versuchte. Sie gewährte finanzielle Starthilfen und Steuererleichterungen, sie förderte den Nachwuchs und lockerte die Genehmigungspraxis. Diesen Kurs (der erst mittelfristig und nur unvollständig den gewünschten Aufschwung des Privathandwerks zur Folge hatte) behielt die SED bis zum Mauerfall bei. Kurzum: obwohl die Staatspartei prinzipiell den Adressatenkreis ihrer Bündnispolitik einzuschmelzen beabsichtigte, mußte sie sich den wirtschaftlichen Sachzwängen immer wieder beugen. Wollte die Staatspartei einer Abwanderung der zur Aufrechterhaltung der Versorgungslage weiterhin unentbehrlichen Fachkräfte entgegenwirken, so mußte sie diesen nolens volens Privilegien vor allem materieller Art zugestehen.

Hierarchisiert war die DDR-Gesellschaft also seit Beginn an nicht nur längs der Kriterien Nähe und Entfernung zur Macht, Bildung, Alter oder Geschlecht, sondern auch längs des Kriteriums Nähe und Entfernung zur Produktion. Demnach existierte auch unterhalb der Funktionärskaste soziale Ungleichheit. Angelernte Arbeiter, landwirtschaftliche Hilfskräfte, einfache Angestellte und die Mehrzahl der Rentner bildeten den Bodensatz. Selbständige hingegen rangierten zumeist am oberen Rand der breiten Mittelschicht; einigen von ihnen gelang sogar der Sprung in die oberste Schicht.[47] Die in offiziellen Schriften der

[46] Siehe *Maria Haendcke-Hoppe*, Die Vergesellschaftungsaktion im Frühjahr 1972, in: Deutschland-Archiv 6 (1973), S. 37–41 und *Monika Kaiser*, 1972 – Knockout für den Mittelstand. Zum Wirken von SED, CDU, LDPD und NDPD für die Verstaatlichung der Klein- und Mittelbetriebe, Berlin 1990.

[47] Siehe *Klaus Schroeder*, Der SED-Staat, München 1998, S. 544–546.

DDR immer wieder behauptete Annäherung der Klassen und Schichten[48] fand zwar der Tendenz nach statt. Angesichts der allgemeinen Nivellierung gewannen indes auch die kleinsten Unterschiede um so mehr an Bedeutung. Insofern rückte die klassenlose Gesellschaft in weite Ferne.

Insofern erreichte die SED immer nur einen Teil der selbst gesteckten Ziele, und das auch zumeist nur kurzfristig. Nicht nur, daß ein Großteil der handwerkspolitischen Maßnahmen kontraproduktive Folgen zeitigte und daher steter Revision bedurfte. Langfristig setzte in der Handwerkerschaft ein Redifferenzierungsprozeß ein, der sich zusehends der politischen Steuerung entzog. Es bildeten sich informelle Strukturen und Beziehungsnetzwerke heraus, die die Defizite der sozialistischen Planwirtschaft bis zu einem gewissen Grad zu überbrücken vermochten. Zu nennen ist hier vor allem die Schattenwirtschaft, in der die Handwerker eine prominente Rolle einnahmen. Die SED, die sich der kompensatorischen Funktion dieser Redifferenzierung bewußt war, versuchte immer wieder, diesem Prozeß entgegenzusteuern. Letztlich aber blieb ihr nichts anderes übrig, als ihn zu dulden. Ein solches reziprokes Verhältnis prägte die Beziehungen zwischen Partei und Gesellschaft nicht nur in bezug auf das Handwerk: allenthalben kamen Ralph Jessen zufolge „dem informellen Sektor [...] die Schwächen des diktatorischen Systems zugute, während dieses wiederum stillschweigend dessen geräuschlose Kompensationsleistungen in Anspruch nahm."[49]

Im folgenden soll am Beispiel zweier Felder sozialistischer Handwerkspolitik das Verhältnis zwischen Staatspartei und Handwerkerschaft eingehender beschrieben werden. Gefragt wird nach dem Steuerungspotential sozialistischer Gesellschaftspolitik, nach den Folgen der Bündnispolitik für die ökonomische, soziale und mentale Entwicklung: inwiefern sie den Planungen entsprachen und inwiefern sie ihnen entgegenliefen. Zunächst geht es um die kommunalen Wirtschaftsunternehmen in Thüringen, mit deren Einrichtung die SED sowohl politische als auch soziale und ökonomische Ziele verfolgte.

## *1. Die Kommunalen Wirtschaftsunternehmen*

Primär ging es der SED darum, auch die lokale Ebene dem Zentralisierungsprozeß zu unterwerfen und die in der Zusammenbruchgesellschaft gewonnenen Kompetenzen der kommunalen Selbstverwaltung sukzessive abzubauen. Das galt insbesondere für den ökonomischen Bereich. Obwohl die Unternehmen der kommunalen Wirtschaft nach 1945 zunächst formal nach der Eigenbetriebs-Verordnung weitergeführt wurden und damit den Gemeindeparlamenten unter-

[48] Siehe etwa *Wolfgang Schneider/Hans-Joachim Fieber/Klaus Hentschel/Ilse Krasemann/Rolf Müller/Hermann Wandschneider* unter Mitarbeit von *Franz Reichelt* und *Else Tepper*, Zur Entwicklung der Klassen und Schichten in der DDR, Ost-Berlin 1977, S. 146.

[49] *Ralph Jessen*, Die Gesellschaft im Staatssozialismus. Probleme einer Sozialgeschichte der DDR, in: Geschichte und Gesellschaft 21 (1995), S. 96–110, hier S. 108.

stellt blieben, kam es immer häufiger zu Behinderungen gemeindewirtschaftlicher Tätigkeit. Das hatten thüringische Lokalpolitiker schon im Jahre 1946 beklagt.[50] Auszurichten vermochten sie langfristig nichts. Die Aushöhlung der kommunalen Selbstverwaltung zugunsten einer zentralen Verwaltungswirtschaft erwies sich als irreversibler Prozeß. Nach und nach verloren die Gemeinden die „klassischen Teile der kommunalen Wirtschaft" an übergeordnete Instanzen.[51] Eine der Weichen für die Zerstörung der kommunalen Selbstverwaltung stellte die Deutsche Wirtschaftskommission (DWK) mit ihrer Kommunalwirtschaftsverordnung (KWVO) vom 24. November 1948, derzufolge sämtliche wirtschaftlichen Unternehmen und Einrichtungen, aller Grundbesitz sowie alle Dienstleistungs- und Versorgungsbetriebe der Gebietskörperschaften in einem speziellen Kommunalwirtschaftsunternehmen (KWU) zusammengefaßt werden mußten, das als Anstalt des öffentlichen Rechts aus den Gemeindeverwaltungen herausgelöst und der DWK unterstellt wurde.[52] Gemäß der Ersten Durchführungsverordnung vom 4. Mai 1948 fielen darunter Versorgungs-, Verkehrs- und Bauunternehmen, land- und forstwirtschaftliche, soziale, kulturelle oder sonstige kommunale Betriebe und Einrichtungen, weiterhin der städtische Besitz sowie Unternehmen, die von Kreisen der Gemeinden als Eigenbetriebe oder in Form juristischer Personen, insbesondere handelsrechtlicher Gesellschaften, betrieben wurden oder aufgrund der Anordnung über die Übertragung der volkseigenen Betriebe an die Rechtsträger des Volkseigentums vom 20. Oktober 1948 auf kommunale Verwaltungen übertragen worden waren.[53] Alle diese Einrichtungen und Vermögenswerte waren nun ‚in der Hand des Volkes'.[54] Die verwaltungspolitische Rechnung der SED schien damit aufgegan-

[50] In ihrer am 17. Juli 1946 an Otto Grotewohl gesandten Denkschrift über Die kommunale Selbstverwaltung im neuen Deutschland forderten die Oberbürgermeister Boock (Erfurt), Faust (Weimar), Hamann (Eisenach) und Troeger (Jena) die Sicherung der kommunalen Selbstverwaltung insbesondere auf wirtschaftlichem und finanziellem Gebiet, vgl. *Dieter Marc Schneider*, Kommunalverwaltung und -verfassung, in: *Martin Broszat/Hermann Weber* (Hg.), SBZ-Handbuch. Staatliche Organisationen, Parteien, gesellschaftliche Organisationen und ihre Führungskräfte in der Sowjetischen Besatzungszone Deutschlands 1945–1949, im Auftrage des Arbeitsbereiches Geschichte und Politik der DDR an der Universität Mannheim und des IfZ München, München ²1993, S. 297–319, hier S. 312.

[51] *Hermann Brügelmann*, Art. Kommunalwirtschaft, in: *Klaus Mehnert/Heinrich Schulte* (Hg.), Deutschland-Jahrbuch 1953, Essen 1953, S. 56–65, hier S. 59.

[52] *Schneider*, Kommunalverwaltung (wie Anm. 50), S. 312.

[53] Im einzelnen handelte es sich bei den KWU um Elektrizitäts-, Gas- und Wasserwerke, Schlachthöfe, Markthallen, Speicher, Mühlen und Lebensmittelverarbeitungsbetriebe; Straßenbahn, Omnibus und Fuhrpark; Bauhöfe, Tischlereien, Zimmereien, Klempnereien, Installationsbetriebe, Sand- und Kiesgruben sowie Ziegeleien; Stadtgüter, kommunale Forsten, Nebenbetriebe der land- und forstwirtschaftlichen Urproduktion, Schweinemästereien, Kuhställe, Saatzuchtbetriebe, Baumschulen und Gärtnereien; Krankenhäuser, Alters-, Jugend-, Kinder- und Pflegeheime; Theater, Museen, Volksbüchereien sowie Musik- und Volkshochschulen; Gaststätten, Hotels, Kurhäuser, Badeanstalten, Müllabfuhr, Kanalisation, Kläranlagen, Wäschereien, Leihämter, Druckereien und Totenbestattung. Vgl. *Schneider*, Kommunalverwaltung (wie Anm. 50), S. 312.

[54] Ausführlich dazu *Joachim Türke*, Demokratischer Zentralismus und kommunale Selbstverwaltung in der sowjetischen Besatzungszone Deutschlands, Göttingen 1960, S. 40–49.

gen: wie in der Weimarer Republik und im Dritten Reich führte auch in der SBZ die Beseitigung der wirtschaftlichen und finanziellen Selbständigkeit der Gemeinden und Kreise zur Zerstörung der kommunalen Selbstverwaltung.[55]

Mit der Errichtung der KWU wollte die SED aber nicht nur die wirtschaftliche Unabhängigkeit der Kommunen beseitigen, sondern auch in die traditionellen Bereiche des Handwerks eindringen. Schon die thüringische Gemeindeverfassung von 1946 hatte die wirtschaftliche Aktivität der Kommunen gefördert. Sowohl die Beteiligung an privaten Unternehmen als auch die Errichtung wirtschaftlicher Betriebe wurden im Namen des allgemeinen Wohlstandes und des öffentlichen Interesses ausdrücklich gefördert. Jedes Unternehmen, das die Finanzkraft und die allgemeine Leistungskraft zu fördern geeignet war, durfte die Kommune also betreiben. Die Gemeinde „konnte sich in nahezu uneingeschränktem Umfange am Wirtschaftsleben beteiligen."[56] Für die Ausnutzung dieser Kompetenzerweiterung sorgte die SED, indem sie zahlreiche der sequestrierten Unternehmen, darunter auch manchen Handwerksbetrieb, den Gemeinden übergab. Mit der KWVO drangen die KWU also auch in den handwerklichen Produktions- und Reparaturbereich ein, nicht nur ins Bau- und Baunebengewerbe, sondern auch in andere Sektoren. Autowerkstätten, Schneidereien und Schuhmachereien, Mühlen, Bäckereien und Fleischereien, sogar Friseursalons wurden errichtet.[57]

So energisch die leitenden Kommunalpolitiker, die bürgerlichen Verwaltungsfachleute und Stadträte auch protestieren mochten: gegen die Interventionen seitens des thüringischen Innenministeriums vermochten sie nichts auszurichten. Zwar versuchten sich die meisten der liberal- und christdemokratisch dominierten Stadtparlamente in einer Verweigerung ihrer Zustimmung zur Errichtung der KWU. Erfolg war ihnen keiner beschieden: rücksichtslos setzte das thüringische Innenministerium sich über den Protest der bürgerlichen Politiker hinweg. Auch bei dem manchenorts zu beobachtenden Tauziehen zwischen Bürgermeistern und KWU-Direktoren bei der Herausnahme kommunaler Betriebe schritt das Land ein.[58]

Allenthalben sahen sich jetzt selbständige, aber auch genossenschaftlich organisierte Handwerker mit einer existenzbedrohenden Konkurrenz konfrontiert. Viele Betriebe hatten unter der aufgrund des größeren Angebotes geringeren

[55] Siehe *Schneider*, Kommunalverwaltung (wie Anm. 50), S. 312.

[56] Art. Kommunalverwaltung, in: *Klaus Mehnert/Heinrich Schulte* (Hg.), Deutschland-Jahrbuch 1949, Essen 1949, S. 46–59, hier S. 56.

[57] Siehe *Plönies/Schönwalder*, Die Sowjetisierung des mitteldeutschen Handwerks (wie Anm. 2), S. 20. Wie stark die staatliche Konkurrenz war, soll eine Zusammenstellung der vom Erfurter KWU betriebenen Betriebe veranschaulichen: allein die Baubetriebe beschäftigten 1.160 Mitarbeiter; in der Druckerei arbeiteten 120, in der Schuhmacherei 104, in der Elektroinstallation 95 und in der Großwäscherei 49 Kräfte . Siehe die Angaben über Erfurt aus der 1949/1950 erstellten Kartei der KWU in den Stadt- und Landkreisen mit Angabe der leitenden Angestellten, des Verwaltungsrates sowie der Betriebe und Beschäftigten, in: ThHStAW, LTh, MdI, Nr. 2960.

[58] Siehe das Schreiben des HA-Leiters im Innenministerium, Rudolf Güldenpfennigs (SED), vom 1. Dezember 1949, in: ThHStAW, LTh, MdI, Nr. 2959, Bl. 71.

Nachfrage, der Abwerbung qualifizierter Arbeitskräfte und der benachteiligenden Materialzuweisungen zu leiden.[59] Die Klagen unter den Handwerksmeistern und Genossenschaftsmitgliedern aller Berufsgruppen rissen denn auch nicht ab. Beispielhaft sei hier der Streit um die von der KWU Erfurt beabsichtigte Errichtung einer Orthopädie-Mechanikerwerkstatt dokumentiert. Auf einer am 17. Mai 1950 erfolgten Versammlung der Sparte Orthopädie in der IG Metall wurden die betreffenden Handwerker, aber auch das Wirtschaftsministerium [sic], die Handwerkskammer und die zuständige Fachberufsgruppe von der Spartenleitung und einem KWU-Vertreter über die geplante Einrichtung einer Werkstatt für etwa 100 Beschäftigte unversehens in Kenntnis gesetzt. Die verdutzten Handwerker der bestehenden orthopädischen Werkstätten wurden aufgefordert, „sich sofort zum Übertritt an das neue KWU-Unternehmen [zu] erklären, weil sie sonst bald vor der Arbeitslosigkeit" stünden. Neuaufträge sollten künftig nur noch die KWU-Werkstätten erhalten, „die übrigen Erfurter Fachwerkstätten müßten nach Aufarbeitung der Restaufträge sich totlaufen", zumal die Beschaffung des orthopädischen Spezialmaterials nur noch für den KWU-Betrieb erfolgen werde. Wer sich von der prägnanten Formel „Flucht aus den bisher leistungsfähigen Erfurter Fachbetrieben, weil dort bald leere Materialschränke" nicht gleich überzeugen lassen wollte, dem wurde durch ungewöhnlich hohe Lohnversprechungen nachgeholfen.[60] Ohne offiziell genehmigt worden zu sein, ließ sich der Betrieb sodann seitens der DHZ Textil und Werkzeugbau und des Ministerpräsidenten in die Verplanung aufnehmen und von der Hauptabteilung Materialversorgung mit Zuteilungsquoten in fast dergleichen Höhe wie die 63 Thüringer orthopädischen Fachbetriebe zusammengenommen beliefern.[61] Der scharfe Protest, den der Landesobermeister des Bandagisten-, Orthopädie- und Chirurgiemechanikerhandwerks, Alois Hofmann, wiederholt gegen die Gründung einer orthopädiemechanischen KWU-Werkstatt eingelegt hatte, stieß schließlich auf Erfolg. Im September 1950 erklärte der Zentralvorstand der SED, daß „die Errichtung einer solchen Werkstatt „unerwünscht sei und deshalb zu unterbleiben habe".

Ähnliche Entwicklungen waren auch in anderen Handwerkszweigen zu verzeichnen, etwa bei den Fleischergenossenschaften, denen „in steigendem Maße die Benutzung der Schlachthöfe" durch einzelne KWU versagt worden waren.[62]

[59] Daß die KWU von staatlicher Seite aus bevorzugt wurden, belegt das Protokoll einer internen Besprechung der Abteilungsleiter des thüringischen Wirtschaftsministeriums am 1. November 1948, bei der Ministerialdirektor Gäbler auf die künftig bei Materialforderungen zu privilegierenden KWU ausdrücklich hinwies (siehe das Protokoll der Abteilungsleiter-Besprechung vom 1. November 1948, in: ThHStAW, LTh, MfW, Nr. 1061).

[60] Bericht des Landesobermeisters des Bandagisten-, Orthopädie- und Chirurgiemechaniker-Handwerks vom 22. Mai 1950, in: ThHStAW, LTH, MfW, Nr. 1060.

[61] So der Landesobermeister des Bandagisten-, Orthopädie- und Chirurgiemechanikerhandwerks Alois Hofmann in einem Schreiben an die thüringische Handwerkskammer vom 17. Juli 1950, in: ThHStAW, LTh, MfW, Nr. 1060.

[62] Schreiben des Berliner Innenministeriums an die Hauptabteilungen Staatliche Verwaltung der Innenministerien der Landesregierungen vom 3. Oktober 1950, in: ThHStAW, LTh, MfW, Nr. 1060.

Um der wachsenden „Unruhe im Handwerk über die Betätigung der KWU-Betriebe auf handwerklichem Gebiet" entgegenzusteuern, hatte sich die thüringische Handwerkskammer schon im Sommer 1950 genötigt gefühlt, vom Wirtschaftsministerium eine Überprüfung der Notwendigkeit neuer Betriebe zu verlangen.[63] Hatte dessen Handwerksabteilung noch am 1. September 1950 die Verantwortung den Stadt- respektive Kreisräten zugeschoben, den Abschluß für die Übernahme weiterer Betriebe mit dem 31. Dezember 1949 für abgeschlossen erklärt (weitere Fälle freilich nicht ausgeschlossen) und einen Grund für weitere Beunruhigung der Handwerker als „nicht gegeben" erklärt,[64] so hatte sich die Stimmung im Handwerk schon drei Wochen später so verschlechtert, daß ein Kurswechsel unumgänglich schien. Das erste Signal hatte Wilhelm Pieck gegeben, der in seiner Leipziger Rede eine Bereinigung des Verhältnisses zwischen Handwerk und KWU angekündigt hatte.[65] Im Frühherbst 1950 wies dann das Berliner Innenministerium die Landesregierungen in zwei Fernschreiben daraufhin, daß „keinerlei [...] das Handwerk beeinträchtigende Maßnahmen unternommen werden" dürften und handwerksfeindliche Maßnahmen der KWU rückgängig gemacht würden.[66] Beunruhigung in den Kreisen der Handwerker sollte „unbedingt vermieden werden".[67] Wenige Wochen vor dem 16. Oktober, dem Tag der Wahlen zur Volkskammer, zu den Landtagen, Kreistagen und Gemeindevertretungen wollte die SED keine unnötige Unruhe eines ganzen Berufsstandes provozieren. Eine unverzügliche Propagierung dieser Maßnahmen wurde den Landesregierungen angeordnet, „damit vor den Volkswahlen noch eine Beruhigung im Handwerk" eintrete.[68]

Auch nach den Wahlen hielt die SED an ihrer bündnispolitischen Taktik fest. Mit Nachdruck wandte die Landesverwaltung sich gegen den von der Basis unverdrossen fortgesetzten Aufbau der KWU. So stellte die Erfurter Handwerkskammer schon gegen Ende September fest, daß die Errichtung der orthopädie-mechanischen Werkstatt mit dem dafür aus Handwerksbetrieben abgeworbenen Personal und einem für Jahre reichenden Material weiterbetrieben wurde. Der daraufhin vom thüringischen Wirtschaftsministerium mehr-

[63] Siehe den am 15. Juli 1950 verfaßten Brief des Handwerkskammerpräsidenten Heß und des Geschäftsführers Romstedt an die Abt. Handwerk des thüringischen Wirtschaftsministeriums, in: ThHStAW, LTh, MfW, Nr. 1060.

[64] Schreiben Rempts, eines Mitarbeiters der Abt. Handwerk im thüringischen Wirtschaftsministeriums, vom 1. September 1950 an die thüringische Handwerkskammer, in: ThHStAW, LTh, MfW, Nr. 1060.

[65] Siehe Amt für Information der Regierung der DDR (Hg.), Das Handwerk im Fünfjahrplan, Ost-Berlin 1950, S. 18.

[66] Anweisung des Berliner Innenministeriums an die Hauptabteilungen Staatliche Verwaltung der Innenministerien der Landesregierungen vom 20. September 1950, in: ThHStAW, LTh, MfW, Nr. 1060; siehe auch die Schreiben vom 3. und 16. Oktober 1950, in: ebd.

[67] Anweisung des Berliner Innenministeriums an die Hauptabteilungen Staatliche Verwaltung der Innenministerien der Landesregierungen vom 3. Oktober 1950, in: ThHStAW, LTh, MfW, Nr. 1060.

[68] So ein Vertreter des Berliner Innenministeriums rückblickend in einem vom 16. Oktober 1950 datierten Brief an die für das Handwerk zuständigen Abteilungen der Landesregierungen, in: ThHStAW, LTh, MfW, Nr. 1060.

fach zur Rede gestellte stellvertretende Direktor des KWU Erfurt versicherte immer wieder, daß seine Dienststellen keinerlei Kenntnis von diesem Vorfall hätten (wenngleich man sich die Errichtung einer solchen Werkstatt vorbehalten müsse), derweil Fachkräfte und Kunden weiterhin abgeworben wurden.[69]

Der allerorts erhobene Protest der Handwerkerschaft ebbte daher nicht ab.[70] Ignorieren durfte die SED ihn nicht. Sie mußte ein Signal aussenden, wollte sie den bündnispolitischen Frieden nicht gefährden. Wenn die SED sich schließlich zur Auflösung der KWU entschloß, dann handelte es sich aber nicht nur um ein gesellschaftspolitisches Zugeständnis an die Handwerkerschaft, sondern auch um ein Eingeständnis ökonomischen Versagens. Denn die ökonomische Lage vor Ort nahm eine bedrohliche Entwicklung an. Das ist fast jedem Jahresbericht der thüringischen KWU zu entnehmen. So eröffnete etwa der Direktor des Saalfelder KWU, nachdem er seine obligaten Floskeln über „all die Erfolge, die wir durch den selbstlosen Einsatz aller Beteiligten errungen haben" zum Besten gegeben hatte, dem Verwaltungsrat und der Belegschaft eine verheerende Bilanz: für den Zeitraum vom 1. Januar bis zum 30. Juni 1950 beliefen die Gewinne sich auf 97.582 DM, die Verluste auf 192.059 DM. Unter den Verlustbetrieben befanden sich vor allem Unternehmen, die traditionell dem gewerblichen Mittelstand zuzurechnen waren: nämlich eine Tischlerei (- 2.456 DM), eine Gärtnerei (- 134 DM), eine Schuhmacherei (- 5.264 DM), eine Schneiderei (- 1.882 DM), ein Hotel (86.585 DM) und drei Gaststätten (- 25.757 DM).[71] So desaströs fielen die ökonomischen Reporte fast überall aus.

Wenig später mußte die SED eingestehen, sich mit der zentralen Steuerung der kommunalen Wirtschaft übernommen und die industrielle Entwicklung gehemmt zu haben.[72] Am 22. Februar 1951 erging daher eine Verordnung, wonach die KWU mit Wirkung vom 31. März 1951 aufzulösen seien.[73] Einen Teil der Dienstleistungs- und Versorgungsbetriebe gab man den Kommunalverwaltungen zurück.[74] Die Baubetriebe wurden in Bauhöfe verwandelt, unrentable

[69] Siehe die Notizen der HWK-Mitarbeiter Dr. Dominka vom 16. Oktober 1950 und Dr. Riehmann vom 18. Dezember 1950, in: ThHStAW, LTh, MfW, Nr. 1060.

[70] Siehe etwa die Niederschriften über die am 16. Januar 1952 in Mühlhausen und die am 30. desselben Monats in Gotha abgehaltenen öffentlichen Handwerkerversammlungen, in: ThHStAW, LTh, MfW, Nr. 1065, Bl. 77 und 121. Siehe auch die Auszüge aus politischen Einschätzungsberichten der thüringischen NDPD im Juli 1950, in: SAPMO-BArch, DY 16, Nr. 2275, Bl. 409 und den Situationsbericht über die Handwerkerversammlung in Schleiz am 24. Januar 1952, in: ThHStAW, LTh, MfW, Nr. 1065, Bl. 85.

[71] Protokoll über die 12. Sitzung des Verwaltungsrates des KWU der Stadt Saalfeld am 11. September 1950, in: ThHStAW, LTh, MdI, Nr. 2962, Bl. 139–179, hier Bl. 139 und 159f.

[72] Siehe *Bruno Leuschner*, Aufbau und Aufgaben der örtlichen volkseigenen Wirtschaft, in: Die Wirtschaft 6 (1951), S. 5.

[73] Siehe *Türke*, Demokratischer Zentralismus (wie Anm. 54), S. 49f.

[74] Wobei die Gemeinden freilich nicht als Eigentümer, sondern aus haushaltspolitischen Gründen lediglich als Verwalter der zum ‚Volkseigentum' deklarierten Betriebe fungierten. Mit der zwei Monate zuvor in Kraft getretenen Haushaltsreform hatten die Kommunen ohnedies ihre finanzielle Unabhängigkeit eingebüßt, wodurch sie auch die Fähigkeit verloren hatten, „die ihnen nach den Verfassungen der Länder, Kreise und Gemeinden übertragenen Auftragsangelegenheiten unabhängig durchzuführen". Vgl. *Schneider*, Kommunalverwaltung (wie Anm. 50), S. 313.

Kleinstbetriebe zumeist aufgelöst, die restlichen Unternehmen in der Gruppe VEB - Örtliche Industrie zusammengefaßt.[75]

Die Zahl solcher Beispiele für die Grenzen der Diktatur ist Legion.[76] Immer wieder sah die SED sich zu Rückzügen gezwungen. So gering war der Einfluß der Bevölkerung nicht, daß die Staatspartei sich darüber hätte hinwegsetzen können. Freilich sollte man darüber nicht das Penetrationspotential sozialistischer Herrschaft verkennen. Grundsätzlich hielt die SED an ihrem gesellschaftspolitischen Kurs fest. Von einem Sieg der Gesellschaft über den Staat konnte keine Rede sein. Das galt auch für das Verhältnis zwischen Staatspartei und Handwerk in diesem Fall. So waren die Privathandwerker weiterhin einem ungleichen Wettbewerb mit den aus den KWU ausgegliederten Betrieben ausgesetzt. Nicht nur, daß das Bauhandwerk weiterhin unter der Konkurrenz der Bauhöfe zu leiden hatte, nicht nur, daß die in der Materialversorgung bevorzugte örtliche Industrie zahlreiche auch für private Kunden produzierten Maler- und Klempnerbetriebe beibehielt[77], die Verwaltung und die volkseigenen Betriebe ließen sogar zahlreiche neue Werkstätten errichten. Die hier angestellten Handwerker, namentlich Schneider und Schuhmacher, beschränkten sich nicht länger auf Reparaturarbeiten, sondern führten zunehmend auch Neuanfertigungen aus.[78] Empfindlicher noch spürten die selbständigen Handwerker die Bevorzugung der Konsumgenossenschaften und HO-Läden, die verstärkt in traditionell von ihnen betreuten Sektoren zu wildern begannen. Bittere Klage führte vor allem die im Nahrungsmittelbereich tätige Handwerkerschaft, die unter der Konkurrenz der HO-Läden und Konsumgenossenschaften besonders zu leiden hatte. Schon Ende des Jahres 1949 hatten beide eine beträchtliche Anzahl eigener Produktionsstätten unterhalten.[79]

## *2. Steuerpolitik*

Hinzu kamen die Auswirkungen der übrigen wirtschaftspolitischen Hebel, derer die SED sich bediente: von der Steuer- und Tarifpolitik über die Materialversorgung bis zur Wirtschaftsstrafverordnung. Mit Hilfe dieses Instrumentariums versuchte die SED, sowohl eine Mehrwertbildung und Kapitalakkumulation in

[75] Siehe *Gerd Rinck/Heinz-Eberhard Foerster*, Art. Recht und Justiz, in: *Mehnert/Schulte* (Hg.), Deutschland-Jahrbuch 1953 (wie Anm. 51), S. 119 und *Hans Langelütke/Wilhelm Marquardt*, Art. Industrie, in: *Mehnert/Schulte* (Hg.), Deutschland-Jahrbuch 1953 (wie Anm. 51), S. 215–240, hier S. 234.

[76] Siehe insbesondere die Beiträge in dem von Richard Bessel und Ralph Jessen herausgegebenen Band Die Grenzen der Diktatur. Staat und Gesellschaft in der DDR, Göttingen 1996.

[77] Siehe etwa den Bericht über die am 22. Januar 1952 in Gräfenroda abgehaltene Handwerkerversammlung, in: ThHStAW, LTh, MfW, Nr. 1065, Bl. 76.

[78] Siehe etwa die auf der Handwerkerversammlung zu Ruhla am 23. Januar 1952 protokollierten Klagen der Handwerkerschaft, in: ThHStAW, LTh, MfW, Nr. 1065, Bl. 68.

[79] So befanden sich unter den insgesamt 1.279 Betrieben der Konsumgenossenschaften allein 824 Bäckereien und 204 Metzgereien. Vgl. *Felix Pöhler*, Der Untergang des privaten Einzelhandels in der Sowjetischen Besatzungszone, Bonn 1952, S. 22f.

den Privatbetrieben zu unterbinden als auch deren Inhaber zu einem Eintritt in eine der Genossenschaften zu verleiten. Allerdings erwiesen sich diese Hebel nur bedingt als funktionstüchtig. Bisweilen arbeiteten sie den gesteckten Zielen sogar entgegen.

Das zeigte sich seit 1949 auch bei der Steuerpolitik.[80] Diese sollte nicht nur der Haushaltskonsolidierung, sondern auch dem Klassenkampf dienen.[81] Zu diesem Zweck führte die SED im Frühjahr 1949 eine sozialistische Steuerreform durch, die einen „Kapitalisten-Tarif" auf die Einkommenssteuer vorsah.[82] Ziel war es, die nach der Industriereform verbliebenen Eigentümer privater Betriebe um ihren ‚Mehrwert' zu bringen. Keinesfalls sollten sie die Gelegenheit bekommen, Kapital zu akkumulieren oder gar zu expandieren. So drückend waren die dadurch entstandenen Steuerlasten, daß die an den Rand des Ruins geratenen Handwerker ihre Unzufriedenheit immer lauter artikulierten. Die SED sah sich daher zu einer weitreichenden Revision gezwungen, wollte sie nicht den bündnispolitischen Konsens und die ohnehin angespannte Versorgungslage ernsthaft gefährden. Mit dem im Sommer 1950 verkündeten *Gesetz über die Steuer des Handwerks* versuchte sie, die Steuerlast zugunsten der kleineren Betriebe auf die mittleren Betriebe zu verteilen. Die größeren Handwerksbetriebe, diejenigen die mehr als zehn Mitarbeiter beschäftigten, fielen ohnehin nicht mehr unter diese Steuer. Sie waren aufgrund der noch von der DWK eingeführten ‚10-Mann-Grenze' aus der Handwerksrolle gestrichen worden und unterlagen den Gesetzen für die privatkapitalistische Industrie.

Schon bald zeigte sich, daß die mit großem Agitationsaufwand verkündete Steuerreform als Steuerungsinstrument wenig taugte. Der sozialen Autonomie des Handwerks war mit Gesetzen nicht ohne weiteres beizukommen: „Die kräftige Nachfrage nach Handwerkerleistungen, die robuste Selbstbehauptung der Familienbetriebe, die allmähliche Rationalisierung der Produktionsprozesse und die beträchtliche Steigerung des Leistungsangebotes an Erzeugnissen und Dienstleistungen führten in den Jahren zwischen 1950 und 1958 zu einem schnelleren Anstieg der Einkommen der Handwerker im Vergleich zu denen der Arbeiter und Angestellten."[83] Damit nicht genug. Das Gesetz zeitigte sogar kontraproduktive Folgen. Die Belastungen ausgerechnet der kleineren Betriebe stiegen an, derweil die größeren Betriebe eher begünstigt wurden. Zwei Jahrzehnte lang versuchte sich die SED immer wieder in neuen Durchführungsbestimmungen. Gleichzeitig engte sie den Kreis der ‚privilegierten' Handwerker kontinuierlich ein. Infolge der 1966 beschlossenen Steueranhebungen sahen sich denn auch viele Handwerker gezwungen, ihren Betrieb zu schließen oder

[80] Zur Steuerpolitik der Alliierten siehe *Gunther Mai*, Der Alliierte Kontrollrat in Deutschland 1945–1948. Alliierte Einheit – deutsche Teilung?, München 1995, S. 260–265.

[81] Siehe etwa *Walter Bielig/Waltraud Falk*, Die Rolle der Steuerpolitik für die Entstehung und Entwicklung sozialistischer Machtverhältnisse, in: Beiträge zur Geschichtswissenschaft 187 (1975), S. 990–1002, hier S. 997.

[82] Zur Besteuerung siehe grundsätzlich auch *Buck*, Formen, Instrumente und Methoden (wie Anm. 2), S. 1163–1168.

[83] *Buck*, Formen, Instrumente und Methoden (wie Anm. 2), S. 1164f.

einer PGH beizutreten (über 30.000 Betriebseinheiten waren davon betroffen). Trotz alledem näherte sich die SED ihrem Ziel einer sozial homogenisierten Gesellschaft nicht einmal in dieser Phase. Der Deutschlandexperte Hanns Werner Schwarze vermeinte 1970 sogar, mit den Handwerkern ein neues „Besitzbürgertum" in der DDR ausmachen zu können, für so überdurchschnittlich befand er deren Wohlstand.[84] Dieser Wohlstand stand vermutlich im Zusammenhang mit der allgemeinen Knappheit. Von der permanenten Mangelwirtschaft profitierten vor allem diejenigen, die einen unmittelbaren Zugriff auf die Produktion hatten.[85] So bildete sich eine Schattenwirtschaft heraus, die einerseits das bestehende Wirtschafts- und Gesellschaftssystem aushöhlte, andererseits aber zu dessen Aufrechterhaltung beitrug, insofern sie die ärgsten Versorgungsengpässe zu überwinden half. Insofern war eine höchst paradoxe Situation entstanden. Die Grenzen sozialistischer Herrschaft enthielten eine Art Frühwarnsystem. Solange die SED darauf reagierte und die Herausbildung informeller Subsysteme respektierte, kompensierten diese einen Teil der systembedingten Insuffizienzen. Sobald die Partei indes aus ideologisch Motiven den Entdifferenzierungsprozeß zu forcieren begann, hatte dies destabilisierende Folgen für das Gesamtsystem.

Das zeigte sich dann ganz deutlich Mitte der siebziger Jahre im Rahmen der Umprofilierung des Handwerks. Die im Rahmen der Vergesellschaftungsaktion erfolgte Umstellung der handwerklichen Produktion auf industrielle Großproduktion führte zu einem Qualitätsverlust bei der Herstellung wichtiger Exportgüter wie Spitzen, Keramik oder Porzellan. Die erhöhten Steuerlasten und die restriktiver gehandhabte Gewerbegenehmigungspraxis ließen die Leistungen des Gesamthandwerks stagnieren und führten zu tiefen Versorgungslücken im Reparaturbereich wie im Dienstleistungssektor.[86] Die Auswirkungen der Vergesellschaftungsaktion industrieller und handwerklicher Privatbetriebe wurden zum Teil erst nach dem Zusammenbruch erfaßt: der Verschleiß der Maschinen, der Verfall der Häuser, die Verödung der Straßen, die Vergeudung der Energie – all das war auch eine Folge mittelstandsfeindlicher Politik.[87]

So gravierend waren die Folgen, daß sich die SED um die Jahreswende 1975/76 zu einer plötzlichen Kehrtwendung durchrang. Sie beschloß unter anderem eine Liberalisierung der Gewerbegenehmigungspraxis, eine Verbesserung der Lehrlingssituation, eine Förderung des Nachwuchses und die Vergabe finanzieller Starthilfen.[88] Tatsächlich zeitigten die Kurskorrekturen gewisse positive Auswirkungen auf das private wie das gesamte Handwerk. Der gewünschte Erfolg allerdings stellte sich nicht ein. Bis 1985 übertraf die Zahl der

[84] *Hanns Werner Schwarze*, DDR heute, Köln/West-Berlin 1970, S. 42f.

[85] Vgl. *Wolfgang Engler*, Die ungewollte Moderne. Ost-West-Passagen, Frankfurt am Main, S. 46.

[86] Siehe *Maria Haendcke-Hoppe*, Kurskorrekturen in der Handwerkspolitik der DDR, in: Deutschland-Archiv 14 (1981), S. 1276–1284.

[87] Siehe *Joachim Radkau*, Revoltierten die Produktivkräfte gegen den real existierenden Sozialismus? Technikhistorische Anmerkungen zum Verfall der DDR, in: 1999. Zeitschrift für Sozialgeschichte des 20. und 21. Jahrhunderts 5/4 (Oktober 1990), S. 12–42, hier S. 32f.

[88] Siehe *Haendcke-Hoppe*, Kurskorrekturen (wie Anm. 86), S. 1276–1284.

abgemeldeten Betriebe die der neu eingetragenen bei weitem.[89] Offensichtlich ließ sich auch eine Redifferenzierung mittels politischer Eingriffe nicht kurzfristig steuern. Die blockierte Nachwuchsförderung, die eingeschränkte Zuteilung von Lehrlingen und eine aggressive gegen das Privathandwerk gerichtete Pressekampagnen hatten dazu beigetragen, die sich ohnehin abzeichnende Generationslücke zu vergrößern.[90] Und es zeigte sich, daß sie nicht binnen weniger Jahre überall zu schließen war. Ein großer Teil der jüngeren Generation hatte sich nach der Schule für einen anderen Berufsweg entschlossen, so daß das zum Betreiben eines Handwerks unentbehrliche Fachwissen sehr oft nicht tradiert worden war. Diejenigen Handwerker wiederum, die als Existenzgründer in Frage gekommen wären, hegten in der Regel großes Mißtrauen gegenüber der SED. Nach all den Kurswechseln schien vielen von ihnen der Schritt in die Selbständigkeit als ein zu großes Wagnis.[91] Das zu erwartende Einkommen wog die Sicherheit nicht auf, die sie in einer PGH oder in einem Betrieb der volkseigenen Industrie erwartete. Dabei hatte die SED ihren Agitationsapparat bemüht, um die Handwerkschaft von der Ernsthaftigkeit ihrer Bündnispolitik zu überzeugen. So bekamen Handwerker jetzt sogar Staatsmedaillen verliehen.[92]

## III. Widerwilliges Arrangement

Es war nicht das erste Mal, daß die Agitation der SED ins Leere lief. Seit Beginn der fünfziger Jahre hatte sie die Handwerker zu ideologisch gefestigten Bündnispartnern erziehen wollen. Allerdings waren sie sich der mentalen Vorbehalte seitens der Handwerkerschaft durchaus bewußt. Pauschal unterstellten sie dem Stand nicht nur eine konservative und antisozialistische Gesinnung, sondern auch eine weitgehende Nazifizierung.[93] Mochte diese Perspektive auch verzerrt sein von den ideologisch vorgegebenen Prämissen über die reaktionäre, antimodernistische Grundhaltung der ‚Kleinbourgeoisie',[94] so trug sie doch zu

[89] Siehe *Karl C. Thalheim/Maria Haendcke-Hoppe*, Das Handwerk in der DDR und Ost-Berlin (Beilage zum Jahresbericht 1987 der Handwerkskammer Berlin), S. 5f.

[90] Siehe *Jörg Roesler*, Enteignung, Verdrängung, Integration. Die Entwicklung des kapitalistischen und werktätigen Privateigentums in der DDR außerhalb der Landwirtschaft, in: *Dietmar Keller/Hans Modrow/Herbert Wolf*/PDS Linke Liste im deutschen Bundestag (Hg.), Ansichten zur Geschichte der DDR, Bd. 1, Bonn/Berlin 1993, S. 171–190, hier S. 187.

[91] Siehe *Karl C. Thalheim/Maria Haendcke-Hoppe*, Das Handwerk in der DDR und Ost-Berlin (Beilage zum Jahresbericht 1978 der Handwerkskammer Berlin), S. 3f.

[92] Siehe *Karl C. Thalheim/Maria Haendcke-Hoppe*, Das Handwerk in der DDR und Ost-Berlin (Beilage zum Jahresbericht 1984 der Handwerkskammer Berlin), S. 4.

[93] Siehe etwa die vom Präsidenten der thüringischen HWK Hans Kettel vermutlich im Jahre 1950 angefertigte Denkschrift *Was erwarten wir von den Handwerksgenossenschaften?*, in: ThHStAW, LTh, MfW, Nr. 267, Bl. 297f.

[94] Vgl. *Friedrich Lenger*, Mittelstand und Nationalsozialismus?, in: Archiv für Sozialgeschichte 29 (1989), S. 173–198.

einem realistischen Bild der SED über die Grenzen sozialistischer Überzeugungsarbeit bei.

Das schlug sich schon 1948 in der Ausgliederung der Handwerkspolitik nieder. Nicht mehr die SED, sondern einer ihrer Satelliten, die neu gegründete Nationaldemokratische Partei Deutschlands (NDPD), war fortan für handwerksspezifische Fragen und Antworten zuständig.[95] Die SED vermochte damit zum einen ihr Image als Vertreterin der Arbeiterschaft zu wahren. Als Vertreterin mittelständischer Interessen hätte sie die kommunistischen Hardliner vor Ort, für die sich die Sowjetisierung ohnehin viel zu langsam vollzog, noch mehr provoziert. Insofern bedeutete die Übertragung der handwerkspolitischen Kompetenz an die NDPD einen Akt innerparteilicher Integration. Zumal die SED als Handwerkerpartei kaum Glaubwürdigkeit hätte beanspruchen können. Jahrzehntealte Forderungen wie die nach Einführung des Großen Befähigungsnachweises, klangen glaubhafter, wenn sie von Funktionären vorgetragen wurden, die nicht als Sozialisten, sondern als Traditionalisten galten. Zum anderen beabsichtigte die SED, mit Hilfe der NDPD in das Lager der beiden bürgerlichen Parteien einzudringen. Gegen Ende der vierziger Jahre waren weder die Christlich-Demokratische Union Deutschlands (CDU) noch die Liberaldemokratische Partei Deutschlands (LDP) vollständig gleichgeschaltet. Noch immer fanden sich christdemokratische oder liberale Funktionäre auf regionaler, vor allem auf kommunaler Ebene, die den gegebenen, wenn auch nur geringen Bewegungsrahmen zu nutzen verstanden und bei der Durchführung der Wirtschaftspolitik vor Ort sozialistische Vorgaben bewußt unterliefen. Erst um das Jahr 1950 konnte die SED gegen solche Politiker vorgehen, ohne eine Gefährdung des blockpolitischen Friedens fürchten zu müssen.[96] Außerdem schwächte die gegen den Willen der beiden Parteien verfügte Aufnahme der NDPD in den Block, in die Parlamente und Regierungen die Position des einst bürgerlichen Lagers. Der Bevölkerung sollte wiederum eine Vielfalt des politischen Systems vorgetäuscht werden, indem nun ein ganzer Stand eine Partei als Interessenvertreterin erhielt und dadurch in allen wichtigen Organen Repräsentationsfunktionen wahrnahm. Vor allem aber schien sich die NDPD wie keine andere Partei für eine Agitation zu eignen, die auf die für nationalistisch eingeschätzte Handwerkerschaft abgestimmt war. So versuchte die NDPD, die ja auch als Integrationspartei für ehemalige NSDAP-Mitglieder konzipiert worden

[95] Siehe *Jürgen Frölich*, Transmissionsriemen, Interessenvertretung des Handwerks oder Nischenpartei? Zu Rolle, Bedeutung und Wirkungsmöglichkeiten der NDPD, in: Deutscher Bundestag (Hg.), Materialien der Enquete-Kommission „Aufarbeitung von Geschichte und Folgen der SED-Diktatur in Deutschland‘ (12. Wahlperiode des Deutschen Bundestages), Bd. II/2: Machtstrukturen und Entscheidungsmechanismen im SED-Staat und die Frage der Verantwortung, Baden-Baden/Frankfurt am Main 1995, S. 1542–1578, *Dietrich Staritz*, Die National-Demokratische Partei Deutschlands 1948–1953. Ein Beitrag zur Untersuchung des Parteiensystems der DDR, West-Berlin 1968, S. 76–82 und Josef Haas, *Die National-Demokratische Partei Deutschlands (NDPD). Geschichte, Struktur und Funktion einer DDR-Blockpartei,* Diss. Phil. Erlangen/Nürnberg 1987, S. 79–106.

[96] Siehe *Petra Weber*, Justiz und Diktatur. Justizverwaltung und politische Strafjustiz in Thüringen 1945–1961, München 2000, S. 209–219.

war, von der Stalinisierung im allgemeinen und den sozialen Probleme des Handwerks im besonderen mit zum Teil extrem chauvinistischen Parolen abzulenken.[97] Popularisiert wurden solche Identifikationsangebote mittels der Fachpresse, durch Handwerkerversammlungen oder auf Fachtagungen.

Der erwartete Erfolg blieb jedoch aus. Ein nennenswerter Einbruch in den Handwerkerbereich sollte der NDPD weder in den fünfziger noch in den sechziger Jahren glücken.[98] Überhaupt scheint das Legitimationsdefizit des SED-Regimes in den gewerblich-industriellen Schichten besonders deutlich empfunden worden zu sein. Das ist, zwischen den Zeilen, den meisten Beiträgen sozialistischer Autoren über das ostdeutsche Handwerk zu entnehmen.[99] Auch die intern angefertigten Stimmungs- und Überwachungsberichte deuten darauf hin. Ausdruck fand diese Grundeinstellung etwa in den unmittelbaren Reaktionen der Handwerker auf die Agitationskampagnen. Symptomatisch ist der Verlauf der Mitte November bis Mitte Dezember 1955 in ganz Ostdeutschland veranstalteten Versammlungswelle zum neuen Musterstatut für Einkaufs- und Liefergenossenschaften, an der rund 25.000 Handwerker teilnahmen. Überwiegend stießen die Referenten nicht nur auf eine Verweigerungshaltung gegenüber der Genossenschaftsbildung, sondern auch auf eine „absolute Ablehnung der Diskussion politischer Fragen“: im brandenburgischen Lebus herrschte nach der Aufforderung, zur Genfer Konferenz Stellung zu nehmen, „eisiges Schweigen“; in Erfurt, Dresden und Pirna verweigerten die Handwerker die Diskussion. Dort, wo statt eines „langen Referates“ eine „offene Aussprache über die politischen Probleme“ verlangt wurde, drohte die Stimmung sogar umzuschlagen: in eine harsche Kritik an der sozialistischen Handwerkspolitik. Zwar fanden sich oft auch einige Handwerker, die „ihre Meinung in positivem und fortschrittlichem Sinne“ äußerten und dem verzweifelten Berichterstatter Gegenbeispiele zum Main stream lieferten (so in Suhl oder in Torgau, wo „zum ersten Male [sic] seit langer Zeit eine rege Diskussion über politische Fragen“ stattfand). Weil diese aber „einen gewissen Druck, ja geradezu einen Boykott ihrer Berufskollegen“ fürchteten, enthielt sich diese Bastion der Claqueure zunehmend der Stellungnahme. Symptomatisch war die Haltung der Handwerker im brandenburgischen Beeskow. Mit ihrer an die Redner gerichteten Aufforderung „Lasst die politischen Referate weg, dann sind die Handwerkerversammlungen besser besucht“[100] brachten sie ihre ablehnende Haltung gegenüber sozialistischer Ideologie zum Ausdruck.

Noch deutlicher durfte man die Ablehnung des SED-Staats nicht formulieren. Artikulieren ließ sich grundsätzlicher Dissens nur hinter vorgehaltener Hand.

[97] Zur Instrumentalisierung der nationalen Frage in der DDR siehe *Sigrid Meuschel*, Legitimation und Parteiherrschaft. Zum Paradox von Stabilität und Revolution in der DDR 1945–1989, Frankfurt am Main 1992, S. 101–116.

[98] Siehe *Frölich*, Transmissionsriemen (wie Anm. 95), S. 1557f. und *Staritz*, Die National-Demokratische Partei Deutschlands (wie Anm. 95), S. 95f.

[99] Siehe etwa *Max Kleineberg*, Die Bedeutung und die Entwicklungsperspektive des Handwerks in unserer Republik, in: Einheit 13 (1958), S. 693–702, hier S. 699.

[100] Bericht der HA Handwerk vom 28. Dezember 1955, in: BAP, DE 1, Nr. 5698, Bl. 5–7.

Jeder wußte um die Folgen öffentlich gemachten Protestes. Schließlich verfügte die SED bis zuletzt über vielfältige Möglichkeiten politischer Repression. Beispielsweise konnte sie seit 1950 jeden Systemkritiker unter Berufung auf das Handwerkerförderungsgesetz enteignen lassen.[101] Insofern ist es kaum möglich, aus der Überlieferung gesicherte Rückschlüsse auf das politsche Bewußtsein der Bevölkerung und erst recht das einer bestimmten Schicht zu ziehen. Immerhin stützen neben den Stimmungs- und Überwachungsberichten weitere Fakten, etwa die Mitgliederbewegungen in den Parteien oder die soziale Zusammensetzung der Aufständischen, die These, daß bei der Mehrheit der ostdeutschen Handwerker zu keinem Zeitpunkt von einer inneren Zustimmung zum Sozialismus die Rede sein konnte. Eine solche Einstellung manifestierte sich auch im Alltagsverhalten: den SED-Berichten zufolge „sah man im Mittelstand ungeniert Fernsehen und hörte offen RIAS, man leistete sich eine pazifistische Grundhaltung und war gegenüber wirtschaftspolitischen Maßnahmen und Erfolgsmeldungen skeptisch."[102]

Läßt sich aus einem solchen Verhalten darauf schließen, daß die „machtpolitisch motivierte Vision" der SED vom „loyalen, integrations- und aufbauwilligen Genossen Handwerker" sich nicht erfüllte?[103] Vieles deutet eher darauf hin, daß die Mehrheit der Handwerker sich mit dem SED-Regime, wenn auch widerwillig nur, zu arrangieren begann. Festmachen läßt sich die Integrationsbereitschaft der Handwerker etwa an der eigentümlichen Gewichtung politischer und materieller Interessen. So lag der Anteil ostdeutscher Handwerker an der Fluchtbewegung stets unter dem Durchschnitt. Unter den Übersiedlern wiederum waren diejenigen überrepräsentiert, die sich davon eine Verbesserung ihrer sozialen Situation versprachen: Vertriebene, die sich nicht hatten etablieren können, Meister, deren Betriebe am Rande eines Bankrotts standen, Spezialhandwerker, die im Westen als Mangelberufe ausgewiesene Tätigkeiten ausübten oder Betriebsinhaber, die sich nicht in eine PGH pressen lassen wollten. Diejenigen Selbständigen, die einen Traditionsbetrieb führten, die einen festen Kundenstamm aufgebaut hatten, die über eine Werkstatt verfügten, die ein Grundstück, ein Haus ihr eigen nannten, zogen es in der Regel vor, in der DDR zu bleiben.[104] Je höher die Einkommen der Handwerker ausfielen, desto geringer war deren Bereitschaft, in den Westen überzusiedeln. Außerdem wußten sie um

[101] So heißt es in § 16: „Die Löschung in der Handwerksorganisation und die Untersagung der Führung eines Meistertitels durch den Kammervorstand können erfolgen, wenn sich das Mitglied schwere Verstöße gegen die demokratische Ordnung oder schwere Verfehlungen, die das Handwerk in Mißkredit bringen, hat zuschulden kommen lassen". Vgl. Gesetz zur Förderung des Handwerks (wie Anm. 45).

[102] Merkel (wie Anm. 10), S. 72.

[103] So *Thomas Großbölting*, Zwischen ökonomischer Marginalisierung und SED-Bündnispolitik: das Handwerk in der sowjetischen Besatzungszone, in: Zeitschrift für Geschichtswissenschaft 48 (2000), S. 405–422, hier S. 420.

[104] Siehe *Owzar*, Sozialistische Bündnispolitik (wie Anm. 22), S. 447–456. Zum Fluchtverhalten der DDR-Bürger im allgemeinen siehe *Hartmut Wendt*, Die deutsch-deutschen Wanderungen, in: Deutschland-Archiv 24 (1989), S. 386–395.

die zahlreichen Risiken, die mit einer Existenzgründung in der Bundesrepublik verbunden waren. Nicht zuletzt aus den Berichten der ostdeutschen Presse, die immer wieder über die katastrophalen Folgen der Gewerbefreiheit im Westen, die wachsende Notlage des westdeutschen Handwerks und die dort herrschende Arbeitslosigkeit berichtete.[105] Hinzu kam das soziale ‚Kapital', über das die Handwerker als „stärkste Bastion der Selbständigen in der DDR"[106] inmitten einer tendenziell nivellierten Gesellschaft von Lohnabhängigen verfügten. Vor allem diejenigen genossen ein hohes Prestige, durch deren Hände wertvolle Rohstoffe, Materialien oder Produkte gingen. Kein Wunder, daß der Autoschlossermeister in der inoffiziellen Sozialhierarchie einen hohen Platz einnahm, auf der Sozialprestigeskala rangierte er auf Platz 5, direkt hinter dem Arzt, dem Professor, dem Techniker, dem Lehrer.[107]

Gehen oder Bleiben? Wie auch immer die Entscheidung ausfiel: sie sagt zwar nichts aus über die politische Einstellung gegenüber der SED. Schließlich konnten selbst bei eingefleischten Regimegegnern andere Motive wie Heimatverbundenheit oder Angst vor strafrechtlicher Verfolgung eine ausschlaggebende Rolle spielen. Aber die Entscheidung indiziert den Stellenwert, den die in der Regel einer traditionellen Lebenswelt verhafteten Handwerker sozialen und politischen Motiven einräumten. Die Mehrheit hatte sich offensichtlich auf ein Überwintern eingestellt: sie wollte unter den widrigen Verhältnissen ausharren, bis zum Rückzug der Sowjets, zum Zusammenbruch der SED-Herrschaft, bis zur Wiedervereinigung.

Solange aber galt es, sich zu arrangieren. Wer seinen Betrieb aufrechterhalten wollte, wer eine Tiefenprüfung der staatlichen Steuerprüfer vermeiden wollte, wer von Materiallieferungen und Verträgen mit volkseigenen Betrieben abhängig war, der mußte in der Regel weitreichende Zugeständnisse machen: sich an politischen Aktionen beteiligen, in die SED eintreten oder sich zu einem Dienst in der Kasernierten Volkspolizei verpflichten.[108] Bei denjenigen westdeutschen Zeitgenossen, die den Mittelstand in der DDR noch wahrnahmen, stieß dieses Verhalten auf scharfe Kritik. Hans Köhler etwa warf der Handwerkerschaft vor, aus „falschem Sicherungsstreben" heraus in Lethargie verfallen zu sein und der SED viel zu weitreichende Zugeständnissen zu machen.[109]

[105] Siehe etwa die einschlägigen Artikel in der Zeitschrift *Das Handwerk. Zeitschrift für das deutsche Handwerk*, 1ff. (1947ff.).

[106] *Rainer Geißler*, Die Sozialstruktur Deutschlands. Zur gesellschaftlichen Entwicklung mit einer Zwischenbilanz zur Vereinigung, mit einem Beitrag von *Thomas Meyer*, Opladen [2]1996, S. 117.

[107] Siehe *Ch. Tesch*, Die Prestigeordnung der Berufe als Maßstab sozialer Wertvorstellungen in der DDR, Diss. Phil. Erlangen/Nürnberg 1970, S. 121.

[108] Siehe *Armin Owzar*, Bündnispartner wider Willen. Der gewerblich-industrielle Mittelstand in der SBZ/DDR (1945 bis 1953), in: *Heiner Timmermann* (Hg.), Deutsche Fragen – Von der Teilung zur Einheit, Berlin 2001.

[109] *Hans Köhler*, Zur geistigen und seelischen Situation der Menschen in der Sowjetzone, Bonn 1952, S. 38

Nun deuten neuere Forschungen darauf hin, daß auch Angehörige des Bürgertums sich an dem Aufstand beteiligten.[110] Aber unabhängig davon, ob das Handwerk im Verlauf des Aufstandes eine „insgesamt passive Haltung“ an den Tag legte[111] oder ob sich die Handwerker den Aufständischen im Laufe des Tages anschlossen: eine initiative Rolle spielten sie nicht. Von sich aus hätten die Handwerker wahrscheinlich nicht revoltiert. Das Protestpotential war in der Arbeiterschaft offensichtlich ausgeprägter als im gewerblich-industriellen Mittelstand, der sehr viel mehr zu verlieren vermeinte.

Mit der Niederschlagung des Aufstandes hatte sich auch das Protestpotential weitgehend erschöpft. Anders als etwa in Polen schien die Stabilität der DDR in den folgenden Jahrzehnten gesichert. Andererseits konnte sich das Herrschaftssystem zu keinem Zeitpunkt der Loyalität seiner Bürger wirklich sicher sein. Der Terminus „Arrangement wider Willen“ scheint mir daher das Verhalten der Handwerkerschaft besser zu treffen als ein Begriff wie „Resistenz“. Die Beobachtung, daß es kaum wahrscheinlich sei, „eine bloß äußere Einstellungskonformität unter massivem Repressions- und Integrationsdruck auf Dauer durchzuhalten, ohne daß dies die inneren Überzeugungen tangiert hätte“,[112] läßt sich auf die DDR-Gesellschaft im allgemeinen und auf die Handwerkerschaft im besonderen durchaus übertragen.

Beobachtungen wie diese werfen Fragen auf nach der Legitimation des SED-Staates: Bildete die „zweite deutsche Diktatur eine Normalität eigener Art aus, die zumindest in Ansätzen eine temporär freilich unterschiedlich starke Bindungskraft zu erzeugen vermochte, eine Art ‚sekundärer Legitimität‘, die jenseits von ideologischer Überzeugungstreue und sozioökonomischem Umgestaltungserfolg angesiedelt war, also gleichsam subkutan wirkte?“[113] Eine solche Sicht ist plausibel. Jedenfalls wäre sie differenziert genug, um das paradoxe Verhalten der Handwerkerschaft zu erklären: deren weitgehend protestlose Einordnung in ein sozialistisches Herrschaftssystem, das sie zu keinem Zeitpunkt zu verteidigen bereit war. Die Integration der Handwerker verdankte sich eben keiner Überzeugungsarbeit, keiner Agitation, sondern einer Mischung aus Furcht vor Repressionen und der Illusion, am soziokulturellen Status quo festhalten zu können. Und daneben gab es immer auch DDR-Bürger, die nach Alternativen suchten, die sich verweigerten, die Ausreiseanträge stellten oder in den Westen flohen.[114]

[110] Siehe *Armin Mitter/Stefan Wolle*, Untergang auf Raten. Unbekannte Kapitel der DDR-Geschichte, München 1993, S. 27-162 und *Ehrhart Neubert*, Geschichte der Opposition in der DDR 1949–1989 (Schriftenreihe 346), Bonn ²1998, S. 85f.

[111] *Großbölting*, Integration, Repression und Eigen-Sinn (wie Anm. 41), S. 341.

[112] *Klaus-Michael Mallmann/Gerhard Paul*, Resistenz oder loyale Widerwilligkeit? Anmerkungen zu einem umstrittenen Begriff, in: Zeitschrift für Geschichtswissenschaft 41 (1993), S. 99–116, hier S. 115.

[113] *Martin Sabrow*, Geschichtskultur und Herrschaftslegitimation. Der Fall DDR, in: ders. (Hg.), Verwaltete Vergangenheit. Geschichtskultur und Herrschaftslegitimation in der DDR (Geschichtswissenschaft und Geschichtskultur im 20. Jahrhundert 1), Leipzig 1997, S. 7–15, hier S. 10.

[114] Siehe grundsätzlich *Neubert*, Geschichte der Opposition (wie Anm. 111).

Damit hatte die SED mit ihrer Politik auch hier ihr Ziel nicht erreicht. Im Grunde hatte sie sich in eine aussichtslose Situation manövriert. Die Ideologie legte der SED nahe, die bestehenden Probleme namentlicher sozioökonomischer Art durch eine Vollendung der sozialistischen Produktionsverhältnisse herbeizuführen. Sobald sie aber ihr Bündnispolitik dementsprechend einschränkte, hatte dies innenpolitische und ökonomische Krisen zur Folge. Behielt sie ihren bündnispolitischen Kurs indes bei, so förderte dies eine Redifferenzierung der Gesellschaft, die sich der Steuerung der SED zusehends entzog. Freilich ist anzunehmen, daß auch eine stärkere Redifferenzierung nur die akuten, nicht aber die strukturellen Probleme des Systems hätte lösen können. Dazu war die Entdifferenzierung zu weit fortgeschritten. Letztlich erwies sich die Bündnispolitik als ungeeignet, die wachsenden ökonomischen Probleme zu bewältigen. Zumal das Handwerk nur einen marginalen Beitrag für die Kompensation der strukturbedingten Insuffizienz des Wirtschaftssystems leisten konnte. Diese vom Ende der DDR her eingenommene Perspektive sollte freilich nicht dazu verleiten, die Steuerungskapazitäten sozialistischer Politik allzu geringzuschätzen. Über vierzig Jahre immerhin vermochte die SED mit ihrer Gesellschaftspolitik, zwischen den ökonomischen Sachzwängen und dem ideologisch bestimmten Konstrukt einer klassenlosen Gesellschaft, wenn auch nur provisorisch, zu vermitteln. Und über vierzig Jahre trug diese sozialistische Gesellschaftspolitik ihren Teil dazu bei, den innenpolitischen Frieden zu stabilisieren.

*Rüdiger Schmidt*

# Der Verlust der Selbständigkeit: Enteignungspolitik in Sachsen-Anhalt (1945–1948)

Sieht man von der Bodenreform einmal ab, so hat wohl kaum eine andere besatzungspolitische Maßnahme im zeitgenössischen Bewußtsein wie in der historiographischen Retrospektive und schließlich auch in der gegenwartspolitischen Auseinandersetzung um die vereinigungsbedingten Folgen eine vergleichbare öffentliche Resonanz gefunden wie die Enteignung der großen Industrieunternehmen und Banken, aber auch der mittleren und kleineren Handwerksbetriebe, der Läden und Geschäfte sowie der Haus- und Grundstückseigentümer. Für die Bevölkerung in der Sowjetischen Besatzungszone (SBZ), den Politikern der Parteien und auch aufmerksamen zeitgenössischen Beobachtern in den Westzonen erwies sich der von der sowjetischen Besatzungsmacht am 30. Oktober 1945 erlassene Befehl Nr. 124, der dem ersten Anschein nach nur recht vage übertitelt „die Beschlagnahme und provisorische Übernahme einiger Eigentumskategorien in Deutschland" vorsah, zumindest rückblickend als diejenige zäsurstiftende besatzungspolitische Maßnahme, die – von Flucht, Vertreibung und Vergewaltigung einmal abgesehen – am nachdrücklichsten die soziale Existenz von mehreren hunderttausend Menschen beeinflußte und veränderte und jenseits individueller Schicksale und Erfahrungen nicht zuletzt auch in gesellschaftspolitischer sowie ökonomischer Hinsicht für die östliche Zone als eine unter mehreren Weichenstellungen fungierte, welche sich im Zuge der Entwicklung als präjudizierend für die deutsche Teilung erweisen sollte.[1]

Mit dem Erlaß des Befehls 124 hatte die Sowjetische Militäradministration in Deutschland (SMAD) knapp sechs Monate nach Kriegsende schließlich auch jenen ordnungspolitischen Rahmen ihrer Politik verlassen, der mit der Zulassung von Parteien, der Organisation der Zentral-, Landes- und Kommunalverwaltungen sowie einschlägigen Entnazifizierungsmaßnahmen in einem engeren Sinne der politisch-administrativen Bezugsebene und Gestaltung der Besatzungspolitik gegolten hatte. Zwar waren bis dahin die seitens der Roten Armee vorgenommenen Eingriffe in persönliche und betriebliche Besitzstände zumeist nicht geahndet worden und auch die von deutschen Belegschaften hier und da vorgenommenen „wilden" Enteignungen in den ersten Monaten nach dem Krieg nur

[1] Landeshauptarchiv Magdeburg (künftig: LHA Magdeburg), Rep. K: Ministerium für Wirtschaft und Verkehr/ 6543: Befehl Nr. 124 „über die Beschlagnahme und provisorische Übernahme einiger Eigentumskategorien in Deutschland" v. 30.10.1945.

fallweise auf den Widerstand der Besatzungsmacht gestoßen; doch hatte die sowjetische Militäradministration die Variationsbreite ihrer Politik zunächst auf einen Rahmen beschränkt, der die Eigentumsordnung in der östlichen Besatzungszone für einige Monate unangetastet gelassen und damit im wesentlichen auch den ökonomischen Sektor kategorial der politischen Sphäre affiliert hatte, welche – allerdings mit einem ebenso breiten wie inkonsistenten Interpretationsraum versehen – einer „vollbürgerlichen" Entwicklungsperspektive unterworfen werden sollte. Der disjunktive Formwandel und zäsurstiftende Charakter dieser seitens der Sowjetunion mit den Befehlen 124 und 126 im Oktober 1945 eingeleiteten Politik, deren eher intentional praktisch angelegten oder gegebenenfalls doch stärker strategisch orientierten Ziele von der Forschung nach wie vor kontrovers diskutiert werden, ließ sich durch die ebenso weiträumig generalisierende wie indifferente Rechtfertigung ihrer erneut hervorgehobenen „antifaschistischen" Zwecksetzung kaum verhüllen. Zwar diente die Begriffsretusche des „Antifaschismus" abermals als Legitimation und Argumentationshilfe zugleich; doch wurde der positiv normierende Bezug von Bürgerlichkeit aus der Sphäre des *Politischen*, als deren ideeller Fluchtpunkt die „Vollendung" der Revolution von 1848 galt, jetzt verändert in einen kategorial regressiven Zusammenhang integriert, in der die sozial-*ökonomische* Trägerschaft des Bürgertums für den Aufstieg des Nationalsozialismus hervorgehoben wurde.[2] Dieser habe aus sowjetischer Perspektive entsprechend einer nach wie vor verbindlichen Definition Dimitroffs als „die offene terroristische Diktatur der reaktionärsten, am meisten chauvinistischen, am meisten imperialistischen Elemente des Finanzkapitals" fungiert.[3]

Im Grunde hatte die SMAD wie auch die Sozialistische Einheitspartei mit der Etablierung dieses verbindlich gemachten semantischen Kontextes die gesamte Variationsbreite ihres Aktionsrahmens innerhalb und außerhalb des politischen Systems – in Politik, Ökonomie sowie im kulturellen Sektor – in den gleichen kausalen Zusammenhang eingebunden, der seine Einheit jedenfalls vorläufig aus dem bezog, was kritisiert wurde und damit die strategischen Optionen für eine stalinistisch geprägte Neubestimmung der Politik offenließ, wie sie seit 1948

[2] Das galt vorläufig hingegen nur in bezug auf die Enteignungsfrage. Jenseits dieser Problematik wurde seitens der SMAD und der SED die Entwicklung zur sogenannten Vollendung der bürgerlichen Demokratie vor allem im Rahmen der Blockpolitik mit Nachdruck weiterhin beschworen. Vgl. etwa das Referat von Anton Ackermann auf der Tagung des Parteivorstandes der SED am 14./15.01.1948 über die „Marxistische Analyse der Ereignisse der Jahre 1848/1849" sowie die „Politische[n] Richtlinien zur Durchführung der Veranstaltungen 1848/1948. Zum hundertsten Jahrestag der Revolution 1848/49", in: SAPMO, NY 4109/18, Nachlaß Ackermann.

[3] *Georgi Dimitroff*, Die Offensive des Faschismus und die Aufgaben der Kommunistischen Internationale im Kampf für die Einheit der Arbeiterklasse gegen den Faschismus. Hier nach dem Referat auf dem VII. Weltkongreß der Kommunistischen Internationale am 2. August 1935, in: Gegen Faschismus und Krieg. Ausgewählte Reden und Schriften, Leipzig 1982, S. 50. Die Komintern hatte diese Formulierung Dimitroffs auf dem 13. Plenum ihres Exekutivkomitees im Dezember 1933 als gültige Definition akzeptiert und erneut auf dem siebten Kongreß der Komintern im Jahr 1935 bestätigt. Vgl. zu dieser Interpretation auch das Kapitel „Marxistische Theorien" bei *Ian Kershaw*, Der NS-Staat. Geschichtsinterpretationen und Kontroversen im Überblick, Reinbek 1988, S. 55 ff.

eingeleitet wurde. Es war jedoch zunächst nicht ohne Evidenz, daß der kategoriale Rahmen der sowjetischen Politik in der unmittelbaren Nachkriegszeit Wertorientierungen zielgerichtet mit funktionalen Erfordernissen verknüpfte und die Rekonstruktion der Wirtschaft in Sachsen-Anhalt etappenweise konzeptionell mit Prämissen ausstattete, mit der eine Relativierung, schließlich die Transformation der wettbewerbsverfaßten Eigentumsökonomie in Angriff genommen werden sollte.[4]

Mit dem am 6. September 1945 seitens der Provinzialverwaltung erfolgten Erlaß über die politische Säuberung der Verwaltung und Wirtschaft[5] und den am 13. September des Jahres veröffentlichten Durchführungsbestimmungen zu dieser Verordnung[6] war ein rechtlicher, aber noch kein *eigentums*rechtlicher Rahmen im Hinblick auf eine spezifische Formierung der ökonomischen Ausgangsbedingungen geschaffen worden, dessen Zwecksetzung auf die Entfernung der ehemaligen Nationalsozialisten aus Unternehmen und Betrieben zielte.[7] Ohne erkennbaren Grund, vermutlich jedoch auf Betreiben der SMA hatte die Provinzialverwaltung am 20. September 1945 – nur zwei Wochen nach der Veröffentlichung ihres ersten Erlasses – erneut eine beinahe textidentische „Verordnung über die politische Säuberung der Wirtschaft" bekannt gemacht, in der bereits detailliert das administrative Verfahren für die Beseitigung der „Nazis, Imperialisten und Militaristen" aus den Unternehmen vorgeschrieben worden war.[8]

Der normative und gleichzeitig organisatorisch-regulierende Fluchtpunkt der Verordnung vom 20. September 1945 mündete in die Etablierung eines institutionalisierten, gleichzeitig von oben kontrollierten Basisprozesses, der einerseits in den bei den Landratsämtern bzw. kreisfreien Städten zu gründenden Säuberungsausschüssen die Beteiligung der jeweiligen Wirtschaftsbeauftragten des Landrats oder Bürgermeisters vorsah, andererseits auch pro Ausschuß vier Vertreter der Blockparteien, einen Gewerkschaftsvertreter sowie ein Mitglied des Betriebsrates des jeweils betroffenen Unternehmens in die Verhandlungen ein-

[4] Im Rahmen der auf die SBZ/DDR gerichteten Anstrengungen der Zeitgeschichte zählt Sachsen-Anhalt im Vergleich mit den übrigen vier Ländern bzw. Provinzen der Sowjetischen Besatzungszone nach wie vor zu den Passivregionen (Gerschenkron) der Forschung. Vgl. aber jetzt grundsätzlich zu dem hier untersuchten Zeitraum für Sachsen-Anhalt die jüngst erschienene Untersuchung von *Thomas Großbölting*, SED-Diktatur und Gesellschaft. Bürgertum, Bürgerlichkeit und Entbürgerlichung in Magdeburg und Halle, Halle a.d. Saale 2001. Einschlägig im Hinblick auf den von der Forschung seit 1990 bislang kaum in den Blick genommenen gewerblich-industriellen Mittelstand in der SBZ/DDR jetzt auch *Armin Owzar*, Sozialistische Bündnispolitik und gewerblicher Mittelstand. Thüringen 1945 bis 1953, München/Jena 2001.

[5] Vgl. LHA Magdeburg, Rep. K: Ministerium für Wirtschaft und Verkehr/6543: „Richtlinien über die Säuberung der Wirtschaft" v. 6.9.1945; siehe auch Verordnungsblatt für die Provinz Sachsen 1 (1945), S. 38.

[6] Vgl. ebd., S. 41.

[7] Vgl. dazu auch *Rüdiger Schmidt*, Vom „autoritären Korporatismus" zur Planökonomie: Der gewerbliche Mittelstand in der Sowjetischen Besatzungszone Deutschlands, in: *Dierk Hoffmann/Hermann Wentker* (Hg.), Das letzte Jahr der SBZ. Politische Weichenstellungen und Kontinuitäten im Prozeß der Gründung der DDR, München 2000, S. 221-228.

[8] LHA Magdeburg, Rep. K/6543: „Verordnung über die politische Säuberung der Wirtschaft" vom 20.9.1945.

bezog[9]. Doch waren diese Ausschüsse lediglich befugt, über „Arbeiter, untere und mittlere Angestellte" ein Urteil zu treffen; über „leitende Angestellte und Betriebsinhaber" sowie über die Neubesetzung der vakant gewordenen Stellen entschied hingegen der Säuberungsausschuß der für den jeweiligen Betrieb zuständigen Industrie- und Handelskammer,[10] der nach den gleichen Grundsätzen wie in den Kreisen gebildet wurde.[11] Im Grunde verwies der seitens der Provinzialverwaltung postulierte „Basischarakter" der Säuberungsausschüsse jedoch selbstreferentiell auf die Provinzialverwaltung zurück, wenn diese sich erst- und letztinstanzlich die Entscheidung über die Weiterverwendung der Vorstandsmitglieder der Aktiengesellschaften, darüber hinaus bei Betriebsinhabern und leitenden Angestellten vorbehielt, die in Unternehmen tätig waren, in denen mehr als dreißig Personen beschäftigt wurden.[12] Alle Ausschüsse auf der Kreis-, Kammer- oder Provinzialebene – so hatte es die Verordnung bestimmt – waren berechtigt, im Ergebnis der Entscheidung über die ihnen zugewiesenen und der aus diesem Kreis für schuldhaft befundenen Fälle die Arbeitsverträge zu ändern oder aufzuheben und damit gegebenenfalls über die Weiterbeschäftigung der als politisch belastet eingestuften Personen zu bestimmen.[13]

De facto handelte es sich etwa um ein Viertel der Unternehmen in Sachsen-Anhalt,[14] die seitens des Säuberungsausschusses der Provinzialverwaltung selbst untersucht werden sollten; demgegenüber oblagen circa 75 Prozent der zu untersuchenden Betriebe der bei den Kreisen bzw. Kammern gebildeten Säuberungsausschüsse.[15]

[9] Vgl. § I.1. a) - d) der Verordnung v. 20.9.1945.

[10] Vgl. ebd. Die Kammern fungierten darüber hinaus als Revisionsinstanz für die Entscheidungen der Kreisausschüsse.

[11] An die Stelle des Kreiswirtschaftsbeauftragten trat hier jedoch der Präsident der Kammer oder ein von diesem bestimmter Vertreter.

[12] Vgl. § I.2 und I.3 a) - d) der Verordnung v. 20.9.1945.

[13] Vgl. § III.1, ebd.

[14] Vgl. zur Verteilung der Fragebögen die retrospektive Bewertung in LHA Magdeburg, Rep. K: Ministerium für Wirtschaft und Verkehr/7266: Rundbrief Nr. 1 der Hauptabteilung Wirtschaft/ Abtlg. Neuordnung der Wirtschaft, ohne Datum [1946].

[15] Berechnet nach LHA Magdeburg, Rep. K: Ministerium für Wirtschaft und Verkehr/10594: „Kurzbericht über die Wirtschaftssäuberung, Stand 23.5.1946" der Hauptabteilung Wirtschaft/ Abtlg. Sicherung der Wirtschaft v. 24.5.1946. Nach dieser Statistik wurden für Sachsen-Anhalt folgende Betriebsgrößen nach Zahl der Beschäftigten zugrunde gelegt, wobei es sich hierbei nur um die bis zum Mai 1946 entsprechend der Verordnung v. 20.9.1945 bereinigten Unternehmen handelt: Betriebe mit 1–5 Beschäftigten = 1071, Betriebe mit 6–10 Beschäftigten = 270, Betriebe mit 11–50 Beschäftigten = 505, Betriebe mit 51–200 Beschäftigten = 218, Betriebe mit über 200 Beschäftigten = 104.

# I. Enteignungen in Sachsen-Anhalt

## *1. Die Chemiefabrik Albin Weise in Draschwitz*

Die chemische Fabrik des 69 Jahre alten Firmenbesitzers Albin Weise aus Draschwitz, der in dem auf die Herstellung von Phosphat- und Düngemitteln spezialisierten Betrieb bereits in seiner Jugend als Lehrling begonnen hatte, dort aufgestiegen war und es nach mehreren Jahrzehnten Tätigkeit in der Firma zum alleinigen Inhaber des Unternehmens gebracht hatte, war am 3. Juli 1946 unter Sequester gestellt worden.[16] Dem Inhaber, dessen Vermögen und nichtbetrieblicher Besitz – darunter auch ein landwirtschaftliches Gut – bereits im Oktober des Vorjahres im Zuge der Durchführung des Befehls 124 eingezogen worden war,[17] hatte man vorgeworfen, die Angestellten zur Einhaltung des „deutschen Grußes" genötigt und einen Arbeiter deswegen entlassen zu haben, weil dieser die Hebung des rechten Armes zum Hitlergruß verweigert habe.[18] Darüber hinaus – so lautete die Anschuldigung – habe Weise, der in der Weimarer Republik Mitglied der Deutschnationalen Volkspartei gewesen war, nach 1933 wiederholt und mit Nachdruck seine Aufnahme in die NSDAP betrieben, wobei ihm die Parteimitgliedschaft lediglich auf Grund der Wahrnehmung einer herausgehobenen Position in einer Freimaurerloge verwehrt worden sei.[19] Zwar hatte der zuständige Provinzialausschuß bereits am 24. Mai 1946 die Enteignung des Betriebsvermögens von Albin Weise beschlossen;[20] doch war die entsprechende Nachricht über den Schiedsspruch der Kommission erst sechs Wochen später, nämlich Anfang Juli an den Unternehmer aus Draschwitz ergangen, für den vom Eintreffen des Bescheids am dritten des Monats bis zu dem seitens der Berliner Zentralen Deutschen Kommission für Sequestrierung und Beschlagnahme (ZDK) festgelegten Ende der Einspruchsfrist am 5. Juli kaum mehr eine realistische Chance bestand, sein Widerspruchsrecht in der noch verbleibenden Zeit wahrzunehmen.[21] Über dieses Recht war der Inhaber der chemischen Fabrik zudem erst einen Tag *nach* Zustellung des Enteignungsbeschlusses und einen Tag *vor* dem gesetzten Fristablauf informiert worden.[22]

[16] Vgl. Bundesarchiv Berlin (künftig: BA Berlin), DO 3/138: Fol. 48.

[17] Dies geht aus der später für ungültig erklärten Rückgabeurkunde der Provinzkommission v. 30.9.1946 hervor. Vgl. BA Berlin, DO 3/138.

[18] Vgl. BA Berlin, DO 3/138: „Abschrift des Urteils der kleinen Strafkammer beim Landgericht Halle gegen den Fabrikbesitzer Albin Weise" v. 12.4.1948.

[19] Vgl. ebd.

[20] Vgl. BA Berlin, DO 3/138: Fol. 31.

[21] Vgl. BA Berlin, DO 3/138: Fol. 48.

[22] Vgl. dazu das von Weise einen Tag vor Ablauf der Einspruchsfrist an Landrat Welker (Kreis Zeitz) gerichtete Schreiben v. 4.7.1946 sowie das Schreiben an die Provinzialverwaltung/ Abtlg. Sicherung der Wirtschaft v. 8.7.1946, BA Berlin, DO 3/138. Als letzter Einspruchstermin war schließlich für alle Länder und Provinzen der SBZ der 10. Juli 1946 festgesetzt worden, doch hatten die Behörden Weise auch von dieser Frist nicht unterrichtet, was allerdings auch in anderen Fällen versäumt und in einer

„Ohne auch nur eine Ahnung zu haben", empörte sich Weise in einem an die Provinzialverwaltung Sachsen-Anhalts gerichteten Schreiben, „erhielten wir am 4. Juli 1946 ein Scheiben des Herrn Landrats ..., daß uns ein Einspruchsrecht gegen die Sequestrierung zusteht".[23] Es sei kaum faßbar, intervenierte der Inhaber der „Chemische[n] Fabrik Draschwitz" auch gegenüber der Zentralen Deutschen Kommission, „daß uns für den Einspruch bei der Kreiskommission Zeitz genau 24 Stunden Zeit gelassen wurden. Bei der Kürze der Zeit" sei es schlichtweg „nicht möglich gewesen", aussagekräftiges und glaubwürdiges Entlastungsmaterial zu beschaffen.[24] Zwar hatte Weise wenige Tage nach Erlöschen der Einspruchsfrist gegenüber der Zentralen Deutschen Kommission erneut ausführlich zu den ihm gegenüber erhobenen Anschuldigungen Stellung genommen, mit denen man die Enteignung seines Betriebes zu rechtfertigen versucht hatte[25]; doch hatte die Berliner Behörde offenbar wegen der von ihr selbst provozierten Überschreitung dieses Termins eine Auseinandersetzung mit dem Unternehmer nicht mehr für nötig befunden und deswegen auf eine Antwort an den Chemiefabrikanten aus Draschwitz verzichtet, um diesem damit wohl auch die Zwecklosigkeit weiterer Bemühungen und den Abschluß des Verfahrens zu signalisieren.

Es war daher nicht ohne Evidenz, daß zwischenzeitlich das ‚Antifaschistische Komitee zur Durchführung der Befehle 124/126' in Zeitz sein Verständnis für die Position des Unternehmers zum Ausdruck gebracht und das Enteignungsdekret der sachsen-anhaltischen Provinzkommission als unbegründet und willkürlich in Frage gestellt hatte; denn der Inhaber der chemischen Fabrik, so hieß es in einer entsprechenden Entschließung des Komitees an die Provinzkommission, habe schließlich ohne weiters glaubwürdig nachweisen können, „daß er nur gezwungenermaßen eine freiwillige Spende unter Zwang der NSDAP zugeführt" habe.[26] Tatsächlich reflektierte dieses Argument jedoch nicht den eigentlichen Kern der an die Hallenser Kommission gerichteten Entgegnung, denn nicht ohne

vorläufigen Bewertung der Einspruchsfälle durch die ZDK – „nach unseren Feststellungen ist die Benachrichtigung davon nicht an alle Sequestrierten erfolgt" – im Sommer 1946 auch eingeräumt worden war. Dazu BA Berlin, DO 3/3: Aktennotiz betr. die „Bearbeitung der Einsprüche in der Provinz Sachsen" v. 23.8.1946 sowie BA Berlin, DO 3/1: „Anweisung Nr. 3 der ZDK an die Herren Präsidenten der Landesverwaltungen in den Bundesländern Thüringen und Mecklenburg-Vorpommern, der Provinzialverwaltung in den Provinzen Sachsen und Brandenburg" v. 3.7.1946, ebd.

[23] BA Berlin, DO 3/138: Weise an die Provinzialverwaltung/ Abtlg. Sicherung der Wirtschaft v. 8.07.1946. Hier verwahrte sich der Unternehmer auch gegen den in den Akten ansonsten nicht nachgewiesenen Vorwurf, in der chemischen Fabrik seien nicht nur Düngemittel hergestellt, sondern auch kriegswichtiger Sprengstoff produziert worden. „Kriegsaufträge hatten wir keine" und wegen Rohphosphatmangels lag „die Superphoshat-Fabrikation ... die ganzen Jahre hindurch so gut wie still", ebd.

[24] BA Berlin, DO 3/138: Weise an die ZDK v. 9.7.1946. Vgl. auch dessen Schreiben an den sachsenanhaltischen Ministerpräsidenten Hübener v. 8.7.1946, ebd.

[25] Vgl. BA Berlin, DO 3/138: Weise an die ZDK v. 15.7.1946 sowie mit gleichem Inhalt an das Landratsamt Zeitz vom gleichen Datum.

[26] BA Berlin, DO 3/138: Schreiben des antifaschistischen Komitees Zeitz an die Provinzkommission v. 5.7.1946.

Respekt und Anerkennung hatte das „Antifaschistische Komitee" hervorgehoben, daß Weise „sich von kleinsten Anfängen heraus mit Volksschulbildung durch Weiterbildung seines Könnens vom Lehrling bis zum alleinigen Inhaber der chemischen Fabrik heraufgearbeitet" und zudem „sein ganzes Leben für die Kreisbevölkerung wohltätig gewirkt" habe.[27] Es war ganz offenkundig, daß Albin Weise von den Mitgliedern des Komitees nicht umstandslos und ohne näheres Hinsehen klassenarithmetisch verortet worden war. Er war Unternehmer, aber allein deswegen kein Klassen*gegner*. Er billigte nicht ihre politischen Überzeugungen, aber er teilte ihre soziale Herkunft. Er war Arbeitgeber und war doch biographisch vertraut mit dem Leben eines Arbeiters. Er war vermögend, aber sein Bild konvergierte nicht mit der Stereotype des kalt und engherzig agierenden, ausschließlich an der Expansion seines Betriebes orientierten Industriellen. Kurz: Die ideologischen Vorgaben, verbindlichen Orientierungen und Leitbilder der Einheitspartei sowie der ZDK, die im Grunde auf eine idealtypische Identifikation des sozialen Antagonisten zielten, stießen *vor Ort* – jedenfalls häufig – nicht präsumptiv auf Zustimmung. Sie verhielten sich blind gegenüber Relevanzen, die durch vorpolitische Erfahrungen und lokale Kontexte charakterisiert waren und genau daraus ergab sich eine Differenzbestimmung, deren Normativität mehrheitlich durch den Erfahrungsraum der *vor*politischen Lebenswelt geprägt zu sein schien.

Dem Entschluß des „Antifaschistische[n] Komitee[s] Zeitz", bei der sachsen-anhaltischen Provinzkommission Einspruch gegen die Enteignung Weises einzulegen und die Rückgabe der „Chemische[n] Fabrik Draschwitz" an den Unternehmer vorzuschlagen,[28] war zunächst Erfolg beschieden, denn Anfang September 1946 war diesem mitgeteilt worden, daß sein Fall zumindest „milder beurteilt" werden könne und drei Wochen später hatte der Hallenser Ausschuß die Rückgabeurkunde für den Besitz des Chemiefabrikanten ausgestellt, in der Weise das künftige „volle Verfügungsrecht" über sein Eigentum bescheinigt worden war.[29]

Wie ausschließlich Rechtskategorien – so schwach sie im übrigen auch institutionalisiert sein mochten – einer rapiden Verfallszeit unterworfen waren, formal diskreditiert und de facto entleert wurden und insofern exzeptionell entwertet als

[27] Ebd. Der Unternehmer hatte bereits im Ersten Weltkrieg auf eigene Rechnung ein Lazarett eingerichtet; später mit hohem Kostenaufwand ein Stift für alte Frauen und Kinder gekauft, ausgebaut und dem Kreis Zeitz zur Verfügung gestellt und nach dem Zweiten Weltkrieg auf eigene Kosten ein Kinderheim unterhalten. Darüber hinaus hatte Weise Maßnahmen zur Wiedererrichtung bzw. zum Ausbau der kommunalen Infrastruktur in Draschwitz – etwa den Bau einer Brücke – durch finanzielle Zuwendungen unterstützt. Vgl. zu den geleisteten Stiftungen und Spenden ebd. sowie in der gleichen Akte auch das Schreiben Weises an Landrat Welker v. 4.7.1946 und BA Berlin, DO 3/959: Fol. 326 und Fol. 327/327v.

[28] Vgl. BA Berlin, DO 3/138: Schreiben des „Antifaschistische[n] Komitee[s] Zeitz" an die Provinzkommission v. 5.7.1946. Vgl. auch Fol. 31, ebd.

[29] BA Berlin, DO 3/138: Schreiben des Oberbürgermeisteramtes der Stadt Zeitz an Weise v. 6.9.1946 sowie die Urkunde der Provinzkommission zur Durchführung der Befehle 124/126, mit der Unterschrift von Ministerpräsident Hübener und Innenminister Siewert versehen, v. 30.9.1946.

fungible Residuale der Macht existierten, wurde vollends in den ersten Monaten des Jahres 1948 deutlich. Zwar hatte die SED-Landesleitung Sachsen-Anhalts bereits im Spätsommer des Vorjahres bei den Kreisvorständen der Partei noch einmal mit Nachdruck die Intensivierung der Sequesterarbeit angemahnt,[30] doch gab man sich in Berlin – wie es in einer einschlägigen Denkschrift der ZDK formuliert worden war – keinen Illusionen darüber hin, daß zur beschleunigten und „verstärkten Realisierung der Sequestrierungsziele die OSMAD[31] selbst eingeschaltet" werden müsse.[32] Nicht zuletzt suchte die Zentrale Deutsche Kommission durch eine erneute Dynamisierung des Prozesses, in dem die Sowjetische Militäradministration als Katalysator und Flankenschutz zugleich wirken sollte, hingegen auch einen zusätzlichen Autonomiegewinn gegenüber den Sequesterausschüssen der Länder und Provinzen zu erzielen, so daß bei der SMA zur Erreichung des strategischen Ziels Handlungsfreiheit gegenüber den föderalen Instanzen erbeten wurde, damit die ZDK im Interesse der „kurzfristige[n] Beendigung aller Sequestrierungen ... notfalls im Gegensatz zur Landeskommission entscheiden" könne.[33]

Am selben Tag, als die Zentrale Deutsche Kommission für Sequestrierung und Beschlagnahme die „Ausschaltung der Kreiskommissionen" verkündet und ein Vetorecht gegenüber deren Beschlüssen reklamiert hatte, gleichzeitig einen Tag vor Beginn der geplanten Schlußaktion in Sachsen-Anhalt wurde Albin Weise am 3. Februar 1948 verhaftet.[34] Die Anschuldigungen, die gegen den Unternehmer erhoben wurden, waren auch jetzt noch die gleichen, die zwei Jahre zuvor vom „Antifaschistische[n] Komitee Zeitz" als unhaltbar zurückgewiesen worden waren. Doch ohne auch nur die Beendigung des gegen den Inhaber der Chemiefabrik angestrengten Gerichtsverfahrens abzuwarten, hatte der Innenminister der Provinz Sachsen-Anhalt Weise im März 1948 in spröden Worten mitgeteilt, daß „nach Prüfung durch die Zentrale Deutsche Kommission für Sequestrierungen und Beschlagnahme ... das Land Sachsen-Anhalt Eigentümerin" seines „Unternehmens geworden" sei.[35] So sehr die SED in ihren Verlautbarungen auch dar-

[30] Vgl. BA Berlin, DO 3/159: Schreiben der Abtlg. Wirtschaft des SED-Landesvorstandes Sachsen-Anhalt an alle Kreisvorstände der Partei v. 14.8.1947.

[31] Oberste Sowjetische Militär Administration.

[32] BA Berlin, DO 3/136: Denkschrift der Zentralen Deutschen Kommission über Sequestrierungen, vermutlich im Entwurf von Lange, ohne Datum, Fol. 131.

[33] BA Berlin, DO 3/143: Aktennotiz Langes betr. „Punkte, die mit der SMA zu besprechen sind" v. 29.1.1948.

[34] Vgl. BA Berlin, DO 3/616: Aktennotiz über „Organisationsaufbau und Verfahrensfragen" v. 3.2.1948 sowie zur Terminierung der Schlußaktion zur Beendigung der Sequestrierungen in Sachsen-Anhalt die Aktennotiz v. 18.2.1948, ebd. Vgl. zur Verhaftung Weises BA Berlin, DO 3/138: „Abschrift des Urteils der kleinen Strafkammer beim Landgericht Halle gegen den Fabrikbesitzer Albin Weise" v. 12.4.1948.

[35] BA Berlin, DO 3/138: Schreiben von Innenminister Siewert an Weise v. 3.3.1948. Vgl. zur Enteignung des Betriebes auch das Schreiben der Abtlg. Wirtschaft des Rates der Stadt Zeitz an Weise v. 29.7.1948, die Mitteilung des LDP-Bezirksvorstandes Merseburg an die DWK v. 14.8.1948 sowie das eine Wiederaufrollung des Falles ablehnende Schreiben des DWK-Ausschusses zum Schutze des Volkseigentums an die LDP, Bezirksverband Merseburg, v. 18.11.1948, ebd.

auf bestanden und hingewirkt hatte, daß die Sequestrierungsmaßnahmen als duale Einheit von normativer Begründung und politisch-ökonomischem Prozeß begriffen werden müßten, so sehr war der Zusammenhang beider Elemente in der Praxis entkoppelt worden und verhielt sich kontrafaktisch zur Propaganda. Denn Albin Weise war einen Monat nach der Enteignung seines Betriebes vom Landgericht Halle von allen gegen ihn gerichteten Anschuldigungen freigesprochen worden und konnte – wie es in der Urteilsbegründung festgehalten war – „auch nicht als Minderbelasteter eingestuft werden."[36]

Der Eigentumsanspruch des Chemiefabrikanten aus Draschwitz war an der Disparität von *Recht* und *Politik* gescheitert. Dabei war der Auseinanderfall beider Kategorien durch doppelte, einander überlagernde Schnittstellen induziert, die zum einen Ausdruck einer sich verschärfenden Normierung der Einheitspartei durch stalinistisch geprägte Werthorizonte, zum anderen – korrelativ – in der sich verlagernden Gravitation der Sequesterfrage vom politischen Ursprung zum ökonomischen Zielpunkt begründet waren.

„Es kommt hier darauf an", hatte es der Präsident der Zentralen Deutschen Kommission als handlungsleitende Direktive für die abschließende Enteignungsaktion in Sachsen-Anhalt formuliert, „daß es nicht eine rechtliche, sondern eine politische Frage ist"[37] und mit dem gleichen Argument hatte die Deutsche Wirtschaftskommission, die nach der Auflösung der ZDK mit der Angelegenheit befaßt worden war, eine vom Bezirksverband Merseburg der Liberaldemokratischen Partei angestrengte Wiederaufrollung der Enteignung des Chemiefabrikanten,[38] der der LDP angehörte, schroff zurückgewiesen.[39] „Bei näherer Beleuchtung", kanzelte die DWK die Merseburger Liberaldemokraten ab, würde deren Engagement für den Unternehmer sogar „den Grundsätzen einer antifaschistischen Partei zuwiderlaufen".[40] Es war daher in der Antwort der LDP nicht nur von Evidenz, daß der Begründung der DWK ohne weiteres nachgegeben worden war, indem man der Berliner Behörde kleinlaut versichert hatte, daß „von ganz wenigen Ausnahmefällen abgesehen ... [den] Parteifreunden von derartigen Gesuchen mit Rücksicht auf den Befehl 64 [ohnehin] abgeraten" worden sei;[41] sondern es war vor allem grundsätzlich kennzeichnend für den Zustand der Partei, daß die Gleichschaltungsbestrebungen der Sowjetischen Militäradministration und der SED auch die nachgeordneten Gliederungen der LDP sukzessi-

[36] BA Berlin, DO 3/138: ‚Abschrift des Urteils der kleinen Strafkammer beim Landgericht Halle gegen den Fabrikbesitzer Albin Weise" v. 12.4.1948.

[37] BA Berlin, DO 3/616: Protokoll der ‚Vorbereitende[n] Sitzung der Sequester-Kommission am 12.2.48" v. 13.2.1948. Vgl. auch die Aktennotiz v. 18.2.1948, ebd.

[38] Vgl. BA Berlin, DO 3/138: Schreiben des LDP-Bezirksvorstandes Merseburg an die Deutsche Wirtschaftskommission v. 14.8.1948.

[39] Vgl. BA Berlin, DO 3/138: Schreiben von Weise an Landrat Welker v. 4.7.1946.

[40] BA Berlin, DO 3/138: Schreiben des DWK-Ausschusses zum Schutze des Volkseigentums an den Bezirksverband Merseburg der LDP v. 18.11.1948. Vgl. auch BA Berlin, DO 3/959: Schreiben der DWK an die LDP v. 16.12.1948.

[41] BA Berlin, DO 3/138: Schreiben des LDP-Bezirksvorstandes Merseburg an den DWK-Ausschuß zum Schutze des Volkseigentums v. 1.12.1948.

ve erfaßt hatte, was nicht zuletzt in einer Argumentationsstruktur zum Ausdruck gekommen war, in der ein begründbarer Rechtsanspruch in die Form einer gefügigen Petition gegossen, willfährige Nachgiebigkeit um den Preis des eigenen Überlebens hingenommen und überhaupt das Bestreben nach paritätischer Mitwirkung in der Politik durch den Gestus einer demonstrierten Untertanenmentalität substituiert worden war. Der Verzicht auf die Widerlegung des weiten, ökonomisch überformten Antifaschismusbegriffs, in den sich die Liberaldemokraten durch die Deutsche Wirtschaftskommission einbezogen sahen, die Preisgabe einer Argumentationslinie, die sich im Rekurs auf den Hallenser Urteilsspruch bewegte, vor allem aber die gesichtslose Unterwerfung, mit der die abqualifizierende Replik der Berliner Behörde zur Kenntnis genommen worden war, hatten mit aller Deutlichkeit demonstriert, daß die Partei über keine Restimpulse verfügte, dem Herrschaftsanspruch und den Machtpraktiken der zonalen Institutionen im Diskurs zu begegnen.

Die Stoßrichtung, die die DWK für ihre Kritik an den Liberaldemokraten gewählt und die dort zur Indifferenz des Standpunkts geführt hatte, hatte zwar den Blick freigegeben auf den transformatorischen Prozeß der Politik, die sich an deren Endpunkt als normativ defizitäre, schließlich entleerte und machtpoltisch verengte Herrschaftslogik decouvriert hatte; doch operierte die Argumentation der Berliner Behörde gleichsam mit einer optischen Täuschung, die das tatsächliche Motiv für die Sequestrierung des Chemiefabrikanten verstellte. Denn ungeachtet einer das Gegenteil behauptenden, den politisch-normativen Charakter der Enteignungen hervorhebenden Propaganda hatte die Enheitspartei im Rahmen einer prioritär an der Transformation der ökonomischen Basis interessierten Politik bei der Unternehmensbewertung wirtschaftlichen Gesichtspunkten den Vorrang vor konkurrierenden Überlegungen eingeräumt, so daß die Liquidität des Unternehmens, die Quantität und berufliche Qualifizierung der Belegschaft, die betriebliche Infrastruktur sowie die technologische Leistungsfähigkeit als entscheidungsdeterminierend für die Beurteilung eines Betriebes galten. Es war vor allem der Gebrauchswert des Unternehmens, weniger die Bewertung des Unternehmers, die hier zur Überführung eines Betriebes in zonales, Landes- bzw. Provinz- oder kommunales Eigentum führten und dort eine Abwendung der Enteignung erleichterten. Für den Chemieunternehmer aus Draschwitz hatte es keine politische Begründung gegeben; seine Enteignung basierte allein auf den positiven wirtschaftlichen Kennziffern des Betriebes, der über 42 Mitarbeiter verfügte und dessen beachtlichen Umsätze in den letzten beiden Kriegsjahren hohe Erwartungen auch für die Zukunft rechtfertigten.[42] Zudem war das Unternehmen nicht für die Demontage vorgesehen.

Unter den enteigneten Selbständigen hatte allenfalls vereinzelt einmal jemand die Richtung und den Zweck der ZDK-Politik so hellsichtig erkannt wie der Inhaber einer Lederwarenfabrik aus Wolmirstedt nordwestlich von Magdeburg.

[42] Vgl. zur Betriebsbelegschaft sowie zu den Umsatzziffern in den Jahren 1944 und 1945, die 616.000 Reichsmark bzw. 355.600 Reichsmark betragen haben, BA Berlin, DO 3/138: Fol. 31.

„Ich bin in höchstem Maße darüber befremdet", teilte der Unternehmer der Zentralen Deutschen Kommission in scharfen Worten mit, „wie ich nun zur Strecke gebracht werden soll. Hätte ich nicht ... einen leistungsfähigen Betrieb geschaffen, sondern wäre so klein geblieben, wie ich die Fabrik übernahm, so würde ich nach meiner Überzeugung heute nicht auf Enteignung hin geprüft werden. Immer noch gewinne ich den Eindruck", konfrontierte der Fabrikant die ZDK mit deren Zielen, „daß der eigentliche Grund für das gegen mich in Gang gebrachte Verfahren allein die Größe meines Betriebes ist und das alles übrige für die Enteignung angeführte Material nur ein Vorwand dazu ist."[43]

Die Intention der Zentralen Deutschen Kommission für Sequestrierung und Beschlagnahme, die volkseigenen Betriebe auf der zonalen wie auf der Länder- und Provinzebene gegenüber den Privatunternehmen in einer strategisch günstigen Lage zu positionieren, war untrennbar mit dem Nahziel verbunden, nach Möglichkeit bereits auf der Gemeindeebene einen Strukturbruch des Privatsektors einzuleiten, indem nicht nur – gemessen an den Produktionskapazitäten und am Personalvolumen – grundsätzlich eine ökonomische Hegemonie des volkeigenen zonalen, Landes- und kommunalen Wirtschaftsbereichs über die private Konkurrenz erzielt, sondern auch die jeweils branchenspezifische Überlegenheit über die im Besitz individueller Eigentümer befindlichen Unternehmen angestrebt wurde.

Auf mittlere Sicht bewirkte dieses Konzept der Etablierung von Macht durch Ausgrenzung, das allerdings die Übernahme lokaler Schlüsselbranchen voraussetzte, die Entflechtung und allmähliche Auflösung vielfältiger ökonomischer und sozialer Strukturzusammenhänge im privatwirtschaftlichen Sektor, dessen Entdifferenzierung sukzessive über die Erosion seiner Marktbeziehungen, die von den volkseigenen Betrieben mehr und mehr blockiert oder jedenfalls kanalisiert wurden, eingeleitet worden war.

### *2. Die Halberstädter Wurst- und Fleischkonservenwerke Heine & Co.*

Exemplarisch hatte die ZDK die Erringung einer branchenspezifisch überlegenen Position auf dem lokalen und regionalen Markt im Zuge der Enteignung der Halberstädter „Wurst- und Fleischkonservenwerke Heine & Co." demonstriert. Die Firma, die im Herbst 1945 unter Sequester gestellt und deren Beschlagnahme durch Beschluß der zuständigen Provinzkommission mit dem Einverständnis der SMAD knapp ein Jahr später wieder aufgehoben worden war, was ihrem Besitzer dessen ungeachtet jedoch erst neun Monate später zur Kenntnis gebracht wurde,[44] war im ersten Quartal des Jahres 1948 erneut ins Vi-

[43] BA Berlin, DO 3/940: Schreiben des Lederfabrikanten Fritz Heim aus Wolmirstedt an die ZDK v. 11.9.1946.

[44] Das ist einem Schreiben Heines an die sowjetische Kontrollkommission für Sequestrierung und Beschlagnahme v. 28.2.1948 zu entnehmen. Vgl. BA Berlin, DO 3/944.

sier der Zentralen Deutschen Kommission geraten.[45] Die bereits einmal als unzureichend zurückgewiesenen Anschuldigungen der Zentralen Deutschen Kommission gegen den Unternehmer, der Mitglied der Sozialistischen Einheitspartei war und gleichzeitig als Präsident der Handelskammer in Halberstadt fungierte,[46] gründeten im wesentlichen auf dessen funktionsloser Parteizugehörigkeit zur NSDAP seit 1937 sowie auf Kriegslieferungen von Fleischwaren an die Wehrmacht.[47]

Zwar hatte auch die ZDK in einer Aktennotiz an Otto Grotewohl einräumen müssen, daß „direkte Bewerbungen [der Firma] bei Wehrmachtsstellen zunächst nicht nachgewiesen werden konnten"[48] und auch der mit den lokalen Verhältnissen weit mehr vertraute Kreisvorstand des Freien Deutschen Gewerkschaftsbundes in Halberstadt hatte ohne weiteres bestätigt, daß die „bekannten Unterlagen des Betriebes Heine ... [den FDGB] nicht überzeugen [könnten], diesen Betrieb als Kriegsgewinnler-Betrieb zu bezeichnen", doch bewirkten diese Voten bei der Zentralen Deutschen Kommission, die sich nach außen hin eigentümlich stellungnahmlos verhielt, keine Rücknahme des Enteignungsbeschlusses.[49] Weder eine Protestresolution des Betriebsrates der Firma gegen die Enteignung,[50] noch die Verwendung des SED-Kreisvorstandes Halberstadt und des sachsen-anhaltischen Provinzvorsitzenden der Einheitspartei Bruno Böttge für den Unternehmer[51] oder das Eintreten des Bürgermeisters der Kommune bei der ZDK für die „Erhaltung des Betriebes", und zwar „in der jetzigen Betriebsform", waren erfolgreich[52] – und konnten es auch gar nicht sein. Denn es entsprach nicht der streng an ökonomischen Kriterien orientierten Handlungslogik

[45] Vgl. BA Berlin, DO 3/944: Schreiben von Heine an die sowjetische Kontrollkommission für Sequestrierung und Beschlagnahme v. 5.3.1948 sowie an die ZDK v. 6.3.1948 in BA Berlin, DO 3/1097.

[46] Vgl. BA Berlin, DO 3/944: Schreiben von Heine an die sowjetische Kontrollkommission für Sequestrierung und Beschlagnahme v. 28.2.1948.

[47] Vgl. zur Mitgliedschaft in der NSDAP BA Berlin, DO 3/944: Fol. 46, zu den Lieferungen an die Wehrmacht Fol. 54, ebd.

[48] SAPMO, Nachlaß Grotewohl/ NY 4090/324: Aktennotiz der ZDK betr. „Sequestrierung der Firma Heine & Co., Halberstadt" v. 13.4.1948.

[49] SAPMO, Nachlaß Grotewohl/ NY 4090/324: Schreiben des FDGB-Kreisvorstandes Halberstadt an das Sekretariat der SED Berlin v. 10.4.1948. Der FDGB begründete sein Urteil, indem er darauf verwies, daß Heine trotz seiner Mitgliedschaft in der NSDAP des öfteren in Konflikt mit der Partei geraten sei und etwa die Zahlung der Adolf-Hitler-Spende mehrfach verweigert habe und Aufforderungen zur Geldleistung an das Winterhilfswerk nicht nachgekommen sei. Vgl. ebd. sowie die abschriftlichen Belege in BA Berlin, DO 3/1097: Schreiben von Heine an den Geschäftsausschuß der Adolf-Hitler-Spende der deutschen Wirtschaft v. 17.10.1941 sowie das Mahnschreiben des Kreisbeauftragten des Kreises Halberstadt-Wernigerode für das „Winterhilfswerk des deutschen Volkes" an den Unternehmer, Fol. 167.

[50] Vgl. BA Berlin, DO 3/1097: ‚Resolution des Betriebsrates im Auftrage der Belegschaft der Firma Heine & Co." v. 5.2.1948.

[51] Vgl. SAPMO, Nachlaß Grotewohl/ NY 4090/324: Schreiben des SED-Kreisvorstandes Halberstadt an das Sekretariat der SED v. 8.5.1948, dem sich der Provinzvorsitzende Böttge inhaltlich angeschlossen hatte. Vgl. dazu das Postskriptum auf gleichem Schreiben.

[52] SAPMO, Nachlaß Grotewohl/ NY 4090/324: Bürgermeister Fehrmann (Halberstadt) an die ZDK v. 15.4.1948.

der Zentralen Deutschen Kommission, den gleichsam apriori als volkseigen deklarierten Besitz dem Votum derjenigen – etwa der Belegschaft oder dem gewählten Betriebsrat – anzuvertrauen, die künftig und formal das Eigentums*recht*, aber nicht das Eigentum besaßen. Allerdings dominierten nicht nur die hohe Belegschaftsstärke des Betriebes[53], dessen technologisch innovative Ausstattung mit Produktionsmitteln und die beeindruckenden wirtschaftlichen Kennziffern des Unternehmens, das in jedem Jahr zwischen 1933 und 1945 mehr als fünf Millionen Reichsmark Umsatz vozuweisen hatte[54], den Enteignungsbeschluß der ZDK, sondern mit analoger Relevanz motivierte auch die Konkurrenzsituation zu einem in der gleichen Branche in Halberstadt tätigen Betrieb die Entscheidung der Berliner Behörde.

Auch dieses Unternehmen war bereits enteignet worden, aber da sich der inzwischen staatliche Betrieb – so hatte ein Beobachter der lokalen Situation die Sachlage gegenüber Grotewohl zusammengefaßt – „nicht rentiert, will man Heine verstaatlichen, um die lästige Konkurrenz loszuwerden".[55] Der SED-Vorsitzende, dem ohne Umschweife berichtet worden war, daß die gegenüber dem Fleischwarenfabrikanten gewählte Vorgehensweise schlicht als „nazihaft" etikettiert werden könne,[56] hatte zunächst Interesse für den offenbar Publizität entfachenden und über die Stadt hinaus bekannt gewordenen Enteignungsfall bekundet; doch hatte Grotewohl, der für wirtschaftliche Fragen und damit korrespondierende Angelegenheiten im Grunde keine Kompetenz beanspruchte und demzufolge zumeist indifferent, wenn nicht teilnahmslos reagierte, auf das Ersuchen, zugunsten Heines in das Verfahren einzugreifen, nicht oder jedenfalls nicht wirkungsvoll interveniert.[57]

Es war im Grunde kennzeichnend für die Situation im Jahr 1948, daß die Zentrale Deutsche Kommission die Operationalisierung der Unternehmensenteignung von (Neu) Begründungen – auch gegenüber regionalen und lokalen Instanzen der SED und des FDGB – weitgehend entkoppelt und mehr und mehr einer ökonomisch motivierten Entscheidungslogik unterworfen hatte. In Halberstadt war am Ende nicht nur das Unternehmen des Fleischwarenfabrikanten Heine verstaatlicht worden;[58] der ehemalige Leiter der Handelskammer gehörte schließlich auch jenem Personenkreis an, der nicht nur mit seinem Be-

[53] Die Belegschaft der Fabrik umfaßte 350 Personen. Vgl. BA Berlin, DO 3/1097: Fol. 3. An anderer Stelle werden 338 Belegschaftsangehörige angegeben. Vgl. BA Berlin, DO 3/930: Anlage zum Schreiben des Rates der Stadt Halberstadt/ Abtlg. Wirtschaft und Verkehr an den Landesvorstand der SED in Halle v. 15.9.1947.

[54] Zum Teil lag der jährliche Umsatz weit darüber, im Jahr 1936 etwa hatte er 9.687.545 Reichsmark betragen. Vgl. BA Berlin, DO 3/1097: Fol. 4. Vgl. zu den Erträgen auch BA Berlin, DO 3/617: Fol.28.

[55] SAPMO, Nachlaß Grotewohl/ NY 4090/324: Schreiben des gleichermaßen mit Otto Grotewohl und Heine bekannten Zahnarztes Dr. Hocotz aus Halberstadt an Grotewohl v. 8.3.1948.

[56] Ebd.

[57] Heine hatte bei Grotewohl darüber hinaus um seinen Verbleib als technischer Leiter in seinem enteigneten Betrieb nachgesucht, doch ist eine Antwort des SED-Vorsitzenden auf dieses Anliegen nicht überliefert. Vgl. SAPMO, Nachlaß Grotewohl/ NY 4090/324: Heine an Grotewohl v. 23.7.1948.

[58] Vgl. ebd.

triebs-, sondern auch mit seinem Privatvermögen enteignet worden war.[59] Es ist im Grunde kaum hinreichend schlüssig zu bewerten, ob und mit welchem Grad an Autonomie, mit welcher politischen Initiative und Eigenständigkeit die lokale SED in Halberstadt im weitmaschigen Parallelogramm der Kräfte zwischen Grotewohl, der Zentralen Deutschen Kommission, dem FDGB und der Berliner Zentrale der Einheitspartei, aber auch dem antifaschistischen Komitee vor Ort und den Belegschaftsmitgliedern der Fleischwarenfabrik Wirkungsmöglichkeiten wahrgenommen hat bzw. wirksam zum Ausdruck bringen konnte. In Prozessen der politischen Entscheidungsdifferenzierung und -findung schien die lokale SED jedenfalls nicht in jedem Einzelfall maßgeblich eingebunden zu sein. Gelegentlich – wie etwa im Falle der Enteignung des Halberstädter Sägewerksbesitzers Schmidt – fehlte eine Stellungnahme überhaupt.

### *3. Die Firma Schmidt in Halberstadt*

Dem Inhaber dieses Betriebes, zu dem auch eine Holzhandlung gehörte, war nämlich Ende Dezember 1945 vom Oberbürgermeister der Stadt Halberstadt das „Pachtverhältnis für das auf dem Grundstück Mahndorferstrasse 14 liegende Sägewerk zum 1. April 1946“ gekündigt worden.[60] Dabei handelte es sich jedoch nur auf den ersten Blick um den im Grunde trivial-alltäglichen Vorgang einer Vertragsauflösung, sofern man davon absieht, daß die Stadt als Besitzerin der Liegenschaft nach Auffassung des Pächters die 1937 kontraktlich vereinbarte Kündigungsfrist nicht eingehalten hatte.[61] Vielmehr hatte der Oberbürgermeister der Kommune dem Inhaber des Sägewerks und der Holzhandlung nicht nur den Vertrag für das pachtweise überlassene Grundstück gekündigt, sondern darüber hinaus verlangt, daß die auf der Liegenschaft installierten bzw. lagernden und im Besitz des Betreibers des Holzverarbeitungsbetriebes befindlichen beweglichen Produktionsmittel und Rohstoffe, darunter „alle Maschinen, Inventarien, Hölzer [und] Transportmittel“ an Ort und Stelle verbleiben müßten, „da widrigenfalls“ – so hatte der Bürgermeister das an Schmidt gerichtete Kündigungsschreiben nicht ohne Androhung von Sanktionen abgeschlossen – „in der Entfernung eine Sabotage der Neuaufbauarbeiten erblickt werden könnte“.[62]

[59] Vgl. BA Berlin, DO 3/180: Aufstellung über „Enteignungen von Privatvermögen zusammen mit Betriebsenteignungen“ in Sachsen-Anhalt, ohne Datum [1949], hier: Position 21. Diese Erhebung war auf Aufforderung der DWK-Hauptabteilung Schutz des Volkseigentums durchgeführt worden. Vgl. hierzu das Schreiben der Hauptabteilung Schutz des Volkseigentums an das sachsen-anhaltische Innenministerium/ Amt zum Schutze des Volkseigentums v. 11.10.1949, ebd.

[60] LHA Magdeburg, Rep. K: Ministerium für Wirtschaft und Verkehr/5958: Schreiben von Oberbürgermeister Wille (Halberstadt) an Schmidt v. 27.12.1945.

[61] Vgl. LHA Magdeburg, Ministerium für Wirtschaft und Verkehr/5958: Schmidt an Wille v. 3.1.1946. Der Beginn des Pachtverhältnisses ergibt sich aus dem Schreiben von Schmidt an Ministerpräsident Hübener v. 23.1.1946, ebd.

[62] LHA Magdeburg, Rep. K: Ministerium für Wirtschaft und Verkehr/5958: Wille an Schmidt v. 27.12.1945.

Im Grunde hatten die kommunal Verantwortlichen jedoch die konsensfähigen und konventionellen Bahnen des Vertragsrechts – seiner Konkretisierungsbedürftigkeit entkleidet – bereits politisch ausdehnend interpretiert, indem dem Besitzer des Sägewerks mitgeteilt worden war, es könne „der Stadtverwaltung Halberstadt wegen ... [dessen] früheren Mitgliedschaft zur NSDAP nicht zugemutet werden, das Pachtverhältnis über den 1. Januar 1946 hinaus anzuerkennen".[63] Weder der Einwand des Sägewerksbesitzers, er sei lediglich funktionsloses Mitglied in der NSDAP gewesen, noch der Hinweis auf die notwendige vertragstreue und eine den allgemeinen Gepflogenheiten entsprechende regelhafte Auslegung des 1937 mit der Stadt geschlossenen Kontrakts änderten hingegen etwas an der kompromißlosen Haltung der kommunal Verantwortlichen.[64] Vielmehr hatten diese auf entsprechende Rückfragen des Betreibers des holzverarbeitenden Betriebes nicht reagiert und es demzufolge nicht für notwendig befunden, gegebenenfalls durch ergänzende Sondierungen einen gangbaren Ausweg oder jedenfalls einen für beide Seiten vertretbaren modus vivendi ausfindig zu machen.[65] Nicht zuletzt hatte es sich aber auch erschwerend ausgewirkt, daß am 30. Dezember 1945 in dem Sägewerk an der Mahndorfer Straße ein Feuer ausgebrochen war, welches erhebliche Schäden angerichtet hatte und ungeachtet fehlender Beweise behördlicherseits offenbar Schmidt zur Last gelegt worden war.[66]

Vor allem wohl aufgrund der ebenso intransigenten wie insgesamt wenig kommunikationsoffenen Position der kommunal Verantwortlichen hatte der Sägewerksbesitzer schließlich beim sachsen-anhaltischen Ministerpräsidenten um Unterstützung in der eigenen Angelegenheit nachgesucht, zumal die Stadt eine Herausgabe der Produktionsmittel und Werkzeuge an den Betriebsinhaber nach wie vor verweigerte und angekündigt hatte, „den Betrieb selbst [zu] übernehmen" bzw. diesen „der neu gegründeten Neuaufbau-Genossenschaft [zu] übertragen".[67] Dabei sollten die „Maschinen ... dem neuen Betrieb ... überlassen" werden[68].

Doch gerade diese Absicht, die darauf gezielt hatte, die Kündigung des Pachtverhältnisses ohne weiteres inhaltsübergreifend als Enteignungsangelegenheit zu

[63] Ebd. Demzufolge hatte der Oberbürgermeister dem Sägewerksbesitzer eine viertägige Frist bis zur Räumung des Betriebsgeländes gewährt. Vgl. zu dessen Mitgliedschaft in der NSDAP auch das Schreiben von Schmidt an Hübener v. 23.1.1946, ebd. Schmidt begründete darin seinen 1937 erfolgten Eintritt mit dem im selben Jahr abgeschlossenen Pachtverhältnis, das ohne seine Parteimitgliedschaft angeblich nicht zustande gekommen wäre.

[64] Vgl. LHA Magdeburg, Rep. K: Ministerium für Wirtschaft und Verkehr/5958: Schmidt an Wille v. 3.1.1946.

[65] Vgl. dazu das Schreiben von Schmidt an den Vertreter der Halberstädter Neuaufbaugenossenschaft, Schönfeld, v. 15.1.1946.

[66] Vgl. LHA Magdeburg, Rep. K: Ministerium für Wirtschaft und Verkehr/5958: Schreiben der Oberbürgermeisterei Halberstadt an Regierungsrat Herrmann im Wirtschaftsministerium v. 4.3.1946.

[67] LHA Magdeburg, Rep. K: Ministerium für Wirtschaft und Verkehr/5958: Schmidt an Ministerpräsident Hübener v. 23.1.1946.

[68] Ebd.

instrumentalisieren, war von Schmidt jedenfalls insoweit partiell unterlaufen worden, als er nach wie vor einen Verwendungszweck für die ihm gehörenden Maschinen nachweisen konnte und darum bei Hübener um deren Freigabe für den Aufbau eines neuen „Laubholz-Sägewerk[s] mit Holzhandlung" auf einem bereits zur Verfügung stehenden Gelände nachsuchte.[69] Tatsächlich hatte sich der sachsen-anhaltische Ministerpräsident offenbar um eine Klärung der Angelegenheit bemüht, denn nur wenige Tage nach dem Eingang der Beschwerde in Halle waren die kommunal Verantwortlichen von einem Vertreter des Wirtschaftsministeriums in durchaus scharfer Form „um Aufklärung darüber gebeten [worden], auf welche Rechtsgrundlage ihre Aufforderung an den Inhaber der Firma Schmidt sich" stütze, „seine eigenen Maschinen nach dem Ende des Pachtverhältnisses im Betriebe zu belassen ...".[70]

Ohne Zweifel war mit der daraufhin vom Oberbürgermeister der Stadt Halberstadt an das Ministerium in Halle gerichteten Antwort, „Schmidt .. [sei] Mitglied der NSDAP" gewesen, zudem würde der fragliche „Betrieb ... für die neu gegründete Neuaufbaugenossenschaft ... dringend benötigt", eine Argumentationsrichtung eingeschlagen worden, mit der die Stadt den juristischen Einwand zum einen nicht entkräftet und zum zum anderen implizit eingeräumt hatte, daß kommunal-ökonomische Überlegungen gegenüber Kategorien der Rechtswahrung und -sicherheit prioritär behandelt würden.[71]

Fürs erste – so schien es – hatte die Kommune ihre Verhandlungsposition damit exzeptionell geschwächt. Denn die Gemeindevertreter hatten die auf eine Klärung des Sachverhalts zielende Vorladung ins Ministerium für Wirtschaft nach Halle nicht wahrgenommen und stattdessen ihrerseits in Eile eine Einigung mit dem Sägewerksbesitzer herbeigeführt, welche die Entnahme „einige[r] Maschinen aus seinem bisherigen Besitze" beinhaltete.[72] Zwar hatte Schmidt damit wohl nur etwa die Hälfte seines betrieblichen Eigentums zurückerhalten, aber dem erzielten Kompromiß offenbar auch deswegen zugestimmt, weil ihm der Behalt eines Pferdes und zweier Fuhrwerke zugesichert worden war.[73]

Einen Erfolg seiner Bemühungen konnte der Inhaber der Holzhandlung, der die erste Hürde genommen hatte und schließlich dann doch in der zweiten Sicherungslinie zu Fall gebracht worden war, dennoch nicht verbuchen. Denn einige Wochen im Anschluß an die mit den Gemeindevertretern der Stadt Halberstadt erzielte Einigung hatte Schmidt bei der Industrie- und Handelskammer in Magdeburg um die Erteilung einer Gewerbeerlaubnis für den an anderer Stelle neu errichteten Sägewerksbetrieb nachgesucht und schließlich einen Monat nach

[69] Vgl. ebd. sowie LHA Magdeburg, Rep. K: Ministerium für Wirtschaft und Verkehr/5958: Schmidt an die IHK Magdeburg v. 17.7.1946.

[70] LHA Magdeburg, Rep. K: Ministerium für Wirtschaft und Verkehr/5958: Fol. 23.

[71] LHA MAgdeburg, Rep. K: Ministerium für Wirtschaft und Verkehr/5958: Oberbürgermeister Wille an Regierungsrat Herrmann v. 4.3.1946.

[72] Vgl. zur Ansetzung der anberaumten Besprechung im Wirtschaftsministerium LHA Magdeburg, Ministerium für Wirtschaft und Verkehr/5958: Herrmann an Wille v. 18.3.1946 sowie zu dessen Nichtwahrnehmung durch die Kommunalvertreter Fol. 27, ebd. Vgl. Aktenvermerk v. 17.4.1946, ebd.

[73] Vgl. ebd.

Antragstellung vom Bezirkspräsidium einen abschlägigen Bescheid entgegen genommen:[74] „Nach der ständigen Spruchpraxis", hatte die Mittelbehörde dem Betriebsinhaber darin mitgeteilt, „können Gewerbegenehmigungen an ehemalige Pgs. nicht erteilt werden, solange noch Anträge politisch unbelasteter Berwerber vorliegen".[75] Erneut versuchte Schmidt unter Anrufung des Wirtschaftsministeriums mittels einer Ausnahmeklausel und Geltendmachung einer Tatsachenanfechtung, die sich auf die Bewertung seiner Mitgliedschaft in der NSDAP bezog, das Urteil des Regierungspräsidiums in Frage zu stellen.[76] Doch selbst die Erklärung des „Arbeitsausschuss[es] des antifaschistischen Volksblocks" in Halberstadt, die dem Sägewerksbesitzer als ehemals nominellem Mitglied der NSDAP und Angehörigem des NSKK bescheinigte, „politisch tragbar" zu sein, wirkte sich nicht mehr auf den gefällten Ablehnungsbescheid aus.[77] Vielmehr war es jetzt der Vertreter des Wirtschaftsministeriums, der dem Petenten die Berufungsmöglichkeit versagte. Die „mit Verfügung des Bezirkspräsidenten ... bekanntgegebene Verweigerung der Gewerbe-Erlaubnis", wurde dem Antragsteller mitgeteilt, lasse „keinen Rechts- oder Tatsachenirrtum ersehen", so daß von ministerieller Seite „keine Veranlassung" bestehe, den in Magdeburg ergangenen Beschluß aufzuheben.[78]

Im Grunde war mit dieser Entscheidung der Vorgang der Enteignung nur aus einem reziprok verändertem Kontext, nämlich nicht über den mit der Transformation zum volkseigenen Betrieb verbundenen Entzug der privaten Gewerbeerlaubnis, sondern in diesem Fall über die Nichtzulassung zum Gewerbe vollzogen worden. Dabei hatte man in der Sozialistischen Einheitspartei der Überführung des industriellen Sektors in die volkseigene Wirtschaft Priorität vor anderen Produktionsbereichen eingeräumt und jedenfalls noch bis 1948 der im Vergleich ebenso personalschwach wie wenig investitionsintensiv produzierenden sowie auch technologisch nur mäßig ausdifferenzierten holzverarbeitenden Branche nur eine geringe Relevanz eingeräumt.[79] Denn von 695 holzbe- (Säge-

[74] Vgl. LHA Magdeburg, Rep. K: Ministerium für Wirtschaft und Verkehr/5958: Schmidt an die IHK Magdeburg v. 17.7.1946.

[75] LHA Magdeburg, Rep. K: Ministerium für Wirtschaft und Verkehr/5958: Schreiben des Bezirkspräsidiums in Magdeburg an Schmidt v. 13.8.1946. Die Zuständigkeit für die Erteilung von Gewerbegenehmigungen war in Sachsen-Anhalt lange Zeit umstritten und zunächst den Regierungspräsidien übertragen worden. Seit 1947 erfolgte deren Bearbeitung dann im Wirtschaftsministerium. Vgl. LHA Magdeburg, Rep. K: Ministerium für Wirtschaft und Verkehr/5958: Aktenvermerk der Abtlg. Industrie/ Hauptreferat Organisation und Rechtsfragen v. 17.5.1947.

[76] Vgl. LHA Magdeburg, Rep. K: Ministerium für Wirtschaft und Verkehr/5958: Schmidt an Herrmann v. 23.8.1946.

[77] LHA Magdeburg, Rep. K: Ministerium für Wirtschaft und Verkehr/5958: Bescheinigung des „Arbeitsausschuss[es] des antifaschistischen Volksblocks" v. 19.8.1946.

[78] LHA Magdeburg, Rep. K: Ministerium für Wirtschaft und Verkehr/5958: Fol. 43.

[79] Nach der Anzahl der Beschäftigten nahm der holzverarbeitende Sektor in Sachsen-Anhalt „innerhalb der 13 Industriezweige des Landes (ohne SAG) mit 6.3 % der Gesamtzahl im Jahre 1947 den 6. und 6.8 % der Gesamtzahl im Jahre 1948 den 5. Platz ein". Der Jahresproduktionswert der Holzindustrie betrug 1947 5.3 % des in Sachsen-Anhalt insgesamt erzeugten industriellen Bruttoproduktionswertes (ohne SAG). LHA Magdeburg, Rep. K: Ministerium für Wirtschaft und Verkehr/10594: ‚Jah-

werke) und holzverarbeitenden Betrieben in Sachsen-Anhalt (1947) mit 16.515 Beschäftigten entfielen 20 Firmen (2.9 Prozent) auf den volkseigenen zonalen Sektor, weitere 24 Unternehmen (3.4 Prozent) waren den landesgesteuerten volkseigenen Betrieben angegliedert worden[80]. Demgegenüber waren 651 Firmen (93.6 Prozent) mit 13.060 Beschäftigten in privater Hand verblieben.[81] 44 Firmen waren demzufolge in Sachsen-Anhalt enteignet worden.[82] Nach einer anderen Statistik waren an Elbe und Saale hingegen 25 „Holzhandlungen und Sägewerke" sowie 37 Betriebe der „holzverarbeitende[n] Industrie und Möbelfabriken", zusammen also 62 Unternehmen dieser Branche in den volkseigenen Sektor überführt worden.[83]

Der Inhaber des Halberstadter Sägewerks war – wie andere Eigentümer auch – in der ein dreiviertel Jahr währenden Auseinandersetzung um den Betrieb ungeachtet der seine Interessen zunächst förderlichen Position des Wirtschaftsministeriums vor allem an den zusehends schwächer normierten Kategorien der Rechtsauffassung der Lokal- und Landesbürokratie gescheitert. Dabei hatten im Hinblick auf die verweigerte Gewerbeerlaubnis zum einen die prozeduralen Vorgaben der rechtsetzenden Instanz Beachtung gefunden, zum anderen waren aber von kommunaler Seite konstitutive Elemente des Rechtsvertrags außer Kraft gesetzt worden. Es war im Grunde diese Differenz der Auslegung und der

resbericht der Landesregierung für 1948". Vgl. auch „Anteil der einzelnen Erzeugnisse an der Gesamtproduktion der holzverarbeitenden Industrie 1947 und 1948 aufgeteilt auf die Eigentumsformen", ebd.

[80] Vgl. LHA Magdeburg, Rep. K: Ministerium für Wirtschaft und Verkehr/10594: „Jahresbericht der Landesregierung für 1948". Die Zahl der Beschäftigten belief sich im zonalen volkseigenen Sektor auf 2.465 und im landesgesteuerten Bereich auf 990 Arbeiter.

[81] Vgl. ebd.

[82] Im Vergleich zur Eigentumsfrage schien für die SED in den Jahren bis zur Staatsgründung vor allem die Produktionsauslastung der holzverarbeitenden Betriebe die entscheidende Bedeutung gehabt zu haben, zumal seitens der Sowjetunion für die Beförderung der Reparationsgüter fortwährender Bedarf an Transportbehältern, u.a. Holzkisten, angemeldet wurde. Vgl. dazu Landeshauptarchiv Potsdam, Ld. Br. Rep. 206, Wirtschaftsministerium/141: „Rechenschaftsbericht über die Arbeit der Abtlg. II/Wirtschaft und Verkehr der Provinzialverwaltung Mark Brandenburg seit ihrem Bestehen Juli 1945" v. 24. 5.1946 sowie Rep. 206/1561: „Wirtschaftsbericht der Handwerkskammer Brandenburg für Juli 1946" v. 12.8.1946. Vgl. auch Rep. 206/286: Aktennotiz der Abtlg. II/ Industrie v. 16.2.1948.

[83] Vgl. BA Berlin, DO 3/617: „Übersicht über die in Sachsen-Anhalt auf Liste A befindlichen Objekte", ohne Datum [März 1948]. Die Differenz ist gegebenenfalls auf den Umstand zurückzuführen, daß ein Teil der holzverarbeitenden Betriebe nach der Bodenreformgesetzgebung enteignet worden ist. Doch wird diese Fragestellung im Gegensatz zu Brandenburg in den sachsen-anhaltischen Quellen nicht in befriedigender Weise quantifizierend thematisiert. Insgesamt waren in Sachsen-Anhalt 638 Unternehmen, darunter auch eine nicht näher bestimmte Anzahl holzverarbeitender Betriebe, nach der Bodenreformgesetzgebung enteignet worden. Vgl. die „Zusammenstellung der Handels- und Produktionsunternehmen, die im Zuge der Bodenreform in das Eigentum des Volkes übergegangen sind", ohne Datum sowie die Ergänzungsliste vom November 1948 in BA Berlin, DO 3/600. Vgl. zur Differenzierung der nach Befehl 124 und nach der Bodenreformgesetzgebung in Brandenburg enteigneten Betriebe, zu denen auch Sägewerke zählten, hier nur LHA Potsdam, Ld. Br. Rep. 206, Wirtschaftsministerium/332: Zusammenstellung „Arbeitende Betriebe, Industriegruppe 21000: Nahrungs- und Genußmittel" sowie „Industriegruppe 09000: Steine und Erden", ohne Datum [1948]. Vgl. auch die „Zusammenstellung aller industriellen Objekte", ohne Datum, ebd.

Setzung verschiedener „Dimensionen der Rechtsgeltung", die erst den Hiatus geöffnet hatten, mit dem den Eigentümern der argumentative Rückverweis auf die wechselseitige Gültigkeit und Verbindlichkeit der Rechtsnorm faktisch genommen worden war.[84] Und es war demzufolge auch die veränderte „*soziale Geltung* von Rechtsnormen", nach dem sich im Ergebnis deren „Grad der Durchsetzung, also der faktisch zu erwartenden Akzeptanz im Kreise der Rechtsgenossen" bestimmt[85].

Aller Voraussicht nach war die intransingente Haltung der Stadt Halberstadt darüber hinaus von einer ganz anderen Perspektive beeinflußt worden, die nämlich in erster Linie Gemeinden mittlerer und kleinerer Größenordnung in der SBZ veranlaßt hatte, nach Möglichkeit *als Kommune* von der Überführung privater Betriebe in die volkseigene Wirtschaft zu profitieren.

## II. Die Unternehmensenteignung im kommunalen Interessenkalkül

Denn die Ver*staatlichung* der Betriebe, zumal der größten und leistungsfähigsten Unternehmen, erfolgte – sofern sie nicht als Sowjetische Aktiengesellschaften firmierten – in der Regel zugunsten der zonalen oder der nachgeordneten Landesebene.[86] Kleinere, technisch und personell weniger gut ausgestattete, zumeist für den lokalen Markt und das nahe Umland produzierende Betriebe wurden dagegen durchweg den Kommunal-Wirtschafts-Unternehmen oder kommunalen Genossenschaften zur Nutzung überwiesen. Häufig wurden sie auch verkauft. Dabei handelte es sich bei diesen Unternehmen nach deren Ausstattung und Struktur nicht eigentlich um Firmen von geringer Qualität; in diesem Falle wären sie nicht enteignet worden.

Aber es waren doch Betriebe, die auf absehbare Zeit einen erhöhten Investitionsbedarf erkennen ließen. Es waren darunter Firmen, die zwar den Kommunen zur Nutzung überwiesen worden waren, deren Gelände und Gebäude aber die dort regulär untergebrachten oder willkürlich lagernden Truppenteile der sowjetischen Besatzungsmacht noch nicht geräumt hatten.[87] Dazu gehörten schließlich

[84] *Jürgen Habermas*, Faktizität und Geltung. Beiträge zur Diskurstheorie des Rechts und des demokratischen Rechtsstaats, S. 45.

[85] Ebd., S. 47. Kursive Hervorhebung im Original.

[86] Die besten Betriebe waren von den Russen als Sowjetische Aktiengesellschaften übernommen worden. Vgl. Manfred Wille, Die Industrie Sachsen-Anhalts im Spannungsfeld zwischen Neuaufbau, Besatzungsregime und gesellschaftlichen Umbrüchen, in: *Christoph Buchheim* (Hg.): Wirtschaftliche Folgelasten des Krieges in der SBZ/DDR, Baden-Baden 1995, S. 166.

[87] Hinzu kam, daß die Betriebe von den entsprechenden Truppenteilen oftmals regelrecht ausgeschlachtet worden waren und bei deren Rückgabe an deutsche Stellen Maschinen und anderes Inventar fehlten oder in unbrauchbarem Zustand zurückgelassen worden waren. Das galt nicht nur für künftige

auch Unternehmen, die fakultativ und unausgesprochen Maßnahmen der willkürlichen Demontage geopfert wurden, um dafür brauchbare Betriebsstrukturen in anderen Firmen dem Zugriff der Besatzungsmacht nach Möglichkeit zu entziehen. Kurz: Es handelte sich im wesentlichen um einen Teil derjenigen Firmen mittlerer und kleiner Größenordnung, für deren nahe Zukunft sich in technischer, wirtschafts- und besatzungspolitischer Hinsicht nicht ohne weiteres eine günstige Prognose erstellen ließ. Im Grunde suchten die Gemeinden, die nicht zuletzt auch mit dem Aufbau von Genossenschaften beauftragt worden waren, durch raschen Zugriff darum auch solche Betriebe der kommunalen Hand zuzuführen, auf die sich unter Umständen auch das Interesse der Provinz- bzw. Landesbehörden oder gegebenenfalls des FDGB gerichtet hatte.

Offenbar ohne Kenntnis der Provinzialregierung war darum beispielsweise im brandenburgischen Eberswalde wohl auch aus diesem Grund von den kommunal Verantwortlichen der Gemeinde willkürlich die „Enteignung *aller* [aus dem Krieg] nicht Zurückgekehrten" veranlaßt worden, um die Betriebe der gefallenen, vermißten oder in Kriegsgefangenschaft befindlichen Eigentümer ohne Rücksicht auf die Rechtsnachfolger nach Möglichkeit in kommunales Eigentum zu überführen.[88] Dabei hatten sich die Gemeindevertreter von administrativen Vorgaben gelöst und in beispielloser Weise den vielerorts herrschenden, vielfach von Improvisationen geprägten und von dem ZDK-Vorsitzenden Friedrich Lange in einer Retrospektive über die Sequesterarbeiten beklagten „ungeklärte[n] Schwebezustand der Beschlagnahmen" für ihre Zwecke genutzt.[89]

Zwar war es auch bei der Zentralen Deutschen Kommission nicht ohne Erstaunen zur Kenntnis genommen worden, daß die Entscheidungen der Berliner Behörde vielerorts „bei den untergeordneten Dienststellen auf größte Schwierigkeiten" gestoßen waren und beispielsweise auch „der Landrat von Osterburg mehrere Rückgabeurkunden ... zurückgehalten [habe], um die betreffenden Objekte nicht dem rechtmäßigen Eigentümer zu übergeben"[90]; aber im Grunde handelte es sich *vor Ort* vielfach eben nur um den Nachvollzug einer Willkür,

Kommunal-, sondern auch für Landes- oder Zonenbetriebe; aber die unversehrten Unternehmen wurden eben in den allermeisten Fällen nicht den Kommunen zur Nutzung überlassen. Vgl. hier nur LHA Potsdam, Ld. Br. Rep. 271, VVB Land Brandenburg/111: Schreiben des Treuhänders der Firma Deutsche Gold- und Silber-Scheideanstalt DEGUSSA, Kessler, an die Vereinigung volkseigener Betriebe Chemie-Papier/ Land Brandenburg v. 16.2.1949 sowie das Schreiben des Ministeriums für Wirtschaftsplanung an die Hauptverwaltung Volkseigene Betriebe v. 10.2.1948, ebd. Vgl. auch LHA Potsdam, Ld. Br. Rep. 206, Wirtschaftsministerium/146: Tätigkeitsbericht für den Monat April 1947 der Treuhandverwaltung des Amtes provinzeigener Betriebe v. 8.5.1947.

[88] BA Berlin, DO 3/137: Fol. 78. Kursive Hervorhebung vom Verf./Schmidt. Die Quelle ist undatiert. Es ist demzufolge unklar, ob eine entsprechende Kommunalentscheidung über die grundsätzliche Enteignung der nicht nach Eberswalde zurückgekehrten Kriegsteilnehmer unmmittelbar nach Erlaß des Befehls 124 oder gegebenenfalls erst später erfolgt ist.

[89] BA Berlin, DO 3/136: Für die ZDK angefertigte Denkschrift Langes, undatiert [vermutlich 1948].

[90] BA Berlin, DO 3/387: Aktennotiz v. 1.8.1947. Auch die Stadtverwaltung von Magdeburg wurde kritisiert weil sie „angeblich mit Zustimmung der Landesregierung Sachsen-Anhalt eine Reihe von betrieblichen Objekten liquidiert" habe. BA Berlin, DO 3/176: „Bericht über die am 13.1.1949 beim Amt für Wirtschaft des Rates der Stadt Magdeburg durchgeführte Besprechung" v. 3.2.1949.

um den imitierten Niederschlag einer politischen Praxis, in der die normativen Vorgaben der SMAD und der ZDK auch mit der im wesentlichen ökonomisch orientierten Politik dieser höchsten Sequesterinstanzen in Konfrontation gesetzt und demzufolge von den Gemeindeverantwortlichen kopiert worden waren. Die Zonen-, Landes- und Kommunalbehörden konkurrierten untereinander um die enteigneten Betriebe, weil das Modell der vertikalen Koordination der Wirtschaftslenkung und die in ihm angelegten Ebenen ökonomischer Hierarchisierung für die Kommunen, Kreise, Regierungsbezirke und Länder auf Jahre hinaus die Eckwerte künftiger Möglichkeitsspielräume festschrieben. Diese bildeten wiederum den wesentlich substantiellen Hintergrund der gesellschaftlichen Planungs- und Optionensteuerung; also auch der Finanzierung und Realisierung gemeindlicher Leistungsverpflichtungen, die wiederum nicht in jedem Fall das Ergebnis kommunaler Entscheidungsautonomie darstellten, sondern vielfach auf dekretierten Beschlüssen der zonalen oder Landesbehörden beruhten. Die zwischen den Trägern der unterschiedlichen volkseigenen Wirtschaftssektoren existierende Konkurrenz war keine *Markt*konkurrenz im Medium „rationaler Vergesellschaftung“[91]; aber im Gegensatz zur klassischen liberalen Wirtschaftsweise, in der ökonomischer Erfolg gleichsam sich selbst verstärkend einen günstigen positionsbestimmenden Faktor für den künftigen marktrelevanten Einfluß eines Unternehmens darstellt, bildete in der Planwirtschaft erst die wechselseitige Verschränkung von bürokratischer Macht und ökonomischer Potenz sowie der sich in dieser Konstellation ausdrückende korrespondierende Bezug *einen* wesentlichen Ausgangspunkt politisch relevanter Einflußnahme.

## III. Die Reaktionen der Selbständigen

Wie aber hatten die Eigentümer die Enteignung ihres Besitzes wahrgenommen, in welcher Weise waren das Erleben individuellen Schicksals und die Erfahrung einer veränderten sozialen Ordnung miteinander verknüpft, wie war der Zusammenhang von persönlicher Krise und gesellschaftlichem Wandel zum Ausdruck gekommen und wie hatte die Etablierung einer neuen Eigentumsordnung die Wahrnehmung geprägt und in spezifischer Weise gegebenenfalls tradiertes soziales Bewußtsein affirmiert, überlagert oder verdrängt?

Im Gegenlicht einer sich sukzessiv stalinisierenden SBZ wirken die von den enteigneten Unternehmern, Gewerbetreibenden, Handwerkern und Geschäftsleuten gegen die Vermögenskonfiskation vorgetragenen Stellungnahmen, Argumente und Erklärungen wie der revitalisierte, späte Rückverweis auf einen tradierten Zusammenhang, der einmal die Substanz der bürgerlichen Gesell-

[91] *Max Weber*, Wirtschaft und Gesellschaft. Grundriss der verstehenden Soziologie, Tübingen [5]1976, S. 382.

schaft begründet hatte. „Jedes Verwaltungsverfahren", schrieb der bereits oben zu Wort gekommene Unternehmer aus Wolmirstedt, „bedarf gewisser Ordnungsprinzipien und zweckmässiger Durchführungsbestimmungen, um Willkür und persönliche Unzulänglichkeit der mit den Sachen befaßten Beamten auszuschließen. ... .Im Laufe des ganzen Verfahrens", fuhr er fort, „ist mir nicht ein einziges mal das rechtliche Gehör gewährt worden. ... Nie habe ich offiziell Kenntnis von dem erhalten, was mir zur Last gelegt wurde, und nie ist mir Gelegenheit geboten worden, mich gegen diese Vorwürfe zu verteidigen".[92]

Es war hier, wie überhaupt in der Mehrheit der an die Zentrale Deutsche Kommission, an die Rechtsausschüsse der Landtage, Abgeordnete oder Anwälte gerichteten Petitionen der mit Erstaunen und Überraschung, jedenfalls als ebenso unerhörter wie unerwartet zur Kenntnis genommene Rationalitätsbruch, der ungemeine Empörung auslöste, die Anschreiben zumeist einleitete und häufig auch beschloß. Die Einhaltung eines regulierten, Maßstäben formaler Ordnung, legislativer Kontrolle sowie Merkmalen der Transparenz und Überprüfbarkeit genügenden Verfahrens, das allererst Maßstäbe formaler Rationalität gegenüber genuin eigentumsrechtlichen Einwänden prioritär bewertete, bildete in der Regel den Kernpunkt einer Problemdefinition, die die Beurteilung des Vermögensentzugs nicht macht-, sondern rechtslogischen Kriterien unterwarf. Es bildete unter diesem Gesichtspunkt daher geradezu den Gipfel einer hämisch übersteigerten Paradoxie, wenn die rechtbrechende Instanz nach wie vor als positiv rechtsetzendes Organ identifiziert worden war und ein Baaunternehmer aus Magdeburg seinen Einspruch begründete, indem er argumentierte, daß es ohne Zweifel „im Sinne des Gesetzgebers sein [müsse], daß ohne zwingende Gründe keine über seinen Willen hinausgehende[n] Einzeleingriffe erfolgen".[93] Dabei blieb nicht wenigen Betroffenen der Zugang zum Verfahren selbst verwehrt, so etwa, wenn die Frau eines seit dem 14. August 1945 von der Besatzungsmacht inhaftierten Kolonialwarenhändlers aus Lindau voller Verzweiflung an die ZDK schrieb:

„Ich habe nach allem diesen, was ich Ihnen über den Gang des Verfahrens wahrheitsgemäß und genau dargelegt habe, nicht gewußt, was man im einzelnen meinem Mann zur Last legt. Ich bin dazu auch nicht gehört worden. Ich weiß heute noch nicht, warum mein Mann zum enteignungswürdigen Aktivisten erklärt werden soll. Ich habe keine Möglichkeit gehabt, meinen Mann zu rechtfertigen. Er selbst kann dies wegen seiner Inhaftierung ja auch nicht. Ich kann den Beschuldigungen nur insoweit entgegentreten, als ich sie vermute. Es fällt mir daher auch heute noch schwer, seine Interessen richtig zu verteidigen. Ein Verfahren, bei dem die Anklagebehörde und der Spruchausschuß alles wissen und der Beschuldigte und sein Vertreter nichts, ist für den Beschuldigten oder seinen Vertreter fast unmöglich sachlich richtig durchzuführen. ... .[Es ist] praktisch ohne meine Kenntnis, ohne meine sachgerechte Anhörung, ... praktisch für

[92] BA Berlin, DO 3/940: Schreiben des Lederfabrikanten Fritz Heim aus Wolmirstedt an den Rechtsausschuß des Landtages der Provinz Sachsen - Anhalt v. 9.1.1947.

[93] BA Berlin, DO 3/1708: Einspruch der Baufirma Gebr. Hermecke aus Magdeburg, hier Schreiben der Ehefrau Vera Hermecke, an die ZDK v. 6.11.1946.

mich überhaupt hinter verschlossenen Türen verlaufen".[94] – Zweifellos bündelten sich hier Reflexe, die nicht zuletzt auch den Moralitätsverlust der Politik beklagten und die Abwehr von Beschuldigungen lediglich auf der vollkommen unzureichenden Basis von Hintergrundannahmen bewirken konnten. Tatsächlich reagierte die Einheitspartei in Bezug auf die Einhaltung unabdingbarer Formalkriterien allein dann sensibel, sofern es sich um die Einhaltung der Einspruchstermine handelte, wobei eine Fristüberschreitung des Einspruchsberechtigten zum unmittelbaren Verfahrensausschluß führte und die sofortige Vollstreckung des Enteignungsbeschlusses nach sich zog. Demgegenüber wurde der berechenbare Geltungsanspruch rechtsformaler Verfahrenskriterien als prozeduraler Ausgangspunkte einer realistischen Chancenwahrnehmung des Beschuldigten allenfalls kontextabhängig gewahrt, im wesentlichen jedoch als ein den transformationspolitisch geprägten Zielen inkonformes Instrument zurückgewiesen, wobei die grundsätzliche Prärogative der auf ökonomische Hegemonie zielenden machtarithmetischen Überlegungen konkurrierende Gesichtspunkte, wie sie etwa in der taktischen Variante des ausgleichsorientierten Blockprinzips virtuell zum Ausdruck kamen, verdrängte. Dieser Logik folgend hatte die Zentrale Deutsche Kommission etwa den Wirtschaftsbeauftragten der SED des Landkreises Quedlinburg scharf zurechtgewiesen, wenn kritisiert wurde, dieser bearbeite die Enteignungen zu juristisch „und berücksichtigt dabei nicht, dass es sich meist um politische Entscheidungen" handele.[95]

Nicht zuletzt fanden neben der überwiegend rechtlich geprägten Einspruchsargumentation seitens der Enteigneten aber auch politische Einwände ihren Ausdruck, die im Grunde bereits ein spezifisches Vorverständnis der realen Situation mitreflektierten und damit vorauseilend einem erwarteten Begründung der Beschlagnahme seitens der Zentralen Deutschen Kommission zu begegnen suchten. – „In Anbetracht meiner bescheidenen Verhältnisse bin ich nicht als Kapitalist zu bezeichnen", hatte etwa ein Einzelhändler aus Calbe der Provinzkommission berichtet und sich damit damit selbstevaluierend im Umbruch der gesellschaftlichen Verhältnisse positioniert, was auch deren virtuelle Anerkennung bedeuten und als avisierte besitzstandswahrende Anpassung an die neue Ordnung Verstanden werden konnte.[96]

[94] BA Berlin, DO 3/961: Schreiben der Else Heuer aus Lindau an die ZDK betr. die Enteignung des Kolonialwarenladens ihres seit dem 14.8.1945 von der SMA inhaftierten Mannes v. 6.10.1946.

[95] BA Berlin, DO 3/611: Aktennotiz betr. die „Überprüfung von zurückgegebenen und bisher nicht sequestrierten Betrieben" im Stadt- und Landkreis Quedlinburg v. 1.10.1947; vgl. mit gleicher Argumentation auch DO 3, Nr.946: Aktennotiz über die Durchführung der Sequestrierung im Kreis Oschersleben v. 17.9.1947.

[96] BA Berlin, Do 3/934: Schreiben des Einzelhändlers Alfred Wagner aus Calbe an die DWK v. 10.9.1948.

*Bernd Holtwick*

# Der Nutzen des Mangels und die Probleme des Wohlstands. Ostwestfälische Handwerker zwischen 1945 und 1960

## I. Einleitung: Gute und schlechte Zeiten

In der kollektiven Erinnerung der westdeutschen Bevölkerung markiert die Währungsreform 1948 den Aufbruch aus dem Mangel und der wirtschaftlichen Agonie, der schließlich in den Wohlstand, ja in den Überfluß führte. Zugespitzt formuliert scheidet sie die „schlechten Jahre“ nach dem Krieg von den „guten“ in der Bundesrepublik.[1] Vermutlich erinnern die kleinen Gewerbetreibenden diesen Zeitraum nicht sehr viel anders als die übrige Bevölkerung. Es gibt dazu keine Untersuchungen. Aber selbst wenn sich die Erinnerungen tatsächlich ähneln, unterscheiden sich doch die historischen Erfahrungen. Diese These soll im folgenden diskutiert werden. Man kann sie auch so formulieren: Die Handwerker profitierten von den Chancen, die ihnen die allgemeine Knappheit und die Versuche einer Lenkung und Rationierung von Ressourcen boten; die Marktwirtschaft stellte die Kleinbetriebe dagegen vor erhebliche Probleme.

Relevant ist dieser Problemkomplex in zweifacher Hinsicht. Erstens können die Ergebnisse der Untersuchung dazu beitragen, die Lücken in der Forschung über kleine und mittlere Betriebe zu schließen. Diese sind nach wie vor beträchtlich, da sich das wirtschafts- und sozialhistorische Interesse eher auf die Großbetriebe richtete, die als charakteristischer für die moderne Industriegesellschaft erschienen und wo die Quellenlage sehr viel besser ist. Zweitens stellt sich vor dem Hintergrund der These einer „Panik im Mittelstand“, die die kleinen Selbständigen gegen Ende der Weimarer Republik in die Arme der Nationalsozialisten getrieben habe,[2] die Frage, wie sich das Verhältnis von Kleinunternehmern und Demokratie in der frühen Bundesrepublik gestaltete. Die wirtschaftliche Entwicklung dürfte auch die politische beeinflußt haben: Eine Krise diskreditierte womöglich die junge Republik.

[1] Vgl. *Werner Fuchs*, Der Wiederaufbau in Arbeiterbiographien, in: *Lutz Niethammer/Alexander v. Plato* (Hg.), „Wir kriegen jetzt andere Zeiten“. Auf der Suche nach der Erfahrung des Volkes in nachfaschistischen Ländern, Bonn 1985, S. 347–360, hier S. 348.

[2] Ausführlich dazu *Bernd Holtwick*, Panik im Mittelstand? Handwerker in Lippe und im Regierungsbezirk Minden 1925 bis 1935, in: *Willfried Reininghaus/Ralf Stremmel* (Hg.), Handwerk, Bürgertum und Staat, Dortmund 1997, S. 99–116.

Die vorliegende Arbeit untersucht drei aufeinanderfolgende Phasen. Zuerst tritt die Zeit des Mangels und der Wirtschaftslenkung in den Blick, wobei das Augenmerk der Tatsache gilt, daß die allgemeine Knappheit und die Instrumente der ökonomischen Steuerung keine Situation der Gleichheit schufen, sondern daß die gelenkte Wirtschaft spezifische Disparitäten erzeugte (Kap. II). Diese werden in den Gegensatzpaaren Handwerk und Industrie, Anbieter und Nachfrager und Eingesessene und Neuankömmlinge analysiert werden. Die beiden weiteren Schritte der Untersuchung beziehen dann die Umstellungsprobleme auf die neue Situation der Marktwirtschaft ein (Kap. III) und schließlich (Kap. IV) das Ergebnis des Anpassungsprozesses.

## II. Disparitäten des Mangels

### *1. Handwerk und Industrie*

Erst nach dem Ende des Krieges wurde die deutsche Bevölkerung von der vollen Wucht der Versorgungs- und Ernährungskrise getroffen. Bis Anfang 1945 hatte das nationalsozialistische Regime die Ernährungslage noch auf einem halbwegs erträglichen Niveau halten können – zumindest für diejenigen, die nicht zu den Opfern der Rassenpolitik gehörten. Dazu trug die Ausplünderung der von der Wehrmacht besetzten Gebiete bei.[3]

Im Frühjahr 1946 kam es zum erstenmal zu einer extremen Unterversorgung. Die Rationen in der britischen Zone mußten um ein Drittel gekürzt werden, und selbst dieses Niveau ließ sich kaum aufrechterhalten. Ein Zeichen dieses allgemeinen Mangels war, daß in Ostwestfalen-Lippe erstmals Mais anstelle des fehlenden Getreides zu Brot verarbeitet werden mußte.[4] Im Winter 1946/47 spitzte sich die Lage noch einmal zu. Dadurch wurden Streiks provoziert, die im März 1947 das gesamte britische Besatzungsgebiet erfaßten und allein in der Stadt

[3] Vgl. *Gabriele Stüber*, Der Kampf gegen den Hunger 1945–1950, Neumünster 1984, S. 32–39; *Paul Erker*, Ernährungskrise und Nachkriegsgesellschaft. Bauern und Arbeiterschaft in Bayern 1943–53, Stuttgart 1990, S. 23 ff.; *Dietmar Petzina*, Industrieland im Wandel (1945–1980), in: *Wilhelm Kohl* (Hg.), Westfälische Geschichte, Bd. 3, Düsseldorf 1984, S. 441–531, hier S. 443.

[4] Handwerkskammer (im folgenden bezeichnet als HwK) Bielefeld, Lagebericht vom 15.5.1946, Staatsarchiv Detmold (im folgenden bezeichnet als StaatsA Dt), M1 IN Nr. 130; Artikel „Weißes Mehl aus weißem Mais", in: FP v. 26.1.1949, Westermann Slg., Bd. W 50, Stadtarchiv Bielefeld (im folgenden bezeichnet als StadtA Bi). Die lippische Landesregierung meldete im Januar 1946 noch keine Versorgungsprobleme (Schr. der Lipp. Landesregierung an den Oberpräsidenten der Provinz Westfalen v. 14.1.1946, StaatsA Dt, L80 Ia Gr.I Tit.6 Nr. 27); allg. vgl. *Günther J. Trittel*, Hunger und Politik in Westdeutschland 1945–1950, Frankfurt 1990, S. 32, 44 und 48; und *Alan Kramer*, The West German Economy 1945–1955, Oxford 1991, S. 82.

Bielefeld 20 Betriebe lahmlegten.[5] Eine grundlegende Verbesserung blieb auch im folgenden Winter aus. Wieder führten Importausfälle und die unvollständige Ablieferung der heimischen Ernte zu Versorgungslücken, die Streiks und Unruhen nach sich zogen. Erst im Sommer 1948 zeichnete sich eine Trendwende ab, die nach der Währungsreform in eine sprunghafte Verbesserung des Versorgungsniveaus mündete. Die letzten Lebensmittelkarten wurden allerdings noch im Februar 1950 ausgegeben.[6]

Die unzureichende Versorgung mit Nahrungsmitteln stellte lediglich ein augenfälliges Indiz der Krise dar, die sich faktisch aber auf alle Lebensbereiche erstreckte: Es fehlte genauso an Heizmaterial, an Kleidung und Schuhen, an Haushaltswaren und Möbeln. Die Produktion der Konsumgüterindustrie blieb noch deutlich hinter den Produktionsgütern zurück und stieg bis Ende 1947 gerade einmal auf ein gutes Viertel des Vorkriegsstandes.[7]

Die Versorgungslage in der Untersuchungsregion des heutigen Regierungsbezirks Detmold war wegen ihrer agrarischen Struktur und der geringeren Zerstörungen deutlich günstiger als etwa in Berlin oder dem Ballungszentrum des Ruhrgebiets. Viele Menschen bewirtschafteten zumindest ein kleines Stück Land und konnten dadurch die Zuteilungen ergänzen.[8] Selbst für die Stadtbevölkerung von Bielefeld, der diese Möglichkeit weitgehend verschlossen blieb, war der Weg zu den umliegenden Bauernhöfen kurz, und es bestanden nicht selten verwandtschaftliche Beziehungen, auf die man zurückgreifen konnte.

Analysiert man zuerst die unterschiedliche Lage von Handwerk und Industrie, dann fällt auf, daß die letztere vor erheblich größeren Problemen stand. Die direkten Zerstörungen von Industrieanlagen durch die alliierten Bombenangriffe spielten hier zwar eine Rolle.[9] Sie allein können die Unterschiede aber nicht erklären. Anders als es die eindrücklichen Bilder der Trümmerlandschaft deutscher Städte nahelegen, hatten die Bomben nur ein Viertel der Industrieanlagen vernichtet. Zudem waren die Kapazitäten über den Krieg hinweg massiv erweitert worden, so daß 1948 das Bruttoanlagevermögen immer noch 10 Prozent über dem Stand von 1936 lag.[10]

[5] *Frigga Tiletschke*, „Ich darf nicht etwas von Essen hören, da kommen meine Gedanken nicht davon los", in: *VHS Bielefeld* (Hg.), „Wir haben uns so durchgeschlagen ...", Bielefeld 1992, S. 10–47, hier S. 18 f.; *Trittel*, Hunger (wie Anm. 4), S. 91 ff.

[6] *Trittel*, Hunger (wie Anm. 4), S. 150, 155, 185 und 209. Vgl. auch die Monatsberichte für die Militärregierung bes. für September und Dezember 1947, Februar und März 1948, StaatsA Dt, M1 IN, Nr. 13.

[7] *Werner Abelshauser*, Wirtschaft in Westdeutschland 1945–1948. Rekonstruktion und Wachstumsbedingungen in der amerikanischen und britischen Zone, Stuttgart 1975, S. 36.

[8] *Jörn Borchert*, Notlösungen. Alltag in Minden, ms. Minden 1988, S. 24. Die Schilderungen bei *Dieter Riesenberger*, Leben in der zerstörten Stadt, in: *Barbara Stambolis* (Red.), Paderborn 1945–1955, Paderborn 1987, S. 23–31, sind zwar dramatisch, beschreiben aber eine Ausnahmesituation, wie sie in dieser Zuspitzung höchstens in den zerstörten Innenstädten von Bielefeld und Paderborn galt.

[9] HwK Detmold, Bericht 1945–48, Detmold 1948, S. 18.

[10] *Philipp Heldmann*, Das „Wirtschaftswunder" in Westdeutschland, in: Archiv für Sozialgeschichte 36 (1996), S. 323–344, hier S. 325; *Petzina*, Industrieland (wie Anm. 3), S. 445 f.

Entscheidend waren vielmehr die Luftangriffe gegen das deutsche Transportsystem. Sie hatten die deutsche Kriegswirtschaft weitgehend gelähmt, und ihre Auswirkungen behinderten auch die ökonomische Erholung. Die industrielle Produktion stieg nämlich von 1945 bis zum Frühjahr 1946 relativ rasch wieder auf ein Drittel des Standes von 1936. Seit Juli 1946 stagnierte sie aber und brach im Winter schließlich wieder ein, als der Rohstoff- und Warentransport unter dem Einfluß des Wetters versagte.[11] Erst durch die konzentrierte Reparatur und Erweiterung vor allem des Eisenbahnnetzes wurden im Laufe des Jahres 1947 im wörtlichen Sinne die Weichen für einen dauerhaften Aufschwung gestellt.[12] Bis dahin funktionierte der überregionale Güteraustausch nur unzuverlässig, was die Produzenten auf die lokalen Märkte verwies, auf denen in relativ kleinen Mengen Rohstoffe zu beschaffen und Waren abzusetzen waren.

Hinzu kamen die Konsequenzen der nationalsozialistischen Rüstungspolitik. Die Konsumgüterindustrie war schon seit Mitte der dreißiger Jahre von der Wirtschaftspolitik vernachlässigt worden. Nun fehlten deren Kapazitäten um so schmerzlicher, weil der Bedarf sich durch die direkten Kriegsfolgen vervielfacht hatte.

Schließlich behinderte noch eine Reihe von Entscheidungen der britischen Besatzungsmacht die Industriebetriebe. Zunächst einmal mußten sie sich ein sogenanntes „Permit" besorgen, um weiterarbeiten zu dürfen, während die kleinen Unternehmen weitgehend unbehelligt blieben. Die Grenze dafür war zuerst nicht exakt festgelegt. Sie wurde in Bielefeld bei zehn Beschäftigten pro Betrieb gezogen und lag in Herford noch darunter.[13] Vom 1. Januar 1947 an verlangte die britische Militärregierung von allen Unternehmen mit mehr als 25 Beschäftigten, daß sie sich einem solchen Genehmigungsverfahren unterzogen.[14] Der Vorteil, als Permit-Inhaber in den Genuß von Zuteilungen zu kommen, wog angesichts des allgemeinen Mangels die Nachteile und Behinderungen durch das Verfahren nicht auf.[15] Die extreme Kohlenknappheit zwang die britische Besatzungsmacht außerdem in den Wintermonaten immer wieder dazu, die Stromer-

[11] *Abelshauser*, Wirtschaft (wie Anm. 7), S. 36; *Werner Abelshauser*, Probleme des Wiederaufbaus der westdeutschen Wirtschaft 1945–1953, in: *Heinrich August Winkler* (Hg.), Politische Weichenstellungen im Nachkriegsdeutschland 1945–1953, Göttingen 1979, S. 232; dort (S. 216) werden die Verluste durch Bombenangriffe nur auf etwa 17 Prozent beziffert. *Werner Plumpe*, Vom Plan zum Markt. Wirtschaftsverwaltung und Unternehmerverbände in der Britischen Zone, Düsseldorf 1987, S. 175, weist auch dem Versagen der Wirtschaftsverwaltung eine wichtige Verantwortung für die Winterkrise zu.

[12] *Abelshauser*, Wirtschaft (wie Anm. 7), S. 151–156; *Bernd Klemm/Günther J. Trittel*, Vor dem „Wirtschaftswunder". Durchbruch zum Wachstum oder Lähmungskrise?, in: Vierteljahrshefte für Zeitgeschichte 35 (1987), S. 571–624, bes. S. 620 ff., kritisieren allerdings bei Abelshauser eine zu unkritische Zugrundelegung einer Rekonstruktionstheorie, die den wirtschaftlichen Aufschwung als beinahe zwingend erscheinen läßt.

[13] HwK Bielefeld, Bericht 1945–48, Bielefeld 1948, S. 64.

[14] Mitteilungen der HwK Bielefeld (im folgenden zitiert als Mitteilungen) 1 (1946), Nr. 4 v. 28.10., [S. 4].

[15] *Plumpe*, Plan (wie Anm. 11), S. 86.

zeugung der Kraftwerke zu reduzieren. Deshalb mußten auch die Gewerbebetriebe ihren Verbrauch einschränken. Das verschaffte wiederum den Kleinbetrieben einen Vorsprung, weil im Winter 1945/46 industrielle Großverbraucher stillgelegt wurden, während die Handwerker mit der Einsparung eines Drittels ihres elektrischen Stroms davonkamen. Im März 1946 sollten alle Betriebe, die mehr als 80 kWh pro Tag verbrauchten, die Arbeit einstellen, was aber nicht konsequent umgesetzt wurde. Die Stromsperren im Jahr darauf trafen dann nur noch Großabnehmer mit einem Bedarf von mehr als 300 kWh und nahmen die meisten Handwerkszweige explizit aus.[16]

Dem solcherart eingeschränkten Angebot stand eine enorme Nachfrage gegenüber, die unter den gegebenen Bedingungen vor allem Handwerksbetriebe bedienen konnten. Die Überalterung vieler Geräte und Gebrauchsgegenstände erzeugte in den Privathaushalten einen riesigen Instandsetzungsbedarf, von dem alle Handwerkszweige profitierten, die Reparaturarbeiten übernehmen konnten.[17] Der Mangel an Wohnraum war noch eklatanter, und er wuchs durch den Zustrom von Flüchtlingen.[18] Schon im September 1945 wurde ein Sofortprogramm eingeleitet, das im Regierungsbezirk Minden und den Ländern Lippe und Schaumburg-Lippe die Herrichtung von 9.000 winterfesten Wohnungen bis zum Ende des Jahres bringen sollte. Dabei war vor allem an die Reparatur nur leicht beschädigter Häuser gedacht, für die das Material aus den Trümmern gewonnen werden konnte.[19] Ausführen konnten diese dringenden Arbeiten nur die ansässigen Bauhandwerker. Schließlich trat auch die Militärregierung, die in Ostwestfalen-Lippe ihre zentralen Einrichtungen stationiert hatte, als Auftraggeber auf und ließ Möbeltischler und Bekleidungshandwerker für sich arbeiten, so daß der Herforder Oberbürgermeister Ende 1945 diese Branchen als „mit Militäraufträgen versehen und voll beschäftigt“ bezeichnen konnte.[20]

Die kleinen Betriebe konnten eine bemerkenswerte „Krisenfestigkeit“ beweisen und bewältigten die Probleme des Materialmangels „besser [...] als die In-

[16] Vgl. HwK Bielefeld, Lagebericht vom 15.11.1945, StaatsA Dt, M1 IN Nr. 147; Berichte über Januar und Februar 1946, StaatsA Dt, M1 IN Nr. 114; die Handwerksorganisationen verhinderten offenbar größere Stillegungen, vgl. HwK Bielefeld, Lagebericht vom 15.1.1946, StaatsA Dt, M1 IN Nr. 130; und HwK Bielefeld, Bericht 1945–48 (wie Anm. 13), S. 64; HwK Bielefeld, Lagebericht vom 20.3.1946 und 15.9.1946, StaatsA Dt, M1 IN Nr. 130; OKD Landkreis Bielefeld, Wirtschaftlicher Lagebericht v. 1.3.1947, StaatsA Dt, M1 IN Nr. 132.

[17] Vgl. HwK Bielefeld, Lagebericht vom 15.11.1945, StaatsA Dt, M1 IN Nr. 147; HwK Detmold, Bericht 1945–48 (wie Anm. 9), S. 47.

[18] Bis 1950 wuchs die Bevölkerung des Regierungsbezirks Minden um mehr als ein Drittel gegenüber dem Stand 1939 (*Stephanie Reekers*, Westfalens Bevölkerung 1818–1955. Die Bevölkerungsentwicklung der Gemeinden und Kreise im Zahlenbild, Münster 1965, S. 10).

[19] Rundschreiben des RP Minden v. 22.9.1945, StaatsA Dt, D100 Höxter, Nr. 294.

[20] Oberbürgermeister von Herford, Wirtschaftlicher Lagebericht für November 1945, Anlage 2, StaatsA Dt, M1 IN Nr. 147; ebenso mit Hinweis auf die 450 handwerklichen Serienmöbelhersteller, von denen zwei Drittel beschäftigt waren HwK Bielefeld, Lagebericht vom 15.12.1945, StaatsA Dt, M1 IN Nr. 130. Das galt genauso für die entsprechenden Industriebetriebe, vgl. Bericht H. Schormanns über das Entwicklungsgeschehen der Holzindustrie 1946, StaatsA Dt, M1 IN Nr. 93.

dustrie".[21] Die Gründe dafür waren leicht erkennbar. Zum einen eignete sich die handwerkliche Produktionsmethode der Einzel- oder Kleinserienfertigung viel besser dafür, Altmaterialien und Ersatzstoffe zu verwenden, als die industrielle Massenproduktion.[22] Zum anderen konnten die Handwerksbetriebe ihren vergleichsweise geringen Materialbedarf durch halblegale oder rechtswidrige Geschäfte in ihrem lokalen Umfeld decken oder die Probleme an die Kunden delegieren, indem sie von ihnen das 'Organisieren' der nötigen Rohstoffe verlangten. Der Tauschhandel und die sogenannten „Kompensationsgeschäfte", bei denen nur Waren erhielt, wer eine Gegenleistung in Form von Waren oder Rohstoffen erbringen konnte, ergänzten das offizielle Zuteilungssystem, das die Versorgung allein nicht sicherstellen konnte.[23] Sie wurden zur Alltagsroutine: „Der Kompensationsverkehr der Wirtschaft hat sich eingespielt. Die Wirtschaft läuft nicht ‚gelenkt' von den Wirtschaftsbehörden, sondern ‚trotzt' der Lenkung."[24]

Die Handwerker bewegten sich sicherlich nicht aus krimineller Neigung am Rande der Illegalität, sondern weil ihnen kaum eine andere Wahl blieb, wenn sie ihre Existenz sichern wollten. Das bedeutete, um es in den Kategorien einer ökonomischen Rationalität zu formulieren, daß die unzureichende offizielle Bewirtschaftung weder den Erhalt der Betriebe noch das Erwirtschaften von Gewinn versprach und deshalb das unternehmerische Eigeninteresse den Inhabern das Unterlaufen der Vorschriften nahegelegte. Gleichzeitig konnte die staatliche Kontrolle die einzelbetriebliche Produktion nicht erfassen, solange sie die Besitzverhältnisse prinzipiell unangetastet ließ. Dadurch wurden die Geschäfte auf dem grauen und schwarzen Markt erst ermöglicht.[25] In jedem Fall legten die Handwerker in der Schattenwirtschaft eine große Geschicklichkeit an

[21] HwK Bielefeld, Lagebericht vom 15.10.1946, Kreisarchiv Gütersloh (im folgenden bezeichnet als KreisA Gü), Landratsamt, Fach 75 Nr. 9, Bd. 2.

[22] *Borchert*, Notlösungen (wie Anm. 8), S. 22; anschaulich auch *Ernst Helmut Segschneider/Martin Westphal*, Zeichen der Not. Als der Stahlhelm zum Kochtopf wurde, Detmold 1989.

[23] „Man wird nicht fehlgehen in der Annahme, daß etwa 90–95 Prozent der Tätigkeit der Betriebe von statten geht, obwohl sie bei der Zuteilung von Roh- und Hilfsstoffen durch die staatlichen Verteilungsstellen vernachlässigt wurden" (HwK Bielefeld, Bericht über die Lage des Handwerks für die Zeit vom 1.1.1947 – 30.6.1947, StaatsA Dt, M1 IN, Nr. 130, S. 2); OKD Landkreis Bielefeld, Wirtschaftlicher Lagebericht v. 2.9.1946 und 2.5.1947, StaatsA Dt, M1 IN, Nr. 132; Verhandlungen des Verbandes des westfälisch–lippischen Handwerks am 22.9.1947, Westfälisches Wirtschaftsarchiv Dortmund (im folgenden bezeichnet als WWA), K13 Nr. 92 (vorl.), Bd. 1, S. 6; Schr. der Polizeibehörde der Stadt Bielefeld an den RP Minden v. 29.2.1948, StaatsA Dt, M1 IN Nr. 6. Vgl zu Bayern auch *Christoph Boyer*, Zwischen Zwangswirtschaft und Gewerbefreiheit. Handwerk in Bayern 1945–1949, München 1992, S. 58 ff.

[24] Monatsbericht für die Militär–Regierung für den Monat November 1947, StaatsA Dt, M1 IN Nr. 13. *Karl-Heinz Rothenberger*, Die Hungerjahre nach dem Zweiten Weltkrieg, Boppard 1980, S. 125 spricht von zwei parallel bestehenden „ernährungswirtschaftlichen Verteilungssystemen", dem offiziellen und dem auf dem Schwarzmarkt.

[25] Vgl. die anregenden Überlegungen dazu bei *Werner Plumpe*, Wirtschaftsverwaltung und Kapitalinteresse im britischen Besatzungsgebiet 1945/46, in: *Dietmar Petzina/Walter Euchner* (Hg.), Wirtschaftspolitik im britischen Besatzungsgebiet 1945–1949, Düsseldorf 1984, S. 136–144.

den Tag und erzielten bemerkenswerte Erfolge: Die Herforder Stadtverwaltung sah das durchaus mit Wohlwollen und schätzte, daß 90 Prozent des 1946 verwendeten Baumaterials nicht auf dem Wege der Zuteilung seinen Bestimmungsort erreicht hatte, sondern „auf anderen Wegen beschafft werden mußte und wurde".[26]

*Graphik 1: Zahl der Handwerksbetriebe und ihrer Beschäftigten im Regierungsbezirk Minden (1939-1949)*

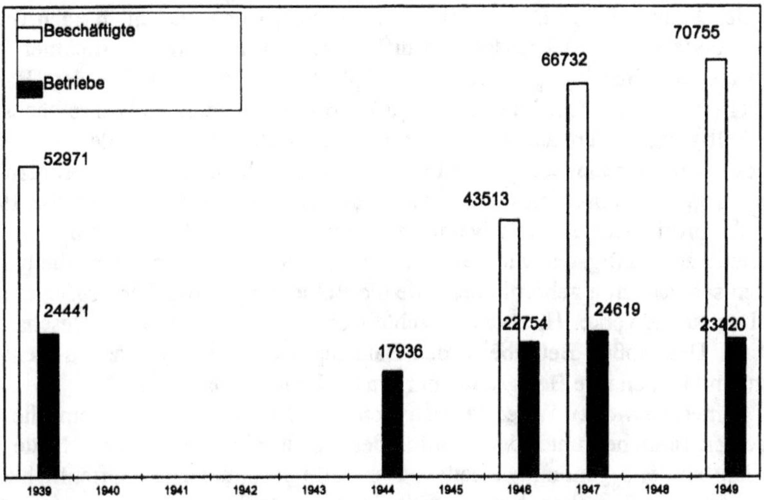


Quellen: 1939 - Statistisches Reichsamt (Hg.), Statistik des Deutschen Reiches, Bd. 570: Die Handwerksbetriebe in den Reichsteilen u. größeren Verwaltungsbezirken, Berlin 1944, S. 70-72. In der Erhebung wurden Betriebsinhaber und Beschäftigte zusammengezählt, weshalb hier die Betriebzahl von der Beschäftigtenzahl subtrahiert werden mußte. Die Anzahl der Betriebe ist vor allem durch die Nichtberücksichtigung der Hausschlachter zu gering; 1944 - Aufstellung der Innungen unseres Kammerbezirkes, Westfälisches Wirtschaftsarchiv Dortmund (im folgenden zitiert WWA), K13 Nr. 71 (vorl.), Bd. 2; 1946 - Mitteilungen der HwK Bielefeld 1 (1946), Nr. 2 v. 22.8., [S. 4]; 1947 - Statistisches Amt des Provinzialverbandes Westfalen (Hg.), Das Handwerk in Westfalen nach der Erhebung vom 1. Oktober 1947, Münster 1948, S. 38 ff. Darin sind noch etwa 8 Prozent ruhende Betriebe enthalten; 1949 - HwK Bielefeld, Bericht 1948-53, S. 57. Auch hier wurden die Zahl der Eigentümer von der Beschäftigtenzahl subtrahiert.

Die statistischen Befunde zeichnen ein klares Bild. 1946 hatten die Betriebszahlen bereits wieder den Stand vor dem Zweiten Weltkrieg erreicht. Die Zahl der Beschäftigten in den Handwerksbetrieben nahm rapide zu und übertraf 1947 be-

[26] Sitzung des Bauausschusses am 5.11.1946, in: Protokollbuch über die Sitzungen des Bauausschusses 1946–1950, Kommunalarchiv Herford. Auch bei der Beschaffung von Mehl zeigten sich die Bäcker und Müller erfolgreich (vgl. Sitzung v. 13.11.1946, StadtA Bi, Ratsprotokolle Stadt Bielefeld, Nr. 185 f.).

reits klar die Marke von 1939 (Graphik 1). Die Industrie blieb hinter diesem Aufschwung deutlich zurück. So konnten die Handwerkskammern für Oktober 1947 triumphierend vermelden, daß etwa die Hälfte aller Erwerbstätigen im sekundären Sektor in den Handwerksbetrieben arbeitete.[27]

Die vollständigen Bestände von Unterlagen der Allgemeinen Ortskrankenkassen und der Innungskrankenkassen im Kreis Höxter erlauben für diesen ländlichen Bezirk eine detailliertere Untersuchung der Entwicklungen. Die meisten Branchen im Kreis Höxter erreichten ihre maximale Beschäftigtenzahl im Verlauf des Jahres 1948.[28] Dieses Bild bestätigt sich, wenn man nicht nach Branchen, sondern nach Betriebsgrößen differenziert. Handwerksunternehmer (mit mehr als zehn Beschäftigten im langjährigen Durchschnitt) und mittlere Handwerker (mit einem bis zehn Beschäftigte) übertrafen Anfang 1947 ihre höchsten Beschäftigungszahlen aus der Vorkriegszeit. Nimmt man aus den mittleren Handwerkern nur die Gruppe der Betriebe mit zwei bis zehn Arbeitnehmern im langjährigen Durchschnitt heraus, so hatten sie diese Marke schon Ende 1945 erreicht, profitierten also relativ am meisten von der Ausnahmesituation.

Relativ am kräftigsten wuchsen – anders betrachtet – die Branchen, die bisher zu den schwächeren gehört hatten, wie die Bekleidungs-, die Körperpflege- und die Luxushandwerke. Hier verdreifachte sich die durchschnittliche Beschäftigtenzahl. Die großen Betriebe in den Bauhaupthandwerken gewannen weniger hinzu und bauten ihre Belegschaft nur um ein knappes Drittel aus.[29]

In bemerkenswerter Weise kehrten sich hier die Entwicklungen um, die die einzelnen Branchen unter dem Einfluß der Industrialisierung seit der Mitte des 19. Jahrhunderts genommen hatten. Der Aufmerksamkeit der Öffentlichkeite (und auch der Forschung) entging das zwar weitgehend, weil andere Fragen mehr Aufmerksamkeit auf sich zogen. Man kann deshalb diese Wende eines hundertjährigen Trends kaum genug betonen: Die handwerklichen Kleinbetriebe expandierten und die industriellen Großbetriebe stagnierten oder schrumpften. Die Jahre der Knappheit, der Rationalisierung und der Marktlenkung stellten eine Zeit des relativen ökonomischen Erfolgs für die Handwerker dar, die man geradezu als „Ausnahmekonjunktur“ titulieren darf. Dafür waren aber nicht die Maßnahmen der Wirtschaftslenkung verantwortlich, die etwa die Kleinbetriebe begünstigt hätten, sondern die Tatsache, daß diese sich der Regulierung entziehen konnten. Das „handwerkliche Wirtschaftswunder“ eilte der übrigen Konjunktur offensichtlich einige Jahre voraus und spielte sich bereits zwischen 1945 und 1948 ab.

[27] Rd.schr. der HwK Bielefeld an die Kreishandwerkerschaften (im folgenden bezeichnet als Khw.) v. 20.12.1948, WWA, K13, Nr. 73 (vorl.), Bd. 2; Artikel „Der Mensch im Mittelpunkt des Betriebes“ v. *W. Kurzhahn*, in: Westfälische Zeitung (im folgenden zitiert WZ) v. 7.4.1951, Westermann Slg., Bd. W 50, StadtA Bi.

[28] Angaben aus der Stichprobe Höxter. Eine Ausnahme stellten die Holzhandwerker, mit einer sehr unregelmäßigen Beschäftigtenkurve, und die Friseure dar, die ihren Mitarbeiterstab kontinuierlich ausbauten.

[29] Vgl. dazu die unter Tabelle 1 angegebene Literatur.

Graphik 2: Anteile der Handwerksfraktionen an der Zahl der Beschäftigten im Kreis Höxter; Stichprobe (1945-1955)

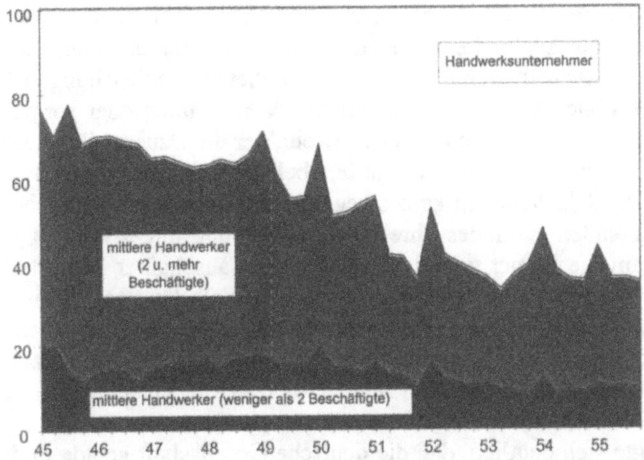


Erläuterung: Die Beschäftigtenzahlen wurden für die Stichtage 1.1., 1.4., 1.7. u. 1.10. erhoben. Der Vermerk „J" (z.B. 45J) steht für den Januar-Termin. Quelle: Erläuterung: Die Angaben wurden aus den Beitragsverzeichnissen der Innungskrankenkassen und der AOK des Kreises Höxter entnommen. Die aus der Stichprobe der Handwerksrolle ermittelten Handwerker im Kreis Höxter wurden in den Beitragsverzeichnissen gesucht und ihre Beschäftigtenzahlen quartalsweise (Stichtage: 1.1., 1.4., 1.7. und 1.10.) erhoben. Im folgenden wird diese Erhebung als Stichprobe Höxter bezeichnet.

## *2. Anbieter und Nachfrager*

Bevor aber die Rückkehr zur „Normalität" zu thematisieren ist, sollen erst noch weitere Dimensionen der Disparitäten des Mangels dargelegt werden, die für ein Verständnis der Lage der Handwerker bis zur Währungsreform eine wichtige Rolle spielen. Dabei ist zuächst die unterscheidliche Verteilung von Macht und sozialem Prestige zu nennen, die mit den ökonomischen Ressourcen einherging. Die Verfügungsmöglichkeit über begehrte Güter hatte direkte Folgen für die soziale Positionierung. Dabei büßte das Geld seine Bedeutung weitgehend ein, da es keine Gewähr mehr bot, die gewünschten Güter auch tatsächlich erwerben zu können.

Ein Zahlungsmittel ohne materiellen Eigenwert konnte das Vertrauen der Warenbesitzer nicht mehr gewinnen und sie nicht zur Abgabe der Güter bewegen. So trat beispielsweise der Schwarzhandel zu überhöhten Preis allmählich zurück, und die verschiedenen Formen des Tauschhandels gewannen an Bedeutung. Selbst Bezugsscheine wurden kaum noch eingelöst, wenn die Käufer keine zusätzlichen Tauschangebote vorlegen konnten.[30] Hier wirkte sich die privilegierte Ausnahmesituation der Handwerker nachhaltig aus. Bäcker und Fleischer befanden sich in einer besonders günstigen Position, weil sie bevorzugt beliefert wurden, um die Bevölkerung mit Nahrungsmitteln zu versorgen.[31] Sie litten nicht nur selber keinen Hunger, sondern konnten immer auch kleinere Mengen „unter der Hand" verkaufen.[32] Lebensmittelfälschungen kamen vor, aber auch ohne sie fiel durch geschickte Verarbeitung oder sorgfältige Resteverwertung noch genügend ab. Der Friseur, der die Dauerwellen nur für ein paar Eier und einen Liter Öl legen wollte,[33] belegt, daß sich die günstigen Chancen der kleinen Selbständigen keineswegs auf die Lebensmittelbranche beschränkten. Sie konnten zumindest ihre Qualifikation und ihre Werkzeuge und Geräte nutzen, um die immer wichtiger werdenden Tauschgüter herzustellen oder zu erwerben.[34] Nicht selten verfügten die kleinen Selbständigen sogar über so große Kompensationsmöglichkeiten, daß sie sie für die Errichtung illegaler Neubauten einsetzen konnten. Für diese Häuser kursierte die Bezeichnung der „BMW-Bauten", weil „Bäcker, Metzger und Wirte" einen großen Teil der Auftraggeber ausmachten.[35]

Es zeigte sich deutlich, daß die deutsche Gesellschaft gerade in den Ausnahmejahren der mittelbaren Nachkriegszeit weit von einer Nivellierung entfernt war.[36] Weder der Mangel noch die Rationierung sorgten für eine Chancengleichheit. Es kam allerdings zu *neuen* Konflikten, die aus der Ungleichheit bei der Versorgung und beim Zugang zu den knappen Ressourcen resultierten. Diese überschnitten sich mit alten Auseinandersetzungen, wie etwa denen zwischen Arbeitern und Unternehmern, was an manchen Stellen das Konfliktpotential abschwächte, an anderen aber kumulierte.

Schon durch die fortschreitende Knappheit in den letzten Kriegsjahren hatten sich Spannungen zwischen Produzenten und Konsumenten aufgebaut, die sich

[30] Schr. des Polizeichefs des Regierungsbezirks Minden an die Militärregierung v. 27.1.1947 und v. 22.12.1947, StaatsA Dt, M1 IN Nr. 6; und Schr. des Polizeichefs der Stadt Bielefeld an RP Minden v. 9.7.1946 und v. 27.8.1946, StaatsA Dt, M1 IN Nr. 7; allg. *Heinrich Bay*, Eine Untersuchung über den schwarzen Markt und dessen Auswirkungen auf die deutsche Volkswirtschaft in den Jahren 1945–48, Diss. Tübingen 1948, S. 28 f. und 50 ff.; *Erker*, Ernährungskrise (wie Anm. 3), S. 130, der darauf hinweist, daß auch die Rationen bezahlt werden mußten, so daß die Geldwirtschaft nicht ganz ihre Bedeutung verlor.

[31] Redemanuskript W. Twelmeiers [1946], in: Ordner mit den Unterlagen des Kreishandwerksmeisters, Firmenarchiv Twelmeier, Steinhagen.

[32] Vgl. etwa Schr. des Landrats des Landkreises Bielefeld an RP Minden v. 18.12.1945, StaatsA Dt, M1 IN Nr. 6.

[33] Schr. des Landrat des Kreises Höxter an RP Minden v. 10.10.1945, StaatsA Dt, M1 IN Nr. 6. Vgl. auch C. Best, S. 94 f.

[34] *Trittel*, Hunger (wie Anm. 4), S. 220 und 280.

[35] *Günther Schulz*, Wiederaufbau in Deutschland, Düsseldorf 1994, S. 142, dort auch weitere Hinweise zum Wohnungsbau vor der Währungsreform.

[36] Anders argumentieren allerdings *Martin H. Geyer*, Die Hungergesellschaft, in: *Jost Dülffer* (Hg.), „Wir haben schwere Zeiten hinter uns". Die Kölner Region zwischen Krieg und Nachkriegszeit, Vierow 1996, S. 177; und *Rainer Gries*, Die Rationen-Gesellschaft, Münster 1991, S. 323.

nun verschärften. Im Falle der Nahrungsmittel deckten sich diese Fronten mit dem Gegensatz von Stadt und Land. Darüber hinaus trat das individuelle Interesse, das eigene Überleben zu sichern, immer wieder in einen Widerspruch zur staatlichen Ordnung, d.h. konkret zu den Bewirtschaftungsvorschriften, so daß die Konflikte zwischen Bevölkerung und Staatsmacht vorprogrammiert waren.[37]

Das Spezifikum der Jahre zwischen 1945 und 1948 lag nicht darin, daß das System der sozialen Ungleichheit grundlegend verändert wurde, denn die Verfügungsgewalt über die Produktionsmittel bestimmte weiterhin und sogar sehr direkt die Position in der sozialen Hierarchie. Neu war das weitgehende Versagen der Verteilungsmechanismen für die knappen Güter. Der Tausch von Waren gegen Geld brach zusammen, weil der aufgeblähten Geldmenge keine entsprechende Menge von Gütern gegenüberstand und auch im Ausland nicht für Reichsmark zu erwerben war. Die Betriebe versuchten deshalb konsequenterweise, möglichst große Reserven von Rohstoffen und Halbfertigteilen aufzubauen und Güter nur dann abzugeben, wenn ein direktes Tauschgut zur Verfügung stand.[38] Da es nicht gelang, wirksame staatliche Lenkungs- und Redistributionsmechanismen aufzubauen,[39] kam es gewissermaßen zu einer Verkürzung der Handlungsketten: Unmittelbare persönliche Beziehungen, bis hin zum direkten Tauschhandel der „Hamsterer“ mit den Bauern, gaben den Ausschlag, und das lokale Umfeld avancierte für viele zur entscheidenden Handlungsebene. Was das für das Schicksal der Flüchtlinge und Evakuierten bedeutete, läßt sich erahnen.

Die Handwerker gehörten in dieser Situation auf die Seite der ‚Starken‘, obwohl sie nicht in dem Maße profitierten wie die Bauern. Auf der anderen Seite standen zweifellos die „Normalverbraucher“, die ausschließlich auf die zugeteilten Rationen angewiesen waren: „Die Kluft zwischen den Bevölkerungskreisen, die in irgendeiner Form an den Kompensationsverkehr angeschlossen sind, und dem Normalverbraucher, der nichts zuzusetzen hat, wird immer größer.“[40] Damit kehrte sich endgültig die Machtverteilung um, die sich aus den Wahlmöglichkeiten der Kundschaft, aus ihrer Entscheidungsfreiheit ergeben hatte. Nun war es Sache der Käufer, die Verkäufer für sich zu gewinnen: „Der Wettbewerb ist nicht verschwunden. Er ist zu den Konsumenten verlagert.“[41] Die Anbieter konnten sich die „Patzigkeit“ gegenüber ihren Kunden leisten und wa-

[37] Sehr gut dazu *Paul Erker*, Hunger und sozialer Konflikt in der Nachkriegszeit, in: *Manfred Gailus/Heinrich Volkmann* (Hg.), Der Kampf um das tägliche Brot, Wiesbaden 1994, S. 392–408, hier S. 393; und *Erker*, Ernährungskrise (wie Anm. 3), S. 44.

[38] *Christoph Buchheim*, Die Währungsreform 1948 in Westdeutschland, in: Vierteljahrshefte für Zeitgeschichte 36 (1988), S. 189–231, hier S. 196 f.; theoretisch dazu die auf die sozialistischen Ökonomien ausgerichteten Überlegungen von *János Kornai*, Economics of Shortage, 2 Bde., Amsterdam 1980, bes. Bd. 1, S. 147 ff.

[39] Vgl. *Geyer*, Hungergesellschaft (wie Anm. 36), S. 182.

[40] Monatsbericht für die Militär-Regierung für den Monat November 1947, StaatsA Dt, M1 IN Nr. 13; allg. auch *Trittel*, Hunger (wie Anm. 4), S. 220.

[41] Der entmündigte Verbraucher, in: Die Gegenwart 2 (1947), Nr. 7/8, S. 12; ebenso Der Stammkunde, in: Die Waage 1 (1947), Nr. 25, S. 1.

ren auch nicht mehr an die Einhaltung von Lieferversprechen gebunden.[42] Selbst die öffentlichen Auftraggeber gerieten in die Defensive gegenüber denjenigen, die bisher um die Berücksichtigung bei Vergabeverfahren hatten kämpfen müssen. Mit dem Zustrom der Flüchtlinge wuchs der Wohnungsbedarf so kräftig, daß die Städte 1947 über Zwangsmaßnahmen nachdachten, um die Bauhandwerker überhaupt zur Ausführung der Arbeiten zu bewegen.[43]

## *3. Eingesessene und Neuankömmlinge*

Als ganz entscheidend für die Möglichkeit, überhaupt von den Chancen, die das System der Wirtschaftslenkung bot, profitieren zu können, erwies sich die Frage des Zugangs zum ‚Markt' in seinen oben geschilderten Formen. Den bereits bestehenden, ortsansässigen und in die lokale Handwerksrolle eingetragenen Betrieben blieb dieses Recht in aller Regel erhalten. Vereinzelte Betriebsschließungen, die als Strafe für ein besonderes Engagement für den Nationalsozialismus und politisch motivierte Verbrechen verhängt wurden, fielen statistisch kaum ins Gewicht.[44] Vor erheblichen Schwierigkeiten standen dagegen diejenigen, die einen Handwerksbetrieb neu eröffnen wollten. Sie hatten sowohl mit praktischen als auch mit juristischen Problemen zu kämpfen, vor allem aber mit den Bemühungen der eingesessenen Handwerker und ihrer Organisationen, weitere Konkurrenten fernzuhalten. Das zeigte sich mit großer Deutlichkeit etwa im Januar 1946, als die Bielefelder Handwerkskammer den Zeitpunkt für gekommen, an dem die Provinzialregierung ein „befristetes *Verbot* der Neueröffnung von Handwerksbetrieben" verhängen sollte.[45] Schon im September 1945 hatte sie den Innungen in ihrem Bezirk mitgeteilt: „Das planlose Zulassen beliebig vieler selbständiger Existenzen [bedeutet] eine Gefahr für die Bevölkerung, eine Gefahr für das Handwerk und eine Gefahr für die Gemeinde- und Staatsfinanzen. Es sollen keine Pfuscher zugelassen werden. Wir dürfen nicht zu einer Überlastung mit Zwergbetrieben in Form von Schein- und Kümmerexistenzen kommen. [...] Das Handwerk ist nicht eine Sammelstätte für alle Bevölkerungskreise, der selbständige Betrieb eines Handwerks erfordert Könner".[46]

[42] Besprechung des Generalreferates Wirtschaft mit den westfälisch-lippischen HwK am 25.1.1946, WWA, K13 Nr. 92 (vorl.), Bd. 1.

[43] Der Lübbecker Rat wollte alle Handwerker, die sich weigerten, zukünftig von städtischen Arbeiten ausschließen (FP v. 3.12.1947, in: *Reinhold Wösthoff*, Zur Entstehung und Entwicklung der politischen Parteien im Altkreis Lübbecke, Q-Sammlung, Bd. 1, S. 96, Stadtarchiv Lübbecke), und Minden kündigte eine Zwangsverpflichtung unwilliger Maurer- und Zimmerbetriebe an (Versammlung am 23.5.1947, in: Protokollbuch der Baugewerken-Innung des Kreises Lübbecke 1934-1969, Khw. Lübbecke).

[44] Bis zum Juni 1947 waren es etwa hundert (HwK Bielefeld, Bericht über die Lage des Handwerks für die Zeit vom 1.1.1947 – 30.6.1947, StaatsA Dt, M1 IN Nr. 130).

[45] HwK Bielefeld, Lagebericht vom 15.1.1946, S. 7, StaatsA Dt, M1 IN Nr. 130.

[46] Rd.schr. der HwK Bielefeld an die Innungen v. 30.9.1945, StaatsA Dt, M1 IN Nr. 147.

Man kann von drei konzentrischen Barrieren sprechen, die potentielle neue Selbständige im Handwerk zu überwinden hatten. Die erste bestand im sogenannten „großen Befähigungsnachweis", der am 18.1.1935 eingeführt worden war und die Eröffnung eines Handwerksbetriebs an die absolvierte Meisterprüfung koppelte. Anders als die Amerikaner stellte die britische Militärregierung den großen Befähigungsnachweis nicht zur Disposition.[47] Die Handwerkskammern hatten zwar das Recht, bei politisch Verfolgten, Kriegsversehrten und besonderen sozialen Härtefällen von dieser Anforderung abzusehen. Das war auch insofern opportun, als eine allzu rigide Haltung die – aus Sicht der Kammern – ‚Gefahr' einer grundsätzlichen Einführung der Gewerbefreiheit wie in der amerikanischen Zone hätte heraufbeschwören können. Faktisch dürften aber nicht mehr als 20 Prozent aller Neueintragungen in Ostwestfalen-Lippe auf solchen Ausnahmegenehmigungen beruht haben.[48]

Wer die erste Hürde des „großen Befähigungsnachweises" genommen hatte, stand gleich vor der nächsten, der sogenannten „Bedürfnisprüfung". Schon am 22. Februar 1939 war in einigen Handwerkszweigen die Neugründung von Betrieben an ein „Bedürfnis" gebunden worden, d.h. daran, daß nicht schon eine große Konkurrenz in der jeweiligen Branche herrschte. Seit dem 9. Februar 1942 erstreckte sich diese Regelung auf alle Handwerke, was vor allem dem Schutz von Betrieben dienen sollte, deren Inhaber eingezogen oder dienstverpflichtet worden waren.[49] Die Verordnung blieb bis zum 31.12.1948 in Kraft.[50]

Während der große Befähigungsnachweis nur die *Qualifikation* der neuen Handwerker vorgab, bot die sogenannte „Bedürfnisprüfung" eine Handhabe, um ihre *Zahl* zu regulieren. Die Handwerkskammer hatte beim Verfahren der Bedürfnisprüfung zwar nur eine gutachterliche Funktion. Faktisch aber orientierten sich die unteren Verwaltungsbehörden meist an den Stellungnahmen der Handwerksorganisationen, was für die Beschwerdeinstanz, den Regierungspräsidenten, genauso galt. Es handelte sich also keinesfalls um eine leere Phrase, wenn die Bielefelder Kammer mit Blick auf ehemals selbständigen Flüchtlinge, die ja nach den Bestimmungen des „Befähigungsnachweises" ein Anrecht auf eine Betriebseröffnung hatten, erklärte: „Obwohl die Wünsche auf Selbständigkeit verständlich sind, wird es infolge der Enge des Raumes doch nicht möglich sein, daß *alle* bisher selbständig gewesenen ostdeutschen Handwerker auch hier wieder einen eigenen Betrieb gründen oder übernehmen."[51]

[47] *Abdolreza Scheybani*, Handwerk und Kleinhandel in der Bundesrepublik Deutschland 1949–61. Sozialökonomischer Wandel und Mittelstandspolitik, München 1996, S. 245 und 249.

[48] Vgl. die Angaben Hwk Detmold, Bericht 1945–48 (wie Anm. 9), S. 35; und HwK Bielefeld, Bericht 1948–53, Bielefeld 1953, S. 53.

[49] Vgl. RGBl. I, 1939, S. 327; und RGBl. I, 1942, S. 70.

[50] Schr. des Landrates des Kreises Wiedenbrück an H. Bellinghausen v. 29.12.1945, KreisA Gü, Landrat, Fach 79 Nr. 2, Bd. VIII 142; *Carl Nauermann*, Eröffnung und Schließung von Handwerksbetrieben, Oberhausen [1947], S. 14 (VO des Wirtschaftsministers v. 6.1.1947, Gesetzes- und Verordnungsblatt für NRW v. 19.2.1947); Mitteilungen 3 (1948), Nr. 4 v. 22.4., [S. 1].

[51] Ostdeutsche Handwerker, in: Mitteilungen 1 (1946), Nr. 4 v. 28.10., S. 1.

Das dritte und letzte Hindernis auf dem Weg zur Gründung eines Handwerksbetriebs war die Beschaffung der nötigen Betriebsmittel, d.h. konkret von Räumlichkeiten, Werkzeugen und Rohstoffen. Der allgemeine Mangel erschwerte diese Aufgabe für alle Interessenten erheblich und machte sie für die Flüchtlinge beinahe unlösbar. Das sahen wohl auch die Vertreter der Handwerksorganisationen, und so schwankte ihre Haltung zwischen der Bereitschaft, eine gewisse materielle Unterstützung zu gewähren, und der Sorge, die neuen Betriebe könnten zu sehr begünstigt und damit zu einer Gefahr für die bereits bestehenden werden.[52]

Tatsächlich aber kam es nicht zu einem unkontrollierten und womöglich existenzgefährdenden Zustrom neuer Betriebe. Von den knapp 9.900 Anträgen, die bis Ende März 1948 bei der Kammer in Bielefeld eingingen, wurden etwa 43 Prozent abgelehnt. In Detmold lag diese Quote bei fast 60 Prozent.[53] Die Gründungswelle schwoll nach dem Ende des Krieges rasch an, erreichte ihren Scheitelpunkt 1948/49 und ebbte dann langsam ab (vgl. Graphik 3).

Bis Ende 1949 stieg die Zahl aller Handwerksbetriebe im Kammerbezirk Bielefeld, die von Flüchtlingen geführt wurden auf 1.013 oder 4 Prozent. Ende 1953 erreichte sie 1.290, was 5,5 Prozent aller Betriebe entsprach. Dahinter verbarg sich jedoch eine sehr hohe Fluktuation, denn der Gesamtbestand ergab sich aus 1.852 Eintragungen und 562 Löschungen.[54] Zu diesem Zeitpunkt war also bereits fast ein Drittel aller neugegründeten Flüchtlingsbetriebe wieder aus dem Markt ausgeschieden. Die Rückkehr in die Selbständigkeit blieb für nicht wenige Flüchtlinge also, selbst wenn sie gelang, ein kurzes Intermezzo.[55]

Die relativen Vorteile, die die handwerkliche Selbständigkeit in der Zeit der Wirtschaftslenkung bis 1948 mit sich brachte, kamen also in besonderem Maße den bereits etablierten Betrieben zugute, die ihre vorhandenen Einrichtungen

[52] Vgl. etwa Sitzung der westfälisch–lippischen Handwerkskammern am 25.6.1946, WWA, K13 Nr. 92 (vorl.), Bd. 1); und Sitzung des Vorstands der Hwk. Bielefeld am 14.12.1953, in: Protokolle der Vorstandssitzungen 31.1.1952 – 14.1.1955, WWA, K13 Nr. 182 (vorl.); sowie Sitzung des Vorstandes der HwK Bielefeld am 12.2.1954, in: Protokolle der Vorstandssitzungen 31.1.1952 – 14.1.1955, WWA, K13 Nr. 182 (vorl.); HwK Bielefeld, Bericht über die Lage der Handwerkswirtschaft vom 1.11.–30.11.1950, S. 5; und HwK Bielefeld, Lagebericht für die Zeit vom 1.7. – 31.12.1948, S. 5 f., KreisA Gü, Landrat, Fach 75 Nr. 9, Bd. 2.

[53] HwK Bielefeld, Bericht 1945–48 (wie Anm. 13), S. 42 (bis Ende Juli 1946 waren noch 47 Prozent der Anträge abgelehnt worden, vgl. Neuerrichtung von Handwerksbetrieben, in: Mitteilungen 1 (1946), Nr. 2 v. 22.8., [S. 4]); HwK Detmold, Bericht 1945–48 (wie Anm. 9), S. 35.

[54] HwK Bielefeld, Bericht 1948–53 (wie Anm. 48), 1953, S. 50 und 62; Der Anteil der Flüchtlingsbetriebe im H.[w]K.-Bezirk Bielefeld, in: Handwerkszeitung (im folgenden zitiert HwZ) 2 (1950), Nr. 12 v. 25.3., S. 4, Beil. „Aus Ostwestfalen und Lippe"; Hwk Detmold, Bericht 1948–50, Detmold 1950, S. 113.

[55] Während 1947 etwa 15 Prozent aller Flüchtlinge in NRW vor der Vertreibung selbständig gewesen waren (darunter auch die Bauern), waren es nach dem Krieg weniger als 4 Prozent (*Uwe Kleinert*, Flüchtlinge und Wirtschaft in Nordrhein-Westfalen 1945–1961, Düsseldorf 1988, S. 165). Bis 1950 hatten sich die Selbständigenquote unter den Flüchtlingen immerhin auf etwa 5 Prozent erhöht. Vgl. *Lastenausgleichsbank* (Hg.), Die gewerblichen Vertriebenen- und Flüchtlingsbetriebe, Bad Godesberg 1955, S. 2.

und persönlichen Beziehungen zu Kunden und Lieferanten nutzen konnten. Aber ein Problem stellte sich auch für sie: Zwar konnte man besser leben als viele andere, sich Güter beschaffen, zu denen andere keinen Zugang hatten, aber all das ließ sich nicht in längerfristige Investitionen – z.B. in die Maschinenausstattung der Betriebe - transformieren. Die vergleichsweise günstige Position der Handwerker blieb auf die Situation des Mangels und der Wirtschaftslenkung beschränkt und bot kein Potential, das sich ohne weiteres in einen Aufschwung hätte mit hineinnehmen lassen.

Graphik 3: Eintragungen in der Handwerksrolle der Kammern Bielefeld und Detmold (1939-1960)

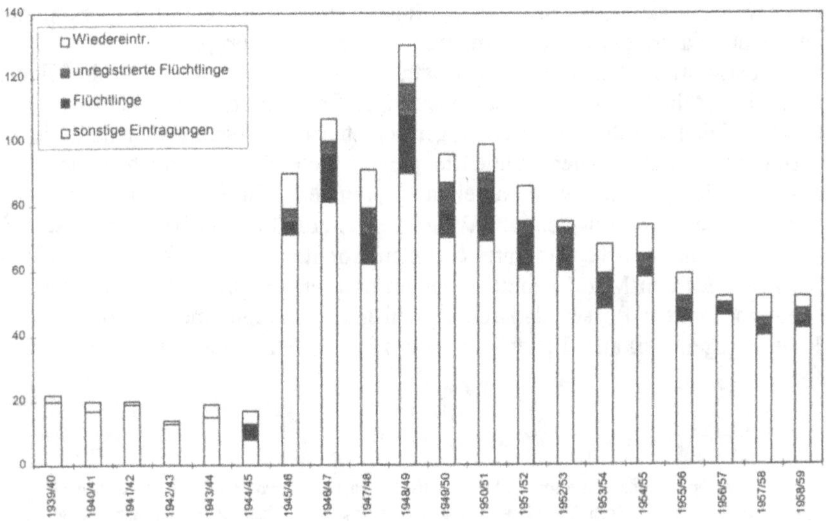


Erläuterung: Die Angaben sind aus der Stichprobe Handwerksrolle der Handwerkskammer Bielefeld entnommen, die alle Handwerker mit dem Buchstaben „G" erfaßte. Sie beziehen sich jeweils auf den Zeitraum vom 1.4. bis zum 31.3. Der unregelmäßige Verlauf hängt auch mit der Antragsbearbeitung zusammen. Als „unregistrierte Flüchtlinge" wurden hier alle Personen zusammengefaßt, für die eine Selbständigkeit in den deutschen Ostgebieten nachweisbar war (z.B. aus der NSDAP-Mitglieder-Kartei des Berlin Document Center), auf deren Karteikarte sich aber kein Flüchtlingsvermerk befand. „Wiedereintragung" bezieht sich auf eine frühere Selbständigkeit in OWL.

## III. Schmerzhafte Rückkehr zur Normalität

Es wird häufig übersehen, daß die Währungsreform nicht das abrupte Ende der Wirtschaftslenkung bedeutete.[56] Die Einführung der D-Mark bildete vielmehr nur einen Teil eines Bündels von Maßnahmen, die schrittweise auf die Bekämpfung der Inflation, die Steigerung von Auslandsimporten und den Abbau der Zwangsbewirtschaftung hinführten und die wirtschaftliche Erholung entscheidend erleichterten.[57]

Immerhin hatte die Währungsumstellung einen spektakulären Effekt. Sie sorgte dafür, daß nicht nur die gehorteten Konsumgüter praktisch über Nacht auf den Markt gelangten, sondern daß auch in einem rasch wachsenden Maße neue hergestellt wurden. Das Interesse der Unternehmen richete sich wieder auf einen Warenverkehr, der über das Medium „Geld“ vermittelt wurde, und damit endete der Naturaltausch der Kompensationsgeschäfte abrupt.[58]

Die ostwestfälischen Handwerker hatten sich wie alle anderen Geschäftsleute schon im Frühjahr 1948 auf eine Währungsreform vorbereitet, indem sie sorgfältig auf den Erhalt ihrer Warenlager achteten oder sogar versuchten, sie zu vergrößern. In der ersten Junihälfte gingen viele Betriebe noch weiter und täuschten Ferien oder Inventurarbeiten vor, um dem „Zwang, verkaufen zu *müssen,*“ überhaupt auszuweichen.[59] Als am 30. Juni die Bewirtschaftungsvorschriften für die meisten Konsumgüter entfielen, konnten die zurückgehaltenen Waren rasch auf den Markt gebracht werden und fanden einen reißenden Absatz. Den Produzenten flossen dadurch schnell größere Kapitalmengen zu, und die Preise stiegen steil an.[60] Bis zum Ende des Jahres setzte sich diese Entwicklung fort.

[56] Der Lohnstopp wurde erst zum 1.10.1949 aufgehoben (*Bundesvorstand des Deutschen Gewerkschaftsbundes (DGB)* (Hg.), Die Gewerkschaftsbewegung in der britischen Besatzungszone, Köln 1949, S. 256 f.); Kohle wurde bis Anfang 1949 bewirtschaftet, Eisen sogar bis zum Sommer desselben Jahres; vgl. *Stüber*, Kampf (wie Anm. 3), S. 339.

[57] *Buchheim*, Währungsreform (wie Anm. 38), S. 231; *Kramer*, economy (wie Anm. 4) bes. S. 140–148; *Herbert Giersch u.a.*, The Fading Miracle: Four Decades of Market Economy in Germany, Cambridge 1992, S. 40 ff. Vgl. dazu auch *Christoph Buchheim*, Zur Kontroverse um den Stellenwert der Währungsreform für die Wachstumsdynamik in der Bundesrepublik Deutschland, in: P. Hampe (Hg.), Währungsreform und. soziale Marktwirtschaft, München 1989, S. 86–100.

[58] *Buchheim*, Währungsreform (wie Anm. 38), S. 224; *Heldmann*, Wirtschaftswunder (wie Anm. 10) S. 327 f. Selbst die Schwarzmarktpreise für rationierte Güter sanken. Eine große Rolle spielte nun noch der Handel mit geschmuggelten Waren, wie z.B. Kaffee (Schr. der Kreis-Polizeibehörde Bielefeld an den Polizei-Abschnitt „C“ Wiedenbrück v. 18.8.1948, StaatsA Dt, M1 IN Nr. 6).

[59] RP, Monatsbericht v. 16.6.1948 (Hervorhebung von mir); und v. März 1948, StaatsA Dt, M1 IN Nr. 13.

[60] Schr. des Polizeichefs des Regierungsbezirks Detmold an die Militär–Regierung Minden v. 26.7.1948, StaatsA Dt, M1 IN Nr. 6; RP, Monatsbericht v. 17.9.1948, a.a.O., Nr. 13; HwK Bielefeld, Bericht über die Lage des Handwerks im 3. Quartal 1948, S. 2, KreisA Gü, Landrat, Fach 75 Nr. 9, Bd. 2; allg. *Werner Abelshauser*, Die langen fünfziger Jahre, Düsseldorf 1987, S. 19 und 78.

Wenn der Nachfrageboom auch die Tatsache nicht völlig kompensieren konnte, daß die Spareinlagen der kleinen Selbständigen ihren Wert einbüßt hatten und so der größte Teil der Gewinne der letzten Jahre verlorengegangen war, stellte er doch eine gewisse Entschädigung dar. Ohnehin profitierten die Handwerker davon, daß ihre Produktionsmittel im Gegensatz zu den Ersparnissen ihren alten Wert behielten.[61] Wegen des großen Nachholbedarfs zahlte sich der Besitz von Werkstätten und Maschinen ein zweites Mal aus. Praktisch alle Handwerkszweige verfügten über volle Auftragsbücher und konnten die Beschäftigten, denen sie im Juni „nur vorsorglich" gekündigt hatten, wieder einstellen.[62]

Wiederum schienen die Handwerker, als Anbieter, die einer riesigen Nachfrage gegenüberstanden, von den tiefgreifenden Veränderungen zu profitieren und womöglich diesmal auch einen langfristigen Nutzen daraus zu ziehen, denn die Ersparnisse, die sie nun anlegen konnten, versprachen ihren Wert zu behalten und sich in Investitionen anlegen zu lassen.

Aber rasch zeigte sich, daß die wieder eingeführte Geldwirtschaft auch Probleme mit sich brachte. Wenn auch seit dem Sommer 1948 genügend Lebensmittel zur Verfügung standen und keine akute Hungersnot mehr drohte, so hieß das nicht, daß die Verbraucher sich alles hätten kaufen können, was sie sich wünschten. Nicht der Warenmangel, sondern der massive Anstieg der Preise begrenzte nun die Konsumchancen und drohte soziale Härten und politische Unruhen hervorzurufen.

Parallel zum Preisanstieg meldete sich das Gespenst der Arbeitslosigkeit mit aller Deutlichkeit zurück. Im ersten Quartal des Jahres 1949 stieg die Erwerbslosenquote in der Bundesrepublik von 5,3 auf 8,0 Prozent, überschritt am Ende des Jahres die Zehn-Prozent-Marke und erreichte Anfang 1950 mit 12,2 Prozent ihren Spitzenwert. Zwei Millionen Menschen suchten einen Arbeitsplatz.[63] In Ostwestfalen-Lippe wiesen vor allem die südlichen Kreise eine schwierige Arbeitsmarktlage auf, während sich die Arbeitsamtsbezirke Herford und Bielefeld in einer relativ günstigen Situation befanden. Die Kombination von agrarischer Struktur und hoher Zuwandererzahl ließ die Arbeitslosenquote etwa im Kreis Warburg auf über 20 Prozent und damit fast das Doppelte des nordrhein-westfälischen Durchschnitts steigen.[64]

[61] Vgl. *Michael Brackmann*, Vom totalen Krieg zum Wirtschaftswunder. Die Vorgeschichte der westdeutschen Währungsreform, Essen 1993, S. 274 f.

[62] HwK Bielefeld, Lagebericht für die Zeit vom 1.7. – 31.12.1948, S. 1 und 4, KreisA Gü, Landrat, Fach 75 Nr. 9, Bd. 2.

[63] *Werner Abelshauser*, Wirtschaftsgeschichte der Bundesrepublik Deutschland 1945–80, Frankfurt 1983, S. 64 f.

[64] Herford und Bielefeld Oasen in der Arbeitslosigkeit, in: FP 5 (1950), Nr. 51 v. 28.2., Ausg. Herford; *Barbara Stambolis*, Wirtschaft und Währung, in: *Stadt Paderborn und Universität Paderborn* (Hg.), Paderborn 1945–1955, Paderborn 1988, S. 143. 1950 versuchte die IHK Bielefeld, die Kreise Höxter, Warburg und Büren zum Notstandsgebiet erklären zu lassen, um sie in den Genuß einer besonderen Landesförderung zu bringen (ebd., S. 147).

Die sinkende Kaufkraft traf direkt auch die Anbieter, indem sie z.B. die Kunden zu sorgfältigen Preisvergleichen bewegte und sie auf Ratenzahlung drängen ließ.[65] Dadurch erhöhten sich die Außenstände der Handwerksbetriebe, die in Schwierigkeiten gerieten, wenn ihre Zulieferer auf einer umgehenden Bezahlung der Rechnungen bestanden.[66] Die Bauwirtschaft litt unter dem Kreditmangel der privaten Bauherren, während das öffentliche Wohnungsbauprogramm erst langsam anlief.[67]

All diese Probleme berührten die Handwerker – als Anbieter – ebenso wie die Industrie. Mit der plötzlichen Erhöhung der Nachfrage durch den Korea-Krieg, die den Weg zur endgültigen wirtschaftlichen Erholung ebnete,[68] endeten aber diese Gemeinsamkeiten. Während die Investitionsgüterindustrie rasch vom „Korea-Boom" profitierte, bekamen die Handwerker erst einmal eine empfindliche Grund- und Rohstoffverknappung zu spüren. Bereits im August 1950 meldete die Handwerkskammer Bielefeld Schwierigkeiten bei der Eisenversorgung, im November weiteten sich diese Knappheitserscheinungen auf andere Metalle und auch auf die Kohle aus.[69] Obwohl der Mangel bei weitem nicht die Dimensionen der Kriegs- und unmittelbaren Nachkriegszeit annahm, erwies er sich doch als deutliche Beeinträchtigung, zumal er bis Ende 1952 anhielt.[70] Erst im Januar 1953 erschien die Versorgung mit Eisen endgültig gesichert, und das Bundeswirtschaftsministerium gab den Eisenpreis frei.[71]

Die vorhandenen ökonomischen Kapazitäten in Deutschland waren Mitte der fünfziger Jahre weitgehend ausgenutzt. Damit endete die Phase des „weichen Wachstums", und der eigentliche *Wieder*aufbau ging in das „harte Wachstum", den *Neu*aufbau von Produktionseinrichtungen über. Es folgte eine fast zwanzigjährige Periode der Prosperität und des kontinuierlichen Wachstums, die in ganz Westeuropa zu einer weitgehenden Annäherung an das hohe nordamerikanische

[65] Verwaltung für Wirtschaft des Vereinigten Wirtschaftsgebietes, Die Handwerkswirtschaft im 4. Quartal 1948, S. 16, in: Die Lage des Handwerks. Vierteljährliche Berichte des BMinW.

[66] HwK Bielefeld, Bericht über die Lage der Handwerkswirtschaft vom 1.4.–30.6.1949, S. 4 f., KreisA Gü, Landrat, Fach 75 Nr. 9, Bd. 2.

[67] Verwaltungsbericht 1948/49, S. 6, StaatsA Dt, D106 Detmold A, Nr. 2624; *Schulz,* Wiederaufbau (wie Anm. 35), S. 145–153; Kleßmann, Staatsgründung, S. 243 f.

[68] *Abelshauser*, Wirtschaftsgeschichte (wie Anm. 63), S. 54 ff. und 68; *Heldmann*, Wirtschaftswunder (wie Anm. 10) S. 335; *Richard J. Overy*, The Economy of the Federal Republic Since 1949, in: *Klaus Larres/Panikos Panayi* (Hg.), The Federal Republic of Germany Since 1949, London 1996, S. 7; zuletzt *Ludger Lindlar*, Das mißverstandene Wirtschaftswunder, Tübingen 1997, S. 175–181, kritisch zum „Koreaboom", S. 244 ff.

[69] HwK Bielefeld, Bericht über die Lage der Handwerkswirtschaft vom 1.8.–31.8.1950, S. 2, KreisA Gü, Landrat, Fach 75 Nr. 9, Bd. 2; HwK Bielefeld, Bericht über die Lage der Handwerkswirtschaft vom 1.11.–30.11.1950, S. 4, KreisA Gü, Landrat, Fach 75 Nr. 9, Bd. 2

[70] Vgl. dazu Artikel „Lage des Handwerks wird immer kritischer", in: WZ v. 3.9.1951, in: Westermann Slg., W 50, StadtA Bi; Schluß mit der Benachteiligung des Handwerks in der Kohlenversorgung, in: HwZ 3 (1951), Nr. 43 v. 20.10., Beil. „Handwerk in Ostwestfalen"; Handhabung der Eisenlenkung, in: HwZ 3 (1951), Nr. 46 v. 17.11., S. 2; Baugewerbe (im folgenden zitiert BG) 32 (1952), Nr. 4 v. 15.2., S. 75 f.

[71] Der Eisenpreis ist frei – nach 27 Jahren, in: HwZ 5 (1953), Nr. 5 v. 30.1.

Produktivitätsniveau führte.[72] Unter dem Vorzeichen einer solchen Konjunktur normalisierten sich die Marktbedingungen der Handwerker: Zum einen begann der Wettbewerb der Handwerksbetriebe untereinander erneut. Zum anderen kehrte die industrielle Konkurrenz mit aller Macht zurück und eroberte die Gebiete, die sie in der Phase der Mangelwirtschaft verloren hatte.[73] Die Wiederherstellung eines weitgehend freien Marktes brachte die Handwerksbetriebe gegenüber ihren industriellen Konkurrenten in dieselbe Position, in der sie sich schon in der Weimarer Republik befunden hatten. Überall dort, wo eine Massenproduktion technisch möglich und ökonomisch sinnvoll war, siegte sie über die kleingewerblichen Herstellungs- und Vertriebsformen. Gleichzeitig wuchs die Verflechtung von Handwerksbetrieben mit der Industrie. Die kleinen Selbständigen arbeiteten mit industriell gefertigten Werkzeugen und Maschinen, nutzten industrielle Halbfabrikate zur Weiterverarbeitung, lieferten selber Teile an die Industrie oder verkauften fertige Industrieprodukte an die Endverbraucher.[74]

Die negativen Auswirkungen der industriellen Konkurrenz bekamen z.B. die Bekleidungshandwerker deutlich zu spüren, und die Zahl der Schneider und Schuhmacherbetriebe sank drastisch.[75] Um in der Möbelbranche rentabel zu arbeiten, mußten Tischlereien mindestens kleine Serien anfertigen und absetzen. Auch hier gewannen die industriellen Großbetriebe immer mehr an Boden, weil ihnen technische Verbesserungen die Erweiterung ihrer Produktpalette um hochwertigere Stücke erlaubten.[76] Im Baugewerbe entwickelten sich dagegen noch keine eigentlich industriellen Produktionsweisen. Die Maschinisierung nahm zwar zu, und die Betriebe wuchsen erheblich, trotzdem verloren hier die Kleinbetriebe ihren Marktanteil nicht ganz.[77] Am geringsten blieben die Verschiebungen im Nahrungsmittelbereich, wo eine industrielle Fertigung nach wie

[72] *Heldmann*, Wirtschaftswunder (wie Anm. 10) S. 323 und 338 ff.; *Lindlar*, Wirtschaftswunder (wie Anm. 68), S. 2.

[73] Verwaltung für Wirtschaft des Vereinigten Wirtschaftsgebietes, Die Handwerkswirtschaft im 1. Quartal 1949, S. 3, in: Die Lage des Handwerks. Vierteljährliche Berichte des BMinW.

[74] *Scheybani*, Handwerk (wie Anm. 47), S. 40; Faber, S. 84.

[75] HwK Bielefeld, Bericht über die Lage der Handwerkswirtschaft vom 1.10.–31.12.1949, S. 1 und 5, KreisA Gü, Landrat, Fach 75 Nr. 9, Bd. 2; Verwaltung für Wirtschaft des Vereinigten Wirtschaftsgebietes, Die Handwerkswirtschaft im 2. Quartal 1949, S. 3, in: Die Lage des Handwerks. Vierteljährliche Berichte des BMinW; Die Handwerkswirtschaft im 1. Quartal 1950, S. 13 f.; und Die Lage des Handwerks im 4. Quartal 1952, S. 4 ff., a.a.O.; Artikel „Herrenschneider nicht auf Rosen gebettet. Zahl der Handwerksbetriebe sinkt ständig“, in: FP v. 18.9.1954, in: Westermann Slg., Bd. W 50, StadtA Bi; Günstige Halbjahresbilanz des Handwerks, in: HwZ 6 (1954), Nr. 42 v. 15.10. Vgl. zu den einzelnen Branchen die Daten in der Literatur zu Tabelle 1.

[76] *Otto Petermann*, Das Handwerk in Nordrhein–Westfalen nach dem 2. Weltkrieg, Köln 1952, S. 95; *Scholz*, Gewerbeförderung im Tischlerhandwerk, in: Tischlergewerk (im folgenden zitiert TG) 45 (1952), Nr. 7, S. 260; *Heinze*, Leistungsstarkes Tischlerhandwerk, a.a.O., S 256; ders., Das Tischlerhandwerk im Zeitalter der Technik, in: TG 49 (1956), Nr. 6, S. 227 f.

[77] Die betriebliche Struktur im Baugewerbe, in: BG 30 (1950), Nr. 16 v. 15.8., S. 428; *Emil v. Lucadou*, Struktur und Probleme des Bauhauptgewerbes, Wiesbaden 1960, S. 22; als neueren, knappen Überblick über die Wohnungsbautätigkeit *Schulz*, Wiederaufbau (wie Anm. 35), S. 331–348.

vor auf Probleme stieß.[78] Allerdings verzeichneten die Bäcker massive Umsatzrückgänge beim Brotverkauf, während die Fleischer von einem Trend zu höherwertigen, d.h. tierischen Nahrungsmitteln profitierten.[79]

Für einige Handwerkszweige erwies sich die Ausbreitung moderner Maschinen als verheerend: So reduzierte etwa die Rationalisierung und Technisierung in der Landwirtschaft die bisherigen Arbeitsfelder der klassischen Landhandwerker, der Schmiede und Stellmacher.[80] Mit der Motorisierung und der Umstellung auf Ackerwagen mit Stahlkonstruktionen und Gummibereifung verschwanden die hölzernen Wagen und die einfachen Ackergeräte. Auch hier traten die normierten, industriellen Massenprodukte an die Stelle einer individuellen Einzelanfertigung auf Bestellung. Den Schmieden kamen immerhin ihre technischen Kenntnisse und die Fertigkeiten in der Metallbearbeitung zugute, weil sie die Umstellung auf Landmaschinen*reparaturen* erleichterten.[81] Die Stellmacher gerieten dagegen in eine schwierigere Lage. Teilweise verlegten sie sich auf andere Holzarbeiten oder intensivierten ihre bisherige Nebentätigkeit in der Landwirtschaft.[82] Wem das nötige Kapital für neue Investitionen fehlte oder wer zu alt für eine Umstellung geworden war, mußte sich mit einem schrumpfenden Einkommen begnügen und früher oder später seine Selbständigkeit aufgeben.[83]

Andere Handwerke profitierten dagegen von der Technisierung, indem sie Installations- oder Reparaturaufgaben übernahmen. Neben den erwähnten Landmaschinenmechanikern gehörten dazu vor allem die Elektriker, die Radiomechaniker und die Kfz-Handwerker.[84] Auch die Büromaschinen-Mechaniker entwickelten durch die Ausdehnung ihrer Arbeitsmöglichkeiten ein wachsendes Selbstbewußtsein. Sie drängten auf die Anerkennung als eigenes Vollhandwerk

[78] Bäckerhandwerk und Backwarenindustrie, in: Weckruf (im folgenden zitiert WR) 39 (1952), Nr. 51/52 v. 20.12., S. 6.

[79] WR 39 (1952), Nr. 22 v. 31.5., S. 3; vgl. *Hans Wilfried Sikorski*, Die Entwicklung des Nahrungs- und Genußmittelverbrauchs in Deutschland seit 1928, Diss. Frankfurt 1953, S. 190.

[80] Vgl. *Dina van Faassen*, Die lippische Landwirtschaft. Ein Berufsstand im Wandel, 150 Jahre Lippischer Landwirtschaftlicher Hauptverein, Detmold 1996, S. 153; *Arne Andersen*, Der Traum vom guten Leben, Frankfurt 1997, S. 81–88; *Scheybani*, Handwerk (wie Anm. 47), S. 35 f.; *Friedrich Bernhard Hausmann*, Die Nachfrage der Landwirtschaft nach Leistungen des Handwerks, in: *Wilhelm Abel* (Hg.), Landhandwerk und Landwirtschaft, Göttingen 1964, S. 1–20.

[81] *Theo Beckermann*, Landhandwerke stellen sich um, in: HwZ 7 (1955), Nr. 51 v. 16.12.; *Christian Behrends*, Die Stellung des Handwerks auf dem Markt landwirtschaftlicher Maschinen, in: *Abel* (Hg.) Landhandwerk (wie Anm. 80), S. 44–51.

[82] *Theo Beckermann*, Landhandwerke stellen sich vor, in: HwZ 7 (1955), Nr. 48 v. 25.11.; allg. *Heinz Piest*, Die Technisierung der Landwirtschaft. Ihre Auswirkungen auf einzelne Landhandwerke, Stuttgart 1953, S. 49 f.; und *Michael Mende*, Verschwundene Stellmacher, gewandelte Schmiede. Die Handwerker des ländlichen Fahrzeugbaus zwischen expandierender Landwirtschaft und Motorisierung 1850–1960, in: *Ulrich Wengenroth* (Hg.), Prekäre Selbständigkeit, Wiesbaden 1989, S. 93–130, hier S. 93 ff.

[83] *Hermann-Adolf Ihle*, Die Anpassung landhandwerklicher Betriebe an sich ändernde Marktverhältnisse, in: *Abel* (Hg.), Landhandwerk (wie Anm. 80), S. 74 f.

[84] *Scheybani*, Handwerk (wie Anm. 47), S. 36 f.

und auf die Trennung von den Mechanikern.[85] Quer durch *alle* Handwerkszweige verlief seit der Währungsreform ein Konzentrationsprozeß, der auf der einen Seite durch den Rückgang der Betriebszahl gekennzeichnet war. Schon 1949 hatten die Betriebsgründungen insgesamt ihren Höhepunkt überschritten. Seit Mitte 1950 überstiegen die Betriebslöschungen im Kammerbezirk Bielefeld regelmäßig die Neueintragungen, die immer weiter zurückgingen (vgl. Graphik 4).[86] Auf der anderen Seite nahm die Beschäftigtenzahl pro Betrieb kontinuierlich zu.

Hier verschob sich aber nicht nur die Zahl der Handwerksbetriebe und ihre Stärke im Vergleich zur Industrie, sondern es änderten sich auch die Strukturen innerhalb der Handwerkerschaft. Man kann von einer Entwicklung hin zum stabilen und großen Betrieb mit einem gut ausgebildeten und seine berufliche Karriere langfristig planenden Eigentümer sprechen.

Graphik 4: Zahlen der Betriebsgründungen und -schließungen in OWL; Stichprobe (1937-1960)

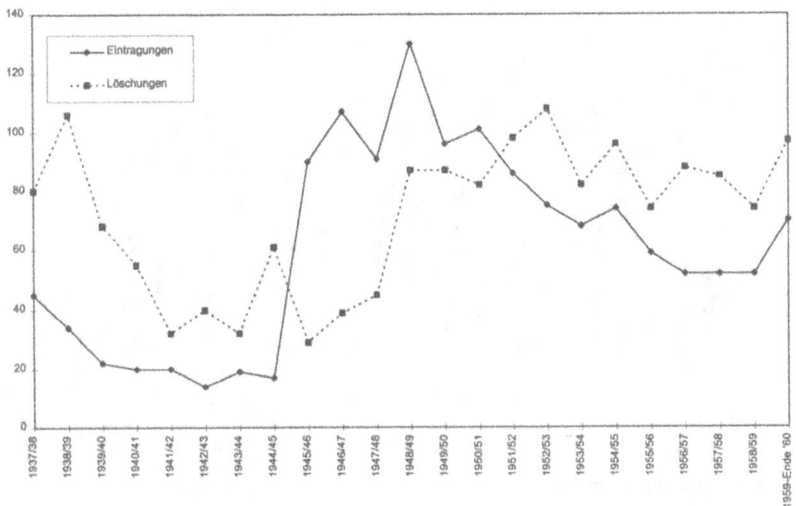


Quelle: Stichprobe Handwerksrolle.

Zeigen läßt sich das zum einen an der Zahl der Beschäftigten in den Betrieben der Handwerksunternehmer und der, in der Graphik 2 noch einmal unterteilten, Gruppe der mittleren Handwerker. Seit Mitte 1948 vergrößerten die handwerklichen Großbetriebe ihren Anteil im Gegensatz zu den Betrieben mit zwei bis

[85] Spezialisierung in eigener Innung, in: HwZ 5 (1953), Nr. 5 v. 30.1.
[86] HwK Bielefeld, Bericht 1949–53, S. 51.

zehn Beschäftigten rapide.[87] Zum anderen spricht die Statistik der Betriebslöschungen in der Handwerksrolle eine deutliche Sprache. Zwischen 1945 und 1948 hatte sich unter den Ausscheidenden ein sehr hoher Anteil von Personen über 60 Jahren, d.h. im Rentenalter, befunden (vgl. Graphik 5). Das deutet darauf hin, daß die Selbständigkeit so lange wie möglich fortgeführt wurde und erst zwingende Gründe, wie z.B. eine sehr geschwächte physische Konstitution die Geschäftsaufgabe bewirkten. Nach 1948 stieg die Quote der unter Sechzigjährigen bei den Löschungen sprunghaft von ca. 50 Prozent auf mehr als 70 Prozent an (1950/51) und sank dann bis zum Ende des Jahrzehnts langsam wieder auf etwa 60 Prozent. Besonders in den ersten Jahren nach der Währungsreform schieden also verstärkt relativ junge Selbständige aus, die noch einer anderen Tätigkeit nachgehen konnten oder mußten, weil ihnen die Selbständigkeit keine ausreichende Existenzgrundlage bot.

Graphik 5: Verteilung der Schließungen von Handwerksbetrieben in OWL nach Altersgruppen in Prozent; Stichprobe (1930-1960)

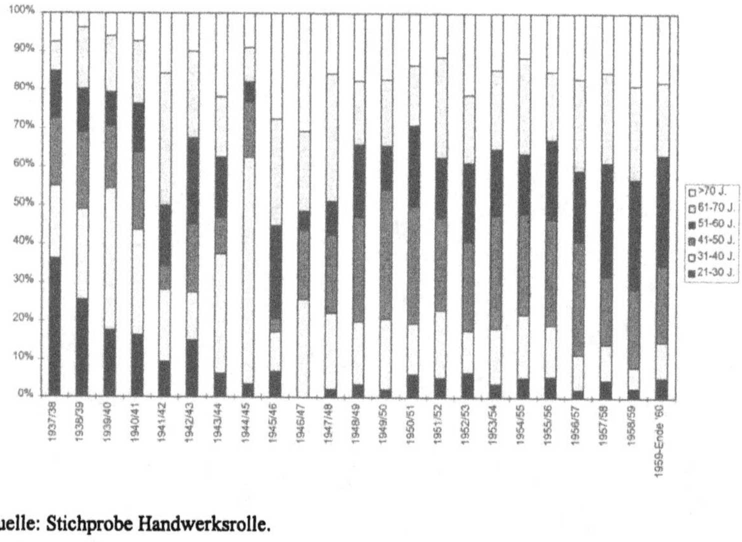


Quelle: Stichprobe Handwerksrolle.

Seit dem Ende des 19. Jahrhunderts war es das Ziel der Handwerksorganisationen gewesen, die fluktuierenden Kleinstbetriebe mit ihren oft nur schlecht ausgebildeten Inhabern aus dem Handwerk zu verdrängen oder fernzuhalten. Nun

[87] *Heinrich August Winkler*, Stabilisierung durch Schrumpfung: Der gewerbliche Mittelstand in der Bundesrepublik, in: *ders.*, Zwischen Marx und Monopolen. Der deutsche Mittelstand vom Kaiserreich zur Bundesrepublik Deutschland, Frankfurt 1991, S. 99–118, hier S. 100 f.; *Abdolreza Scheybani*, Vom Mittelstand zur Mittelschicht? Handwerk und Kleinhandel in der Gesellschaft der frühen Bundesrepublik, in: Archiv für Sozialgeschichte 35 (1995), S. 131. Gleichzeitig verbesserte sich auch die technische Ausstattung der Betriebe (ders., Handwerk, S. 48).

schritt diese „Berufsbereinigung" wieder voran, diesmal allerdings angetrieben von den anonymen Kräften des Marktes. Daß diese Verdrängung weitgehend unkommentiert blieb und nicht einmal der sonst so verbreitete Topos vom ‚Untergang des Handwerks' bemüht wurde, läßt sich im wesentlichen auf zwei Faktoren zurückführen. Erstens bot die günstige Arbeitsmarktlage den Ausscheidenden attraktive Stellen als abhängig Beschäftigte. Zweitens kam die Entwicklung den oben genannten Zielen der Handwerksorganisationen entgegen, weshalb sie den Verlierern des ‚Reinigungsprozesses', den Kleinsthandwerkern, kaum Möglichkeiten boten, um eine etwaige Unzufriedenheit öffentlichkeitswirksam zum Ausdruck zu bringen.[88]

Aber auch wer am Markt verblieb, mußte sich dem wachsenden Warenangebot anpassen. Die bisherige Machtposition der *Ver*käufer zerbrach rasch, da sie das Privileg verloren, über die Verteilung knapper Güter mitzuentscheiden. Die im „Dritten Reich" propagierte ‚Erziehung' der Kunden verwandelte sich über Nacht in ein geradezu geschäftsschädigendes Verhalten, denn „seine Majestät, der Kunde, beginnt wieder zu regieren."[89] Das galt sowohl bei den Geschäftsbeziehungen zu Privatleuten als auch im Umgang mit den öffentlichen Auftraggebern, deren zurückgewonnene Machtposition sich bald in einer nachlassenden Zahlungsmoral niederschlug.[90]

Die Kunden konnten wieder wählen, und sie orientierten ihre Entscheidung nicht zuletzt am Preis. Die öffentlichen Arbeiten sollten zwar auch nach der 1952 überarbeiteten Fassung der Verdingungsordnung zu „angemessenen Preisen" vergeben werden und den Bietern „auskömmliche" Bezahlung gewähren.[91] Ebenso gab es weiterhin Versuche, die Märkte regional abzuschotten und Aufträge für Einheimische zu reservieren. Gegen diesen Parochialismus ging aber das Bundeswirtschaftsministerium vor,[92] und *langfristig* war die Tendenz, dem Billigsten den Zuschlag zu erteilen, weder zu übersehen noch aufzuhalten, auch wenn die VOB nach wie vor Ausnahmen zuließ, um Ausbildungsbetriebe oder

[88] Vgl. *Rheinisch-Westfälischer Handwerkerbund* (Hg.),10 Jahre Rheinisch-Westfälischer Handwerkerbund e.V. Rechenschaftsbericht für die Jahre 1949–1959, o.O. [1959], S. 33; *C. Westermann*, Landesinnungsmeister des Friseurverbandes von Westfalen/Lippe, in: HwZ 2 (1950), Nr. 25 v. 24.6., S. 7.

[89] Handwerkswerbung, in: Mitteilungen 3 1948, Nr. 8 v. 20.8., [S. 2]. Vgl. auch: Kundendienst und Werbung heute notwendiger denn je, in: Verkehrs-Rundschau 4 (1949), S. 415 f.; und Verbraucher wird Kunde, in: Die Zeit 5 (1950), Nr. 6, S. 8.

[90] Schlechte Zahlungssitten gefährden handwerkliche Existenz, in: TG 46 (1953), Nr. 8, S. 302; das war bei den Bauern ebenso der Fall, vgl. *Richard Schlötel*, Zeitnöte des ländlichen Handwerks, in: Niedersächsisches Handwerk 1 (1949), Nr. 3, S. 7.

[91] *Richard Naschold*, Die neue VOB, in: Bauwirtschaft 6 (1952), H.8, S. 128, und H.9, S. 173.

[92] *Karl Brauner*, Bevorzugung Ortsansässiger bei der Vergabe von kommunalen Bauaufträgen, in: Der Gemeindehaushalt 61 (1960), S. 197–200. Die Grundlage zu solchen Wettbewerbebeschränkungen bot der Passus der VOB, der „bei annähernd gleichen Leistungen" die Bevorzugung Ortsansässiger erlaubte (Es geht um die Aufträge, in: HwZ 2 (1950), Nr. 49 v. 9.12., Beil. „Handwerk in Ostwestfalen").

Flüchtlinge zu unterstützen.[93] Die vergebenden Behörden beschränkten sich immer mehr darauf, nur noch zu überprüfen, ob die jeweiligen Betriebe leistungsfähig und zuverlässig genug waren, um eine ordnungsgemäße Ausführung sicherzustellen.

Die beschriebene Ausdehnung der Märkte und der sich langsam entfaltende Massenkonsum, die mit einer steigenden Mobilität der Kunden und einer extremen Erweiterung ihrer Wahlmöglichkeiten einhergingen, veränderten auch die Strukturen des „personalen Wirtschaftens".[94] Wenn es bisher ein typisches Merkmal handwerklicher Selbständigkeit gegeben hatte, dann waren es die mit diesem Begriff bezeichneten personalen Netzwerke zu den Beschäftigten, den Kunden und den Lieferanten. Diese verloren in dem Maß an Bedeutung, wie z.B. die Käufer ihre Wünsche immer weniger an einem begrenzten, lokalen Angebot ausrichten mußten. Diese Anonymisierung auch der lokalen Märkte ließ es für die Handwerker immer mehr zu einem Problem werden, die differenzierten und sich stetig wandelnden Wünsche der Kunden zu erkennen und zu befriedigen.[95] Wegen der Vergrößerung der Handwerksbetriebe und des großen Arbeitskräftebedarfs der Industrie trat die Mithilfe von Familienangehörigen allmählich in den Hintergrund. Ihnen boten sich nun auch andere, besser bezahlte und abgesicherte Erwerbsmöglichkeiten.[96] All das reduzierte die Stabilisierungs- und Sicherungsfunktion, die das personale Wirtschaften bisher für die Handwerksbetriebe besessen hatte.

Für die Handwerker erwuchs aus den erläuterten Veränderungen ein Unsicherheitsgefühl, das die Bielefelder Kammer als „einen Zustand der Nervosität" beschrieb.[97] Sicherlich trugen auch die aus der Korea-Krise resultierenden Ver-

[93] HwK Bielefeld, Bericht über die Lage der Handwerkswirtschaft vom 1.5.–31.5.1950, S. 1, KreisA Gü, Landrat, Fach 75 Nr. 9, Bd. 2; Wir müssen uns zusammenfinden!, in: HwZ 6 (1954), Nr. 52 v. 17.12., Beil. „Handwerk in Ostwestfalen". Zu den Ausnahmen: *Naschold*, VOB (wie Anm. 91), S. 173; *Lucas*, Berücksichtigung bevorzugter Bewerber bei der Vergabe öffentlicher Aufträge, in: Staats- und Kommunalverwaltung 1955, S. 95 f.; *H. Callesen*, Verstoß gegen §25 VOB, Teil A, bei öffentlichen Ausschreibungen von Bauleistungen und Beanstandungspflicht, in: Der Gemeindehaushalt 60 (1959), S. 150 f.

[94] Der Begriff stammt von *Wilhelm Wernet*, Personales und instrumentales Wirtschaften, in: Schmoller Jahrbuch 76 (1956), S.1–32 und 143–167, dient ihm aber eher dazu, die Rolle der „Persönlichkeit" im Handwerksbetrieb herauszustellen. Die Begriffsverwendung hier zielt dagegen auf die „face–to–face"-Interaktion zwischen dem Betriebsinhaber, seinen Beschäftigten und den Kunden. Deshalb ist als Gegenbegriff auch nicht „instrumentales", sondern eher „anonymes" Wirtschaften einzusetzen. Es geht, anders als bei Wernet, nicht darum, damit eine besondere Wertschätzung für die Handwerker zum Ausdruck zu bringen.

[95] Das Kundenverhalten erschien vielen geradezu irrational, vgl. *Herbert Wilhelm*, Die „Irrationalität" des Verbrauchers, in: Die Tabak-Zeitung 65 (1955), Nr. 2, S. 1. Vgl. zu den parallelen Veränderungen im Einzelhandel *Andersen*, Traum (wie Anm. 80), S. 52–64.

[96] *Gerold Ambrosius/Hartmut Kaelble*, Einleitung, in: *Hartmut Kaelble* (Hg.), Der Boom 1948–1973, Opladen 1992 , S. 15, 21 und 25.

[97] HwK Bielefeld, Bericht über die Lage der Handwerkswirtschaft vom 1.8.–31.8.1950, S.1, KreisA Gü, Landrat, Fach 75 Nr. 9, Bd. 2.; allg. dazu auch *Hans Braun*, Das Streben nach „Sicherheit" in den fünfziger Jahren, in: AfS 18 (1978), S. 279–306, hier S. 279 ff.

sorgungsschwierigkeiten zur „gedrückten" Stimmung bei,[98] vor allem aber gewann nun das Problem, sich am Markt zu behaupten, für alle Selbständigen die erste Priorität: „Der Konkurrenzkampf ist hart, er wird noch härter werden. Nur der Leistungsfähige wird seine Existenz behaupten. Wer sich nicht anstrengt, wer nicht mehr und mehr leisten will, der wird nach und nach verdrängt."[99] Der „Reinigungsprozeß" ließ sich nicht ausschließlich auf die Kleinstbetriebe begrenzen, sondern wirkte sich „bedauerlicherweise auch bei soliden Betrieben" aus.[100] Die Handwerker mußten sich von den Vorteilen der Mangelwirtschaft verabschieden und mit dem Anpassungsdruck der Marktwirtschaft arrangieren.

In dieser Situation überrascht es nicht, daß die kleinen Selbständigen wieder nach Wegen suchten, um den Markt stärker zu kontrollieren und die Konkurrenz zu reduzieren: „Das Handwerk bejaht grundsätzlich den freien Wettbewerb, aber dieser muß Schranken haben und darf die Existenz des einzelnen nicht gefährden."[101] Die Bäcker etwa propagierten eifrig den freien Wettbewerb in der *Landwirtschaft*, wollten ihn aber bei der Brotherstellung durch ein Nachtback- und ein Verkaufsverbot auf Wochenmärkten beschränkt sehen.[102] Die gemeinnützigen Wohnungsbaugesellschaften gerieten genauso ins Fadenkreuz der Kritik wie die angeblichen Vorteile für Flüchtlinge; und Werbeaktionen, mit denen man die Kunden dazu bewegen wollte, nur am Wohnort einzukaufen, blieben keine Ausnahmen.[103] Deutlich wichtiger und für die Handwerker interessanter war der Versuch, mit Hilfe der Handwerksorganisationen Preisabsprachen vorzunehmen oder sogar Mindestpreise festzulegen und sie durch Drohungen gegen Abweichler durchzusetzen.[104] Letztlich blieb all das ohne

[98] Artikel „Lage des Handwerks wird immer kritischer", in: WZ v. 3.9.1951, in: Westermann Slg., Bd. W 50, StadtA Bi; Vollversammlung am 1.3.1951, in: Protokolle der Vollversammlung der HwK Bielefeld ab 1. August 1948, WWA, K13 Nr. 186 (vorl.).

[99] Der harte Konkurrenzkampf, in: WR 37 (1950), Nr. 2 v. 14.1., S. 1; Die Handwerkswirtschaft im 2. Quartal 1950, S. 8, in: Die Lage des Handwerks. Vierteljährliche Berichte des BMinW: „Der Kampf um den zahlungskräftigen Kunden ist mit einer im Handwerk seit langem nicht mehr gekannten Schärfe entbrannt."

[100] HwK Bielefeld, Bericht über die Lage der Handwerkswirtschaft vom 1.4.–30.6.1949, S. 4, KreisA Gü, Landrat, Fach 75 Nr. 9, Bd. 2; Kampf gegen Schmutzkonkurrenz, in: HwZ 2 (1950), Nr. 9 v. 4.3., S. 1.

[101] *P. Keil*, Das Handwerk unter dem Motto: „Alle sollen besser leben", in: TG 46 (1953), Nr. 6, S.213; Die großen Gegner: Das Tempo – der niedrigste Preis!, in: TG 45 (1952), Nr. 5, S. 182.

[102] 12–Punkte–Programm des deutschen Bäckerhandwerks, in: WR 39 (1952), Nr. 32 v. 9.8., S. 7; HwK Bielefeld, Bericht über die Lage der Handwerkswirtschaft vom 1.1.–31.3.1950, S. 3, KreisA Gü, Landrat, Fach 75 Nr. 9, Bd. 2.

[103] Die Bautätigkeit der Gemeinnützigen Wohnungsbauwirtschaft im Jahre 1952, in: BG 33 (1953), Nr. 7 v. 1.4., S. 172; Begünstigung ostvertriebener Unternehmer, in: HwZ 5 (1953), Nr. 40 v. 2.10.; Abwanderung von Kunden. Die „Kauft am Ort!"–Propaganda, in: Textil–Zeitung 27 (1950), Nr. 56, S. 16.

[104] *Scheybani*, Handwerk (wie Anm. 47), S. 106 f. Bei den öffentlichen Aufträgen wurde vor allem versucht, die Vergabe zu „angemessenen" Preisen durchzusetzen (*W. Weißwange*, Bedeutung der Verdingungsordnung für die Bauwirtschaft, in: BG 30 (1950), Nr. 3 v. 1.2., S. 70 ff.; Versammlung am 16.5.1950, in: Protokollbuch Baugewerken-Innung Warburg, Khw. Höxter-Warburg; Erfahrungen und Folgen des heutigen Vergebungswesens im Baugewerbe, in: BG 30 (1950), Nr. 22 v. 15.11.,

durchschlagende Wirkung, aber es signalisierte die Probleme der Anpassung an die neue Lage.

Angesichts der zurückliegenden günstigen „Ausnahmejahre" erlebten viele Handwerker die freie Marktwirtschaft also durchaus als Belastung und Quelle der Unsicherheit. Es ist allerdings zu betonen, daß es sich sowohl bei der Durchsetzung des modernen Massenkonsums als auch bei der Zunahme der Konkurrenz und den Veränderungen des personalen Wirtschaftens nicht um plötzliche Nachkriegsentwicklungen handelte, sondern daß sie schon in der Weimarer Republik deutlich zu spüren waren, nur langsam voranschritten und in fünfziger Jahren noch lange nicht ihren Abschluß erreicht hatten.[105]

Außerdem wurden die negativen Folgen durch eine Reihe positiver Faktoren deutlich abgemildert. Erstens fiel das Ende der handwerklichen Ausnahmekonjunktur mit dem Beginn des „Wirtschaftswunders" zusammen. Die Notwendigkeit, sich am Markt zu behaupten, war ja spätestens während des Zweiten Weltkrieges vollständig suspendiert und durch andere ‚Auslese'-Kriterien ersetzt worden. Der enorme Aufschwung nach der Währungsreform löste einerseits die Probleme der Handwerker überhaupt erst aus, milderte sie aber andererseits gleichzeitig, denn der Boom bescherte den Selbständigen auch wachsende Verdienstchancen.[106] Zweitens ging mit dem Verlust von Sicherheiten ein Zugewinn an Freiheit einher, denn auch der ‚Zwang zur Wohlanständigkeit' ließ nach, indem sich Privatleben und Geschäft stärker entkoppelten.[107] Drittens stellte die fortschreitende Verdrängung der Kleinsthandwerker, diesmal durch die Verbindung der Marktmechanismen mit der weiterbestehenden Zugangsbegrenzung durch den großen Befähigungnachweis, einen wichtigen Erfolg für die mittleren Handwerker und die Handwerksunternehmer dar. Die Organisationsvertreter standen ganz auf der Seite der ‚Sieger', wenn sie den Rückgang der Betriebszahlen als „Normalisierung" im Sinne eines „natürlichen Auslese- und Bereinigungsprozesses" bewerteten,[108] durch den „unproduktive Kleinbetriebe"[109] aus den Reihen der Handwerker verschwanden. Demgegenüber sollten die größeren ihre Leistungsfähigkeit steigern, von den wachsenden Märkten und der günstigen Auftragslage profitieren und die sich bietenden Verdienstchancen wahrnehmen.[110]

S. 602 f.; Die Lage des Handwerks im 2. Quartal 1953, S. 27, in: Die Lage des Handwerks. Vierteljährliche Berichte des BMinW.

[105] *Wilhelm Reinermann*, Woran fehlt es eigentlich in der Handwerksproduktion?, in: Spiegel der Gewerke 4 (1954), Nr. 6, S. 6 ff.; vgl. dazu besonders die Kundenbefragung bei *Ihle*, Handwerksbetriebe (wie Anm. 83), S. 16.

[106] Vgl. etwa Günstige Halbjahresbilanz des Handwerks, in: HwZ 6 (1954), Nr. 42 v. 15.10.

[107] Vgl. *Alexander Hillenbrand*, Die Gewerbetreibenden einer Kleinstadt im Wandlungsprozeß, Diss. Hamburg 1958, S. 80.

[108] *Rheinisch–Westfälischer Handwerkerbund* (Hg.), 10 Jahre (wie Anm. 88), S. 33.

[109] *Theo Beckermann*, Konzentrationserscheinungen im Handwerk, in: HwZ 7 (1955), Nr. 31 v. 29.7.

[110] Sitzung am 3.9.1959, in: Protokolle der Vorstandssitzungen der HwK Bielefeld v. 7.2.1955 bis 3.9.1959, WWA, K13 Nr. 183 (vorl.). Hier zeigte sich auch deutlich, daß die zu entfernenden

All diese Reaktionen zeigen: In gewisser Weise waren also auch die Handwerker der „Gründungskrise“ (Hans Günter Hockerts) der Bundesrepublik ausgesetzt, und man sollte die Belastungen der Umstellung auf die freie Marktwirtschaft nicht gering achten. Trotzdem trugen das wirtschaftliche Wachstum und der sich sichtbar ausbreitende Wohlstand über die Probleme hinweg. Es galt auch für die Handwerker: „Die Konfliktlagen der Gesellschaft waren nicht schlechterdings aufgehoben, aber sie hatten ihren *dramatischen Akzent* verloren.“[111]

## IV. Von der Anziehungskraft der Marktwirtschaft.

Der Wandel der Handwerksbetriebe war bereits in der Mitte der fünfziger Jahre deutlich erkennbar, und er beschleunigte sich im folgenden Jahrzehnt sogar noch. Rein statistisch betrachtet setzte sich der Trend zur Konzentration fort, der sich bereits nach der Währungsreform abgezeichnet hatte. Die Zahl der Betriebe sank, während sich die Umsätze drastisch erhöhten und die Beschäftigtenzahl leicht stieg oder zumindest konstant blieb.[112] Im Kammerbezirk Bielefeld blieben von den über 24.000 Betrieben des Jahres 1947 zwanzig Jahre später gerade einmal 16.000 oder zwei Drittel übrig (vgl. Graphik 6 und Tabelle 1). Dafür beschäftigten diese im ganzen Regierungsbezirk Detmold im Jahr 1968 durchschnittlich fast sechs Personen, wobei die Inhaber nicht eingerechnet waren. 1947 hatte dieser Wert noch bei etwa drei gelegen, war innerhalb von zwei Jahren auf fast vier gestiegen und erreichte 1956 4,4. Das ganze Ausmaß dieser Veränderungen wird deutlich, wenn man das Jahr 1938 zum Vergleich heranzieht, wo jeder Handwerker im Durchschnitt nur 1,5 Personen Arbeit gegeben hatte.

Kleinsthandwerker nicht allein durch die geringe Größe ihrer Betriebe definiert wurden, sondern daneben auch durch die fehlende fachliche Qualifikation.

[111] *Hans Günter Hockerts*, Integration der Gesellschaft: Gründungskrise und Sozialpolitik in der frühen Bundesrepublik, in: Zeitschrift für Sozialreform 32 (1986), S. 25–40, hier S. 40.

[112] *Helmut Bicker*, Die lippische Handwerkswirtschaft, in: Lippische Landeszeitung 186 (1952), Nr. 175 v. 2.8.; *Theo Beckermann*, Das Handwerk in der Bundesrepublik Deutschland, Berlin 1980, S. 23 und 34; *Karl-Heinz Schmidt*, Die Konjunkturabhängigkeit des Handwerks, in: *Karl-Heinz Schmidt/Klaus Aßmann*, Die Konjunkturabhängigkeit der Klein- und Mittelbetriebe, Göttingen 1975, S. 35 f. Schmidt, S. 42, konstatiert, daß die Handwerksbetriebe weitgehend der zyklischen Wirtschaftsentwicklung folgten.

Graphik 6: Zahl der Handwerksbetriebe im Kammerbezirk Bielefeld (1954-1972)

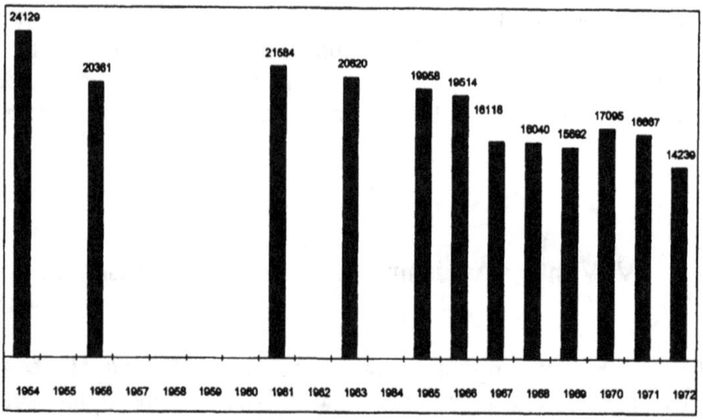


Quellen: 1954 - HwK Bielefeld, Bericht 1949-53, Bielefeld 1953, S. 58 f.; 1956 - HwK Bielefeld, Bericht 1954-57, Bielefeld 1957, S. 69 (dieser Wert ist offenbar etwas zu niedrig, weil ihm unvollständige Angaben zugrunde liegen); 1961 u. 1963 - HwK Bielfeld, Bericht 1961-63, Bielefeld 1963, S. 166; 1965 u. 1966 - HwK Bielefeld, Bericht 1964-66, Bielefeld 1966, S. 144; 1967, 1968 u. 1969 - HwK Bielefeld, Bericht 1967-69, Bielefeld 1969, S. 132; 1970 u. 1971 - Statistisches Landesamt Nordrhein-Westfalen (Hg.), Beiträge zur Statistik des Landes Nordrhein-Westfalen, Bd. 278: Das Handwerk in NRW 1956-1969, Düsseldorf 1972, S. 75, dort auch Hinweise zu den divergierenden Zählweisen; 1972 - HwK Bielefeld, Bericht 1970-72, Bielefeld 1972, S. 125. Die Erhebungen fanden nicht alle am selben Stichtag statt, so daß ein Teil der Schwankungen darauf zurückzuführen ist. Außerdem wurden die „handwerksähnlichen" Betriebe in unterschiedlicher Weise gezählt.

Besonders günstig entwickelte sich in den fünfziger Jahren das Baugewerbe, wo beispielsweise die Maurerbetriebe ihre Belegschaften zwischen 1949 und 1956 beinahe verdoppelten.[113] Den Kfz-Mechanikern gelang das gleiche, sie benötigten dafür aber bis zum Ende der sechziger Jahre. Auch die Elektriker profitierten von der ökonomischen und technischen Entwicklung, wie sich an den steigenden Betriebs- und wachsenden durchschnittlichen Beschäftigtenzahlen ablesen läßt. 1968 gab es zwar etwa 300 Tischlereien weniger als zwanzig Jahre zuvor, dafür hatten sie durchschnittlich drei Beschäftigte mehr.

Relativ konstant hielten sich bis in die sechziger Jahre hinein die Maler und Friseure, die beide kaum von direkter industrieller Konkurrenz betroffen waren. Die Bäcker und Fleischer konnten das 1949 erreichte Niveau leicht ausbauen, während das ‚Mühlensterben' in den späten fünfziger Jahren die Reihen der Müller erheblich lichtete und mehr als jeden zweiten Betrieb verschwinden ließ.

[113] Allg. dazu auch *Norbert Küting*, Die Kapazitätsausweitung der Bauwirtschaft in der Bundesrepublik Deutschland 1949–1960, Diss. Bonn 1963, bes. S. 65 ff. und 141 ff.

Besonders rapide schritt der Niedergang der Schneiderbetriebe voran: 1968 existierte nur noch ein Viertel der Damen- und Herrenschneider des Jahres 1949. Die Zahl der Schuhmacher halbierte sich im selben Zeitraum.

Tabelle 1: Durchschnittliche Zahl der Beschäftigten pro Betrieb in allen Handwerkszweigen des Regierungsbezirks Minden (1913-1926)

| | 1913 | 1926 | 1931 | 1937 | 1938 | 1939 | 1947 | 1949 | 1956 | 1968 |
|---|---|---|---|---|---|---|---|---|---|---|
| Besch. /Betr. in OWL | 1,62 | 1,55 | | 1,37 | 1,52 | 2,43 | 2,92 | 3,92 | 4,37 | 5,93 |
| im Reich | | 1,73 | 1,46 | | | 2,43 | | | | |

Erläuterung: Als Beschäftigte werden Gesellen, Arbeiter, Angestellte und Lehrlinge gezählt, dagegen weder mithelfende Familienangehörige noch die Besitzer der Betriebe. Die Angaben 1913 und 1926 - Ausschuß zur Untersuchung der Erzeugungs- und Absatzbedingungen der deutschen Wirtschaft. Verhandlungen und Berichte des Unterausschusses für Gewerbe: Industrie, Handel und Handwerk (III. Unterausschuß). 8. Arbeitsgruppe (Handwerk), Das deutsche Handwerk, 4 Bde., Berlin 1930, Bd. 8/2; 1937-1938 - HwK Bielefeld, Bericht 1936-38, Bielefeld 1938, S. 11-14. Die Beschäftigtenzahlen sind dort für „1936/37" und „1937/38" angegeben. Es wird hier davon ausgegangen, daß sich die Angaben wie sonst üblich auf den 1.4.1936 und 1937 beziehen. 1939 - Reichsstatistik, Bd. 570, S. 70-72; 1947-1949 - Statistisches Landesamt NRW (Hg.), Beiträge zur Statistik des Landes NRW, Bd. 8, Düsseldorf 1951, S. 51-61; 1956 - Statistisches Landesamt NRW (Hg.), Beiträge zur Statistik des Landes NRW, Bd. 86, Düsseldorf 1958, S. 229 ff.; 1968 - Statistisches Landesamt NRW (Hg.), Beiträge zur Statistik des Landes NRW, Bd. 278, Düsseldorf 1972, S. 398-403. Bei den Erhebungen 1939, 1947, 1956 und 1968 wurden die Betriebsinhaber als Beschäftigte mitgezählt, so daß von dem dort angegebenen Wert die Zahl der Betriebe abgezogen werden mußte, um eine vergleichbare Angabe zu erhalten.

Allein die Tatsache, daß der Anteil der Alleinmeister in Nordrhein-Westfalen von 1956 bis 1968 um mehr als sieben Prozentpunkte zurückging und der Prozentsatz der Betriebe, in denen zehn Personen und mehr arbeiteten, von 11,2 auf 15,3 Prozent stieg, ist ein sicheres Indiz für den Bedeutungsgewinn der Handwerksunternehmer. Diese Zunahme größerer Betriebe hieß auch: Immer mehr Handwerker konnten ohne eine sorgfältige Kalkulation und hinreichende kaufmännische und betriebswirtschaftliche Kenntnisse ihre Betriebe gar nicht mehr führen und waren sich dieser Tatsache auch sehr wohl bewußt.[114] Dazu kam die wachsende Zahl derjenigen, die mit der sozialen Marktwirtschaft aufgewachsen waren und den Wettbewerb als Normalzustand betrachteten.[115] Was die ökonomischen Bedingungen nicht erzwangen, erledigte der Generationswechsel: Der wirtschaftliche Erfolg wurde immer mehr zum Ergebnis unternehmerischer, ‚rationaler' Entscheidungen, während das personale Wirtschaften und mit ihm auch die Zwänge der handwerklichen Ehrbarkeit und Wohlanständigkeit an Bedeutung verloren. Vor diesem Hintergrund erschien ein Rückgriff auf zünftische

[114] *Friedrich Lenger*, Sozialgeschichte der deutschen Handwerker seit 1800, Frankfurt 1988, S. 218. *Winkler*, Stabilisierung (wie Anm. 87), S. 118, argumentiert gerade anders herum, wenn er die Öffnung für den „Geist des Kapitalismus" als *Vor*bedingung für die Teilhabe am wirtschaftlichen Aufschwung bewertet.

[115] *Scheybani*, Handwerk (wie Anm. 47), S. 24 ff.

Vorbilder immer mehr als Anachronismus, während sich das Idealbild des „Unternehmers" deutlich attraktiver ausnahm.

Diese Veränderungen spiegelten sich auch in den Äußerungen der Handwerksorganisationen wieder. So hieß es etwa schon 1954: „Der handwerkliche Fachverband heutiger Prägung hat die entscheidende Aufgabe zu erfüllen, den Schritt von der reinen Handwerks-Werkstatt zum Handwerksunternehmen zu fördern".[116] Es war nicht notwendig, dafür alle Traditionen und Ehrbarkeitsvorstellungen vollständig und radikal über Bord zu werfen, sie rückten einfach allmählich in den Hintergrund und verschmolzen mit dem Begriff des „Könnens", der Fachqualifikation, aus der wiederum die Stärke erwachsen sollte, sich im „Leistungswettbewerb" zu behaupten.[117]

Die Aufforderung an die Handwerker, sich um Kalkulation und rationale Betriebsführung zu bemühen, war alles andere als neu, aber bei der Propagierung des handwerklichen Leitbildes eines „Unternehmers", der auf dem Boden der Handwerkstraditionen stand und von dort aus in die Zukunft blickte, verschob sich der Akzent auf den Wandel, die Aufgeschlossenheit für Neues.[118] Der Ruf nach dem Schutz der Handwerksbetriebe trat zurück zugunsten der Losung: „Wer sich behaupten will, muß sich anpassen."[119]

Für die veränderten Akzentuierungen der Handwerksorganisationen war zum Teil auch der Kurswechsel verantwortlich, den der ZDH Mitte der fünfziger Jahre zugleich mit der Neubesetzung des Präsidentenamtes vornahm. Die Fixierung auf „berufsständische" Argumente, auf die angeblich besondere Aufgabe und die daraus abgeleitete Förderungs- und Schutzwürdigkeit des Handwerks, wurde von einer stärkeren Betonung der ökonomischen Leistungsfähigkeit abgelöst. Damit ging auch ein engerer Schulterschluß mit den Unternehmerverbänden einher, was ebenfalls dazu beitrug, stärker auf die 'unternehmerische Seite' der Handwerker zu setzen.[120]

[116] Mit frischer Kraft und neuer Zielsetzung, in: TG 47 (1954), Nr. 7, S. 271.

[117] Ebd.; *W. Heinze*, Die „Magna Charta" des Handwerks, in: TG 46 (1953), Nr. 5, S. 167 f. und 189; Große Aufgaben im ländlichen Bauwesen für das Zimmerhandwerk, in: BG 38 (1958), Nr. 13 v. 1.7., S. 433; *K. Plümecke*, Bauhandwerk und Landwirtschaft, in: BG 38 (1958), Nr. 15 v. 1.8., S. 494 ff.

[118] Vollversammlung am 6.3.1953, TOP 2, in: Protokolle der Vollversammlung der HwK Bielefeld ab 1. August 1948, WWA, K13 Nr. 186 (vorl.); Sitzung des Vorstands der HwK Bielefeld am 14.12.1953, in: Protokolle der Vorstandssitzungen 31.1.1952 – 14.1.1955, WWA, K13 Nr. 182 (vorl.); Unternehmer müssen wir werden!, in: HwZ 7 (1955), Nr. 12 v. 18.3., Beil. „Handwerk in Ostwestfalen". Als Beispiel dafür wurde etwa die Fa. Gausmann in Hiddesen in Lippe präsentiert: Vom Einmann-Betrieb zur Fabrik, in: LLZ 186 (1952), Nr. 175 v. 2.8.

[119] HwZ 9 (1957), Nr. 23 v. 7.6.; *W. Heinze*, Handwerk und Konjunkturprobleme der mittelständischen Wirtschaft, in: TG 48 (1955), Nr. 12 v. Dezember, S. 500 und 526.

[120] Vgl. *Scheybani*, Handwerk (wie Anm. 47), S. 502 f.

## V. Schlußbemerkungen

Zusammenfassend läßt sich festhalten, daß die Handwerker in Ostwestfalen-Lippe zwischen Kriegsende und den 60er Jahren eine bemerkenswerte Anpassungsfähigkeit an den Tag legten. Sie gingen in jeder Beziehung 'mit der Zeit' - so wie sie die Möglichkeiten der Wirtschaftslenkung nutzen, paßten sie sich auch den Gegebenheiten der Marktwirtschaft an. Das ist um so bemerkenswerter, als sowohl die Rahmenbedingungen als auch der - relative - ökonomische Erfolg sich in den einzelnen Phasen erheblich unterschieden.

Die Umkehrung jahrzehntelanger Entwicklungen und Machtverhältnisse während der gelenkten Wirtschaft bis 1948 wurde in kurzer Zeit aufgehoben - wenn man so will eine Restauration der seit der Industrialisierung herrschenden ökonomischen und sozialen Bedingungen. Die Handwerker hatten bis dahin eine kurze „Ausnahmekonjunktur" erlebt, die sie aber nicht für eine langfristige Verbesserung ihrer Position gegenüber der Industrie nutzen konnten. Und sie fanden sich auch in der Marktwirtschaft wieder zurecht, zwar nicht problem- und klaglos, wohl aber erfolgreich. Die Gründe dafür lassen sich mit den Chancen, die die Marktwirtschaft bot, und dem lange verfolgten Ziel einer Verdrängung der Kleinsthandwerker beschreiben, das nun die Kräfte des Marktes beförderten.

Letztlich spricht vieles dafür, daß die Ausnahmekonjunktur der Jahre von 1945 bis 1948 auch deshalb ohne schwere Verwerfungen in die - für die Handwerker zumindest problematische - Aufschwungphase der frühen Bundesrepublik übergingen, weil sie eben als *Ausnahme*-Zustand begriffen wurden. Niemand, selbst die nicht, die davon profitiert hatten, wollte sie als Modell für die künftige Wirtschaftsorganisation nehmen. Der Normalfall war die Marktwirtschaft mit ihrer Konkurrenz der Anbieter, und wer bei den Handwerkern mächtige Reste einer zünftischen Gesinnung nachweisen will, wird deren Prägekraft zumindest in dieser wichtigen Umbruchphase schwerlich belegen können.

*Jürgen Weise*

# Unternehmerische Selbstverwaltung in Westdeutschland nach dem Zweiten Weltkrieg. Die Industrie- und Handelskammern zwischen Anpassung und Selbstbehauptung

Die Unternehmerische Selbstverwaltung wird im allgemeinen in Deutschland mit den Industrie- und Handelskammern (IHKs) gleichgesetzt, der ältesten noch bestehenden Form berufsständischer Selbstverwaltung. Zur Vervollständigung sei hier aber angemerkt, daß dazu auch die Landwirtschaftskammern, die Handwerkskammern sowie die Kammern der freien Berufe rechnen.[1] Aber anders als bei den wiedergegründeten Industrie- und Handelskammern entwickelten die Gewerkschaften und die „Linksparteien" nach 1945 hinsichtlich der übrigen Selbstverwaltungseinrichtungen keine nennenswerten politischen Aktivitäten. Die Selbstverwaltungsorgane von Handwerk und Landwirtschaft waren schon lange in ihrer Bedeutung gegenüber den IHKs, in denen die Großindustrie, Energieunternehmen, Banken, Versicherungen, Handels- und Verkehrsunternehmen zusammengeschlossen waren, in den Hintergrund getreten. Oft waren die Repräsentanten wichtiger Unternehmen sowohl in den Kammern als auch in den Spitzenpositionen der mächtigen Industrie- und Arbeitgeberverbände zu finden. Mit dem Deutschen Industrie- und Handelstag (DIHT) hatten sich die IHKs im Jahr 1861 einen einflußreichen Spitzenverband geschaffen, dessen Stimme in der wirtschaftspolitischen Auseinandersetzung stets großes Gewicht hatte.

Die Frage, warum die Industrie- und Handelskammern in der Neuordnungsdebatte der unmittelbaren Nachkriegszeit die Schlüsselrolle gespielt haben, wird vor allem mit deren Kontinuität begründet. Es habe im Zusammenbruch „von 1945 wohl keine staatlichen oder halbstaatlichen Institutionen gegeben, die so eindeutig die Kontinuität deutscher Wirtschafts- und Sozialpolitik verkörpern, wie die Industrie- und Handelskammern".[2] Ferner hätten in diesen Kammern seitens der Funktionäre keine Überlegungen darüber stattgefunden, daß „die neue Lage in Deutschland eventuell eine grundlegende Neuordnung der Kammern er-

[1] *Klara van Eyll*, Berufsständische Selbstverwaltung und Verbände, in: Kurt G. A. Jeserich u. a. (Hg.), Deutsche Verwaltungsgeschichte, Bd. 5: Die Bundesrepublik Deutschland, Stuttgart 1987, S. 349–362.

[2] *Diethelm Prowe*, Unternehmer, Gewerkschaften und Staat in der Kammerneuordnung in der britischen Besatzungszone bis 1950, in: *Dietmar* Petzina/ *Walter Euchner* (Hg.), Wirtschaftspolitik im britischen Besatzungsgebiet 1945–1949, S. 235–254, Düsseldorf 1984, S. 235.

fordern könnte".[3] Die Kammern befanden sich in einer Sonderstellung, in der sowohl die Besatzungsmächte als auch die zunächst zögerlich wiedererrichteten deutschen Behörden auf die Kammern angewiesen und diese die eigentlichen Träger der Bewirtschaftungsmaßnahmen der ersten Nachkriegsmonate waren. Außer einer freiwilligen „Selbstentnazifizierung", d. h. einem Austausch belasteter Mitglieder des Ehrenamtes, war vor allem in personeller Hinsicht – insbesondere bei den hauptamtlich beschäftigten Kammermitarbeitern – die Kontinuität groß.[4]

Die Gewerkschaftsforderungen bezüglich einer paritätischen Umbildung der Industrie- und Handelskammern waren nicht neu. Hintergrund dieser Positionen, die von Sozialdemokraten bereits nach dem Ersten Weltkrieg im Zusammenhang „wirtschaftsdemokratischer" Neuordnungsvorstellungen geäußert wurden, waren die stets wiederholten Vorwürfe, die Kammern würden als Vertreter der Gesamtinteressen der Wirtschaft (in ihrem Bezirk) in Wahrheit einseitig die Unternehmerinteressen verfolgen. Nur durch eine adäquate Beteiligung der Arbeitnehmer, so die Gewerkschaften, würden die wahren Interessen der Wirtschaft zum Ausdruck kommen.

Während aus dem Gewerkschaftslager die Forderung vertreten wurde, die Kammern müßten aufgrund ihrer exponierten Stellung innerhalb der Wirtschaftsverwaltung möglichst ohne zeitlichen Verzug paritätisch umgebildet werden, ging die Mehrheit der Unternehmerseite davon aus, daß man diese Forderungen nur abwehren könne, wenn man sich auf die Rechtspositionen von vor 1933 zurückziehe und die Kammern zu ihren ureigensten Aufgaben zurückkehrten. Daß es auch eine Gegenposition innerhalb der Unternehmerschaft gab, wird zu untersuchen sein. Die Gewerkschaften wußten – vor allem in den Jahren 1945 bis 1947 – eine Mehrheit der politischen Kräfte auf ihrer Seite, dazu gehörten neben den „Linksparteien" teilweise auch Vertreter der bürgerlichen Parteien.

Drei Phasen waren bezüglich des gewerkschaftlichen Kampfes für die paritätische Kammerumbildung als entscheidend anzusehen. Eine erste Phase konzentrierte sich fast vollständig auf das Gebiet der britischen Besatzungszone. Nur hier bestanden die Voraussetzungen, die britischen Militärs davon zu überzeugen, daß die Kammern auch Arbeitnehmervertreter in ihren Gremien einzubinden hatten. Ihre Zuversicht schöpften die Gewerkschaftsvertreter aus der Tatsache, daß durch die in Großbritannien neugewählte Labour-Regierung eine ordnungspolitische Neuorientierung auch bei den britischen Besatzungskräften Einzug halten würde. Mit Viktor Agartz an der Spitze des Zentralamts für Wirtschaft (ZAW) in Minden leitete ein sozialdemokratischer Theoretiker, der den Gewerkschaften sehr nahe stand, die höchste deutsche Verwaltungsinstitution vor der Zusammenlegung der beiden anglo-amerikanischen Zonen. Außerdem war mit Wolfgang Friedmann ein deutschstämmiger, ehemaliger Gewerkschaft-

[3] Vgl. ebd., S. 235.

[4] *Werner Plumpe*, Vom Plan zum Markt, Wirtschaftsverwaltung und Unternehmerverbände in der britischen Zone, Düsseldorf 1987, S. 59 ff.

ler an die Spitze der britischen Economic Sub-Commission nachgerückt. Weder in der amerikanischen noch in der französischen Besatzungszone kam es in der unmittelbaren Nachkriegszeit zu ähnlichen politischen Aktivitäten der Gewerkschaften, wenngleich die Kammern hier eine ähnlich große Bedeutung hatten.[5] In der US-Zone lehnte die Besatzungsverwaltung die Pflichtmitgliedschaft der Gewerbetreibenden in der IHK ab. Überdies durfte nur derjenige Selbständige, der freiwillig der Kammer beitrat, zu Mitgliedsbeiträgen herangezogen werden. Hier war es für die Gewerkschaften viel schwieriger, ihre Forderungen nach paritätischer Umgestaltung umzusetzen, denn – so widersinnig es scheint – nur mit der Aufrechterhaltung der bereits vor 1933 praktizierten Pflichtmitgliedschaft machte die Verankerung eines Mitbestimmungsmodells für die Arbeitnehmervertreter einen Sinn. In der als Verein organisierten IHK, wie sie das amerikanische Modell vorsah, wäre aber zwangsläufig bei einer Beteiligung von Arbeitnehmern ein Massenaustritt von Unternehmen die Folge gewesen, und die Kammern wären innerhalb der wirtschaftsdemokratischen Konzeption der Gewerkschaften damit bedeutungslos geworden.

Nach dem Scheitern der Bemühungen auf Zonenebene konzentrierte sich die zweite Phase (1946/47) gewerkschaftlicher Bestrebungen auf die Gesetzgebungsprozesse der Länder. Mit der Gründung der Länder und der Schaffung einer föderalen Struktur wurden in den Parlamenten verschiedener Bundesländer – in erster Linie im britischen Besatzungsgebiet – Gesetzgebungsverfahren in Gang gesetzt, die die Umgestaltung der IHKs in paritätisch besetzte Einrichtungen vorsah. Daß dies durchaus erfolgreich war – vor allem in Nordrhein-Westfalen – entsprach der politischen Überzeugung vieler Politiker, die parteiübergreifend als Konsequenz aus dem Nationalsozialismus eine Veränderung der Wirtschaftspolitik und eine stärkere Einbindung der Arbeitnehmer in die Wirtschafts- und Sozialpolitik zur Forderung erhoben hatten. Aber auch hier scheiterten die Bemühungen an den alliierten Westmächten, die erneut ihr Vetorecht ausübten.

Auch in der dritten Phase (1950–1956), bei der es um den Versuch einer bundespolitischen Verankerung der überbetrieblichen Mitbestimmung ging, wurden die IHKs von den Gewerkschaften wiederum in ihre politischen Ziele einbezogen. Das noch heute gültige „Gesetz zur vorläufigen Regelung des Rechts der Industrie- und Handelskammern" von 1956, das letztlich die IHK als Körperschaft öffentlichen Rechts und als reine Unternehmerkammer anerkannte und auch die Pflichtmitgliedschaft festschrieb, war von konservativen Kräften (parteiübergreifend) im Bundestag eingebracht worden. Damit sollte verhindert werden, daß auf Länderebene weiterhin die Möglichkeit bestand, entsprechende IHK-Gesetze zu verabschieden. Indem der Bund jetzt seine Kompetenzen der konkurrierenden Gesetzgebung wahrnahm, waren entgegengesetzte Modelle in den Ländern ausgeschlossen.

[5] *Harald Winkel*, Wirtschaft im Aufbruch, Der Wirtschaftsraum München–Oberbayern und seine Industrie und Handelskammer im Wandel der Zeit, München 1990, S. 153–165.

## I. Der vorparlamentarische Kampf um die Industrie- und Handelskammern in der britischen Besatzungszone

### *1. Die Allianz zwischen Wolfgang Friedmann (Economic Sub-Commission) und dem Zentralamt für Wirtschaft (ZAW)*

Grundlage für die Wiederaufnahme der Kammerarbeit waren Gesetze und Instruktionen der Militärbehörden, die auf die Kammern als neben der Kommunaladministration als einziger funktionierender Verwaltung angewiesen waren. So galt in der britischen Zone zunächst die Technical Instruction No 9 der Abteilung MG ECON 2 vom 20. Oktober 1945.[6] Vom Wortlaut her unterschied sich diese kaum von den vergleichbaren amerikanischen Anweisungen, zumal auch hier ausdrücklich die Zwangsmitgliedschaft und die Beitragspflicht der Kammerzugehörigen ausgeschlossen wurde.[7] In der Praxis hat sich dies aber nicht ausgewirkt, denn den britischen Kontrolloffizieren schien es – zumindest vorrübergehend und bis zur Etablierung eines entsprechenden Wirtschaftsamtes – durchaus vorteilhaft zu sein, die bisherige Pflichtmitgliedschaft aufrecht zu erhalten. Die überwiegende Mehrzahl der Unternehmer wie auch die Repräsentanten der zonalen deutschen Behörden waren für die Beibehaltung der Kammern als öffentlich rechtliche Körperschaften. Anders als in der US-Zone kam es daher nicht zur Suspendierung der Pflichtumlage zur Finanzierung der Kammerhaushalte.[8]

Im Frühjahr 1946 veränderten zwei „Personalien" den bisherigen ruhigen Verlauf des Wiederaufbaus der Kammerorganisation. Das Ziel der Kammern war überwiegend darauf gerichtet, zu den Rechtspositionen zurückzukehren, die vor 1933 gegolten hatten. Ihre Interessen wurden von der im Mai 1946 errichteten „Vereinigung der Industrie- und Handelskammern in der britischen Besatzungszone" (VHKBZ) wahrgenommen. Angesichts des sich abzeichnenden Konflikts mit ZAW und Militärregierung waren diverse Unstimmigkeiten zwischen den Kammern beseitigt worden. Nur nach außen stellte sich die VHKBZ als schlagkräftige Intereressenvertretung dar, während es im Inneren zum Teil heftige Auseinandersetzungen gegeben hatte.[9] Am 15. Februar 1946 übernahm Viktor Agartz das Amt des Generalsekretärs des Wirtschaftsrates. Mit Dr. Wolfgang

[6] Technische Anweisung Nr. 9 der Economic Division der CCG (BE) vom 20. März 1945 betr. Industrie- und Handelskammern, in: *Walter Vogel*, Westdeutschland 1945–1950. Der Aufbau von Verfassungs- und Verwaltungseinrichtungen über den Ländern der drei westlichen Besatzungszonen, Teil II, Boppard 1964, Anhang Nr. 2, S. 340 f.

[7] Vgl. *Jürgen Weise*, Kammern in Not – zwischen Anpassung und Selbstbehauptung. Die Stellung der Industrie- und Handelskammern in der Auseinandersetzung um eine neue politische und wirtschaftliche Ordnung 1944–1956. Dargestellt am Beispiel rheinischer Kammern und ihrer Vereinigungen auf Landes, Zonen- und Bundesebene, Köln 1989, S. 126 ff.

[8] *Weise*, Kammern in Not (wie Anm. 7), S. 129.

[9] Vgl. ebd., S. 109–117, Geschichte der Zonenvereinigung.

Friedmann, dem Nachfolger von John Alexander im Amt des Präsidenten der Economic Sub-Commission, betrat die zweite Persönlichkeit das politische Parkett, auf dem die Lage für die Kammern bis zu Ende des Jahres noch einmal äußerst kritisch werden sollte. Seine erste Initiative bestand darin, in einem Schreiben vom 28. März 1946 an alle Divisions und Headquarters, alle Fakten zur Handelskammerfrage zusammenzutragen.[10] Hierin wurden die bis dato gültigen Bestimmungen zur Pflichtmitgliedschaft, die in der Praxis mißachtet worden waren, insofern revidiert, als der Rechtszustand von vor 1933 offiziell sanktioniert wurde. Der inzwischen zum Leiter der ZAW avancierte Agartz stand den Kammerinteressen vermeintlich wohlwollend gegenüber. Die Kammern der Zonenvereinigung hatten sich inzwischen auf eine gemeinsame Handelskammerverordnung geeinigt, die anläßlich einer Zusammenkunft mit Agartz am 5. Juni 1946 vorgestellt und diskutiert werden sollte.[11] An diesem Gespräch nahm auch Dr. Friedmann teil, der die Teilnehmer mit der Kritik der Militärregierung an der undemokratischen Beitragspflicht der Kammermitglieder konfrontierte. Agartz seinerseits versprach, daß große Teile der SPD und CDU für eine Zusammenarbeit mit den Gewerkschaften eintreten würden. Bei diesem Gespräch erfuhren die überraschten Kammervertreter, daß sie offensichtlich übergangen worden waren. Seitens der Economic Sub-Commission (Friedmann) war an das ZAW ein Fragenkatalog über die deutsche Wirtschaftsorganisation gerichtet worden, der innerhalb von nur 14 Tagen beantwortet werden mußte. Einerseits spiegelte Agartz den Kammernvertretern zwar vor, er habe diese kurze Fristsetzung abgelehnt und auf eine vorherige Konsultationen der Interessenvertreter gedrängt, andererseits aber hatte er schon einen Tag vor Fristablauf seine Stellungnahme dazu abgegeben, diese aber als vorläufig qualifiziert.[12] Darin bestätigte er im wesentlichen die Positionen der Kammervertreter; insbesondere wurde die Pflichtmitgliedschaft von ihm als dringend erforderlich bezeichnet. Hinsichtlich der Beteiligung von Arbeitnehmern in den Kammern kam das ZAW allerdings zu dem Schluß, daß hier noch Diskussionsbedarf vorläge. Die Gewerkschaften ihrerseits hätten, so erläuterte Agartz, eine paritätische Besetzung der Kammern vorgeschlagen.[13] Da den Gewerkschaften in diesem frühen Diskussionsstadium das Mittel des Arbeitskampfes noch nicht zur Verfügung stand, waren sie ebenso wie die Kammern von der weiteren politischen Entscheidung Agartz' abhängig.[14]

Durch diese Vorkommnisse wurden nun die Kammerfunktionäre bestätigt, die schon bei Beginn der Auseinandersetzungen ein stärkeres Engagement in der Abwehr gewerkschaftlicher Begehrlichkeiten angemahnt hatten. Zu diesem Zeitpunkt ging man davon aus, daß die britische Militärregierung die Erarbei-

[10] Vgl. ebd., Anmerkung 28, S. 130.

[11] Vgl. ebd., S. 116.

[12] Vgl. Vorläufige Stellungnahme zu den im Schreiben der Economic Sub-Commission vom 14.6.1946 enthaltenen Fragen über die deutsche Wirtschaftsorganisation (24.6.1946), Abschrift, in: RWWA Abt. 70, IHK zu Düsseldorf, 111-00/1.

[13] Vgl. *Weise*, Kammern in Not (wie Anm. 7), Anmerkung 42, S. 133.

[14] *Prowe*, Unternehmer, (wie Anm. 2), S. 239.

tung der wesentlichen ordnungspolitischen Eckpfeiler ganz in die Hände des ZAW gelegt habe. Die jetzt entbrannte Grundsatzdiskussion vom Mai bis November 1946 war durch den „kombinierte(n) Druck der britischen und deutschen Verwaltungen“ ausgelöst worden.[15] Der Kölner IHK-Präsident Dr. Robert Pferdmenges, Vorsitzender der Zonenvereinigung der Kammern, hatte schon zu einem frühen Zeitpunkt die beiden Alternativen auf den Punkt gebracht: entweder Pflichtmitgliedschaft mit Arbeitnehmerbeteiligung oder reine Unternehmerkammern unter Aufgabe des öffentlich rechtlichen Status. Während Pferdmenges die Kammern dazu drängte, sich mehrheitlich einer dieser Positionen zu verschreiben, gab es im Kammerlager starke Kräfte, die an der Maximalforderung der Vertretungskörperschaften festhielten und eine Rückkehr zur Kammerverfassung von vor 1933 forderten.

Im Vorfeld zu einer von Agartz anberaumten Besprechung über das endgültige ZAW-Gutachten zur neuen Wirtschaftsordnung vom 19. Juli 1946 kam es zu einer Reihe von Konferenzen innerhalb der VHKBZ über das weitere taktische Vorgehen.[16] Während einer HGF-Konferenz der Provinzen Nordrhein und Westfalen waren heftige Auseinandersetzungen geführt worden. Hier hatte sich herausgestellt, daß es eine Reihe von Kammern gab (Aachen, Bonn und Düsseldorf), die für eine Parität, zumindest aber eine Teilparität, votierten. Die Mehrheit, so die westfälischen Kammern und aus dem Rheinland auch Essen und Solingen, waren dagegen. So trat etwa die Kölner Kammer für eine weitgehende Mitarbeit der Arbeitnehmer am wirtschaftlichen Wiederaufbau ein, forderte aber eine neue Plattform für ein gemeinsames Gremium der beiden Sozialpartner.[17]

## *2. Kammerarbeit und Arbeitnehmerbeteiligung? Die „Ölkrug-Entschließung“ vom Juli 1946*

Die vorbereitende Sitzung des erweiterten Zonenvorstands zum Treffen mit Agartz fand am Vortag (18. Juli 1946) in der Gaststätte „Ölkrug“ in der Nähe von Stadthagen statt.[18] Grundlage der Aussprache war ein Entscheidungspapier der niedersächsischen „Vor-Ort-Kammer“ Hannover.[19] Nahezu alle Delegierte waren gegen die Aufnahme von Arbeitnehmern in die Kammergremien. Die Hauptgeschäftsführer Fricke (Hannover), Ulrich (Bremen), Gieselmann (Münster) und Küster (Essen) wurden beauftragt, eine Entschließung „zur Frage der

[15] Ebd., S. 239.

[16] Vgl. *Weise*, Kammern in Not (wie Anm. 7), S. 134 f.

[17] Ebd., S. 136 f.

[18] *Rainer Schulze*, Unternehmerische Selbstverwaltung und Politik. Die Rolle der Industrie- und Handelskammern in Niedersachsen und Bremen als Vertretungen der Unternehmerinteressen nach dem Ende des Zweiten Weltkrieges, Hildesheim 1988, S. 234 ff.

[19] Im Gegensatz zur NRW–Kammervereinigung, die über eine eigenständige Geschäftsstelle verfügte, regelte in der niedersächsischen Kammervereinigung die Kammer Hannover federführend für die anderen Kammern die Geschäfte.

Beteiligung der Arbeitnehmer an der Wirtschaftsorganisation" zu formulieren, die schließlich einstimmig angenommen wurde. Die Bedeutung dieser sogenannten Ölkrug-Entschließung" lag darin, daß die Kammern sich jetzt erstmals auf ein Strategiepapier geeinigt hatten, auf das künftig immer wieder zurückgegriffen werden konnte und auch wurde.[20] Sie erkannte zwar prinzipiell die Rolle der Arbeitnehmer als Beteiligte an den wirtschaftspolitischen Entscheidungen an, gleichzeitig lehnte sie aber eine Beteiligung an der direkten Kammerarbeit ab. Diese sollte auf höherer Ebene in gemeinschaftlichen Gremien stattfinden. Man forderte ferner, daß die Kammern wie in den Jahren vor 1933 Vertreter der Gesamtheit der Betriebe des Bezirks bleiben sollten. Grundlegend wandte man sich ebenfalls gegen eine Veränderung des Wirtschaftsaufbaus und den Erlaß neuer Kammergesetze, so lange nicht gewählte Volksvertretungen darüber entscheiden konnten. Die Entschließung ging im Prinzip bereits über ein Positionspapier zur Sicherung des „Status Quo" hinaus, sie war eine klare Absage – wenn auch vorsichtig formuliert – an jegliche wirtschaftspolitische Veränderung, die nach Meinung der Kammern nur durch demokratisch legitimierte Vertreter stattfinden durfte.

Das Gespräch beim ZAW decouvrierte die Absichten von Agartz, reagierte dieser doch äußerst ungehalten auf den Vorwurf der Kammervertreter, er wolle auf undemokratischem Wege bestimmte Reformen verfügen, während die Kammervertreter demgegenüber für sich reklamierten, die eigenen Interessen selbständig gegenüber den Vertretern der Militärregierung zu vertreten. Daraufhin verließ er die Sitzung und ließ die Vertreter der Kammern wie ertappte „Schulbuben" zurück.[21] Damit war deutlich geworden, daß Agartz nicht mehr mit sich reden lassen wollte. Gegenüber dem Hauptgeschäftsführer der IHK zu Köln, Dr. Hilgermann, hatte er kurz nach der Besprechung auch eingeräumt, daß ihm das Verhalten der Kammern mißfallen habe und er inzwischen entschieden sei, der Militärregierung die Parität auf Kammerebene als beste Möglichkeit der Wirtschaftsorganisation vorzuschlagen.[22]

### *3. Die Mehrheitsmeinung und ihre Kritiker: Rheinische „Abweichler"*

Innerhalb der Vereinigung der Industrie und Handelskammern der Nord-Rheinprovinz wurden die Ergebnisse der Verhandlungen mit Agartz und die möglichen Folgen kontrovers diskutiert. Erstaunlicher Weise war hier eine Mehrheit der Vertreter für die Parität in den Kammern, und es wurde tatsächlich an eine Abordnung der Auftrag erteilt, mit Agartz über die Konkretisierung der Parität zu verhandeln. Doch sorgte dieser dafür, daß das Mißtrauen selbst unter

[20] Niederschrift der Vorstandssitzung der Vereinigung der Industrie- und Handelskammern der britischen Besatzungszone, Ölkrug bei Stadthagen (18. Juli 1946), 6. August 1946, Anlage 2: Ölkrug-Entschließung, in: RWWA, Abt. 1, IHK zu Köln, 1–189–3.

[21] Vgl. Aktenvermerk über die Fühlungnahme zwischen ZAW und Zonenvereinigung in Minden (19.7.1946), Dr. Fricke, Hannover, 31.7.1946, S. 3, in: RWWA, Abt. 28, IHK Essen, 28–37–3.

[22] Vgl. *Weise*, Kammern in Not (wie Anm. 7), S. 142 f.

den bislang seinen Vorschlägen aufgeschlossenen rheinischen Kammervertretern immer stärker wurde. Während die Kammervereinigung noch davon ausging, das von Agartz erstellte Gutachten sei noch verhandelbar, erfuhren sie durch seinen öffentlichen Auftritt am 26. Juli 1946 in der Kölner Universität, daß er sein Positionspapier bereits an die Kontrollkommission der britischen Militärregierung weitergegeben hatte.[23]

In diesem Konflikt erwies sich die Rolle des Kölner Kammerpräsidenten Dr. Pferdmenges als besonders problematisch, mußte dieser doch als Vorsitzender der Zonenvereinigung die „Ölkrug-Entschließung" einerseits verteidigen, andererseits aber als Vorsitzender der Kammern vom „Nordrhein" deren überwiegende Befürwortung der Parität vertreten. Der gleiche Konflikt ergab sich bezüglich seiner eigenen Kammer: Der Beirat der IHK zu Köln hatte sich für eine begrenzte Beteiligung von Arbeitnehmern ausgesprochen.

Pferdmenges Taktieren glich in dieser Situation einem Drahtseilakt: Einerseits bekräftigte er die Solidarität mit den norddeutschen Kammern als Besänftigung der „Hardliner" im Kammerlager, als diese zu einer Separattagung (ohne Rheinland) in Lübeck geladen hatten, um das weitere Vorgehen gegen die rheinischen Abweichler (Düsseldorf, Bonn, Aachen) zu beraten. Andererseits schrieb er an Agartz einen „Bekennerbrief", in dem er seine Zuversicht darüber zum Ausdruck brachte, daß sich die norddeutschen Kammern dem rheinischen Votum anschließen würden, wenn ihnen deutlicher bewußt werde, daß die Militärregierung im Gegenzug für die Beibehaltung der Finanzhoheit und der Rechtsform der Körperschaft die Parität fordere.[24] In Sitzungen der Kammern des Rheinlands kam es wiederholt zu Auseinandersetzungen über den richtigen Weg, und die Unsicherheit über die ausstehende Entscheidung der Militärregierung wuchs demzufolge weiter an. Informationen aus dem ZAW deuteten Ende September 1946 eine baldige Lösung zu ungunsten der Kammern an, dennoch stieg bei diesen die Hoffnung, daß mit der Errichtung des Deutschen Wirtschaftsrates bzw. der sich andeutenden Verschmelzung der beiden Zonen die Macht von Agartz gebrochen und damit der Einfluß der Amerikaner wachsen werde.

Ende September 1946 war Pferdmenges von den Briten aus allen Ämtern entlassen worden;[25] der Einfluß der rheinischen Kammern war damit gebrochen. Gemeinsam mit Vertretern süddeutscher Kammervereinigungen wurde jetzt gegen einen kammerrechtlichen „Alleingang" in der britischen Zone wesentlich forcierter Front gemacht. In der Hoffnung, eine autoritäre Entscheidung über die Kammerfrage verhindern zu können, setzte man auf den neuen Leiter des Verwaltungsamtes für Wirtschaft (VAW), Dr. Rudolf Mueller.

[23] Ebd., S. 144.

[24] Ebd., S. 147, Anmerkung 54.

[25] *Jürgen Weise*, Die IHK zu Köln zwischen 1945 und 1965, in: *Rheinisch-Westfälisches* Wirtschaftsarchiv *zu Köln e. V.* (Hg), Die Geschichte der unternehmerischen Selbstverwaltung in Köln 1914–1997, herausgegeben aus Anlaß des 200jährigen Bestehens der IHK zu Köln, Köln 1997, S. 289 f.

## *4. Optionen in der Diskussion: Vom Friedmann-Erlaß zu den Wirtschaftsausschüssen*

Im November 1946 trat noch einmal der Gedanke der „Kammerparität" auf die Tagesordnung. Allmählich sickerte bei den Kammern durch, daß die von Friedmann geplante „Technical Instruction" zur Lösung der anstehenden Frage aus der Feder von Agartz stammte. Friedmann, dem offensichtlich Widerstand aus den Reihen der obersten Militärs entgegengebracht wurde, lud die Kammervereinigung für den 25. November 1946 erstmalig ein, ihre Argumente vorzutragen. Die Weichenstellungen für das entsprechende taktische Vorgehen der Kammervertreter wurden auf der Sitzung der Geschäftsführer in Hahnenklee/Oberharz (23./24. November 1946) vorgenommen. Ausgerechnet auf dieser Sitzung prallten die kammerinternen Gegensätze noch einmal heftig aufeinander.[26] Auslöser dieses Streits war die Meldung, daß jetzt auch die SPD die Forderung nach der Parität in den IHKs favorisiere. Standen bislang lediglich die rheinischen Kammern („Wilder Westen") im Verdacht, von der „Ölkrug-Entschließung" abzurücken, so brach in Hahnenklee auch die Front der niedersächsischen Hardliner auseinander, unter ihnen neben Hildesheim auch die Kammern Braunschweig und Lüneburg.

Angesichts der Uneinigkeit in den Reihen der IHK entschloß man sich, die Ölkrug-Entschließung zu überarbeiten und dabei konstruktive Vorschläge zur Kooperation mit Arbeitnehmervertretern zu entwickeln. Dies sollte in Form von „bezirklichen Wirtschaftsausschüssen" geschehen, in denen beide Seiten gleichberechtigt vertreten sein sollten.[27] Die lange erwartete Entscheidung der britischen Militärregierung, kam den Interessen der Kammer sehr nahe. Denn der sogenannte „Friedmann-Erlaß" vom 27. November 1946 erlaubte der IHK sowohl, von allen kammerpflichtigen Unternehmen Beiträge zu erheben als auch unbeschränkt tätig zu sein.[28] Anders als befürchtet, empfahl der Erlaß lediglich die Bildung von paritätischen Ausschüssen auf Kammerbezirksebene. Wenige Tage zuvor hatte Friedmann den Kammern bezüglich dieser „vorläufigen Regelung" dargelegt, daß es innerhalb der Militärregierung Widerstände gegen die Zwangsmitgliedschaft und die Beteiligung von Arbeitnehmervertretern gegeben habe. Einige Monate früher, so räumte Friedmann ein, hätte er durchaus eine paritätische Besetzung der Kammern anordnen können. Nun aber sei dieses auf Grund der geänderten Interessenlage nicht mehr zu realisieren. Deshalb, so empfahl Friedmann, solle man die Bestimmungen des Erlasses als vorläufig ansehen und eine spätere gesetzliche Regelung abwarten. In diesem Entscheidungsprozeß kam zum Tragen, daß die britische Militärregierung aufgrund der zunehmenden wirtschaftlichen Abhängigkeit von den US-Amerikanern und wegen der sich abzeichnenden Zonenverschmelzung immer weniger zu präjudizierenden

[26] Vgl. *Schulze*, Unternehmerische Selbstverwaltung (wie Anm. 18), S. 243 f.

[27] Vgl. *Weise*, Kammern in Not (wie Anm. 7), S. 156 f.

[28] Vgl. German Organisation Branch, Economic Sub-Commission, 64 HQ CCG/BE, 27.11.1946, Übersetzung , in: RWWA Abt. 1, IHK zu Köln, 1–186–4.

Entscheidungen greifen konnte. Dennoch ist es aber nicht allein dem amerikanischen Einfluß zuzuschreiben, daß die Parität als ordnungspolitische Kursänderung abgelehnt wurde. In Wahrheit scheiterte Friedmann mit seinem Konzept bereits innerhalb der eigenen Militärregierung.[29] In der Folge der weiteren Auseinandersetzung konzentrierten sich die Kammern auf die von Friedmann angeregten Wirtschaftsausschüsse, denn sie waren dazu geeignet, die Gewerkschaftsvertreter aus den Kammergremien herauszuhalten.

In der sogenannten Agathenburger Entschließung vom Anfang Dezember 1946 hatten die Kammern noch einmal bekräftigt, daß sie sich auf Zonenebene mit den Gewerkschaften in den Wirtschaftsausschüssen auseinandersetzen wollten.[30] Ein solches Treffen mit Spitzenvertretern beider Organisationen fand am 7. Januar 1947 in Wuppertal statt. Wenngleich die Verhandlungen in sachlicher Atmosphäre stattfanden, waren die Gegensätze kaum zu überwinden. Die Gewerkschaften hatten den nach ihrem Vordenker Ludwig Rosenberg benannten Plan zur Grundlage ihrer zukünftigen Kammerpolitik gemacht.[31] Dieser suchte eine Form der Wirtschaftsdemokratie zu etablieren und forderte einen dreistufigen Aufbau einer Bezirkswirtschafts-, einer Landeswirtschafts- und einer Reichswirtschaftskammer. Demnach waren die Kammern in paritätisch besetzte Bezirkswirtschaftskammern umzugestalten, was ihre Existenz in der traditionellen Form grundsätzlich zur Disposition stellte. Anders als in der „Agathenburger Entschließung", die den Kammern als Diskussionsplattform diente, waren die Gewerkschaften grundsätzlich gegen paritätisch besetzte Wirtschaftsausschüsse außerhalb der Kammern. Von seiten des Regierungsrats Bömcke, der beim VAW für die Kammerneuordnung zuständig war, drohte den Kammern weiterhin Gefahr. In einer Diskussion zwischen Spitzenvertretern der Kammern und ihm stellte sich dessen pro-gewerkschaftliche Haltung heraus. Er ließ keinen Zweifel daran, daß die Kammern als Vertretungen der Unternehmen paritätisch mit Arbeitnehmervertretern zu besetzen seien. In einer weiteren Gesprächsrunde gingen die Gewerkschaftsvertreter darüber hinaus und erklärten, daß sie in der Schaffung der Wirtschaftsausschüsse nur eine Zwischenlösung für die Regelung der Mitwirkung der Arbeitnehmerschaft in der wirtschaftlichen Selbstverwaltung sähen.

Es war ihnen allerdings nicht gelungen, den Kammervertretern abzuringen, schon vorab an Kammerausschüssen oder sonstigen Gremien beteiligt zu werden. Die in den „Wuppertaler Vereinbarungen" festgelegte Zusammenarbeit mit den Gewerkschaften war ein „Triumph der Kammern".[32] Mit Hochdruck befaßten diese sich jetzt mit der Ausgestaltung der Wirtschaftsausschüsse auf Kammerbezirksebene. Aus Sicht der Gewerkschaften waren auf der zonalen Ebene

[29] Vgl. ausführlich dazu, *Weise*, Kammern in Not (wie Anm. 7), S. 161–174.
[30] Vgl. Verhandlungsniederschrift der Vorstandssitzung der Vereinigung der IHKs in der britischen Besatzungszone, Schloß Agathenburg b. Stade (4.12.1946) vom 6.3.1947, Anlage 2, in RWWA Abt. 181, DIHT, 181–231–2.
[31] Vgl. ebd.
32 Prowe, Unternehmer (wie Anm. 2), S. 242.

keine Entscheidungen mehr zu erwarten, so daß sie die Maxime ausgaben, daß die Ausarbeitung einer Gesetzesvorlage über die Bildung paritätisch besetzter Wirtschaftskammern und deren Weitergabe an die Länderparlamente zu forcieren sei.[33]

Trotz der mehr oder minder deutlichen Ablehnung durch die Gewerkschaftsspitze und der sehr uneinheitlichen Meinung innerhalb der Kammern in der britischen Zone, kam es auf der bezirklichen Ebene fast überall sehr bald zur Gründung der Paritätischen Wirtschaftsausschüsse. Die Zonenvereinigung der Kammern hatte sehr stark darauf gedrungen, solche Wirtschaftsausschüsse zu installieren, um zu erwartende Konflikte außerhalb der Kammern zu lokalisieren. Diese Taktik schien auch aufzugehen.

Auffällig ist das stark divergierende Verhalten der Kammern: Wo einige IHKs die Zusammenarbeit mit den Gewerkschaften ablehnten, kooperierten andere Kammern aktiv mit diesen. Tatsächlich wurde im Rahmen einer Untersuchung Anfang 1947 festgestellt, daß in einzelnen Kammern bereits Gewerkschaftsvertreter in Fachausschüssen (Berufsbildung) vertreten waren.[34] In der IHK Braunschweig waren diese sogar im Präsidium vertreten und zusätzlich alle Ausschüsse um Arbeitnehmervertreter ergänzt worden. Diese Kammer hielt die Wirtschaftsausschüsse sogar für überflüssig, weil man anderweitig bereits eng mit den Arbeitnehmern kooperierte.

Angesichts der heftigen Kritik, die Vertreter der niedersächsischen Kammervereinigung an den rheinischen Kammern, speziell Düsseldorf und Köln, bezüglich ihrer gewerkschaftsfreundlichen Haltung geübt hatten, erstaunt es doch erheblich, daß solche eklatanten Verstöße gegen die „Ölkrug-Entschließung“ niemals thematisiert wurden.[35] In einigen Kammerbezirken (Duisburg, Hagen, Hamburg, Remscheid) existierten schon vor den Abmachungen von Wuppertal gemischt besetzte Gremien (teilweise auch mit Vertretern der Handwerkskammern), die sich zur Verwirklichung bestimmter Aufgaben zusammengefunden hatten.

Von 34 Industrie- und Handelskammern der Zonenvereinigung gründeten 30 Kammern einen „Paritätischen Wirtschaftsausschuß“. Überwiegend berichteten die Kammern an das Sekretariat der Zonenvereinigung, daß die Zusammenarbeit reibungslos verlaufe. Lediglich in Remscheid, wo einige KPD-Funktionäre Mitglied des Ausschusses waren, war es dem Vernehmen nach keineswegs zu einem fruchtbaren Miteinander gekommen.[36] Während auf der Bezirksebene die Zusammenarbeit im Ansatz gelang, prallten auf Zonenebene die gegensätzlichen Interessen erneut unversöhnlich aufeinander. Zu einem zweiten Treffen in Wuppertal waren die Gewerkschaften von der Zonenvereinigung eingeladen worden, und gleichzeitig leitete man ihnen den sogenannten „Anti-Rosenberg“ zu, ein

[33] Zustandegekommen war diese neue Strategie während eines bizonalen Treffens führender Funktionäre in Frankfurt im März 1947. Vgl. *Weise*, Kammern in Not (wie Anm. 7), S. 189 f.

[34] Ebd.

[35] Vgl. dazu *Schulze*, Unternehmerische Selbstverwaltung (wie Anm. 18), S. 217 f.

[36] Vgl. Weise, Kammern in Not (wie Anm. 7), S. 197.

Papier, in dem sich die Kammern mit dem Konzept der Wirtschaftsdemokratie auseinandersetzten.[37] Hierin hatten sich die Kammern erwartungsgemäß kritisch mit der ihnen zugedachten neuen Rolle als Entsendungskörperschaft für die paritätischen Wirtschaftskammern auseinandergesetzt. Nach ihrer Meinung war es gegenüber dem Rosenbergschen Konzept unumgänglich, die Kammern als bezirkliche Gesamtvertretungen zu erhalten.

Neue Erkenntnisse oder überraschende Ergebnisse hat die Zusammenkunft der beiden Kontrahenten nicht ergeben, beide waren auch nicht weiter daran interessiert, den Gesprächskreis zu institutionalisieren bzw. auf Zonenebene als Wirtschaftsrat auszubauen. Auch war man seitens der Gewerkschaften nicht willens, entsprechende Ausschüsse auf der Ebene der Länder zu installieren. Man ging davon aus, daß in Kürze entsprechende Landesgesetze zur „Wirtschaftsdemokratie" verabschiedet werden würden.

Im Juli 1947 waren Entscheidungen gefallen, die als einschneidend für die weitere Entwicklung der Kammerrechtsdiskussion angesehen werden müssen. Es ist offensichtlich, daß die Initiative in der Frage der Zusammenarbeit zwischen Arbeitnehmern und Arbeitgebern jetzt von der amerikanischen Militärverwaltung ausging. Der paritätische Gemeinschaftsausschuß „Wirtschaft und Arbeit" war durch sie initiiert worden und sollte auf bizonaler Ebene operieren. Die erforderlichen Maßnahmen zum Zusammenschluß der Kammern der beiden Zonen wurden jetzt forciert. Alles schien darauf hinzudeuten, daß der bizonale Ausschuß in Frankfurt zu einer ständigen Einrichtung werden würde, so daß sich die Kammervereinigung der britischen Zone weniger um die Verständigung mit den Gewerkschaften mühte, sondern sich vielmehr um organisatorische Probleme in der neuen „Arbeitsgemeinschaft" kümmerte.

Die Gewerkschaften der britischen Zone boykottierten nicht nur den Frankfurter Gemeinschaftsausschuß, sondern verweigerten auch einem weiteren Treffen im „Wuppertaler Kreis" ihre Teilnahme.[38] Nicht zuletzt wegen des Drucks der gewerkschaftlichen Basis hatte man sich zum Rückzug aus diesen Gremien entschlossen, wurden doch immer wieder Vorwürfe laut, man habe sich durch die Zugeständnisse die ursprünglichen Ideen zur Durchsetzung der Wirtschaftsdemokratie und die damit verbundene Umgestaltung der Kammern verwässern lassen.[39]

Die „Paritätischen Wirtschaftsausschüsse" auf Kammerbezirksebene wurden trotz des abrupten Endes der Spitzenkontakte nicht sofort aufgelöst, teilweise traf man sich noch bis Ende 1948. Das endgültige Aus der Gemeinsamkeiten stand im Zusammenhang mit der Einbringung verschiedener Gesetzesinitiativen zum wirtschaftsdemokratischen Umbau der Wirtschaftsverfassung, wie sie in

[37] Vgl. Zusammenarbeit der Unternehmer und Arbeitnehmer in der wirtschaftlichen Selbstverwaltung, Entwurf für eine Stellungnahme der Vereinigung der IHKs in der britischen Besatzungszone zur Denkschrift "Wirtschaftsdemokratie", Juni 1947, in: RWWA Abt. 1, IHK zu Köln, 1-186-3.

[38] Die Bezeichnung "Wuppertaler Kreis" hatte sich für die bilateralen Gespräche auf Kammerseite eingebürgert.

[39] Vgl. *Weise*, Kammern in Not (wie Anm. 7), S. 208 f.

den Länderparlamenten zur Annahme vorgelegt wurden (Hamburg, Niedersachsen, Nordrhein-Westfalen und Schleswig-Holstein).

## II. Das nordrhein-westfälische Wirtschaftskammergesetz

### *1. Die Gesetzesinitiative der SPD-Landtagsfraktion in NRW*

Der auf der wirtschaftsdemokratischen Konzeption der Gewerkschaften basierende Gesetzentwurf der SPD in NRW wurde am 28. April 1948 im Landtag eingebracht.[40] In den entscheidenden Paragraphen sechs und sieben war vorgesehen, daß die Vollversammlung sich je zur Hälfte aus Vertretern der Wirtschafts- und Innungsverbände einerseits und Gewerkschaftsmitgliedern andererseits zusammensetzte. In dem Entwurf war die Wirtschaftskammer bewußt nicht als Körperschaft öffentlichen Rechts vorgesehen, weil man hier eine Klippe für die weitere Beratung des Gesetzes erwartete. Ebenfalls herausgelassen hatte man die Konzeption einer Landeswirtschaftskammer. Nachdem es im Juni 1948 zu einer ersten Lesung des Gesetzes gekommen war, wurde es erstmals am 24. November 1948 im Wirtschaftsausschuß des Landtages beraten. Einig war man sich parteiübergreifend, daß die Wirtschaftskammer als Körperschaft öffentlichen Rechts zu planen sei. Inzwischen hatten sowohl die Engländer als auch die Amerikaner in dieser Frage ihren Widerstand aufgegeben.[41] Während die Gewerkschaften in ihrem Modell von einer völligen Zerschlagung der Industrie- und Handelskammern in der bisherigen Rechtsform ausgingen, zeigte sich in den Beratungen, daß man demgegenüber auf seiten der SPD geneigt war, diese neben den neuen Bezirkskammern bestehen zu lassen. Die Sozialdemokraten gingen tatsächlich davon aus, daß die Kammern mit der Errichtung der Wirtschaftsausschüsse ihren bisherigen Einfluß einbüßten.

Die weiteren Beratungen des Gesetzentwurfs wurden einem Ausschuß übertragen. Es war nicht zu übersehen, daß der Entwurf gravierende Fehler enthielt, ein Indiz für eine eher nachlässige Behandlung des Themas. So bestand ein Widerspruch darin, daß man die bestehenden Handels-, Handwerks- und Landwirtschaftskammern zu Entsendungskörperschaften aufwertete, sie aber gleichzeitig auflösen und zu Rechtsnachfolgern der bisherigen Kammern erklären wollte. Einerseits sollte die Hälfte der Vollversammlungsmitglieder nach der Hälfte der vierjährigen Amtszeit ausscheiden und ersetzt werden, andererseits war nicht festgelegt worden, wer die nachrückenden Personen auswählen sollte. Die Kammern konnten in der gedachten Konstruktion diese Aufgabe nicht übernehmen, war ihre Existenz doch keinesfalls gesichert.

[40] Landtagsdrucksache Nr. II–364, Erste Wahlperiode, 1.4.1948.

[41] Vgl. Protokoll über die 24. Sitzung des Wirtschaftsausschusses des Landtages NRW vom 24.11.1948, in: HSTA Düsseldorf, A 0303/58, Pag. 91–141, S. 5.

Im Zusammenhang mit der Auflösung der ungeliebten und überbürokratisierten „Bezirkswirtschaftsämter“, denen im wesentlichen die Bewirtschaftungskompetenzen der Kammern übertragen worden waren und die dem Wirtschaftsminister als Lenkungsinstrumente dienten, drängte der nordrhein-westfälische Wirtschaftsminister Erik Nölting auf eine beschleunigte Errichtung der „neuen“ Wirtschaftskammern. Ihm ging es offensichtlich darum, das in den Bezirkswirtschaftsämtern beschäftigte Personal übernehmen zu können. Andererseits aber hielt sich Nölting bei der Realisierung seiner Vorstellungen auffällig zurück. So brachte er keinen Gesetzentwurf der Regierung ein, was wohl nur mit einer gewissen Skepsis hinsichtlich des damit verbundenen Machtzuwachses der Gewerkschaften zu erklären war. Tatsächlich stellte sich im Laufe der Debatte deutlich heraus, daß Vertreter der CDU-Fraktion ihre Haltung gegenüber dem Wirtschaftskammergesetz geändert hatten. Während die KPD die IHK abschaffen wollte und die SPD davon ausging, daß diese ohnehin nach Errichtung der paritätischen Bezirkskammern bedeutungslos würden, wollten CDU und FDP die Kammern als Vertreter der Wirtschaft erhalten. Gegen Ende der Debatte wurden vereinzelt auch grundsätzliche Bedenken in die Diskussion eingebracht, fürchtete man doch eine Ablehnung durch die Militärregierung, analog zur verweigerten Zustimmung der Militärregierung zum Sozialisierungsgesetz im Bergbau beispielsweise.

Bedenken kamen vor allem bei der Frage auf, ob die Militärregierung die Zwangsmitgliedschaft und Beitragspflicht akzeptieren werde. Ende Februar 1949 einigte man sich auf eine Fassung, die dem Parlament Mitte März zur Lesung vorgelegt wurde. Die parlamentarische Debatte trug alle Züge der Uneinigkeit in sich, letztlich wurde aber wiederholt deutlich, daß in dem Entwurf viele Ungereimtheiten und Widersprüche steckten, so daß eine Zurückverweisung an den Wirtschaftsausschuß unvermeidlich war. Die weiteren Beratungen in diesem Gremium führten nicht zu dem erhofften schnellen Ergebnis. Von einer Einigung war man weiterhin weit entfernt: Nachdem die CDU einen eigenen Vorschlag zur Neuordnung der Selbstverwaltung eingebracht hatte, war man vor die Aufgabe gestellt, aus mehreren Entwürfen ein abstimmungsreifes Gesetz zu entwickeln. Immer häufiger wurden von den beteiligten Abgeordneten Aspekte in die Diskussionen eingebracht, deren Auswirkungen bislang kaum geprüft worden waren. Dazu gehörte zum Beispiel die Frage, ob dieses Gesetz nicht Bundesangelegenheit sein müsse, zumal es in die Wirtschaftsordnung massiv eingreife. Auch wurde wiederholt darauf verwiesen, daß es kaum sinnvoll sei, die Kammern als bewährte Einrichtungen völlig zu zerschlagen. Dieser Gedanke mündete in dem Vorschlag, die Industrie- und Handelskammern in zwei Abteilungen aufzuteilen. Während als Abteilung I eine bezirkliche Kammer der Landeswirtschaftskammer eingerichtet werden sollte, sollte die Abteilung II die Organisation und die Aufgaben übernehmen, die sie auch bisher schon im Rahmen ihrer Beratungs- und Auskunftstätigkeit für die Unternehmen wahrgenommen hatten.

### 2. Der Widerstand der nordrhein-westfälischen Kammern

Die Vereinigung der Industrie- und Handelskammern des Landes Nordrhein-Westfalen kümmerte sich über lange Zeit nicht um das Gesetzgebungsverfahren, was bei einigen Mitgliedskammern zu großem Unmut führte.[42] In der Tat war durch die Gesetzesinitiative im Landesparlament weder bei der Geschäftsführung noch im Präsidium sonderlich viel Unruhe entstanden. Wie der Essener Hauptgeschäftsführer Dr. Küster die Lage noch im März 1949 einschätzte, wird aus seinem Schreiben an den designierten Hauptgeschäftsführer des zukünftigen Deutschen Industrie- und Handelstages (DIHT) deutlich:[43] Die Kammerfrage in Nordrhein-Westfalen sei, so führte er aus, ein Konglomerat von politischen Machtbestrebungen, Illusionen, gutem Willen und Unzulänglichkeiten. Aufgrund der dilettantischen und widersprüchlichen Arbeit des zuständigen Wirtschaftsausschusses sei die Hoffnung berechtigt, daß sich die Dinge in absehbarer Zeit totliefen. Angesichts der „Wiederkauarbeit", die auf dem Gebiet des Wirtschaftskammergesetzes geleistet werde, nehme er eher an, „daß dabei überhaupt nichts herauskommen werde".[44]

In der Präsidialkonferenz der NRW-Kammern am 26. März 1949 in Wuppertal kam es zur ersten Auseinandersetzung über das zukünftige taktische Verhalten der Kammern. Eine starke Gruppe unter Führung des Siegener Kammerpräsidenten sprach sich dabei für eine härtere und ablehnende Gangart aus. Die Hauptgeschäftsführer hatten inzwischen eine Stellungnahme gegen das Wirtschaftskammergesetz erarbeitet, in dem man besonders davor warnte, das Recht der wirtschaftlichen Selbstverwaltung durch Landesgesetze zu zersplittern, bevor der Versuch gemacht ist, auf Bundesebene zu einer übereinstimmenden Regelung für das gesamte Bundesgebiet zu kommen.[45] Vizepräsident Dr. Toussaint (CDU), Oberbürgermeister von Essen, der selbst wesentlich im Wirtschaftsausschuß an den Beratungen über das Gesetz teilgenommen hatte, warnte die Kammern nachdrücklich vor einer Konfrontation mit den Gewerkschaften. So einigte man sich schließlich darauf, die unmißverständliche Ablehnung des Wirtschaftskammergesetzes erst nach einer eventuellen gescheiterten Gesprächsrunde mit Ministerpräsident Arnold öffentlich zu machen.

Anlaß des Gesprächs mit Arnold im April 1949 war eine an ihn gerichtete Beschwerde der Kammervereinigung, daß diese Institution bei den Beratungen des

[42] Die Vereinigung wurde am 5. November 1946 gegründet, sie entstand aus den bereits bestehenden Vereinigungen auf Provinzebene, die am 13. August 1945 (Westfalen) und 15. Januar 1946 (Nordrhein) errichtet worden waren.

[43] Der DIHT entstand erst im Oktober 1949 durch Zusammenschluß auch mit den Kammern der französischen Besatzungszone. Organisatorisch erwuchs er aus der Zonenvereinigung (brit. Zone) in Minden, die sich Anfang 1947 mit den Kammern der US-Zone zur Arbeitsgemeinschaft der IHKs in der britischen und amerikanischen Besatzungszone vereinigte. Vgl. dazu *Weise*, Kammern in Not (wie Anm. 7), S. 117–125.

[44] Vgl. Dr. August Küster an Dr. Gerhard Frentzel, 4.3.1949, in: RWWA Abt. 181, DIHT, 181–229–4.

[45] Vgl. Niederschrift Präsidialkonferenz der Vereinigung der IHKs in NRW, 26.3.1949, Anlage I, in: RWWA, Abt. 48, Vereinigung der IHKs in Nordrhein–Westfalen, 48–1–1.

Wirtschaftskammergesetzes nicht berücksichtigt worden sei. Sowohl Arnold als auch Nölting und seine zuständigen Staatssekretäre Dr. Ewers und Vahle waren gegenüber den Argumenten der Kammern sehr aufgeschlossen, so daß es zur Gründung einer gemischten Kommission kam, in der Vertreter von Gewerkschaften, Handwerks- und Handelskammern über die Weiterentwicklung des Gesetzes beraten sollten. War diese Kommission schon gegen den Willen der Gewerkschaften entstanden, so blockierten die Arbeitnehmervertreter diese bereits nach zwei Treffen. Ein überarbeiteter Gesetzentwurf, der im wesentlichen aus der Feder von Ministerialdirektor Ewers stammte, konnte aber dennoch in der Sitzung des Wirtschaftsausschusses vom 31. Mai 1949 vorgelegt werden. Als Sachverständige waren u. a. Werner Hansen vom DGB-Landesvorstand und der Vorsitzende der Kammervereinigung, Wilhelm Vorwerk, geladen worden. Letzterer begründete seine Ablehnung einer paritätischen Ausgestaltung der Kammern auf der untersten Ebene damit, daß sich diese Ebene nicht für eine politische Auseinandersetzung eigne. Zugleich verwies er darauf, daß seiner Meinung nach die Kammergesetzgebung in die Zuständigkeit des Bundes falle. Dem Protokoll ist zu entnehmen, daß die Auseinandersetzung mit Vorwerk im Anschluß an diese Äußerung derart eskalierte, daß sich andere Sitzungsteilnehmer zur Schlichtung genötigt sahen.[46] Er geriet vor allem deshalb unter Beschuß, weil er einerseits herausgestellt hatte, daß die Kammern zwar für die Errichtung paritätisch besetzter Ausschüsse auf Bezirksebene (außerhalb der Kammern) waren, sie andererseits aber eine gesetzliche Verankerung dieser Frage ablehnten.

Diese Anhörung war die letzte Möglichkeit für die Kammernvereinigung, sich in der Frage des Wirtschaftskammergesetzes auf parlamentarischer Ebene zu äußern. Obwohl inzwischen das Grundgesetz in Kraft war und damit immer wahrscheinlicher wurde, daß die Landesgesetzgebung zur Kammernfrage nur von kurzer Dauer sein würde, wurde das Gesetz schließlich im Landtag in einer äußerst turbulenten Sitzung durchgeboxt.[47] Das am 12. Juli 1949 im Landtag mit den Stimmen von SPD, CDU und DKP verabschiedete Wirtschaftskammergesetz trug alle Vorzeichen eines schlechten Kompromisses in sich und wurde in dieser Form von keiner Partei wirklich gewollt.[48]

Der Versuch der Kammervereinigung, anhand von zwei juristischen Gutachten die Zuständigkeit des Landtages anzuzweifeln, fruchtete nicht. Auch ein Vorstoß der Kammervereinigung bei Konrad Adenauer, der die Spitzenvertreter der Kammern am 29. Mai 1949 zu einem Meinungsaustausch empfing, führte zu keinem nennenswerten Ergebnis.[49] Die Klage der Kammervertreter über die ihrer Meinung nach unternehmerfeindliche Haltung der CDU-Fraktion im NRW-Landtag wollte der Bundeskanzler nicht akzeptieren, erst recht nicht den Hin-

[46] Vgl. Kurzprotokoll, Wirtschaftsausschuß, 31.5.1949, in: HStA Düsseldorf, RW 202/54.
[47] Vgl. Dazu ausführlich *Weise*, Kammern in Not (wie Anm. 7), Kapitel D II, S. 211–276.
[48] Vgl. Stenographisches Protokoll, 100. Sitzung, 12.7.1949, LD II-1135, Gesetz über die Errichtung von Bezirkskammern für Industrie und Handel sowie einer Hauptwirtschaftskammer für das Land NRW (Wirtschaftskammergesetz – WKG). Dritte Lesung, Landtagsdrucksache S. 2565–2587.
[49] Vgl. *Weise*, Kammern in Not (wie Anm. 7), S. 255 f.

weis, daß lediglich die FDP voll hinter den Kammern stünde. Rechtzeitig zur entscheidenden Wirtschaftsausschußsitzung am 4. Juli 1949 hatte die Kammervereinigung eine Stellungnahme vorbereitet, die an alle Ausschußmitglieder und führende Landtagsabgeordnete verschickt wurde.[50] Der Kernsatz dieser Schrift lautete: „Die nordrhein-westfälischen Industrie- und Handelskammern bedauern sehr, daß aus einem guten und notwendigen Gedanken – die Zusammenarbeit von Unternehmern und Arbeitnehmern im Interesse des Ganzen zu fördern – bisher nichts anderes entwickelt werden konnte als ein neuer ‚Apparat', der für sich alles beansprucht und Bewährtes verdrängt, ja zerschlägt".[51]

Aus taktischen Gründen hatte die Kammervereinigung darauf verzichtet, darauf hinzuweisen, daß man inzwischen durch die schriftliche Intervention der Militärregierung in der Ansicht bestätigt worden war, daß das Kammerrecht Bundesangelegenheit sei. Das schriftliche Memorandum, in dem unter anderem von der Kontrollbehörde vorgeschlagen wurde, das Gesetz bis zur Entscheidung des Bundes zurückzustellen, um Konflikten zwischen konkurrierender Gesetzgebung aus dem Weg zu gehen, war vom Wirtschaftsausschuß des Landtages mehr oder minder ignoriert worden.[52] Die Hinweise der Kontrollbehörde auf offensichtliche Gegensätze zwischen Gesetzestext und alliierten Bestimmungen konnte man allerdings nicht auf sich beruhen lassen, sondern mußte den Text hinsichtlich der Bestimmungen zur Zwangsmitgliedschaft und zu den Pflichtbeiträgen entschärfen. Obwohl diese Intervention der Militärregierung eine Unterstützung der Kammervereinigung in ihrem Kampf für die Erhaltung der bisherigen Kammerstrukturen darstellte, scheute diese sich, das Papier politisch auszuschlachten. Man wollte auf jeden Fall vermeiden, den Gewerkschaften den Eindruck zu vermitteln, das Memorandum sei von den Kammern initiiert worden.

### *3. Erfüllte Hoffnungen: Die Suspendierung des Wirtschaftskammergesetzes*

Nachdem das Gesetz verabschiedet worden war, stellte sich für die Kammern die Frage, inwieweit man auf die Militärregierung Einfluß nehmen konnte oder sollte. Einig war man sich darin, daß dieses nur informell geschehen konnte, denn eine öffentliche Meinungsäußerung hätte ein zu großes politisches Risiko dargestellt. Erst Anfang August 1949 wurde bekannt, daß der Leiter der Handelsabteilung der Militärregierung NRW, Smith, mit der juristischen Prüfung betraut war, inwieweit das Wirtschaftskammergesetz mit den Richtlinien der Militärregierung übereinstimmte. Inoffiziell informierte er sich bei der Düsseldorfer IHK und im Beisein des stellvertretenden Geschäftsführers, Dr. Matthio-

[50] Vgl. Stellungnahme der Vereinigung der IHKs in NRW zum Entwurf LD II–1135, Abschrift, 8.7.1949, in: RWWA 48–3–1.

[51] Ebd., § 8, S. 3.

[52] Vgl. Land Legal Department HQ Land North Rhine/Westphalia, NRW/LEG/18906/2/38 an den Wirtschaftsminister des Landes NRW, 18.6.1949, Übersetzung, Abschrift, in: Rundschreiben der Vereinigung der IHKs in NRW, 22.6.1949, S. 4, in: RWWA Abt. 1, IHK zu Köln, 1–185–4.

lius, über die gesetzlichen Grundlagen und Aufgaben der IHKs. Nicht einmal die Kammern selbst wurden zu diesem Zeitpunkt über Einzelheiten des Austausches informiert.[53]

Große Teile der Unternehmerschaft setzten darauf, daß die Kontrollbehörden der Militärregierung das Gesetz suspendierten. Andere Stimmen sprachen sich gegen derartige Eingriffe in das Selbstbestimmungsrecht eines gewählten Parlaments aus. Schon während der Verhandlungen des Gesetzentwurfs im Ausschuß hatten die Kontrollbehörden auf ihre wirtschaftspolitischen Richtlinien hingewiesen: Dazu gehörte die Erklärung der Militärgouverneure Clay und Robertson vom 15. respektive 28. Februar 1949.[54] In dieser wurde zwar die Zusammenarbeit zwischen den gesellschaftlichen Gruppen und ihren Interessenvertretungen ausdrücklich gewünscht, Regeln für das Miteinander aber nicht aufgestellt. Deutlich war aber formuliert worden, daß Gesetzesinitiativen auf Länderebene, die endgültige Lösungen der Mitbestimmung anstrebten, nicht gewollt waren. Unmißverständlich wurde darauf hingewiesen, daß die verfassungsmäßige Entscheidung über die Trennung der Kompetenzen zwischen Bund und Ländern abgewartet werden müsse.

Diese Erklärungen, die im wesentlichen auf amerikanische Initiative zurückgingen, wurden von den nordrhein-westfälischen Landespolitikern ebenso ignoriert wie das Memorandum des Legal Advisors, J. W. Lasky, an Wirtschaftsminister Nölting (18. Juni 1949), in dem Verfahrensmängel und fehlende Vorlage des Gesetzes kritisiert wurden.[55] Außerdem verstoße der Entwurf eklatant gegen verschiedene Memoranden der Bipartite Control Commission und Office (BICO):[56] Danach durften die Handels-, Handwerks- und Landwirtschaftskammern nicht als Körperschaften öffentlichen Rechts organisiert sein, waren nicht befugt, staatliche Funktionen auszuüben, und ihre Mitgliedschaft hatte freiwillig zu sein. Die im August 1949 erfolgte Prüfung des Wirtschaftskammergesetzes innerhalb der britischen Militärregierung kam zu bemerkenswerten Ergebnissen:[57] Eine Arbeitsgruppe aus Vertretern der Economic Group und dem Manpower Department hatte sich eingehend mit dem Gesetz beschäftigt und ein Memorandum ausgearbeitet, dessen allgemeiner Tenor dahin ging, daß das Gesetz zwar als unbefriedigend, aber verbesserungswürdig angesehen wurde. Lediglich in Bezug auf den § 1, worin die Auftragsangelegenheiten (hoheitliche Aufgaben) definiert waren, sah man einen möglichen Ablehnungsgrund für das Ge-

[53] Vgl. *Weise*, Kammern in Not (wie Anm. 7), S. 258 f.

[54] Vgl. Text der Erklärung, in: Vereinigung der IHKs in NRW an die IHKs des Landes NRW, Abschrift, Übersetzung durch die Gewerkschaften, 14.3.1949, in: RWWA, Abt. 1, IHK zu Köln, 1–243–4.

[55] Vgl. Land Legal Department, (wie Anm. 52).

[56] Vgl. Geänderter Anhang "A" zum BICO/Memo (48)13, „Nichtstaatliche Wirtschaftsorganisationen", Abschrift, 18.6.1949, in: RWWA Abt. 48, Vereinigung der IHKs in NRW, 48–3–1. BICO/Memo (49)49, „Errichtung und Überwachung von nichtstaatlichen, sich über den Bereich eines Landes hinaus erstreckenden Wirtschaftsverbänden", Abschrift, Wirtschaftsrat, Drucksache Nr. 1155, 18.6.1949, in: RWWA Abt. 48, Vereinigung der IHKs in NRW, 48–3–1.

[57] Vgl. dazu ebd.

setz. Der zuständige Legislation Rewiew Board, der das Gesetz anschließend untersuchte, kam letztlich zu dem Ergebnis, die Entscheidung dem Hauptquartier zu überlassen.

In seinem Begleitbrief an den Economic Adviser im Berliner Hauptquartier hatte der Regional Commissioner, Major-General W. H. A. Bishop, darauf verwiesen, man sei im Review Board zu der Überzeugung gekommen, daß rechtlich nichts gegen das Gesetz einzuwenden wäre.[58] Zudem, so argumentierte er, würde eine Suspendierung keinen Effekt haben. Der Landtag könne es jederzeit erneut beschließen und dabei auf Artikel 72 und 74 des Grundgesetzes verweisen, „on which the Länder have power to legislate so long and so far as the Federation makes no use of its legislative right".[59]

Die Antwort kam nicht vom Economic Adviser sondern bereits innerhalb einer Woche von der Political Division (9. September 1949).[60] Bestätigt wurde die Auffassung der nordrhein-westfälischen Landesregierung, daß das Gesetz prinzipiell nicht gegen die Bestimmungen verstoße. Allerdings stünde man gemeinsam mit den Amerikanern in der Verpflichtung, dafür zu sorgen, daß Bundesautoritäten diese Fragen entscheiden sollten. Anders als in dem vom Regional Commissioner Bishop verfaßten Ablehnungsschreiben, das lapidar lediglich darauf hinwies, „...that the law war contrary to Anglo-American policy, that a decision on this matter should be made by the Federal Government"[61], hatte man also innerhalb der Instanzen der Militärregierung durchaus Zweifel, ob die Entscheidung außerhalb des Besatzungsrechtes Bestand habe würde.[62] Am 22. September 1949 war das Besatzungsstatut in Kraft getreten. Darin war geregelt worden, daß nach Ablauf von 21 Tagen das Gesetz endgültig rechtskräftig würde, falls nicht die Militärregierung innerhalb dieser Frist eine Ablehnung vornähme. Am 10. Oktober 1949 verkündete Landtagspräsident Gockeln die Ablehnung des Gesetzes im Landtag, die schriftliche Version wurde erst anläßlich der 112. Sitzung am 7. November 1949 verlesen. Alle Versuche, die sowohl seitens des nordrhein-westfälischen Wirtschaftsministeriums als auch des DGB-Bezirksvorstands NRW unternommen wurden, um nähere Einzelheiten über die Hintergründe der Ablehnung zu erhalten, scheiterten. Die Entscheidung, das Gesetz abzulehnen, war nicht mehr umzukehren.

[58] Vgl. Draft, Regional Commissioner's office (W. H. A. Bishop) to the Economic Adviser, HQ, CCG (BE), Berlin, 2nd August 1949, in: Public Records Office London, FO 1013/274B. Dieser Entwurf vom 2. August dürfte am 2. September 1949 entsprechend expediert worden sein, wie aus der Antwort der Political Division vom 9. September 1949 geschlossen werden kann.

[59] Ebd., S. 1 f.

[60] Vgl. Political Division, HQ, Control Commission for Germany, Berlin, to Regional Commissioner, Land North Rhine/Westphalia, 9.9.1949, in: Public Records Office London, FO 1013/274B.

[61] Ebd.

[62] Vgl. Regional Government Office, Land Commissioners Office, Düsseldorf, NRW/RGO/1505/38 to Herrn Karl Arnold, Ministerpräsident NRW, 4.10.1949, in: Public Records Office London, FO 1013/274B.

## III. Das „vorläufige" Kammergesetz von 1956

### *1. Überbetriebliche Mitbestimmung*

Mit der Gründung der Bundesrepublik verlagerte sich die Diskussion über die Mitbestimmung auf die Bundesebene. Vor allem der DGB stellte diese Frage in den Mittelpunkt seiner Politik. So hatte er in seiner Denkschrift „Die Mitbestimmung der Arbeitnehmer in der Wirtschaft", die Ende 1949 vom Wirtschaftswissenschaftlichen Institut des DGB (WWI) publiziert wurde, den Fragenkomplex erneut in die Debatte gebracht. Verantwortlich für diese Ausarbeitung zeichneten neben Dr. Erich Potthoff auch Agartz. Für den Bereich der Kammern wurde erneut eine paritätische Umgestaltung gefordert.

Die Initialzündung für die breite Mitbestimmungsdiskussion, die in Folge in der Bundesrepublik ausbrach, war erstaunlicherweise durch amerikanische Gewerkschaften ausgelöst worden. Diese hatten sich für die Mitbestimmung stark gemacht, weil sie darin eine Alternative zur Sozialisierung sahen. Auf ihren Einfluß hin forderte der amerikanische Hohe Kommissar Mc Cloy die Bundesregierung zur baldigen Vorlage eines entsprechenden Gesetzentwurfes auf. Andernfalls, so drohte er, wolle er die suspendierten Artikel über die Mitbestimmung in den Betriebsrätegesetzen Hessens und Württemberg-Badens in Kraft setzen.[63] Adenauer hatte deshalb die Einbringung eines Gesetzentwurfs über das Mitbestimmungsrecht der Arbeiter bis zum 1. April 1950 in Aussicht gestellt. Über die tatsächliche Gestaltung des Gesetzes sollten sich die Sozialpartner laut Vorgabe aber selbst einigen. Entsprechend wurde zwischen Arbeitgeberverbänden und DGB eine Verhandlungsrunde für Anfang 1950 in Hattenheim vereinbart.

Die Unternehmer konnten für die geplante Verhandlungsrunde auf einen seit Mai 1948 bestehenden „Koordinierungsausschuß" zurückgreifen, der nunmehr aktiviert wurde. Die Geschäftsführung dieses Unternehmerausschusses lag bei der Arbeitsgemeinschaft der Industrie- und Handelskammern der Bizone in Frankfurt; neben dem Spitzenvertreter der Kammern (Dr. Petersen) waren die Vorstände der Arbeitgeberverbände (Dr. Raymond), des Groß- und Einzelhandelsverbandes (Schmitz) und der Industrieverbände (Reusch, Berg, Horster, Kost, Linsenhoff, Menne, Neumann, Dr. Rodenstock, Dr. Beutler) beteiligt. Zum Vorsitzenden wurde Fritz Berg (Hagen) gewählt, der in Personalunion IHK-Präsident und Vorsitzender des Bundes Deutscher Industrieller (BDI) war. Mit diesem Spitzenverband aller Unternehmervereinigungen hatte man das Ziel verknüpft, daß dieser die Zuständigkeiten der jeweiligen Organisationen klären

[63] Vgl. dazu ausführlich Montanmitbestimmung – Das Gesetz über die Mitbestimmung der Arbeitnehmer in den Aufsichtsräten und Vorständen der Unternehmen des Bergbaus und der Eisen- und Stahl erzeugenden Industrie vom 21. Mai 1951, bearbeitet von *Gabriele Müller–List*, in: *Karl Dietrich Bracher, Rudolf Morsey, Hans–Peter Schwarz* (Hg.), Quellen zur Geschichte des Parlamentarismus und der politischen Parteien, vierte Reihe, Deutschland seit 1945, im Auftrage der Kommission für Geschichte des Parlamentarismus und der politischen Parteien, S. XLI–XLIV.

und die Gemeinsamkeiten der wirtschaftlichen und sozialpolitischen Standpunkte herausarbeiten und formulieren solle.

Im Oktober 1949 trafen sich Vertreter der wichtigsten Unternehmerzusammenschlüsse zu einem Vorbereitungsgespräch für die „Hattenheimer Verhandlungen" mit den Gewerkschaften. Dabei sollte unter anderem die Zusammensetzung der Verhandlungsdelegation bestimmt werden. Vereinbart wurde hier, daß die Arbeitgebervereinigung im wesentlichen die Verhandlungsführer innerhalb der Mitbestimmungsverhandlungen stellen sollte, die beiden anderen Organisationen aber an Einzelverhandlungen mit den Gewerkschaften und damit also an der Ausarbeitung von Details partizipieren konnten. Erst jetzt stellte sich heraus, daß die Industrieverbände eine alleinige Verhandlungsführung durch die Arbeitgebervereinigung nicht akzeptieren wollten, sondern eine gleichberechtigte Beteiligung aller Unternehmergruppen an den Verhandlungen forderten. Da es ihrer Meinung nach bei den Mitbestimmungsverhandlungen nicht um sozialpolitische, sondern um rein wirtschaftspolitische Fragen ging, verlangten sie die Beteiligung jeweils eines Beobachters von DIHT und BDI.[64] Eine Einigung in dieser Frage wurde erst wenige Minuten vor Beginn der Gespräche von Hattenheim erzielt.

Die Hattenheimer Gespräche vom 9. und 10. Januar 1950 verliefen ohne nennenswerten Dissens mit den Gewerkschaften. Der DGB machte deutlich, daß ihm die Schaffung eines Bundeswirtschaftsrates nach dem Modell der Arbeitgeber, ohne auch konkrete Pläne für den Unterbau dieses Gremiums festzulegen, nicht genügen würde. Nach Vorstellungen der Gewerkschafter sollten die Industrie- und Handelskammern in dieser Weise fungieren. Ob die Kammern in neue regionale Gemeinschaftsorgane aufgehen, als paritätische Einrichtungen neben den regionalen Wirtschaftskammern oder aber als reine Unternehmerorganisation und damit ohne die Wahrnehmung von Hoheitsaufgaben bestehen bleiben sollten, war noch nicht abschließend geklärt. Keinen Zweifel ließen die Gewerkschaftsvertreter aber daran, daß es bei den weiteren Gesprächen sowohl um die überbetriebliche als auch die innerbetriebliche Mitbestimmung gehen sollte. Dabei wurde auch deutlich, daß die innerbetriebliche Mitbestimmung für sie nur zweitrangig war. Je weiter man ihnen auf dem Gebiet der überbetrieblichen Mitbestimmung entgegenkam, so die Gewißheit der Unternehmer, desto leichter würde man sich auf innerbetrieblicher Ebene einigen können.[65]

Dem letzten Zweifler innerhalb der Kammerwelt war nun deutlich geworden, daß wiederum ein existenzbedrohendes Gesetzesvorhaben initiiert werden sollte und sich auf Bundesebene eine zweite Front gegen ihre Selbständigkeit auftat. Auf der einen Seite mußten sie weiter darum fürchten, daß in Bundesländern und Stadtstaaten wie Hamburg, Bremen oder Rheinland-Pfalz die dortigen Gesetzesinitiativen in konkretes Kammerrecht gegossen würden. Auf der anderen Seite mußten die Kammerfunktionäre darum besorgt sein, daß die Arbeitgeberseite bei ihren Verhandlungen um die überbetriebliche Mitbestimmung die Indu-

[64] Vgl. *Weise*, Kammern in Not (wie Anm. 7), S. 281 f.

[65] Ebd., S. 284.

strie- und Handelskammern zur Disposition stellten. Anläßlich der zweiten Hattenheimer Verhandlungsrunde Ende März 1950 stellte der DGB seine inzwischen ausgearbeitete Wirtschaftskammerkonzeption vor. Demnach sollten die Kammern unter Beibehaltung ihres traditionellen Namens umgestaltet werden, und zwar paritätisch. Die DGB-Vorstellungen von der Kammer mit Pflichtmitgliedschaft und Beitragspflicht als Körperschaften öffentlichen Rechts beruhten auf dem ursprünglichen Konzept Rosenbergs. Unversöhnlich standen sich Arbeitgeber und Arbeitnehmervertreter in dieser Frage gegenüber, schließlich mußten die Gespräche als gescheitert erklärt werden. Auf der zwei Wochen später stattfindenden Vorstands- und Hauptausschußsitzung des DIHT wurde einhellig beschlossen, die Verhandlungen mit den Gewerkschaften nicht weiterzuführen. Man hatte sich wiederum darauf verständigt, keine Veränderung der Kammerlandschaft auf bezirklicher Ebene zuzulassen.[66] Diese generelle Ablehnung war aber offenbar von den übrigen Vertretern der Spitzenverbände noch nicht zur Kenntnis genommen worden. In deren Vorschlag zur Lösung der Mitbestimmungsfrage vom Mai 1950 wurde ohne Mitwirkung von Kammervertretern sinngemäß ausgeführt, daß die Kammern auf den Rechtsstatus der Körperschaft verzichteten.[67] Man betrachtete dieses Zugeständnis als taktisches Angebot der Arbeitgeber, um die Gewerkschaften von ihrer Forderung nach Parität abzubringen. Obwohl eine Mehrheit der Kammern für die Beibehaltung des bisherigen Kammerrechts eintrat, erklärte sich der Hauptausschuß des DIHT auf seiner Sitzung vom 28. April 1950 in Köln schließlich dazu bereit, die eigenen Forderungen zurückzustellen und damit die Einheit innerhalb der Unternehmerschaft bei den Verhandlungen um das Mitbestimmungsrecht zu wahren.

In den nachfolgenden Spitzengesprächen in Bonn am 24. Mai 1950 und in Maria Laach am 5. Juli 1950 änderte sich an den Grundpositionen der Konfliktparteien nichts Wesentliches mehr, so daß der Versuch einer Einigung zwischen den Sozialpartnern scheiterte und die Gespräche schließlich am 6. Juli 1950 abgebrochen wurden.[68] Die Verhandlungen des Koordinierungsausschusses mit der Gewerkschaftsspitze hatte für die Spitzenvertreter des DIHT, Dr. Petersen und Dr. Frentzel, ein nicht unerhebliches Nachspiel, wurde doch von einigen Mitgliedskammern die Vertrauensfrage gestellt. Auslöser war das gemeinsam abgefaßte Pressekommuniqué im Anschluß an die letzte Verhandlungsrunde von Maria Laach, in dem formuliert worden war, daß man grundsätzliche Übereinstimmung in der Frage der Zusammenarbeit von Arbeitgebern und Arbeitnehmern erzielt habe, und zwar auf bezirklicher Ebene in paritätisch zusammengesetzten Wirtschaftskammern.[69] Nahezu zwei Monate hatte die eigene

[66] Ebd., S. 289.

[67] Vgl. „Das Problem des Mitbestimmungsrechts, Stellungnahme und Vorschläge der Unternehmerschaft", hg. vom Gemeinschaftsausschuß der Deutschen Wirtschaft, Mai 1950, in: RWWA, Abt. 1, IHK zu Köln, 1–235–2.

[68] Vgl. *Müller–List*, Montanmitbestimmung (wie Anm. 63), S. XLVII.

[69] Vgl. DIHT an die Mitgliedskammern, 10.07.1950, Anlage: Gemeinsames Kommuniqué der Unternehmenr und Gewerkschaftsvertreter über die Verhandlungen von Maria Laach, in: RWWA, Abt. 1, IHK zu Köln, 1–235–3.

Vertretung die Kammern darüber im unklaren gelassen, in welche Richtung sich die Verhandlungen zwischen den beiden Lagern bewegten. Obwohl Petersen und Frentzel ausreichend viele Gründe dafür anführen konnten, warum man auf die offensichtlich falsche Darstellung des Verhandlungsergebnisses nicht oder zu spät reagiert hatte, geriet deren taktisches Verhalten in die Kritik. Der Schaden für die Kammern wurde deshalb als sehr hoch eingeschätzt, weil man mit den Dementis zum Ende der Verhandlungen kaum noch Erfolg erzielen konnte, hatten doch die Parlamentsferien begonnen. Im politischen Raum fürchtete man, daß die Kammern – da selbst an den Verhandlungen beteiligt – als disponible Masse für die zukünftigen Auseinandersetzungen über die Mitbestimmung eingesetzt werden könnten.

## *2. Das Bundeskammergesetz von 1956*

Im Zusammenhang mit der Gesetzgebung zum Bundeswirtschaftsrat war das Bundeswirtschaftsministerium auch mit der Frage der zukünftigen Ausgestaltung der Kammern beschäftigt. Es war bekannt, daß Minister Ludwig Erhard die Kammern zwar unangetastet lassen, ihnen aber die Rechtsform der Körperschaft aberkennen wollte. Während man seitens des DIHT glaubte, ihn davon abbringen zu können, wurde im Spätherbst 1950 durch eine Indiskretion publik, daß der zuständige Abteilungsleiter Kattenstroth einen entsprechenden Gesetzentwurf vorgelegt hatte. Kattenstroth räumte dem DIHT gegenüber unumwunden ein, daß der Entwurf deshalb von einem freiwilligen Zusammenschluß der Kammern ohne Pflichtbeiträge ausgehe, weil Minister Erhard seine Kenntnisse von den freiwillig organisierten bayerischen Kammern beziehe.[70] Er verwies darauf, daß er selbst in dieser Frage großes Verständnis für die Kammern hätte und forderte diese auf, möglichst bald entsprechendes Hintergrundmaterial zu liefern.

Mit dem Beginn des Jahres 1951 hatte sich das Interesse der Sozialpartner und der Bundesregierung verstärkt der Frage der innerbetrieblichen Mitbestimmung zugewandt. Mehrfach hatte Erhard gegenüber dem DIHT betont, daß er von sich aus das Thema „Wirtschaftsorganisation" sobald nicht wieder aufleben lassen wolle. Der Kontakt des DIHT zu den Referenten Seibt und Kattenstroth wurde aber aufrechterhalten und weiter ausgebaut. Man stand beim DIHT vor der Frage, ob es opportun sei, eine Partei zu veranlassen, einen Gesetzentwurf zur Regelung des Kammerrechts im Sinne des DIHT im Bundestag einzubringen. Die CDU, die hierfür prinzipiell geeignet erschien, hatte aber einen sehr starken Arbeitnehmerflügel, dessen Haltung zur Kammernfrage nicht berechenbar war.

Auf seiten des DIHT verdichtete sich im Verlauf des Jahres 1951 immer mehr die Erkenntnis, daß der Erhalt der Kammern als reine Unternehmerorganisation nur um den Preis der freiwilligen Mitgliedschaft zu sichern war. Alle Signale,

[70] Vgl. Notiz über Ergebnis der Besprechung mit Herrn Kattenstroth vom Bundeswirtschaftsministerium, Bonn, über die Frage des Kammerrechts, 28.11.1950, in: RWWA, Abt. 181, DIHT, 181–230–1.

die man von Vertretern des Bundeskabinetts erhielt, ließen keine andere Deutung zu. Einzelne Kammern waren bereits dazu übergegangen, Modelle zu diskutieren, die die Sicherung der Kammern unter Wegfall der Pflichtbeiträge garantieren konnten. Der DIHT gab aber seine Hoffnung nicht auf, den Bundeswirtschaftsminister doch noch umzustimmen. Aber kein noch so schlagkräftiges Argument, so schien es, war geeignet, die Meinung des Wirtschaftsministers zu erschüttern. Ludwig Erhard schien zutiefst davon überzeugt zu sein, daß die Kammern auch als private Einrichtungen ihre starke Stellung behaupten würden. Er warf den Kammervertretern deshalb mehr oder minder deutlich auch Inkonsequenz vor: Einerseits setzten sie sich für eine freie und soziale Marktwirtschaft ein, andererseits beanspruchten sie aber den Schutz des Staates für die IHK.[71] Anfang 1952 waren die Gesetzentwürfe des Bundeswirtschaftsministeriums bezüglich des Bundeswirtschaftsrates und seines Unterbaus den Länderregierungen zur Begutachtung zugeleitet und schließlich nahezu einheitlich abgelehnt worden. Daraufhin zog der Bundesminister seine Entwürfe endgültig zurück und erklärte den Kammern gegenüber, daß er die Angelegenheit vorerst nicht weiter vorantreiben wolle.

Für eine kurze Zeit setzte eine Stagnation in den Bemühungen um eine neue gesetzliche Grundlage der IHKs auf Bundesebene ein, ohne daß sich die Kammern auf der sicheren Seite wähnten. Tatsächlich wurden Mitte 1952 auf Länderebene wiederum Entwürfe zu Separatgesetzen eingebracht, allen voran im Land Nordrhein-Westfalen. Weitere Vorhaben waren für Hessen, Niedersachsen und Rheinland-Pfalz geplant. Der SPD-Entwurf eines Gesetzes zur Neuordnung der IHKs wurde ausdrücklich damit begründet, daß man die Bundesregierung dazu zwingen zwingen wollte, ebenfalls entsprechende Initiativen zu ergreifen.[72] Letztlich diente dieses schwebende Verfahren in Düsseldorf dem DIHT in seiner Argumentation gegenüber dem Wirtschaftsminister. Erhard gab tatsächlich seinen beharrlichen Widerstand gegenüber der Pflichtmitgliedschaft auf; er bekundete dies in einer Besprechung mit dem DIHT Anfang des Jahres 1954.[73] Er blieb zwar bei seiner Auffassung gegen die Eigenschaft der öffentlich-rechtlichen Körperschaft bei den Kammern, wollte sie aber inzwischen nicht mehr ablehnen. Die Idee der Kammern, einen Gesetzentwurf zu lancieren, lehnte er ab und verwies auf die inzwischen erlahmte Aufmerksamkeit der Beteiligten. Er setzte seine Hoffnung, so hatte er sich geäußert, auf die Erfolge der sozialen Marktwirtschaft: Sobald sich diese abzeichneten, würde auch das Interesse an den Mitbestimmungsfragen weiter in den Hintergrund treten. Er versprach, in dieser Frage mit den Kammern in Fühlung zu bleiben, damit der bestmögliche Zeitpunkt für die Einbringung eines Kammergesetzes auf öffentlich-rechtlicher Basis abgestimmt werden könne.[74]

[71] Vgl. Niederschrift Hauptausschußsitzung des DIHT, Bonn, 27.11.1951, Teil 1, in: RWWA Abt. 1, IHK zu Köln, 1–191–5, S. 63.
[72] Vgl. Stenographische Berichte, 2. Wahlperiode, 64. Sitzung, Bd. 3, S. 2406–2414.
[73] Vgl. Aktennotiz, Besprechung (Dr. Frentzel), 14.1.1945, in: RWWA Abt. 181, DIHT, 181–230–2.
[74] Vgl. ebd., S. 5.

Der Meinungsumschwung Erhards in der Kammerfrage war in der Öffentlichkeit nicht bekannt geworden, da der Wirtschaftsminister den Gewerkschaften keine Angriffsfläche bieten wollte. Diesen Standpunkt gab er anläßlich einer Rede vor der Vollversammlung der IHK Stuttgart auf: Ohne wenn und aber bekannte sich der Minister zum Kammertyp „alten Rechts“. Als der DIHT nun glaubte, alle Weichen für die entsprechende Gesetzesinitiative im Bundestag seien gestellt, machte Erhard allerdings einen erneuten Rückzieher, denn er hatte offensichtlich Anhaltspunkte dafür erhalten, daß die überbetriebliche Mitbestimmung wieder thematisiert werden sollte. Die DIHT-Vertreter Frentzel und Beyer konnten aber immerhin eine Vereinbarung mit Erhard über das weitere taktische Vorgehen erzielen. Erhard versprach, daß während seiner Amtszeit keine Veränderung an der unternehmerischen Zusammensetzung der Kammern zugelassen würden. Er erwartete von den Kammern aber, daß sie sich selbst eine Plattform in den interessierten Fraktionen des Bundestags suchten, um das Gesetzesvorhaben voranzutreiben.

Anfang 1955 intensivierte der DIHT seine Bemühungen, mit einzelnen Abgeordneten und Gruppierungen über die Notwendigkeit eines „Bundeskammergesetzes“ zu sprechen. Aufgrund der bekannten Haltung des Bundeswirtschaftsministers, der einen Regierungsentwurf für kontraproduktiv hielt, wurde die Idee eines „Initiativantrages“ geboren, der von Abgeordneten der Regierungskoalition unterschrieben und eingereicht werden sollte. Als sich dieses Vorhaben in der Öffentlichkeit nicht mehr geheim halten ließ und der DIHT in Verlautbarungen offen bekanntgab, daß inzwischen auch der Wirtschaftsminister für die öffentlich-rechtliche Kammern eintrat, schlug die bislang kammerfreundliche Haltung Erhards um, und er nahm seine Zusagen teilweise zurück. Er begründete dies gegenüber den Vertretern des DIHT damit, daß die Gewerkschaften „in voller Wucht“ das Gespräch über die Mitbestimmung beginnen würden, falls das Gesetz eingebracht würde.[75]

Doch Erhard ließ sich wiederum von den Argumenten des DIHT überzeugen. Er willigte in einen Komplott ein, demzufolge der Initiativantrag mit seinem Ministerium bis ins Detail abgestimmt werden sollte, ohne daß dies bekannt würde. Im Gegenzug versprach Erhard, sich inhaltlich von diesem Antrag nicht zu distanzieren. Ausgehend von einem Entwurf der Vollversammlung aus dem Jahr 1950 wurde die Kammerrechtskommission damit beauftragt, ein Bundesrahmengesetz über Industrie- und Handelskammern zu entwickeln. Abgestimmt war der endgültige Vorschlag mit dem Bundeswirtschaftsministerium. Das Ergebnis wurde den Mitgliedskammern nur mitgeteilt, eine Debatte wollte man aus Zeitgründen nicht führen, denn der Initiativantrag sollte nach den Parlamentsferien, spätestens im September 1955 eingebracht werden. Dieser Fahrplan ließ sich aber nicht einhalten.[76] Die Handelskammer Bremen protestierte energisch gegen die Gesetzesvorlage. Im amerikanisch besetzten Bremen hatte sich

[75] Vgl. Aktenvermerk, Besprechung mit Prof. Erhard, 22.4.1955, (Dr. Beyer), 3.5.1955, in: RWWA Abt. 181, DIHT, 181–234–2.

[76] Vgl. dazu ausführlich, *Weise*, Kammern in Not (wie Anm. 7), S. 334 f.

die freiwillige Kammer durchgesetzt, außerdem waren dort eine Arbeitnehmerkammer und eine paritätisch besetzte Wirtschaftskammer installiert worden. Anders als in früheren Jahren erhielt die Kammer Bremen aber keine Unterstützung von anderen Kammern, sie erhielt zwar eine ausführliche Antwort mit detaillierten Begründungen vom DIHT, der Kammerrechtsausschuß nahm aber keine neuen Verhandlungen auf.

Am 7. Dezember 1955 wurde den Abgeordneten Naegel (CDU), Stücklen (CSU) , Dr. Atzenroth (FDP), Dr. Elbrächter (DP) und anderen der Gesetzentwurf zugeleitet, eingebracht wurde er im Parlament am 14. Dezember 1955.[77] Auf Antrag der CDU/CSU Fraktion wurde in der zweiten Lesung (Oktober 1956) beschlossen, die bisherige Bezeichnung des Gesetzes umzuändern in „Gesetz zur vorläufigen Regelung des Rechts der Industrie- und Handelskammern". Man wollte damit plakatieren, daß es sich bei diesem Gesetz zunächst um den Versuch handelte, die Rechtzersplitterung bei den IHKs im Bundesgebiet zu beseitigen. Die Frage einer Arbeitnehmermitwirkung oder gar der Mitbestimmung sollte einer späteren Klärung vorbehalten bleiben.

## IV. Zusammenfassung

Die ersten Bestrebungen, die auf eine Veränderung der Kammerstruktur abzielten, gingen von den zuständigen britischen Besatzungsoffizieren im Zusammenspiel mit Viktor Agartz, dem Leiter des Zentralamts für Wirtschaft, aus. Dr. Wolfgang Friedmann konnte seine „pro-paritätischen" Vorschläge innerhalb der britischen Militärregierung nicht durchsetzen. Letztlich war der amerikanische Einfluß auf britische Entscheidungen Ende 1946 mit Errichtung der Bizone dafür ausschlaggebend, daß Friedmann im November d. J. lediglich eine Empfehlung auf Beteiligung von Arbeitnehmern in den Kammern aussprechen konnte.

Der nach seinem Verfasser benannte „Friedmann-Erlaß" löste in der britischen Zone eine Phase der „angeordneten Zusammenarbeit" zwischen Kammern und Gewerkschaften in den "Paritätischen Wirtschaftsausschüssen" aus. Von keiner Seite wurden die Chancen, die dieses Gesprächsforum im Hinblick auf einen Konsens eröffnete, wirklich genutzt. Auf bizonaler Ebene war es schließlich für die Gewerkschaften aussichtslos geworden, die paritätischen Kammern durchzusetzen. Ihre Aktivitäten verlagerten sich daher auf die Länderebene. Neben Hamburg, Niedersachsen, Hessen und Rheinland-Pfalz war Nordrhein-Westfalen der Schauplatz besonders heftiger Auseinandersetzungen. Das in Düsseldorf nach über einjährigem Ringen im Landtag verabschiedete „Wirt-

[77] Vgl. Entwurf eines Gesetztes über die Industrie- und Handelskammern, in: Bundestagsdrucksache 1964, 2. Wahlperiode 1953.

schaftskammergesetz“ vom Juli 1949 wurde von der alliierten Kontrollkommission nicht genehmigt.

Ein letzter Angriff auf die IHKs erfolgte im Rahmen der Verhandlungen über die betriebliche und überbetriebliche Mitbestimmung zu Beginn des Jahres 1950. Sie trafen auf eine mehr oder weniger formierte Unternehmerschaft, die mit politischer Unterstützung die gewerkschaftlichen Forderungen zurückdrängen konnten. Mit zunehmender Stabilität des Erhards'schen Wirtschaftskurses und dank der Mehrheit der bürgerlichen Parteien wurde die Mitbestimmung auf bundespolitischer Ebene immer weiter zurückgedrängt. So kam es 1956 schließlich zu einem Kammergesetz, das in Wirklichkeit nur nach außen hin als vorläufig bezeichnet wurde. In Wirklichkeit gilt dieses Gesetz bis heute fort.[78]

[78] Angriffe auf das öffentlich-rechtliche Prinzip der Kammern mit Pflichtmitgliedschaft und Beitragspflicht hat es seitdem wiederholt gegeben. Ebenfalls gibt es in neuerer Zeit Bestrebungen, die Beitragszahlung zu verweigern.

*Volker Berghahn*

# Unternehmer in der frühen Bundesrepublik: Selbstverständnis und politischer Einfluß in der Marktwirtschaft

So schwer die deutschen Wirtschaftseliten auch durch den Krieg und die Niederlage des „Dritten Reiches“ 1945 in ihrer materiellen Lage, ihrer Macht und ihrem Ansehen im In- und Ausland angeschlagen waren, der erfolgreiche Wiederaufbau in den Westzonen und, ab 1949, in der Bundesrepublik ist ohne ihre Teilnahme daran nicht zu verstehen. Dem Titel dieses Beitrages entsprechend drehen sich die folgenden Ausführungen unter Rückbezug auf bisherige Forschungskontroversen zum einen um die Frage nach dem politischen Einfluß und der Macht der Unternehmer in dieser Zeit.[1] In einem zweiten Teil wird dann die mehr soziokulturelle Frage zu behandeln sein, wie sich vor allem die deutschen Industrieeliten nach der nationalsozialistischen „Katastrophe“ selbst sahen und welche Kontinuitäten und Diskontinuitäten in ihren Einstellungen zu den großen Herausforderungen der Nachkriegszeit festzustellen sind.

Die erste Frage ist einfacher zu beantworten als die zweite aus dem einfachen Grunde, weil die Forschung hierzu weiter fortgeschritten ist. Deshalb wenden wir uns auch ihr zuerst zu, bevor wir auf die schwierigeren Probleme des Selbstverständnisses, der Mentalitäten und der Kultur der bundesdeutschen Industrie mit ihren Schattierungen im weiteren Sinne zu sprechen kommen. Auf diesem Feld ist die Forschung erst in jüngster Zeit in Gang gekommen, und es wird zu untersuchen sein, welche Richtung sie eingeschlagen hat und wo weiterhin Neuland zu beschreiten ist.

I. Auf den ersten Blick möchte es so scheinen, als hätten Macht und Einfluß der Unternehmer 1945 einen absoluten Nullpunkt erreicht. Ihre Fabriken lagen in Schutt und Asche. Die Produktion war auf einen Bruchteil des im Kriege erreichten Höchststandes gesunken. Antifa-Gruppen von radikalen Arbeitern besetzten an vielen Orten die Industriegebäude und versuchten die Produktion in eigener Regie

[1] Der Begriff „Unternehmer“ wird hier weit definiert und umfaßt Eigentümer und leitende Angestellte. Der Begriff „Manager“ wird ebenfalls flexibel gehandhabt, obwohl er in der frühen Bundesrepublik noch nicht üblich war und z.T. sogar scharf abgelehnt wurde. Das zunehmende Einfließen amerikanischer Begriffe in die deutsche Wirtschaftssprache wäre im Zusammenhang mit der weiter unten aufzunehmenden Diskussion um die „Amerikanisierung“ der westdeutschen Industrie mit vermutlich interessanten Resultaten zu untersuchen. Zur Terminologie siehe z.B. *Bernd Greiner*, Test the West, in: *Ders./ Heinz Bude* (Hg.), Westbindungen, Hamburg 1999, S. 42; *Jürgen Kocka*, Management in der Industrialisierung, in: Zeitschrift für Unternehmensgeschichte 2 (1999), S. 135–149.

in Gang zu setzen.[2] Nicht nur diejenigen Unternehmer und Manager, die bei Kriegsende auf den Alliierten Listen standen, wurden interniert, sondern nach und nach auch andere. Noch im Herbst 1945 kam es zu einer großen Verhaftungswelle, die Lager wie das bei Bad Nenndorf im Hannoverschen erneut füllte. In den Augen des Auslands, aber auch weiter Kreise der deutschen Bevölkerung war die „Wirtschaft" tief in die Kriegspolitik und die Verbrechen der Hitler-Diktatur verstrickt. Kurzum, es stand nicht gut um die Zukunft dieser einst mächtigen Elite, und hier und da kam es bei den Unternehmern daher aus Angst und Verzweiflung gar zu Selbstmorden.

Doch kann der erste Blick oft täuschen. Bei näheren Hinsehen wurden viele Maschinen und Werke nur leicht beschädigt und konnten mit geringen Reparaturen schnell wieder instand gesetzt werden. In vielen Teilen des Landes, wo die radikalen Antifa-Gruppen nicht aktiv wurden, kam es schon früh zu gemeinsamen Bemühungen von Management und „treuen" Arbeitern, die Fabriktore zu öffnen und Rohstoffe irgendwoher zu „organisieren".Wiederholt hatten örtliche Industrielle bei der vorzeitigen Beendigung der Kampfhandlungen oft unter Einsatz ihres Lebens eine Rolle gespielt, wie etwa in Hamburg, wo Albert Schäfer, der Vorstandsvorsitzende der Harburger Phoenix-Werke, die Kapitulation der Hansestadt ohne Beschießung und Straßenkämpfe in Verhandlungen mit den vorrückenden Briten vermittelte.[3] Auch entdeckten die Besatzungsmächte schnell, daß das zerstörte Land ohne die Kooperation der deutschen Funktionseliten völlig zusammenzubrechen drohte und damit die ohnehin schon hohen, eigenen Besatzungskosten ins Unbezahlbare steigen würden.

So kam es, daß mit der Rückkehr der Manager in die Fabriken auch alte Macht- und Einflußpositionen zumindest latent weiter bestanden und relativ schnell wiedererrichtet werden konnten, sofern die Alliierten ihr Plazet gaben. Gewiß widersprach die Demontagepolitik dem Alliierten Bemühen, die deutsche Industriewirtschaft wieder auf die eigenen Beine zu stellen. Indessen setzten die Amerikaner als erste ein deutliches Zeichen, als sie die materiellen Reparationslieferungen aus ihrer Zone vor allem an die Sowjetunion stoppten. Zwar gab es auf diesem – wie auch auf anderen – Gebieten weiterhin Widersprüche, indem die Engländer die Demontagen auch nach den Schaffung der britisch-amerikanischen Bizone im Januar 1947 noch fortsetzten, obwohl die Amerikaner inzwischen den wirtschaftlichen Wiederaufbau der Westzonen ins Auge gefaßt hatten und infolge ihrer eigenen wirtschaftlichen und politischen Überlegenheit gegenüber den stark geschwächten Briten und Franzosen schließlich auch durchsetzen konnten.[4]

[2] Siehe z.B. *Ulrich Borsdorf*, Arbeiterinitiative 1945, Wuppertal 1976.

[3] *Volker Berghahn/ Paul J. Friedrich*, Otto A. Friedrich. Ein politischer Unternehmer: Sein Leben und seine Zeit (1902–1975), Frankfurt a.M. 1993, S. 28.

[4] Siehe z.B. *Henry C. Wallich*, The Mainsprings of the German Revival, New Haven 1955; *John H. Backer*, Priming the German Economy: American Occupational Policies 1945–1948, Durham 1971; *Christoph Buchheim*, Die Wiedereingliederung Westdeutschlands in the Weltwirtschaft (1945–1958), München 1990; *Gerold Ambrosius*, Die Durchsetzung der sozialen Marktwirtschaft in Westdeutschland (1945–1948), Stuttgart 1977; *Klaus-Dietmar Henke*, Die amerikanische Besetzung Deutschlands, München [2]1996; *Jeffrey M. Diefendorf/ Axel Frohn/Hermann-Josef Rupieper* (Hg.), American Policy and the

Im Mittelpunkt dieser Wiederaufbau-Strategie stand das Ruhrgebiet, weiterhin das industrielle Herz Deutschlands, so daß die britischen Demontagen mit dem Einsetzen der amerikanischen Marshallplan-Hilfe nicht so sehr von materieller als von psychologischer Bedeutung waren. Sie förderten die Solidarisierung und Sammlung einer weitgehend fragmentierten und desorganisierten Unternehmerschaft, die z.T. sogar auch die Arbeiter und breitere Bevölkerungsschichten gegen die widersprüchliche Alliierte Reparationspolitik mobilisieren konnte. Ähnliche Sammlungseffekte hatte auch die lärmende anti-westliche Rhetorik gegen die Nürnberger „Siegerjustiz". Zwar gab es nur wenige, die gegen die Verurteilung nationalsozialistischer Hauptkriegsverbrecher wie Hermann Göring, Alfred Rosenberg oder Hans Frank protestierten. Doch die Photos von Alfried Krupp und Friedrich Flick auf der Anklagebank waren eher dazu angetan, das Ansehen der Unternehmer in den Augen von Teilen der westdeutschen Öffentlichkeit zu heben. Nahmen sie vermeintlich doch als Individuen die –„ungerechtfertigte" Kollektivschuldanklage der Alliierten auf sich und erschienen damit – mehr noch als alle anderen Deutschen – als Opfer erst des Nationalsozialismus und nun der Alliierten. Die Handhabung der Nürnberger Anklagen durch die langsam wiedererstehende Industriepublizistik bietet ein gutes Beispiel nicht nur für die Eigenheiten unternehmerischer Vergangenheitsbewältigung, sondern auch für die Solidarisierung, die sie förderte.[5]

Doch trugen die Briten und Amerikaner ungewollt nicht nur in dieser negativen Weise zu der graduellen „Erholung" der westdeutschen Industrieeliten bei. Je mehr der Kalte Krieg gegen den Sowjetblock einsetzte und den Einschluß der an der strategisch wichtigen mitteleuropäischen Front lebenden Westdeutschen in die Atlantische Gemeinschaft erforderte, desto bewußter begannen die U.S.A. die aktive Mitarbeit der einst diskreditierten Wirtschaftsfachleute am westeuropäischen Wiederaufbau zu fördern. Soweit es die Westzonen betraf, erforderte dieser Wiederaufbau nicht nur das Ankurbeln der Produktion, sondern auch eine organisatorische Infrastruktur, über die Verhandlungspartner geschaffen wurden. So kam es, daß bald auch Repräsentationen der Wirtschaft entstanden, voran die Industrie-, Handels- und Handwerkskammern.[6] Dabei war man sich gewiß bewußt, daß man sich nicht nur deutsche Durchführungs- und Vermittlungsorgane schuf, sondern unvermeidlich auch Macht- und Einflußpositionen aufbaute. Aus diesem Grunde zögerten die Westalliierten lange, Vertretungen der Wirtschaft auf überregionaler Ebene zuzulassen. Erst mit der Gründung der Bundesrepublik entstand der Bundesverband der Deutschen Industrie (BDI), der hinfort als Dachorganisation die wirtschaftlichen und politischen Interessen der Industrie wahrnahm. Zugleich wurde die Bundesvereinigung deutscher Arbeitgeberverbände (BdA) als Pendant zu

Reconstruction of West Germany (1945–1955), Cambridge 1993; *John Gimbel*, The American Occupation of Germany, Stanford 1968; *John E. Farquharson*, The Western Allies and the Politics of Food. Agrarian Management in Post War Germany, Leamington 1985; *Wolfgang Krieger*, Lucius D. Clay und die amerikanische Deutschlandpolitik, Stuttgart 1987.

[5] Siehe *J. Wiesen*, Reconstruction and Recollection: West German Industry and the Challenge of the Nazi Past, Brown University, PhD Thesis, 1998.

[6] Siehe die vorhergehenden Beiträge von Weise und Großbölting in diesem Band.

den Gewerkschaften für Tariffragen und Sozialpolitik ins Leben gerufen. Schließlich gründete man noch den Deutschen Industrie- und Handelstag (DIHT) als überregionalen Rahmen für das Industrie- und Handelskammersystem.[7]

Dieses schon bald nach Kriegsende auf örtlicher Ebene wiedergeschaffene System nahm von Anfang an im Stil der alten Kammerbewegung von vor 1933 z.T. öffentlich-rechtliche Aufgaben wahr, wie etwa die Ausbildung und Prüfung von Lehrlingen im kommerziellen Bereich, parallel zu den Handwerkskammern, die für die Handwerkslehrlinge zuständig waren. Hinzu kamen die wirtschaftlichen Interessenvertretungen im traditionellen Sinne, ebenfalls zunächst auf den unteren Ebenen. So existierten schließlich im Rahmen des BDI zahlreiche Fachverbände der jeweiligen Branchen. Die Beziehungen zu den Gewerkschaften wiederum wurden von den jeweiligen Arbeitgeberverbänden unter dem Dach der BdA geregelt. Schon die Existenz solcher Organisationen bedeutete Macht und Einfluß. Diese war bis Mitte der 50er Jahre so stark angewachsen, daß eine heftige öffentliche Debatte über die „Macht der Verbände" begann. Darin ging es um die Frage nach der Stellung der Interessenorganisationen in einer parlamentarischen Republik. Besonders die an den Universitäten wiedererstarkte deutsche Staatsrechtslehre, die den Staat als ein über der Gesellschaft schwebender und das Allgemeinwohl aufrecht erhaltender *pouvoir neutre* definierte, lehnte die Verbände und deren angeblich zu großen Einfluß außerhalb der Parteien als gefährlich ab.[8]

Gegen diese Ansicht wandten sich damals vor allem die Politologen, die – von der amerikanischen Pluralismus-Theorie beeinflußt – den Verbänden eine völlig legitime Funktion in einer modernen, demokratisch verfaßten Gesellschaft einräumten. Die alte hegelianische Staatsauffassung ihrer juristischen Kollegen hielten sie für überholt. Eine wichtige Rolle spielte in dieser Debatte der in Harvard und später auch in Heidelberg lehrende Carl Joachim Friedrich, der in den 20er Jahren seine wissenschaftliche Karriere in Heidelberg begonnen hatte und dann schon lange vor 1933 zunächst als Stipendiat in Amerika blieb. Er hatte 1937 eine einflußreiche Studie unter dem Titel *Constitutional Government and Politics* veröffentlicht, deren Übersetzung 1953 gerade zu Beginn der Verbände-Diskussion als *Der Verfassungsstaat der Neuzeit* in der Bundesrepublik erschien.[9] Darin bezeichnete er Interessengruppen nicht nur als legitime Vertretungen in einer repräsentativen Demokratie, sondern befürwortete auch deren Einbindung in den politischen Prozeß, damit sie Verantwortung übernehmen und erreichte Kompromisse innerhalb ihrer Organisationen durchsetzen könnten. Solche Argumente, aber auch die zwischenzeitliche Festigung des jungen bundesrepublikanischen Parlamentarismus trugen dazu bei, daß die alte staatsrechtliche Schule langsam in eine Minderheitsstellung geriet. Allerdings wurde die neue Pluralismus-Theorie schon bald

[7] Siehe z.B. *Gerard Braunthal*, The Federation of German Industry and Politics, Ithaca 1965; *Walter Simon*, Macht und Herrschaft der Unternehmerverbände. BDI, BDA und DIHT im ökonomischen und politischen System der BRD, Köln 1976; *Heinz Hartmann*, Der deutsche Unternehmer. Autorität und Organisation, Frankfurt a. M. 1968.
[8] Siehe z.B. *Theodor Eschenburg*, Herrschaft der Verbände?, Stuttgart 1953; *H. Wasser*, Interessenverbände in der Bundesrepublik Deutschland, Bonn 1971; *Hans Huber*, Staat und Verbände, Tübingen 1958.
[9] New York 1937.

ihrerseits von Ansätzen herausgefordert, die mit dem Aufstieg des Neomarxismus in den späten 60er und frühen 70er Jahren zusammenhingen. Hier wurden Wirtschaftsverbände als Frontorganisationen der herrschenden Kapitalistenklasse gesehen. Gegen diese Interpretation wandte sich die schnell an wissenschaftlicher Popularität gewinnende Korporatismus-Schule, die so etwas wie eine Mittelposition zwischen den „Pluralisten" und den Marxisten zu entwickeln versuchte.[10] In ihrer Sicht gingen die letzteren von einer vielzu monolithischen Vorstellung von Macht in modernen Industriegesellschaften aus, während die ersteren ein zu egalitäres und fragmentiertes Bild vom Funktionieren solcher Gesellschaften hätten. Der Korporatismus-Theorie zufolge war die Existenz von Großorganisationen neben zahlreichen kleinen Interessengruppen nun einmal nicht zu übersehen. Ebenso mußte man erkennen, daß solche Großorganisationen einfach einen besseren Zugang zu den politischen Machtzentralen hatten als marginale und schwach mobilisierte Gruppen. Letztlich, so die „Korporatisten", seien es daher in erster Linie drei Machtblöcke, in deren Dreiecksverhältnis die Grundkompromisse über die wirtschaftliche und soziale Zukunft einer modernen Gesellschaft ausgehandelt würden: die gewählte Regierung, die „Wirtschaft" und die Gewerkschaften.

Der Aufstieg der Korporatismus-Schule fiel in eine Zeit als der Keynesianismus noch nicht von Reaganomics abgelöst worden war und Konzepte von *demand management* und Konsenspolitik kapitalistischer Ökonomien und des Aushandelns von großen Kompromissen unter den drei Machtblöcken im Schwange waren. Was auch von dieser Schule nach dem Siegeszug der Neoliberalen in den 80er Jahren in der historischen Forschung zumindest bis heute übrig geblieben ist, war eine Sicht von Macht und Einfluß der Industrie, die die Ungleichgewichtigkeiten zwischen den einzelnen Verbänden einkalkuliert, aber zugleich davon ausgeht, daß es innerhalb der Spitzenverbände machtvolle Fraktionen gibt, die nach innen hin Kompromisse gegenüber der Mehrheit gleichwohl erzwingen können. Das heißt, daß die Industrie, die in der frühen Bundesrepublik wiedererstand, weder pluralistisch im sinne der Pluralismustheorie noch „monopolkapitalistisch" agierte. So mächtig der BDI damals auch war, er sprach selten mit einer Stimme. Ebenso wenig konnte er die Interessen anderer Verbände einfach ignorieren und unbekümmert seine eigene Politik betreiben und durchsetzen. Gleiches galt für die BdA auf dem Gebiet der Arbeitsbeziehungen und der Sozialpolitik, wo man die Gewerkschaften nur um einen unvertretbar hohen Preis beiseite schieben konnte.

Waren dies die sich im ökonomischen Bereich langsam herausschälenden machtpolitischen Gegebenheiten der frühen Bundesrepublik, so muß zur langfristigen Entwicklung des industriellen Verbandswesens noch eine abschließende Bemerkung gemacht werden. Mit der Rekonzentration der westdeutschen Industrie in Großkonzernen, die wohlgemerkt nicht wie vor 1945 hochkartellisiert waren, sondern in oligopolistischem Wettbewerb standen, ging eine Schwächung der Verbände einher. Denn mehr und mehr artikulierten die Großunternehmen und Großban-

[10] Siehe z.B. *Philippe C. Schmitter/Gerhard Lehmbruch* (Hg.), Trend Towards Corporatist Intermediation, London 1979; *Andrew Cox/ Noel O' Sullivan* (Hg.), The Corporate State: Corporatism and the State Tradition in Western Europe, Aldershot 1988.

ken ihre Interessen in Bonn und Brüssel jetzt durch eigene Vertreter statt über die Verbände.[11]

II. In Zusammenhang mit der Macht und dem Einfluß der Industrieverbände in der frühen Bundesrepublik ist immer wieder auf eine sehr selbstbewußte Bemerkung des poltrigen BDI-Präsidenten Fritz Berg verwiesen worden, die er während der Kontroverse um eine Aufwertung der D-Mark im Herbst 1960 machte. Er werde – so der Präsident – zu Bundeskanzler Konrad Adenauer zu gehen und dafür sorgen, daß der ganze Plan „endgültig vom Tableau" komme.[12] So übertrieben dies auch war, deutet dieses Wort dennoch darauf hin, daß es in der frühen Bundesrepublik sehr enge Bezeihungen zwischen einigen führenden Unternehmern und der Exekutive, voran dem Kanzleramt, gab. Zu Adenauers kleinem Kreis gehörten auf jeden Fall Hermann-Josef Abs von der Deutschen Bank und der Kölner Bankier Robert Pferdmenges. Mit Berg war das Verhältnis schon deshalb nicht ganz so vertraulich, weil er Adenauer in seiner Funktion als Sprecher des BDI gegenübersaß. Was seinen Ansichten – ob in der Öffentlichkeit oder hinter verschlossenen Ministeriumstüren vorgetragen – Nachdruck verlieh, war, daß er als Repräsentant eines großen Teils der westdeutschen Industrie auftrat. Damit konnte gerade dieser Spitzenverband an eine Kontinuität anknüpfen, die bis in die Weimarer Republik wenn nicht gar bis ins Kaiserreich zurücklief.[13] Damals schon waren die deutschen Wirtschaftsverbände sehr einflußreich. Gleiches galt für die Anfangszeit des Nationalsozialismus, und erst mit der zunehmenden Gleichschaltung und dann mit der Mobilisierung für den totalen Krieg verschoben sich die Gewichte mehr und mehr auf die vom NS-Regime geschaffenen Organisationen.[14] Zusammenfassend läßt sich daher sagen, daß nach einer relativ kurzen Periode in der frühen Besatzungszeit die Unternehmerverbände so schnell ihre einstigen Positionen zurückgewannen, daß sich – wie erwähnt – Staatsrechtler und Politiker bald schon Sorgen über die „Macht der Verbände" machten. Daß solche Sorgen berechtigt waren (ohne daß damit freilich die Legitimität außerparlamentarischer Interessenvertretung berührt wird) zeigte sich nicht nur an der Art und Weise wie die Spitzenverbände auf Gesetzesvorlagen und Parlamentsabstimmungen Einfluß nahmen, sondern auch wie sie in der Öffentlichkeit operierten. Der heftige sog. Schiene-Straße-Konflikt sei hier als Beispiel genannt.[15] Damals ging es um die von der Industrie vorangetriebe-

[11] Siehe z.B. *Jeffrey J. Anderson*, German Industry and the European Union in the 1990s, in: *Volker Berghahn* (Hg.), Quest for Economic Empire, Oxford 1996, S.171–206.

[12] So Berg nach den Notizen des Wirtschaftsjournalisten Franz-Ulrich Fack, zitiert in: *Berghahn/Friedrich*, Otto A. Friedrich (wie Anm. 2), S. 274.

[13] Siehe z.B. *Elaine G. Spencer*, Management and Labor in Imperial Germany: Ruhr Industrialists as Employers (1896–1914), New Brunswick, 1984; *Hans Peter Ullmann*, Der Bund der Industriellen, Göttingen 1976; *Hartmut Kaelble*, Industrielle Interessenpolitik in der Wilhelminischen Gesellschaft: Centralverband Deutscher Industrieller (1895–1914), Berlin 1967; *David Abraham*, The Collapse of the Weimar Republic. Political economy and crisis, New York 1987; *George W.F. Hallgarten/ Joachim Radkau*, Deutsche Industrie und Politik von Bismarck bis heute, Frankfurt a.M. 1974; *Henry A. Turner*, Big Business and the Rise of Hitler, Oxford 1985.

[14] Siehe z.B. *Ludolf Herbst*, Der totale Krieg und die Ordnung der Wirtschaft, Stuttgart 1982.

[15] Siehe z.B. *Berghahn/Friedrich*, Otto A. Friedrich (wie Anm. 2), S. 161 ff.

ne Motorisierung der Bundesrepublik, deren überschäumende Expansion die Bundesbahn als Konkurrent und Staatsmonopol im Personen- und Frachtverkehr in Bedrängnis brachte. Dem versuchten ihre Beamten mit Hilfe des ebenfalls gouvernemental gesinnten Verkehrsministers Hans-Christoph Seebohm Einhalt zu gebieten.

Auch Adenauer machte die Dynamik der Fahrzeugindustrie Sorgen. Er dachte an die steigende Zahl der Verkehrstoten und das damals vielzitierte Gemeinwohl gegenüber den Einzelinteressen, das der Staat im Sinne der deutschen Rechtstradition auch beim Straßen- und Autobahnbau zu behüten habe. Dagegen hielt die westdeutsche Industrie, angeführt durch ihre Spitzenverbände, daß das Aufblühen des privaten Verkehrs nicht nur mit der angestrebten Schaffung eines „Wohlstands für alle" zusammenhänge und daher nicht beschnitten werden dürfe. Vielmehr diene dies auch dem internationalen Wiederaufstieg der Bundesrepublik als Exportnation und der Sicherung der zahllosen vom Export abhängigen Arbeitsplätze. Schließlich seien die von der Bundesbahn angestrebten Verbote und Restriktionen, die vor allem dem Frachtverkehr auferlegt werden sollten, mit der freien Entfaltung des Bürgers in einer Demokratie nicht vereinbar. Hatten die Beamten gegen solche Argumente schon einen schweren Stand, so mobilisierte die Industrie darüber hinaus noch durch geschickte und z.T. pfiffige Werbefeldzüge den Durchschnittskonsumenten, der bereits ein Motorrad oder einen Motorroller besaß und von einem Volkswagen oder Goggomobil träumte. Darüber hinaus konnte man auf das amerikanische Beispiel verweisen, das hinsichtlich der Motorisierung die Zukunft der Bundesrepublik bereits vorwegnehme und wo Präsident Dwight D. Eisenhower gerade sein großes Programm eines umfassenden transkontinentalen Autobahnnetzes verkündet hatte.

Diesem in der Öffentlichkeit erzeugten und in den Parlamentslobbies vorgetragenen Druck waren die Ministerialbeamten und Seebohm, die noch in den Kategorien der alten Reichsbahn dachten und ihr etatistisches Transportmonopol in einer sich rapide verändernden demokratischen Gesellschaft anfangs noch mit vielerlei bürokratischen Tricks zu verteidigen suchten, am Ende nicht gewachsen. Die bundesrepublikanische Verkehrsgesetzgebung wurde insgesamt im Sinne der Industrie gestaltet. Die langfristigen Wirkungen dieser Politik ließen sich sehr schön an der heutigen Straßenverkehrsdichte und an einem Vergleich des Betriebsgebahrens der Bundesbahn von 1950 und im Jahre 2000 illustrieren.

Außer einer formenden Macht, wie sie in der Verkehrspolitik zum Ausdruck kam, besaßen die Verbände noch eine negative Vetomacht, die die Konservativen unter den Unternehmern mit Erfolg schon in der Weimarer Zeit eingesetzt hatten.[16] Als Beispiel, wie auf diese Weise Entwicklungen zumindest verzögert, wenn nicht gar ganz blockiert werden konnten, seien hier die Beziehungen zu den Gewerkschaften angeführt. Während sich die liberalen, verarbeitenden und exportorientierten Branchen nach 1945 um eine Neuordnung der Arbeitsbeziehungen und des Verhältnisses zu den Gewerkschaften bemühten, herrschte in der Ruhrindustrie weiterhin eine Gewerkschaftsfeindlichkeit. Dabei spielte freilich auch eine Rolle,

[16] *Bernd Weisbrod*, Schwerindustrie in der Weimarer Republik, Wuppertal 1978.

daß die organisisierte Arbeiterschaft in der frühen Besatzungszeit recht radikale Forderungen über eine Neuordnung von Kapital und Arbeit vorgetragen und dadurch alte unternehmerische Ängste vor einer Enteignung wieder wach gerufen hatten.[17]

Auch die Einführung der Montanmitbestimmung durch die Engländer sollte nicht nur einer Verschiebung der Machtgewichte dienen, sondern wurde von der Ruhrindustrie als erster Schritt zu einer von den Gewerkschaften verfolgten „kalten“ Enteignung der Unternehmer aufgefaßt.[18] Wie tief das Ressentiment saß, zeigte sich noch Jahre später als Hermann Reusch, der erzkonservative Chef der Gutenhoffnungshütte 1955 in einer Rede die Montanmitbestimmung als Resultat einer „brutalen Erpressung" der Industrie durch die Arbeiterbewegung bezeichnete.[19] Er löste einen kostspieligen spontanen Proteststreik der Metallarbeiter aus. Den Liberalen im BDI, die zusammen mit der sozialpartnerschaftlich orientierten BdA nach einem guten Verhältnis zu den Gewerkschaften strebten, erlitten damit einen doppeltern Rückschlag. Zwar setzte sich deren Linie schließlich durch, doch sicherlich wäre der Prozeß einer Neuordnung der Arbeitsbeziehungen nach der Hitler-Diktatur ohne das Veto und dauernde Bremsen der Konservativen rascher und glatter verlaufen.

Ähnlich entwickelten sich die Dinge bei der ebenfalls unumgänglichen Neugestaltung des Wettbewerbs in der westdeutschen Marktwirtschaft. Auch hier wollten die Liberalen in den Verbänden und Großunternehmen hinweg von den wettbewerbsfeindlichen Kartellen der Zeit vor 1945.[20] Sie wollten ein System, das auch Wirtschaftsminister Ludwig Erhard vorschwebte. Sie wollten die deutsche Praxis der Preis- und Produktionsabsprachen unter unabhängigen Firmen, ein für allemal hinter sich lassen. Die Liberalen im BDI wußten nicht nur, daß die Vereinigten Staaten mit ihrer Konzeption der Retablierung eines multilateralen Welthandelssystems und der Open Door den alten deutschen Protektionismus radikal zerstören wollten. Vielmehr hingen sie auch aus eigener Überzeugung der Ansicht an, daß die Kartelle in der aufkommenden wettbewerbsorientierten Massenproduktions- und Massenkonsumgesellschaft dysfunktional waren. In diesem Sinne argumentierten sie an Erhards Seite in der Öffentlichkeit und im BDI-Präsidium. Doch die Konservativen an der Ruhr, wo die Kartelltradition tiefe Wurzeln hatte, verweigerten sich. Zwar konnten sie der auf Wettbewerb dringenden, von den Amerikanern geförderten Dynamik einer liberal-kapitalistischen Weltmarktordnung auf die Dauer nicht widerstehen. Aber ihre Vetomacht war gleichwohl stark genug, um die Verabschiedung eines den amerikanischen Anti-Trust-Prinzipien nachempfundenen Vorlage Erhards, das die Kartellbildung mit einer Reihe von geringfügigen Ausnahmen grundsätzlich verbot, wiederholt verzögern. Erst 1957 wurde das Gesetz endlich verabschiedet.Und auch diesmal standen, wie bei der Agitation gegen

[17] Siehe z.B. *J van Hook*, Rebuilding Germany, Trinity University, PhD Thesis, 1998.

[18] Siehe z.B. *Gloria Müller*, Mitbestimmung in der Nachkriegszeit. Britische Besatzungsmacht – Unternehmer – Gewerkschaften, Düsseldorf 1987.

[19] Zitat in: Der Spiegel, 2.2. 1955, S. 10.

[20] Siehe z.B. *Rüdiger Robert*, Konzentrationspolitik in der Bundesrepublik, Berlin 1976; *Berghahn/Friedrich*, Otto A. Friedrich (wie Anm. 2), S. 97 ff.

die Gewerkschaften hinter der Ruhrindustrie die ebenfalls sehr konservative Textilindustrie, weite Teile des mittelständischen Unternehmertums sowie der Fachhandel, die in einer ungeschützten Marktwirtschaft im rauhen Wind des freien Wettbewerbs in Existenzschwierigkeiten zu geraten fürchteten.

Die bisherige Analyse von Macht und Einfluß der Unternehmer in der frühen Bundesrepublik hat sich auf die Industrieverbände konzentriert. Über den Handels- und Dienstleistungsektor wissen wir vergleichsweise weniger, obwohl man sagen kann, daß dort die Probleme ähnlich gelagert waren wie in der Industrie. Noch unbeschriebener ist das Blatt, wenn wir einzelne Großkonzerne im Hinblick auf ihre Macht und ihren Einfluß in Politik, Wirtschaft und Gesellschaft betrachten. Hier wird eine zukünftige Unternehmensgeschichte noch viel zu erforschen haben. Doch anstatt dazu weitere Beispiele zu diskutieren, sollen im folgenden noch einige allgemeine Gedanken zum Thema dieses Abschnitts angefügt werden.

Werner Abelshauser hat die These aufgestellt, der amerikanische Hochkommissar John J. McCloy habe Erhard 1951 im Angesicht der Korea-Krise auf Geheiß Washingtons zu einer Abwendung von seiner marktwirtschaftlichen Politik gezwungen.[21] Infolgedessen seien schon in der frühen Bundesrepublik Prinzipien erneut zum Durchbruch gekommen, die Deutschland als erste Nation auf einen postliberalen Weg geschoben hätten. Abelshausers Thesen haben die Diskussion über die Entwicklung der westdeutschen Industriewirtschaft zweifellos angeregt, bedürfen aber zumindest der Differenzierung und weiteren kritischen Befragung. Das ist schon deshalb angeraten, weil sie z.T. auf einem unvollkommenen Verständnis sowohl der damaligen amerikanischen als auch der bundesdeutschen Wirtschaftspolitik beruhen.

Soweit es die U.S.A. betrifft, gibt es Anzeichen dafür, daß Washington schon vor dem Ausbruch des Korea-Krieges zu einem dirigistischen „militärischen Keynesianismus" greifen wollte.[22] Damals entstand die berühmt-berüchtigte Expertise NSC-68, die ein solches Programm umriß. Es ist unklar, was aus diesem Plan geworden wäre, wenn nicht durch den Ausbruch des Krieges in Korea ohnehin staatliche Investitionen aber auch Eingriffe in die Wirtschaft notwendig geworden wären. Doch regte in Amerika schon bald die Opposition gegen diese Politik. Das lag einmal daran, daß man mit dem strategischen Zurückdrängen der Nordkoreaner und der drohenden Intervention Chinas zu einem schnellen Waffenstillstand auf der Basis einer Teilung der Halbinsel entlang des 38. Breitengrades gelangen wollte, um einer weiteren Eskalation zu entrinnen. Hinzukam die Furcht vor einem Anstieg der Inflation infolge des Korea-Booms in der Industrie.

Nicht weniger entscheidend für die Zurücknahme einer weitreichenden, interventionistischen Wirtschaftspolitik war aber die Sorge einflußreicher amerikanischer Wirtschafts- und Finanzkreise vor einer Ausweitung der staatlichen Sphäre auf eine liberal-kapitalistisch operierende Wirtschaft, wie sie im Zweiten Weltkrieg erfolgte. Wenn öffentliche Investitionen schon getätigt werden sollten, dann in erster

[21] *Werner Abelshauser*, The First Post–Liberal Nation: Stages in the Development of Modern Corporatism in Germany, in: European History Quarterly, 14 (1984), S. 285–318, insbes. S. 305 ff.

[22] Siehe dazu *Robert M. Collins*, The Business Response to Keynes, New York 1981.

Linie im zivilen Sektor. Der Produktionslenkung im Rahmen eines Krieges war die Schaffung einer modernen zivilen Infrastruktur vorzuziehen, die der Privatwirtschaft und dem Konsumenten zugute kam. So ist es zu erklären, daß sich Washington zwar nicht ganz aus einem keynesianischen Management der Wirtschaft zurückzog und letztere den sogenannten freien Marktkräften überließ. Doch verlegte man sich spätestens ab 1952 auf einen kommerziellen und fiskalischen Keynesianismus. Eisenhowers schon erwähntes Straßen- und Autobahnbauprogramm ist auch in diesem Zusammenhang zu sehen.[23]

Diese Entwicklungen in der amerikanischen Wirtschaft und Wirtschaftspolitik wirkten auch auf die Bundesrepublik zurück und beendeten schließlich den Druck, den Abelshauser zufolge der McCloy-Brief auf Erhard ausübte und zu einem Verlassen der sozialen Marktwirtschaft zwang. Ist hier doch zwischen Schein und Wirklichkeit zu unterscheiden. Inzwischen hatte der bundesdeutsche Wirtschaftsminister, unwillig von seiner Linie abzuweichen, nämlich zu einer Verzögerungstaktik gegriffen, mit der er den Zeitraum bis zum Nachlassen des amerikanischen Drucks erfolgreich überbrückte. So bewirkte der McCloy-Brief am Ende nicht ein Umbiegen der bundesdeutschen Wirtschaftspolitik in einen postliberalen Korporatismus. Das hat es als Tendenz allenfalls insofern gegeben, als die Schwerindustrie damals eine Gelegenheit erblickte, zu ihrem alten engen Verhältnis von Staat und Industrie unter Ausschluß der Gewerkschaften zurückzukehren. Mochte die Idee eines solchen autoritären Korporatismus in Teilen des BDI und in der Ministerialbürokratie Anhänger haben, Erhard erkannte auch diese Gefahren des McCloy-Brief für seine Konzeption von sozialer Marktwirtschaft und widersetzte sich, indem er die Schwerindustrie abblockte, die amerikanischen Forderung verschleppte und lediglich einige kosmetische Maßnahmen ergriff. Letztere sollten McCloy den Eindruck geben, daß die Deutschen im Sinne seines Briefes geflissentlich tätig geworden waren.

In dieser Politik wußte er sich mit einem mit ihm schon seit längerem gut bekannten Industriellen, Otto A. Friedrich, einig, den er im Anschluß an den McCloy-Brief zum Rohstoffbeauftragten der Bundesregierung machte. Friedrich verbrachte die nächsten Monate damit, Inventuren anzufertigen und Richtlinien für die Rohstoffverwendung zu erarbeiten. Als im Herbst kaum noch jemand von dem McCloy-Brief redete, trat Friedrich zurück. Erhard ließ seine soziale Marktwirtschaft weiterhin das „Wunder" einer zivilen Konsumgesellschaft hervorbringen. Die postliberale Wende fand nur auf dem Papier statt. Und auch die Rückkehr zu einem autoritären, bilateralen Korporatismus der Zeit vor 1945, den die Konservativen an der Ruhr im Auge hatten, gelang nicht. Statt dessen erfolgte die zunehmende Integration der Gewerkschaften in jene trilaterale keynesianische Konsenspolitik, die dann unter der Großen Koalition 1966 ihren Höhepunkt erreichte.[24]

Die Frage von Macht und Einfluß der Unternehmer in der frühen Bundesrepublik wird man daher so beantworten können, daß die Liberalen mehr und mehr an Bo-

[23] *Berghahn/Friedrich*, Otto A. Friedrich (wie Anm. 2), S. 134 ff.

[24] *Volker Berghahn*, The Americanisation of West German Industry, 1945–1973, New York 1986, S. 282 ff.

den gewannen und die Konservativen (wie auch in der Kartelldebatte oder in den Beziehungen zu den Gewerkschaften) nur noch verzögern, aber nicht mehr verhindern konnten, daß sich auch in der Bundesrepublik eine dynamische Massenkonsumgesellschaft durchsetzte. Diese Entwicklung ging einher mit dem Niedergang der Kohle, die durch eine multinationale und weltweit agierende Ölindustrie überholt wurde. Bald darauf folgte die Krise der in der frühen Bundesrepublik so mächtigen Stahlindustrie. Derweil boomten die bundesdeutsche Chemie, die Elektrotechnik und der Maschinenbau, die auf den von den Amerikanern organisierten Weltmarkt hinaus wollten und mit den alten deutschen Industriestrukturen nichts mehr im Sinn hatten. Dementsprechend „moderner" und – wie noch zu zeigen – „amerikanischer", projizierten sie sich auch in der Öffentlichkeit und in den politischen Schaltzentralen einer parlamentarisch-demokratischen Republik ganz anders als die autoritären Bergassessoren im Ruhrrevier.

III. Bei unserer Analyse von Macht und Einfluß der Industrieeliten und ihrer Organisationen in der frühen Bundesrepublik sind wir indirekt wiederholt auf Faktoren gestoßen, die sich nicht einfach aus der Interessenlage, dem Machtbewußtsein von bestimmten Gruppen und der sich wandelnden ökonomischen und politischen Umwelt erklären lassen. Es gab auch Verhaltensweisen und Mentalitäten, die nur unter Berücksichtigung historischer Entwicklung und einer spezifischen deutschen Industriekultur mit ihren regionalen Schattierungen zu verstehen sind. Es eröffnen sich hier Forschungsgebiete, die mancherlei methodische Schwierigkeiten mit sich bringen und der weiteren analytischen Durchdringung bedürfen. Allerdings hängt die unzureichende Entwicklung dieser Gebiete auch mit der Richtung zusammen, in die die Wirtschafts- und Unternehmensgeschichte nach dem Zweiten Weltkrieg in Deutschland gegangen ist. Grundsätzlich wird man dazu sagen müssen, daß das 20. Jahrhundert lange Zeit sehr viel weniger intensiv untersucht wurde als das 19. Jahrhundert.

So wurde aus wirtschaftsgeschichtlicher Perspektive in den ersten Jahrzehnten nach 1945 viel über die Industrialisierung Zentraleuropas geschrieben.[25] Die sich damals ebenfalls etablierende Unternehmensgeschichte erforschte vornehmlich die Entstehung und das Wachstum einzelner Firmen im 19. Jahrhundert, die Leistungen hervorragender Unternehmer oder den Aufstieg regionaler Wirtschaftseliten und Industrie-Clans.[26] Die Aufarbeitung der Wirtschaftsgeschichte der Zwischenkriegszeit kam in den 60er und 70er Jahren dann zwar ein gutes Stück voran, und eine weitere Welle intensiver Beschäftigung vor allem mit der NS-Zeit begann in den 90er Jahren, als sich die Firmenarchive für ausgewählte Teams von Historikern öffneten.[27] Hier bleibt noch vieles aufzuholen. Parallel zu diesen Themen wurde

[25] Hierzu vor allem die Arbeiten von Wolfram Fischer. Des weiteren diverse Studien von Knut Borchardt, Wilfried Feldenkirchen, Hubert Kiesewetter, Friedrich–Wilhelm Henning.

[26] Siehe z.B. *Toni Pierenkemper*, Die westfälischen Schwerindustriellen, 1852–1913, Göttingen 1979; *Dirk Schumann*, Bayerns Unternehmer in Gesellschaft und Staat, 1834–1914, Göttingen 1992; *Friedrich Zunkel*, Die rheinisch–westfälischen Unternehmer, Köln 1962.

[27] Siehe z.B. *Arthur* Schweitzer, Big Business in the Third Reich, Bloomington 1964; *Lothar Gall* (Hg.), Die Deutsche Bank, München 1995; *Paul Erker*, Industrieeliten in der NS–Zeit, Passau 1994.

dann auch die deutsche Wirtschaftsgeschichte der Nachkriegszeit unter dem Aspekt des Wiederaufbaus bearbeitet.

Diese Wiederaufbaugeschichte war zum einen der Sammlung verläßlicher Statistiken und der Frage der Integration der westdeutschen Wirtschaft in den Rahmen zahlreicher internationaler Institutionen gewidmet. Hier ist viel wertvolle Arbeit geleistet worden, ebenso wie die vorhergehende Analyse der Wirtschaftsorganisationen nicht ohne die einschlägige Literatur zu diesem Thema hätte unternommen werden können.[28] Inzwischen hatte aber in der Unternehmensgeschichte in England und Amerika jene „kulturelle Wende" eingesetzt, die die angelsächsische und französische Geschichtswissenschaft in den 80er Jahren auch generell erfaßte. Erst fragte man nach den jeweiligen *„company cultures"* und ihren Traditionen, und danach begann man auch, das umliegende Milieu innerhalb eines Landes und dessen historische Wurzeln zu durchleuchten.[29]

Während statistische und quantitative Ansätze, die den Entwicklungen in der Nationalökonomie folgten, einflußreich blieben, brachte andere Wissenschaftler zunehmend qualitative Fragestellungen in ihre Ansätze hinein. Konzeptionen aus der Mentalitätengeschichte, der Anthropologie und den Kulturwissenschaften wurden hierbei aufgenommen. Man interessierte sich für Prozesse, die durch das *encounter* zweier verschiedener Industriekulturen ausgelöst wurden. Zunehmend stand dabei die „Begegnung" der Europäer und Japaner mit Amerika im Vordergrund.[30] In diesem Zusammenhang kam die Diskussion um die „Amerikanisierung" Europas in Gang, die vor allem durch die historische Konsum- und Konsumkulturforschung vorangetrieben wurde. Hier ging es nicht nur um Fragen des schon vor 1914 aufkommenden Massenkonsums, sondern auch des Radios und Films als Medien der Massenunterhaltung und im Verfolg der Frage, ob diese Konsumenten Männer oder Frauen waren, schließlich der Geschlechtergeschichte.

Obwohl Produktion und Konsum in demokratisch verfaßten und sich demokratisierenden Gesellschaften zwei Seiten derselben Medaille waren, hat man sich in der Bundesrepublik mit der Aufnahme dieser Fragestellungen bis vor kurzem schwer getan. Man untersuchte die Modernisierung der westdeutschen Industrie nach dem Zweiten Weltkrieg, übersah aber, daß Fordismus nicht nur Fließbandarbeit und erhöhte Produktivität bedeutete, sondern auch Ankurbelung des Konsums durch Weitergabe der Rationalisierungsgewinne an den Konsumenten. Nach Henry Fords Vorstellungen sollten Preissenkungen nicht mehr lediglich den Wohlhabenden, sondern auch der Durchschnittsfamilie zugute kommen, die sich nun ebenfalls ein Auto oder einen Gasherd wünschen und gar leisten konnte. Zwar entwickelte

[28] Siehe oben Anm. 4. Zur unternehmensgeschichtlichen Perspektive siehe z.B. auch *Raymond G. Stokes*, Divide and Prosper: The Heirs of IG Farben under Allied Authority (1945–1951), Berkeley 1988; *Werner Bührer*, Ruhrstahl und Europa, München 1986; *Werner Plumpe*, Vom Plan zum Markt, Düsseldorf 1987; *Mark Roseman*, Recasting the Ruhr (1945–1958), Oxford 1990; *Paul Erker*, Wachsen im Wettbewerb, Düsseldorf 1996; *Volker Wellhöner*, „Wirtschaftswunder" – Weltmarkt – Westdeutscher Fordismus. Der Fall Volkswagen, Münster 1996.

[29] Hierzu vor allem die Arbeiten von Alfred Chandler.

[30] Siehe jetzt *Heidi Fehrenbach/Uta G. Poiger* (Hg.), Transactions, Transgressions, Transformations. American Culture in Western Europe and Japan, New York 2000.

sich dank der Arbeiten von Arnold Sywottek und seiner Mitarbeiter in Hamburg langsam die historische Konsumforschung auch in der Bundesrepublik.[31] Daß die von ihnen analysierten Entwicklungen der Wirtschaftswunderjahre etwas mit amerikanischen Einflüssen zu tun haben könnten, betrachteten sie anfänglich jedoch mit großer Skepsis. Einmal sei der Lebensstandard der Westdeutschen damals vielzu gering gewesen, um eine Massenkonsumkultur hervorzubringen. Was nach der reinen Statistik zutreffen mochte, konnte allerdings nicht die „Träume vom guten Leben" erfassen, die, wenn nicht längst vorher, gerade in den 50er Jahren mit paradiesischen Vorstellungen von Amerika und den von dort ankommenden Werbebildern recht intensiv geträumt wurden.

Amerika weitgehend ausblendend sah die Hamburger Forschungsgruppe das Aufkommen einer Konsumgesellschaft in Deutschland als Teil eines Modernisierungsprozesses, der sich langfristig früher oder später in allen Industriegesellschaften auswirke. Damit war das konsumhistoriographische Pendant zu Abelshausers These entstanden, der zufolge die Wandlungen der deutschen Industriewirtschaft mehr mit der unaufhaltsam fortschreitenden Modernisierung seit dem 19. Jahrhundert zusammenhingen als mit dem, was nach 1945 an strukturellen und mentalen Veränderungen durch die amerikanische Hegemonialmacht einsetzte. Zwar bemühte sich Harm Schröter in den letzten Jahren, das Amerikanisierungsparadigma stärker in die Diskussion zu bringen;[32] aber der Widerstand dagegen blieb erheblich, und ausgewiesene Wissenschaftler wie Werner Bührer waren allenfalls bereit, von einem „Amerikanisierunsdruck" zu sprechen, dem – wie er anschließend nachzuweisen versuchte – die Westdeutschen erfolgreich ausgewichen seien.[33]

Dieser Widerstand ist vielleicht auch darauf zurückführen, daß inzwischen bewußt oder unbewußt Mißverständnisse entstanden waren. Ging es doch bei der These von der „Amerikanisierung" der bundesdeutschen Wirtschaft und Gesellschaft nie um ein plattes Überrollen der einen Industriekultur durch die andere. Im Gegenteil, die Protagonisten dieser Perspektive sind immer davon ausgegangen, daß „Begegnungen" dieser Art komplexe Interaktionsprozesses auslösen.[34] Es kommt zu Widerständen und zu zögerlichen und partiellen Anpassungen, an deren Ende eine eigenartige Mischung von amerikanischen und deutschen Elementen stand. Wie diese Mischung im einzelnen aussieht, hängt von dem jeweils analysierten Bereich ab (z.B. Arbeitsbeziehungen, Marketing, Management), so daß in einigen die amerikanischer Einfärbung stärker ausfallen mag als anderswo. Insofern wäre es schon nützlich gewesen, wenn die Arbeiten etwa des Amsterdamer Ameri-

[31] Siehe z.B. *Axel* Schildt/*Arnold Sywottek* (Hg.), Modernisierung im Wiederaufbau, Bonn 1993; Axel Schildt, Moderne Zeiten, Hamburg 1995.

[32] *Harm G. Schröter*, The Americanization of Advertising in the Federal Republic of Germany, Ms 1997; *ders.*, Zur Übertragbarkeit sozialhistorischer Konzepte in die Wirtschaftsgeschichte, in: *Konrad Jarausch/Hannes Siegrist* (Hg.), Amerikanisierung und Sowjetisierung in Deutschland, Frankfurt 1997, S. 147–165. Siehe auch *Alf Lüdtke/Inge Marßolek/Adelheid von Saldern* (Hg.), Amerikanisierung. Traum oder Alptraum im Deutschland des 20. Jahrhunderts, Stuttgart 1996.

[33] *Werner Bührer*, Auf eigenem Weg. Reaktionen deutscher Unternehmer auf den Amerikanisierungsdruck, in: *Bude/Greiner* (Hg.), Westbindungen (wie Anm. 1), S. 181–201.

[34] Siehe z.B. *Berghahn*, Americanization (wie Anm. 24), S. 326 ff.

kanisten Rob Kroes von Anfang an stärker in die deutsche Diskussion eingebracht worden wären.[35] Statt dessen finden wir weiterhin Analysen, die zu dem Schluß kommen, die deutsche Industrie habe sich auch nach 1945 wie zuvor „auf eigenem Weg" befunden.[36]

Die Resistenz der deutschen Unternehmensgeschichte gegen die Amerikanisierungsthese spiegelt sich auch in der Methodologie. *Cum grano salis* hat sich Alexander von Plato wohl am weitesten in eine kulturhistorische und kulturanthropologische Richtung begeben, als er auf der Basis von ausgedehnten Interviews sein Projekt über „biographische Selbstkonstruktionen" von „Industriekapitänen" begann.[37] Freilich wird man eine ziemlich große Anzahl solcher Selbstkonstruktionen auswerten müssen, um zu allgemeineren Aussagen über ein oder mehrere industriekulturelle Milieus zu kommen. Sehr vielversprechende Ideen sind auch im Bochumer „Arbeitskreis für kritische Unternehmens- und Industriegeschichte" entstanden, auf die sogleich einzugehen sein wird. Paul Erker und Toni Pierenkemper haben versucht, aus den Biographien besonders prominenter Unternehmer, die zugleich als Fenster zu ihrer Umwelt benutzt werden, umfassendere Rückschlüsse über Selbst- und Fremdbilder zu ziehen.[38] Es ist gleichwohl bezeichnend, wie stark die herkömmlichen Interessen der deutschen Unternehmensforschung auch diese beiden Autoren beeinflußt haben. So räumt Erker in seiner Einleitung zu dieser „Studie zur Erfahrungsbildung von Industrie-Eliten" der Frage nach dem Bestand und Wandel der Sozialstruktur der Unternehmer viel Platz ein und wartet dann mit einigen neuen quantifizierenden Ergebnissen auf.

Zur Mentalitätsgeschichte konstatiert er als „generellen Trend":[39] „Es gab kein Umdenken und kaum ein Nachdenken bei den deutschen Unternehmern in der Umbruchphase. ‚Amerikaner' wie Otto A. Friedrich waren offenbar doch die Ausnahme, pragmatisch vorgehende Manager wie Nordhoff, technologie-begeisterte Unternehmer wie Heinkel oder effizienz-orientierte Industrielle wie Sohl dagegen die Regel." Dementsprechend gab es lediglich „Erfahrungsbilder und Lernprozesse der NS-Zeit, die nach 1945 angewandt wurden, und Erfahrungen der unmittelbaren Nachkriegsmonate und -jahre, die ohne Rückwirkung auf eine Umorientierung der Einstellungen und Verhaltensweisen blieben." Die Forschung wird die Haltbarkeit dieser Schlußfolgerung sicherlich noch überprüfen wollen.

Wie Erker so beginnt auch ein in Bochum durchgeführtes Projekt zur „Struktur und Semantik der Wirtschaftselite des Ruhrgebiets, 1938 bis 1970" mit einer soziologischen Frage.[40] Dabei gehen die Bearbeiter von der gewiß richtigen Feststel-

[35] *Rob Kroes*, If You've Seen One You've Seen the Mall. Europeans and American Mass Culture, Chicago 1996.

[36] *Bührer*, Auf eigenem Weg (wie Anm. 33), S. 181.

[37] *Alexander von Plato*, Wirtschaftskapitäne: Biographische Selbstkonstruktionen von Unternehmern der Nachkriegszeit, in: *Schildt/Sywottek* (Hg.), Modernisierung, S. 377–392.

[38] *Paul Erker/Toni* Pierenkemper (Hg.), Deutsche Unternehmer zwischen Kriegswirtschaft und Wiederaufbau, München 1999.

[39] Paul Erker in seiner Einleitung, ebd., S. 16 f.

[40] *Stefan Unger*, Struktur und Semantik der Wirtschaftselite des Ruhrgebiets 1930 bis 1970, in: Akkumulation (12), S. 25 ff., auch für das Folgende.

lung aus, „daß der Kenntnisstand über die mittelfristige Entwicklung der einst sehr mächtigen und machtbewußten wirtschaftlichen Führungsgruppe des rheinisch-westfälischen Industriegebiets als bemerkenswert unbefriedigend" zu bezeichnen sei. Als Begründung für dieses Defizit wird ebenso überzeugend angeführt, „daß die Beschäftigung mit der gesellschaftlichen Elite in den zurückliegenden Jahrzehnten kaum zu den Modethemen der sozialhistorischen Forschung" gezählt habe, solange man sich auf die Geschichte „gesellschaftlicher Unterschichten" konzentriert habe. Diese Ungleichgewichtigkeit soll nun durch eine „Kombination von empirischer Rekonstruktion des Sozialprofils der regionalen Wirtschaftselite mit einer hermeneutischen Bestimmung von Elitensemantik, -habitus und -mentalität" behoben werden.

Inbesondere wollen die Bochumer der Vermutung nachgehen, daß „unter dem Nationalsozialismus eine soziale, kulturelle und semantische Zurückdrängung der traditionellen Wirtschaftselite, die durch ein ausgeprägtes Machtbewußtsein und ihren Führungsanspruch charakterisiert war", einsetzte. Damit erhob sich die Frage des Generationswechsels und der Machtverschiebung von der Ruhrindustrie hinweg auf andere aufsteigende Branchen. Konsequenz: „Für das Ruhrgebiet bedingten diese allgemeinen Wandlungsprozesse aufgrund der vormals dominierenden, machtbewussten und eine offensive Elitensemantik vertretenden Führungszirkel der Montanindustrie einen besonders tief greifenden Einschnitt. Im Ergebnis verschwanden letztlich die lange Zeit für das Ruhrgebiet so charakteristischen, konservativ und autoritär geprägten ‚Generaldirektoren' und ‚Industriekapitäne' der Schwerindustrie."

So verfolgt auch das Bochumer Projekt an erster Stelle „die quantitativ-statistische Rekonstruktion des Sozialprofils der Wirtschaftselite des Ruhrgebiets (Sozialstrukturanalyse*)*." In einem zweiten und dritten Schritt will man zu einer „Analyse der Muster, Medien und Formen der Selbstdarstellung der wirtschaftlichen Führungsschicht in bezug auf ausgewählte Aussagefelder (*Binnenperspektive)* und schließlich zu einer „Analyse der Muster, Medien und Formen der gesellschaftlichen Fremdwahrnehmung und -beschreibung der Wirtschaftselite (*Außenperspektive*)" vordringen.

Mit den letzten beiden Schritten ist endlich ein Anfang auf dem Wege zu einer Kulturgeschichte der deutschen Industrieeliten (und in diesem Falle der Bergassessoren an der Ruhr) getan. Indessen ist zu hoffen, daß die weitere Forschung noch über die Rekonstruktion von Selbstbildern (anhand der Industriepresse) und der „Außenperspektive" (anhand der öffentlichen Meinung) hinausgreifen wird.[41] Geht

[41] Wie bereits erwähnt, hat sich vor allem der „Arbeitskreis für kritische Unternehmens- und Industriegeschichte" um eine thematische und methodische Erweiterung dieses historiographischen Genres bemüht. Siehe z.B. *Werner Plumpe*, Das Unternehmen als soziale Organisation. Thesen zu einer erneuerten historischen Unternehmensforschung, in: Akkumulation 11 (1998), S. 1–7. Dort zunächst die richtige Beobachtung: „Die deutsche Unternehmensgerschichtsschreibung beginnt ... erst langsam und vorsichtig, die neuen theoretischen und empirischen Fragestellungen [in den U.S.A. und Großbritannien] zu entdecken und nachzuvollziehen. Im Grunde ist ein deutliches Rezeptionsmanko in Deutschland gegenüber der fortgeschritteneren angelsächsischen Diskussion festzustellen, das umso mehr ins Gewicht fällt, als viele der Neuansätze zumindest auf deutsche theoretische Wurzeln verweisen (Organisation: Weber; Evolution:

es doch auch um die Rekonstruktion des „Klimas" in den Unternehmen, und zwar nicht nur im Verkehr mit der Belegschaft, sondern auch des Führungspersonal untereinander. Wie war dieses Klima vor 1945 und wie wandelte es sich nach dem Zweiten Weltkrieg angesichts der Tatsache, daß viele Zechendirektoren und Hüttenleute erst an den Bergakademien mit ihren schlagenden Verbindungen und dann an der Ruhr selbst ihre tertiäre Sozialisierung erfahren hatten.[42] Wie ging es vor und nach 1945 zu, wenn sich die Bergassessoren a.D. mit den Beamten des Oberbergamts Dortmund zu einer Sitzung trafen? Stimmt die gewiß nicht welterschütternde, aber vielleicht doch signifikante die Beobachtung, daß der Bergwerksdirektor dem morgendlichen Besucher erst einmal einen ordentlichen Doppelkorn einschenkte, bevor man zum Geschäft kam? Und wie sah es jenseits der Unternehmen im Privaten aus? Über die Wohnverhältnisse der Arbeiter wissen wir weitaus mehr als über den Alltag, die Lebensstile und die Geselligkeit der in der Tat so mächtigen Bergassessoren.[43]

Die große Bedeutung dieser Fragen geht aus dem ersten Teil dieses Beitrags und aus der „Semantik" des Bochumer Projekts hervor: Die Ruhrelite war in der Tat auch nach dem Zweiten Weltkrieg zunächst noch sehr mächtig und machtbewußt. Das läßt sich auch an dem Mythos ablesen, der sie weiterhin umrankte und dessen faszinierende Kraft sich gerade auch an den Einstellungen der Unternehmer anderer Branchen festmachen ließe. So kam der schon erwähnte Harburger Gummiindustrielle Albert Schäfer 1948 mit folgenden Eindrücken von einer Reise in den Westen zurück:[44] „Im Ruhrgebiet ... ist mit den Händen zu greifen, welchen Mittelpunkt des Weltinteresses heute die Ruhr" darstelle. Für ihn sei „die Dynamik einer Stadt wie Essen ... ungeheuerlich gewesen." Über das Prestige, das die Ruhrschwerindustrie unter ihren Kollegen in anderen Industriezweigen dadurch gewann, daß sie den Alliierten Demontagen, der Verfolgung wegen Kriegsverbrechen und dem Mitbestimmungsdruck der Gewerkschaften besonders stark ausgesetzt war, ist bereits weiter oben gesprochen worden.

Schumpeter; Institution: Schmoller)" Zur Füllung dieser Lücken entwickelte Plumpe sodann einige Überlegungen, die einerseits die Verbindung zu den quantifizierend vorgehenden oder institutions- und organisationswissenschaftlich ausgerichteten „harten" Sozialwissenschaften aufrecht erhalten, andererseits zumindest in die Sozial- und Alltagsgeschichte, wenn auch nicht in die Anthropologie und die Kulturwissenschaften vorstoßen. Siehe auch *Christian Kleinschmidt*, Unternehmensgeschichte als Alltags- und Sozialgeschichte, in: *Frank Markowski* (Hg.), Der letzte Schliff, Berlin 1997, S. 282–298, sowie Stefan Ungers Bericht über die 8. Jahrestagung des Arbeitskreises in Bochum im Oktober 1997 mit der interessanten Frage: „Eine kulturalistische Wende in der Unternehmensgeschichte? Möglich, notwendig, sinnvoll?", in: Akkumulation 9 (1997), S. 7–9. Auch Toni Pierenkemper hat die Frage gestellt, „was eine moderne Unternehmensgeschichte leisten" könne. Zugleich scheint er aber weiterhin auf der Nähe der Unternehmensgeschichte zur Wirtschaftsgeschichte und ihren tradierten Methoden zu bestehen. Eine enge Integration mit der Sozial- und Kulturgeschichte, wie sie gelegentlich angeregt worden ist, löst offenbar die Befürchtung einer Selbstaufgabe aus. Gerade dort, wo die Wirtschaftsgeschichte unter dem Dach einer historischen (und nicht einer wirtschaftswissenschaftlichen) Abteilung existiert, ist deren Eigenständigkeit auf jeden Fall zu bewahren.

[42] Auch die in der Soziologie entwickelte Netzwerkanalyse könnte in diesem Zusammenhang nützlich sein.

[43] *Volker Berghahn*, Die versunkene Welt der Bergassessoren, in: Revierkultur 3 (1986), S. 62–69.

[44] Zit. ebd., S. 65.

Dennoch sollte nicht übersehen werden, daß sich mit Bewunderung und Ehrfurcht auch Distanz gegenüber den knorrigen Bergassessoren und ihren erzkonservativen Einstellungen in so gut wie allen Fragen der Wirtschafts-, Sozial- und Gesellschaftspolitik einherging. Fritz Berg sagte seinem Hamburger Tischnachbarn Otto Friedrich bei einem Gelage des BDI-Präsidiums direkt ins Gesicht, daß er zwar „viel dummes Zeug" rede und nicht ganz in die Runde gehöre, aber dennoch „eine Bereicherung u[nseres] Kreises" sei.[45] Siegfried Balke, Diplom-Chemiker und späterer Präsident des BdA, der – selbst jüdischer Abstammung – den Krieg in einem Labor in Bayern überlebt hatte, legte Wert darauf, nicht für einen „verkappten Bergassessor" gehalten zu werden.[46] Bertolt Beitz, den Alfried Krupp zu seiner rechten Hand machte, bekam den Graben, der zwischen ihm, der aus der Versicherungsbranche kam, und seinen Kollegen an der Ruhr bestand, ebenfalls zu spüren. So gilt es also nicht nur die heute versunkene Welt der Reviergewaltigen um Hermann Reusch zu studieren, sondern auch das Milieu der Chemie-, der Fahrzeug- oder der Elektroindustrie.[47] Und wie steht es mit der mittelständischen Industriekultur? Es wäre lohnend, z.B. die Einstellungen und die Ambiance des hannoveraner Wirtschaftsbürgertums zu studieren. Denn auch der Mittelstand sollte in das Forschungsprogramm einer Unternehmensgeschichte aufgenommen werden, die sich von den Kulturwissenschaften und der Anthropologie inspirieren läßt.

Wie alle in dieser Frage im Dunkeln tappend, ging das Bochumer Projekt von der Annahme aus, daß „die Führungsgruppen der ‚modernen', verarbeitenden Industrien und Dienstleistungen scheinbar keinen mit den vormaligen ‚Herren aus dem Westen' vergleichbaren Hegemonialanspruch – und folglich auch kein vergleichbares semantisches Elitenpotential – entfalteten."[48] Das mag für die heutige Zeit gelten. Doch gibt es Hinweise darauf, daß der schwindende Einfluß der Ruhr führende Köpfe aus den „modernen", verarbeitenden Zweigen ermunterte, außer dem machtpolitischen auch einen kulturellen Führungsanspruch zu entwickeln.[49]

So stehen wir am Ende dieser Analyse zur Unternehmerschaft in der frühen Bundesrepublik vor einer ganzen Reihe von Forschungsproblemen und -aufgaben. Soweit es die Macht und den Einfluß der Industrieeliten betrifft, verfügen wir immerhin über eine größere Anzahl von Studien zur Wirtschafts- und Organisationsgeschichte der Verbände. Weitaus weniger wissen wir über die Rolle, die einzelne Industrielle und Bankiers als Berater in Bonn spielten und wie Großunternehmen ihren Einfluß außerhalb der Verbände einsetzten. So wichtig es ist, mehr über die Zirkulation der deutschen Industrieeliten über den Umbruch von 1945 hinweg zu

[45] *Berghahn/Friedrich*, Otto A. Friedrich (wie Anm. 2), S. 227.

[46] Interview des Autors mit Siegfried Balke, 25.7.1977.

[47] Hierzu weiterhin anregend, wenn auch nur das 19. Jahrhundert abdeckend: *Jürgen Kocka*, Unternehmensverwaltung und Angestelltenschaft am Beispiel Siemens, 1847–1914, Stuttgart 1969. Die von Kocka analysierten Mentalitäten des Hauses Siemens setzten sich auch über den Zweiten Weltkrieg hinaus fort. Siehe auch *Hartmut Berghoff*, Zwischen Kleinstadt und Weltmarkt: Hohner und die Harmonika, 1857–1961, Paderborn 1997.

[48] *Unger*, Struktur, S. 27.

[49] Siehe *Volker Berghahn*, Recasting Bourgeois Germany, in: *Hanna Schissler* (Hg.), The Miracle Years, Princeton 2000, S. 326–340, insbes. S. 334 ff.

erfahren, die größte Herausforderung einer modernen Unternehmensgeschichte liegt auf dem Gebiet einer vertieften Erfassung der westdeutschen Industriekultur und ihrer Wandlungen. Dazu konnten hier nur einige Beispiele skizziert werden, wie und mit welchen Fragen die Welt und Umwelt der Unternehmer zu analysieren wäre.

Liegen diese Ergebnisse vor und werden sie mit denen der Konsum- und Massenkulturforschung verknüpft, so wird vielleicht auch die Amerikanisierungsthese plausibler erscheinen. Ging es doch nie darum, das die deutsche Industrie ein Abbild der amerikanischen geworden sei, sondern darum, die Tiefe des deutsch-amerikanischen *encounter* nach dem Zweiten Weltkrieg auf verschiedenen Gebieten zu vermessen und jeweils zu kalibrieren. Die deutsche Industrie ist nach 1945 massiven Außeneinflüssen ausgesetzt gewesen ist. Doch kamen diese nicht aus Japan oder England, sondern aus den Vereinigten Staaten als der westlichen Hegemonialmacht. Diese Einflüsse als Modernisierung oder Internationalisierung zu begreifen, ignoriert ihre identifizierbare Quelle jenseits des Atlantik. Ebenso erscheint der von Anselm Doering-Manteuffel eingeführte Begriff der „Verwestlichung“ insofern weniger brauchbar, als auch England, Frankreich oder Holland dem amerikanischen Einfluß ausgesetzt waren.[50] Indessen wird man bei diesen Ländern nach dem Zweiten Weltkrieg kaum von einer Verwestlichung sprechen können. Zudem liegt die Attraktivität der Amerikanisierungs-These auch darin, daß sie die Chance zu einem innereuropäischen Industrie- und Gesellschaftsvergleich eröffnet, bei dem Amerika als das *tertium comparationis* dient.[51]

[50] Siehe *Anselm Doering*-Manteuffel, Westernisierung und Amerikanisierung, Ms. 1999; *ders.*, Dimensionen von Amerikanisierung in der deutschen Geschichte, in: Archiv für Sozialgeschichte 35 (1995), S. 1–34.

[51] *Berghahn*, Americanization (wie Anm. 24), S. 332 f. Siehe auch *M.-L. Djelic*, Exporting the American Model. The Postwar Transformations of European Business, Oxford 1998; *Wade Jacoby*, Immitation and Politics. Redesigning Modern Germany, Ithaca 2000.

# Register

www.ingramcontent.com/pod-product-compliance
Lightning Source LLC
LaVergne TN
LVHW010550300926
849162LV00002B/287

* 9 7 8 3 4 8 6 5 6 5 8 6 7 *